荊楚文庫

〔康熙七年〕景陵縣志

〔清〕李馨 修 〔清〕吴泰 纂

〔康熙三十一年〕景陵縣志

〔清〕錢永 修 〔清〕戴祁 纂

荊楚文庫編纂出版委員會
湖北人民出版社

荊楚文庫

〔康熙七年〕景陵縣志
KANGXIQINIAN JINGLING XIANZHI

〔康熙三十一年〕景陵縣志
KANGXISANSHIYINIAN JINGLING XIANZHI

圖書在版編目（CIP）數據

〔康熙七年〕景陵縣志 /〔清〕李馨修；〔清〕吳泰纂.
〔康熙三十一年〕景陵縣志 /〔清〕錢永修；〔清〕戴祁纂.
武漢：湖北人民出版社，2021.12
ISBN 978-7-216-10309-1
Ⅰ. ①康…②康…
Ⅱ. ①李…②錢…③吳…④戴…
Ⅲ. 景陵縣－地方志－清代
Ⅳ. K296.34
中國版本圖書館 CIP 數據核字（2021）第 204669 號

責任編輯：陳　典
整體設計：范漢成　曾顯惠　思　蒙
美術編輯：董　昀
責任校對：范承勇
責任印製：王鐵兵
出版發行：湖北人民出版社（中國・武漢）
地址：武漢市雄楚大道 268 號
電話：(027)87679656　郵政編碼：430070
録排：武漢偉創偉業廣告有限公司
印刷：湖北新華印務有限公司
開本：787mm×1092mm　1/16
印張：35.5
字數：490 千字
版次：2021 年 12 月第 1 版　2021 年 12 月第 1 次印刷
定價：195.00 元

ISBN 978-7-216-10309-1

出版説明

湖北乃九省通衢，北學南學交會融通之地，文明昌盛，歷代文獻豐厚。守望傳統，編纂荆楚文獻，湖北淵源有自。清同治年間設立官書局，以整理鄉邦文獻爲旨趣。光緒年間張之洞督鄂後，以崇文書局推進典籍集成，湖北鄉賢身體力行之，編纂《湖北文徵》，集元明清三代湖北先哲遺作，收兩千七百餘作者文八千餘篇，洋洋六百萬言。盧氏兄弟輯録湖北先賢之作而成《湖北先正遺書》。至當代，武漢多所大學、圖書館在鄉邦典籍整理方面亦多所用力。爲傳承和弘揚優秀傳統文化，湖北省委、省政府决定編纂大型歷史文獻叢書《荆楚文庫》。

《荆楚文庫》以『搶救、保護、整理、出版』湖北文獻爲宗旨，分三編集藏。

甲、文獻編。收録歷代鄂籍人士著述，長期寓居湖北人士著述，省外人士探究湖北著述。包括傳世文獻、出土文獻和民間文獻。

乙、方志編。收録歷代省志、府縣志等。

丙、研究編。收録今人研究評述荆楚人物、史地、風物的學術著作和工具書及圖册。

文獻編、方志編録籍以一九四九年爲下限。

研究編簡體横排，文獻編繁體横排，方志編影印或點校出版。

《荆楚文庫》編纂出版委員會

二〇一五年十一月

總目録

荆楚文库

〔康熙七年〕景陵縣志

〔清〕李馨 修　〔清〕吴泰 纂

《荊楚文庫·方志編》編纂組

組　長：劉偉成　陽海清（執行）

副組長：劉傑民（執行）　王　濤　謝春枝　郝　敏　嚴繼東

　　　　范志毅（執行）

參編人員（以姓氏筆畫爲序）：

王　濤　李云超　宋澤宇　范志毅　郝　敏　柳　巍　馬盛南

陳建勛　夏漢群　梅　琳　陽海清　彭余焕　彭筱澂　楊愛華

雷　静　劉偉成　劉傑民　劉水清　謝春枝　戴　波　嚴繼東

編　審：周　榮

顧　問：沈乃文　李國慶　吴　格

前言

《〔康熙七年〕景陵縣志》十二卷，清李馨修，清吴泰纂，清康熙七年（一六六八）刻本。

李馨，字蘭若，陝西狄道（今甘肅臨洮）人，由貢士選京山縣丞，康熙六年署景陵縣事。吴泰，字梅里，號岳宗，邑庠生。

景陵古爲風氏國，春秋屬鄖子國，戰國爲楚竟陵地，秦置竟陵縣，隸南郡，其縣域多變，建置屢更，縣名多易，先後爲郡爲州爲縣，有竟陵、霄城、景陵、天門之稱。清雍正四年（一七二六），爲避康熙帝墓名諱，改景陵爲天門，隸屬湖北安陸府，此名沿用至今。

南宋嘉定年間林英發創修《景陵志》十四卷，《宋史·藝文志》《〔道光〕天門縣志·藝文志》《湖北通志·藝文志》存目，是爲景陵創志之始，惜已散佚。明成化二十二年（一四八六）邑令姜綰修縣志一卷；明嘉靖三十九年（一五六〇）邑令丘宜踵修三卷；明天啓六年（一六二六）邑令任贊化續修六卷，惜經易代兵禍，版籍多遭兵燹，前修各書或漫漶無考，或簡略弗詳。康熙四年湖廣布政使司下檄修志，景陵縣遂命邑庠生吴泰多方搜緝，重訂邑乘，康熙六年志成，將付剞劂之時，李馨來宰斯邑，爲是志作序，并提出了審核、訂正的意見，康熙七年志書付梓刊行，是爲斯邑現存最早志書。

是志采用綱目體，分十門，各門之下綴以小目，内容囊括建置志、星占志、輿地志、城圉志、學校志、風土志、饗祀志、版籍志、秩官志、人物志。另收新序四篇、目録、舊序三篇、明邑人蕭副所撰景陵縣總志論、明成化以來歷届修志姓氏、另附凡例十八則，可考修志源流，可觀是志梗概。據凡例：建置一門，多沿前志，未敢增删，尚俟博物訂正；山川目，凡存疑者，『今採證經史，訪問耆碩』，分註各條下，使無考者混淆者皆得以訂訛；兵防目，多采輯前史，涉及封内者則續之，以補前志所未逮。

關於是志，評價褒貶不一。時任儒學教諭峽州易體震稱：『今吴子所志，辯而不華，嚴而有體，與開元名家相頡頏，且其閎覽博物，不讓先代季子。』李馨亦贊其『精於考稽，詳於辯博』，皆給予肯定。然縱觀全書，是志略顯蕪雜，且編次失序，如：不列選舉，凡科貢諸事，皆附於人物；摒文苑、儒林、卓行各門，均入隱逸；秩官志中，雖備列細目，後志修者但失考者不少；不列藝文一門，附雜録後，備載詩文，二者名不相類，疑强爲列入。故後人評價相去甚遠：錢永直言其抹去藝文一門『大不合例』；民國學者張若海有云：『惟是志誠有舛錯，且復蕪雜，錢永、胡翼等譏之矣。』總而言之，此志上承明代舊籍，下啓清代諸志，遍及鄉野，廣徵文獻不致散佚，欲查元明遺聞，捨此無他，不可因其編次雜亂而摒棄，對於其保存前代文獻和當朝史實的史料價值應予以肯定。

據《中國地方志聯合目録》，國家圖書館、天津市圖書館藏有此志，此次影印所據底本爲天津藏本。該藏本版面清晰，字迹工整，少許頁碼有浮墨，整體書品較好，其中卷四第五十葉，卷八第十八葉，卷十二第六十葉原缺。（彭余焕）

目録

重修景陵縣誌序

令之邑乘猶古之國史也古者太史各以其國之風上陳於天子天子得攷其貞淫奢儉而殿最之是以侯度謹而民俗美秦變封建爲郡縣而

此義遂廢然史稱漢興蕭何收關中圖籍乃知祖龍雖焚書而輿圖版籍尚存也自漢而後凡郡邑皆有誌其記載則如晋乘其垂戒則如楚檮杌其備天子之觀風問俗守令之功罪賞罰則又如詩如春秋故曰今之邑乘猶古之國史也然又謂之誌者何葢誌有二義誌識也方識是事而已分野形勝欲其悉也建置沿革欲其詳也山川土田

欲其該也人民戶口欲其周也學校人物欲其傳也物產賦役欲其覈也人心風俗欲其攷也抑又志也正其心之所之也悉形勝則志捍禦詳沿革則志張弛該土田則志

墾闢田戶口則志生聚傳人物則志栽培賦役則志度支攷風俗則志表正是故有識記之精而後行心志之正管子之作內政國僑之鑄刑書博洽亦可以致洽并心志

之正無徒貴識記之精公孫龍之臧三耳司馬相如之賦上林虛文無裨於實用也景陵上古風氏之墟在春秋爲郧地在戰國爲竟陵而今之邑名則自石晉始昔固無誌

附見沔陽誌中景陵而有誌自姜公綰昉也嗣是因河决而補修者一因舛訛而校正者一茲又因勝國離亂

大清定鼎以前邑城屢被兵燹版籍未免殘缺

督憲撫憲念此典乃通省風化所係爰命

藩憲學憲身體力行以昭一代之興隆以成千古之盛事於是

檄諭

本府查修　本府仰體　各

憲美意多方蒐緝命邑庠吳子泰重加訂正閱二載而誌成將付剞劂適余視篆因徵序於余余自分無二酉之學忝三都之賦而義又不可辭遂舉誌之二義告之益吾儒

讀書懷古無不以匡濟民物爲志第一登仕籍遂易初心捐鸞鳳而效鷹鸇急繭絲而忽保障即日取邑乘而披閱之無式版之懷而又以爲奇貨可居其亦非父母斯民之

志也夫矧景邑人丁困憊凋殘何堪此視民如越人肥瘦之輩任意摧折哉故自委署以來小心敬慎雖乏龔黃召杜之才而竊慕龔黃召杜之心亦云有志而未逮耳間嘗

於退食之暇展閱斯誌即思形勝何以捍禦沿革何以張疆土田何以墾闢戶口何以生聚人物何以栽培賦役何以度支風俗何以表正未嘗敢以五日京兆而有遑恤我

後之意不揣鉛刀之割而輒思自効於盤錯者無他誠見匡濟民物者司牧之志即闔邑薦紳士民望司牧者之志抑亦
聖天子設官分職之志也則余

今日者亦惟是以不負已志者期無負薦紳士民之志並無上負
聖天子之志云爾如云方識是事而已則存乎精於考稽詳於辨博具于長孟堅之手筆抒太冲平子之著作以邑乘而同國史上佐
聖朝觀風問俗之治者微吳子奉其誰與歸誌凡十卷八十條綱舉目張吳子之纂修備矣余又奚容以覆瓿而取僭

父之誚耶雖然余因之有感焉夫索米立傳求賄曲筆古今所通慨每見郡邑誌中或浮詞以獻諛當道或過情以取媚巨室者比比皆是幾何不與穢史同譏若夫言歡則

宇與笈並言感則聲共泣偕
寧簡毋繁寧嚴毋濫用筆如
化工肖物無愧古人之信史
者是又所望於吳子矣是爲
序
皆

康熙七年歲次戊申孟春之吉
署景陵縣事洮陽李馨蘭若
氏書

重修景陵縣志序

古國有史邑有志咸紀事之
書也然厥體攸異焉循蜚攝
提史也弗洽於志齊諧虞初
志也罔稗乎史惟春秋以史
明志爲萬世垂憲之始蓋孔
氏自言志在春秋亦云因魯
史舊文而已豈於史外別
有志哉今

聖天子崇設史學
詔求遺賢典至重也是年春
洮陽李公會有邑乘之舉將

以徵文獻布方策悉惟是[illegible]
昇之矣爰取吳子春所編輯
諸梓不佞從邑縉紳先生後
忻受成焉夫修史者學兼三
長材慎五難去明異孔而子
炫識為過飾司馬繼左而孟
堅彈所譏短越在志乘盛易
塞焉伯益山海牽流為夸騶
衍談天或失則誕况欲取志
合史而更為增華都麗者乎
緒周禮外史掌四方之志小
史掌邦國之志志與史相表

裏也孔氏因魯史作春秋曰
志在是史亦在是矣按春秋
稱邵國論語列子文二編俱
孔氏手訂以地與人考之則
茲竟陵是也厥志烏可缺而
弗修歟然景志歷來可稽者
唐貞元末陸鴻漸著南北人
物志十卷宋淳熙中郡國志
載復州圖經三卷此則景志
附前志以見者也明代邑令
姜綰作景志蕪廢者七十餘
年州牧曾儲請童士嵩太史

葺之命縣博劉鵬采撫於竟陵三越月事竣暨嗣守史自上重修稱景界江漢南國昔爲雲夢之墟漢得一漢濱父老唐得一處士鴻漸顧記載以垂永久適陳玉叔廷尉里

居請至再而志增定焉此則景志附州志以見者也粤初世廟入繼大統安陸爲豐沛地景陵稱湯沐邑命少司空顧公璘大學士徐公階作興都大志景邑已獲同收後至

神宗時郡伯孫公文龍同雲杜李公維楨作承天府志景乘又復並載此則景志附府志以見者也今竟陵自成傳書一曰姜侯縉志凡一卷一曰丘侯宜志凡三卷一曰任

侯贊化志凡六卷購厥原本散佚罔存此亦孔氏所慨歎於杞宋無徵文獻不足者乎

誕惟

皇清受命萬國咸寧膺圖受籙

下土是式恭值

憲臺諸大人檄修邑志賴我
李公過化斯邦簡授吳子賡
揆故府續成良書不佞時操
觚從事昔曾公蒐景志學訓
劉君鵬荷釆據之命任侯葺
景志學諭游君文襲効詮次

之勞此蓋舊章宜述爾位偕
靖者豈云有志弗克逮者歟
維 李公弘蕊典文登諸堂
序以備釆風而佐職方誠黼
藻昇平之盛事康乂民社之
上理也彼邵平離騷宋玉大

言辭極華贍罔裨軍國若夫
體兼述作義取勸懲爲良司
牧通達下情爲
聖天子輯政明堂益古今得失
之林也夫唐著作郎吳兢撰
實録當時尊爲直史今吳子

所志辯而不華嚴而有體與
開元名家相頡頏且其閱覽
博物不讓先代 李子徵
公負人倫鑒疇能攬奇字而
秘帳中巳乎不佞備員司鐸
側得參酌其間文學政事交

相爲理或可藉手記室同告
成績以報
諸憲臺大人矣
昔
皇清康熙七年戊申歲仲春月
旣望峽州易體震題

景陵縣誌序

作誌之勞地近而不敢過核
事近而不敢過蕪人近而不
敢過芟非如作史之家有其
權焉可詳畧嚴剋而且可譏
也追其書旣成反可裨於

國史焉然而史與誌二者俱非
可論於兵燹之後故皆難於
速成必得其人數十年稽古
考今素嫺於風土而貫徹之
盖惟以其素嫺者爲之而滿
腹貫徹光焔燭天雖有陰室

兇燐莫得而燎其籍此即伏
生之謨誥藏於腹中秦火不
得而燎也吾邑自
督撫藩臬檄下後吾友吳嶽宗
實肩其事不踰數月而誌成
非以其素嫺者藏之滿腹燐

火不得而爇乎乃誌成於數
月之前而梓成於二年之後
君有所待而行者何哉則以
待夫
蘭君先生神明之宰也先生
視景不數月而大治因以其

餘及誌書一役今夫談楚國
之才者必首稱左史倚相而
其慧識淹通無煩民力有裨
國政則首推右尹子革彼右
尹子革者乃宦於楚而非楚
人也其地其事其人皆不相

兆而詳畧嚴核實過於楚人
且又無史書之穢此非與作
者素嫺滿腹光焰燭天而不
可爇之一驗哉顧以其成於
數月而梓於二年以後則楚
之旁郡得倣其詮次事例以

先梓之而不知先成而後梓者之有待也今夫列傳紀書班固倣之馬遷者也迺固之書出而遷若燬焉以詩爲史韓愈倣之杜甫者也迺愈之名著而甫若燬焉如此數百

年數十年而甫遷之名始十倍於班韓則惟唐宋高賢眼力手腕大爲昭宣此又非素嫺於腹光熖燭天而若有待者之一驗哉至其地近而能爲核事近而能爲不蕪人近

而能爲斐者則其才識權衡相濟而有所待也是以詳畧嚴核而不致爲穢也盖誌史二書後人分焉而余以接之詩書則未有岐也書之不易核與蕪且斐者具在葩經而

當年總屬之史乃國風之體實以誌其私邑至於宋魯反無國風而商頌魯頌獨不倣周之頌而大類大雅者此何以故哉國史邑誌皆非其地近事近人近者莫能成之實

捜其作者之人則正考父作商頌而史佚作魯頌山川人物兵革賦役宗廟膠庠備於數百言中而無詳畧嚴核之嫌者則正考父乃宋之人而史佚乃魯之人也二詩成於

數百年數十年之前而載於十二國二十五王之後以爲非待周詩之全莫能壽也是亦核焉不蕪焉不易於斐焉不致於穢焉而碁有待者之一驗也則謂國史邑誌相待而成而宦於吾楚之有右尹與習於井邑博通書籍之有倚相盖百代一轍矣是書也成余自吳歸農於宦途與井里兩得備書因序

康熙七年春三月朔邑人覺非

居士弘景鄒山撰

重修景陵縣志序

昔先賢陸羽曰風土之美無出吾國又歌云千羨萬羨西江水曾向竟陵城下來則景邑圖誌自鴻漸氏已舉其槩也當天寶時隴西李公齊物守竟陵見羽異之親授詩集漢沔之俗因茲丕變彼羽雖賢哉得李公而名益彰已 泰伏草

茆有年矣乙巳秋奉
各憲臺檄委修邑乘寔惴惴然思弗克勝而又罔敢辭爰撫然應募越朞告竣
丁未夏
隴西李侯來宰吾邑甫下車詢圖誌蓋即考李氏守南康初政也載錫 鴻文授諸梓氏而泰 側獲綴數語題其末粤

惟皇古無文字至宓羲制書契代結繩封裔吾土建號風氏則茲邦定文明之首都也然其考證罔據必采諸文獻以實之夫春秋時國稱鄖予於傳有之矣至傳世莫大九經禹貢載漢水過三澨入大別論語稱令尹子文鄖國產學者率能道之今三澨在竟陵而景土古鄖

國也寔惟光昭典冊者歟史遷記秦白起攻楚東至竟陵至鴻漸氏以風土西江自稱與龔美詩烟月吳天句相參也可補子京唐書所未備矣夫繇太皞至天寶歷年數千禩可傳者風氏子文鴻漸而已始知地靈藂人傑而物望歸信臾其纂輯頗不綦重歟今

聖天子德被海隅江漢朝宗蕞爾竟陵悉
隸版圖吏斯土者職司民社體切惠懷
以勿負
朝廷保乂元元之意猶必綜覽方物博稽
政府仰陳
采風俾受告成匪同簿領文移焉已也
蓋志者古史之流也自昔稱楚史檮杌

與晋曾並列昭王時蒙穀獻雞次之典
國以大治今二書俱罔傳然楚先賢左
史倚相能讀丘索其典籍猶有存者若
屈原賦懷沙鍾儀操南音於宗國未嘗
忘也乃盛氏記荊州段君編酉陽至今
為湘衡傳弗朽焉　泰質弗敏弁學寡助
然藉先　方伯　觀察兩祖令緒家有

賜書澤多手遺幸獲黽勉告成凡政務
罔稗匡濟則勿書人物罔垂典型則勿
書土田罔關阨塞則勿書風俗罔崇醇
厚則勿書務期體嚴
王鈇法歸良史罔負所學乃止豈敢自比
吾家季重謂書記足樂者哉夫亦附於
襄陽耆舊之傳荊楚歲時之記而已然

泰竊有幸焉生長桑苧里與先喆相親
炙遭逢
李侯過化下邑廼厥娃地適與前天寶
賢牧相同而又欽洽周至如執羽授詩
時也其異數為何如哉夫後之視今猶
今之視昔也後之續起而修明者其遇
合當必更奇矣

書

皇清康熙七年戊申歲孟春月次旬穀旦

邑人吳泰薰沐拜書

景陵縣志目錄

署縣事李　馨纂修　　儒學諭易

邑人吳　泰編次

街道 關厢 坊表 市鎮 驛司 郵舖
橋梁 津渡 兵防

絲集

卷之五
學校志
廟制 學制 社學 義學 書院

卷之六
風土志
風俗 古蹟 勝境 別墅

竹集

卷之七
饗祀志
壇壝 廟祠 佛刹 道院

匏集

卷之八
版籍志
户口 田地 稅糧 起撥 存留 俸役
驛站 均徭 走遞 祭祀 賓興 典禮
支俻 裁解 雜課 藩租 興除 土產

土集

卷之九
秩官志
封建 守令 内史 防禦 司馬 判官
團練 將領 軍事 酒稅 知縣 署政
縣丞 主簿 典史 教諭 訓導 巡檢
驛丞 訓術 訓科 道會 僧會

卷之十

人物志上
侯伯 令尹 進士

革集

卷之十一
人物志中
舉人 貢士 辟舉 監生 武胄 吏員
義官 封贈 恩蔭 賓耆 忠臣 孝子
義夫 節婦

木集

景陵縣志目錄終

邑丘侯修誌自序

古者列國必有史今之縣邑猶古子男之國也而志即史之流也宜去秋蒞邑稽故考聞喟然歎曰文獻無徵何此邦之曠典耶時方急民瘼蠲宿獘蓋有志於誌而未之逮者彌一載茲冬退食稍有餘閒遍訪舊志於遺逸參州志之因革沿文竊義分剖就編天開於子而辰宿列故志星野地闢於丑而流峙形故志山川人生於寅而氣習殊故志風俗三才既判王制聿興故次建置次城堤次署宇次學校次祀戎次

版籍治法亦云備矣有治法必有治人故秩官繼之有治人必有治化故人物繼之人文既盛則吾道明而異端歸故寺觀終焉而災祥勝景古蹟村里封域司道倉院驛鎮舖坊社塾書舍廟祠壇局户口田賦貢課郵役土產守令丞簿典教科貢薦辟監武椽散封贈名宦鄉賢孝節隱逸各以其類相附如綱舉而目張領揭而衣具雖不敢裔流古史庶幾備考稽昭曠典而觀風采俗不病於文獻之無徵也然歷時未久而採訪未周則掛一漏萬容或不免知我罪我將

在斯乎志成禮蕭陽蘇友諱應科暨邑庠魏貫程宗敬何汝器二三子校焉遂鋟諸梓用識篇端紀歲月

時

嘉靖庚申仲冬既望洪都汝湖丘　宜譔

景陵丘侯修誌序

景陵以治沔路麗邑之長時過而周贍或繇公事如境迎送或錢廩鏹鈔陂郵綱獲之務勺令而煩長故其方至風土耳目猶近而包袤延逵圖域未離且歲輸晦數較踰總州又項徵發凡輿館徑傳什倍於昔吏至日詹不給不過凭託謭胥或塗而借聽人卽一一覽循故實于郡乘所遺殆多而民隱闕焉嘗令縣官及博士校讐未暇寢罷三年而丘君汝中以儒緣餙吏始蒞之月繕壑塍簡供億權羡絀蘇度支督瘦

困糾鬻濫諸廢悉興塗歌瞽訟廼始徵余會蘇生應科從蕭來余以文學長令賓過之共治事丘君日夜檢覈屬意生生受成竣功焉蓋兩月晴爾何丘君之乂事如家而操吏君素授也已展書作曰夏侯之功最鉅於漢今自襄郢而注折爲滄浪迤東滙北導經大別凡從竟陵委旋而厮不若沔之濁波陷於墊爾已昔荆洛轉般驛此安適哉誠一大阨也今又闢治與都獨號爲最縣百需千孔藉以土辦給爾假令丕乂今詔圖道事令有司闔户校而出捋理其奚從聞

臨要人瘼哉頃年王簿殷文翼衰老泣血同里中上
疏陳民便議之若萃訟閤者猶閒聞於長吏俱且厭
聽已升縻之則烏得不委民溝洫而時時聞王簿言
耶此書之裨爲大而丘君葢有隱心焉矣縣故無志
志之自辛酉辛酉既興水民饑而親王報適國境上
縣隸同荆西路會當饑差不無萬一令科民即斯志
也無甚沿革循官而世守之其猶可以藉手不爾豈
徙沔民皆沿而巳哉余居嘗於沔時時閱其中附書
竟陵大事因以爲脣吻國哀而述之篋尾使聞於丘
君其謂余言誠實録也哉

明分巡荆西道温如春譔

邑任侯修誌序

夫志也者記事之書也朝有寔録郡邑有志家有簿
籍其義一也試觀之家田產土段租稅出納朝夕饔
飧賓客往來伏臘祭享莫不有簿以記之爲家督者
按籍而考其成假令紀數不清則入乾没而出漏巵
悉用是掌故者爲哉景陵故無志附於沔陽志中弘
治年邑侯姜公綰修縣志距今將二百年風徽凛滴
陵谷變遷不無滄海桑田之異及世宗朝邑陞縣丞君
宜重修又聞以大水嚙城郎板爲河伯取去丑字號
譌矣不可讀矣謄遇我侯任公以名進士先宰泰興豐茂
又蒂而邑稱治至上嘉其能美調景陵又未期而宜
治民安乃於公餘之暇披閱縣志見其殘漏命予重
修於是上稽往牒下採時論自冬徂夏半載告成是
故帝王迭興更姓改物創制立法時易勢殊志沿革
天統元氣地統元形三垣九野纏度分明志星野夫
有顯道爰以象示休徵咎徵如響應聲志祥異寓縣
之廣形如錯繡彼疆此界各有分土志疆域建邦設
山川土田守在四境封山奠川志山川美哉山河

爲國之寶攖險守要何敢侮予志形勝王公設險築
城濬池民賴以衛鞏於磐石志城郭民爲邦本本固
邦寧戶口蕃息百度可興志戶口食土之毛賦以供
上撫字催科繭絲保障志田賦粟米布縷用一緩二
力役之征亦不可廢志夫役民之所大惟在於食黍
稷稻粱蒸民乃粒志土產荊州之域包茅是貢羽毛
齒革四方攸同志方貢資始資生曰惟天地崇德報
功明禋享祀志廟祀向明出治厥有堂宇百堵皆興
居處笑語志公署邑稱澤國所恃堤防一或有瑕民

其爲魚志塘垸家無懸耜匪居匪康畝棲野被乃積
乃倉志倉庫雲夢既乂爲禹之績草莽市井冀厥攸
居志民居顧瞻周道如砥如矢里有鋪舍君子所止
志鋪舍德之流行速在置郵皇華策遣水陸是遵志
驛遞水陸之衝四民鱗集虞有暴客巡警是司志巡
司從舟慮危從橋則安徒杠輿梁民無病涉志橋梁
春水盈盈舟橫野渡有客問津不煩戒茹志津渡養
道既備庠序斯設既作泮宮有物有則志學宮聖道
煌煌日月經天春秋享祀億萬斯年志崇祀犧牲玉

帛粢盛蘋藻對越在天駿奔在廟志祭儀俎豆樽壺
敦瓶斝彝必備必親神如在斯志祭器鐘鼓管籥鞉
磬柷圉琴瑟塤篪靡一不舉志樂器左手執籥右手
秉翟式歌且舞神之格思志樂舞飲以明讓射以觀
德無憮無敖其儀不忒志飲射師儒濟濟講道論業
馬帳春風程門立雪志學規桑梓非暖松桂非寒予
以代耕苜蓿闌干志餼廩膏腴畎畝養士食貧婚嫁
喪葬衣襦米薪志學田蒙以養正聖功伊始閭巷有
塾黨蒙可啓志義學文事武備不可闕一克詰戎兵

用戒不虞志兵防既富而教有勇知方風移俗易薰
德善良志風俗二氏之教雖曰異端羽翼風教亦有
小補志寺觀雍門知哀牛山飲泣賢愚共盡千古同
悲志墳墓英賢稟征虎榜策名爰立坊扁芳聲四聞
志坊扁選勝尋幽遐登遠眺嘲月吟風壺觴寄傲志
勝槩朝廷建官各有分職上下相維如臂使指志秩
官方稱製錦政美烹鮮金口木舌賢名並傳志名宦
山川靈淑篤生俊英廟廊巖穴今古齊聲志鄉賢父
卑射策金閨通籍爾公爾卿共獎王室志進士鄉舉

里選賢良孝廉無負嘉名一飛沖天志鄉舉賓興跋
薦纁辟徵召南金東箭貢於王庭志歲貢譽髦俊英
席珍待聘肄業成均恩同選士志例貢祖宗開國克
咸厥功山河帶礪爰及苗裔志武胄親以子貴榮所
自出生有顯封没有贈卹志封贈子以事親臣以忠
君婦以從夫三綱克正志貞孝琬琰琳琅纍纍金石
傳信千秋不磨不泐志紀傳郢中之曲流爲詠歌陽
春白雪調高寡和志詩詞凡爲卷者六爲目者五十
餘分縷析判如列眉俾公餘之暇一披閱之洞若觀

火然豈敢附於著作之林亦曰聊當簿籍以待家督
之考其成焉耳第恐見聞有限未免漏紕所賴憫其
固陋補其闕畧不無望於後之君子
天啓六年閏六月望日景陵教諭江夏游文聚譔

景陵縣總志論

嘗謂居鄉者當論其勢尚友者當思其人吾楚也分
星則爲翼軫分野則爲荆州而景陵雖當時之下邑
實古時之鄖國也其在漢也則爲雲杜縣其在隋唐
也則皆爲郡治其在元也舊爲軍衛逮我聖祖高皇
帝平荆之後立指揮以守其地所以强武備也至天
下甫定之時改軍衛以立民縣所以備文事也其封
疆西據荆襄南臨漢沔東連川貴北枕隨郢而景陵
處其中則固有以甲三楚之諸邑矣自其形勝言之

以阻山爲貴也是故五華鎮其北青山鎮其西見龍
鎮其南巾戍鎮其東而天門、龍穴、古城、直陽、諸山又
屹然挺秀於四方若夫諸葛嶺則孔明之所築也東
崗嶺則陸羽之所居也蠏止林則隱相之所憇也環
珠波則富商之所留也此雖古人之遺蹟亦足以壯
景陵之重鎮而究其所由成則果發跡於北極山而
爲黃蓬山之根本也又以帶河爲貴也是故義河遶
其南回河遶其北馬溪遶其西板港遶其東而東湖
[illegible]連池諸水又煥然凝聚於左右若夫漢水則注

於沔也。馬勝、則注於潛也。牛蹄、則入於漢也。橫鯿、則播於江也。此皆神禹之大績。實足以壯景陵之襟帶也。而本其所自始。則又發源於嶓冢山。而為丙穴之淵源也。在古則有雲杜城。梁時之所築也。而築於今者。則有張與陳之賢牧焉。或肇造於始。或再造於茲。於是城墉言言。景陵勢奠而固守矣。宮室所以聳觀瞻者也。在古則有望仙樓。宋晏殊之所建也。有鴻薇軒。宋張耒之所建也。而建於今者。則有顧與姜之諸學焉。或建仕學堂。或建旌善亭。於是宮室翼翼。景陵

之觀美而本端矣。自其風俗而言之。土隙而廣。地卑而濕。以漁罟耕耨為業。而少積聚。以激昂侈靡為務。而喜健訟。雖千金之家。亦重巫鬼而近淫祠。雖五尺之童。皆重禮教而崇信義。耕尚鹵莽。乃廣種而薄收。婚畧禮文。每多費而少聚。疾病、則飲貲相卹。死喪、則歌舞雜哀。故名賢之集曰。人自溫良。化作蠶桑之俗。陸羽自傳曰。風俗之美。無出吾國。漢書記曰。民有江河山林川澤之饒。丁謂之詩曰。民淳訟簡。圖記曰。務實朴厚。圖經記曰。人性淳和。夫景陵之風俗。固本如

此也。方今聖天子布作人之化。賢邑宰踈恩澤之私。吾觀熙熙焉以入於德。皞皞焉以忘其僞。雖間有狡猾。亦將漸化而遷也。流俗不於是而革乎。自其人物而言之。劉君珊、漢之裔也。張與世、宋之傑也。張徽著滄浪之集。而為司馬光、范純仁之友。黃回遭一時之遇。而成握符建牙提師千里之功。子文樹相楚之勳。陸羽有茶經之著。張欣泰、張欣時、携琴遊園。倚枕賦詩。而起褚淵之異。張淵道、張從道、聯名金榜。文優一世。而有雙桂之坊。今則李琛總兵戎、而建平定之績。

黃鍾奉聖諭、而平崇慶之變。李慶遷儉、而有薦介自守之節。廖訓司教、而有方正高潔之守。何玭教行合江。而得東湖先生之號。楊清作宰貴溪。而沐生平耿介之稱。魯文恪公、奉使邑邦。而敝蹤金珠。國學司成。而儀刑山斗。胡進士、發跡黃甲。而御筆題名。仕致參政。而躬承顧命。竟陵之人物。其盛如此。方今京師優作養之恩。士子懷待聘之珍。吾知文運並亨於國運。雖環楚諸郡。皆將遠拜下風矣。人文不於是而責乎。自其良牧而言之。漢梁時。有夏侯恭叔焉。惠政大行。

草木連理。土澤沃若。有光如燭也。有白公景亮焉。縣南瀟河。徑達漢江。特詔褒美。賜以宮袍也。有裴遼焉。開置屯田。公私便之。有常放焉。在郡和理。吏民其稱。存性嚴猛。控禦右也。宋元之時。有張榮焉。金兵犯境。力戰而死。有裴果焉。才能决斷。中理屈滯。馴至我朝仕士。惟能齊七政者。有若張天麟。楊季安。姜綰。陳良王等。修築城堞。協力保障。修葺芹宮。勸課農桑。而爲之後者。皆良宰也。敷五教者。有翁冒等。蔡德嵩。唐戫。劉翹等。正身率物。貴義賤利。爲文典則。溫恭雅飭。而

繼其後者。皆良師也。自其節義而言之。宋之時。有陳嘉言焉。被執不降。厲聲罵賊。自沉於水。六人死節也。有張徽焉。七持使節。八割郡符。神雖去輪。忠不忘君也。有張廸焉。元豐進士。累官諫議。不事諂諛。有爭臣風烈。有祝松焉。登舉進士。初調長水。以城誓死。古郞民祠之。胡元之時。有瞿氏焉。張楚材之妻也。夫卒而終身守節。至正間旌其門。有王氏焉。吳伯瑞之妻也。夫卒而守正。至殁。至正間表其節。我國朝忠義接踵。厚於父子之倫者。有呂中焉。呂文公之子也。厥父先

喪。事毋甚謹。毋死廬墓。號哭三年。以辟舉授職照磨也。人無不悅慕。此固天下之孝子也。而後此者。其忠君愛父之心。盍有無間於彼此者也。有王氏焉。蕭政之婦也。夫死無子。守節獨居。日月同盟。松栢並操。知縣周端奏而未果。鄉人至今惜之。此固當時之闕典也。而繼此者。其冰壺秋月之節。盍有無分於貴賤者也。自其地勢而言之。地居澤中。土惟塗泥。地之上者無川澤之利。地之下者無隄防之固。故江溢則沒東南。郢溢則沒西北。郢江俱溢。則連沔湖洞庭。滙爲巨

壑。淺者爲棧。深者爲巢。飄風怒雨。長波巨濤。烟火斷絕。哀號相聞。沉溺死者。動以千數。不特漂泊巴廬而已也。其地勢之下如此。而民無渙散。要亦守義安貧者也。然而優恤之典。亦不可不下也。自其賦役而言之。田惟汙萊。民力疲敝。歲時多水澇之災。轉輸無朝夕之暇。夏則歛夏稅。秋則歛秋糧。有州存以備用。有兌軍以輸省。有存留以給軍需。有南糧以解京。緜絨軍器。不時分派。藥餌曆紙。歲以取盈。且差派之輕重。不量戶口之多寡。服公事者。仍用其家。有殘疾者。不

免於役豈獨飢寒迫身而已哉其賦役之重如此而民無流離要亦盡分供職者也然而蠲免亦不可不須也又自其土地之所產而言之有魚鱉膾鯉也有嘉禾香稻也有櫟木樗薪也有葭葦修竹也有荳蔴菽苴也有荷蓮芡菂也有蔓菁金橘也有粗縷麤菜也有山桑紫笋也有蝦蟬鮮菰也物雖非美而亦景陵之土宜也又自其城中之勝景而言之曰道院迎仙也曰書堂出相也曰鳳竹晴烟也曰龍池春漲也曰夢野秋蟾也曰天門夕照也曰三澨漁歌也曰五

華樵唱也曰梵剎晨鐘也曰笑城暮雨也名雖不一而亦景陵之奇觀也噫景陵之事固已盡矣合而言之形勝固美矣而所以擴充之者存乎人創制固美矣而所以繼述之者存乎後風俗固淳矣而所以化導之者存乎德人物固盛矣而所以鼓舞之者存乎上良牧固多矣而後焉者當思所以宣上德而達下情節義固夥矣而上焉者當思所以表其賢而激其忠地勢雖下矣當思所以維持之方賦役雖重矣當思所以賑貸之計土產雖微當思所以開養民之源景物雖佳當思所以討久安之策予僻處竟陵所見者如此而已觀風者尚采而錄之無徒曰子誠齊人也

明景邑孝廉蕭副撰

景陵縣志

姓氏總録

明

成化乙巳年

纂修　婁　綰　號玉卿江西弋陽人由進士知景陵縣事

嘉靖庚申年

纂修　丘　宜　號汝湖江西新建人由進士知景陵縣事

編著　蘓應科　庠生莆田人

校訂　魏　貫　邑庠生

程宗敫　邑庠生

何　器　邑庠生

天啟丁卯年

纂修　任贊化　號參之山西聞喜人由進士知景陵縣事

參補　游文斐　字綱卿武昌江夏人由貢士任景陵教諭

清

康熙戊申年

纂修　李　馨　字蘭若陝西狄道人由貢士署景陵縣事

參補　易體震　字起潛荆州宜都人由貢士任景陵教諭

編著　吳　泰　邑庠生

景陵縣修志姓氏

總裁

總督湖廣等處地方軍務兼理糧餉兵部尚書兼都察院右副都御史加三級張長庚 西曜，遼東遼陽人

巡撫湖廣等處地方都察院右僉都御史林天擎 王礎，遼東蓋州人

提調

湖廣湖北等處承宣布政使司左布政加一級劉顯貴 元伯，遼東東寧衛人，丁亥貢士

湖廣等處提刑按察使司閻廷謨 獻孺，河南孟津人，丙戌進士

督理通省糧儲道布政使司右參議王孫蔚 茂衍，陝西寧遠人，壬辰進士

督通省清軍驛傳鹽法道按察司兵備副使饒宇拭 型萬，江西進賢人，壬辰進士

提督通省學政按察司僉事李可汧 元伎，江南崑山人，乙未進士

督理

安陸府知府加一級張崇德 懋修，遼東錦州人，戊子貢士

清軍同知劉餘霖 筠菴，順天宛平人，庚子貢士

管糧通判程湛 止水，河南永寧人，戊子貢士

纂修

署景陵縣事李馨 蘭若，陝西狄道人，甲午拔貢，京山縣丞

參補

監刻

儒學教諭易體震 起潛，宜都人，戊子選貢

縣丞苑芝 秀君，杏山人，戊子貢士

典史金華國 用汝，唐縣籍，山陰人

裁正

邑人譚篆 灌湘，戊戌進士，內翰林院檢討

較勘

邑人胡承諾 東柯，丙子舉人，考選知縣

吳驥 延卓，庚午舉人

考訂

邑人鄒枚 荻翁，前明季閩省舉，修史

毛一駿 槐眉，庚午舉人，海鹽知縣

謝夔舉 瞿菴，歲貢，辰州府訓

沈佺 全人，貢士，考選通判

程一璧 文琰，壬辰進士，安陽知縣

歐陽旹 泉菴，己亥進士，考選推官

鄒山 弘景，辛卯舉人，玉山知縣

程飛雲 拙菴，己亥進士，考選推

龔仲鵠壬水甲午舉人
譚笱林表貢士
江琳生嚴菴丙午舉人
鄒華雲掌貢士
譚籍鹿柴恩貢
馬前融容菴恩貢
鄒參巾岸丁酉舉人
沈坦之守岩癸卯舉人
江琇生梅菴癸卯舉人

程世遴爾詢貢
吳泰梅里縣庠生
編著
彙次
吳序繼思庠生
朱曾震子廩生
劉翼孫扶九廩生
譚錡林宗廩生
吳昇光甫廩生
蕭聲達鴻勺廩生

胡褒嘉言庠生
楊色依柳似庠生
胡泌西表庠生
吳昜晉侯庠生
謝鉉玉上武昌府庠生
陳志忠藎臣庠生
龔俊灼人庠生
龔銓啟山興山縣廩生
楊色春江來庠生

毛偉彥升
江琨生玉昆
吳珩玉子瑋

景陵縣志卷之一

邑後學吳　泰編著

凡例十有八則

一邑例有志本建置也周地官縣正掌其縣之政令秋官縣士掌其縣之民數此物此志也竟陵自秦已為縣有縣則有志美哉始基之矣

一志必加修廣文獻也昔鄭侯入關先收典籍考亭出守首詢圖志誠重其事也景陵初無志附沔陽志中其草創者弋陽姜侯（諱綰）也討論者新建丘侯（諱宜）也修飾者聞喜任侯（諱贊化）也其潤色者今洮陽

李侯（諱譽）也特書之以表政務之始

一縣志較郡志加詳郡志猶綱也綱但舉其大凡焉而已縣志猶目也目必節次而詳列之

一新志視舊志更嚴舊本有姜丘任三志猶春秋有三傳也姜志逾四甲子漫漶無考丘志歷百餘載簡畧弗詳即任志亦四十年矣然渾脫者每苦滲卮而影撰者更涉濫觴故筆削罔敢從寬

一傳信先當正訛縣志因無績本掇襲每多牽強如煙雨樓寶香閣俱在沔陽而收入景陵是以縣事載州事也如雲杜城玉沙縣俱在隣封而收入景陵是以縣事載隣事也如天門山指為火門山飛昇觀指為八卦觀以至洗墨池青錢亭或指在五華山旁或指在舊儒學內是以縣此事載彼事也諸凡謬訛今悉改正

一詢名務須覈實景邑古蹟載在紀聞如左傳之臼水魚陂酈注之鄖亭即國固云世遠地湮矣若夫直陽市撒花臺相傳有其地而無其事廣惠寺境

會亭相傳有其事而無其地將何從稽考乎夫鴻漸茶井湮塞莫問蓮池書院做圮易主良用深惻茲必確搜遠探以寄尚論之思

一建置援本前朝邑名景陵自晉天福始也霄城復州沿革可考雲杜玉沙溷淆難據矣至鄖國引於傳註風氏因乎謠俗姑從舊帙未敢遽刪尚俟博物訂正

一山川例載舊位然山勢萬古不移而水道千年必變也水經注巾柘分流禹貢載漢箴分派多無憑

擴難以確指今採謚經史訪問耆碩聊爲分疏各
係下至名山有無考者有混收者俱訂訛勿疑
一縣治學校風教伊始縣主莅民學惟造士載稽加
詳重根本也餘但舉其要採其文焉而已
一城郭隄防政治攸關魯文脩之記載之詳矣今疆
圍多故河伯頻患凡在司牧者當致意
一田賦所以裕國也歷代遞有舊制　本朝更出
新規無容輕議矣然善政圖其無弊而良法垂爲
可久前者如陝南拆程侯繼秩善政也五不朽任侯

費化良法也今者　郡伯張諱崇德行宮當善政　司
理史諱廷颺行平圖良法兌歸畫一咸稗民國豈非
經久無弊者乎昔唐憲宗命帝漁撰次州縣民物
利害曰慶分語茲官當已行而南折未復此中慶
分是有望於　當事者
一兵防所以衛民也景土澤國匪用武地然陰雨綢
繆有備無虞茲採輯前史事涉封內者續之以補
前志所未逮
一吏治通乎王化景邑秩官自宋晋後咸有傳續

本朝諸　守貳仍題名如前而　署政循良過
卓異特爲增出以寄樂只之思
一人傑因夫地靈科甲貢監例載題名無俟討議而
忠孝節義有關風化豈容泯沒然景邑變後人文
掩抑多矣茲於已經旌表者録之未經闡揚者采
之此則本輿情之公論俟　賢牧之特褒也
一篇首錯舉天文然必有疆域而後列纏次也丘侯
志先星野後建置是天文先於地理矣夫輿紀不
洞讖緯職方必本山川茲特釐正之

一卷末例附藝文景邑著作如林難以悉載也茲從
丘侯舊例凡高文鴻篇隨分載各條下所云因文
見志者然連篇累牘浩弗勝録文中子曰史之失
自遷固始也記煩而志寡茲僭爲節畧惟存大旨
又所云不以辭害志者歟
一縣者志之準也繫於邑者方書則越境擯之矣信
於邑者方書則傳疑闕之矣景志舊附沔陽志中
若十五國風楚地藉江漢始見者緣前人失考也
我景土寔三箍故道見於禹貢景贊有令尹子文

見於論語其志林與九經並傳矣

一志者史之流也周外史掌四方之志小史掌邦國之志典至重也而又有撢人掌誦王志訓氏掌道方志則志顧不綦備歟是書未敢以史自期然事必編年從春秋法也人必立傳從史遷體也題必挈要從綱目例也至於隨載篇末稍衆緒論則亦附蒭荛工瞽之列而已

景陵縣志卷之一

署縣事李　馨纂修　　儒學諭易體震參訂

邑人吳　泰編著

地圖

古賢左圖右史原相表裏況河圖昉於前聖乎周職方掌天下圖司險掌九州圖司書掌邦中圖遂人掌田地圖其制久矣景陵幅幀百里視侯服相等昔爲封建今爲郡縣也因爲繪圖於左以備遊方者釆云

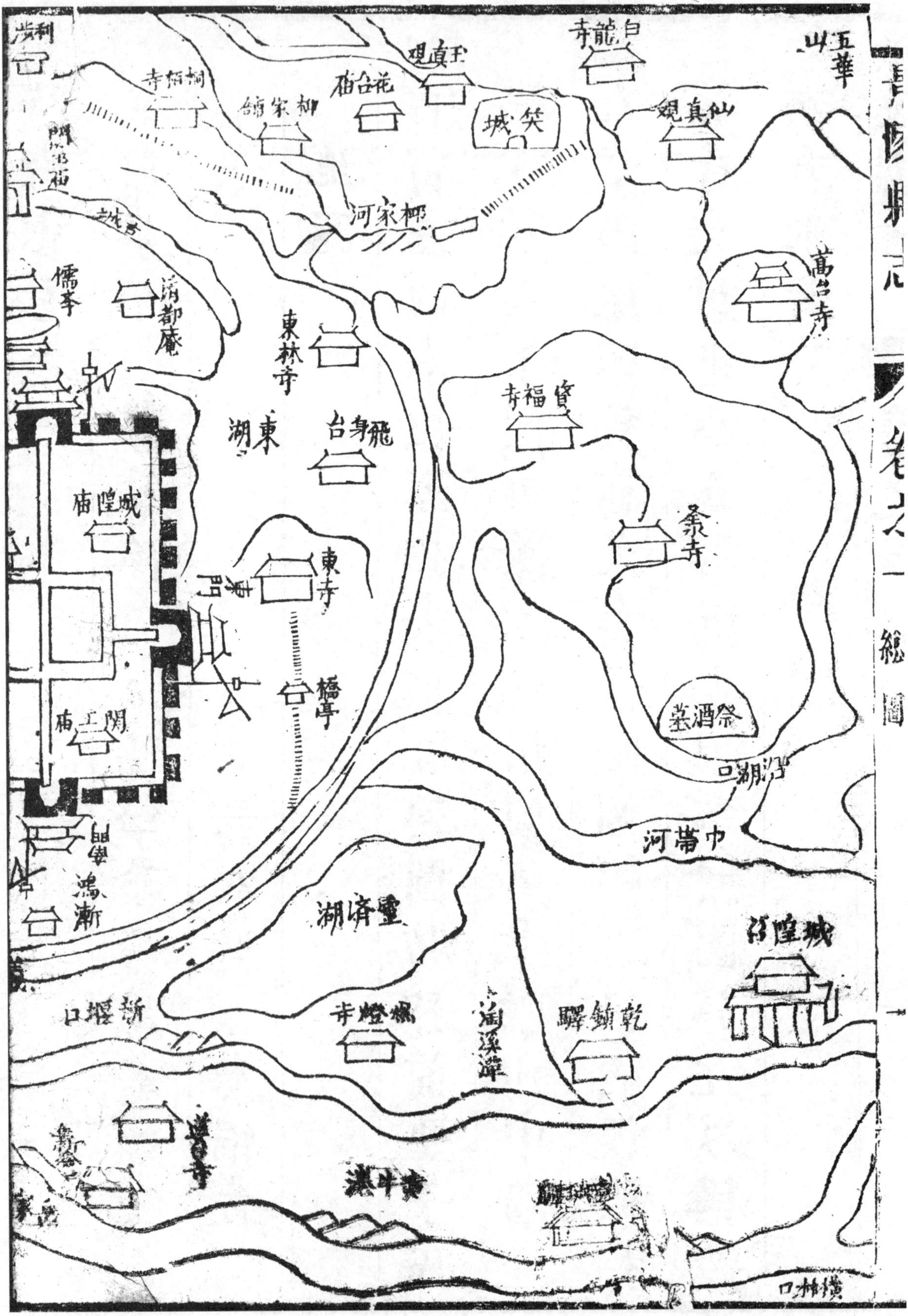
白龍寺
五華山
王真觀
花台廟
柳家舖
桐栢寺
笑城
仙真觀
柳家河
高台寺
清都庵
東林寺
資福寺
東湖
飛身台
城隍廟
東寺
東門
橋亭
祭酒墓
巾帶河
靈濟湖
城隍廟
乾鎮驛
新堰口
燃燈寺
橫林口

竹影寺
諸葛廟
風波湖
二郎廟
观音橋
湯港寺
三烈祠
演武廳
西湖
關羽祠
西寺
倉
观音寺
祖師殿
聖台寺
東嶽廟
公館
文昌殿
趙家橋

景陵縣治圖

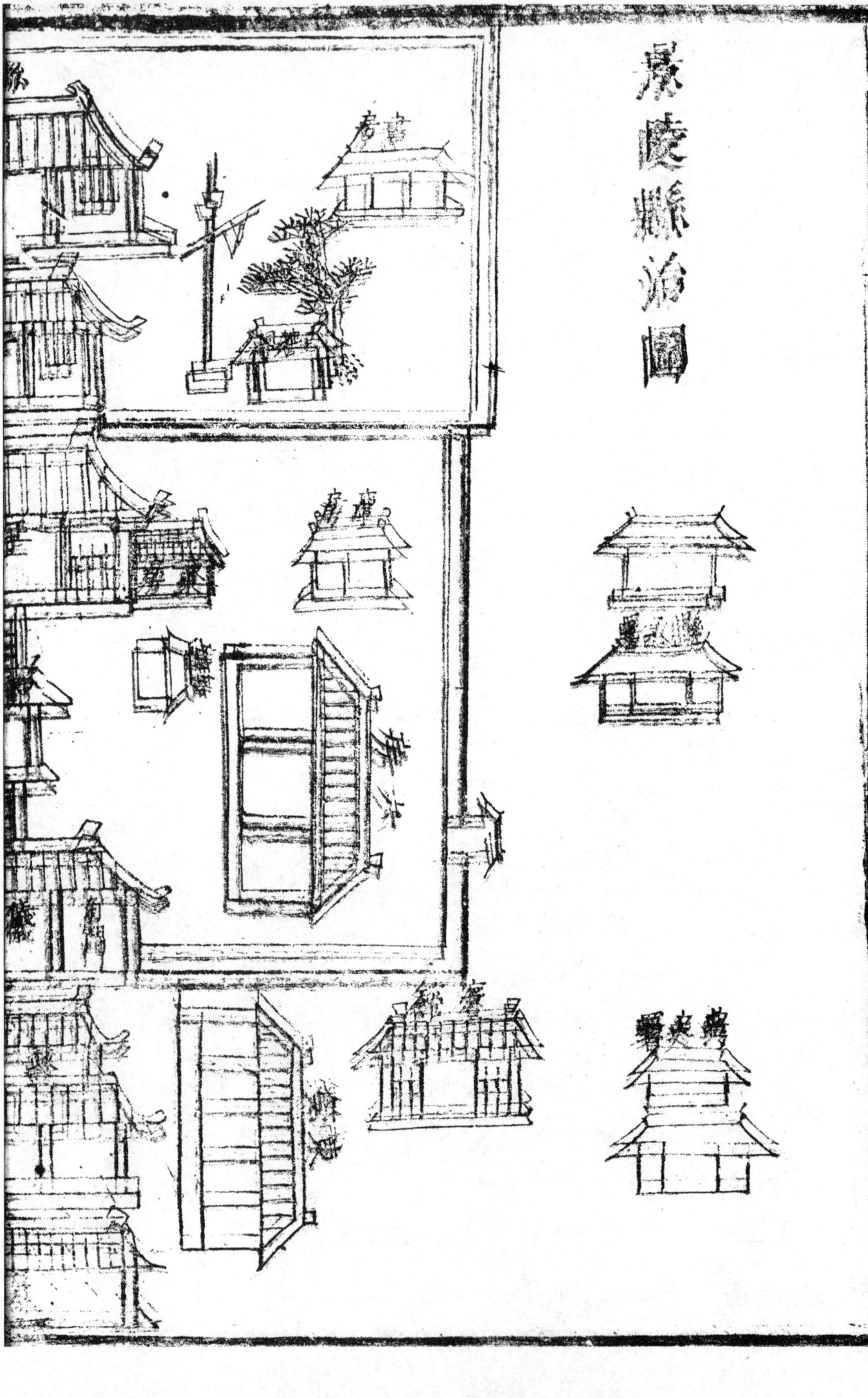

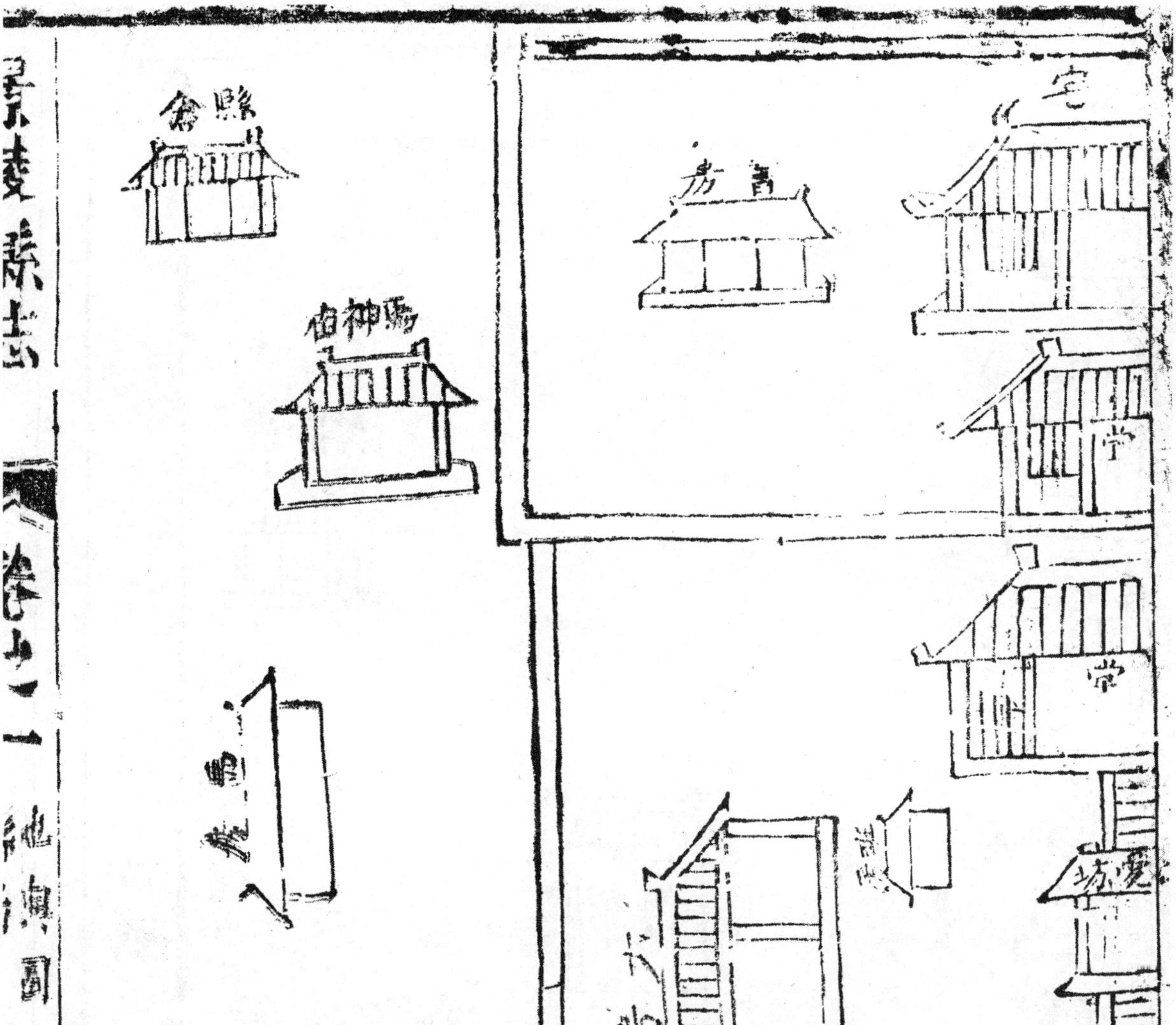
景陵縣志　卷之一　地輿圖
縣倉
馬神廟
書房
宅
堂
角門
門
樓
墻

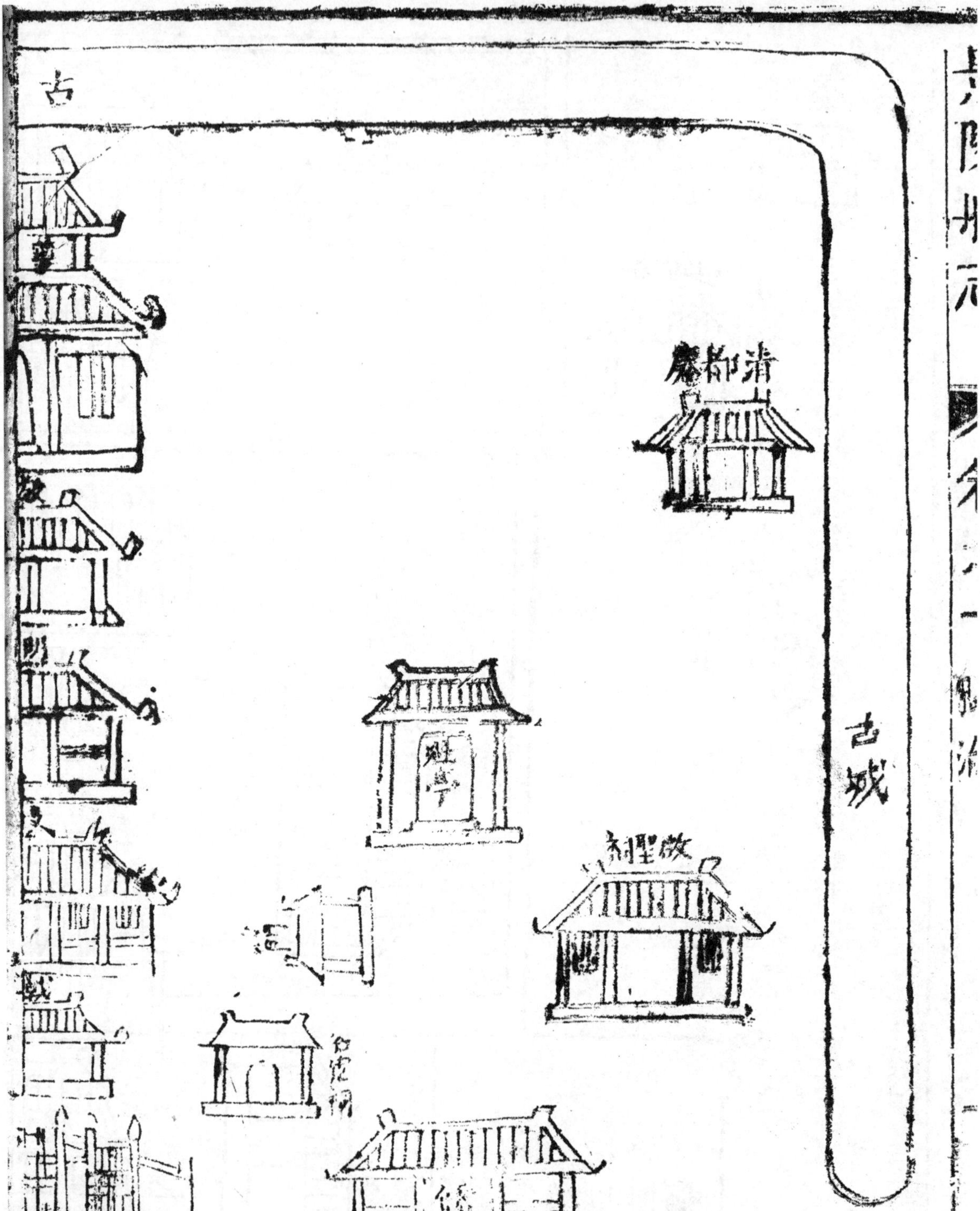
清都觀
啟聖祠
古城
東湖

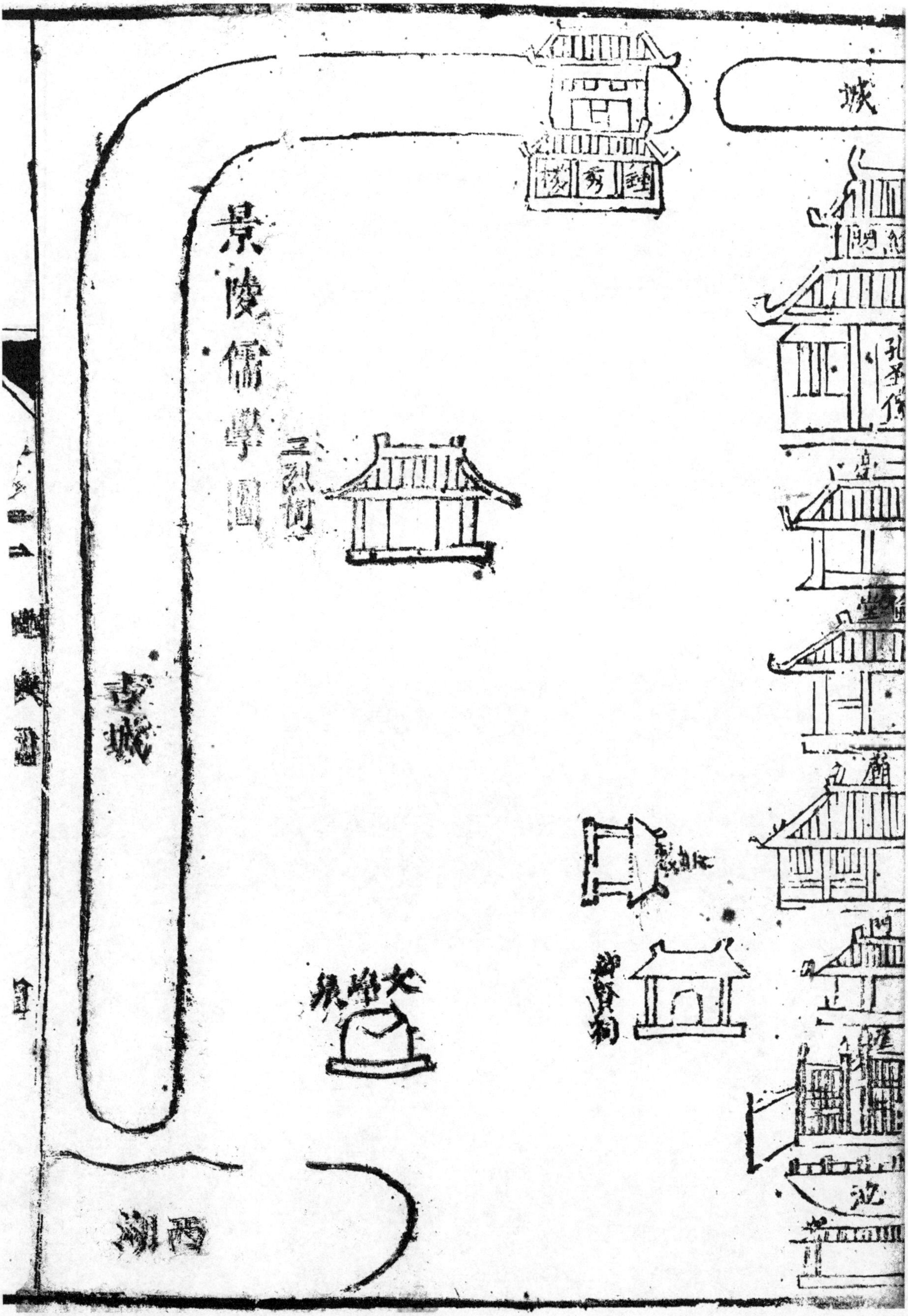
城
景陵儒學圖
三烈祠
古城
西湖
鄉賢祠
廟
堂

景陵縣志卷之一

署縣事李　馨纂修　儒學諭易體震參補

邑人吳　泰編著

建置論　沿革

夫九丘先於五服職方本於禹貢我楚自季連始生熊繹肇錫而疆域以闢焉然風城鄖國其來舊矣夫古之封建今之郡縣也景陵自建縣而後其歷代沿革有燦然可舉者

沿革

皇古爲風氏國

風氏伏羲姓也國在邑北五華山相傳其後封於此史載太皞母居華胥之渚履巨跡意有動遂孕帝焉今邑有五華山上有伏羲廟其名風氏葢由此　按左傳任宿須句顓臾風姓也寔司太皞與有濟之祀晉杜預注四國伏羲後故主其祀封近於齊皆魯之附庸也則今風氏國非伏羲後矣宋胡寅作景陵伏羲廟記不及此亦疑之也

唐虞夏商爲荆州之域

舊志稱荆州者舉其槩也古竟陵寔三澨故道禹貢嶓冢導漾東流爲漢又東爲滄浪過三澨入於大別孔安國注三澨水名鄭炫注三澨水在江夏郡竟陵縣　按孔鄭俱漢人是時漢竟陵縣屬江夏郡也後漢書注曰江夏郡故城在今安州東南以地輿考之則今德安漢陽兩郡與京山南鄙景陵東鄙皆是也今之江夏郡乃漢之沙羡縣至三國吳割據後乃分江夏東境沙羡地置武昌郡隋時始改沙羡縣爲江夏縣與漢時江夏郡轄竟陵縣地者迥不相侔也

春秋爲鄖子國

鄖楚屬國也國在縣巾揚水西酈道元水經注巾水西逕竟陵縣北西逕揚水謂之巾口水其西有竟陵大城古鄖子國也鄖公辛所治謂鄖國矣

春秋周敬王二十五年楚滅鄖封大夫鬭辛爲鄖公　鬭氏芊姓若敖後辛爲鬭穀於菟曾孫鄖令尹子文先敬王十四年楚昭王敗於吳自郢涉睢濟江入雲中遂奔鄖鬭辛以王奔隨明年乞秦師敗吳昭王入於郢至是楚無忌故勛封鬭辛鄖公

戰國爲竟陵地　竟陵名始見此

秦昭襄八年　周赧王三十七年　秦使白起攻楚拔郢燒夷陵遂東至竟陵　秦拔郢至竟陵乃南郢非北郢也楚熊繹封於荆在南郡丹陽地楚文王都於郢在荆州江陵地是時秦拔楚都近燒夷陵所謂南郢也今安陸府肅梁唐宋時俱稱郢州去夷陵甚遠謂之北郢詳見王弇州宛委編

東皋雜録云信陽軍山路險隘迤邐至安陸南大

江陵無山陵之阻謂竟陵者陵之竟也竟陵名所繇起

秦併天下分荆州置南郡有竟陵縣南郡由荆州分置

水經注白起拔郢東至竟陵秦以爲縣竟陵爲縣始見此按春秋縣大而郡小如趙簡子誓師上大夫受縣下大夫受郡是縣荅統夫郡也戰國縣小而郡大如秦孝公併諸鄉分秦地爲四十一縣是郡始統夫縣也後秦始皇併天下罷侯置守凡三十六郡滅楚地爲南郡中南陽長沙四郡而竟陵爲縣遂統於南郡南郡荅今之荆州也

漢興高祖分南郡置江夏郡統竟陵縣

漢江夏郡在安州雲夢東南六十里非今之沙羡地也置雲杜竟陵二縣俱屬江夏郡江夏郡由南郡分置

晉以雲杜竟陵南新市屬江夏郡後因漢竟陵縣而屬竟陵郡

晉元康九年分江夏西部置竟陵郡竟陵郡交江夏分置治石城領長壽竟陵新市霄城新陽雲杜六縣石城今安陸府晉羊祜鎮襄陽時所築則今安陸亦古竟陵也又唐書樂志曰石城樂者宋臧質所築也石城在竟陵郡宋臧質蓋嘗爲竟陵守於城上見羣少歌謠作曲曰莫愁在何處莫愁石城西今安陸府有石城驛莫愁湖即其地也夫晉時竟陵郡治石城領竟陵縣則景陵隸安陸已見於此

齊以竟陵雲杜霄城長壽新市屬竟陵郡

齊武帝永明二年封蕭子良爲竟陵王子良齊王子

梁因之而屬沔陽郡沔陽郡由竟陵分置

胡三省釋文辨誤梁武帝置沔陽郡於竟陵縣按此則今沔陽州亦古竟陵縣仍置竟陵郡按梁竝竟陵郡領梁安縣建安郡領霄城縣竟陵霄城未嘗相入也

西魏改竟陵縣曰霄城仍置竟陵郡

晉元康年原有霄城縣魏或併竟陵入之竟陵互名霄城始見於此

後周復曰竟陵

後周於建興置復州復州名始見此霄城復曰竟陵縣後於石城置郢州郢州始見此今安陸府廢竟陵郡

保定中新州及梁寧等郡廢入竟陵郡

隋初於竟陵置復州後徙治沔陽復州由竟陵分置

隋開皇元年於竟陵縣置復州改名復州始此後徙治沔陽沔陽稱復州當是縣從州治爾

大業元年復置竟陵郡廢復州當沔陽郡沔陽竝州二郡互相廢置

唐初移復州治竟陵

天寶元年更沔陽郡爲竟陵郡

建元元年又改復州爲竟陵郡

寶應三年竟陵郡復治竟陵縣

五代晉改復州曰景陵郡竟陵曰景陵縣

後晉天福元年改竟陵縣曰景陵縣縣名景陵始此

宋改竟陵郡爲復州領景陵縣

至道二年以玉沙屬景陵郡玉沙縣名景陵郡名原自有辨

熙寧六年廢復州以景陵縣隸安州趙宋熙寧時安州即今安陸府也舊名安陸州按晉元康年石城領竟陵縣宋熙寧年景陵隸安陸州今安陸府轄景陵縣猶沿晉宋故制也

元祐元年仍置復州及玉沙縣而以玉沙景陵隸

復州

端平中景陵縣隨復州徙沔陽鎮

元還舊治景陵隸復州路沔陽府

至元十六年改復州路爲沔陽府領玉沙景陵二

縣

明初爲衛後廢衛爲縣

洪武初年景陵爲衛

洪武三年廢景陵衛爲縣調衛金州以衛治爲縣治

洪武九年改沔陽府爲沔陽州領景陵縣

嘉靖十二年世廟舊邸在安陸州乃陞州爲府曰

承天府割沔陽州附屬之縣隨州隸景陵隸沔陽非古也始於至元後洪武初郡制爾夫晉領石城宋隸安州其制可考景陵原隸安陸也萬曆末年漸不相屬至天啓時知縣程維楧請於上景陵直隸本府至今永爲定制

國朝改承天府曰安陸府縣名如故仍隸本府

按景陵置縣以來爲郡屬者四爲州屬者三爲府屬者二徙鎭者一隸路者一改名者三同時稱號與圖推移苟不詳終始無以考古徵今而沿革何從知矣

附雲杜玉沙辯今談縣治者引古曰鄖國背城後州其建置沿革較然著矣至雲杜玉沙間言垂

稱何哉按古志竟陵雲杜自漢迄晉俱爲二縣至隋治沔陽但存竟陵意省雲杜入之雲杜之稱蓋出此乎若玉沙則自宋以梁分漢江南白沙院爲縣初屬江陵後屬復州又後縣頓沔陽鎭又後廢爲鎭屬監利縣始終與景陵縣未嘗相入也景邑人有恒言雲杜玉沙殆習焉而不察者乎

論曰邑曾文恪諱鐸記景陵蟠襄摑以東漢沔以北隨郢以西此最廣衍足牲鮮絲卉稻粱之利四方有事所爭處也今壤地如故殷富漸臻賴我　良司牧起而撫之則百年雍熙寔再造茲邦已乎

景陵縣志卷之一終

景陵縣志卷之二

署縣事李　馨纂修　儒學諭易體震叅補

邑人吳　泰編著

星占論 分野 災祥

昔師曠聽南風而祝融洽炎方惟楚分野厥有攸屬也若太微布列政之始鶉尾司火德之終在天成象在地成形災祥機變徵應不爽𠀤振古如茲者已

分野

周禮保章氏以星辨九州之野所封域皆有分星以觀妖祥 鄭炫註翼軫楚荆州分野

司馬遷史記天官書二十八舍主十二州吳楚之疆候在熒惑占於鳥衡 註鳥衡柳星也

按鳥衡註柳星非也鳥者南方朱鳥宿當翼軫爲鶉尾之次故曰鳥衡者北斗王衡第五星爲楚分荆州故曰衡今註作柳者非柳屬周三河非楚分野明矣　天文王衡星精下主衡山南岳也故有衡州府盖取象於北斗云　又軫旁小星名長沙下應長沙府故周名長沙爲星沙此其一証也

左傳禆灶稱歲棄其次而旅於明年以害鳥帑 此明楚鶉尾之次也

石氏星經南宮赤帝其精朱鳥翼翮軫尾皆麗於巳在天北斗二星主楚分

按宋志北斗第二星曰璇名爲法星其分野楚次也

新唐書布太微之政而在巽維外者鶉尾也爲烈山氏之墟 烈山氏即炎帝生於楚隨州厲山

宋天文志三台下星主荆州天市西垣第二星曰楚五車中央星曰司空主鎮星楚

皇甫謐帝王世紀自張十八度至軫十一度曰鶉尾之次於辰在巳謂之太荒落於律爲夷則斗建在申

今爲楚國分野 爾雅邢昺疏僧一行志魏陳卓書蔡邕月令章句起張終軫俱同

春秋元命苞軫星散爲荆州江夏入軫十二度

晉天文志翼軫楚荆州江夏入翼十二度

春秋元命苞江夏入軫度晉天文志江夏入翼度然景陵自秦漢置縣始屬江夏雖世代遞遷要在禹貢荆州之域則天文所屬江夏與景陵俱爲翼軫分野明矣

皇明通紀星志南郡入翼十度正德二年卿雲見於翼軫世宗肅皇帝誕降斯土入繼大統占者曰此楚分野也

論曰夫星土之辨昔人疑之如吳揚南都而分野

在斗牛北宮魯亥東國而纏次在奎婁西度此皆不可理曉者以輿圖考之楚荆在南方則翼軫似有據也惟唐僧一行論精氣不論方隅主山河不主州國稱獨見焉故入軫入翼晉志巳與元命苞異而諸家言翼軫屬荆州則同也孰方隅以泥分星亦難乎爲考矣

災祥

南宋朝

孝建元年竟陵木產連理其上有光木產連理人以爲縣令夏侯恭叔善政所致云又南宋元嘉三十七年二月壬辰白兔見竟陵刺史南譙王義宣以獻

唐朝

長慶四年復州漢水溢決時復州治景陵

宋朝

太平興國五年七月復州江漲民舍隄防皆壞

紹興三年二月復州水

淳熙三年夏復州旱冬大饑

淳熙八年七月復州不雨至於十一月明年五月不雨至於七月

淳熙十五年荆江溢復州水

明朝

洪武二十二年巳巳水决城壞舊志不載今從魯鐸修城記補出

成化十年夏大水城内乘舟

成化二十年城北倪俊池產瑞蓮次年魯鐸舉鄉式是其兆也

弘治六年冬大雪恒寒

弘治十三年大水

弘治十四年倪俊池復產瑞蓮次年魯鐸舉壬戌科會元是其兆也

正德三年邑有犬生角犬生角衆怪之問於魯鐸公公曰守犬生角此兵象也果盜賊嘯起詳見童內方紀

正德十一年大水明年水大飢民物多耗

嘉靖六年六月大水民田廬皆壞戊辰颶風大雨雹是夜人畜多溺死

嘉靖七年夏旱河竭民多乏食

嘉靖八年秋七月漢溢

嘉靖九年秋大水八月丁丑有星如月自東南流於西北俄有聲如雷

嘉靖二十年蝗飛蔽天

嘉靖二十三年大飢
嘉靖三十三年旱民採菱藕爲食
嘉靖三十四年十二月十二日夜子時地震有聲自東北起西南去房屋動摇人民驚駭
嘉靖三十九年城北楊楚贄翠雲亭池産瑞蓮一本二花者三後年甲子科吳文佳周芸謝廷教同中鄉式俱登進士應瑞蓮三本之兆
萬曆十一年水浸城不没者三版
萬曆十九年大水決隄入城
萬曆二十年水没城龍坑堤決民大荒

萬曆二十一年水入城
萬曆三十年六月民間訛傳宮選一時婚嫁殆盡
按此本不應入災異姑記於此以見人情不寧之兆
萬曆三十一年地震有聲如雷
萬曆三十六年夏荆南水溢入城襄漢倒流
萬曆四十年大水彗星見
萬曆四十五年大旱蝗蟲蔽野
泰昌元年彗見東方白氣竟天冬大雪恒寒
天啓元年元旦日暈冬大雷雪

元年二月若有物自東來蜿蜒學宮櫺杪既而泮池水湧丈餘紅光燭天其底似金色獅子像經日不散觀者如堵次年劉公必達舉壬戌科會元是其兆也按魯劉會元俱壬戌
邑教諭游文駿泮水呈祥賦　維天啓之御極局辛酉之仲春遵祖宗之功令值三載之賓興慶王衡之啓運誕發祥於景陵有神物之自天乘雲氣以東來忽風生於蘋末乃如輪而如纛方蜿蜒於宮櫺復環繞於庭階俄而泮池水湧騰起百丈紅光燭天斜結末日其閃閃也如電其團團也如盆

其旋轉也如轂其環繞也如帶隱隱隆隆奇奇怪怪變幻翕忽莫可名態予時挾策徃觀喟然歎曰有是哉是物之顯異也豈楚王之濟江浮萍實於水濱豈交甫之適野弄遺珠於湘妃豈陽侯之奮怒鼓白波於洞庭豈天吳之作祟仍洪水於襄陵而胡爲乎若海中之蜃樓潛泣珠之鮫人若錢塘之舞潮迴胥濤之大神如銀河之倒瀉高掛於雲漢如黄河之下注震撼於龍門如江海之翻波揺天而盪日如瀑布之飛泉濺珠而噴玉顯龍宮於

海藏現水怪於燃犀而予不覺銀海生花五色無主形神俱喪舌强欲吐恍惚之間若有所諭神鑑不言默示以臆虎嘯而風生龍興而致雲雨零而礎潤蛛網而喜臨里社鳴而聖人出黃河清而聖人生河出圖洛出書兆文明之瑞而麟遊郊鳳儀庭顯至治之徵茲者天道著象豈虛幻而難憑當必有異人爲鍾扶輿之間氣萃光岳之精英振文瀾於學海嗽芳潤於詞林行且闢兩間之泰運沛八表之甘霖調元氣於玉燭轉日轂於崑崙勳鴻

名於彜鼎竪駿業於無垠爰走筆而特書以自附於斯文

天啓五年春雨無麥　邑人譚元春作乙丑六月十八日糴米詩見嶽歸堂集中

崇禎二年漢水溢

崇禎三年元旦日暈生珥夏地震二次房屋皆折

崇禎七年春地復震冬旱草木開花

崇禎九年六月丙子夜有星如斗赤芒耀十丈自西南流東聲如雷八月大水決東隄入城冬十二月賊犯西關庘　按賊犯關姑記此以誌亂始

崇禎十二年秋太白晝見冬彗星出是年城東隄有氣如牛鐘歷四五年不散　後賊踞景陵與官兵相拒屠數千命隄上是其兆也

崇禎十三年春大風霾雨沙晝不見人秋旱飢銅塚飢民爲亂旋捕殺之

崇禎十四年正月來黃霧四塞日青無光夏旱蝗十月朔癸卯日食無光晝不見人大雨如注

崇禎十五年春大飢路多亂死是年夏南門外龍潭灣居民牝騾產駒毋子俱亡

崇禎十六年正月初三日城門流血如注初九日闖賊由縣河而渡踞景城官民不守如入無人之境

國朝

順治元年　即崇禎十七年　賊踞景夏大旱民不耕是冬多雨雪凍餒載道除日夜天大雨雷震霹靂有聲

順治二年春大饑民多死闖賊拔城南奔焚殺劫掠四野盡空秋冬民病大疫苦饑

順治六年學宮大成殿有聲如雷旋火起東南角

同時殿廡俱焚
順治七年春地震
順治八年十月朔日食自辰至午始復明是夜雨
雷
順治九年歲旱三月至於七月不雨冬大飢
順治十一年黃鶴集蕙臺湖二白鶴前導之是年程公飛雲中鄉試解元是其兆也
順治十三年春三月夜迅風起石坊折壓死居民
數家冬十月訛言宮選如萬曆壬寅年婚嫁殆盡

順治十五年秋漢水溢隄決壞建月兩城注
康熙元年八月漢水溢城上可行舟居民溺死無
數
康熙二年四月城外居民生豕有一身二首八蹄
二尾六月初五日水決隄入城
康熙三年水入城冬十月彗星見
康熙四年元旦日無光二月初彗再見旋沒六月
水決隄入城夏秋之交星晝見
慈谿王治皡大水歌　景陵六月蛟龍驁怒拔洪
流雲夢澤決堤溯濤萬馬強黒閃練湧千弩力屈
注月宿濱渤寛撼震幹維波濤直男婦號呼朧畝
荒出門振枕江湖白昨夜奔雷劃電來風雨驟駢
烟霧迴助茲淫威殃下土家室飄梁何有哉鼋鼍
街市掀浪出咫尺嘽睨巢翡翠河魚大上古所聞
石犀不壓誰所致茂宰閔皇心力殫無奈蒼生禍
未蔵慮殫爲河河伯驕瓠子宣房憂不細野老無
事多歎嗟起覗萬象長風沙安瀾今日思神禹撫
卷他卿空歲華

論曰災祥天數也水旱歲祲也惟君相不當言命
則守令豈可安數乎夫治登上理則蝗出境虎渡
河政無仁施則鼠害稼風拔屋盍天人感召之際
徵矣今晩近喜談祥瑞下吏不務修省然有年祥
也而春秋書桓公變者一鳳鳥瑞也而叶徵圖言
爲孽者四豈非在人不在天之明驗乎

陵縣志卷之二終

景陵縣志卷之三

署縣事李　馨纂修　儒學諭易體震參輯

邑人吳　泰編著

輿地論　形勝　道里　坊村　山川

楚華路藍縷以啓山林維景陵僻在南服爲邔子國且唐虞夏商周爲荊州之域其形勝已見矣王制量地以制邑則道里均焉量邑以居民則坊村列焉允若茲則山川險阻其名不可考乎

形勝

楚辭曰南郢之邑

輿地紀勝曰惟爲夢澤之南寔在重湖之右

古今傳曰形若蟠螭

州志曰川澤之區

復州廳壁記地濱江漢之洳

朱昂曰環城皆水因湖爲濠

賽廣澤廟亭襟帶隨郢膺背與楚地灌而卑承漾而瀦

張允之焦侯德政頌曰夢澤之南涇流襟漢是爲

陵東盡滄浪

魯鐸曰景陵爲古荊州之域閒乎雲夢之澤襟帶義河三澨在其南沱潛在其西實亦江漢下流也

按越世家竟陵澤楚之材也東皐雜錄竟陵者陵之竟也漢志章山在竟陵東北即禹貢内方山其麓俱至竟陵而竟也宋胡安國上高宗疏論興復曰欲固上流必保漢沔則竟陵亦全楚險要也其形勝豈可忽耶

道里

景陵縣疆域廣一百七十里袤二百八十里　上至順天路六千三百五十五里下至省路三百二十里

四至

東至漢陽府漢川縣界城隍臺九十里

西至安陸府界小河口九十里

南至沔陽州界劉河驛九十里

北至安陸府京山縣界潔水堰六十里

八到

東到漢川縣二百里

西到安陸府二百三十里
南到沔陽州一百八十里
北到京山縣九十里
東到漢陽府三百里
北到應城縣一百二十里
西南到潛江縣一百二十里
西北到安陸府二百二十里

坊村

景陵縣治編戶六村編治二十五里

坊在城內編一里
曰在城村
廂在城外編一里
曰附城村
上白湖村俱縣西北編四里
曰馬溪　曰巾港　曰青山　曰洲上
下白湖村俱縣西南編四里
曰永和　曰永豐　曰泰寧　曰安和
雲潭村俱縣東北編四里
曰東流　曰諸流　曰霄城　曰仁和
官賦村俱係縣東編五里
曰興仁　曰仁和　曰三才　曰白雲　曰仁平
按今廢一里或者仁和里同雲潭村
方樂村俱縣南編四里
曰永平　曰安平　曰泰平　曰和平
南黃村俱縣南編三里
曰泗港　曰獅子　曰崇進

論曰成周時里宰黨長咸列六秩之命官鄉老當

夫皆有譽望之名士盖古者郡有守縣有令鄉有長里有正位雖不同而任皆役民者也古制鄉長里正原非供役於官者後世雇用其民鄉長里正命曰戶役唐宋而後其弊益深矣明初令郡縣里長主斷鄉里間事花戶逋稅輒用刑比不煩守令也近來守令有權催科是憑凡爲里長輕則破家重則喪命則戶役之爲害也今行官當良法始稱無弊允宜遵守云

查官當法雖係新制而亦屬舊規也按嘉靖年並知縣誌書載景編共六村坊廂二十五里每遇[illegible]

需既責見年又責排年村無寧里甲無寧户知縣丘公行通融法令見年里長徵銀給辦每石不過二錢而已歲會需用者其八九當規支應未嘗蔽缺於是盡革排年使十年一役然則昔之通融亦即今之官當也惟徵銀不過二錢故稱官民兩便其後給辦不敷事責見年而天啓年任知縣諸贊從行收户法止令見年里長守櫃排年里長納銀官有徵解之責民無賠累之苦其後弊端百出事累收户矣今康熙六年署縣事李公諱馨奉各上臺行官當法而見年排年諸苦盡皆革除現經刻石在案

山川志

五華山　在縣東北七十里週九百丈高十五丈上有風城有伏羲廟其旁曰臨津門有神農廟有自

龍寺有仙真觀

陳陵題五華風木圖（爲邑國子助教王以義題）　峩峩五華山鬱鬱千章木誰將毫素寫新圖筆墨蒼蒼恒在目五華山前親所營手栽松栢經年青伊人遊宦客兩京丘木遠掛思親情一官太學冷如水回望五華幾千里辭官歸去守舊廬風木蕭蕭不堪倚我今兩鬢垂絲素聞君蹈此風木悲强顔食祿麋舊職何時得賦歸來辭君今別去我心惻一覽斯圖三嘆息知君到日掃松楸來往五華看山色

邑解元譚元春送學憲鍾惺歸華山詩　幽幽華山的的南渚女之還思曰寒曰暑予與女之偕思日晹曰雨亦既吉處亦既譽處我心惻女　將安將樂其往匪他王事孔多惕惕皇皇孔多孔臧不勞於行　惟女有鹿尚其放斯速僮於野深之寄之鹿亦有歸鳥亦有飛彼君子兮焉遠　狐裘白之駱馬百之胥徒礫之又範華之淵淵吉人聊一寄之　有塘凌矣有河氷矣寒既升矣凤且興矣我不家溫以念子行子雪亦雪子霜亦霜

邑貢士吳贊題楊明府五華別號詩（知縣楊一儁號五華與山名合）　鴻濛剖後八極尊鰲柱巔屓元氣存帝鄉壁天旦劃地陵勢綿亘作平原有城如斗一泓水墟落參差渚與沚屹然崒嵂五華山環堵萬井炊煙裊不似三山隔神州何須五利訪丹丘遼古太昊有風氏廟宇巋存山之阯羽流煮鳳麟爲脯緇侶鞭石牟可舞神物一闕渺難求大地洞窟誰其主圖西之裔文章伯擷藻詞場擁圖籍家世能續青箱業天人早奏黄門策稱號自與時人殊前身會

有岳靈符隱顯由來在一朝綠素儼將山貌圖甚
翁昔爲句漏尹王喬雙舄事相準輿人今號太平
誦神君尚友可接軫

青山　在縣西六十里其山色多青上有晉濟寺

知縣姜綰詩　三年兩度青山過景物依然鳥自
啼路入天門隔南北水生巾港沒東西巳看刀劍
賣爲犢誰謂絃歌笑割雞誨遍民風歸馬晚好峯
如畫白雲低

天門山　在縣西六十里舊志天門爲火門以係邑火字改爲天門非也考地勢天門山在青山左火門山又在天門旁二山自別安得爲一

慈谿王治皡秋登天門山詩　天門秋氣劃爭迴
繫馬平原風自催早見雲山楚塞斷却愁霜樹郢
中來鴻飛大漠荒煙直練裊孤村晚寺開疏蘚看
君能並入同秀水陶學寮象成疇社登臨屈宋有雄才

邑舉人胡承諾天門山雨眺詩　從倚去叢薄登
頓望山椒澗複嶺下巔峭壁數攀條列堅扃祕雲
重巖滲餘霄青林間紅葉丹岑抱碧嶠方躋羽人
宅更指化城標靚靚月殿逅鈴鈴金策遲晉欲栖
松屑鍊色駐華甍

邑庠生吳泰天門山值雨詩　閶闔竅群動元氣
吐納通混沌盤大旨終不肯洪濛登頓無倦步重
巘履蠶叢蹲石學虎豹攫拏勢欲雄呼吸帝座逼
絕頂立穹窿車輪初起處海氣掛一紅陽烏蚤高
枝微嵐結幈幪天光不照地昏曉自相攻俄然白
縷堅山椒滲微雾密陰埋前樾屐腹泥濘允霹靂
叫發響雲散雨陣空曦影射萬濤碧落灑丁東上
巖聲在樹下山瀑在峯乃知陰陽幻變態成化工

歸心指落葉天外數聲鴻回首招行旅隔水界長
虹入煙復出煙往來流鑿中靈與開性情大道訪
崆峒

火門山　山去天門數里其勢差小至今土人猶呼
爲火門山世傳漢光武兵夜舉火度此因名

唐陸文學自傳羽天寶中負書火門山從鄒夫子
墅即此是也惜鄒失其名故無傳太史倪公元璐曰景陵火門山蓋陸羽師鄒先生故地也余聞王翰史鳴玉黃孝廉問言罡張翁夔人告之曰我唐鄒公也名坤字户郎叅於邑白竹淂與景南鄒子同宂也後人因檢易經得闢户爲

坤之句信爲確然按鄒夫子塈字即坤字俱從土則陸所云火門山從鄒夫子塈此塈字非别塈也當是鄒夫子名無疑不然既云山又云塈其地名豈不相同乎

邑庠生鄒法孔號景南舉人山參祖火門夫子詩　感君幽夢夜相存千百餘年萃一軒弟子啓經知姓陸先生寅示舊名坤向無異代邀同譜今傍奇人約其契法孔將堂於自竹臺趁猒火山佳號換招予自竹瘞精魂

邑庠生吳泰題火門山二詩　高山崇仰止古道列巑岏龍燭非啣火鴻飛自漸磐漆燈先有待楞里復同觀謂景南也負笈添幽侶新叅入講壇

闢户坤成象用儀漸有功兩君明易理接契在其中陸自筮鴻漸於陸乃定其姓也鄒自語名坤字户郎乃定其名也日月懸雙炬陰晴幻一峯山靈能寫照訪道即崆峒

巾戍山　水經注巾水出縣東一百九十里西逕巾城下即巾水戍晉元熙二年竟陵郡中巾水戍山得銅鐘七口言之上府者即此山也舊志云巾戍山在縣東北並不載道里遠近然以水經注考之則遠出縣東一百九十里也　又按漢志章山在竟陵東北或云即禹貢内方山也其體俱至竟陵而止今以地圖考之德安府有章山則縣東北地也且其山又遠在一百九十里外疑晉巾戍漢章山不遠附記此

白螺山　在縣西南地其上舊有吳王廟云按呉有白螺湖無山可見也考地圖荆州監利縣有白螺山太守孫存詩曰嘉魚東轄蘆溪河南望山形似白螺顯有草亭三戶堵半開湖地半漁簑盖監利縣古王沙鎮表至道二年以王沙屬景陵故白螺山[illegible]异云

惠亭山　在縣西南十五里按此山亦無可見也考京山縣有惠亭山盖京山古稱雲社陷沿沔陽省雲杜入竟陵故惠亭山互見云亦猶白螺山之訛也

龍穴山　舊志又曰龍尾其山旁有龍穴坡按龍尾山有石脊蜿蜒如龍約數里又有石室二曰前後

觀相去石堰不遠在縣六十里

見龍山　在城南勢若層起環衞其實本無山也

知縣姜綰記　見龍山去縣治四百餘步許山脉自東而來環於縣之南縣之地下人依山以居歲久比屋迴遭自下而視如無山然甲辰春因譙樓落成梯而上之南顧闊山形始見乃以縣西隙地若干徙居人屋通之以路造其上而遊焉中立而四顧凡一縣之内峙者爲山流者爲水滙而瀦者爲澤爲湖墻迴而棟接者爲臺榭爲廬舍錯錯然

於目中目之所至心亦隨之四境猶一家百里猶一人也時父老聞之亦欣然相率來觀且請以見龍名之夫起於東而環於南蔽於古而顯於今見龍之象也易曰見龍在天利見大人而是山而令邑人者能以德及人而爲人所利見則遊焉而民悦否則以爲邑而從事遊樂夫何使我至於此極也然則謂之見龍者非徒誇一方之形勝而矣一時之遊觀也

諸葛嶺　在縣南二十里世傳諸葛孔明屯兵處

按三國志先主長坂之敗與孔明趙雲張飛趙漢濟沔與羽會且縣有先主躍駕河則屯兵此地固其宜也

知縣周端詩　鋒鏑艱危獨輔劉相才應不愧伊周陣圖自許籌神計糧道誰能運木牛千載忠腸昭赤日半生威望肅清秋早知漢祚天無意龍臥惟耕老一丘

東岡　在縣東七十里夾松石華嚴二湖間陸羽嘗居於此祭酒魯鐸世家焉宋祁新唐書隱逸傳贊羽號竟陵子又號東崗子

祭酒魯鐸詩　湖上東崗舊得名結廬高處作書生北瞻京國寸心遠下瞰郊原四面平風景問時皆好況雲霄何日是前程梧桐生在朝陽裏聽取丹山彩鳳鳴

又鐸少時詩　古樹崗頭屋數椽主人家世只殘編住臨江漢東南會望到雲龍五百年七澤鳶魚皆道理九州兒窮或顛連西周老鳳將雛近幾見梧桐由影圖

漢江　在縣南五十里一曰夫襄河其源出嶓冢山今陝舟州集者蓬志荊楚之地水繞山而上者皆呼爲襄故襄水之上源亦名襄江即書云懷山襄陵之義也今俗疑爲襄陽而來名爲襄水按陸澄地里記襄陽無襄水夫襄陽城枕大江即漢江水非襄水所自出也

唐僧皎然詩　漢水饑千曲飛來自隴西到來雲夢澤飄瞥楚雲低積潦平江斷塵楊柳古堤踏春遊女出彷彿浣紗溪

漾水　在縣南合溳水其源出狠谷中禹貢嶓冢導漾是也東流爲漢水又東爲滄浪之水輿圖考安陸府城北有滄浪水過三澨三澨水在竟陵縣入於大別云其水自安陸東逕漁泛洚逕葫蘆三灣而下或疑三灣爲三澨非又按漢水分派諸河漢水東播爲小河牛蹄獅子三汊口漢水又東播爲馬賜河漢水又東得積鱗口漢水又東播爲淘溪潭漢水又東得便河口漢水又東播爲新冲河漢水又東逕乾鎭河出漢口入於江

知縣李濂襄水櫂歌　襄河兩岸石楠花絳水青梢照客槎春風吹槳郎休駐野艷令人惹卻家

儂家阿姊笑儂孤無柰郎舡楚又吳安得化爲船後舵隨郎南北別愁無　雙雙鸂鶒鬧晴川對對鴛鴦戲白蓮如何郎去儂無耦惱殺春風夜不眠

三澨水　在縣南五十里其源自安陸達景陵書曰過三澨是也今郢州長壽縣磨石山發源東南流者名澨水至復州竟陵縣左傳句澨漳澨雍澨遠澨皆水邊地

邑舉人胡承諾詩　三澨疑水陸辨以證之紀三澨馬融鄭玄王肅咸謂水名許慎服虔京相璠或謂邑或謂水惟劉澄之言在竟陵縣滄波訢

凝碧洞酌惟清泚渡頭人不喧日暮漁歌起

邑翰林檢討譚篆宿三澨詩　棲霜鴈影落平沙淺草河洲日已斜幾葉檣帆來遠浦一犂燈火聚荒涯貧村冷寺僧無語小店飢年酒不賒千里長堤襄水惡魚龍爭破萬人家

西江水　在縣境西乃襄江一派從城下過通雲杜泉約數十道云

陸羽六羨歌　不羨黃金罍不羨白玉杯不羨朝入省不羨暮入臺千羨萬羨西江水曾向竟陵城

下來

邑舉人胡承諾詩　水從城下過泉出山中好通得巾柘穪無總三澨道我讀萬羨歌千古寄懷抱

附陸羽品水記　唐代宗朝李季卿刺湖州至維揚逢陸處士鴻漸因之赴郡抵揚子驛李曰陸君善於茶天下聞名矣況揚子南零水又殊絕今日二妙千載一遇可曠之乎命軍士謹信者挈瓶操舟詣南零俄水至陸以杓揚水曰江則江矣非南零者似臨岸之水使曰某擢舟深入見者累百敢

𨻶紿乎陸不言既而傾諸盆至半陸遽止又以杓揚水曰此自南零矣使𨂿然馳下曰某自南零齎至岸舟蕩覆半懼其尠挹岸水增之處士神鑒也其敢隱焉李與賓從皆大駭李因問陸所經歷處水優劣可判矣陸曰楚水第一晉水最下因命筆口授次第之 廬州康王谷水簾水第一 無錫惠山寺石泉水第二 蘄州蘭溪石下水第三 峽州扇子山下有石淺水清冷狀如龜形俗云蝦蟆口水第四 蘇州虎丘寺石泉水第五 廬山招賢寺下方橋潭水第六 揚子江南零水第七 洪州西山西東瀑布水第八 唐州栢巖縣淮水源第九 廬州龍池山頂水第十 丹陽縣觀音寺水第十一 揚州大明寺水第十

二 漢江金州上遊中零水第十三 歸州玉虛洞下香溪水第十四 商州武關西洛水第十五 吳松江水第十六 天台山西南峰千丈瀑布水第十七 郴州圓泉水第十八 桐廬嚴陵灘水第十九 雪水第廿

按陸羽稱楚水第一則竟陵西江水當居第一矣今品水論不及此故宋歐陽修謂此記爲張又新詭作非出羽書者蓋疑之也錄此備考

縣河三汊水 舊名汊水以乾鎮亦有三汊故以縣河別之也 其河西自南河入焉南自黑流渡入焉北自石家河入焉故名三汊 或疑三汊爲三澨俟再考

巾水 水經註巾水出縣東一百九十里西逕巾城下即巾水戍又云竟陵水含巾吐栢是也

邑舉人胡承諾詩 古戍夷爲田巾水迴作堰秋來禾黍高寒渚蕪葭遠旁睨千萬峯洞壑歛膚寸

邑舉人鄒參岸號巾岸巾水詩 久知濃霧是山巾吾邑相沿在水濱總欲臨流灑可漉且宜長醉鷺相隣還須碧玉簪爲髻更恥青蘿帶作紳從此道民應與我泉光峯色繞吾身

揚水 水經註龍陂水逕郢城東北流謂之揚水

揚水又北逕竟陵縣西又北納巾吐栢栢水即下揚水也 揚水又北注於沔謂之揚口中夏口也曹太祖遣劉備於當陽備趨漢津遂濟夏口是也今在江夏地

按巾揚二水俱在縣西北三十里水經注巾水西逕巾城下城下有巾水戍又巾水西逕縣北西逕揚水謂之巾口水其西有古竟陵大城以今地勢考之則巾水當在石河馬溪合流之南故今巾港西有故城數區即古巾城竟陵大城與夫巾水戍

也舊志石家河即巾水不待與馬溪合流後方名
巾港也且馬溪河正在石家河之西當即所謂揚
水而合流之處當即所謂巾水者盖巾揚二水交
會之地頗與水經合　按志邑有巾港湯港二市
而湯字或揚字之誤也但舊志稱石堰渠西通巾
水以石堰口即石堰渠通石家河其水道似訛今
正之
臼水　左傳吳伐楚戰於柏舉鄖公辛與王出奔隨
涉於成臼杜預註江夏竟陵縣有臼水出聊屈山

西南入漢按京山志有臼河安陸亦有臼口驛盖
鄖本竟陵地也晉石城治竟陵故晉杜預註在竟
陵縣以此
井魚陂　志引楚公子比次於魚陂杜預註竟陵縣
西北有井魚陂水經註在竟陵城旁有井魚陂左
傳昭公十三年公子黑肱爲令尹次於魚陂者也
王海曰戰國多以水攻故楚守井魚之口今其地
不知所在
邑舉人胡承諾井魚陂詩　魚陂不可識山川

何嗟哉楚公子環甲此徂征恥國有五難蓮動
竟無成
七里汚　周地圖云夏水合諸水同入漢自漢入潴
名七里汚州名故取諸此方輿勝覽在復州江漢
夏三水所滙之處是也或疑景陵有七里泛即七
里汚
邑舉人胡承諾七里汚詩　名齊嚴子瀨得展東
皐眺平崗既蕭散水木亦清好豈無幽棲者異地
亦同調

漁泛浄　獅子河　馬腸河　清水河　諸河皆潴
也俱會潞江逕潭瀳由漢泒達於江諸河又逕張
滙口會下帳湖東南注於白湖今惟漁泛浄如故其獅子馬腸清水
等河故道已淤由漢南爲大河
按爾雅水自江出爲沱漢出爲潛故曰諸河皆潛
也
牛蹄口　在漢北小河也其河逕三汊口出横鱗口
入於漢又分漁泛浄水逕泂溪潭白雲潭入於漢
寒河　在縣西南漢北小河也其北有寒土嶺邑鮮

元譚元春結廬在其南焉中有簑橋柳庵紅濕亭篇遠堂剪石臺諸勝景凡名賢咸著題詠

邑學憲鍾惺寒河詩　子居在河干河水寒其聲而我來五月颯然形慮清乃悟秋冬意不從霜雪生動插沿洄之欣欣無不榮肅然高寒内其具天淵情

閩蔡公復一寒河詩　淵淵秋水心置此河之干隄滸隨洄曲爐火終往還鍾磬雜井臼帆過遥微瀾聲影所吐納皆與性情安春風秀發卉冰雪通

齊觀樂飢分我友言之涼心肝　按蔡公字敬夫閩人也原任楚鄖撫與譚爲友

觧元譚元春寒河詩　茆屋圍長堤水火自相匝溝池界爲垣春流歸無雜桐舟覆雞鳴渡口聲颯颯兄弟成鄰里賓朋如老衲倚樹時不冠人送無拜答庶幾桑者心泄泄猶沓沓

翰林檢討譚篆憶寒河詩　寒河煙水接湘流想到溪邊風景幽三徑名花香草舍一園涼月照書樓采菱歌斷南湖夜下釣船移野火秋此際日歸

歸未曉北山猶謝薜蘿羞　公爲鵠灣先生胞侄

淘溪河　在漢南　河北出盧家埠東出羊角入漢又得新冲河折旋十餘里復入於漢此河已淤

便河　在漢北縣與漢江遠元知府白景亮開此民便之因名時掘土得石有白公溝三字民咸異之

留駕河　在便河右　按蜀先主敗於長坂趨漢津與關羽船會得濟沔留駕於此地因名有劉先主廟

邑中丞徐成位詩　明河澈秋色鼓枻興悠悠遠

岫雲中畫孤村水上浮風洞丞相嶺波湧帝王洲懷古獨蕭索閒吟斷白鷗

義河　在城南亦潛也東距紅花港西據提河口長五里其河由三汊河逕楊林口又東逕便河又東逕板港又東趨風門入於漢　又自楊林播爲河逕風波湖又東逕沿湖至回河東北合皂市水入漢

按義河世傳宋太祖微時嘗渡此還舟人錢不受後特錫漁稞賜今名　知縣婁絹記義河如義田義莊類其事或始於宋漁人記宋祖事以與錫稞

爾　考宋史王彥超沔州守宋太祖常幸作坊宴射酒酣謂彥超曰卿曩在沔朕欲依卿何不見納彥超頓首曰臣一刺史耳勺水豈容神龍上大笑則宋祖固曾涉此也

邑舉人鄒山義河和東坡遊斜川詩　義河斜川各関津但將蹤跡共情親爰他蕪子十三世也作吾家一室人（東坡十三世身爲鄒陽）

邑舉人江琇生夜泛義河詩　江煙如織酒如泉晝艇無風錦浪牽樹影不隨船上下月光偏與客

周旋棹頭箏瑟湘靈舞水底魚龍犀照燃款乃數聲歸路晚遥聽霓曲舞嬋娟

邑庠生吳泰遊義河詩　挈將絲竹盟鷗辟秋水連天蕩縠文隔浦榜聲疑撼樹迴波帆影欲黏雲江清落日黿鼉出岸險嘶風虎豹聞俞酌喜同二仲好蓮歌唱晚碧筒醺

石家河　在縣西北三十里（舊志石河爲三澨之一未有確據且石河水不通漾水也）

馬溪河　在石家河西二水俱出京山詳後古蹟考

巾港河　在石家馬溪二河之南合流曰巾港河北河南流入於三汊口東流逕縣至風門入於漢

柳家河　在縣東北四十里其河發源淥水堰逕師家泉雲潭河入於風波湖（舊志柳家河北逕石堰口水道舛訛今俱正之）

國河　一曰會河自安陸直河東流逕皂市南會揚林枚港西會風波沿湖合流趨風門入於漢名會河口

車湘港　在縣東十里一曰車湘河

紅花港　在縣東一里東湖隄漏澤園前西達河水

迴旋縣治東出楊林溝復入河遇年水漲河淤今復通其半近因界河築堤壅水南下此港終當疏之

板港　在縣東二十里又名板港河有大小二渡

石堰渠　在縣北十里唐咸通中刺史董元素開故志作石渠堰其流自五華山西通巾水（按縣北六十里石堰口自龍尾不自五華）

灌溉堰　在縣東南四十里

東湖　在縣東城外廣袤三里中有洲上有東禪寺

寺前爲橋覆以亭又前爲隄造焉殿閣隱起水竹縈紆城廬環列煙爨明滅望之最邑勝處

邑梧州知府沈倫夜泛東湖詩　一拳荊影着煙蒙西處蒼茫未有中荷九支持香不了波聲收拾嬰將同人疑爲字溶橋立醉遣霜威到林紅作容故鄉頗動定還留朝氣補虛空

西湖　在縣西城外廣次東湖中有洲曰覆釜唐大師積公陸羽所居其後積師塟於此即建塔焉名爲西塔寺寺有陸子茶亭其西有新甃陸井俱僉

憲柯公齋所建以寓懷古之意者湖中菡萏迎風芙蒲送雨漁舟唱晚農棹歸畫其勝與東湖相上下也

邑舉人鄒山步城北郭歸從西湖詩　散往城隅倦送迎況言避俗得舟行荷心似怯新滀漲風力差貪細葛輕問鎖高樓頻鷺立微喧清磬識僧怦興餘莫憾歸船早雙屐無恙再訂盟

邑貢士吳贊同弟侄泛西湖歌　寺擁湖腹秋波綠桑芋著經幾人續茶井猶帶萬家情蒼苔蒙昔碧蘚癖邇來乘興非訪戴實穫我心但懷陸聖飲時奏香醱醱松篁偶聽風謖謖小阮製舫維其旁渾無塵雜似空谷不形不履坐簀踞左倚琴撫右掛筑落霞續紛絣殿赤微颸潺湲魚紋應趣令握筆眺遠峯烟靄天際横畫幅（伍工畢妙）舉杯邀雲雲滿艦名士何須離騷讀諸昆好古兼賢疑無事微絲與選肉蓮葉田田殘陽西蘭棹漾漾細練觸只此一日足千秋後期肯待餘放菊

南湖　在縣南城外廣次西湖其地中界民居壇墳

栎爲兩湖在橋東者俗名延家湖邑教授延鶴讀書其中今已淤僅可通舟在橋西者壇壖民沽自馬廟俱列爲

邑解元譚元春南湖鼓吹曲　良夜宴君子萬籟歸中正冰凍無與波條褒貞餘勁聊默何以歡魏華過人性深寒澀叢鼓歌與簫管競廣樞散喧闐客坐還淵靜聲音之所爲融冰溫霜覓寶也詩言志人協自歌詠

邑光祿夏時傳南湖泉出弟（時佳）宅後歌　竟陵走

郭江水纏鴻漸六羨歌欣然我生艷聞煎茶記誰
知南零出重淵西塔瓻甃空羽蹟寶亾何取名猶
昔驀然斷斷出城北我聞此語快擊揖汲取鍑鐺
想幽眞再三嗅憶泉下客伊昔過庭倚南陔指湖
云有泉與臺三臺齒齒湖中立泉波多年渺一杯
吾弟更兼靜者懷恨不移呼桑苧來呼嗟勝景去
再還結宇醉光倚湖邊勞勞永思過籍綵二物颺
然來見憐告我前月臺址出崑崙旁溢星宿顛璀
璨不啻獲家珍班剝若見古名賢南湖水漲臺仍

汲時共皓月浸碧天鰋鯉鱗鱗環來往鵁鶄鸂鶒
喜聯翩嗜欲鏟嗒生空響塤篪相和寒玉咽上前
數武操版築一線沫溼終不悛敢謂兩美必將合
畚鍤纔及流涓涓須臾晴空雷雨走霽覘泉源藏
龍吼坎凹百道漏蓮花蘊藻蘋蘩南澗有赤脚蓬
頭坐泥滓眼底耳根一爲清苦遺埋沒數千載何
緣復照星月明詎獨顯晦自有數逆旅主者解幽
情我性最與泉石切買山青泥致頗絶鴻漸一去
無知巳靈閟於今池水竭嗚呼哉我聞夏后南來
留禹穴西載瓻瀹何時輟

北湖　在縣北城外舊志曰官池是也東西通湖水通年水起泝城知縣丘宜募民築其半而含之中界官道不相通也近城西北隅官池內有陸文學井至今古蹟隱然在煙波荇藻中非舟不渡故往來者稀焉邑好事頗欲搆亭覃其上爲遊觀勝槩此亭似不可缺

蒿臺湖　在縣東北七十里達回河入於漢

松石湖　在縣東七十里邑司徒陳所學有松石園

嘗攜新安松蘿茶種其地併著松石園集藏於家

青山湖　在縣西三十里近青山相傳讖曰青風足下圓景陵出狀元或疑即青山風波二湖也

風波湖　在縣東北十里其湖有安定黃林納捌家河達楊林口入漢即古大小十八里渡

上帳湖　在縣南七十里其湖有紅花魚腦牛頭黃沙楊莊自麻陽潭逕破江潭灣入下帳

下帳湖　在縣東南百里其湖有范老灰灣有長洲官洲團洲受黃荆口破江蓮臺東合張池口趨白

湖

澧馬潭　在縣南三十里有陡湖河湖雙湖石泉爛泥三角龔家歂湖陳家濠栢家灣老鸛埸其水皆達於漢其地多淤爲田

白雲三汊　在縣東南八十里有汊曰百步曰燕家有湖曰白湖有河曰拖鎗入於漢

論曰邑治山少而水多此其地勢也旱少而潦多此其歲徵也熟少而荒多此其民隱也天啓前程侯維楧擷譜曰景陵原稱沃壤而近乃凋瘵也蓋

漢水離襄而趨平川至潛則東折入景至沔則北折赴江景實三面受水河身高於兩岸者數尺環景皆浪鄉也本縣泣對窮民旣鮮黔全之鐵立視牧壤又乏射水之方大率景陵通歲皆潦而於今爲甚百日不涸三漲不休捷木之苴巳經咸蔓沉竈之蛙又當產子歛穡巳矣排瀹何時噫夫程侯洞悉景勢痌恫景瘼至今紳士老幼皆思慕之

景陵縣志卷之三終

景陵縣志卷之四

署縣事李　馨纂修　儒學教諭易體震參補
邑人吳　泰編著

城圉論　城廓　縣治　公署　官宇　倉厫
街坊　關廟　坊表　市鎮　驛司
隄防　橋梁　津渡
郵舖　兵防

楚方城爲城漢水爲池水經注郢國古竟陵城故紀城而池可知也有城則有縣有縣則有治故縣治首重焉次公署官宇美堂搆也次倉厫隄防愼儲修也內而街巷關廟坊表外而市鎮驛司郵舖

通之以橋梁濟之以津渡四通八達利有攸往然而兵防猶當預備也亦日聊以固吾圉而巳

城廓

古縣城

按古城乃古竟陵城也䣚酈道元水經注今州志作雲杜城者非又以縣北古城即是者亦非古竟陵城在巾水西去邑西北三十里春秋古鄖子國

新縣城

明初指揮李琛知縣張天麟循古城稍南更築新
城即今縣治　洪武巳巳年大水城壞　成化乙
未年知縣張繼宗築土城（此縣土城之始）壬寅年知縣姜
綰重修　弘治巳未年知縣周端修　正德甲戌
年知縣陳良玉新甃磚城（此縣磚城之始）嘉靖癸卯年南
城崩知縣李仲傑修壬子年知縣黄子静修庚申
年知縣丘宜修　萬曆癸未年西城崩知縣陳席
珍修辛卯年東北城崩知縣林雲龍修　天啓癸
亥年知縣程繼楨修　崇禎壬申年知縣楊一儁

修甲戌年知縣陳六奇倍加修築癸未年賊據景
僞知縣張承濂修外城砲臺乙酉年賊拔城遁
國朝　順治甲午年知縣寧鳴玉更修補築東北城
數百丈　康熙戊申年署縣事李馨捐俸重修
城有門樓南曰南薰（舊名制南）北曰比拱（舊名北門）東曰東
陽（舊名人陽）西曰西成（舊名厲坪）俱知縣陳良玉題
唐錢起登復州南樓詩　孤樹延春色他山睠曙
霞客心湖上鴈歸思日邊花行李幾方久歸期渉
歲除故人云路隔何處寄瑤華（唐竟陵城治復州）

門內有屋三楹以居門者城樓有鐘鼓舊置南樓
以警昏曉者乙酉年城門樓俱燬
國朝　順治年間知縣寧鳴玉甲午年新建北樓乙
未年新建南樓丁酉年新建東西樓置聖像鎮之
康熙五年西樓燬於火急議修
祭酒魯鐸修城記　景陵舊有衛蓋襄荆以東漢
沔以北隨郢以南自古四方所有事也是故宜有
城國朝調衛金州城猶無恙民恃如故洪武巳巳
水決隄城壞景泰二年盜入刦縣庫弘治四年既

刦庫復斫獄取劇盜去正德庚午盜自獄出因嘯
聚屠掠鄉村擄女婦刦丁壯爲徒晝踏關呼官府
將直入挾取所怨及庫實富民閲數月僅乃殲之
此皆城壞以後事也陳侯下車之明年適河北大
盜起詔有司不得無城侯慨然爲永久計屬父老
語之父老曰所願也召富商大賈曰城爲汝蓄藏
也出什一以助吾築召丁壯曰城實汝保障也分
力以助吾築皆應曰惟命侯自捐俸僚屬所捐各
若干富民以緡錢至丁壯以畚鍤至樵荻爲薪烈

石爲炭者以舟車至侯悉籍登記既而闕隄涸潤覆舊築爲址窪於縣周凡百一十有二烟縷四合上糾爲雲霧者連數月百爾云具人匠既集負者蟻升築者鱗集甓焉衛從適均灌焉燥濕得所督作者同心服役者力齊侯旦暮臨眂有慰無亟益若父兄率子弟治其垣墉室廬者也戒事於九年秋以十年八月告成所需自金爲兩者三千六百七十八赴工積五十一萬二千九百四十有二城高二丈有奇厚加於高者五尺週廻六百八十五

丈四門高二丈四尺其深幾倍之門內各爲屋三楹於傍以居門者闕城內外地各丈許又增築外隄伺不虞也復於南樓置鐘皷以警昏曉城外襟湖帶河若天設隍塹鄉民太和會益不啻家室成而婦子相慶也夫天下事備害防患者莫如爲城其勞實稱之民鮮弗病者景陵城廢百三十年侯至纔三載而大功成於朞年非其賢達於人有如是乎是年朝廷爲臺省召侯縣人士攀卧不得留既去而思之來求予記嗚呼吾行天下見賢守令多矣求夫誠心爲民如侯不多見也侯爲政廉明公恕爲人思者豈勝紀述建城其遠且大者也姑書而鐫之用慰所思侯名良玉字德夫蜀之富順人與侯協心者其一時僚佐師賓也凡預是役者悉於碑陰勒之

知縣程維横議處修城詳　看得城垣之設以外捍內圉至嚴重也而景陵斗大區周遭不數十雉匝重湖而繞之嶷亦天險矣第浮浮一島水汎風浪掃城根日蝕月嚙今其東北一帶勺波穴城而

入幾似長梁而又上頽下圮內墉外塌一夫可凴而越也獨西北陬縣治與新廒相倚稍不敞然女墻腰腹之屬摧鎮甚矣轉至西邊僅存磚皮址崩者數處中間土薄壞損多爲居民竊堀直轉南角而止南方縉紳家面墻鱗次人自經營尚無大壞總之埤口則皆削沒腰墻則皆殘毀踵足則皆剝損曾不值塞上一傾堡四樓粗具觀耳西樓椽柱孤撑不蔽風雨然太平無事之日已覺荒磧蕭條今四郊蠕動而茲覇國之餘民斬木揭竿之遺孽

苦括派苦徵逋宜有朋朋者將何恃而不恐屢奉修理憲檄柰邑無分毫公帑而頹垣難問矣適當清理黃冊年分民有投契者錙銖所積些少羨積凡此實在正額之外實不在溢額之中可用以修城者也又前入覲時此縣舊規有夫馬津送本縣革前項不復此雖節省無幾亦可以修城者也又縣每年編修城銀支用粉餙徒靡物力而未支者歲久如故此正可以修城者也估算城工約可二伯餘此三項已過一伯五十復加節省儘可結局

本縣遭此時艱既若茲難作巧婦之炊枉抱愚公之願偶幸此一非剜肉醫瘡二非拆籬補壁遂不禁其乎口之嗌作但舉事動衆伏奉憲批方可堅久玩之群情定一時之則例桑土綢繆景邑世世賴之矣

右中允劉必達上按臺修城書　敝邑城垣褊小素稱澤國水患頻仍城圯池淤久際承平戈彫甲朽突聞賊警四顧無策今幸新任陳父母繕墩修築衆論僉同咸曰先年修築永鎮觀修築板橋灣及東西護城兩堤悉從均灘事克有濟夫當此賦重時加派似不可行然實有至情焉糧在殷實者什九而在細戶者什一且城卑難守大家世族咸思奔徙而險固足恃寒門單族亦必重遷此大小所以有同願也狡賊所至用偵最審本地宵壬伺隙援引譬根本固而枝節聯是一邑有金湯則四野無駭散矣從來城池大事凡有築建本邑不足猶借派鄰封豈一境内外敢分畛域且恒人衛性命急於顧財貨而保妻子深於赴公事况積錙成

鉅所出無幾而鏤金鑄骨所全實多此加派所不俟上聞而自下陳也往例可做不爲創非常之原與情允孚不啻下流水之令夫舉事有名若弗美而其實大有益于地方者此類是已某等不識忌諱同集士民合詞上請懇祈台臺老公祖俯採狂瞽酌議均灘立賜施行則景城邑幸甚士民幸甚

縣治

景陵縣署在城内枕北雉而倚右臂盖縣龍發脉於巽杜逶邐至竟陵俱從乾亥方而來也古今傳曰景

陵形若螃蟹蓋取砂水環抱之象以成龍虎拱衛之勢云

縣舊有衛洪武三年調衛金州改衛治為縣治知縣張天麟立也景泰四年知縣魏庸修　成化十八年知縣姜綰修　弘治十二年知縣周端修　按察副使沈鍾記

金陵沈鍾記略　周侯下車以來顧廳事歲久老將就壓縱橫支柱日光下漏風雨周旁歲餘事有成績且以豈弟父母民率信侯視所積公帑類亦有

餘羨始移請當路悉以為允爰發所積帑材鳩工一髮不以侵民俶事於冬迄春二月告成華朴中度閎過而靡亦閎不及而陋

嘉靖二十三年知縣李仲僎修　天啓二年知縣程維橫修　崇禎五年知縣楊一儁修十七年燬於賊

國朝　順治三年知縣魏人傑始議修九年知縣甯鳴玉大加修治

中為正堂　舊大堂燬於賊名學包堂天啓五年知縣任贊化題　順治九年知縣甯鳴玉重築新基高三尺冑建大堂五楹題曰親民堂　康熙七年戊申署縣事李馨題曰兒女呼我為父母百姓亦呼我為父母倘愛民不如兒女是有忝於父母

堂前為捲廳　舊廳用竹蓬順治十八年知縣劉統賓更建用瓦覆焉凡五楹題曰保釐

堂後為穿堂　舊堂知縣姜綰題曰退思堂後知縣程維橫改題曰耐煩崇禎十七年燬於賊　順治九年知縣甯鳴玉重建題曰程風越日

正本堂　在退思堂後知縣姜綰建今廢

知縣姜綰記　景陵縣治仍衛之舊貫自公廳而下無一宇可蔽風雨為退思所成化甲辰春始以廳北隙地為堂堂壘成匽氏左抱丈尺右執繩墨環棟四顧棟正而後東西為窗二南北為門倍之蓋隨方而廣狹以折中於棟也堂之成有賴於棟者如此邑之治顧不係於令之正乎然令之所以正者亦惟正身焉耳正身以正人而遠邇大小如繩墨之準丈尺之量莫不歸于正猶棟之正而堂

以成也嗚呼堂成於棟棟爲堂之本也邑治於令令爲邑之本也居是堂者盍思所以正其本乎

仕學堂　在正本堂東知縣姜綰建有仕學堂銘今廢

知縣姜綰銘　歲月如流忽焉一春仕無餘力學未日新面墻日偪心茅日深嗚呼聖賢尚惜寸陰綰也何人可以因循格物致知誠意正心以窮乎理以修乎身稽之於古驗之於今王之惟敬進之惟勤誅茅之鉏去墻之斤墻平茅盡庶幾乎成

鶴軒　在縣廳東廊房上知縣姜綰創以養鶴者今廢

知縣姜綰詩　宦途風景眼中稀閒啓東軒放鶴飛萬貫纏來眞戲劇一琴隨去肯儀違赤心露出丹砂頂清致生成白雪衣千載人民如有問還從華表柱頭歸

松鶴軒　在穿堂西知縣李仲僎建程維模重修後至天啓年間知縣任贊化更名改觀亭今廢

教諭游文瑞改觀亭記　竟陵伏羲神農故墟也先正嘗言風俗之美無過吾邑而今則稍稍稱敝矣吏玩於法民習於偷賦積逋而不完政頹靡而不振不大更創之不可任侯父母出治百廢維新諸廢具舉饑寒者生凋敝者起蓋煥然一番景色矣乃委蛇退食觀鶴軒就圮葺故維新名曰改觀志實也予謂觀之時義大矣哉上以觀下儀型下以觀上表率倘身範弗端其又何象焉我侯不沽沽而惡不矯矯而清不悻悻而斷不察察而明則當出身加民時固已改觀易聽矣及其數政出令

風行草偃一唱衆和前于後喁又安有梗化而不悉若於訓者乎即帝典所稱四方風動黎民於變時雍當不過此而要不可謂觀止矣

知縣廨　在正本堂後爲廨樓五楹燬於賊順治三年知縣魏人傑重建九年知縣甯鳴玉加修凡五楹暖廨前左右翼各爲屋數楹

縣丞廨　在儀門內東燬於賊順治初年縣丞黃泰貞稍修葺之

主簿廨　在儀門內西天啓年裁革主簿僅存空廨

今燬於賊

東西庫　在堂兩廡舊創於洪武初後圮弘治已未知縣周端重建天啓二年知縣程維横於堂東創新庫外樹賛政廳以蔽之後燬於賊順治九年知縣甯鳴玉重建

幕廳　在堂東賊燬今建

架閣庫　舊在縣幕廳東知縣姜綰修賊燬知縣甯鳴玉移東房科下名曰架閣庫

儀仗庫　舊名鑾駕庫知縣姜綰立先在東後移西

復置東賊燬

六房　在東西序賊燬知縣甯鳴玉建東首爲承發科次吏戶禮次架閣庫西首兵次刑工各五楹

兩班　在捲廳前東民壯房西皂隸房舊燬今建

土地祠　舊在東房科前賊燬知縣甯鳴玉移建儀門外東其前爲拜廳凡三楹

節愛坊　在堂前甬道中書戒石銘曰爾俸爾祿民膏民脂下民易虐上天難欺賊燬知縣甯鳴玉重建

儀門　在節愛坊前賊燬今建

典史廨　在譙樓内東賊燬今移置新土地祠前

吏廨　舊在儀門外東西旋廢

刑監　在儀門外西知縣姜綰題曰祥刑賊燬今修

迎賓館　在今典史廨地知縣程維横題曰日覲賢士大夫之所賊燬今借土地祠前拜廳爲迎賓處亟議修舉

東西筦　在縣治儀門外康熙六年安陸府知府張諱崇德捐俸鼎建東筦五間西筦五間内設大櫃各

五面秤收民漁各項正銀仍命署縣事李公馨行官當法示不累民命府經承王馭民程堯民劉之畀料理徵解

譙樓　在儀門前賊燬順治七年知縣汪漼重建八年知縣甯鳴玉繕修告成置鐘皷其上

申明亭　在譙樓東洪武元年奉詔建立凡民作奸犯科者書罪揭亭以寓懲惡

旌善亭　在譙樓西洪武元年凡民孝子順孫義夫節婦書實行揭於亭以寓勸善

宣當碑廳　在縣治左康熙六年署縣事李馨同闔

邑紳士立碑文錄後

碑文 湖廣安陸府正堂加一級張 理刑府史秦 總督部院張 巡撫部院劉 布政使司劉 分守荊西道馮 憲牌革除收戶當年偏累一應 差糧民漁三百甲里排公輸錢糧官徵官解夫馬 官喂官應禁止補庫 私派永遠遵行

陰陽學 在縣東訓術一員

醫學 在縣東訓科一員按二學知縣魏庸立姜綰

修嘉靖三十年燬於民間未復

僧會司 在東禪寺僧會一員今司燬僅存址

道會司 在丹臺觀道會一員今司燬僅存址

公署

布政司分守道 在縣東即舊分巡道先有分守道

在舊學西後廢嘉靖二十四年因改分巡道為今

道萬曆年燬於民

按察司分巡道 在縣西舊為儒學嘉靖三十四年

僉事鄭汝舟改建今燬基存

州行署 在縣前東弘治十年知州林濟立嘉靖四

十年知縣丘宜重修崇禎年燬於民

府行署 在皂角市仙鎮觀本府通判劉立今改建

祠六

公館 在漁泛濟嘉靖三十九年知縣丘宜修建今

燬

風憲行臺 在縣前西順治初年邑公署盡燬凡

上司往來借邑知縣劉漸故宅稍假館焉後孫進

士劉臨孫以逼處不便因售於官

官宇

演武臺 在北城外社稷壇東知縣姜綰立周端修

姜綰記 景陵為楚內地僻於百里編氓不滿萬

戶軍民半之今職司弗養奚爲以民而軍演之自

起攻楚東至竟陵裴讓權知縣事因景陵賊損神

門戟架金人飛來而茨城尚存於景陵之東隅用

武之地宜有軍軍隸於衛非一方如遼東如雲南

相去萬里近而五開九谿往來之程亦以旬月計

而景陵如無軍之境為民師帥含民壯而不少演

則簿書之吏口不談兵騷動之民手不操戈倉卒

有警遂使赤子之兵弄於潢池中亦將開戶袖手

莫能戮力以勝之故善養之莫善於衛之父母之

邪土田所安親上死長根於所性耕以矛耜則
農演以行伍則爲兵教以孝弟則如子弟甲不常
帶糧無絕餉庶幾寓兵於農而養與教亦隨之故
備十室之邑亦所宜有况景陵乎若夫農以井耕
兵以家起擇將而統因時而簡用之以地而輿之
以名乃爲備道綰烏知之

弓箭局　在縣前西十間知縣姜綰立今廢

敷政亭　在大街西以揭榜知縣姜綰立今廢

衡量亭　在大街東知縣姜綰有記今廢

姜綰記　度量衡法制所自始洪武頒鐵斗於天
下大定之時所以齊物範人也然斗收於官民不
常見剏承平日久安能保其無弊哉綰乃立亭於
市中合度量衡較以時制使法之不一者皆於此
取則焉庶乎市價可平也

隣里亭　在衡左姜綰立有記　知縣周端李仲傑
重修後此亭毀□懲惡非作者意且贅申明然亭
亦廢

姜綰記　古之人一夫受宅五畝二畝半在野爲
廬二畝半在邑爲里春則出廬廬同井而無不養
之家冬則聚里里有塾而無不教之人自授宅制
壞而不復講教與養遂至爲故事焉綰承　命來
景陵乃五家爲隣五隣爲里使家屬於隣各事一
業隣聯於里共立一塾則四民之志以定而五品
之倫以明間有不率教者隣里會衆諭之不悛而
聞官以懲之庶幾綱維有道而教養可施也於是
作亭者所以記隣里之姓名云

塘垸亭　在街右姜綰立有記　知縣周端李仲傑

重修今廢

姜綰記　景陵古竟陵陵至此而竟故高地乏泉
下土瀕水乏泉則易旱瀕水則易潦而景陵旱潦
常相半故事救旱有塘防潦有垸因循歲久而日
就堙圮綰來詢而得之乃擇有行義者爲塘垸長
統其里人以戮力焉圮者築之堙者鑿之因以正
經界勸耕稼時督月視之歲終則論功以加懲勸
四五年來農事修衣食足然始勤終怠人情之常
安能保其不廢於是爲亭於邑治西刻塘垸夫尺

與長人姓名于石使及時趨事可以久存庶幾流
能思而安能惟始也
畢泉亭　在申明亭前嘉靖十五年知縣封祖裔鑿
泉為井以濟居民作亭畢之今井存而亭廢
去思亭　在旌善亭前知縣封祖裔作亭以陪泉亭
後鄉士大夫為知縣李仲僎立碑因名去思今廢
五不朽亭　在畢泉去思二亭中天啓六年知縣任
贊化立五不朽法最便民民勒石建亭稱良法焉
五不朽者一華完糧包攬二華條書科詭三躬理

漕糧四清查細戶五修築隄防今亭廢而碑存其
法可舉行
義河亭　在城外重恩坊西與義學分峙知縣姜綰
立今廢
保障亭　在清河橋上弘治六年知縣湯貴重建今
改學
養濟院　在北門外演武亭東姜綰立任贊化重修
男女二院
漏澤園　在縣東一里分守道方公立

攷洪武三年諭禮部示官司擇近城寬閒地為義
塚俾之葬埋天順四年命郡邑各置漏澤園即此
邑也月令二月掩骼埋胔著為憲典今
順治九年命埋骨置塚葢西伯澤及枯骨意也

倉廒

預備倉　在縣治西板廒三十六間知縣姜綰建立
弘治十三年知縣周端重修燬於賊
姜綰詩　倉儲備歲歉之食足邦由寧佃漁代未實
耒耜始教耕建官熙庶績后稷當首稱蘭山濬九
州嬰茅心何誠庶矣莫加富有年託麟經欲使田
復井孰如立常平偉哉建寧社肯比苗長青一命

寄百里烏敢循虛名盈盈千萬斛六秋勤經營願
言五事備日日來休徵量入以為出陳陳自相因
稅糧倉　在縣治西土廒十六間知縣張繼宗立板
廒五間知縣姜綰立弘治十三年知縣周端重修
燬於賊
國命倉　米倉二十廒墻垣一周門屋一座官廳一
所天啓二年知縣程維積建立題扁曰國之大命
程維積建倉議　予行天下雖彈丸區未有無府
庫倉廩而稱邑治者景陵非無庫也寄數椽於廳

特其守者蔽風雨耳不以藏鏹也景陵非無倉也
廿年不葺徒委之頹垣荒磧間存數楹以羈囚耳
卑縣到任以來履其堂而慮傾入其室而患濕滿
目蕭條苦難措置念筦鑰未備成何國體已捐俸
贖創新庫一所矣乃節奉積穀不惟糶本如洗抑
且買置何囤而又新蒙台檄南漕議官部運開徵
在即收貯宜先查此中相沿每督糧里修整所以
臨期多逋追呼不逮皆是故耳本縣目擊其弊深
欲創倉而百孔千瘡無俸再捐無銀堪動查得詳

修城銀每年十五兩或修或未修議於此項內督
徵四十兩專委主簿督視工程糧科工房吏書或
收物料或司匠作以共襄之然工程浩大非些須
可辦計見在徵解合有修整正賞糧里皆所樂輸
若猶不足卑縣月俸月贖徐補徐增倘或長餘容
籌銷申報作正支銷倘蒙台裁轉達許令如議漕
政幸甚積穀幸甚景民百年幸甚伏乞照詳施行
文見程侯揭譜

新倉　在舊倉地順治十年知縣寗鳴玉建 按新[illegible]今以[illegible]

四不儲米

積穀倉　在縣庫東爲板廒三楹順治十年知縣寗
鳴玉建康熙壬寅年水圮知縣劉毓寶修

廣儲倉　在縣南門西久廢

兩便倉　在乾鎮驛知縣姜綰立今廢

姜綰記　兌運者賦於民而兌於軍也景陵收於
縣倉河隘且淺軍船不能入則出米於乾灘採蘆
爲蓬而貯之軍以米濕爲辭未免賂之科歛如常
縮乃度地作倉曰兩便賦入於倉而民不勞焉兌

出於倉而軍無辭焉謂之兩便不亦宜乎
按姜綰記米皆軍運程維禩詳米官部運今康熙四年奉文官運矣

義倉　在北門外姜綰立周端修嘉靖辛丑改新儒
學

廣運倉　在縣南岳家口市康熙六年安陸府知府
張諱崇德捐俸開建正廳三間東西倉各六間收貯
六村南漕米石仍命署縣事李公馨行官當法革
夫弊實永不累民 命府經承楊隹端料理徵解

安陸府知府張公建倉記　禹貢任土制賦雅達

於河則以河者運道出入之會也後世法之因資
水利專設漕政則河運於是乎興矣然儲備之法
莫先於倉詩云乃積乃倉葢惟積貯者天下之大
命也思爲裕國足民計其政顧不重歟予奉
簡書蒞郢已及七載凡有可利於地方者整釐調濟
不遺餘力丁未夏以淸積逋至景陵持籌殫瘁覈
南漕二糧壓欠尤甚詢厥繇則以前此軍興旁午
災眚迭告加以水道紆廻輸輓維艱而徵求或苦
無藝死徙遂至大半嗚乎如之何其弗匱絀也哉

按景南漕二糧約九千石有奇邇年軍需難緩并
煙俱空次山春陵之歎介夫流民之圖能不惻然
於衷乎爲蘇恤之義須拯疲以養力乃召署縣李
君集闔邑紳衿里者商酌權宜僉曰欲甦困憊建
倉爲急景邑村落僻處多隔水次每出米義河必
紆折數百里出郥口達漢江中間風濤之險盤淺
之艱已百倍於他邑前明知縣姜綰設兩便倉於
乾鎭又廢弛有年矣今欲謀蓄儲省梯航則莫如
岳口便予聞斯議如痌瘝釋懷者爰捐俸資擇吉

興事命署縣李君同苑丞等擇基創廩築土庀材
鳩工於季秋落成於仲冬爲廳三楹爲廒十二間
樹以門屏繚以週垣遂巍然如茨可觀矣令府胥
一人經理之凡徵收發運俱遵　司頒京斗出入
平量一切淋尖踢斛加耗折乾諸秕政剔除殆盡
至於起批廻銷祭江僱艘撥淺換囤等事悉係印
官自爲總理遴委佐貳廉能者督運之不以累里
戶也因念古來政績如鄭侯運粟關中劉晏轉餉
河內耿壽昌之常平朱熹之社倉志專救民並以

體國予目擊景艱亟爲興除已革收戶當年嚴禁
補庫私派復置櫃設筦賑饑鋤奸輕徭薄稅而於
正供糧儲俱經官辦與民休息期庶乎無負
朝廷簡牧斯民之意而欲方諸古人竊自覗歉然闕
如矣抑予猶有誠焉靡不有初鮮克有終守而勿
失載以盌壹凡我親民之吏所當共勉者也特爲
述其始末勒諸堅珉㝡以自勵兼勗諸有司並告
夫後之繼起爲循吏者

隄防

護城古堤　隄擁東西南三湖爲城隍[illegible]景陵
洪武年己巳大水永樂間又大水嚙衛城堞文廟
居民盡傾圮漂流至宣德間知縣楊季安重築之
成化知縣姜綰修弘治癸丑知縣湯貴修弘治戊
午知縣周端倍修
祭酒魯鐸記　景陵古荆州域間乎夢澤襟帶義
河三澨在其南沱潛在其西實江漢下流也邑故
有隄環東西南三面袤七八里抱三湖其中每夏
秋交水盛勢與天際登高而望若浮釜然水懸隄

外欲下瞰城中者不啻二丈許亦甚可畏矣而所
賴爲邑者此隄隄覆則流屍不可甚言又濱湖沃
野百餘頃隄覆則千口不食其患可盡言哉近歲
水患滋甚風雨湍急隄遂善崩每水時民人人自
危必荷切稗畚畚往菱陵阜得無事歸則相慶爲
奇幸弘治戊午周侯下車喟然曰此不豫圖而因
循苟安不猶棟宇將焚而燕雀猶相樂哉由是自
爲區畫兼勸富民貲募貧民力爲浮橋取土義河
南使倍築之址廣八丈面四丈高於面之數得隄

半焉其袤如故在南湖者受害猶劇增高且厚又
於上流障怒湍使南射以殺其勢凡五閱月而畢
己未水大至得無虞庚申水視嘗歲獨大且久旨
風淜濤勢甚可憂侯循視不少休七月東南兩隄
忽有穴釃水漸急民譁然謀爲走計侯親視隄身
立穴處召號指畫爲楗築之時苦土莫取侯善闢
諭民乃捐隙地萬力並作復湛牲幣以籲江神昏
昳風止水退穴塞人以爲精誠所激也水涸時侯
復臨視穴處剗中寸築使益高厚望若城郭其規

模不止爲數百年計者民歌謠之不足相屬請記
其事於鐸鐸曰伊尹有言一夫不獲時予之辜西
門豹爲鄴令不用漳水史記譏其未盡仁智河決
瓠子武帝憂之親臨築焉古人於民災其用心類
如是景陵四境根本係於縣治縣治利害係於隄
防不有周侯則人不獲者豈止一夫今侯仁且智
力爲捍禦使民得所而不列焉其何以寔來者鐸
不得以不敏辭也弘治十四年五月記
鄉謡　湯湯洪水高齊眼風猛波頹堤欲散下[illegible]

奔呼驚破膽拯溺翹翹不可緩我公奚如築翠堅

眼底百嘉都効靈我田我宅不湮淪大造同功感

至仁二千石與八千春

嘉靖已未丘宜復修

丘宜記　已未秋蒞景詢景利害先募民填築城

址即有事於是隄庚申大水幸免於患冬修邑志

閱曾文恪公記中間言水懸隄外及前令乘隄奔

走爲樁塞穴諭民出土遣幣顧神狀歷歷如道眼

前事我思古人實獲我心而歲復值庚申豈曠世

相感有數存耶然時予之辜不敢不勉而大造同

功之誣則豈敢知哉

萬曆丙午知縣劉繼禮復修是年邑中丞徐成位

捐貲出粟募民加築東西二堤既高且厚至今賴

之　天啓甲子知縣程繼穬勸民加修又勸示各

垸適修

程繼穬勸修堤示　看得修堤一事爾民自爲命

有司第提三尺法以繩不恪耳成不居功廢則任

過爾堤横潰五六年矣田廬湮沒生事蕭條意[illegible]

等且合耦同心以自捄其淪胥而今上下相持欲

何爲也本縣痛爾之災寧不念爾之疲誠何忍強

其不欲第受牛羊而立視其死亦非司牧之職今

與爾約上垸倒口下共築之下垸倒口上亦並築

之亦通融濟事衆擎易舉之法也不然上下力抗

坐見此垸委諸壑而衆與鴈鶩爭食也本縣且入

覲矣來否未可知故婦恤筍特以好言勸爾自圖

生計自有良心諒不待余言之畢也　文見程候批語

天啓乙丑知縣任贊化加修　詳見五不朽碑五日謹隄防云　崇禎

丙子東堤決知縣陳六奇復修　順治已亥年署

縣通判張國樸復加築東西南三堤潰口　康熙

元年西堤復決至今屢潰五年知縣陶襄塞築加

修

永豐垸　在城東北長四里古無護城隄惟築此堤

以防水漸按萬曆甲午知縣林雲龍修凊丈週圍

隄自田家墳起至風口止共丈過二千五百六十

七弓至萬曆三十四年丙子知縣劉繼禮復加修

之編立圩長十名逐年輪守每十年更遞其役以

回齧多沓爲率
東湖河剅舊在湖北正德九年徙置東南嘉靖三
十七年移或謂元辰水不宜直出且切瀕義河恐
非久計
公堤　在縣治南自東尾牛槽桐柱三鋪至南黄
古堤長三十里皆湖垸汙下弘治己未知縣周端
通築高隄行人便之因以周公名隄有行人曲歌
其事
行人曲　北黄南黄三十里半是繁蕪半泥水去

年過此不堪行今日長堤高嶇嶇
馬公堤　在縣治南馬家垸一帶大襄河沿江堤舊
被水決順治戊戌知府馬逢皐加修之因立碑名
焉
古堤　在縣東北有二長五里以防義河水今月光
垸童家垸一帶俱永豐堤外障也
班堤　在縣西南下白湖村以防京山山水世傳曾
班所作故名
論曰先王之制不防川不竇澤是故水土演而民
用也賈讓曰隄防之作近起戰國壅防百川以自
利禹陂障九澤而單襄公亦云陳之澤不陂障則
其事又先王之制矣景陵外大河源出嶓冢初名
漾水至武都始爲漢水至葭萌入武當又名滄浪
水至安陸過竟陵乃名三澨水因地異稱總名爲
漢也（按漢水由陝西漢中東南下遷鄖縣均州光化西下遷襄陽又東南下遷宜城又西下遷安陸府又東南下遷景陵）相形築堤以禦水患由鐵牛關（在鍾祥）
至王家營（在京山）地居上遊爲景門戶此隄一潰景
害十八順治十九年眞君廟潰知府馬（諱逢皐）同知

林（諱文學）公議協築至康熙元年並三官廟齊潰分
守道馮（諱右京）知府張（諱崇德）同知劉（諱餘霖）公議協築
而景陵坐派二分五釐因爲定例由茅草嶺至泗
港（在京山）地漸偪近爲景唇齒此堤一潰景害十九
萬曆三十六年南水犯　陵議決泗港殺水勢知
縣劉繼禮與邑紳衿力爭獲免順治十二年潛欲
漁景知前知縣甯鳴玉復爭止之然潛見潭鑵頭
尖等處偶潰亦借勒景陵不爲定例由蒓濟港至
漁泛涂（在景陵）地處腹內爲景堂奥水入縣屬分爲

二派一支自葫蘆三灣入逕岳家口彭石河通潛江爲大河又一支自牛蹄口入逕渹溪潭乾灘鎮出脉埜嘴爲小河兩河一潰景害十分順治十年潛江楊家灘不築景陵馬家垸又決兩邑受害幾無寧日至十四年同知馬（諱逢皐）築塞馬家垸一帶至十五年上決楊家灘下決洛江河至十六七年潛人釀禍築蘆洑腦而景沔爲壑未幾騎馬堤告潰漢川侍御顧西巘（諱如華）奏稱擅築古河幾成大獄幸逢　恩赦獲解康熙五年潛自築洛江河濫

泒景陵協修此大非例今越馬二垸不時告災譚桃二垸塊然中處誰肯相援者按左傳稱江漢沮漳楚之望也漢水其來久矣然禹貢嶓冢導漾東流爲漢其法主於疏瀹而已乃障數千里之水壅於一河合數萬億之命萃於一堤名曰捍災未免築愁豈長策耶昔杜預開揚口（胡三省註引水經注即竟陵下揚口水也）通夏水（注夏水通荆南諸道）未嘗爲害自沙洋堤一築而荆爲樂土郢成沮茹貽害可忍道哉若夫晝守各紅[illegible]協修亦因差等鍾潛受水則景陵代役景陵受水而沔漢不協利害則與共患難則弗恤大非睦鄰之道夫葵丘之盟戒在曲防至於王尊以身塞河蕭憺以心退水載在前史俱有成績此則當事所宜留心者也

共有内小河繞城而流唐稱西江宋名義河所恃爲障蔽者惟護城一堤而已環東西南三面袤延七八里官兼爲守邇其水分三支而來（西自南河入南自黑流渡入北自石家河入）俱會三汊河逕縣城東流趨楊林通便河下板港出會河塞築成垸家自爲守（楊恬等垸）漢

史稱竟陵澤楚之材也又桑欽水經注古縣城下有巾水戍夫戍因水名或疑即保障之類所謂長江天塹古以爲限者歟

街坊

十字街　在縣城內近南門如十字形東至東門西至西門南至南門河街北至北門新學舊患沮洳知縣周端高築街基通遍甃砌人甚便之

學前街　在城内舊儒學前今學改爲荆西道自崇禎十七年道燬街圮急議修

三迭街　在縣前知縣姜綰開南達見龍山東達北
門西達預備倉

河街　在城外義河邊前臨水濱舶船糧艘俱泊岸
下

四通衢　在城外河堤上由南薰門出至鴻漸關口
爲四通衢東通乾鎮驛徃漢川西通横官舖徃京
山南渡河通漁泛涔徃潛江通㴱溪潭徃沔陽北
通皂角市徃應城舊路狹隘知縣姜綰修廣界水
設橋沿道栽柳行人便之新增十景官道柳陰其

一也

僉憲卜同詩　漢水湍飛彩鷁舟車湘渡口換行
輀項開製錦來花縣便喜栽桯學柳州喬木已遷
春谷鳥野人遥識使君騶東風景物堪行樂自歎
巡方是勝遊　嗟君野渡久停舟準擬同轅送去
輀政紀漢廷封卓茂詩工杜律似蘇州行人避路
看驄馬京兆聞風減從騶寄與士林推轂者不妨
同作玉京遊　楚凖春雨足韶華一望川原似錦
花芳芷漸行連杜若垂楊遍地夾桃花人歌魚藻
承平象社卜蠶桑種藝家我忝觀風問民俗催科
無擾是生涯

解元里　在城内十字街傍萬曆年知縣李濂爲邑
解元李登表其居者倣古冠蓋里之意

烏衣巷　在北城内隆慶初年知縣彦梁爲邑進士
謝廷欽表其居者後廷欽子竒舉侍御猶更改其
題曰繡衣巷巷後有陸舟亭

孝子里　在南壇嘉靖初年邑庠生唐賓事繼母以
孝稱録賓申請固辭不居因旌其里　知縣李仲僎羅應鶴俱給

扁旌獎

利涉官路　即利涉舖堤在縣北舊利涉有大小二
渡常苦行旅嘉靖癸卯知縣李仲僎改修陸路免
涉城北大小十八里二渡風波湖險民甚德之

邑解元譚元春近縣五里修路文　禹貢有過三
筮之文三筮蓋吾邑水爲江水所過如昔也鄺道
元稱竟陵水含巾吐栢巾栢在吾邑含吐如昔也
陸季疵千羨萬羨西江水今在吾邑城下可羡如
昔也獨漢水自上流決鄖郢以下數百里直抵吾

已城下卒夏漲冬涸虛其地以供舟楫舟人撈一龔儀而待必湍始發舷與水齊旁觀股栗一遇風濤篙柁失勢不可測已數年間邑人築土爲堤自庇田畝號爲負郭行人得取道焉堤窮復登舟水益束如箭如袱一折而入於鼉宮可爲寒心如是者止五里有一人趣舟不及悵悵岸上而舟忽覆是人以後至獨免自矜重生薙髮棄妻子投西塔寺爲空門（僧名通省號松影）詣號予門外者累日夜以路咸爲期予爲之心動然未敢以爲能也一日胡君

元闓（名來俊太僕胡承詔子）告於邑令商於里賢位置堤橋而以書促予文夫二十里之患縮而爲五里覆舟者犖然在劫數中而一人不覆予以爲皆持地菩薩含荼茹蘗數十年事而予輩安不動心予嘗謂營建事有二曰光景曰利病少時愛光景思得自寒河至邑長堤亘匝雜木夾置橋梁可坐行人菴剎可蔭暍子予輩瘦蹇徒步旦晚去來至樂而不敢告人何也其説止於足目也必至河水齧岸焉歌舟與人命寄於舴艋人天變色而邑爲焦

病奔走如騖然後有議有任有作有成農人販夫不脫屣而行乎堤梁之上車馬駪駪士女稚稚予輩所謂光景者亦自是而攬焉古今光景之事未有不始於利病者也明聖湖比於西子爲遊人馳驟之地而其初開葑掘井豈敢以光景言哉予故疾首蹙頞而言之

關廂

鴻漸關　在南門外河街取陸鴻漸爲題知縣楊應和立

鴈叫關　在西門外唐陸鴻漸育於西塔寺有鴈翼覆之鳴叫野中大師積公因收養之土人遂相傳爲盛事

邑明經沈佺（舉人沈坦之父）詩　羽客初生鳥不預朝來爽氣動禪關孟嘗露冷雞鳴悄安石風清鶴唳閑七澤逶迤吞夢野一天嘹嚦響秋山於今空汲橋邊月影落西江水自湲

西關　在西堤名西關今廢

東關　在東堤名東關今廢（按巾柘二關名王太史鳴玉題）

北關　在北城外名北關今廢（按北關名夏錦街 歎承題北門鎖鑰）

坊表

宣化坊　在縣前

德政坊　在譙門

育賢坊　在學東（今學東坊 無題現存）

毓俊坊　在學西

青林坊　在縣東（舊爲書隱坊 知縣姜綰易）

會文坊　在縣東

通達坊　在縣南

古隱坊　在縣西　以上俱廢惟學東現存

阜民坊　在縣西

拱辰坊　在縣北

澄清坊　在分司東

肅政坊　在分司西

迎恩坊　在南門外

[illegible]俊坊　在縣西

[illegible]雲坊　在南門外　以上俱久廢

[illegible]桂坊　在縣北古城爲元進士張淵道張從道立

進士坊　在十字街中衢爲胡俊立

經魁坊　在中衢爲何慶源立

冲霄坊　在義河街爲黃鍾立

步蟾坊　在南門外爲徐顯立

觀光坊　在縣西爲鄧以恭立

鵬程坊　在東門爲何禮立

奪錦坊　在縣東爲何讓立

毓秀坊　在中衢爲雷鐸立

折桂坊　在義河街爲鄧勉立

雲衢坊　在下白湖村爲李端立　以上俱廢

蜚英坊　在華嚴湖爲蔣珪立

冠英坊　在中衢爲廖訓立

登雲坊　在南門外爲張冉立

登庸坊　在義河街爲李慶立

飛騰坊　在南門內爲蕭佐立

登科坊　在北門外爲郭軒立

儀鳳坊　在中衢爲段諫立

攀龍坊　在中衢爲曾鐸立

文明坊　在中衢爲王瑜立
擢科坊　在中衢爲何圯立
鳴鳳坊　在官城村義民張愈爲郭軒立
會元坊　在州司前爲詹鐸立　以上俱廢
司成坊　在南門內正街爲詹鐸立　現存
亞魁坊　在南門內爲程鴻立今廢
尚義坊　在縣東分巡道衙爲魏經魏襄立今廢
重恩坊　在義河街舊名鳴鳳坊爲徐鵬立今廢
丹山起鳳坊　在儒學前爲魏稟戴度立今廢

威震華夔坊　在古城內分巡道衙爲關侯廟立　現存
父子進士坊　在皂角市爲李淑李維楨李維標立　現存
登龍坊　在縣東爲陶之肖立　現存
綸音疊錫坊　在縣東爲陶中立　現存
青雲接武坊　在縣西爲吳文佳吳文企立　現存
絲語重綸坊　在縣西爲吳鏜吳釣立　現存
亍都諫坊　在縣東爲吳釣吳文佳立今廢

青瑣聯班坊　在縣前爲吳文佳周芸立　現存
父子科甲坊　在縣西爲周芸周命立　現存
父子司寇繡衣坊　在縣北爲謝廷敬謝奇舉立　現存
承恩坊　在縣前爲周嘉謨立　現存
宮保天卿坊　在中衢爲周嘉謨立今廢
四牌坊　在縣西爲徐成位徐鵬立　現存
父子進士坊　在中衢爲李登李純元立　現存
黃堂坊　在縣東爲王日然立　現存
世衍天恩坊　在縣前東爲陳所學陳所蘊陳盛楠

立　現存
冏卿文宗坊　在縣前東爲胡承詔立今廢
司馬坊　在縣西爲別如綸立　現存
陸公祠坊　在西塔寺內爲陸羽立　現存
陶氏貞節坊　在縣城內東爲陶中妻何氏立　現存
熊氏貞節坊　在南城外爲熊繼妻陳氏立　現存

市鎮

灘市　在縣東六十里　舊有驛今移彭市河又有乾灘社學今廢
陽市　在縣東九十里　按直陽市有城隍廟今在田二河接壤

□新市　在縣西二十五里　近興於嘉靖年

雲潭市　在縣北三十里今廢

楊湏市　在縣北六十里　市與皂市近

長汀市　在縣東北五十里舊爲市久廢　有長汀河通皂市

柳家市　在縣東北四十里　有柳家河通雲潭風□

皂角市　在縣東北七十里

□縣姜綰皂角市亭記　景陵市有五曰乾灘石家柳家楊湏惟皂角爲盛乾灘地瀕襄河上下人稀石家與京山接壤彷彿乾灘柳河比□家稍勝

楊湏生理鮮少循下於柳家皂角扼楊湏柳家之衝有水道自東南流入襄河逶邐達於大江通商賈南仰縣治北達應城東跨漢川西控京山如德安孝感雲夢中高不與河通者亦肩載馬服胥此以貿遷有無然壟斷之所法綱易踈綰下車獨留意焉審量衡立市里人情以立禮義以興皂角人爲亭購碑請紀因言其畧以見皂市爲景陵之津會權量爲治道之先務云　今俗訛爲秤斗亭其實乃衡量亭也

□□市　在縣西南六十里

小河市　在縣西南三十里今廢

石家市　在縣西北三十里

馬溪市　在縣西北三十里今廢

湯港市　在縣西北三十里今廢

□港市　在縣西北三十里今廢　以上十四市載舊志

□家口市　在縣西南五十里近興於順治年

淘溪潭市　在縣東南三十里

黑流渡市　在縣西南七十里以上三市舊志不載

按市鎮所載惟人煙輻輳商賈貿易者方入志且其中又有久廢存名難以市例也若夫兵荒之餘舟車不通居民就近興集或單日或雙月遠近不踰十里貿遷不滿十金而近年征榷採買一槩誅求似非綏野之法也是在司牧者加惠爾

驛司

乾灘驛　在縣東六十里成化十六年巡撫奏建設驛丞官一員併吏一人知縣姜綰制宇周端修舊基廢今遷彭城河　今制書辦一名皂隸二名館夫二名站船二隻水夫四名俱裁

乾灘鎮　在乾灘驛西成化十三年巡撫奏建設巡

檢官一員併吏一人知縣張繼宗制宇今制書[illegible]一名皂隸五名弓兵三十名

平湖吳佐寄姜綰詩　重宿乾灘不見君絃歌百里宛相聞画船休笑空歸去載得襄山一片雲

按承天大志縣治環河帶湖共所轄市鎮如皂角舖通商賈舟楫先因盜賊出沒將乾鎮巡司官兵改議防守近議欲掣回舊鎮但地當三府四縣之交控馭遼遠此司似不可掣　又漁泛浄與市相近議將黑流渡哨兵移此備禦而黑流渡以沔陽衛千戶一員統兵哨守巷鎮止留弓兵十名向委附近河泊所官帶管非法也今併河泊所官亦裁革矣恐盜賊有窺伺之虞不可不預爲之計也

郵舖

景陵縣各舖司兵徑編共四十六名

縣前総舖　城内更舖十曰明教曰興仁曰孝義曰覆善曰正俗曰明政曰鴈㕘曰敦本曰登庸曰清政　今縣前舖兵六名按縣総舖共名相沿日久漸無可考矣况後此者乎

新開舖　舖係新開不載全書又無司兵宜併入趙家舖今郵遞非制而征役如故豈未考全書故

戲耶

趙家曽舖　今司兵四名

洪仕舖　今司兵三名

漁泛浄舖　今司兵四名

緊水口舖　今司兵三名

牛槽舖　今司兵三名

桐柽舖　今司兵三名以上俱往沔陽州路知縣姜綰重立李東改修

利涉舖　今司兵四名

柳家舖　今司兵四名

皂角舖　今司兵四名以上俱北往應城路知縣李東立

覲橋舖　今司兵四名

横官舖　今司兵四名以上俱西北往京山路知縣李東立

按横官宜名弘官夫從來里邑皆錫嘉名何至此舖而獨以横稱也昔孟毋廻車於勝里墨翟反轡於朝歌悪其名也按韻書横音紅胡公切弘音横胡肓切古人原取弘官而後人訛稱爲横也今改正之攷晉於竟陵置横桑戍疑即横官舖也桑即古喪字喪必用棺而官即古棺字也戍者城旦之名即今之舖是也周昭王五十一年王廵狩返濟漢舟觧王與祭公俱溺焉胡三省註佐桑引水經注曰左桑昭王溺處言百姓佐王喪處也或者横官舖名取此乎又南齊明帝時以張惠紹出補竟陵桑戍主古有戍必有守其名戍主即今舖兵之役是乎史註雲杜有横桑水經左桑在雲杜而晋於

竟陵置横桑成益雲杜當省入竟陵故也漢書注雲杜在縣西北則横桑在景矣

橋梁

東橋　在東郢門外萬曆年間富民卻宗易重建今廢議修

西橋　在西城門外又名鳳叫橋相傳陸羽爲嬰孩棄此有羣鳳翼覆之因名焉萬曆年間邑中書朱萬祚重建順治初祚子監生朱運遲復修今被雷震石寸裂亟議修

南橋　在南薰門外萬曆年間中丞徐成位重建孫

光禄丞徐同氣復修

清河橋　在北拱門外昔有執政經此策馬不起得孔聖遺像嘉靖辛丑僉憲柯喬即其地改爲新儒學遂因以爲泮池焉舊有泮橋跨池中其東西爲兩橋先是弘治六年知縣湯貴因中橋舊有亭重建曰保障亭至嘉靖三十年水決兩橋崩惟中橋直通往來三十七年推官袁履省中橋築東西橋爲坦道天啓元年知縣程維棋因泮水外洩併塞兩橋康熙元年水衝泮池與湖相通康熙六年理刑府史譚殿廷獨助橡築署縣事李馨教諭易體震合力捐俸加修如故

北橋　在北拱門外今改爲路崇禎年於此建北關題曰北門鎖鑰近廢

義河橋　在城南一里今廢

浮橋　在城南門外元知府白景亮作今廢

張家橋　在城南十里地名張官畈明初知縣張天麟任籍其地因建橋焉縣民樊昱重建今廢

圓通橋　在東禪寺前邑民樊澗修陶普圖許可立

重修

上磚橋　在城北三里

下磚橋　在縣北二里邑人陶堯賓修

石家河橋　在縣西北三十里邑民宋仕建今廢

觀音橋　在縣西北十五里舊橋敝且隘知縣周端改作可通車馬今其地爲觀橋鋪

渡河石橋　在縣西北二十里縣民陳榮泰建今於廢

馬溪河橋　在縣西北三十一里縣民戴鸞建知縣丘宜云余蒞縣聞鸞輕財重義嘗捨地施棺捐貲

修學而設橋置渡乃其一端云

柳家河橋　在縣北四十里弘治十三年知縣周端立今廢

高家壋橋　順治丁酉縣民郭近陳章募修

津渡

官城渡　在縣東十里

板港渡　在縣東二十里有大小二渡邑太學胡來儀修

古角渡　在縣西二十五里青山湖口

黑流渡　在縣西南七十里

義河渡　在城南一里　又有龍潭灣西門外二渡

十里堤渡　在縣南十里

車湘渡　在縣南五十一里

獅子渡　在縣南五十里今獅子河淤

東尾渡　在縣南七十九里與牛槽桐柱二舖相近

粱陂渡　在縣南三十一里

芙蓉渡　在縣南八十里

縣北大渡　即大十八里今改路

縣北小渡　即小十八里今改路　按二渡苦涉久矣嘉靖癸卯知縣李仲僎修利涉舖官道民甚德焉

柳家河渡　在縣東北四十里

皂角市渡　在縣東北七十里今市往來甚多惟設一渡至有老弱婦女終朝不得濟者宜添設之

漁泛滓渡　在縣西南五十里

淘溪潭渡　在縣東南三十里原非官渡縣民戴鸞建舟渡自此始

石家河渡　在縣西北三十里邑庠生吳貴修

兵防

竟陵古澤國非師旅用武地也然秦師攻楚而白起至其境金兵寇宋而笑城留其蹟且元末設衛縣治明初改衛金州則亦戎馬所有事也至於軍隸別方如遼東雲南五開九谿等處遠編胄伍近設屯田而景陵反無捍禦之具設使倉卒有警抑將束手待斃聽其兵潰池巳乎夫古者寓兵於農歲隙講武防至周也況有前代之事在

周敬王十四年吳子唐侯蔡侯伐楚舍舟於淮汭

自豫章與楚夾漢左司馬沈尹戌謂子常囊瓦沿漢且與上下別悉方城外衆毀其舟還塞大隧濟漢伐之旣謀而行子常不聽乃濟漢而陳自小別至於大別三戰不利庚午二師陳於柏舉闔閭弟夫槩王以屬五千擊子常楚師亂奔鄭吳從楚師及清半濟而擊敗之楚人爲食吳人及之敗諸雍澨五戰及郢左司馬戌息而還敗吳師於雍澨傷死楚子涉雎濟江入於雲中鄖公辛與其弟以王奔隨明年申包胥以秦師救楚大敗吳師十月楚昭

王入於郢觀吳楚相戰小別大別郢中雲中與竟陵接壤師旅出入之地也且竟陵古鄖國而鬬辛封鄖公又邑故有三澨而敗師乃在雍澨豈非古用武之地耶特載以備考

秦昭襄八年使將軍芊戎攻楚取新市又使白起攻楚拔郢燒夷陵遂東至竟陵戰國策張儀說秦王曰秦西有巴蜀舫船積粟起於汶山循江而至郢三千餘里舫船載卒五千人與三月糧一月行三百里不至十日而距扞關扞關驚則從竟陵以東盡城守矣

新莽時天鳳四年荆州饑饉更相侵奪地皇元年竟陵三老起兵於郡界新市人王匡王鳳爲渠帥與馬武王常成丹等共起兵雲杜綠林中地皇二年荆州牧討綠林賊王匡等迎擊於雲杜大破牧軍攻拔竟陵

後漢昭烈時建安三年九月昭烈斜趨漢津至竟陵留駕河適與羽船會得濟沔

晉惠帝大安二年劉昌作亂荆江楊豫徐五州多爲所據劉弘遣陶侃攻昌於竟陵劉喬遣其將李楊等向江夏侃等屢與昌戰大破之

晉永嘉二年七月荆州刺史劉弘以南蠻長史陶侃爲大都護遣攻昌於竟陵大破之

懷帝永嘉六年正月胡亢聚衆於竟陵自號楚公以杜曾爲竟陵太守

晉時永嘉之亂杜曾自稱南中郎將領竟陵太守與弟吾猗分據漢沔時陶侃進軍圍於石城曾突陣敗之

晉成帝咸康五年庾亮鎮武昌趙王石虎患之以夔安爲大都督寇荆揚北鄙郗城進據胡亭寇江夏進圍石城竟陵太守李陽拒戰破之斬首五千餘級

晉穆帝永和四年十月石虎使其將苻堅大寇竟陵

晉帝奕海西公泰和三年四月慕容暐將燕慕容塵寇竟陵時羅崇爲竟陵太守擊破之

晉簡文帝時苻堅使荊州刺史梁成襄陽太守閻震率衆入寇竟陵南平太守冠軍將軍桓石虔與弟桓石民拒之史又云閻震寇竟陵桓冲遣南平太守桓石虔竟陵太守郭詮等水陸二萬拒之按志竟陵太守無郭詮也　史又云武帝太元六年十二月苻堅荊州刺史都貴遣其司馬閻振寇竟陵桓冲遣冠軍將軍桓石虔與桓石民破之擒振按晉志乃梁成非都貴也且閻振

與閻震簡文與孝武名不相同　又云武帝時桓冲戍夏口與桓石虔攻梁成等於竟陵

晉安帝義熙八年何無忌爲刺史表以竟陵去州遼遠去江陵三百餘里荊州所志綏安郡人戶八境欲資此郡助江濱戍防以竟陵還荊州

南宋武帝永初時竟陵蠻屢爲寇趙伯符爲竟陵太守悉破之

南宋時文帝元嘉元年劉胡作亂衆稍散北至石城竟陵郡丞陳懷真率數十人邀之胡告渴與酒既擧自刺

南宋明帝泰始二年陳懷真爲竟陵郡丞邀劉胡入城斬首送京師張興世弟僧産殺懷真竊其功僞竟陵守丘景先聞敗變形逃走追擒伏誅

蕭齊時建武四年薛元嗣榮伯相率入郢城時竟陵太守房僧寄破代還至郢東昏侯敕僧寄守之

齊和帝中興元年蕭衍至竟陵命王茂曹景宗爲前軍進逼郢以中兵參軍張法安守竟陵城

南齊竟陵蠻動文帝遣太尉領偏軍討沔北蠻

梁太清元年侯景陷臺城邵陵王蕭綸討之攻南陽侯景將任約使鐵騎襲綸敗走行至汝南遇故

吏李素開城納之收集士卒將攻竟陵西魏聞之遣大將軍楊忠等帥師赴焉綸嬰城自守死者甚衆後城陷綸被執不屈殺之投於江岸

梁太清三年司州刺史柳仲禮赴臺城竟陵郡守孫暠以郡叛入於魏宇文泰使大都督符貴鎮之

太清三年湘東王繹遣竟陵太守王僧辯擊湘州分給兵糧刻日就道僧辯以竟陵部下未盡來欲

周王悅藍田人至竟陵出廩米六百石分給諸軍
太祖嘉之
宋將軍畢再遇與金兵對壘於景陵夜遁惟繫羊
擊鼓金兵覺欲追之不及大笈至今有笈城在皂市
宋寧宗開禧二年金人圍襄陽德安遊騎追景陵
荆湖宣撫使吳獵遣張榮將軍援之金人再犯景
陵張榮死之獵募死士入景陵命其將王宗廉死
守調大軍分道夾擊金人遂去時景陵學諭陳嘉
言亦死之嘉言之死故志云開禧年據史當在是也

宋端平三年蒙古忒木觧攻襄陽江陵知復州施
子仁死之是年復州景陵併徙治沔陽郡鎮
宋度宗咸淳八年九月復州副將翟國榮遇元兵
戰瀾泥湖死之
宋咸淳十年元將伯顏及宋兵戰於風波湖
元順帝十五年正月丁丑徐壽輝遣其將倪文俊
文俊景陵縣人復陷沔陽陳友諒亦起於黃蓬按友諒沔陽漁家子膂力過人隱於武藝嘗爲景陵縣吏不樂會羅田徐壽輝起從之尋領兵文俊以縣人統其軍
明洪武初年景陵爲衛命指揮李廷琛鎮守之後
調衛金州明初廷琛從鄧愈取江南遂擢景陵衛指揮使後擊王保保有功命鎮守景陵與知縣張天麟協守
明太祖與元擴廓帖木兒書曰閣下昔與索羅掯
亹雌雄未决以知院郭雲同僉任亮攻我景陵掠
我沔陽尋思此城雖無故地久在他人之手尋從
他人得之非取於元也
洪武乙亥五月己亥平章常遇春攻安陸克之先
是上諭之曰安陸襄陽横據上流自古必爭之地
今置不取將貽後憂汝往取之復調江西左丞鄧

愈爲湖廣平章領兵繼後使人諭愈曰今遣遇春
取安陸襄陽汝當以兵繼之凡得州郡汝宜駐兵
以撫降附若襄陽未下則令遇春分兵半集沔陽
半集景陵汝居湖廣使聲援相應以遏寇之奔軼
明景泰二年盜入城刼景陵縣庫
明弘治四年盜刼縣庫復斫獄取劇盜去
明正德四年盜自獄出因擁賊首丘仁楊清爲首
嘯聚於麻洋湖消屠掠鄉村擄婦女刲丁壯爲徒
晝踏關厢呼官府將盔入城挾取所怨及庫實賞

民邑人大恐閲數月布政使陳鎬副使蔣昇等率
兵擒之盡殲無遺
明崇禎九年景陵縣大水入城盜越獄出拒殺官
兵尋捕擒之
明崇禎十六年闖賊李自成陷承天犯獻陵遣僞
將郝黨兩營破景陵設僞知縣張采同僞都尉馬
賊僞掌旅徐賊鎮守縣城次年正月荊西觀察使
章曠奉中丞王揚基直指黃澍檄恢復承天先取
景陵調江西撫州東鄉援師合土兵萬餘命遊擊

李光甲將之復調京山鄉勇合邑土兵亦萬餘命
景州刺史董碩儒督之（董京山人）李遊擊與邑太學生
胡來俊由東路入戰楊林口官軍敗績光甲死之
來俊僅以身免董刺史由西路進賊擊於萬人坂
鄉勇亦敗績碩儒死之自是賊勢益張焚殺姦擄
遍於四野男婦戮死者約數萬餘命
清順治二年三月本朝　靖遠大將軍英王帥師
逐賊望風先靡時明大帥左良玉屯兵武昌聞
清師至蔽江而下闖賊餘衆隨竄其後景陵徐馬二
賊俱遁去
順治二年劇寇劉恩才等假僞營衛官糾合水賊
千餘艘倡亂湖泊（地名八百洲）搶殖鄉官周世慶（明思授戶部郎諱愛授驛塩道）嘯聚擄掠懷同闖寇賴　大司馬佟
公（諱養和）督師羅公（諱繡錦）移師殲之次年復勦捕
餘孽遂稱蕩平（即淨盡賊）

論曰兵者凶器也老氏云佳兵不祥然歷觀景
陵諸事亦師旅用武地也夫治極必思亂而有
備則無虞凡有城守之寄者可不知思患預防

巳乎或謂景陵蕞爾下邑孤城原難嬰守脱一
旦變出倉卒其成敗未可料也愚以爲天下事
在豫定爲而已孔氏云臨事而懼好謀而成豈
在險阻自恃哉且夫謝鉉以八千人當符堅九
十萬衆楊行密以三萬人當朱全忠八州之師
此繇其立算者勝也語云楚雖三戶亡秦必楚
況竟陵自昔稱江漢上游爲歷代戎馬所蹟服
之地乎

景陵縣志卷之四終

景陵縣志卷之五

署縣事李　馨纂修　儒學諭易鵬

邑人吳　泰編輯

學校論　廟祀　社學　書院

粤自東魯闡教爲萬世師而江漢以濯則南紀所朝宗也當春秋時楚昭王獨以書社封　孔子此其識力遠軼七十二君之上矣爾竟陵復有泗水則亦陪尾之下流曲阜之餘泒也（按泗水出陪尾四泉經曲阜得名今景陵西有泗汊湖又其西有泗港與洙源並稱）若夫廟學創建肇宋迄明厥制云備矣而社學書院爲文獻載在舊章允宜修復商榷

廟學

歷代廟學制度

崇祀

漢高帝十二年過魯以大牢祀孔子

漢明帝令郡縣通祀孔子於學校

漢桓帝給酒米牛羊詔春秋享祀孔子

宋文帝行釋奠禮

後魏文成敕有司行薦享禮

北齊顯祖制春秋二仲釋奠於先聖

隋文皇制國子寺每歲四仲月釋奠州縣學則以春秋二仲月

唐太宗祀孔子稱先聖

唐玄宗開元二十八年詔祭孔子以春秋二仲月上丁日

宋真宗頒諸州縣釋奠儀注圖

宋仁宗詔釋奠用登歌

宋徽宗更定釋奠樂章

明洪武十五年頒詔天下儒學通祀孔子

明孝宗釋奠用大牢加幣

明嘉靖九年議定孔子祀典

立學

漢武帝命天下郡國皆立學校

漢明帝永平二年命郡縣行鄉飲禮於學校

漢靈帝光和元年置鴻門都學

宋真宗大中祥符二年詔闕里文宣王廟立學

宋仁宗令藩府皆得立學其後旁郡願立學者皆
悉可之
宋高宗紹興年間令府州縣置學
明太祖洪武十五年詔郡縣學遍天下賜學糧增
師生膳
明嘉靖九年正先師廟學制度
按崇祀立學所以尊禮先聖者至也然碑記之作寔盛唐宋讀楊盈川皮日休兩碑開元年始有通祀之令而郡邑未祀者實多讀歐陽永叔曾子固兩記紹興間始頒置學之典而僻壤無學者亦有夫風化本於聖教而文治歸乎學宮本
朝鼎革詔郡縣修學其於
聖教最優矣

一謁廟
漢高帝十二年過魯祀孔子詔諸侯王卿相至郡
先謁廟後從政
北齊制月朔祭酒至諸生階下拜聖郡學如之
唐太宗貞觀四年詔州縣皆立孔子廟
宋太宗淳化四年從監庫使臣請聖廟六衙朔望
焚香
宋高宗紹興十四年勅州縣文臣到官詣學謁聖
方許視事

宋寧宗嘉泰中詔武臣一體詣廟
明太祖洪武十五年詔天下通立孔子廟頒釋奠
儀
明嘉靖九年禮部議改文廟曰先師廟不宜稱殿
罷封號撤塑像題以木主
一設戟
宋太祖建隆二年詔廟門準儀立戟十六枝
宋徽宗政和元年增立三十四戟
一賜祭器

宋文帝元嘉年釋奠牲牢器具如上公
唐太宗祀孔顏俎豆
宋徽宗政和六年賜祭器一副及禮器於闕里
宋高宗加孔廟籩豆十二禮如社稷
明太祖洪武十五年定祭器頒釋奠儀
明英宗令祭丁品物非其土産者以所産代之
明景帝增兩廡祭品
明憲宗增籩豆各十有二
明孝宗用大牢加幣

明嘉靖九年詔府州縣春秋祭祀用八籩八豆

一賜樂舞

漢章帝祀孔子以六代之樂

南宋元嘉中從裴松議舞用六佾設軒縣之樂

唐太宗貞觀年祀孔顏樂用干戚

唐高宗登歌用宣和之舞

唐玄宗開元二十七年詔祀先聖樂用宮縣舞用六佾

宋太宗詔祭文宣王樂用永安之曲

宋仁宗詔釋奠用登歌

宋徽宗大晟樂成詔頒降肄習用之更撰釋奠樂章又賜堂上大樂正聲一部

元成宗置先聖祭歌樂

明洪武二十六年頒大成樂章舞用六佾

成化十二年從周洪謨議增佾舞八

明嘉靖九年從輔臣張璁議改正先師祀典樂三奏舞六佾樂章仍舊

一賜袞冕

唐玄宗開元二十七年正孔子南面坐內出袞冕衣之

宋真宗大中祥符二年春加先聖冕服桓圭一從上公之禮冕九旒服九章易木圭以玉

宋徽宗崇寧四年下太常考正文宣王冠服加冕十二旒服九章仍賜鎮圭同王者之儀

金世宗大定十四年詔從國子監請先聖冠十二旒服十二章纁斿九旒

明世宗嘉靖九年詔撤冕服用木主

按孔子至聖崇加冕服同於王制蓋以天子之禮尊之也然冕用天子而袞章用上公服用天子而繅斿用上公其制度自相矛盾且元時章服類多非古猶非妥聖之意其撤用木主宜矣

一制木主

明嘉靖九年從禮官議撤孔子塑像改制木主爲至聖先師高二尺三寸七分濶四寸厚七分其座高四寸長七寸厚三寸四分朱地金書　四配主高一尺五寸濶三寸二分厚五分赤地墨書　十哲兩廡主高一尺四寸濶二寸六分厚五分赤地墨書　啟聖公主高濶同四配赤地墨書　從祀

賢儒主高潤同兩廡赤地墨書其座俱高二寸六分長四寸厚二寸有差

先儒宋濂云古造木主棲神天子諸侯廟皆有之大夫則束帛以依士庶則結茅爲菆無有設像之事也即丘濬亦云北史有遣泥人之律則塑法固非禮法所許況用以事聖人耶褻瀆不經莫大於是肖像即作偶一類仲尼惡之爲其象人而用之乃以所惡者强祀聖人即聖人亦吐棄之矣按塑像起於漢蜀文翁有石室坐像至唐玄宗開元八年特爲曾參塑像坐於十哲之次孔廟有像其來久矣唐塑師徒同服袞冕元塑裝飾類多左衽殊失神而明之之義無論塑像似否於聖容未能逼肖即傳神畫得其真而有若似聖曾子弗事況其未必果似耶則亦孔氏所云以貌取人者也洪武十五年命宋訥撰勅撤内外學像永樂八年濟寧長山諸邑章服不古有詔改正正統中絳縣

博士張幹猶以正左衽請天順中蘇州知府林鶚始因泥像剥落易以木主則塑像猶有存之者歟嘉靖九年釐正通行而北雍古元像亦盡撤矣

一御製聖贊

唐睿宗大極元年御製贊一章章八句

宋太祖建隆三年御製贊一章章八句

宋真宗太和祥符二年御製贊一章章十二句

宋徽宗宣和四年御製贊一章章十二句

宋高宗紹興十四年御製贊一章章十二句

宋理宗紹定三年御製贊一章章八句

明太祖洪武二十六年御製贊一章章四句贊曰

德配天地　道貫古今　刪述六經　垂憲萬世

唐宋贊文未及詳録今録明文以本朝釋奠用之且宗祀所有事也

一封謚爵號

周敬王四十二年魯哀公誄爲宣父

漢平帝元始元年謚爲褒成宣尼父

漢和帝永元四年追封爲褒尊侯

後魏孝文帝泰和十六年改謚爲文聖尼父

後周宣帝泰象二年追封爲鄒國公

隋文帝贈爲宣師尼父

唐高祖贈太師改先師配享周公

唐高祖武德時以周公爲先聖南面坐孔子爲先師西牖坐至太宗貞觀二年從房玄齡議罷周公祀升孔子爲先聖坐仍舊至玄宗開元二十七年謚爲文宣王次年孔子始正南面

孔子既正南面則獻官北面宜矣先儒宋濂謂北面非獻官所宜且非神道尚右之義者何也盖拘漢章帝西向再拜及開元初西向再拜之禮故爾豈知二十八年後已正南面矣其見豈不迂乎

周武后天授元年封道隆公

道隆公封出於女主不應入誌以損聖德然論語稱子見南子似未可刪因併記之

宋真宗大中祥符元年加謚為玄聖文宣王真宗因春秋演孔圖云孔毋感黑精生孔子故稱玄　五年改封為至聖文宣王

元武宗元年加封為大成至聖文宣王即成宗大德十一年

明太祖洪武三年詔封孔子為大成至聖文宣王

明世宗嘉靖九年改稱為至聖先師孔子

書曰作之君作之師君師一體其尊無二也詔於天子師無北面豈可以王爵為隆於師稱哉王且不可況公侯耶今革去王公侯號及大成文宣等稱而稱至聖先師其於君師並尊之道宜矣

一啟聖封號

宋真宗大中祥符元年追封叔梁紇為齊國公

元武宗元年封叔梁紇為啟聖王

明嘉靖九年改封叔梁紇為啟聖公孔氏

一從祀稱位

明嘉靖九年改四配稱國為某聖某子　改十哲稱公為先賢某子　改兩廡從祀封稱為先賢某子　改歷代從祀封稱為先儒某子　改啟聖祠兩配封稱為先賢某氏　改啟聖祠從祀封稱為先儒某氏

故春秋二祭月用仲仲主晝夜分時之正也日用丁丁為陰火文明之象也此所謂祭義也

景陵廟學制度

舊儒學在城內西南隅

宋　治平年創治學宮

元　至治泰定間次第修　順帝至元四年戊寅沔陽湖守安寧伯監縣忽都不花教諭傅柱重建後燬於兵

明　洪武三年庚戌重建儒學　正統十年丙寅知縣顧行教諭翁善復建　成化十六年庚子知縣姜綰撤而新之　弘治十二年己未知縣周端

重修　正德十三年戊寅知縣李寅修　嘉靖七年戊子州官任佃十年辛卯同知歐賢署事京山縣丞金文㸃俱修

新儒學在城外正北方

明嘉靖二十年辛丑僉事柯喬謂廟見地窪水積徙置北門外清河橋北

通政司參議應城余維紹記　先景陵縣學在城西南隅國初循宋元舊址重建嘉靖辛丑分巡荊

西道僉事雙華柯公喬按邑目擊學地坎汙壅兩
殿堂諸舍頹敗欲更新之學師生乃以城北倉基
地請僉曰先年有執政經此其馬鳴伏策之不進
摘地得石刻乃先聖遺像吳道子筆雙華異曰數
也學可已乎乃度其廣狹定其崇卑有與民地相
近者以他地易之務宏其規模士民樂於輸財不
日以千金計冬十一月吉旦始事建大成殿於其
中殿前爲戟門又前爲櫺星門又前清河橋爲泮
池左右翼泮池仍爲兩橋以通民物往來橋圍下

俱可行舟通東西湖中橋即衛縣北門殿之左右
爲廡後爲明倫堂堂左右爲齋齋東西爲廨以居
學師而啟聖名宦鄉賢各分祠於東西堂之後爲
風雩亭亭之左右爲號房以便藏修又買學東隙
地三十丈餘爲射圃凡五越月而工成分理其事
者府倅晉子曰孝州倅袁子澍縣侯楊子應和縣
丞周子儀縣簿馬子堂學諭孫子琪楊子紹典典
史宋子繼稷其終而建敬一亭石闌干以尊聖謨
勅夫子遺像以恒瞻仰改建關王廟於鍾秀樓後

以塞古城之衝則縣侯李子仲僎繼與其勞代其
華者少野傅公汝舟凡縣所飭事尚未得專行者
如區畫社學租師生試資之類悉力行之以翼甚
矣仍命李子仲僎學諭袁子道狀屬余氏應緒以
記始末

國朝　順治十八年辛丑侍御史顧公（諱豹文號且菴杭州人）
興學重建（按景學重建前後俱届辛丑歲先是柯公曰數也學可已乎至是其言益驗云）
文廟中爲大成殿　前嘉靖辛丑歲僉事柯公喬移
學剏建至順治六年己丑歲十月初七日大成殿

忽轟然有聲如雷隱隱紅光燭天至初九日火起
東南殿角熱焰彌空同時兩廡戟門神庫牲庖齋
所倌祠俱就焚署縣經歷崔鹿鳴同訓導周文旭
抱　至聖木主而出置明倫堂春秋二祭俱就此
行禮順治十七年庚子十一月朔巡按湖北御史
顧（諱豹文）分守荆西道王（諱廷諫）安陸府推官黃（諱壽光）
同謁文廟生員蕭聲達吳琪王曾庠毛僨等以重
修大殿請仍將闔學生員沈佺等（貢士係舉人沈坦之父）鑑
免銀兩助工各董俞允嘉與維新會同湖北學道

王諱祥發安陸知府馬諱逢皐各捐資助工命知縣劉
毓寶教諭王命新訓導鄧儀星於順治辛丑孟夏
舉事鄉紳譚元方等生員江自容等舉人江琳生琇生爻義
民程堯聖等復倡義輸助廟乃告成

提督湖北學政僉事王諱祥發序　昔漢高帝受命
有天下乃召諸儒攷制度興禮樂魯兩生不肯行
乃柔叔孫通議定爲綿蕞禮後世惜之謂早有大
儒如董仲舒者生其際必能考古損益昭然成一
代之制而顧使權宜僻陋謂先王之教不亡於秦

亡於漢何其不幸哉景陵學宮蕩然有司上下釋
菜苟且一時廟貌不崇祀事不虔觀者有綿蕞之
嘆焉直指顧公巡方至邑拜其下瞿然曰噫是予
之責也夫乃首出俸以勸來者而太守馬君司李
黃君暨學博諸生輩皆相繼而經營之惟恐後予
惟孔孟之道與二氏異非有生死禍福之說可以
恐懼愚人也又未常有禎祥怪異之事以鼓動天
下之耳目也然春秋不言事應而事應其存初景
陵學宮在城西南隅嘉靖辛丑柯侍御因清江附
馬嗚不進掘地得唐吳道子聖像石碣遂改卜其
地今始其事者亦侍御而歲亦辛丑相去百有二
十年時十二成日日十二浹辰月十二成歲歲十
二成紀百二十者十二之積也天道變於上人事
應於下今日之役豈偶然哉且吾聞其邑有異人
出則泮水騰湧高三丈許有聲如雷里人相傳以
爲盛事而柯公手植聖殿前古梅一株萎且死者
數十年矣今歲華葉再榮此盖有天助予竊謂文
章之美科名之盛皆不足以當之將有魁奇特達

豐功盛德之大人出乎其中然後有合乎春秋事
應之指而不至爲魯兩生所笑願諸士大夫落成之
日登其堂而賦其事以予此言爲頌禱之詞則善
矣

安陸府知府馬諱逢皐序　廟者貌也形貌全則敬
禮生焉四代之學庠則上下序則東西學則左右
全周又有膠庠虞庠辟廱成均之名自至聖班宜
千年或諡以王或尊以師或自製碑贊或器飾全
正要無堂基不繕之理遡來文教誕敷　聖天子

景禮太學僉昭宣斯義人材炳蔚矣楚按憲顧公驄馬所駐肅禮聖殿惟景邑學燬先師木主移置明倫堂檄論葺建其拜首言曰昔董仲舒憤孔氏道不傳下帷爲正誼明道之訓子雲之書多尊聖而黜諸子濂溪太極易通羽翼孔孟使峻道不立飛甍不昭則蝌蚪奇文徒自藏於壁間但文廟有自盛而益盛者文翁之化祊立郡學而五經博士大學籩豆復振於白水有自盛而衰者二館七學飛騎援經而論堂爲圃三館如堂不蔽乎風雨有

自衰而盛者慶曆以前太學未遑而錫慶之院三舍之法終定於熙寧一門之內景學舊在內城柯僉憲感清河石像之祥遷置北門外理學名臣則魯文恪遷北公顧命元老則周冢宰敬松公詞林宗匠則鍾學憲退谷公諱省元鴿灣公以名卿從祀此景學之盛也壬午後烽火間出不數年聖殿俱燼幾有廣文無氈犁鋤躬致之風此景學之衰也然　昭代開科來景邑絃誦不息道義日新鄉會巍科光擢銀漢勢若圖麒麟於天上繪鸞鷟於璚宮又景學之衰而盛也辟廱之制形於天泮宮之規半於君學製全半皆有天與君主於其中鄉校里塾通斯義矣官茲土者敢不率若職臻厥成也今郡城文廟學舍煥然一新矣何忍景學之隳二三同志俱膺首事之任士子趨事恐後然則禮樂之興豈不以人哉異日廟貌巍峩人文彌著忠孝殊規燦焉輩出則景學之盛竊有厚望矣

安陸理刑府推官黃諱尊光序

景楚材之藪也材之生不於天不於地而獨功乎聖人俎豆萬年宮

墻萬世其德其功可更僕數哉但一經黌葺再尋干戈兵燹之餘靈光剥蝕必承聖作人代天翼運之君子煥然一新之所謂待人而行顧不重哉今

天子滇黔底定輿版悉歸投戈講藝爭自濯磨沅澧之蘭灊湘之竹蔓雲南北士菁菁者莪也郢既新文廟而景猶丘墟鞠茂草盍自壬午於今矣於是按憲西冷顧公持斧停驄以明道教學爲己任遂檄有司洎紳士等咸醵金鳩工制如舊其載拜稽首曰慎憲欽哉爰從太守後以爲都人士倡誠以

臨雍蒞頖釋奠妥薦非徒在上者事也古者橋門觀聽更老率其子弟教之盛至遠人遣子入學焉翔整興聖廟寔漢天章教學明倫賢材輩出景諸先輩如魯周鍾譚諸公亦嚮宗所享豈僅崇聖報本而已哉夫廟貌不嚴則人材不出凡爾素封率作興事擊靈甓鼓而頌子來歌不日將見巋然靈光與天門之山共峙西江之水俱長矣他日鐫碑攷氏與有榮施毋徒曰

聖天子有紀錄之功令在也

儒學教諭王命新記　古營宮室者必度方位卜時日備物力集群財然後裁成輔相之道出焉景學自嘉靖辛丑徙茲土歷百有九年而燬又踰十年而予奉簡書備司鐸甫履任晉謁郡守邑侯方圖爰有募冊之役逾年偕鄧司訓諸料事登請按憲諸臺胥惟允爰有興修之役既受事徵耆儒鳩工庀材用匠不逮爰有締造之役縣孟夏迄仲秋歷蓂莢凡五週計縻金錢二千有奇爲殿五楹高二十有八尺縱深不及高者二尺橫廣則五丈餘加彝焉爰有落成之役諸多士咸謂大工成不可無特書以垂來茲予請即古營宮室法而載筆焉是役也有可書者六度方位則五華三澨環衛清河宜書其地也卜時日則前肇後造俱届辛丑宜書其年也備物力則公府頒賜約千金而紳搢鐲助約百兩而黌子衿則稍羨之齊民以遞減焉宜書其數也集群材則贊工生員龔仲升羅藍吳泰朱魯而料事子衿則曾庠蕭聲達沈坦之蔣大年陳志忠賈岑吳琪王魏昌毛價龔俊宜書其名

也至裁成咸出自上臺則顧侍御諱豹文繡衣主盟而王守憲諱廷諫孟巡憲諱泰暨林郡丞諱文學侯別駕諱靖明俱寵錫優渥者若珥筆宣文自王學憲諱發祥外則馬太守諱逢皋黃司李諱尊光宜書其績并書其官也降茲則輔相而奉行者縣令則劉毓賓係永平郡玉田縣人教諭則命新係岳州郡九谿衛人訓導則鄧毓星係武昌郡嘉魚縣人躬任董理不敢云勞分襪贊務同觀厥成者宜書其職并書其籍也餘鄉耆學胥有事斯役者例附石末茲不具

書
邑翰林院檢討譚篆記　景陵古竟陵也邑學宮
舊在城內規模庳隘宜非騰作養之地爰光傳
百年前僉憲柯公感清河之祥徙置北郭即今學
廟地也僉憲精堪輿家言擇會卜吉焉忽踴地異
而鬐之泉湧石出是爲唐吳道子繪鐫　先師像
兆食吉遷建焉其舊古城環繞兩湖襟帶雉樓
屏列於前九洲峰峙乎左[illegible]夏荷秋藕之
勝慨炳燿燿儲書蟠龍一方縈繞中爲文廟爲兩廡

前爲儀門爲櫺星門廟東爲學署庫戟門左爲神
厨東北爲啟聖祠左右名宦鄉賢兩廡後爲明倫
堂堂後爲尊經閣東西石坊爲泰坊外泮水方廣
十畝四時渟澈不竭兩湖爲消長閣跨深閣有康
有翼百餘年於茲矣癸未兵燹尊經閣及齋舍官署
祠廡等皆燬歸燼獨存者大成殿明倫堂巳丑大
兵殿復燬　先師木主移置明倫堂顧瞻岸壁惻
然心目吾邑數百年穀璧宮之盛一旦鞠爲茂
草哉閱數年而今[illegible]公[illegible]視楚北同闔中黃公司

李駐節景邑肅禮　聖廟徘徊徙倚慨然者久之
爰集諸生而語之曰鄙道元含巾吐栢陸季疵萬
羨西江竟陵煙月似吳天風慕之矣以故休風題
氣代鍾名哲在先朝理學名臣則魯文恪建北公
顧命元老則周冢宰敬松公陳司徒正甫公詞林
宗匠則鍾學憲退谷公譚徵聘鵠灣公駸駸乎其
盛之也今兩湖煙月光照黌宮而顧瞻俎豆風雨
鳥鼠之不卹無亦多士之憾而司牧者之職事歟
夫廟者貌也先王飾廟以隆禮將以報德也不崇

其貌無以示敬如與道何且道之在天地也發於
山川滅於人文而吾身參兩焉是上自日月星辰
下至昆蟲草木所以往育者望是賴之國家舉帝
王之政養士取人率用是理況景爲三澨名區人
文所萃而廟與學委諸榛棘如報德何遂請守憲
王公巡憲孟公太守張馬公欣然同意爰偕邑侯劉
君學正王君各捐官祿首登役書而義風所激競
相舉助凡木石黝丹髹堊傭募咸取足焉而邑侯
暨學正又命工圖式教事者務極弘壯以合於度

士徒胥勤効職事後不恭年廟學一新工始辛丑訖以壬寅念茲膠庠重興落成之日適當
今上改元覲光之始黄公繼至率群僚從師儒聿觀厥成復顧諸生而慶之曰 先師參前倚衡之訓欲隨所在見道也况專業其地者乎繼自今入其門者如見宗廟之美百官之富趨隅仰止進德修業庶其升堂入室用而行之中牟攝相之政則吾與有官君子及爾多士所當念也於時圜橋觀者退而皆若有得焉是役也官不紀費而下不知勞

甍棟傑搆逈出城北故危若仰止逸若履氷義河之上巍然煥觀一時師氏弟子咸勃焉興起故居是邦樂有賢士大夫也勉我同志倡明正學以紹前休庶無負黄公今日為師之教哉乃公謂是足以振今作後也勅使寓書於篆屬記其盛篆濫竽史職屆茲 告養歸里躬際其盛不辭詮次其說如此 康熙元年嘉平月既望吉旦題

邑庠生吳泰大成殿賦 有引

禮大學始教皮弁祭菜示敬道也昌黎謂孔子用王禮自天子下至郡邑守令通得而祀然則廟制其可已乎景稱形勝甲乎全楚邇者大成殿告災西泠顏侍御古莆黄司李 兩文宗偕邑侯劉觀光學博王天爵兩公起而肯搆之誠盛典也恭明承 恩委獲預董修竣惠 聖門多矣昔王文考賦靈光何平叔賦景福咸因披覽勝蹟藻矣前休兒恭以下士執管應 命盻倫汎除之役者敢不載筆瀝詞揚厥盛舉乎

緊楚域之有竟陵兮載禹貢而導三澨峙霄城其在望兮隸復州之古衛紛巾栢以相含吐兮襟西江而統峕礪從五華而建鳳國兮系安義以兆書契實為文明之首都兮服胄聖教而冏替也爾乃蜿蜒吐秀逶迤鍾靈壯扶輿而占勝聚兮表蒸鬱

於穚星翼兩湖若環列兮規泮月而剖珪形璘清河而圜橋門兮應國號而興永寧藉厥會其成基兮象米廩之在虞廷燦聖像而昭古碣兮氣崢嶸而森典型何上天忽喪斯文兮炳泰炬而熠熒熒抑王屋化鳥而流火兮燃青藜以照耀六經爰是
帝簡柱史繡斧巡疆拜瞻禮聖肇修是倡爾乃度原隰相陰陽酌豐約準低昂徵材租徠取楨榦章門闢延英室宴披香開天祿兮列石渠升金馬兮玉堂布鈎陳兮署正位宅紫薇兮御中央既左

平而右墄亦象氏以法亢爾乃誌經始煥重光建法宮坐素王其正中則奎璧聯絡斗牛頡頏白雲出牖紫虹流房猶天階之不可升也其偏廡則神鰲吞吐應龍翺翔蓮榼倒披藻井生香譬海若之自觀瀾也其左右个則金石摶拊鐘簴鏗鏘衆山響户餘音繞梁若聞韶簫於三月也其前後維則翬鳥布翼鴟吻舌張玉瑱潤礎金鐸振廊如備富有於百官也若夫五老降庭二龍繞室鈞天閶乎房中遺經藏夫魯壁惟聖靈其昭格凛陟降而在

兹至於大公爲垣周行如砥循墻著傴僂之容升階美蹴踖之儀觀明堂兮金人緘口入太廟兮歆器防危顔瓢陋巷而獨樂由瑟升堂而共窺端木傍墻而及肩伯魚過庭而疾趨斯固宗杏壇爲堂與倚鄒魯作階基者也爾乃祭几筵視犢檟三獻致酌二丁届期幣帛具將樽罍相隨宫縣在御庭燎有煇宗祊告虔祝史致辭左執籥兮右秉雞夷蒸髦士兮我璋率僚屬兮委蛇肆祀劄兮會辟廱飲潭宫兮載燕私入室僾然有聞出戸愾乎如追

斯則齊戒惟子所愼而俎豆猶然婚戲者也乃至遷周制兮興禮樂復漢官兮覩威儀前憲老而乞言後臨雍而歌詩受禩拚兮集周京釆芹茆兮拜魯僖大者二館七學小則五經九師麗正錫慶之院國子廣文之司咨容飾奏備乎六代羽籥干戈法乎四府斯則重學校以興教化而必本洙泗以爲綱維者也夫然後闡聖闢賢効乾法坤體道德以爲囿擴仁義以爲門舞彝階兮揆文教披堯茨兮培德根昭雲漢兮鎮河嶽饗宗廟兮保子孫來

扶聖治以不衰兮歷萬千禩而常存亂曰巍巍至德江漢濯兮伊我璧水觀瀾躍兮煌煌孔庭檜楷託兮維茲泮林摽梅蕚兮

皇朝定命文明爍兮歲在重光丹腰作兮以祊以嘗奏格愨兮於萬斯年運寥廓兮

邑庠生朱魯修文廟引

米廪鹿庠學之始也釋菜合樂祭之始也祀於家廟祀於闕里祀於廟堂廟祭之始也周公南向孔子亦南向專廟之始也配以顔回配以卜商左丘明諸人配侑之始也自

巳往由郡國以及鄉邑往往建學而廟制儗於京
屋故公孔子於天下而不得爲景陵私也所以廣
景陵於天下也或曰景頖之休徵有異焉石像倣
於石經梅龍等於檜楷泮先組於灘渙是私景陵
也聖道如日映川不命奇於物也或曰景頖之廢
與有異焉景陵霄城始興復州之目時郡時縣時
植時頹洎平以經泰定以綿迄於明際兩訪落於
直指兩岐翼於辛丑是私景陵也燬者廟貌之欲
新也爕者王衣之自舉也聖道不遠時不制成燬

於數也或曰景頖之成毀有數焉堵泉之所潤丹
爐之所熯神明之所封藝祖之所表蒸聚於宮址
是私景陵也江淮以南循辨練光邸鄘以西亦占
寶氣聖道結奇岳瀆隨之不抑一隅也辛丑春王
學師慇澤宮既火俎豆無地矢志砥策謀始區畫
神瘁形疲荷鍾離意范希文諸大君子風勸董戚
之魯等得倫聖人掃除之役其榮多矣敢不黽勉
以底於成

邑首事生員修學宮引　景陵之有學也自宋淮

乎前距元泰定末有可考者也邇縣所由昉自漢
時置竟陵孝武命邑設學校有可考者也自隋爲
復州廢學至五代改名景陵相沿至今厥學不廢
又有可考者也列朝學宮在城內屢經重修至嘉
靖辛丑巡憲柯公以前任侍御膺簡命按部行景
始徙學寘北城外其地名清河驛爲縣廒倉地云
前臺使者過茲土馬軼鳴不前因掘地得石碣勒
宣聖像爲唐吳道子筆柯公感之心動卜建叶吉
又皆有可考者也邇因兵燹告災恭惟

欽命代天顧宗師過化下邑謁　聖禮成學師王鄧二
君鼓篋而進率衿士等亟請興復公曰俞毅然爲
釐修任維時　諸憲臺僉允厥請力主捐助遂以
今上御極十有八年辛丑肇工舉事去嘉靖辛丑歲
惟甲子兩週者也於是王學師集生徒而語曰是
役也實賴　先聖佑啟之靈相與有成者也夫天
道百二十年大變故十二日浹辰十二月成歲十
二歲爲紀以應乎小變之數上天未喪斯文前後
俱屬辛丑吾　孔氏志在春秋因魯史以表年今

苗肇造厥侯不爽其聖敎重耀人文有嘉之徵也
爾多士知之乎昔　孔氏遺秘月後世修晉書董
仲舒護吾車拭吾履會稽鍾離意令　柯　顧爾
公感而祐臺柱史益有功名教先聖後聖其致一
揆見知聞知應期而昌爾多士知之乎今學宮地
昔本廢倉虞舜五典樂教國子作米廩藏帝籍夫
學宮本國籍之府而廢倉即米廩之司文在者養
也古教養並重即吾　夫子既富加教意也爾多
士知之乎更有異者廢前古梅一株府　柯公手

植已百載矣自學宮受燬並其盡萎者十有五年
茲聖殿將起吐蕊敷華與斯文爲消長時論以爲
無知哉　昔孔庭手植古檜歷周秦漢晉千年
綠晉永嘉而枯至隋恭義而生又爲乾封而枯至
宋康定而榮又金貞祐而焚迨元至元而復又至
明洪武己巳而益長三丈有奇復至
今上嗣其祥牙發葉大發異於列朝至其關於綱常
名教如是也今廢梅枯而復茂殆應與王運爲效
明光其亦爾多士知之乎夫景稱冠蓋之里仕緣

公卿之領今　聖官自內辦新人材因之奮起爲
穎　諸上臺加意作士之休共從
聖天子崇儒重教之化爾多士勉乎哉於是謂奎拜
首受教敬題簡末　路生曾庠賈孝廉程達洪坤之 新太平陳孟熙吳攝王璽昌屯
俱葺修 公撰記
東廡　西廡　在大成殿前嘉靖辛丑柯喬立今
燬議復
明倫堂　在大成殿後嘉靖柯喬立
博文齋　在明倫堂東今燬議修　博文齋舊在廟址

約禮齋　在明倫堂西今燬議復　約禮齋舊在廟
東廨　西廨　在齋外以居學師教職者俱廢亟
議建修
崇聖育英門　在堂前俱廢
禮門義路　在齋東西順治甲午教諭吳景祖重
修
亭　在禮門東嘉靖庚戌知縣夏汝礪立
在禮門內前邑人程鴻賢鋼爵一百三十
六庫燬爵無存者亟議修復　按程鴻並德本學人作壁

州知州後入鄉賢

啟聖祠　舊在西廡今在廨東教諭王命新[illegible]

教諭王命新記　邑有學學有廟其正殿祀先[illegible]而別祠祀啟聖尊尊親親統祭法也古季秋祭禰禰考廟也書謂文王昭考詩謂武王穆考蔑以尚巳凡廟制祔則祔又則祧未有如啟聖公爲百世不遷之主而享二丁並舉之祀也此則本先師在天之靈以致孝享於所生者也歷代從祀廡次嘉靖閣臣張璁曰豈有子坐正殿而父列兩旁者乎

始改另祠崇典禮也廣孝思也共倫員學傳籩豆固所攸司今新殿式廓而舊祠尚湮爰堂搆之復丹雘之昔孔氏著孝經曰孝始於事親著中庸曰宗廟之禮所以祀乎其先也則斯舉也亦曰本先師在天之靈以致孝享於其所生者而已

先師遺像亭　舊在敬一亭後近因大成殿燬移置明倫堂匾以妥聖靈也今復還原位明嘉靖九年撤塑像設木主而天下無有塑先師像者至嘉靖二十年僉憲柯公喬巡行至景聞先年有執政至清河橋馬[illegible]地不進掘之得唐吳道子石刻先師遺像因往學宮并搆亭祀焉近有移置明倫堂者石像[illegible]中裂師儒悚懼相顧失色至今康熙五年移復原位聖靈攸妥

按漢靈帝光和元年畫先聖及七十二弟子像唐玄宗開元八年圖七十弟子及二十二賢於廟壁此繪像之始也景陵先師遺像必有自來矣唐開元時有吳道子杏壇小影又黃梅縣有吳道子孔聖遺像吾景陵石碣相傳道子遺筆定非詭作者玄宗圖像廟壁外又有燕居小影俱足瞻仰夫顧愷之行教像王維先聖畫像寫照一時傳神千古而景陵先師遺像獲自清河肇爲學宮與宗廟百

官並垂不朽矣

邑庠生吳泰恭題聖像詩　栢翳圖山經神禹鑄鼎器法象昭文明藻繢通書契郢國開穀鄉素王寓品議吾邑郢國子文所産聲教被遐陬有水厥名泗邑西有泗汊泗港水奚宮煥宮墻威儀肅瞻覩摹出道子筆斯文同本墜巍巍天縱姿奕奕大成致傳神兼傳心貌豈虎也似異表四十九如讀祖庭記南楚尊尼山書社封相界仙籍註土真九嶷傳所治真誥孔子太極上真治九嶷山遺蹟瞻斯邦濯分江漢地綜論括百家後素

逼繪事絕筆紀獲麟畫閣標名位妙手邈吳生繫
姓不我貳同出延陵先鐫碣聖勒誌（孔子曾題延陵墓碑）式
穀求馨香報答在屭贔衣冠劍辟廱琬琰列金匱
宗器廟中陳勝彼石經字六書本象形深悟宓羲
意端然紫玉研澤存魯國示（從征記魯廟有紫石硯夫子用物也）

名宦祠　舊在啟聖祠前知縣丘宜移置戟門東今
廢

鄉賢祠　舊在啟聖祠前知縣丘宜移置戟門西

敬一亭　在明倫堂後知縣李仲僎建

尊經閣　在敬一亭後邑中書舍人唐堯舉朱萬祚
同建

風雩亭　舊在堂後西北隙地有學井今廢

號房　在風雩亭左右以便諸生藏修者今廢

戟門　在大成殿前順治己丑燬辛丑司李黃公諱
尊先捐資重建生員鄒崋李光徹劉翼孫吳序等
募修生員龔仲芥吳泰等督工告成

櫺星門　在戟門前舊植以木邑中丞徐成位同贈
中書舍人唐賓卿者邵宗易更樹石焉

教諭易體震（字起潜宜都人）櫺星門說　先師廟制自正
殿而南有戟門有櫺星門戟門始宋建隆年準儀
立戟學者類能言之至櫺星則弗能詳其義按釋文
云櫺者楯門牕隔也班孟堅西都賦伏櫺檻以俯
聽亦牕隔之證也文選詩云曲櫺激鮮飇韓昌黎
詩暑夕眠風櫺蘇東坡詩皎如明月照牕櫺俱指
牕隔言其名星何居陸放翁老學菴記牕隔縱橫
相間名星眼延時蔡京省去橫隔更名太師牕以
此知牕隔古名星也今之戟門古為楯門制用櫺

牕格撤去障板取闢門求賢之意其兼取星者同
於王制尊之至也周禮有皋門應門又有闕門巍
然中闕上縣治象謂之象魏[illegible]漢以來天子正門
曰端門後世用天子禮尊先聖為櫺星門即今所
云宸居法宮是也按廿石諸經無有櫺星其名取
此蓋有深意若曰聖教昭如日星內外通明矩矱
方正猶天之不可階而升也漢明帝臨橋門觀聽
漢靈帝設鴻門都學此自一代之制若櫺星則自
宋紹興以迄於今相沿弗易殆與魯靈光巋然永傳矣

育賢坊　在戟門東知縣丘宜修建舊廢今建石坊

拔俊坊　在戟門西知縣丘宜修建今廢

泮池　舊有泮橋跨池中東西爲兩橋便往來嘉靖二十年水决兩橋崩惟中橋直通往來三十七年推官袁履省中橋築東西橋爲坦道天啟辛酉知縣侯維楨以泮水不宜外洩塞東西橋更砌石欄爲有碑記之是年二月春泮池水湧躍數丈許有聲如雷有物如龍蜿蜒行水上逾時猶不滅闔邑觀者如堵此異人將出之兆也次年春榜劉必達

舉禮闈第一人　教諭游文聚有泮水呈祥賦

按邑自明設科以來景陵兩會元前爲魯鐸後爲劉必達歷年一百二十俱值壬戌先後不爽亦異矣哉

射圃　舊圃在城内學南成化壬寅知縣婁綰立提學副使薛綱有記今徙置新學東焉圃前地東南三十餘丈賃民居輸租入於學今圃亭俱廢亟議復

提學副使薛綱復射圃亭記　景陵射圃在學宫前蓋分學隙地爲之也縣尹婁君綰鋭志復古乃建亭於上高敞壯麗視其志豈狥目前計哉一日綰率諸生來曰射圃有亭矣願有紀述勸其堅砥垂諸永久庶幾古存羊識禮之意也嗚呼予文豈足存禮哉予嘗讀儀禮禮記而知其説古者卿士大夫之射也必先行鄉飲酒之禮所以明長幼敎和敬也觀所謂拜至拜洗拜既則敬之至也請安請坐旅爵則和之至也和敬之教行長幼之序明身修家齊而國天下治平也故孔子曰吾觀於鄉而知王道易易者此也予奉璽書督學湖湘痛古

制不復下車首圖是舉聞西江康齋與先生講明是禮以教郡縣予遣兩生從九江學之以歸即命有司築亭圃置射器俾諸生朔望肄習之不二年間亭圃有鞠爲蔬園者其肄習可知已使得如綰者數十輩分布湖南郡縣亭圃必不蔬園也飲射必不虛文也何謂古禮不可復哉夫復古非徒持弓執爵復其儀文焉而已亦惟復其禮樂和敬斯不負古先王之意此又諸生之責也予與綰之望也

房　在泮池前順治壬寅水衝房壞康熙丙午邑人翰林院檢討譚篆首倡募修生員龔仲升督工告成

石欄杆　在泮池遶圍嘉靖年知縣李仲僎立崇禎年□太學生胡來儀重立順治甲午年知縣蔣鳴玉同教諭吳景祉屢修康熙元年水决池圮五年冬教諭易體震亟議修築生員劉翼孫吳昇奐易毛儀等合請安陸刑府史公諱飈廷調助繳修生員吳序龔仲鵾持冊具募生員龔仲升程之璜督工告成

學署　在文廟東嘉靖辛丑年移建

漢武帝始詔天下郡國立學校官元帝時詔天下郡國置五經□□帝元始三年詔天下郡立學縣立校置經師一人鄉立庠聚立序置孝經師一人景陵於漢時為縣也置立校學庠序置經師一人矣

後魏獻文帝天安初詔郡置博士二人助教二人學生六十人景陵於魏時為郡也宜置博士助教學生如其數矣

唐開元二十六年詔州縣置博士助教各一人景陵於唐時為州復州也宜置博士助教一人矣

宋景祐四年詔藩鎮始入學慶曆四年詔諸州路軍監各立學置教授授以經術行義訓導諸生掌其試事而糾正之或兼官或舉士人委於漕司熙寧六年始詔諸路學官兼委中書門下選差縣官置博士助教各一人謂之主學官景陵於宋時為郡縣也宜置博士助教一人矣

按誌宋時有施師懸為德祐年教授楊文仲為寶祐年教授俱任復州路與慶曆年詔制合其熙寧年博士助教無姓氏可考

誌稱宋時有陳嘉言景陵人為郡學諭開禧二年金兵陷景陵被執死難入鄉賢中今附記於此

元時詔縣置教諭一人又直學一人掌錢穀教諭聽行省及宣諭司劄付或命於禮部日教授始受職朝廷學生額十五人其盛也至五十人俱受廩於學景陵於元時為縣也宜置教諭直學各一人矣

按誌元時景坤厚記至元年有荊門傅琏為景陵教諭又泰定時有教諭孫康者姓氏猶可考也

明時詔置教諭一人訓導二人齋夫六人膳夫四

入門子二人學書一人洪武十五年令縣學二十人日給廩膳仍免差徭二丁宣德中增廣員數如正額不給廩膳爲增廣生正統十二年復選俊秀附學肄業爲附學生景陵於明時爲縣也其置教諭訓導如數矣

按志明時天啟年奉裁訓導一員

國朝初置教諭一員訓導一員生員無定額今奉旨教諭廩生如故裁去訓導一員膳夫二人門子一人其歲科俱一考定取生員大學十五人景陵於

本朝爲大學也其置裁如　制矣今康熙四年部議兩考併覆

學倉　舊倉在城内學東南隅知縣姜縮立今倉基在學後未建歲編斗級二名

學基　儒學新基在清河橋北嘉靖辛丑歲僉憲柯喬㠯民地併廢縣義倉地而裒置焉其地爲鎖形計丈量過四十三畝二分五厘　按學西地基舊被豪横侵占天啟年知縣程維楧任贊化勘明始正經界云

知縣程維楧勘學地牒　夫學宮之地所謂聖域賢關也士無不好履斯境者抑猶之世業也脫方幅不整尚思拓畝佐之而實未聞有公行剗據者有之自生何某始本縣聞而駭繼而疑今而信矣盖公議本出學校以學校之人譚學校之事其議執公於此者業已親臨勘視見其椽頭尾角實與齋簷雜錯如繡而堂左西隙皆庵幅庭廈之顯在渠高垣堅墉外间粗識一班矣縣固不能察訪訪亦生端又不能下問問亦怯對煩貴學虛心商詢斟酌分疏三日内回復本縣不難提三尺從其後

也古請考工地盆宅者致蒙天子震怒學圃非朝廷之禁地而有司非天子　更　哉坐視不理溺職謂何用滋煕耳嘘乎夫　墻數仞得其門者或寡矣實偏處此以爭此土於汝安乎豈折栦樊圃任太瞿瞿之詩生未昔誦耶夫飛鴞集泮林則懷好音覺貴學事也本縣且藉手以復諸生矣文見辨侯摠論今康熙二年奉分巡荆西道孟批許基查係貢士倪鈐祀地給免門差在案

學田　舊田共二段坐落張官畈者奉祀程一鑑輸

入坐落申家臺者推官袁履斷入久已無存　新田共二段廖家墻十二石五斗柳家河四石零其田除納賦輸縣外餘租貯倉俟　學道取給寒生

考之學田之設莫盛於宋之景祐每詔一處立學則賜田若干頃蓋養士之典繇來渥矣自後無所考元修學記有云沔陽州守汲郡安侯朝列到郡勸課搜剔隱伏得豪户規占乾沒學田者八九人皆服罪喪党披露首服視舊租入倍得爲石者一千四百有奇以修學宮及考姜志尚有學田二段而今則寸壤無存矣任侯蒞政言念多士爲之經營時有胡劉兩生屢成不失願輸其田以爲學田申詳院道府批送本學遵依除完餞糧外餘租以備學政之用仍聽查盤

義學　在縣南一里義河邊成化十七年知縣姜綰

達以教民間子弟且以縣前官地鋪房二十間收租納學中給師生弘治十四年知縣周端重修嘉靖三十七年燬於居民舊碑在丹臺觀姜綰記

姜綰義學記　古者井田法行教在庠中自壞井田以來富連阡陌而陵蔑倫理貧無立錐而不暇治禮義教在養外也綰幸生逢文運寄教養職於景陵以鄉學未立乃度城南地爲學以教之教而非養與無學何異耶故賦官地廛以輸於學師則月支米一石歲給銀十兩使教子弟貧富俱許來學而貧者給以楮墨使學有定志所以教者小學一書其要在於明倫其本在於敬身月考而歲視之間有俊秀者則升於庠以進乎修己治人之道也使若富若貧咸得以學亦庶幾乎義爲耳因扁曰義學

社學　上白村十六學　下白村十七學　雲潭村十六學　官城村十二學　方樂村十二學　南黃村九學　附城村二學　在城村三學　共八十七所

成化十七年知縣姜綰勸民創立擇通文理者爲

師焉古者二十五家有塾坐上老庶老以教灑掃應對進退之禮六甲五方書計之事即古鄉學之制也弘治十四年知縣周端重修順治十八年學憲王公諱篠祥復遵　部議舉行　按明太祖洪武八年詔府州縣每五十家設一社學延師以教子弟

乾灘社學　知縣姜綰有記今廢然乾灘自興學後魯發酒鐸周少保嘉謨陳司徒所學魏觀察士前諸公相繼而起至今姜記中登名蹟佳話無有先誠云

義縮記　邑義學成而四境父老皆慨然有教子弟意如乾灘亦其一也縮以公務過而視之堂高而美爲教亦得人大抵倣義學制爲之時子弟父兄環門而觀因進諭之曰若輩可謂知義矣若子弟從事於此小學功成舉之大學則登名躋仕亦分内事也群拜且請願刻諸石以垂不朽乃次第其說以遺之

夢野臺書院　在縣東門内邑祭酒魯鐸讀書處其扁額太師李東陽先生題也

魯鐸記　略　倣廬東隣有地焉自平地視老高丈許其上有古臺自其地聯之丈高丈許臺曰夢野志謂於此登望可盡雲夢之野故名予緣病得請買而治之爲休養之所於臺之西爲屋數楹兒輩及族子弟讀書林臺閣老西涯翁題爲夢野臺書院自書院以東別設區鎬凡予入則童子夾寫焉人莫敢呼雖呼亦不復聞故漁臺林亭諸處自爲一區又鐸詩叙買東隣宇業空祥倚余廬爛分巷陌蕆裏得山林垂樹陰金合廬堂皆不使一塵臨百里野色上吾琴

東湖書院　在東湖岸祭酒魯鐸讀書處也

文恪魯公鐸書院詩　讀書堂下日如年門外湖波漲夜泉乞耶漁竿頗煙景丘園誰遣獨無權山園書院好客多行處新詩日幾何中有幽棲人不到緑蘿深處白雲窩

景陵縣志卷之五終

景陵縣志卷之六

署縣事李　馨纂修　儒學諭易鵬震參訂

邑人吳　忝編著

風土論

風俗　古蹟　勝景　別墅

楚江永漢廣見夫周南可考而徵也輿紀荆楚風俗畧同楊州又曰荆强也言其氣躁强也或取名於荆山焉夫風俗尚矣古太史采之輶人詢之而旁搜古蹟則輿感寓焉懷覽勝景則題詠寄焉次別墅諸記所必載者後之君子憑眺徃昔能不景仰夫高山哉

風俗

唐陸羽自傳風俗之美無出吾國

漢書楚有江漢川澤之饒信巫鬼重淫祀

圖經地多卑濕人性淳和

丁謂詩人淳訟簡

名賢文集人自温良化作蠶桑之俗

復州廳壁記民足魚蜃之饒

圖冊務實樸厚

郡志以魚爲耕耨爲業而少積聚

又云耕尚鹵莽雖廣種而薄収婚畧禮文每多贅而少娶疾病則斂貲相卹死喪或歌鼓相雜

唐皮日休送從弟歸復州詩　羨爾優游正少年竟陵煙月似吴天（輿紀荆楚風俗畧同楊州皮詩引此）車螯近岸無妨取舴艋隨風不費牽處處路傍千頃稻家家門外一渠蓮慇懃莫笑襄陽住（皮襄陽人隱鹿門山）爲愛南塘縮項鯿

明知州李濂紀俗詩　盤郢瀟湘曲風流自昔稱家家住水閣日日下魚罾雲溼常垂雨湖寒未見氷風微鷗戲藻沙靜鷺啣菱翎羽充王貢魚蝦入歲徵蓮舠秋共泛竹檻晚堪凭陸羽風如在靈均恨不勝漢唐兵豈到吳楚勢相乘地僻途迴少江清賞宴仍稀手懷漢詠琴瑟對漁燈放枕觥猶怯垂綸近亦能蹤狂叨守牧高興岔崚嶒

增本邑風俗論　景邑古風國地也風氏系出伏羲而神農氏又崛起南隨結繩畫卦鞭草嘗木實開萬世生民之始迄今過風市入其廟觀其車服禮

閭市民以時奠饗其祠肅然若而儼然思前天下之日月在躬者猶食楚邑之茅土而風雨其田者尚茹楚邑之草木也嗣是而自起之師一過其境先主之駕信宿其地過荒墟而訪遺蹟感慨一往令人雄心奮發矣若乃李翱之詩文實與昌黎相輝映陸羽之茶經直由筮易而得名有唐數百年來惟茲景邑寔爲冠裳都會焉是故論其民俗則醇質而悍慤猶然覩江漢永廣之化也論其風則好古而服奇猶得見屈宋人文之勝也論其山川

則滄浪愛皤冢之流三澨開大別之波五華挾君山而送青兩湖偕溫泉以鉅沫真不啻分三湘七澤之雄九嶷嶽衡之勝也夫文章之靈生於山水政事之才生於文章故有明三百年其一官一能自表見於世者不俱述至於文恪之望重遠邇太保之樞典銓衡退谷之好學聞於東南鵠灣之清思敦其孝友一時人才先後相望過是邑者未嘗不有天下文章之嘆焉而況夫踵生是里仰其餘風大其聲施讀其遺書而知其傳者復繩繩未有艾乎佹若子良之王於是土以文章而友沈詩倡裴讓之令於是邑以材敏而當金宋之衝奚戶十二遂創雄城百雉程尹一疏至捐楚賦百萬又皆著蹟揚勳惠徃開來者也夫景邑自嘉隆以前屬於漢嘉隆以後隸於沔其不以屬於漢而隸於沔者知景之不樂於漢而沔之大有利於景也無如數十年來凋敝極多兩遭兵革數罹烟烽當郢郢之下流則時驅馬而來遊據江漢之上遊則時揚帆而示武南河以南值水則爲澤國北山以北

際旱則爲石田其民之散而耕士之存而讀者大半皆創痍流徙之餘也夫論東南之形勝則全楚扼荊揚之邦全楚之威不壯則東南猶未爲安枕也論全楚之形勢則景陵控漢黃之險景陵之民不安則漢黃猶未爲固圉也賴鸞鳳之遊於枳棘故撫字之瘁厥心神不數年創民瘳而草野漸有全形矣泮宮修而焦桐始有遺響矣石田者漸易而爲沃壚欹傾者復支而棟梁矣言其山水猶尋常而得貌言其節候猶披文而見實詢已往之書

芳風可再耕百世之田瘠土多材安在景邑之治不爲天下先而景邑之俗不再見文王南國之化矣乎（邑解元程飛雲上分巡道吳公論）

漢書稱移風易俗言聖王在上必移其本而易其末然後至教成也古圖經稱景民淳和而今輿志稱景民刁悍夫風俗一也而或稱淳和或稱悍刁豈有兩景陵哉其移易之機固在乎上人焉爾

古蹟

風城　在五華山古風氏之國相傳伏羲之後封於

此故有伏羲廟在山側按左傳任宿須句顓臾風姓也杜預註四國伏羲後封近於齊皆魯附庸也則今風城非伏羲後矣故宋胡明仲（諱寅胡安國子也號致堂）記不及此蓋亦疑之也或云須句氏封此俟考又按帝王世紀云伏羲之後女媧氏亦風姓也女媧氏没次有大庭氏栢皇氏中央氏栗陸氏驪連氏赫胥氏尊盧氏渾沌氏昊英氏有巢氏朱襄氏葛天氏陰康氏無懷氏凡十五氏皆襲伏羲氏風姓之號或曰黄帝時有風后相春秋時有風胡子亦古風氏之裔也（史載伏羲母居華胥渚履巨跡意有所動而孕逝而遂生帝於後人因華山與華渚偶同附會風氏以傳疑爾）

邑庠生吳泰古風氏國詩　厲山誕農祈衡峯著融威瀟湘稅虞駕岣嶁斵禹碑每耆稽古帝維我楚産奇厥邑五華麓後有太昊遺芙蓉削巨掌嵯峨環列眉書契本字祖卦畫立表師誰歟扶徠樂巍諱皇羲辭隱然一都會賜履爰在斯我訪華渚蹟同遊化國然散髮北牖下自謂羲皇宜帝系不可稽䐩土自何驟馨香宜有後苗裔今安之三恪

弗在從九疇究屢移封建如可復當繼此絕夌

雲杜城　舊志在縣西北巾口古鄖地也雲杜本漢縣屬江夏郡梁於此置沔陽郡胡三省通鑑辨誤曰晉沔陽郡於竟陵縣地李賢漢書註雲杜在縣西北是時郡即縣地也州志云即今縣地古城盖以漢晉皆有雲杜至隋獨縣意省入竟陵遂移治此　據舊志則以巾口古鄖爲雲杜據州志則以縣北古城爲雲杜然以水經杜預三註考之則巾口古鄖爲古竟陵城無疑也但不知雲杜果在縣

北古城否且直陽巿城隍臺相傳以為縣之舊賦
安知其非古杜城乎　考通志以郢州為雲杜一
統志又以京山縣為雲杜古雲杜其地不一
按水經沔水東過雲杜又東水出江東至雲杜入沔令夏水入沔處㳺塞無考度其勢當經景陵
地若定則今縣治僖雲杜也漢書劉敞傳為武王常封竟陵鄉雲杜李賢註雲杜故城在復州沔陽
縣西北竟陵故城在郢州長壽縣南賢所註皆自唐時郢復二州屬縣而書其曰沔陽西北者正今
景陵治益可見其為古雲杜矣其曰長壽南者則無其地史記正義竟陵在長壽縣南一百五十里
頗與賢同今景陵西三十里有巿港西有城城多荒北蓋自梁巳廢正在長壽南一百五十里頗
與水經巿口水西竟陵故城相合意梁置沔陽郡逕省雲杜而徙竟陵於此爾　又按水經沔水又

東逕左桑三省史註左桑在雲杜昭王溺處吉白雉佐王喪也又雲杜有橫桑晉於竟陵置橫桑
戍按戍者城旦也雲杜城在竟陵或取此

古竟陵城　州志在縣西北三十里巿港河西　水
經注巿水又西逕竟陵縣北西逕揚水謂之巿口
水西有古竟陵大城古鄖國也鄖公辛所治所謂
鄖鄉矣昔白起拔郢東至竟陵即此也秦以為縣
矣今在石河西有城相傳即古竟陵大城云
竟陵名昉於史記世家漢興因以為縣秦漢止一竟陵也至晉以下郡縣各稱同名安陸志以郢州
為漢竟陵縣夫晉置竟陵郡治石城領竟陵縣然謂安陸為晉竟陵郡治可也謂安陸為漢竟陵縣

不可也今竟陵故城漢書註在郢州長壽南一百五十里則可見其為巿口水西故城矣
唐張祜次竟陵城詩　梅花今正發笑語復何如
舊國雲山在新年風景餘春饒江漢夏日寄武陵
書可知明時老臨川莫羨魚　此乃送人歸沔南詩
又張祜次竟陵詩　南風吹五兩日暮竟陵城腸
斷巴江月夜蟬何處聲
邑舉人胡承諾竟陵城詩　邑西三十里古堞委
修陵介在二水間　巿柘二水　吐納或有徵煙月吳天矣
應以今治爾　皮日休詩竟陵煙月似吳天

慈谿王治皞詠竟陵城詩八首
夢野遙連郢城隍舊入鄖風香三户草雨暗百家
枌雲北祠諸葛筵南廟子文土人巫覡喜歌舞下
靈氛
雲夢風如駛金鷄逈不驚日寒先主廟花煖魯公
城夜柝纒兵氣巢烏識鼓聲休嗟風景異定習瀼
西畊
郊土連雲杜漢江紀內方石城沙樹靜柘水雨煙
凉褰珮懷滋畹臨流賦涉湘飄零世未定此地卜

滄浪
聞道天門勝景陵澤國西鑿空荒野大眺逈口煙
低碧樹啣鍾磬長風鬆馬嘶生平幽興熱無計覓
幽棲
城廓巫山濶乾坤楚塞遥江雲朝漠漠風日晚蕭
蕭霜草還銅柱鳴鞭信鴈橋客中雨不斷㕘酒肯
相招
織菰城樹暗瀟洒動江濱神女臺邉草湘娥日暮
異星臨鑄柝靜風入劍歌聞邑帽經時久愁多酒

不醺
曾聞宋玉宅猶記仲宣樓况復干戈地荆襄此上
游闌山耆舊傳風雨黑貂裘安得逢冰鑑投簪闊
世謀
此地元雲夢沱潛江漢間煙荒邑角渡日闕虎牙
闗不盡懷親淚無能駐旅顔桃弧風未遂縱屐幾
時還
潛江歐陽域景陵秋眺詩　竟陵煙月地勝境吳
天開一泒西江水百泉雲杜來茶槍淪故井夢野

峙高臺登眺多嘉興洞庭木葉催　九月商風送
清笳咽曉霜霄城傳晉魏郢國滙巾揚三澨瀠洄
秀五華峷嶂長鳴軒同旅寄廻首鴈高翔
魯公城　在下白湖村本土臺名之曰城相傳魯肅
屯兵於此
按三國志吳孫權遣魯肅至荆州行到夏口聞曹
操向荆州兼道至南郡表子劉琮已降曹忒恥道
由竟陵云
雲夢城　故志在縣西即古雲夢澤按漢桓帝延禧

七年正月戊辰桓帝幸竟陵過雲夢臨沔水則雲
夢與竟陵不遠也又沔志郭璞云安陸枝江皆有
雲夢不言景陵有雲夢也疑即古竟陵城之訛
雲夢本二名而雙舉也周職方氏荆州澤曰雲夢
又漢相如傳云楚有七澤其小者曰雲夢方九百
里不言雲夢有二也惟禹貢雲土夢作乂鄭註雲
在北夢在其南又王弇州集雲夢即古雲中地江
南為夢江北爲雲又祝穆曰邧夫人棄子文於夢
中言夢不言雲楚子避吳入雲中言雲不言夢則

是爲二澤也今德安有雲夢縣又應山有雲公[illegible]
益古雲夢澤甚廣後世析爲邑名今志稱城在竟
陵因輿圖言雲夢澤在沔陽而景陵與沔俱古竟
陵復州地故沿襲並載也按古雲夢方九百里或
者縣在九百中未可知也但水經註縣北雲夢城
城在東北今志在縣西者非矣

唐戎昱雲夢故城秋望詩　故國惟墟在登臨想
舊遊一朝人事變千載水空流夢渚鷗飛晚荆門
瞑色秋片雲凝不散遙望掛鄉愁

明李夢陽雲夢賦

矧余紛以好覽兮悵長風而浪濤夏滙液之浩浩
兮阻雲夢之逆颸哀南紀之攸墊兮峙荆衡之衆
山貫江漢以爲絡兮勢朝宗而播源翼沱潛之翩
翩兮掖景陵之峩原（雲夢在古竟陵縣地）吞沔鄂之曾隰兮
洸透迤而淡滮坻坑堤兮掩翳横余前兮蘙茂紛
而蔽天月重陰以繁雨兮駭厥鴫爲之先鳴邁大
別以悠沂兮遘少陰姤而用情次大澤之巖隉兮
聆風雲之上征惟彼斗酌而靡均兮縱彔金以[illegible]
必孤心昏以徙爛兮趨西流之靡及覽萬情之[illegible]
覆兮爰背坎而向離指朝景以辨值兮定星辰而
訊期極明晦之變態兮盡江滂之旋漪揚艅以凝
眎兮數周圍之峻岑勤伯禹之工乂兮呻維輿而
至合情曠泯以無依兮聊晴背而周章慨五湖之
見蹙兮詠孺音於滄浪胡洞庭之險塹兮三苗區
而蕪滅軸艫蔽江而來下兮孰據攘而非衣食徃
者既不可追兮吾寧俟時而矯心殷陽辰之文貝
兮揉芳芷於漢澨龍擾余以貝舩兮珠夜遊而光

吐澋烈性之難抑兮淚浪浪隕而思古　誦曰昔
有鄖郢厥惟楚都實邊雲夢百雉其郭何財弗殖
實至明錯魚鱉麕鹿於㷊許許麋麋甫甫齒革毛
角有菌有堇各以類集礲礲嶽嶽服食之屬苧枲
絺葛卉醯首醉醯餌珍藥魚麂駑勁繁犀甲象毒王
府充溢宮室棺梓商旅沓至貿遷繹繹漁牧諧足
鳴琴巷咢國以富彊鞭撻晉秦挾鄭宇獮出入二
藪旌旗千里戈船璘玢金銀璀璨倏佛忽閉獸柴
烏墜追者彌啻後王何道游闕返靡懷沙奮譏邦

堰樓堞

笑城　在縣東六十里世傳宋將軍畢再遇與金兵對壘夜遁惟繫羊擊鼓金兵覺欲追不及爲之大笑故名

按畢再遇字德卿兖州人武藝絶倫挽弓二石有零本傳誠有此事然再遇爲京東招討使戰功多在淮泗齊魯間不在景陵也況唐皮日休已有笑城暮雨詩不應唐人能用宋事然今邑人多呼霄城或盖本漢晋霄城縣治耳宋史畢再遇未嘗至

景陵且笑城詩未必日休所作或者霄城訛爲笑城也姑存備考霄城詳見後

唐皮日休詩　草樹連雲雉堞平瀟瀟風雨暗荒城流歸澗壑原無色響入松杉覺有聲旅邸愁人寧復夢書堂倦客若爲情芭蕉滴瀝傷心處俯仰空懷一笑名

邑庠生吳泰笑城秋霽詩　鴈影方南鄉行蹤又北征睥睨凌古道金鼓隱疑兵虎鬬荒村亂龍吟大澤驚五華山市邇數里霧横生　雉堞横鋪野鷺洲倒接天吞雲連夢野却月倚城邊綠碧疑過雨蔚藍欲帶煙遥遥秋水意勝讀南華篇

霄城　隋書竟陵舊曰霄城隋置竟陵郡盖晋元康年分江夏西部置竟陵郡領霄城縣與竟陵縣至西魏改竟陵曰霄城或併竟陵而入之又梁史范雲傳以佐命功封霄城侯則竟陵即古霄城縣通稱也

邑舉人胡承諾霄城詩　霄城自有名誰謂分雲杜又據州志景陵即漢雲杜縣昔在范尚書此地析茅土漢漢

驅行雲霏霏來暮雨

章山　漢書章山在竟陵東北　按荆門安陸漢川治俱有章山未知孰是今按荆門在縣西漢川在縣東惟安陸縣屬德安府在縣東北頗與漢書合此即禹貢内方山其麓俱景陵而竟也

巾戍山　晋恭帝元熙六年秋八月竟陵郡上巾水戍山得銅鍾七口言之上府即此山也　按水經注巾水出縣東一百九十里西逕巾城下即巾水戍今不詳所在詳見前山川志

漢水　國風漢之廣矣不可泳思左傳江漢沮漳楚之望也漢書黄河一石而六斗泥涇水一石其泥數斗漢水之泥亦不啻是即禹貢嶓冢導漾東流爲漢今在縣南五十里（詳見前山川志）

丹鉛録天下之大川以漢名者二班固謂之東漢西漢而梁州之漢水源於飛越嶺者不與焉固之所謂東漢則禹貢之導漾自嶓冢山逕梁洋金房均襄郢復至漢沔入江者也西漢則蘇代所謂漢中之甲輕舟出於巴乘夏水下漢四日而至五渚者其源出於西和州徼外徑階沔與嘉陵水合谷謂之西漢又徑大安利劍果合與涪水合入於江

漢蔡邕漢津賦

夫何大川之浩浩兮洪荒淼以絃清配名位乎天津兮披厚土而載形發源自乎嶓冢兮引漾澧而東征納陽谷之所吐兮兼漢沔之殊名總畎澮之群液兮演西土之陰精遂萬山以左迴兮旋襄陽而南縈切大別之東山兮與湘江而通靈嘉清源之體勢兮澹澶湲以安流鱗甲育其萬類兮蛟螭集以嬉遊明珠胎於靈蚌兮夜光潛於鉉[illegible]寶其充盈兮豈魚鱉之足收於是遊目騁觀南援三川北集京都上控隴坻下接江湖導財運貨懋遷有無既乃風猋蕭瑟勃焉並興陽侯沛以奔騖洪濤涌而沸騰願乘流以上下窮滄浪乎三澨觀朝宗之形兆看洞庭之交會

三澨水　禹貢漢水又東爲滄浪水過三澨入大別是也註云在今郢州長壽縣磨石山發源東南流者名澨水至復州竟陵縣今不詳其所在

禹貢三澨水除蔡註外考志書據蔡沈註以磨石山發源者爲澨蓋源出山潛斫寺又南爲夏洋港逕楊家滩合長灘小河此一澨也二以馬溪河者爲澨（馬溪河在景陵）蓋馬溪河發源趙橫寺黑龍潭廻而東流南逕馬頭山又東南爲官橋又東爲馬溪此一澨也一以石家河者爲澨（石家河在景陵）蓋石家河發源空山峒如意寺牛家冲爲黄家河[illegible]遷白土陂又東南爲石家河而以石家爲[illegible]水爲溪爲揚水以遷水逕龍陂逕郢此又一澨也（前見山川志下[illegible]）

今附見於此

巾水　柘水　揚水　史紀竟陵澤楚之材也按水經巾水出縣東一百九十里又龍陂水逕郢城東北流入竟陵謂之揚水又北納巾吐柘即下揚水也（詳見前山川志）

揚口　晉書武帝太康元年杜預開揚口起夏水達巴陵逼零桂之漕胡三省引水經註揚水逕竟陵北注於沔謂之揚口則夏水入沔處當爲竟陵矣或疑即縣東揚林口非也

成臼　周敬王十四年（定公四年）楚滅鄖封鬬辛爲鄖公是歲吳入郢昭王出奔入雲中盜攻之王走鄖鄖公辛與王出奔隨涉於成臼杜預註竟陵縣西有臼水出聊屈山西南入漢今在京山安陸地（詳見前山川志）

井魚陂　周景王十六年（昭公十三年）楚公子比爲王公子黑肱爲令尹次於魚陂杜預註在竟陵縣西北水經注在竟陵城旁今不知所在（詳見前山川志）

七里沔　地圖云夏水合諸水同入漢自漢入潛名七里沔盍州名取諸此方輿勝覽云在復州江夏三水所滙之處是也或云即景陵七里沔然恐無據（詳見前山川志）

文學泉　在縣西北隅一名陸子井陸羽得泉以試茶故以名井羽嘗以文學稱故又名泉　按陸井湮沒年久舊志謂在西禪寺不得其實嘉靖庚子僉憲柯雙華公令人持錐匝地博求無蹤因搆陸子茶亭於西禪寺並刊茶經以寓思陸之意嘉靖巳未知縣丘宜閱視城址召民墳築掘得井於城

西北隅二十餘步官池内口徑七尺深逅百尺中有斷碑廢柱字刻支公乃真陸井也豈清冷之蹟出處顯晦固亦有數存耶丘縣擬亭其上而至今未有舉行者（按支公字刻即裴迪詩不獨支公住曾經陸羽居）

宋王禹偁詩　甃石封苔百尺深食茶知味少知音涓涓泉底中霄月留得先生一片心（按王禹偁爲黄州守常過竟陵遊此）

邑舉人胡承諾文學井詩　茶井覆釜洲至今淪湮久專祠表祇園亂後亦無有清風動孤磬湖烟

嚴高柳
邑靈壁知縣王鳴琦詩　一汲寒泉知味長綆痕
猶見古銀床苦心不没竟陵水却羡西江由故鄉
邑貢士沈佺銘　流水漸漸銀床所瞻尾閭徹底
浮圖合尖皮詠煙冷麦佳霜潛城頭一滴千古清
燕
邑貢士馬前融詩　澄靜千年碧汲浪隱石欄荷
香連煮氣魚沫助烹湍月片光清泠玉川味遂寒
苦吟維特此不病相如乾

邑庠生吳泰陸井古詩　羲卦六十四井養列其
一聖皇知開天世本訛伯盆 帝王世紀云伯益作井不知自伏羲時已
有水風井卦矣 竟陵古風城大昊傳封秩有泉曰文學高
士穴脉出金鼕雪乳噴銀床氷花溢寒光映滄浪
古色照巾戍遐矣鴻漸翁清風味蕭瑟汲福挹泓
澄濮食去濁滴靜觀通易象筮姓同所述 陸文學自傳筮
卦得蹇之漸曰鴻漸於陸遂以陸爲姓云
變茶功在水所藏存口訣孟泉而仲江泉居季之
列 茶經凡煮茶山水上江水中井水下 瀹盤耻下等無乃非公設西

江城邊來六羨歌清冽泠泠流瀣寒湛湛珠璣製
遡源本同流轆轤香浜雪載考煎茶記丹陽大明
埒 張又新載代宗朝李季卿逢陸鴻漸問水優劣陸命筆口授丹陽觀音寺井水揚州大明寺井
水皆見耻 二井獲見收茲泉應堪啜誰能起季卿命筆
補遺鈇
夢野古郤亭先賢子文育陸公天下士並拜文學
目三湘多巨浸七澤饒幽谷王甃苔雨咽金鑑蘿
月沐潤酌盡一瓢颯然毛骨肅楚材冠古今離騷
雄南服杜陵詩史嚴濂溪太極穆茶編自據經文

名並與副至今黌宮傍蹟共泮璧馥 井去泮池百步
萬人泉　在城南門東二十步口徑七尺五寸可飲
萬人故名又曰萬人井今井已湮無考惟有井口
巷
玉真泉　在縣北六十里玉真觀
覆釜洲　在西湖中以形似因名陸羽故居也唐爲
西塔寺裴迪詩曾經陸羽居即此
唐周愿三感說　我州之左有覆釜之地圓似頂
狀中立塔廟篁大如臂碧籠遺形盂鴻漸本師

也

廣教院　在覆釜洲上唐爲西塔寺今爲乾明寺也

珍珠坡　在縣西五里土中有珠相傳有販珠者覆舟於此頗著靈異鄉人祀之坡側又名覆舡岡今祀無聞

夢野臺　在縣治東南隅高而且平亭在臺上宋景祐中復州刺史王琪建有記謂一目可盡雲夢之野故名晏殊宋祁吳育蘇紳石延年皆有詩舊志未録無考惟宋張耒（字文潜謫景陵）詩高甍巨桷壓城闉

平視如將七澤吞幾度春光招宋玉碧闌干外獨消䰟

嘉靖甲申庠生魏襄及弟禀復建亭讀書其中童太史夜飲魏氏夢野亭詩清秋覽勝風城國薄暮開筵夢野臺燭影爐燻輝別座月華星彩照行杯平生桑梓慚高誼此夕冠簪識俊才已訝泉阿凌北斗更看奎璧聚中台　按夢野臺魯缾酒鐸讀書處建書院其中今廢焉邑知府王曰然購得之在宅内故無遊觀者

花臺　在縣北三十里週圍五丈高一丈二尺不知何代所築知縣晏䌸有詩新增十景有花臺曉日即此

晏䌸詩　爲尋春信過花臺獨有寒梅帶雪開一段晴香良可愛何時移向上林栽

撒花臺　在縣東南六里廣百餘丈嘗有異花撒焉今無考不知所始也

境會亭　在縣南宋祥符中因創皷角樓掘得一石乃唐賓使君境會亭今跡久廢或云即各縣迎賓

館

按圖紀境會亭在湖州即唐人造茶之所居恒無水將造茶時郡守畢至設牲祭之水始大發名金沙泉茶入貢即涸矣邑進士吳文企任湖州守歸因建境會亭今在三一庵旁

潛江歐陽珹（高密知縣）境會亭懷吳公詩　曲水圖羅帶遠峰列畫屏往來苕霅古含吐柘巾靈太守良千石使君一路星故園秋色暮鴉點亂寒汀

邛亭　漢志景陵有鄖鄉水經注縣故有邛亭左傳

所謂若菽娶於郊是也今不詳其地疑令尹子文廟者是歟（按郊字與鄖通省文也故竟陵曰郊子國）邑舉人胡承諾郊亭詩 圖記相參考此地即郊亭所以令尹廟旁連友澤青不爲爵祿勉吁嗟有典型

鴈軒 在縣北古城內宋張耒謫景陵縣時所搆種薔薇於堂下後起倅黃州臨別題詩曰單車又向黃州去風月相望一嘆嗟又在黃州云他年君問鴈軒人堂下薔薇應解語盍嘗植此花於其處也

今黃州亦有鴈軒

邑庠生吳泰詩 尋幽探勝蹟懷古訪高軒上客來張仲逐臣似屈原花前誰解語蹊下本無言惟有秋橋鴈年年錦字騫

煙雨樓 在復州境宋郡守王知新有詩今無考

望仙樓 在復州城上宋晏殊題要刺史鄭肇建

皷角樓 宋祥符中建今無考

寶香閣 在復州境宋韓遜建後爲湖山堂今無考

雲章閣 在復州學今無考

宣化堂 在復州學宋建今無考

讀書堂 故志在復州城北紫極觀唐皮日休陸龜蒙讀書於此出沔志按日休襄陽人龜蒙吳人相遇於苕霅間遂與友善非在景陵也志載皮詩既見陸夫子驚心却伏麁結彼世外交遇之於邂逅是詩乃龜蒙讀襄陽耆舊傳作五百言貽日休而日休和答及此其載松陵集亦非景陵事也不知故志何以云然

洗墨池 青錢亭 舊志訛在舊儒學西偏係明教諭李翺建學署者萬曆庚子知府孫文龍刻承天

大誌改正池在五華山臨津門伏羲祠旁有洗墨池池上有青錢亭唐進士李翺讀書之所後李翺題曰賸有臨池興人稱協律郎至今斲斲跡猶帶墨痕香

按前李翺唐朝進士爲協律郎韓昌黎之友也其文有神尭以一旅取天下子孫不能以天下取河北等語舊志何以弗考後李翺明朝舉人番禺縣籍正德年間爲縣學諭今五華山白龍寺有碑載

其名則洗墨池亦其所嘗遊也或者後李翱因於
李翱有洗墨池故蹟於儒學內鑿池建亭以寄尚
論古人之思爾今辨註於此
直陽舊城　在縣東九十里世傳爲縣舊城至今有
城隍臺不知何代所築按縣界有城隍臺俗傳爲
直陽縣與漢川田二河接壤然古無直陽縣也
邑鄒枚（舉人山蓡貢士華父）秋日遊古直陽縣城隍臺詩
非因重九愛佳名愛劇諸孫爲字行徃籍未傳荒
雉堞新豊祊傍舊龍城（新移住鎮）秋荷驚看佛龕湧霜

景陵縣志　卷之六　風土志古蹟考　三五

菊猶緣舊縣生更喜醉歸半坐峻衣冠不效晋時
英
邑王山知縣鄒山詩（同前題）閉門開徑總堪求如此
纔能老一丘盡拾秋光舟與步攜將昆友唱兼酬
碑當殘處應深討（寺有古碑）藜想舊炊姆再籌（謂魯文恪公讀
書處）便較雨膏麥信否學農肯許事嬉遊
邑生員鄒紫詩（同前題）敢言一室有陳蕃同上叢
臺共采真雷斧劈開松下路（寺舊有事）潮音祊震耳中
塵依稀城闕秦焦土浩蕩林巒楚大椿欲繼芳圖

詩酒事不妨重到往彌旬
邑生員鄒約詩（同前題）遊龍遍原隰序鴈上嶽岑
寧值空懷古佳名喜到今冬春方履吉昆季恰幽
尋苔蘚碑難撫屠蘇酒共酙臺隍何代物社櫟萬
枝森柯作蒼虬鬭甕藏偃鼠深以茲覘在昔盆復
卺登臨莊叟欣拳曲靈光紀陸沉同來開地勝各
自吐潮音佳句原相敵匆勞金谷箴
金雞塚　在縣西十里高十餘丈世傳嘗有金雞鬭
其上黄巢殘破郢復二郡欲發之蛇蝎蜂蠆競起

景陵縣志　卷之六　風土志古蹟考　三六

不可近遂止爲旁爲金雞園邑吳氏祖（諱忠）塋地（孫希
政文佳兵道文企舉人驥秉忠同祖）
邑庠生吳泰秋日展拜祖塋詩　寒煙帷嘉樹纍
壓總帳開延陵峙古碣群覷藏其隈濤聲答林響
湘靈鼓瑟催（墓前爲洋堰）旭日復射之萬斛明珠暗遂
乃皷蜒合融結隱成堆群渚如群孫環列遠相陪
砌古茂松栢蘚裂半染苔上有慈烏噪啞啞群哺
孩秋風忽以號慘慄黄雲燎
古疑塚　縣東北有八十塚在諸流村地名長河應

域界乃古疑塚也又縣東有銅塚在漢川界亦古疑塚

李運使慶墓　在諸葛嶺布政何喬新銘附以挽詩焉

何喬新挽李慶詩　奕奕靈宗遠汪汪雅度寬黄堂贊別駕粉署老郎官清氣金莖露芳聲楚畹蘭姓名聞輦下寵命出朝端國課常先足醝丁亦自安心公寮亲服政簡吏民懽北闕方趨覲東門又掛冠兒童隨去馬耆老擁歸鞍楚甸栽聞志吳山

遽盍棺異鄉寬杳杳旅櫬路漫漫節操追前輩儀型聳後觀薄田臨沔澳老屋枕江干嶺斷松雲瞑堂封草露寒晚風吹鼓子清淚不勝彈

魯祭酒鐸墓　在縣東四十里地名止林諭賜祭塟焉

祭酒魯鐸自記邑城東有地曰雕林舊予同庠友何汝節居也余卜地購得之爲堪輿說者山水形氣吉可壽藏余少而學道蚤有志世務晚得第爲禁近官得請歸大司寇林見素諸名公論薦部檄詔至皆莫起余殆止於此矣因以止易雕曰止林云按止林今沿湖地

李指揮廷琛墓　在縣東北七十里岍潭埠觧元李祖也　[illegible]知縣丘宜曰墓非古蹟無關國典然既武進李比干漢高置守於信陵所以表賢也指揮琛有城守故附二塚之後　按周禮墓大夫掌邦墓而爲之圖王道之所急

徐中憲麟墓　在縣東段家嘴　大宗伯李公維楨表　大司空曾公省吾爲銘銘曰大道爲公振知

天啓能者從之黙成而已煞哉一瓊區彼千駟赫赫無聞亦孔之耻鍾亞天墓儀型帝里清芬袭如朗瞋高氏觴輿憲臣實鍾厥美好爵弗縻人其舍只般堤之鄉魂營於此於樂斯丘永延百祀

徐中丞化成墓　在段家嘴依父中憲公塋　大宗伯李公維楨表　方伯蔡公復一誌銘

墓表畧　所謂大臣者其行直方其氣沉毅其量弘其才銳敏其致曠遠余嘗以是求吾同榜見惟劉道禎鄭邦章徐惟得三人足當此三人

晉閩府道禎邦章未究其用惟得拜命不及任而
卒惜哉公既葬仲子惕與兄子同氣請予表墓予
與公屢世通家弱冠比肩事主歡若同生相盡非
一事一日稍銓次大都如左公名成位惟得其字
別號中菴系出南州孺子宋廷評德清公徙南昌
里田明靜淵公徙家景陵孫坦菴公以文行冠鄉
校子楚陵公明經高第仕金華天台博士宗文成
之學而實踐之耆德賓於鄉祀於學宮配譚恭人
公其中子也生而穎悟絕倫從父金華受易胡公

泉先生與其子元瑞孝廉相伯仲歸試邑若郡皆
第一學使奇之援冠多士隆慶元年舉於鄉戊辰
成進士除舒城令移治寶應治行爲江北冠辛未
奉徵書以年未三十例不得授台省擢儀部郎寶
應留公祠公循舒城也神宗初踐祚稽古右文南
宮名士如王敬美孫月峯唐寅菴劉道禎徐光祖
輩爲約討論經史子集若本朝故實典章以故學
益弘肆文益深美主盟詞壇時新安諸邑以絲緡
稅鬨謬稱公能安繁戀劇一麾出守蓋難之也公

三正法核歲賦之贏諸稅若干金以代歛絲緡
郡人以和服則進諸論道講藝所得雋才布列
中外政聲宣暢部使深知公尋上考入覲老幼
號泣攀臥中路如嬰失母爲祠與碑迄今舉良
二千石必首公庚辰遷山東副使治沂州墨吏望
風解綬去會浙有軍民變朝議更藩臬吏簡能者
往代以公兵備嘉興渡江而父訃問至公自是無
宦情矣營舍旁爲冲漠館小具竹石池亭之勝儲
書數萬卷嘯咏其中歷十二年召起家兵備登萊

遼撫嘗儲粟三萬石於登登饑遼歉公以其粟賑
登而償金輸遼遼市粟可支三年歡呼載道河決
逼泗陵上奪開府及觀察官以公治兵淮徐而督
漕行河兩大臣相矛盾公爲劑之專以導淮分黃
爲主主者與水部歸功公而中實懷忌故公功第
一僅晉一階爲憲使公劬勞胼胝決計乞歸褚同
徒枉道過淮造公署娓娓相勞也褚公舉爲代廷
臣薦章交滿公車數十上不報甲辰復除閩遭樂
母喪庚戌起家故官故地開泇河撫流移復河東

以裨河西爲淮徐汞利辛亥遷蜀右丞徐人拓地闢壯謬祠旁祠公公以倦遊謝病懸車居三歲有滇撫命方及門而公卒公至性過人傷父不及訣跣奔擗踊呼號數千里路人爲之落淚寢苫枕塊除喪甫入内繼母卒公踰六十哀如孺子祖父遺產盡畀諸父弟兄置義田繕宗祠訂族譜三黨有緩急必副所須又甞捐金三百粟三千石爲增修東西長堤景城賴以安堵張官泛章家渡橋圮捐金爲石梁邑爲他邑築汞鎮堤公奏記臺使罷其

役運南糧者苦家相踵請以金代粟邑賦罷馬不足請增設而後蘇所雪鄉人覆没者甚衆人不測所自干以私則勃然變色也再從徐歸築遂初館與客爲文酒會所著作博雅中倫成一家言晚年建廻向菴祀上帝又作關廟聚義樓古城北岡爲邑中廟祀勝地病九月不脫衣冠而坐夜分猶誦書疾革令歌張志和漁父詞欣然有會西向而瞑不及他事通國人聞公病走山川禱以身代豚蹄祝神無虚日既卒邑人爲之罷市廟哭寢巷哭野

哭相聞比葬結綺爲坊顔曰無射人思曰家哭巷祭曰殁世不忘墓無乾土卜當國中特建祠祠公尋舉於諸臺配祀鄉賢歙陽徐淮人承計走祠下哭臨如喪考妣焉伯子忭率履不越仲子陽美秀而文冢孫同氣繩其祖武公所貽長遠聞揚光大是在後賢其生卒月日與子孫婦女夫女孫夫賢且貴詳狀志中

周少保（嘉謨）墓　在縣東七十里松石湖諭賜祭葬有碑

陳司徒（所學）墓　在松石湖制應祭葬以遺命致辭

鍾學憲（惺）墓　在笈城南曾家畈邑少保周嘉謨題曰鍾靈毓秀公生父會菴（諱一貫）嗣父裕菴（諱一理）一麒南鎮（諱山）俱葬五華山

譚解元（元春）墓　在白竹臺祖塋側旁有坊金閣公發解捐建於此公父念湘（諱晛立）同祔祖湘涯墓側公自爲誌銘

譚太公誌銘　不求於人而自銘焉明乎其有子也不求乎脩而務實焉明乎其有恥也嗚呼此先

君之指也公弟聲明經禮進士亮贈公俱祔塋祖塋側
邑舉人胡承諾題譚遠韻墓下詩　劉家諸季總
能文三筆六詩世所云豈謂杜欽官最晚寧如袁
業老猶勤泰山治鬼知何似南夏還鄉竟不聞遊
目中林春草折白楸棺外是黃雲遠韻譚元聲字也
清勅贈徵仕郎翰林院檢討譚公元亮暨王孺人合
塋墓誌銘　太子太保工部尚書內弘文院大學士李公諱霨撰
世祖章皇帝十五年戊戌會試天下貢士　録取如
額

賜進士訖
上復御太和殿親試拔其尤者三十有二人充史館
庶常余時備員秘書學士奉
特命教習中間譚子年甫踰弱冠博學多才詩文清
慧且其人端凝而洮摯余器重之己亥十月
御試南苑譚子以第二名授史官每退直遇從譚子
愴然言其贈君擬陶公捐棄毋太孺人孤孀衰病
不克迎養輒泣數行下庚子秋譚子充江南鄉試
正考

使還聞太孺人疾益篤有弟爲人後閱會典所載父
毋年老獨子仕於朝願歸養者聽乃援例陳情得
請終養還鄉六載詢南來者知譚子鍵戶侍毋足跡
未嘗闖郊坰無何以太孺人訃聞且將卜期合塋
於白竹山越三千里乞銘於余余知公久矣寧可
無一言以報謹按狀公諱元亮號擬陶先世籍江
西吉安府遷景陵歷至四世祖文慶生恕號儉菴
恕生祜號湘涯文學有隱德祜生晚立號念湘補
博士弟子員即公父毋魏太宜人一乳生子六人

長元春明天啟丁卯解元即友夏先生次元聘諸
生早世元聲貢生名儒工詩文元方天啟甲子舉
人歷官按察司兵備副使元禮明崇禎辛未進士
官戶部主事季即公世所稱竟陵寒河譚氏兄弟
也公四歲喪父依伯兄友夏教訓愛養得就成立
邑茂才王公時耀學行純備爲時所推重友夏以
公受業其門王公奇其才字之以女即太孺人王
氏也孺人靜慧孝慈歸公貧儉相依事嫡姑如母
服勞承歡侍疾數年無倦容家計蕭寒安於澹素

以紡績佐菽水凡米鹽井臼之需靡不拮据修[illegible]
公以少孤得無内顧憂青燈一案誦讀機絲聲時
相和公久困諸生尋丁魏太宜人艱哀毀骨立與
懐顏唐孺人忍淚節慰之勤苦度日每春秋祭其
先人悽愴相向有履霜沾露之感旣應學使者萧
田周公爋試拔之高等崇禎庚午鄉試闈中得公
文首薦以策語中時忌乙爲副榜嗣由恩選貢入
國學迄我
朝定粤督學南陽彭君而述與公爲詩交性命交推

署漢川教諭公以故人意不可辭偕孺人往客冷
署者三年兵燹之餘士氣不振公修葺學廨教育
諸生周其困乏貧不能給者衣食之至今江漢間
追思公遺澤未嘗不欷歔三嘆焉公性倜儻豁達
有遠識嚴正端方視履不苟即僕隷無私語聞人
之善如已之得見人過失如已之失里黨戚友中
樂公之和而亦憚公之正會客武昌抱病伏枕聞
戸外嘆息聲令妹壻魏子繩詳叩之知爲湖南應
試者暴病卒邸舍暑月貧不能得棺同行追無告

公盡出客資八金與之不問姓名其輕財好施類
如此嘗語友人曰吾輩讀書牖下禁足閭閈不遊
覽海内名山水接見文人快士縱讀盡古人書終
是紙上陳物必無以起胸中之奇情浩氣與古人
相發乃頻年載書泛湘南歷吳越燕豫江右山左
蓌門諸區交友如艾千子南英袁特丘彭年徐元
歎波彭禹峯而述黃暟伯華暘鍾居易快熊子牙
宗埜白竹寺僧寒碧海棲其詩文著作有靈谷詩
秋江吟陽臺甑山詩蔓還集載在家乘公晚年築

室寒河安貧樂道課子姪讀書蒔花灌圃所居有
高話園朱櫻橋西枝草堂諸昆雖貴皆薦吏高節
清白自守率早化去獨第五兵憲公存喪亂之餘
二老哀白相依窶困日甚賴孺人始終成夫子志
綜理家政耕織自給留客贈友隨地捐濟不見有
匱乏難繼之虞也順治辛卯謂子舉於鄉年十九
公送之北上下第怡然南返同行友人程子一璧
成進士餞慰公行公謝曰吾兒年穉適慮其競進
幸此一蹶使知世間有難事造物之所以厚老人

也公生平小心戒懼見於此甲午六年公病令家人具禫衣沐浴訖召其子從孺人至寢歡顏諭以家事呼僮僕輩悉勸勉之若尋常遠別者言畢端坐而逝公於生死之際眞可謂了然去來者雖抱道未試齎志以沒然其子卒登進士官侍從克揚顯名以竟公之望公亦可以含笑九原矣卒之八年辛丑譚子爲翰林檢討以孺人衰病循例得請終養還鄉之日兵憲公耄耋猶健握譚子手哭罷且喜慟吾弟之不見幸孺人之有子朽其瞑目報

泉下人往矣未五月兵憲公無疾而逝閱六年康熙丙午十二月孺人卒嗚呼是父是母是子寧獨寒河家慶哉抑
聖朝孝治天下教化得人之休應也將以　某年　某月　某日合塋於自竹山東岡之墓銘曰
公少孤也讀書敦行爲大儒科名不遂文譽與諸兄俱殺矣哉丈夫孺人相夫子而歷盡其勤卿彌未亡者十有三年飲冰茹蘗課子成亨儠痡椿橋之巳拱傳祿養之獨吾名山同歸榮不誣天道

與善人千秋萬世公之裔其代有昌乎

任氏三烈李氏瑞哥留哥墓　在縣北五里磚橋側邑學訓導任高四川人歲逼舟次妻李氏偕長女瑞哥次女留哥俱赴水死逾日屍浮子母環抱縣聞於上表其墓云

分巡荆西道新安余一龍任氏三烈墓碑　任子高蜀人也以貢謁選得景陵訓導攜其妻子而來未三年陞江西萬載教諭復攜其妻子以往景陵故有華嚴湖隣於漢川漢川之逃亡恒伏其中爲

商人梗戒無行久矣任子高誤入焉舟泊水滸夜半暴客至謂任子高必綑載也乃任子高居冷職舟中僅僅衣衾數篋耳壑慾未滿將並其婦子而有之厥婦李氏偕二女罵不絕口挽衣相率而投諸河賊驚甚有欲援之者不得乃死嗟乎婦爲烈婦女爲烈女稽諸史冊其殆無前余有封疆之責不能剔淵藪妖氛致令三烈死我土我則不職何以逃罪雖後多擒獲抑何補於死者嗟乎三烈余蓋傷之矣三烈淺瘞景陵二年矣任子高由萬載

本將負三骸以歸此中去蜀數千里頗安得道路費予謂之曰景陵山水大佳子官於斯因而家於斯奚不可也知三烈墓在有關激勸盍留之任子唯唯遂家焉其墓則書前言仍封宅兆禁樵採庶幾稍安任子高心且以礪世（萬曆甲戌）

勝景

舊載十景 道院迎仙 書堂出相 鳳竹晴煙 龍池春漲 夢野秋蟾 天門夕照 三澨漁歌 五華樵唱 梵刹晨鐘 笑城暮雨

按唐人羅隱題荆臺觀詩道院迎仙客書堂隱相儒庭栽棲鳳竹池養化龍魚今縣志前四景何以相同也考荆臺觀在監利縣監利古王沙縣地景陵在宋至道間以王沙屬之疑後人附會託名皮日休而為詠爾

新增十景 龍池春雲 鶴軒秋月 官道柳陰 泮池芹香 花臺曉日 蓮湖午風 里隣人畦 義學書聲 塘垸農歌 義河漁唱

唐皮日休詠十景詩

道院迎仙 百尺丹臺倚翠華洞門迢遞隔烟霞雨中白鹿眠芳草松下青牛卧落花函谷月明浮紫氣瑤池水暖伏丹砂拋書亦欲尋真去安得相從一飯麻

書堂出相 棲遲泮水醉詩書自是明時未相儒啟築久淹商傅說壚沽猶滯漢相如烏巾藜杖雙蓬鬢明月清風一草廬他日得君行志學贊襄仁風娩唐虞

知縣周端曰世際亨嘉人皆儒業以出贊明盛豈後隱乎敢以出字易之名書堂出相云

鳳竹晴烟 半畝湘筠几萬竿清陰匝地盡生寒煙籠翠葆疑棲鳳露浥清風欲舞鸞勁節受霜心不改新梢捎日淚初乾風流未許王猷擅漠漠尤宜雨後看

龍池春漲 龍池瀠綠浩無邊一氣渾融太極先勢撼乾坤聲動地光浮日月氣吞天驚濤赤鯉頻翻藻出縣鼈欲上蓮翹首禹門春浪煖擬隨魚化出重淵

夢野秋蟾 地塹長堆月湧金九天寒露襲人襟銀

河耿耿秋空濶玉海沉沉波浪深華表臥雲歸鶴散碧叢凖露侯蟲吟神龍一去無消息寂寞湖山自古今

天門夕照　落霞如綺絢晴空坐對天門欲下春十里孤峯層漢碧數村殘照半江紅荒城市暝人歸牧遠浦沙明水宿鴻回首長安何處是崔嵬宮闕五雲中

三澨漁歌　長歌款乃發中流短棹輕舟任去留落日烟波三篴晚蕪葭風露五湖秋尊盈緑醑醅祊

潑鱠切銀絲網乍收明月邀遊滄海濶敲舷又擬下金鈎

五華樵唱　一聲樵唱落雲間伐木丁丁響萬山松逕有聲時洶湧石潭無雨晝潺湲負薪每下牛羊隊荷擔曾經虎豹關欲把詩書拋却後五華仙境任躋攀

梵刹晨鍾　日落鍾聲出上方水光山色繞蒼蒼驚回客枕還家夢喚起僧焚禮佛香鳥散殘星飛碧落鷄鳴旭日麗扶桑春風二月長安道馬首經行兩鬢霜

笑城暮雨　草樹連雲雉堞平瀟瀟風雨暗荒城流歸澗壑應無邑響入松杉覺有聲旅邸愁人寧復夢書堂倦客若爲情芭蕉滴瀝傷心處俯仰空懷一笑名

按日休十景舊志所載州志亦附焉但題爲前人而不名蓋以前有日休送弟詩故耳近湖廣總志以爲作於王雄聞又移易數句考之州志刊於天順八年王雄成化十一年方任沔庠訓導相先後

者十有余年非雄作無疑矣　但觀此詩純疵相半書堂一章語氣全不類唐人龍池春漲氣出二字義疊用又笑城以宋將紿敵而得名日休唐人不當能用宋事意日休有道院迎仙之題後人湊成十景耳是不可不辨

別墅

已有園　邑孫酒曾鐸別業也中有芳秀亭大櫧洞

曾鐸已有園自記　敝廬之東隣有地焉由委巷隆然深入城中自平地視之高夾許其上有古臺

自其地睎之又高丈許臺曰夢野志謂於此登高可盡雲夢之野故名臺東下爲平地稍南漸下而瀦水以其在委巷又其半甚下故靜且野而易致予緣病得請買而治之以爲休養之所於臺之西爲屋數楹兒輩及族子弟讀書其中闢老西灌翁題爲夢野臺書院於臺東平地植花木以其色與開之後先相間蓋終歲未有一日不見花者又鑿水築而垣之以爲池池頗曲故以蟠名之林中向池爲草亭吳東湖中丞扁曰芳秀芳言花木秀言

池水也池中有洲如梟而梟又嘗棲止故名曰梟洲作草堂其上堂名遂亦因之堂西有紅梅下瓔釣石倣李賀詩意名紅雲磯洲之南有磯樹闢曰午陰貴其蔭也洲北復有小洲曰中臺樹冬青梧梓以桃杏夾之下爲平石可據而坐且爽也又其北復爲小池界以甬而橋其中橋東西分種紅白蓮滸漁大池登草堂則小舟東西通爲舟肘以屋水立池東北隅古臺之東徇地勢爲闌行松竹間凡數折而亦遂還出池上藏蒲蘋蓼芙蓉楊柳魚梟水蟲色色不植畜而有蓋具江湖之體而微耳日未下舂則臺周竹柳便復蔽虧池水皆陰鶬首西望不得迴路忽不知其非山林也予病廢幸從聖明得殘息歸就水土雖未即愈已可無憂怖每風日晴美扶杖起行樂時復陟降倦則倚柳而立藉草而坐間聞好鳥語恥琴弄膝上和之或從童子釣池上月至則泛舟緣梟洲泊藏渚烹鮮舟中屬碧筒以自飲兒輩時以楚聲歌遊遨佐之醉輒就草堂卧歸不歸皆得臨池宜魚延眺宜蔬客卒

至水陸咏具不待謀諸婦可留也自書院以東別設垣扃凡予入則童子交扃爲人莫敢呼雖呼亦不復聞故池臺林亭諸處各自爲一區總名曰巳有園扃則吾友景前溪所題也蓋吾村頑[illegible]論仝復病是加之朽也樗而朽益無所用之無用則無所屬無所屬乎其屬吾矣園吾屬吾園始爲吾有也荷藥物能吾扶孰使吾不樂已有園賦見本集中

都御史吳廷舉詩　夢野臺前内翰家周遭活水四時花水經花譜編摩就不管人間有歲華

病歸來日幾年手栽花木似平泉生生色色亭中
滿掌握春風造化權
都御史秦金詩　點筆題詩倚石闌繞亭修竹自
千竿東山一枕卿成夢天下蒼生望起官　半畝
方塘護鴨欄午陰磯畔弄綸竿一觴一詠輸君樂
風月由來不屬官
東莊　在東湖岸亦祭酒魯鐸讀也土人稱為蓮北
莊公自詠有東莊二律今為州司馬徐篁
魯鐸自詠詩　意外群峯遠更佳吾廬自可號山

家飛來好鳥尋常語移種新葩次第花木客每因
求石蜜販夫頻送到溪茶不妨兼有漁翁樂秋水
東湖一釣槎
秋交伏窮殊未凉避暑却過湖東莊梧桐下影忽
復薄絡絺作聲何太長身本無能合教懶鬢不為
愁還自蒼未怕鄰翁約做社香杭紫稻皆登場右東
莊二律
松石園　邑司徒陳所學別業也邑人譚鵠灣云吾
翀少司農陳正甫先生澄懷物表洗氣象先人莫

窺其際焉一日出松石園記令春詠之春盤旋其
間不覺累日深邃而方廣瑩拂而幽尋茗香岸潔
花艷湖明春雖未至亦曠然天真之想矣吾姑且
歌吾歌
譚元春歌　里名松石無松石祕移松葬與石碧
豈惟堅潤瑩心神若因栝棬慰朝夕貌丘藏埋水
雲慶有巖畹蜒入雲去位置仍憑經濟才淳朴恥
獲清遠譽恍然身世太古中往來村墟如野翁情
閒獨上百果巖岸近不畏徧舟風湖光開宇月開

扉荷香林香含笑歸把鋤常為墓葺剪倚扶還同
池草依兄弟相將看平泉攜種渚芥青蒲園鳳便
巳傳伊吾起雨過或聞禾稻翻西疇日在周遭綠
南華日在園中熟二楞幾卷不自窺齋明時與僧
共讀歷歷松子落僧前臺尚伊吕俱悠然雖馳林
壑非馳隱五朝聖主恩如天
邑宗伯李維楨松石園記　吾邑自魯文恪公後
鮮造羽鵷鷺者嘉靖末二三君子繼起接跡其以
清正著聲則周明卿陳正甫為最而公比隣家居

多清曠之致正甫予告歸園始成有書院曰親賢
有齋曰亦言有窩曰燕息有草堂曰怡雲有亭曰
綏予曰淨植有菴曰常樂有軒曰既右有坊曰寶
樹曰長林豐草有橋曰雲有門曰淨土曰省穫而
槩之以松石或取適於花草禽魚或取勝於泉石
湖山或取景於煙雨風月或取事於耕釣樵牧或
以睦宗戚或以訓子孫或以集友朋或以叩禪宗
蓋與諸爲園者同而其深指殊不在是蓋正甫尊
人葬其王父母於園西南隅而正甫伯兄敬甫與

諸弟旁求善地奉太公夫人以藏距王父母墓百
餘步所謂既右綏予亦言者三致意焉維二人没
世不忍忘其親天寔鑒之而後子事父母婦事舅
姑地下猶地上也維二人秉德累善天寔胙之以
妥靈於茲而後兄弟承藉餘庥以斬艾蓬翟爲園
處之也氣候清淑湖山明秀動植飛潛可爲耳目
之娛二人若或眺聽寔娛也垂綸於澤擷蔬於園
登穀於田一切日用之娛二人若或率作興事也
家之子姓纓綏相屬伊吾相和禮義相先二人若

或耳提面命也洽比其鄰婚姻孔云親疎遠邇尸
禮有差等二人若或往來酬酢也沙門比丘誦經
禮懺六時不輟輪迴因果薪盡火傳二人若或有
妙喜吉祥生彌陀淨域也雨露既濡則心怵惕霜
露既降則心悽愴一舉足一出言如見二人之容
聲伐一木殺一獸如見二人之所愛豈必入宗廟
設裳衣薦籩豆駿奔走以其恍惚與神明交哉是
園也敬甫勤垣墉正甫塗塈茨敬甫勤樸斲正甫
塗丹雘敬甫不自有而與其弟正甫不自有而從

其兄與宗人里人無長少貴賤藏修息遊刑仁講
讓書云惟孝友於兄弟是亦爲政擴而充之以領
天下國家爲世名臣不亦宜乎正甫有園記畧言
邑人陸鴻漸以品茶名去之茗雪以隱而茶非邑
所產惟井泉猶存先生官茗雪擕種布園中屬善
造者造之補鴻漸所未有爲八百年邑中盛事要
之物以人重余推原園所由創其大歸與衆人殊
有裨倫常風教如是昔魯文恪已有園載諸邑乘
爲名勝故實自今正甫園以松石繼起與文恪

水濱館　在南城内邑中丞徐咸位別業也李維楨王穉登陳文燭貫尚伊有序記自咏十絶屬和者甚衆

徐咸位自詠詩　萬刼由來一聚塵秋風感嘆二毛侵而今自駕柴車轉魚在深淵鳥在林　乞得官家蔓裹身三湘魚鳥伴幽人月團片片清肌骨滿地榆錢未是貧　占得城隅半畝宫冷冷松竹四時風何人觧得烟蘿意便是雲山一萬叢　百年踪跡付烟霞三逕松風兩部蛙倚杖柴門無底

事書囊藥裹是生涯　叢花片石幕烟霏竹徑蕭蕭長蘚薇手把遺經獨送目晚鐘初自照荷衣　玉林烟靄鎖籬空香茗參差待晚風紅暑滿庭明月到自疑身在蕊珠宫　深巷幽棲半野窩自衣柔櫓送材醪開樽洗盞花陰下旋剪春蔬擊鮮羹酒痕猶籍雜莓苔柳晴花明勸舉杯蓬鬢蕭疏冠未正夕陽又照玉山頹　濕樣新弘碧玉寒自榆初墜五雲端鱸魚正美無由得斬取龍孫作釣竿　芒鞋竹杖穿林越蘭槳荷花香不散洞庭春色號東光管領煙霞弄明月

香稻園　邑副使吳文企別業也在北城外一里譚鵠灣懿公文云香稻園公所營也其中綠篠幽石水榭煙路皆公平日耽玩徙倚之地今宅兆其中

隱秀軒　邑學憲鍾惺讀書處也在皂市五華山伏義祠下其旁文搆懷歸堂公與諸子弟嘯咏其中

陸舫亭　邑侍御謝奇舉與弟中書謝慶舉所搆也在北城上面臨重湖殊有佳致邑人吳文企贈聯云俯矣水天闊苑居然陸地仙舫

譚元春陸舫亭詩　憶昔乘月色叩閽登城際忽見城頭光波為月斫碎齋竹借清容是時百雉潰亦尸不可常官吏間點綴孤洲分漁牧遥烟累松[illegible]坐看蒼莁嗟彼勞人輩此亭有佳致不在此

[illegible]家臨流水群木良可愛鳩工且置亭落成

[illegible]

[illegible]吳邦彥懷陸舫亭詩　東湖煙草鬱青青城上高臺臺上亭良友奇情高太華新詩清絶似中泠人間久拔饞鵝帖水底誰摩瘞鶴銘亭[illegible]仁詠如家

大憲自雪鍾提學伯敬譚解元友夏胡別駕忠甫余賦長歌公精八法各體書之刻成卷我望
遺踪俱湮滅幾迴回首不堪停

紅濕亭　邑解元譚元春自搆也有記邑提學鍾惺有題友夏紅溼亭詩

譚元春侍毋上紅溼亭詩　侍毋渾忘身徤無以身作杖任毋扶毋坐亭中愛流水水照是毋與是子賢毋多識古行藏手指荆花勉諸郎

晚香亭　邑給諫王鳴玉建也貢士吳贄詩徑委娟樹姿抽空綠可濛曠然臨高臺亭亭似揷鳥遠岫

雲外積河流階下抱傘尼光飲盡真如衆綠掃

浮園　邑舉人吳騏所居也荆西守愿周公（諱荃）巳丑菊月有訪吳旣閑於景陵時泛小舟棹芰荷中止宿其廬者即此園也詩曰竟陵花覆水一艇泛滄浪蕪露四悠悠伊人卧一方鷄聲月初上出處互嗟傷夜深忘醉醒凛烈同寒霜

又邑舉人胡承諾題詩　萬羡西江水高風陸羽居名園東野外芳樹草堂餘宿莽開雲徑寒花引釣車此中懸日月更有子雲書

馳峯　邑舉人胡承諾所居也在縣東七里近公[illegible]搆園廬移家焉有青玉軒爲讀書處

胡承諾自題詩　遠遊陟崇阿近栖宜水樹緬懷石戶農果慚滄洲趣蕭散不可訖巢蠡亦難慕悠哉一畝宮適與心賞遇剃柴支廢堰人烟啟初聚曲沿留回矚遐阡引疏步林歎岸半虧澗淺人徑渡風細有停雲山曉無罷霧昔冒幽蘭篇喈喈北風句常抱觀頋心未絶觸藩懼持此狎避席擬歸北昏瞀

秫莊　邑貢士朱泰寧所居也在楊林河下流種竹滿園環池繞屋嘉魚鮮筍秫田菜畦不待買而足

邑庠生吳邦彦懷秫莊詩　看竹尋幽憶昔時倩余書額最高枝旋烹蔬筍留清供更炙蒸豚佐巨巵宅外有田皆種秫溪邊無水不通池可堪松枝經摧折尚帶雲霞娟晚姿

舉人胡承諾詩　瀰池脉散野田分候鳥鳴亟慄所聞樵若不欺朱隱士石巖猶畫顧將軍晚鋤藥圃香芝术春浣漁磯濺水雲最丕來傾上時酒香

花菖葉看紛紛

寶林　邑人鍾㑽所居也（㑽學憲鍾惺季弟少棄舉業專工書畫晚精內典號寶林）在五華山下四壁自繪桐竹案上惟梵書數種而已長齋供佛蕭然物外

邑庠生張公謂集寶林宅詩　季春姑洗月景風扇微凉牽牛旦正中飛絮隨風揚鵠鶴拂其羽戴鵟巳降桑如何巢蹥蜞比翼鸞鵲翔泚愛協樵隱得升君子堂相見一握手嬿婉及晨良桐陰吹粉壁竹霧隱蕭墻亜坐娛文雅（同毛棣眉共集）真氣谿青陽

跡酌紆勝引蘭英以飫芳有洊與時節飛濕灑空香芳継承檐滴花葉自低昂綱户漸明歸衆色鬱蒼蒼逍遥撰杖屐太丘道難忘

觀對峙公自爲記約數千言

煙海園　邑人鄒枚所構也園踞義河之南與白鶴

鄒枚（號荻翁舉人諱山參貢士諱攀父）煙海園記畧　闢壞而爲園以求適也其地則平疇也地必冞恕乃成其高而不可望於平疇則憂與悵或生焉然而古來名山如鴈宕虎丘皆卑伏在平疇也謝靈運最愛山而目中不見有鴈宕豈非以伏處在平疇乎虎丘巖骨最奇而徐文長爲賦詩曰海湧一小山遠視如平疇使非有生於靈運之後與文長之前者心目爽塏將兩山果真爲平疇矣然則吾園實非平疇乃真天下奇山也

景陵縣志卷之六終

景陵縣志卷之七

署縣事李　馨纂修　儒學諭易體震參補

邑人吳　泰編著

饗祀論　壇壝　廟祠　佛剎　道院

楚俗信巫近鬼如湘騷所云太乙司命雲中君湘夫人記之詳矣況壇壝爲歷代帝王之所必建乎故先之至於廟祠載在令典則附於後可也乃若佛剎道院亦古先聖以神道設教者安可盡擯乎

壇壝

社稷壇　在城外西北隅知縣姜縮重建丘宜修繚以垣墻週圍百丈今壞洪武二年奉禮部勅每歲春秋二仲上戊致祭

風雲雷雨山川壇　在城南門外其地窪穢庚申知縣丘宜重修洪武二年例以城隍合祭於一壇以城隍主之

邑厲壇　在北門外知縣姜縮重建按清明日七月望十月朔致祭

廟祠

伏羲廟　在五華山麓山本古風氏國而風氏者太昊伏羲氏姓也廟祀由此

按古志景陵有帝王廟二伏羲神農是也三皇祀起唐天寶間至明洪武四年令郡縣俱立三皇祠則祠由來久矣今景陵縣所祀獨伏羲神農二帝而二廟俱久缺祠典至康熙七年鄉官毛一駿等合請於縣賴署事李公諱馨具文上申蒙安陸府正堂加一級張諱崇德批允復祀在案帝靈攸妥

宋胡寅記寅字仲明宋胡安國子也　古祭法有報無祈德莫盛五帝而庖羲爲首蓋三千歲於茲矣景陵廟祀未詳肇始聖德所建萬世依被則何可不祀耶昔司馬遷作本紀列五帝其言曰孔子告宰予儒者或不傳及春秋國語發明五帝德繫姓章矣書缺有間乃時時見於他說善乎論古者當折衷於仲尼繫易歷叙制器致用者稱羲農黃帝堯舜爲五帝也而顓辛無聞焉太史公所載烏得與比哉豈遷首見尚書斷自唐堯而無見易稱庖羲歟故論道一折衷於仲尼則無失者置仲尼而取史籍未有能臻其當者也今羲爲帝首蓋祖諸仲尼耳按伏羲風姓生於成紀號曰太昊都於宛丘畫八卦

分三才龜爲卜蓍爲筮有書契代結繩以龍紀官
民事用儷皮爲禮始教民網罟在位百有十年季
生和洽各安其性可謂盛德矣哉是宜載之祀典
昭報罔極嗚呼道術不明異端並作士大夫昧於
鬼神情狀下里淫祀巫覡所託者推尊祇奉輿遨
福利至古聖帝明王有功德不可忘者或湮沒而
莫承或文具而莫享郡邑長吏政教不善一有災
阨汲汲然旂纁旂黃謁諸偶像適會變止因郎爲
木土之賜禱禳之効日滋月迷正理大壞復州焦

侯惟正秉心在郡三歲人和年豐會紹興十二年
詔長吏修善境內祠廟侯曰莫先于伏羲氏矣嗚
工闕事肅給告成有尊報誠心無希望諂意庶幾
知古道憫俗失良二千石也乃推明帝德列聯經
史使刻之堅珉以示來者

邑舉人胡承諾詩　顧史與須句譜牒詎能詳廟
枕華山碧溪鳴溫水長文字儻不毀所報固無方

神農廟　在五華山臨津門伏羲祠旁有洗墨池青
錢亭唐進士李翺讀書處

按荆州記厲山有二穴神農所生今其山在隨州
又輿地考衛州鄖縣有炎帝陵然則楚地神農始
終始也故景陵通得而祀之明洪武初祀神農於
太醫院後郡縣俱令立廟

邑庠生吳泰詩　廟古增生藥峯高棟納雲如何
風氏國並祀烈山君蠟祭當年制馨香此地聞至
今亭市古儀攘日中聚　姜侯有皇帝亭較斛量于其中古人名爲秤斗亭猶古者日中爲市之遺意也歟

城隍廟　在縣治東南隅國初李是瓛建成化丙申

知縣吳繼宗丙午姜綸重修弘治辛酉知縣周端
次第修葺民儀儀新建兩廡萬曆辛卯丞洪堤冲
廟地垂廢年庠生吳貴　邑布政吳交其子　捐貲買修葺金
鑄像廟貌重新康熙丁未署縣李公　諱　捐修

邑宗伯李維楨記　邑故澤國也四面皆水而城
隍廟最爲卑濕河伯射櫝祀與柝榛崩縣壬辰邑吳
君慨然欲新之廼出橐金若干爲羣義爲觀勢秒
爲植不逾歲而廟成文苑金爲像飾有無礎目
又以其餘力建廟旁東丈爲門又辟堤地上爲琉

之蹟與湖波相掩映於是邑過而遊憩者相與
吳君好施嘖嘖不容口矣今夫世所稱高貲富人
非之也然其下者挈瓶而守錐刀之末眈眈剝朘
而藏之無肯費其半菽落其一毛矣而其雄傑者
又飧食漁奪即有舉冥施勝因之說者且謂覆言
欺人唾天而訴耳今吳君富而能施且羞伐其德
至舉歸先訓眞不背本哉雖然亦嘗聞端木叔所
謂達者乎家累千金忽之中都散其庫藏不爲子
孫留及其後國人受其施相與反其子孫今吳君

席先君之業散財施予光昭先德奕世靡悔語曰
有陰德者必享其樂及子孫夫端木叔寄財於人
吳君責報於天積善餘慶是其往事矣吳君諱貴
號雲嶽福建布伯公令嗣也有八子美秀而文不
佞所謂餘慶者也其修創若玉皇閣龍蓋寺不具
論作修城隍廟記

邑庠生吳泰重修城隍廟纂蹟　　粵稽城隍之祀
未知昉於何代然以爵秩考之適與今守令等而
知其爲秦以後郡制者也古者因井田而設封建
凡侯伯子男有國者旣推所從出之帝以立祖廟
又原其始封之君以建宗廟并尊親親敬之至也
自秦罷侯封置守令則宗廟之制絕矣漢承秦獘
六年冬令天下縣邑設城而於古廟制缺焉未講
後世祭祀惟就守令有功德者尊以爲神此城隍
廟所由起也嘗觀晉宋相傳於京口姑蘇等郡以
紀信爲城隍潯陽漳貢等郡以灌嬰爲城隍自漢
代來郡縣城隍始有姓名矣豈非狃制於秦之後
者乎明太祖洪武三年詔城隍神依郡縣建號題

主除去姓名四年詔郡邑里社各設厲祭仍以城
隍主之其於祀典至隆且重矣竟陵城歷代互爲
郡縣元未爲衛明初改縣夫有縣則有廟有廟則
有神今城隍廟在邑治東即古小宗伯建國立社
左宗廟而右社稷意也明代廟貌屢修屢圮至萬
曆辛卯水決廟湮先茂才祖雲岳公諱貴慨然更新
廼捐金錢搆土木不逾朞而告成又塑金爲像厥
貌惟肖聘饗弗替邑宗伯李本寧先生爲文紀之
勒石廡下可誦也近者陽侯頻虐棟摧宇拆東西

滿曹司像敎烏有香火闃然絫今
天子嘉意河防百靈効順堤工告成爰偕家昆弟祓
裳湛帛籲神而告之曰是廟也非吾祖所儼然乃
視之者乎非闔邑所肅然俎豆之者乎非邑大令
所陰陽表裏以惠安斯民者乎如之何其弗修也
按古典城復於隍載於易卦而郊特牲載八蜡祭
水一曰坊者卽城也一曰水庸者卽隍也其祀曷
嘗不見於經且夫天曰神地曰祇古者天子祭地
於方澤祭五岳四瀆則有柴望諸侯祭境內山川

社稷士庶人祭井竈門戶中霤而謂城隍自古無
祭豈未諳於地祇之義乎昔唐張說爲文祭荊州
城隍曰致和産物助天育人張九齡爲文祭洪州
城隍曰城隍是保氓庶是依先賢碩輔篤敬斯神
久矣景陵城隍寔赫濯顯靈之神令邑治東七十
里有城隍臺傳爲古竟陵縣土人崇祀惟謹冉朧
是勤而邑以內神道攸棲反任其頹蕩風雨非所
以崇保障而壯民社也夫焄蒿悽愴仁人之務也
繼志述事孝子之道也是廟也在子昆弟恭分主

豈得能辭於帥事哉請佈斯意告諸善信隨心輸
助共成厥功將見神明馨祐福庇無疆風雨時若
年穀順成而凡視瞻來歆者仰觀榱桷俯視几筵
則哀敬必動乎中而仁孝油然斯作矣

附修痘母祠小引　夫修城隍廟者及十曹如守
令而降有倅貳諸職掌者也其兼祠痘母者何曰
古設官建署郡縣守令旣分土而治矣而宮中闈
內又設媬母女師掌胎教以司孳事豈非城隍文
所云致和産物助天育人者耶然載祀典於傳有

之乎曰有月令仲春祈嗣於高禖又天子祭天南
郊以先禖配故曰郊禖者主陰教之神也古男有
巫女有覡分主宗祝今痘神專嗣事非卽月令高
禖之類乎然則祀昉於徇特耶曰俱秦以後創制
者也考醫經秦以前無痘症故素問弗載其癧始
漢明帝後西域人傳中國者也夫有一病斯有一
祟如晉景公夢膏肓二豎之類論語載子疾病子
路請禱此古巫醫並作徵意也或傳痘母元君爲
柳氏夫人城隍起自西漢爲紀灌諸名臣痘神起

自東漢爲柳氏夫人一陽一陰生成之道也其祠宜矣

文昌閣　在邑治東一里前臨義河後踞東湖新安程氏公建也按春秋二仲縣官必祭斯神載在祀典今是閣已毁亟宜修建

邑庠生吴泰募修文昌閣疏　竟陵形勝含巾吐柘載於酈經而西江一派由城下南過折入於東有屹然若砥柱以當其衝而塞其門者文昌閣也閣創於明神宗末年堪輿家謂邑元辰水不宜直

注新安程氏首倡義舉累土樹闑聿觀厥成不數年而人文蔚興冠蓋盈里雖地脉所發祥乎而亦神道設教陰隲不言者已崇禎癸未春欃槍蹋邑是閣受燬惟帝像露晃孤立有人從瓦礫中舁出厝尊經閣者二十餘年前爲文廟春秋享祀弗輟此像俎豆無陳若贅附然近者學校聿新百廢具舉則是閣不可不議修也衿士共以疏屬泰憂辭弗獲乃題曰夫渾噩治徂文明代興此五德終始之運百王損益之理未聞其聽於神也然史載蒼頡氏覩奎星圓曲之形而作字於是文治斯起豈非在天成象者乎以予所聞天官書斗魁戴匡六星曰文昌宫爲上將、次將、貴相、司命、司中、司祿自有象緯以來此星已列斗垣中矣乃今傳文昌梓潼帝君則化書所載蜀張亞子神也神出自軒轅後青陽氏第五子揮始造弓張羅以取禽獸世掌其業賜姓張氏後隨世現形有九十八化故歷代祀之然化書遂謂爲斗魁文昌者則易以稱焉予考外史有熊氏母曰符葆感電繞斗軒而娠帝故

名爲軒或者因黄帝氏感斗精文昌在斗前而張姓又出自軒氏主祀弧星故因以斗魁文昌附會之也歟夫黄帝名軒字炫律非軒轅也軒轅氏古封禪帝在黄帝前禪通紀古尾建氏後軒轅氏作見風轉蓬制爲車乘號軒轅氏傳三世史遷班固誤作黄帝軒轅學者承訛弗考亦如化書附會軒轅感斗精文昌戴斗魁之類也且匪獨此也化書載漢宣帝時蜀張亞子化金蛇戰卭池蹶幡河姚萇遊蜀至梓潼嶺神勸還秦遂據其地後國立張

相廟。唐僖宗幸蜀。神出迎帝解珮劍賜之。則亦附會上將次將之說者也。化書又載周宣王時。神爲卿士。詩稱日張仲孝友。漢代生趙國、爲張禹。治清河令。西晉末、越雟間神夢治水府。跨白騾而去。又神垂訓文。自述一十七世爲士大夫。道家言神總百吉而司桂籍。則亦附會貴相司祿之說者也。化書又載神出黃帝後。張弓挾彈射諸物不祥者。使人宜子多壽考。如今所祀幾仙乘馬挾彈之類。又神初生爲山陰張氏子。事周公爲醫氏職。以壽考

終。則亦附會司命司中之說者也。雖然。古稱庶民惟星。卿士惟月。又卽官上應列宿。豈有帝君能備九八之變。而不能通斗魁之精者乎。且如傅說騎箕尾。微子感牽牛。顏回列中台。方朔應歲精。自古聖賢降生。下則孕河嶽。上則配星辰。匪獨一梓潼帝然也。或曰孔子爲萬世師。其崇祀宜也。彼文昌載祭典。毋乃瀆亂不經歟。然吾聞國有大事必告於文人。故立之學以釋奠成禮。用光祭儀。如詩書所載。其稱堯則曰受終文祖。其頌稷則曰思文配

天。孝先是舉也。夫吾孔子修春秋。製孝經。齋戒陳告。向北斗而拜。有赤虹化爲黃玉。上有刻文、跪受而讀之。蓋斗魁枕參首文昌繫魁前。吾夫子齋戒拜禮。以其有禪文教故也。後世晉臧榮緒、於孔子生日。必陳五經於庭。拜而祝之。頗得洙泗遺法。且吾聞夫子入太廟而必問。在宗廟而惟謹。其於神道設教之地。未嘗不怵惕三致意焉。天文志亢曰疏廟丞宰位也。主薦賢授祿。則廟貌與焉。文耀鉤謂文昌爲天府。若宮室。然則在地攸宅。夫亦可以

義起者歟。是閣也。疑爲風水而設。然古聖畫卦取象。風行水上。渙爲文章。豈亦附會形家之說者乎。蓋地靈人傑。有感斯召。所謂春秋不言事應、而事應具存者也。夫祭法有報勿祈。故凡有功德者。則必祀之。況梓潼功在名教、上佐文明者乎。觀感者不戒以孚。經始者勿亟斯來。寧第爲形勝計哉。然自今伊始。人文丕著。蓋有與神道設教於無疆者已。

廟　在縣西湖堤　廟載祀典

諸葛廟　舊在縣北上白湖村祀漢忠武侯諸葛亮
正德間知州徐咸修建嘉靖庚申知縣丘宜重建
按舊祀春秋二祭俱昇獻廟中崇禎壬申知縣楊
一儁移祀古城內聚義樓下命工塑像其中康熙
四年知縣陶襄重修

慈谿王治暐重修武侯祠記　景陵古竟陵也春
秋爲邳城北道二里許有蜿蜒隆起者土人目此
古城也中有樓崇祀漢昭烈皇帝關壯繆張桓侯
像旁列趙順平侯樓下祀諸葛武侯過祠謁之見

經築庀作則秀水陶君蒞任捐修也夫荆州古稱
用武地昭烈以帝室之胄與關張虎臣角逐中原
其勞績多著荆楚廟貌祀之禮也武侯躬耕南陽
一出草廬翻然入蜀隴之間盈戰壘焉乃景陵
祠必及之我以是知武侯忠誠不限時地而通者
也地居僻陋時方割據隆中所以許先帝者鞠躬
盡瘁泣血陳師矧再世捐生不遂羣華者哉生前
魚水相歡死後魂魄如在不猶同堂籌策對吳會
前鳴弓顧漳流而褰甲乎而俎豆江瀆幾成無首
子房之廟長類無忌之墳不祀俾懷古者無情於
廟食其何以動觀感而長風烈哉陶君是役宜景
陵人士所樂得而觀成也曩數歲夢武侯題像有
云二表驅馳力三分出處心今拜侯像覺生平傾
倒於侯者躊躇悵惘有遺憾焉嗚呼不幸處侯之
地與侯之時而不能成匡濟之功然則欲有爲於
天下者蓋亦甚難之矣祠成想侯之君臣相通者
其在白雲蒼靄間而丹楹刻桷爲也

王治暐謁諸葛忠武侯祠詩　廟貌崇先主丹青

肅臥龍塵沙嘶馬列臺榭裊烟濃虎節留炎鼎雲
旂徹曉鐘出師劍閣險嘔血五垣卤拜舞春秋日
歌謳沔漢封浪看金腰褭空藉翠芙蓉荏苒羞征
路艱虞悰客容投緡酒裊地烏鵲舞長風

又諸葛廟　在縣西北中祀武侯舊址今康熙六年
邑舉人陳應善重修

關王廟　舊在縣南城上嘉靖二十二年僉憲柯公
諱喬改建縣北古城岡前左右有坊香火最盛邑人
以歲五月十三日爲侯誕先期舁侯出周行坊市

或入官民家各以牲醴薦亦甚爲侯褻也萬曆三十七年邑廉訪使徐公成位重修

知縣丘宜記　按三國志先主長坂之敗斜趨漢津與羽船會得濟沔後因有赤壁之捷故今有留駕河況先主牧荆州亮羽皆留守茲土沔荆州地三公多勘亂之功郡縣當謹報稱云

鍾秀樓　在縣北古城岡嘉靖十五年知縣封祖裔設樓跨岡以塞古城之缺嘉靖二十三年知縣李仲僎改建關王廟於鍾秀樓後萬曆三十七年邑

廉訪使徐成位撤鍾秀樓更新之名曰聚義樓祠昭烈帝劉備與桓侯張飛順平侯趙雲於其上康熙四年知縣陶襄感異夢重修之煥然維新云

毘陵唐鶴徵太常少卿　重建關廟記　景陵北郭有城相傳爲古竟陵城南有祠祀漢壽亭侯關公上有樓名曰鍾秀爲公陟降之所夫公神遍海宇荆楚猶所經畧而繼之以死則後雖千百年而精靈有獨注焉嘉靖甲辰景陵諸生擇地遷儒學以近祠址爲勝遂即祠前建學因祠公於學之陰焉偉一甲子而祠樓日圮邑廉訪使徐君惟得忽感異夢起斜里人徙祠學宮坎方仍依城南向擴舊堂而大之後建新殿鎔金像公云左右有廡前有門中有馳道門外有坊坊外有屏又撤鍾秀樓更作飛閣而祠昭烈與張桓侯趙順平於上更名曰聚義樓蓋推公所忠愛者而爲之也公乃時降其神於惟得所且憑人以言其旨明潔高簡非俗所能道戊申之秋謂景陵將有災咒水二甖俾惟得藏之既而瘧痢大作飲者輒愈惟得神之祀饗者益虔

而勿替也走二千里索記於余余不敢辭會論子不語怪力亂神然易言精氣爲物游魂爲變記言齋明盛服以承祭祀獨非聖人語乎其在史者漢武祀壽宮神君弗得見聞其言與人音等也何物長陵公子乃天子祠之内中亦聞其言云矧乘天地之正氣以遊無窮有如關侯其祠之者兩精相感受命如響有如惟得又何疑乎記不云乎致愛則存致慤則著詩之言曰豈弟君子神所勞矣蓋感召莫辯於此不然則神降于莘而虢卒以亡何

哉雖然神流行於亭猶江漢也其功於漢
解癰癘於真實陰陽下民俾受賜者日用而不知
公之神蓋不待今日矣
知縣陶壽聚義樓詩　歷數雄歟起乾坤夢澤邊
乘時匡赤社俠族擁青齊結英雄集艱難義烈
昭霧勝幾武代讖蟲旦驟雨蜀猶施旌黯秦川敢
角清湖鯨鱗塞飛王業湯壓初建壘蜂縣屬塵沙
馬足驕分符元帥獨懷古一蕭條見篆關雖俎丹
青逼麗譙君臣今劍道江漢鬼神朝令節舉香馨

清樽動塵標衣冠秋薦禾稼廟鋒雲招刻楠同祭
父（無祀武侯）奉禱尚楚謚靈氣終古異褒佩聽崖麓
西廟　在城西五里按州志漢昭季友歆龍景陵土
地之神甲辰年知縣劉建弘治己未知縣周端修
其祀莫詳厥始歆祀之說今亦無據縣官循舊每
春秋必往成禮舊之俟詳考嘉靖己未年知縣丘
宜詢邑父老又謂客有功于此數禁之猶為不經
遂正之春秋時不親祀惟遣陰陽官行禮焉（廟載祀典）
令尹子文廟　在縣東官城村華雉叢歲久傾圮咸
化癸卯知縣姜縮重建今廢祀按漢書縣有𨛜鄉
水經注縣故有𨛜亭左傳所謂若敖娶於𨛜是也
疑令尹子文廟是其地歟（後另有子文廟在雲潭村）
知縣姜縮記　景陵志載令尹子文廟在官城村
之華池歲久垣屋頹圮饗祀遂廢縮來知縣事乃
復構堂而奠焉夫春秋人物中衰惟子文爲楚令
尹吾夫子許其忠嗚呼若子文者其頹波中砥柱
者乎使後世聞風而興起是亦有功于名教也廟
祀可已乎哉乃歌以祀曰滄之流兮百折而東公

之心兮三已而忠東流歸海兮中心起千載之風
許珪詩　寒蕪一掃拜先生謾想高風合愴情山
帶曉容圍故國樹將秋色繞方城鄉人歷祀酬忠
蓋縣令重修正本名絜酒得澆香火靜蕭庭遮莫
亂鵶鳴
白起廟　在白雲三汊口按史記白起爲秦將昭王
二十九年起攻楚拔郢燒夷陵遂東至竟陵故立
廟然起殺已降不武之甚况秦爲暴嬴起實助之
且攻楚拔郢無功而有讐宜以大義絕之不當祀

記今按乾鎮驛有觀音堂相傳元置爲白起廟則白起祀已久廢矣

邑庠生吳泰白起廟辯　邑治東白雲汊有白起廟莫詳所始泰曰此訛也史記秦昭王使白起攻楚拔郢燒夷陵遂東至竟陵則吾邑遭其荼毒久矣而顧儼然祀之耶或曰楚俗尚淫祀不獨起然也柳子厚永州黄神祠記相傳即王莽也王與黄聲通民且祠之而何疑於起歟曰否昔黄帝南浮江登熊湘故諸郡祠之柳記因俗傳訛豈至如子

雲美新之作哉或曰黄與王自別也白則誰從辯之曰此元白景亮廟也元時景亮知沔陽濬景便河掘土得石有白公濬三字民咸異之以其有功德於景故後人遂尸祝俎豆之也或曰廟祀何不於便河而於白雲汊也曰夫神依於人若魂氣則無不之也今汊北有令尹子文廟不必爲古郧亭而陟降在兹與景亮同夫汊名白雲廟名白公相得益彰又曷疑焉或曰廟進景亮則黜起也可乎曰可昔狄道有董卓祠唐時高適毁之梓州有吳元濟祠宋時王濟毀之又狄仁傑采訪江南移檄吳興毁項羽祠益仗大義以驅厲祀其形饗自絕也近聞白起廟廢爲禪林矣嗟乎起既廢則曷不進景亮於其中

劉先主廟　在留駕河上以祀昭烈帝者

名宦祠　舊在啓聖祠前嘉靖年知縣丘宜移置戟門東今燬於燹急宜修舉兹録舊誌有功德而祟祀者於左

晋 司馬

桓石秀 鷹揚將軍、竟陵太守

宋 劉宋

夏侯恭叔 竟陵縣令　劉道産 督竟陵軍事

梁 蕭梁

蕭緬之 都督竟陵軍事　韋放 竟陵太守

裴邃 竟陵太守

唐 李唐

仁傑 復州刺史　李齊物 竟陵太守

憑 竟陵太守　崔詩 復州刺史

董元素　復州刺史

後唐　李唐

郭延魯　復州刺史

後漢　劉漢

王慶超　復州刺史

宋　趙宋

梁延嗣　復州防禦　　朱昂　知復州

劉師道　知復州　　于敬之　復州刺史

王琪　知復州　　唐介　知復州

張堈　知復州　　万俟湜　知復州

李森　知復州　　翟國榮　復州副將

施子仁　知復州　　裴果　知復州

元

白景亮　知沔陽

明

楊季安　知縣江西安福人宣德年　　張繼宗　知縣直隸興化人成化年

姜綰　知縣江西弋陽人成化年　　周端　知縣直隸高郵人弘治年

左輔　知縣直隸涇縣人正德年　　陳良玉　知縣四川富順人正德年

翁善　教諭浙江烏程人正統年

以上載在祀典刻入舊志屢歷詳秩官志不贅錄

按名宦自嘉靖而後祠無特祀邑生員鄒枚於壬午年具呈公舉七人蒙督學高諱世泰批准行府縣查報回覆議於次年春祭入祠以寇變未行此典亟議修舉附錄

林雲龍　晉江人萬曆年知縣芳廉貞潔　　梁從典　南海人萬曆年知縣重士愛民

劉繼禮　宜賓人萬曆年知縣寬厚下士　　李守廉　綿州人萬曆年知縣清白守正

楊賜　武陵人爲教諭正君子　　沈惟燿　孝感人爲教諭公正不阿

劉翔舉　訓導和厚無私

按名宦宜入祀者除前批呈詳允未經舉行外如明朝嚴貞廉介有爲孜孜愛民陳席珍程維楫任贊化俱有功德于民此知縣當從祀者也習善正身率物蔡德器純心篤行陸懷贊興文重士劉[illegible]學有造詣劉鵬明敏雅贍任高節義風世許立清苦好學此教職當從祀者也　國朝霍公鳴玉宜從祀縣秩吳公景祉宜從祀學職此俱公論以俟采風者

鄉賢祠　在儒學戟門西按景陵舊無祠自弘治年
知縣姜綰始建置縣治西因爲記嘉靖丘宜移置
戟門西茲録舊志有姓名而崇祀者於左

楚

鬬穀於菟 生於雲之夢中爲楚令尹　宋玉 能賦大小言楚襄王賜以雲夢之田漢相如傳楚雲夢方九百里舊志稱竟陵有雲夢城或在九百里中未可知也故子文宋玉附此

漢

劉焉 竟陵人魯恭王後出爲監軍使領益州牧

晉

朱祠 安陸人少爲吳牙門將討張昌破陳敏封亭侯隨陶侃討杜弢加廣威將軍領竟陵內史按祠爲安陸人不宜入竟陵姑因舊志附録於此

南宋

張興世 竟陵人少家貧太宗矜之以爲竟陵郡叅軍後爲光祿大夫歷事晉王功名自終

唐

陸羽 詔拜太子文學不就著有茶經傳于世

宋

張逈 諫議大夫有詩臣風　張徽 著有滄浪集

張徹 七持使節入劉郡符見姜綰記　陳嘉言 郡學諭罵賊不屈

祀　松 進士以城死節郢民祠之

明

胡俊 進士官至參議　黄鍾 舉人崇寧知州

李慶 歲貢官至鹽運使　吕中 辟舉布政司照磨

廖訓 舉人教諭　王瑜 舉人教諭今補王以義助教丘志未載

何玘 舉人教諭　郭軒 舉人知縣

程曾　曾鐸 會元祭酒贈禮部侍郎謚文恪

程[illegible]庸 進士贈中憲大

謝廷敬 進士刑部郎中　徐成位 進士都御史

周嘉謨 進士吏部尚書太子少保　陳篆 晧贈通議大夫戶部尚書

胡旱 貢士教諭贈中大夫太僕寺[illegible]　魏麃 陝西階州學士

胡承詔 進士太僕寺卿　鍾惺 進士學憲僉事

譚元春 解元

以上載在祀典各有木主履歷詳人物志不贅録

按鄉賢自崇禎而後祠無特祀邑生員劉枚於壬午年具呈公舉古今當祀者十八人蒙督學高 諱世泰 批准行府縣查報議於次春入祠以寇變未舉今録俟采行

漢

漢濱父老　漢桓帝臨竟陵百姓聚觀父老獨不輟耕尚書郎張温問之父老曰子之君勞人自縱何忍觀温大慙問其姓名不告而去

唐

鄒夫子　唐陸羽於天寶中貿書火門山從鄒夫子墅其後託夢人名坤字户郎疑坤與墅俱從土也

明

魯　思　號净潭有理學不仕　吳文佳　號鳳泉性静寬和詳李維楨誌

陳所學　號志褒孝友端方理學自持御里之　鄒昌會　號甸甫文名冠代詳李維楨誌

熊　賓　號念塘以孝養母致白兎烏雀之異　李純元　號長叔和易淑簡雅登壇

夏良卿　號夢岩清方自守棄官不仕　劉　定　號秋潭方正清白棄官不仕

鄒學孔　號象南修身正俗啓迪後人　程宗簡　號古庵文行理學爲時推重

鄒法孔　號景南事母孝事兄敬多奇行　吳文企　號白雲警敏有學詳譚元春誌

高啓端　號鳴梧篤孝事母　盧爲穀　號非數疾惡如讐樂善如渴

劉必達　號仕徵清白曉謹家訓肅睦　黄　間　號伯素孝友端縣文學可師

程以驄　號龍亞方嚴清正　胡順化　號惠侯博學醇雅家訓肅嚴

按鄉賢宜入祀者自壬午年止已蒙准批行府縣特詳録之俟再舉行其後明　清兩朝諸賢若王

公鳴王謝公奇舉嚴毅文學胡公懐胡公恒捐[illegible]報國譚公元方譚公元禮譚公元亮文章孝友沈公倫陳公朝聘劉公渾孫著作淹雅俱堪俎豆自有采風者

陸羽祠　在西塔寺中萬曆癸巳𥙊議周芸建中祀陸鴻漸像有記泰昌庚申舉人周命芸子重修後圮順治丁酉僧通省號松彩復修康熙丁未署縣事李公諱馨捐俸重修有募疏

邑宗伯李維楨唐處士陸鴻漸祠記　唐處士陸鴻漸者邑人也其生平具宋子京唐書列傳及所自爲傳中鴻漸生類子文收畜於大師積公禪院考院故名龍華寺或曰龍蓋今邑西[illegible]禪寺相傳謂其遺址趙璘因話録竟陵龍蓋寺僧姓陸於堤上得一初生兒收育之遂以陸爲姓聰俊多能學贍詞逸詼諧縱横東方曼倩之儔也鴻漸遺文獨茶經行世而又嘗爲歌所深羨者西江水向竟陵城來而已以故邑有覆釜洲有陸子泉或曰文學泉皆漸所品水烹茶處嘉靖間邑人曾孝廉刻行

茶經而以沔陽童子傳附之其後沔陽陳廷𧨏更刻豫章爲玉山程光祿青邑人徐茂才復臨刻之校童傳更宋傳者十六字增者十二字後有童讚而遂以傳童作或亦漢書之用史記文耳泉久沒湖中隆慶間某以治湖堤得之構亭其上鴻漸之迹日彰顯矣顧未有爲祠祠之則自邑人周藩循始既新其廟託迹寺更計之日寺因鴻漸名至今而身無尺地受血食何即聞者嚮茶者陶鴻漸形以神事之賜姦賜吾黨亦予尸祝而俎豆之爲邑

魁杓矣所不可於是議寺後創祠爲堂叢楹後有臺前有基旁有庭有廊遂成勝地既落成使余記之余讀舊唐書傳隱逸者二十人新唐書傳亦二十人其附傳者不與焉新書所不合於舊者五人而所增於舊者九人鴻漸所增之一也彼傳此數人或往而隱或隱而仕即不仕而或以徵聘至朝或應辟至公府染指而去或取辭名不傳而罷或不就職而食朝祿而其人或羽流方士非吾儒儔伍身不預徵辟目不見人主足不履朝堂惟茶

桑桃惟李元愷衛大經與鴻漸數人耳新書出而舊書擯不録第以隱逸傳論賀知章耄始乞骸而盧鴻一脫其名新書繆誤已甚舊書不收鴻漸而燒丹煉藥方技猥雜則何謂也子京論隱有三緊上者身藏而德不晦名往從之次挈治世具弊得伸其於爵祿汎然受悠然辭末者內審其才不可當取舍故逃丘園而不返繇斯以談鴻漸固非子京所深取也子京謂假隱自名號終南少室爲仕途捷徑柰何於鴻漸輩不深取也子京之下士

乃今之上士乎今嘉鴻漸雖尸祝俎豆之可矣余覽一統志載裴廸茶泉詩竟陵西塔寺曾經陸羽居鴻漸天寶中爲縣伶師其時名未著至與皇甫曾權德輿李季卿遊是大曆元和時人王摩詰與廸酬倡爲盛唐時人廸卽年少晚或及締交今其詩似詠鴻漸故居則不相應豈名氏偶同或後人僞撰耶志又言陸子泉在沔陽州治西廣教院竟陵故沔屬邑鴻漸所往來人或慕而爲之名或誤以縣爲州與二事無足深辨然論世亦不可不審

也

邑舉人周命記　庚申春夢入西寺有唐處士陸鴻漸神閒而貌癯襃衣博帶衫屨不類今時予不即前陸肅而揖予幣以茶自手出能發妙香枯喉生靈徵公賜且有請也予述先子建祠狀酬對皆有神韻霏霏炫箸談鋒乍暢葢建祠在癸巳春今二十八年矣寺僧不戢遊履紛雜古瓦餂而蒼鼠弔青燐熾而哀猿訴昔稱蘭楣今歌黍離逸流怏士爭唾不顧是予之罪也遂鳩木石又增益寺前

地建禪堂三間月而成日設伊蒲桑門之供以飯僧六時清磬梵唱不絕令人心冷而骨肅予嘗夜往寶月乍臨樹影在地風水鏜鞳魚龍來聽清梵起於天末如風振羣籟幽鳥悅人林谷皆響舊觀不啻過之矣因以授僧爾其以紫茸香供法王法王必受因禮季疵茸露灑洒骨體皆芳隱囊紗帽易爲名衲報大師積公功德無量季疵必受先大夫且輾然而笑吾爲季疵俎豆吾子益之爲廣大教化主作嚴凈道場得未曾有吾志滿矣夫以桑門同祀桑苧因記之

署縣事李公(諱馨)重修陸公祠募疏　唐處士陸公鴻漸嗜茶著經發明利用傳法後世先儒之言曰后稷教民稼穡天下之人始知有粒食羽品水烹茶天下之人始知有茗飲厥功當不在稷下雖與稷並祀也可嗟嗟羽以匹夫之微而尚論者至欲吊古先聖神比肩而俎豆之信乎飲食之於人大矣桑苧翁處士生於竟陵育於積公禪院是今西塔寺寶處士當日伴侍學書時與讀而都賦憤悱不

能成句朗朝夕棲處之地也在昔唐裴迪詩已有竟陵西塔寺曾經陸羽居之句韋鴻臚橋梳先州星君柵笠宮梵闕亦以釋故人增重若是乎祠祀之所以歷唐迄今而未之有艾也夫自有茲邑以來其文章聲譽與祿位富厚烜然當時者何限而得與處士同千載弗朽者曾幾何氏處士之足以千載弗朽不愈動人深長思耶第時事陵吝人事因之祠之迭廢而與存乎人亦聊乎其時今之竟陵遠不逮昔尚何肯祀前賢之足云此又祠之

所以閡兵燹而久不聞補葺也宜矣使處士生當今日吾知其必將空諸龍蓋挈筆床茶竈汎汎若溪不返矣予署吏也初夏代傭是邦入其國閒其無人夜宿官舍蕭然行脚曉起坐堂上對諸疲甿撫字與催科二念相戰不勝而思悚息靡寧安能代閭黎饒舌募人割難舍之金錢營不急之土木乎客有告予者曰使君何見之隘也景大夫士庶人僉喜作韻事矧處士景產也先儒稱其功可配后稷李大泌宗伯亦謂其風足以廉頑立儒君子

以爲定論烏可聽其祠祀之浸澌而與西湖之秋菱霜荷共剝落也予曰然遂書以付寺僧心常往告諸鄉之大夫士庶之不忍于處士者勿謂泥裏伽藍乃欲爲雨中阿羅含作護法也幸矣

邑舉人吴驥陸公祠記　祀前賢令德之人所以爲民質也祀於鄉宗祀於社又即其生長棲游之地而祀之所以志不忘也先賢唐處士陸公吉之振奇人也公讀書精博知慮通達自然神解茶與水其寄託也品水論茶其所自評也予少讀茶經

及公所自傳久而廻環反復而知公之所以不同於流俗者有數端焉鴈翼虎乳惟楚有才前有鬬穀後則桑苧生民之遺也天誕異人氏族名字語默出處準乎大易羲畫之用也木人假吏藏珠之戲身爲伶師兼著其說篇兮之韻也粉槍末旗蘇蘭薪桂伊羡陸茶自待不薄負鼎之意也竹書牛背揣摩形聲鑄器勒銘一用古文蒼籀之則也依隱聘跡蟬蛻軒冕著書立言動關理亂忠愛之極也且其得力在於讀書大小互見偏全互出奇止

互生無往而不得讀書之用惜其著書不盡顯於世而見之乎品水與論茶者令千載而下之人欣慕徬徨而不能已已孔子曰不得中行而與之必也狂狷乎狂者進取狷者有所不爲也進取者進而取古人以爲法式也有所不爲者人爲之而我獨否也古之人降志辱身則亦靡所不爲矣靡所不爲而其所不爲者則亦斷斷乎其不爲也公狂狷之流也世無中行不取狂狷然則取鄉愿乎詆公者曰藝德成而下者之事也周公曰多才藝孔

子曰吾不試故藝公不爲振鷺而爲鴻漸藝何足以累公病公者曰僭經揚氏之擬易王氏之擬春秋皆僭也自有作述以來鋪陳終始者史之屬也言簡意盡者經之屬也水與山海是也公之微指或有在乎寺故有祠以祀公萬曆中毀於先輩周公德符經亂燬於火寺僧大鱗復新之未加塈茨歲丁未隴西李侯以京山丞來署吾邑事修舉廢墜廼崇修公祠以風示邑人顧予曰不可以無記也予既諾侯爲記而又爲侯誦王元之詩鑿石封

苔百尺深試今嘗味少知音惟餘夜半泉中月留得先生一片心誦已復誦近王元美詩康王谷瀑中泠水不及山僧屋後泉客至試探禪悅味月團初碾浪花圓相與汲泉煮茗感歎移時而去他日得請於侯精較茶經刻諸祠中及諸篇詠摻採收羅片楮隻字有與陸公高風逸軌相映發自唐宋金元以及於明鉅公魁士高僧畸人常在天壤者刻之或從梨棗或託貞珉與草堂茶井同附竟陵西塔之故事侯名某字某遇物觿决有理煩治劇之才而又性好讀書留心經史有用之學出而經世識者猶不止以王半山之丞京山者比擬之予學殖荒落無所短長於世將抱殘遺書供祠中洒掃之役焉侯其許之否也是爲記

附邑舉人魯彭懷陸篇

君不見竟陵西塔陸公亭寒泉古木何冥冥青天白日來風霆又不見陸公一去已千載陸子之名至今在亭中過客雪片消西湖漫漫長不改我來訪古一飲泉茶爐況在落花前平生浪説煮茶記此日却詠懷陸篇陸公

磊阿不喜名眼空塵世窺蓬瀛幾迴天子呼不去但見兩腋清風生清風飄飄湖海中雲籠月杓隨飛蓬自從維揚品鑒後千山萬水爲一空孤蹤落落杳難逃斷碑遺址令人惜覆釜洲前柳復青火門山頭月猶白柳青月白無窮已春去秋來共流水西江宛轉南雲開苕溪指點依稀是吁嗟古今兩不見箇中卻覩春風面日夕猶聞渚鴈悲山川不逐桑海變洗馬臺邊物色新正值人間浩蕩春放歌曳履且歸去回首滄波生白蘋

郡守祠　在皂角市社學亭承天知府劉公少泉祠也公諱禹謨字平甫隆慶戊辰進士仁慈平恕聰明廉潔嘗臨竟陵清丈田畝歸沔侵地捐俸築楊恬垸（劉公江西廬陵人與楊恬之父楊瑞為師生故也楊瑞任於楚徙籍景陵）兼濬便河請蠲五華新派租銀一百一十七兩永免其差今康熙四年市民重修舊祠改建公館奉　道文禁各徭役愈思公不忘云

劉邑侯祠　在古城閘廟旁知縣劉公文庭祠也公諱繼禮字公立萬曆甲辰進士四川宜賓人有惠

政於民

邑中丞徐成位生祠碑記　吾邑為澤國土田斥鹵民物抗敝天錫劉侯乃起凋瘵直指薦剡冠楚令尹而太夫人春秋且八十侯泫然曰椎牛考鐘誠不如菽水之逮其親也即日上書乞歸養四民震駭裹糧分輩詣臺使挽留不允侯遂得請行邑人遮道號哭攀轅斷靷侯亦泱涕涕下長老謂百年未聞也宣言曰侯為吾邑視民如子撫掌股之上也愛士如父訓整埏之內也導利則時雨溉禾黍也祛患則鷹揚逐烏雀也如之何而弗祠也世方涸濁侯揭日月筐篚絕庭苞苴不行古懸魚留犢不廉於此矣奸如鬼蜮訟所由棼侯燭照屢燃舞文股栗古片言折獄不明於此矣深春雨靈民艱半菽侯開廩救瘠司計抵傳舍懸書輸將侯捐俸三伯緡充積逋即瘵痌瘝愛不仁於此矣襄郢水溢大璫導漾而主曲防侯奮髯爭之遂沮七邑漁稅例遣中使侵牟萬端侯請付所司轉輸即蔬裘貞節不烈於此矣予曰此侯誠心所致也當挽

轅時有二市魁前此被鞭笞至是亦摩肩雨泣衆歎李平廖立於今復睹嗚乎斯民直道之心我侯純白之誠古今一也如之何弗思而祠也

任氏三烈祠　在原任景陵縣訓導任高妻李氏兩女瑞哥留哥祠也任高四川成都府溫江縣人因歷薦載教諭同舟赴任至淨潭夜被盜劫脅姦不從長女瑞哥絕裾投水死次女留哥罵賊投水妻李氏亦投水死越三日屍浮水面交結相抱時當盛暑觜易臭腐顏色如生人以為貞烈所感上其事

旌表立祠歲時學官覲祭之

知縣楊一儁三烈祠文　今天子勵精宵旰闡幽搜隱特加意焉予承乏兹景蜀楚相距歷九折而穿三峽百里見封煥然一新矣然默跡表揚有司之職一日任生經元謁予出其手冊則諸君子旌表遺文在焉夷考任君生於蜀宦於楚妻渝素波女氾清流宣尼以殺身成仁而子輿以舍生取義是一世鬚眉男子亥不如孱弱婦女也生於蜀爲蜀重死於楚爲楚重文王之化自西而南劍門岷

山之間漢廣江永之上關雎興歌遊女雅化惡能不蜀而楚乎以故巴江元女清臺寡婦三千年一輶語曰慷慨以見志從容而就義兩者並高天壤又如湘女畸重於九嶷貞姜沉汨於水濱此猶夫一人事耳何如婦從其夫女從其母視死如歸者之猶烈乎劉向烈女傳凡一言一行具述之孔子曰殷有三仁焉是可以旌任三烈歟任生長跪謝曰且比化者將與草木同腐非附青雲之士烏能施於後世乎予答曰曹娥之碑重以邯鄲饒娥之碑重以宗元予愧不文也予介在錦里有桑梓之誼三烈葬而藏焉祠而祀焉二子因家焉其在景如在蜀也顧使予餙俎豆而擴楲楔其魂氣無所不至異時述歲事入告舉此爲竟陵一大節云

邑春坊中允劉必達三烈祠記　聖人南面治天下必自人道始矣人道者死生之交轉盻之頃有確乎其不可拔者也此在綦笄猶難之不佞髮未燥時習聞吾鄉有三烈云當時聞於朝立之坊顏其廬就蜀里祀未已也又表其墓祠於吾邑至今

祀春秋不衰楊侯聞其事而嘉之庀材鳩工拓故宇新之又廣其祭田增其公費請於學使者衣冠其子孫以供駿奔之役祠事犁然大備矣於是委不佞曰斯三烈也余僉憲碑之郭司馬青螺辭之李宗伯本寧記之今者起故維新太史其碑焉不佞瞿然曰我侯風教之旨得推而衍之可乎易風自火出曰家人利女貞家道正而天下定矣古者公宮之教後世無聞胡以任氏一家婦從夫子從母弟從兄矢死靡它各率其貞處變而不失常若

此載甚其先光祿廷尉皆言物行恒刑于率先於當猝然時敬其身不顧其死若此也傍觀者謂爲奇慘而三烈甘之固有同赴江則快不赴不同則不快者顧其心所安也當時見且聞者疏其事則快表其墓則快旌其門顏其閭則快至今骨冷門單矣直令涕者哀笑者戚行者住坐者起則豈非人心慕義無窮而斯道有關教化者哉侯加意斯舉也其從人心所不容已提撥而執物之哉蜀楚之間庶幾其有漢廣之風乎昔子張問政子曰君

子明於禮樂舉而措之已禮樂從人道出也寔與我侯風教之旨互相發焉祠田若干孫某奉祀得備書諸澗石

邑學諭漢陽李國璽記　蜀明經任子高齊梁任彥升之裔也明萬曆教職景陵以其職南遷舟出邑湖遇賊一時母子同烈傾聞當路交疏表章春秋祠祀不絕明末闖逆據景肆焰廬舍殆盡獨祠得僅存亦異矣哉

大清鼎運顯微闡幽秩無不修會未有以告竟沆

荆棒中丙申春邑明府楚珍甯君諱鳴玉　徧舉祀禮肇端然支北郭者爲三烈之遺慨然語余曰典廢典風士女莫此爲重余贊之因擇日具牲醴同躬奠而退且即日申聞　督撫暨藩臬諸司邀允復秩如故嗚呼三烈之祠獲既廢而復興今日甯明府始矣明府而後春與秋相代無極余又豈卜三烈之祀何極哉抑舍生取義之性終不絕於人心余即以是卜之爾

邑兵憲吳支企三烈祠詩　楚妃竹閟淚巫女夢

中身澤國雲爲雨岷峨秋復春乾坤幾男子閨閣乃畸人生死一呼吸見聞皆酸辛氣催三峽動魂入九嶷新錦水自空澗清湘皆隱淪魚沉思斂手鵑淚益雙顰異本書能軼遺衫跡已陳平生常慷慨東里只清貧莫漫嗟摧落幽光達紫宸註任彥升入官無衣沈約遺衣衫迎之家貧聚書多異本其子東里猶善貧

巴人吳邂石先生題三烈祠詩　子母魚龍亂一灣當年夜半此情寒死生飄泊歸何處萬里成都落此間

并三烈祠詩文表揚甚多且春秋享祀不絕無容議也邇者邑中胡公懷殉節京師胡公恒殉節西川然則釆風君子當以雙忠祠繼三烈也哉

大中丞徐公祠　在古城内公爲邑中興除利獘闔邑德之歿世不忘特建祠　觀察吳公文企祠聯漢水東流歸保障泰山北斗見儀型

鍾譚二先生合祠　祀先賢鍾公惺譚公元春即鍾學憲故宅也祠在通衢譚公弟兵憲元方拓地建宇祀二先生於其中分巡荆西道　吳公諱之紀題坊曰天下文章邑教諭吳公景祉興國人字二來乙未科進士

題門曰仰徑邑知縣甯公鳴玉於春秋二丁致祭

貢生譚籍元春次子謝甯侯祭祠詩　文章同不朽千古幾人並元唱與白和杜弟而李兄名同或異地世沒臧生榮時事皆流電茲道難重輕風雅當理學聖門不分營所以崇祀者前後爭相迎季疵與蓮社同學不同閱退翁及先子連席亦連榮足徵稽古効春秋光晶晶藹矣甯夫子探古重前貞或偶聞其風匪止愛浮名香風吹紫蓋二月語流鶯祭菜及丁日氷泮芹鹿橫我侯忽戾止旂光被紫荆敬贊如敬聖釆茆後釆蘋從公無大小靡弗聽其禎百拜歌思樂千春懷素誠

邑庠生吳泰拜鍾譚二先生祠詩　楚嶽嵾衡並楚水江漢連山川不孤秀人文必互宣竟陵兩夫子文章天下傳氣欝蘭芷臭誼等膠漆堅綢繆交風雨佩服遥韋弦峩峩華山表泠泠寒河邊吞雲賦夢野和雪聯郢篇塤篪惟伯仲軒輊靡後先庚戌誕孔歲丁卯聚奎躔鍾庚戌會魁譚丁卯觧元至今徵文獻而同杞宋詮我來瞻廟貌展拜致將虔巋然靈光

集俎矣閟宮鮮春秋少牢饗左右木主遷二簋分侑食兩楹陪初筵雙歡聞笑語對洽共豆籩楚俗尚巫風崇報禮宜然古來知名士身歿則已焉兩公德不朽豈曰藉文傳融融惟養志怡怡在比肩大節敦孝友餘技寄簡編以斯樹坊表歆祀直萬年南州冠冕古闕西台輔詮領袖人倫重姓字國門懸循墻思銘鼎學海法祭川西疇季疵宅芳躅共流連

再附鍾譚合祠刻三公唱和詩引

三公者楚人鍾公惺譚公元春閩人蔡公復一也三公詩篇唱和各載本集譚公弟元方建祠甫畢取鍾譚與蔡公唱和者彙編成帙名曰友聲録因付剞劂今其板藏合祠中

公安袁特丘（諱彭年官學憲）詩引　典重專祠道崇合祀俎豆偶私於里術唱和爰暨乎友聲魂氣固無不之神理於焉攸託楚嶽居二誰云國士無雙唐傑得三遂定詞林重開步李自祠堂之章遠託青松覽柴桑賡詠之章孤存素侶水連巾柘匪屈賈之遥配湘皐地隔郢閩宛枚李之同歸漢泒梁州之句偶合恥標長慶之稱嶺頭之迹爾分忽接端溪

之響各抒性情詎混源流嗚呼少游已歿而北海平原之墟真龍如在文壇群沸而邕板韓碑之闕窺豹幾人輟絃已矣方來得意之罵竊書紛然猶鄙効顰之工一代高流將獲麟於二手千秋别調賦附鳳於三君贍忠惠於大家非因八法憂士季於隣國豈獨三吳彼東方之多才空勞攘臂自元康之未遠已絕微言名動幽燕攜集幸存難弟影銷蘭玉預鉉誰是替人新揚支池室之觀倘續紐監亭荆潭唱和之什無復昌黎聯詮神聽之餘音用存古道於勿墜

附鍾公崇祀鄉賢檄　督學副使水公（諱佳胤）批詳

訪得原任福建督學鍾公伯敬先生拔俗標韵希古振纓志潔三湘雅尚滋蘭樹蕙學窺二酉寓旨繁露玉杯葢道協倫常油然合轍而意抗塵世渺矣孤行屢較書嘗騰藜火之輝雖入官不忘松風之夢閲史懷真堪送懷千古誦詩歸洞見指歸同原著書特其一端而文亦在茲作人是其大德而壽考未遂帀朝林藪並播芬芳禮樂車書共資陶

鑄輶軒能不辱命秩宗克贊寅清乃滇黔既荷樸棫之仁彼閩海尤繁桃李之蔭甫辭武夷以返旆遽赴玉樓而修文冲寂自持庸俗鮮悉其梗槩簡遠相勗知已稍得諸形容本道企慕良深惋惜滋甚風流頓盡猶幸文采宛存大雅可陳肯令幽芳長掩況容詢梓里正切耆舊之思豈於邇芹宫可綏昔賢之享　崇禎丙子年孟夏月日行

附譚公崇祀鄉賢檄　督學僉事高公（諱世泰）批詳

看得已故解元譚友夏先生至性絕才清文篤行

孝友類元紫芝而風流獨逈介潔如孟東野而澹若不群觀其早孤抱多傷之感報妣啣罔極之悲有觸必宣無聲不咽舞披遺句輕重法然本此深醉散於筆墨栽心苦調奇唱幽情篇開師友則鄭重流連語涉弟昆則纏綿悱惻山水增其窈窕絲竹遇而高開可謂風兼哀樂豈徒體變齊梁若乃制義追正始之音古文寫空絃之影詩歸一選手闢蠶叢遇莊數篇神傳蝶夢揖古人於煙霜冰雪之中開後學以靈朴蒼寒之緒徽言可尋伊誰之

力又復礪躬肅括鑒物燭爽踪多閉戶徐釋之榻空懸屐止尋山阮叔之所無累荷衣蕙帶偃蹇絃緗萬卷三冬優遊椽蓐連枝賴姜被之教以成名同氣述田荆之愛而顛蕩殞後永思如此當年隱德可知宜申藻潔芹香之薦用招蘭芳菊秀之魂非惟瞽宗雅頌從此有光且使泮水蘋蘩差稱不俗侶季瘞於一室共酌素茗慰伯敬於九原同歸白首　崇禎辛巳年季秋月日行

梵刹

乾明寺　在東湖中語錄宋復州乾明寺僧有機聰禪師又本寺鐘銘載大元至治年乾明寺機峯師任持鐵峯師重興則宋元以前久為寺矣今住持澇嵩

正中大雄寶殿　明初指揮李廷琛建宣德年知縣楊季安重建嘉靖年庠生熊爽建崇禎末燬於兵今康熙丙午年署縣事李馨重建僧寂声澇雲募修

邑鄒枚募修大殿疏　曩余東南遊偕四方友各言風土勝余引東塔以誇之歸而環視東西兩寺雙燈閃睒若眸子驚為天目焉顧東塔廣倍於西

塔而得名較緩何也古下邳必有上邳小長竿必有大長竿而下與小者反躡而取名於其前豈非得一名人故足重焉乎癸未之役義士橫戈逐寇卜之東寺佛不以告佛宮燬焉具足之像再為㓕度方火起時忽見金像閃爍從烈焰飛騰至西而逝迨火滅後惟中座竟無遺鉄然人必欽其猛烈而神必鑒其精忱者何也夫欽猛烈則唐將軍卜戰於華岳不吉而斬其首者也鑒精忱則神僧大德焚木佛求舍利而大其宗風者也蓋善修佛事者莫過於是此與今汲汲修復者寍有

二功德乎蓋人不達於成住壞空則[illegible]
不達於覆冤報則佛力不書矣西塔在唐中葉
亦有歲有毀蓋其初有陸季疵顏魯公諸賢唱和
獨陳曾未幾時而裴陸諸公見其[illegible]塵□寂
生傾鄭峴諷而感歎之豈非成壞有期耶吾邑名
賢相望□文恪公置福田（有福田記）諸書具在今文人
諸公更文傳後之雙燈內聯依然天目矣或曰予
謂佛具天眼而必取唐西塔以則□於今日則未
有說耳予□而應曰東方琉璃佛寶諸佛先韓乃
不違自立而時言西方之年尼則東方佛處於忘
言而以待於西方也不獨一□寺然已

藏經閣（舊名琉璃閣）萬曆壬子僧覺岸募建

宗伯李維楨藏經閣文略　□閣釋迦在世教化四
十九年及入般涅槃大迦葉與阿難等五百人追
共撰述藏爲十二部後數百年而羅漢菩薩相繼
著論此佛經教所自始漢以後中國所求彼土所
齎譯衍□□至梁武帝於華林園總集五千四百
卷唐貞觀中玄奘所取諸經六百餘部近代復有
增益而卷帙較量不遠也岸公於諸經豈第裴演
以錦綈承受以箱厨庋之高閣爲美觀耶時與其
徒誦說之從何處竪義耶阿那律陀無目而見跋
難陀龍無耳而聽僑伽神女非鼻聞香驕梵鉢提
異舌知味舜若多神無身覺觸何有於經於是則
第裴演之盛受之庋而置之高閣可也岸公曰君
言向語路中作活計向文字中引證末矣吾語君
所易知者晁明遠有言自悟自得曰同文郎覺他
利他曰無盡燈異時過從閣中見解或進於此耳

學憲鍾惺題疏　邑有湖湖有寺寺有閣登閣焉
如坐舟中倚松牕而下觀可掬可漱可濯可酒即
不以爲佛國而不以爲勝境不可也僧岸公曰閣
必積經經必積僧僧必置田飯之吳居士幼如難
之問鍾子鍾子曰夫募者爲願施者爲緣願有待
則頓成爲難緣無方而漸至亦易以願聽緣以緣
奏願是岸公之志也登是閣也但作舟中想見可
掬可漱可濯可酒在松牕間因是以有閣閣因是
以有經經因是以集僧僧因是以置田以無方之

餘足有待之願旦暮遇之居士何難焉

舉人黃問琮 余生平不信佛事私怪儒釋兩家鼎立然佛說蓋道德南華之鼻祖此二公者蓋中國任俏一派各以澹蕩瀟洒之筆爲文章使後世讀之若左國秦漢文見其胸臆資其才情何至分爲三藏列爲三乘而焚香拜誦之耶拜誦藏乘何不拜誦逍遙遊耶然則三乘三藏其爲吾輩高明之徒託以欺世明矣夫人各有性不可強屈到嗜芰非能強衆嗜也杜預癖左傳非能必衆癖也余

又安能信佛事哉余既不信佛事何知文字功德抑東寺烟水明媚最堪登臨岸公其礪廣長舌募成此事他日湖中有寺寺東有閣閣上有經經邊有好香苦茗而予與二三韻士閒嘯高咏其中也亦吾邑清快事也

中爲圓通橋 舉人何玘記 天下山址多始西北而迤東南透邐至古城伏而東爲蜂厥後起爲縣治東南鼻五小山所爲陵至此而竟邑因名也面瞰爲湖湖中蜞阜屹然東五禪刹設僧會司而住持僧慧清欲中隄而橋之命匠鑿基得古木虹跡蓋昭前代制也時鄉士閫懌然發囊壘石成橋廼建亭其上以歸之後更設大閘於內外所以嚴六鑿之防而明心見性篤矣

知縣安福楊季安乾明寺詩 屹立湖心一朶瀟蓮花花上建東禪摩尼支寶光中月兜率臺經海底天擾擾紅塵飛不到明明金錫正相懸菩提果滿三千界多少人間任福田

翰林檢討譚篆東湖禪房詩 棲雲小立道林莊鐘長 任得心情亦自由漁歌起處惱沙鷗未消六月荷溪送晚凉不必買山隨意定開門燈影叩茶火三更足殘月東稍恰一鉤 梧子香前人影寒竹根敲破太無端雲中一夜歸何語獨立蒼苔

曉露殘

邑庠生吳琪玉乾明寺詩 東湖湖上東林東柱笏朝來爽氣通金策穿花僧衲碧珠旛照水聖燈紅毒龍馴鉢宵噓霧神虎伏橋夜嘯風鴈塔空懸雲外影何年題字護紗籠

龍蓋寺 寺在西湖即誌所云覆釜洲也唐以前久爲禪院相傳晉支公曾住其中即唐裴迪詩不獨支公住是也天寶間大師積公住寺中獲嬰兒於洲上育之即陸羽也積公化後籠形其中因名閣

塔寺後改爲廣教院又以寺西有龍蓋山名龍蓋寺唐陸羽自傳始其家悖露育乎大師積公之禪院歷試賤務掃寺地潔僧廁又束於寺中令芟翦榛莽以門人之伯主焉

唐貞陵守周愿遊西塔著三感說我州之左有覆釜之地圓似頂狀中立塔廟穹大如臂碧籠遺形在鴻漸之本師像也悲歟似頂之地楚篡繞塔塔中之僧羽事之僧塔前之竹羽種之竹視大僧影泥破竹枝筠老而羽亦終予作楚牧因來頂中道場自日無羽香火退歎零落衣揺楚風豈得不酸鼻濕目以著詞於塔下

唐裴迪詩　竟陵西塔寺蹤跡尚空虛不獨支公住曾經陸羽居草堂荒產蛤茶井冷生魚一汲清

冷味高風樂有餘李維楨云余覽一統志載裴迪詩竟陵西塔寺曾經陸羽居按鴻漸天寶中爲伶師與皇甫曾權德輿李季卿是大曆元和時人王摩詰與裴酬唱爲盛唐詩人迪即年少晚或及締交今其詩似詠鴻漸故居則不相應也豈名偶同或後人僞譔耶

明編修晉江黄景昉雨宿西塔寺詩　雙湖舟十里一半是荷衣故遣穿蘆渚猶賢渭棘闈時典試楚闈撤棘至驟寒煙養晦惟酒夕忘機隨意投林宿鐘聲何處徵　款客不圍堂禪房與野航時承王大瑞給諫邀集汎湖歌從茶井過夢借藥燈凉潦倒憑雙屐羈棲念衆香稽人後此雨愁費老僧糧

知縣長樂楊應和詩　尋訪禪林懷好音通幽花竹總無心看花說偈龍偏聽燒竹烹茶鶴不禁作客十年真幻妄浮生半日此登臨振衣趺坐待明月猶恐長雲起暮陰

知縣弋陽方梁詩　萬峯秋盡映湖光乘興尋幽覓釣航茶井虛無仙跡隱山亭寥寂客心傷雲深水殿鐘聲靜霜落江城木葉黄慷慨登臨懷往事清泉明月照禪房

知州海鹽徐咸詩　湖波萬頃一橋通西入禪林

路莫窮白鶴避煙茶竈冷青松留影法堂空閑心未似沾泥絮宦跡真成踏雪鴻乘興忽來還忽去此情渾與剡溪同

京山翰林王格詩　積水廻巒草色幽平蕪一望暮煙浮居人落落多茅屋征客蕭蕭傍荻洲酒幌晝閒停馬問釣舟夜放趁魚遊行行遥指孤城宿落日西風古寺秋

舉人魯彭詩　春湖入古寺晝雨對爐能徙倚論今昔長歎感廢興清風隨掛錫白日好傳燈茶井

西偏路提壺憶老僧

舉人曾嘉詩　我聞西塔院佛子亦多能萬有還虛寂千年說曆與禪枝王作樹雪殿石爲燈冷落風湖夜相逢雲水僧

貢士蕭鍒詩　十載西禪入夢多重來豈謂隔煙波通人小徑穿魚鳥候客幽僧出薜蘿白石埒頹猶護址紫薇花老半無柯水亭徙倚從遊侶芳醑清琴笑語和

休寧程鍵次曾夢野詩　佛法歸三昧神通說七

能煮茶松鶴避洗鉢水龍與白晝花飛雨青蓮夜煥燈何當謝塵故棲跡伴山僧

庠生蕭選詩　上方佳氣鬱岧嶤殿閣飛翬影動搖雲淨好山皆入座雨餘新水欲平橋山僧掃葉烹清茗野客吹簫醉碧桃却憶當年桑苧客小山叢桂竟誰招

舉人胡承諾詩　剪茗去貧里投宿就雲房湖冷高鷺月林殘舊井霜青鴛留此地白馬繞何方惆悵季疵宅清風懷草堂

舉人鄒山赴陳邑侯讌集西塔詩　薄曙清風入郊墟我公勤政閱禾黍羽扇綸巾詢羣黎清興修禊集朋侶雅談風騷五六人方袍命策侍洲渚彌天原只西塔寺千古爭傳陸桑苧遺踪況在竟陵城博遊最愛遨遂處吳會楚歌同一高對此那不酌芳醑山巒澤蘞何足嘗命吏攜舟河之滸採蓮兼取鮮花芳釆葉連莖酒堪茹氷盤碧櫳照瓔籚移席遷陰任亭礎油雲一片落吾杯清簟胡床避風雨屢移更集古殿中深坐風凉不知暑此時慧

酒方更睽別有顧芽堪共煮素甃分客瓢分泉日鄉山色照村御爲念明發觀桑麻客散人影搖中嶼庾公高興更遄飛麈尾還將參悟語火照空明看旋旆街市羣兒盡歌舞爲羨我公清政暇上客多才盡容與蘭亭詞賦不須傳爲公作頌張吾楚

庠生吳琪王風雨遊西塔詩　古木寒煙鎖梵宮江堤環抱隱長虹山名龍蓋常興雨寺入虎溪自嘯風乍散貝經蠨淅淅疑煎茶聲沸溶溶歸舟輕漾圓荷轉無數尼珠瀉葉中

寺旁有陸羽茶井

尚書太倉王世貞題陸羽井詩　康王谷中清泠水何似山僧[illegible]至試擬禪悅味王園初砌浪花圓

井旁有陸羽茶亭

貢士鄒毅茶亭詩　散步指堤上年來未一經井泉仍舊跡柔華憑新亭遶樹湖爭碧開軒山送青陽驅如對語俗倦每梳翎脫病身初健會開心自寧烹茶同老衲得句慰山靈日暮歸[illegible]晚塵夢尋

欲難幽期盡不盡相送更禪扃

庠生鄒讚詩　古貌猶相見[illegible]不可尋莫知三感說空有四悲吟茶葬香湖水鈴魚老梵音閑情客載酒共醉宿東林

[illegible]陽一倚西塔寺記　竟陵西水曾陸其漾然抱城池者東西湖也湖中各存古剎東曰乾明從東臨者西曰西塔唐裴迪詩竟陵西塔寺是也寺在唐與於積公與[illegible]陸處士羽斷寺僧見而育之積公是也余令茲土一日[illegible]宮吊陸蹟汲井烹茶登高望遠已而梵唄聲聞鐘鼓新爽則見重閣靜悄朱欄開開者律堂前扉也妙閣雲留龍華充物者藏經樓也虛敞弘潤几筵盛設者齋僧堂也再度重門爲桑苧居其正北則香積廚也正西律思閣也下則律主靜室焉喬木龍從上干碧落回堂高祠居之東臨滄波蓮葉千重香逸法界者開廊縹遶四達松房鉢演宗風倡奏仙響予訊從來寺若此乎曰未也寺僧眞公謁匡廬秉大戒宰官長者發大願布金置田大衆既集宇舍建立眞公

復提衲走白下請藏歸延白足擬閱演說妙法無虛日余輾然起曰師行至此乎後數與眞相晤談中要領匪夷所思余與給諫王公諸檀輩累土伐石叠爲雁橋構亭其上額曰茶醉然眞公猶隱於廬者也廬東遠公種蓮處安知眞非再來乎他日余登廬山當與眞笑於虎溪橋畔是爲記

給諫王鳴玉律堂碑文　眞公在西塔始爲堂爲閣次爲藏爲房爲田爲庫又次爲橋爲亭爲路爲山門於此可謂勞而功矣眞公曰再少一碑予門

文多乎哉眞公曰有得一碑而去吾願畢矣予曰汝以身去以碑守乎以衆守抑以律守乎汝爲衆望佛則以律守律吾爲佛寛衆何如以不守守心堂猶夫公庭也艮者誓不入姦者詎難出藏猶夫經史也勤者而肆可學媮者父書可焚房猶夫火宅也賢者世守之不肖者鄭傳之田猶夫農畝也義者耦耕而食黠者越畔而芸庫猶夫私槖也無者一錢不選貪者萬貫非多橋梁亭榭猶夫輞川金谷也韻者以之邀風月俗者以之繫馬牛汝未

能保汝之身如此一片石安能必此西塔之堂之藏之房之田之橋梁亭榭如汝之四大五蘊也哉迺亟呼曰眞公眞公眞乎否也此足以碑矣亦足以守矣

兵憲吳文企施田疏　景陵西塔禪院自積公季疕後千餘年僧眞公浮潯陽謁廬阜延師講律此中猶恐師去堂空煙消厨冷非得常住福田將轉眼不聞佛律檀施有田數畝今施常住願此功德圓成飽湍洗鉢納屐而去其本誓如此時則有東游行脚僧燒香謁羅山道經茲土感夢入西院頹圮化主而無希取意菩薩戒弟子會在一處可興也居士聞其風而從之施田矣不念其供是名眞施出力矣不取其直是名渡施諸君子再來人於此能無施乎

廣惠寺　在縣西北秦苻堅寇襄陽晉朱序母張夫人躬率女丁築城以拒（按朱序母乃韓氏新築襄陽西北角城謂之夫人城非張氏也舊誤）陰祝曰苟城不陷生靈獲全願捨景陵田園爲佛寺是夕水暴至秦兵奔潰因建此院舊志

爲廣福寺今廢

白龍寺　在五華山

江東王可大詩　入寺行廻到草堂頗稱幽寂對年芳生平剩有巖泉癖行色欣逢水石鄉宦轍幾年餘涕淚江關何日是林塘掛冠便想蓴鱸味一葉扁舟坐夜凉

編修晉江黃景昉詩　廢閣疲登頻爲思未廢時尚書今不作檀越寡能施陵竟山宜短泉香茗牘刖僧饑吾敢忽生處近漸兒

郢州河南李濂詩　白龍寺倚五華山寺下長江
抱楚關上界藤蘿低日月暮天鐘磬送潺湲石巖
黯黯歸雲宿松關寘寘獨鶴還可許老僧聞說法
異花颯沓落人間
舉人曾彭詩　野寺羣山合珠林古刹開水迎鳳
氏國雲斷楚王臺落日逢仙侶飛花到酒杯長安
望不極臨佇獨徘徊
蒿臺寺　在縣東北蒿臺湖
貢士吳贄詩　霜染黃華一徑通蛩音屐齒破苔

蒙煙雲蒲袖成霞舉金石擲聲總國工　潛江朱偉臣用詩見示
波蕩縠文環小艇刹懸倒影映鮫宮千林射日
孤村色遠障分青入背中
貢士沈佺詩　逢蒿數笏地誰識雨花林漁艇迴
霜浦沙燈照月岑山空依梵遍僧靜帶雲深說法
終無染臨流鑑此心
中巾寺　在縣西北巾港市今廢
文殊寺　在縣東北蒿臺湖東林村今廢
聖臺寺　在縣南三十里有池產白蓮其實圓而黑

又春無蛙鳴邑舉人張本絜詩白蓮異實原無種
青草同春不叫蛙是也傳爲無念禪師遺蹟云
知州華亭袁福徵詩　東林殊蹟俸池花鮮典溪
僧並出家洗鉢飯魚看施鯉聽經齋後絕聞蛙鼻
與雅坐遺公事咒水猶經感佛牙靈妙劫來參悟
覗祇憐冠冕近煩譁
舉人曾彭詩　曉出聖臺路山中別一天曙光籠
潮月流水帶蕪煙鴈塔金光草龍池玉井蓮詩成
逾古堞回首思悠然

泗洲寺　在華嚴湖相傳唐僧皎然尋陸羽至此
白竹寺　在縣西北十五里天啟丁卯邑譚元春癸
亥例賜金建坊公獨助爲閣以資母冥福延高僧
寒碧靜修其中
翰林檢討譚籙詩　古寺臨殘照春風野氣昏谿
田開麥浪石壁護雲根白竹纏經嶺桃花又一村
年年寒食節瀑水灌山門
普濟寺　在縣西青山傳爲破竈墮公道場
庠生鄒法孔青山寺古桂詩有引

亭柱傳爲漢代物幹約十餘仞中破爲兩瓣捲而外向其上大小枝皆空如簫管可窺星辰著花供佛奇觀也

爲接幽靈再拜看尋僧啓鑰晤艱難頻摟玉質皆成石漫植危岸郄自安月䏲空枝驚鼠避風搔奇骨攖人寒當年鎔鐵或爲此不信瑶芳一簇攢

光祿戛時傳青山寺桂樹歌　夙聞山寺有奇樹十載夢思經其處丐爾沙彌導前行攀藤踰石日已暮解衣皷掌忽大呼當年誰是栽培主老僧爲言不記年但聞開闢自雷𢀛巨靈分流劈華岳是

物何觸剖其腹外者居内内者外摩頂放踵根不壞其上百尺數青柯管窺星辰昭昭多兩臂嶔空剜無肉爪眡𪐴蒼鐵石玉臭臼折圖萬籟該堆嵐積翠何代來皓月憑空照其中孫枝鬱拂輪西東我願買山誅茅亭行住坐卧看且聽

邑靈璧知縣王鳴琦青山寺老桂詩　老桂作妖態開合不可識一身分二面向背各修飾傳自迅雷震鬼工定其式霜皮裂復親戮力發顏色其腹外而中其根仰而側筋骨了然明腐齵多年鍾凝

非人間種奇幻月中得老幹抽新枝榮榮依淨域馥郁歷三秋香與佛相通古寺多遺蹤此物自唐殖色奪松翠靄氣通泉消息荆蓁護其旁巧將光怪匿遊人探其奧紆餘難驟亟直堪三日憩坐眠以推測

雲柱寺　一曰雲土寺在觀灘村

龍興寺　在西南黑流市

蓮臺寺　在縣東南寺中羅漢皆唐塑有樹連理柯葉參天邑人李登少讀書其中題詩壁間其子純

元跋之至今稱二絕

解元李登詩　慧日散靈花慈雲覆佛茅夢殘松閣磬倦醒竹爐茶有興應題壁重遊定護紗談空非所事弧矢是生涯

附登子參議純元跋　予爲童子時業聞邑東南有寺在蒼莽間曰蓮臺先君子曾冷氈教授其中有詩題壁縉紳學士皆傳誦之而足跡竟未至招提境也庚戌成進士始同吳使君自雪隨寄其中泫然流涕者久之思先君子攻苦食貧斷薺畫粥

光景也寺棟宇備自僧唐羅漢皆唐塑有樹連理柯桑參天蒼然古封而年久荒頹大蕊蘿結叢綠舍舊爲新是圖徹壁間詩板見貽竊惟此寺居廣莫沮茹之鄉毎野水廻環寺若浮孟菽葭極目平楚蒼然故纍世以來災害不及所託者善也因重錄舊作而懸之先君子松風桐韻㕍與雙樹共不朽乎崇禎乙亥重九日書

資福寺　在舊隨口市

庠生吳邦彥詩　楓林秋色隱扶疎峻嶺紆廻茀未除野寺多年樹盡老山家隔水逕全淤客來禮佛頻呼飯僧半爲農間種蔬古道斜陽雲欲暮不知何處問吾廬

馬溪寺　在縣西北馬溪河

湯港寺　在縣西北湯港河　按邑有揚水湯字疑揚字之悞宜作湯港寺是

觀音寺　在縣東南十八灣萬曆丙辰楊宗禹重修

邑觧元譚元春碑記　寶峯山觀音寺創自唐大順年間所謂十八灣楊氏寺也邑百里無山何山之足云寺必麗山寺之斯山之矣或曰竟陵者陵之竟也茇葵蒲萧之間稍岡焉脊焉亦山之矣是二者皆無據然十八灣字亦雅瀠洄所環隄勢地形及帆焉步焉者相與灣之以暨於十有八而寺之鐘晨梵夕於渚晦之內者亦常與舟馬之人念魂送響而不郎去近土人又稱爲楊氏寺楊自成化始徙江右移家占籍奄有田廬寺僧相依爲香飯主數傳而後凤有自業間儻稱善聞旃檀而不愧見蓮花而生恭入禮大士垝敗觸目若其身㞐風日也弔百身於蕣苔之中若其衣蕿藜也乃以

數十年所耨於水耕於火植於木鉶於金而變化於土者舉以輸諸寺視舊制倍加廣焉越三年始改觀謁碑於予而予發歎焉朝施者吾知其所瘠官施者吾知其所膏商施者吾知其所子母僧施者吾知其所血居士以勤行力作而施吾望其庇甍龕宇猶有汗痕徇可傳也已

學禪寺　在建陽村今廢

焚燈寺　在縣東南淘溪隔岸　唐皇甫曾送陸羽詩幽期山寺遠野飯石泉清寂寂焚燈夜相思磬

一聲或謂寺取燃燈者此也寺有唐僧皎然碑蹟
中丞徐成位詩　野曠依蕭寺空齋祇短檠微風
生殿閣疎雨到柴荆仙梵白雲和樵歌綠樹丁道
遥江色暮隱几聽秋聲　選勝資幽賞冥心彷彿
枯攤書聞鳥語倚杖看農鋤下里黃花滿中尊綠
醑虛窮通君莫問莊叟已遽遽　窈窕凌丹壑淹
留倚絳宮蘿軒延素月苔澗起秋風入定觀三法
繙經解六蟲不須逢惠遠已覺萬緣空　寂寞龍
宮外逍遥一水崖寒蛩吟綠草秋兎隱黃粱壽送

風飛雨沙明月照霜浮生原不定隨意釣滄浪
庠生鄢韻詩　風送迎陵作皷吹是禽是佛那能
知老僧笑我與誰共指點雲深一片碑皎然碑在寺內
觀音寺　在縣東北去石堰口不遠庠生吳貴施田
有福田記
司徒陳所學福田記　嘗觀易卦先王亯烹以饗
上帝而大烹以養聖賢蓋古者穀養兼隆意也故
卿以下必有圭田下逮餘夫亦授田二十五畝此
又頤卦所謂養賢以及萬民者乎佛法入中國制
福田利益之說言恩田供父母敬田供佛僧悲田
供貧病總名曰福也唐王維詩乞飯從香積裁衣
學水田蓋襞績袈裟以象田之義也或取衣鉢兼
傳者歟四十二章經飯持五戒萬人不如飯一須
陀洹飯斯陀含千萬不如飯一阿那含飯阿羅漢
億萬不如飯一辟支佛佛為世尊故也邑人吳君
施田供佛給食飯僧豈貪利益而為是哉夫聖王
人情以為田其弘濟蓋有待乎詩云豈弟君子求
福不回吳君有焉

聖水寺　在邑東北寺在湖中非舟不渡
庠生吳泰詩　小有金焦勝居然瀲灩浮獻魚通
梵響卓錫湧泉流涓滴河沙界澄清江漢秋溶溶
皓月意坐向碧空收　三島蓬壺遠八功德水多
星槎過客使僧衲補漁簑洲唳支公鶴潛棲慧遠
鵝中央宛在景祇應伊人過　風驕疑岸沒浪捲
愁山飛灰刼昆池出木杯法海歸考鐘鯨吼動運
鉢龍馴依僧巳侯方丈吾猶念石磯　座遥蓮花
湧渡將葦葉鋪潮音浮泗濱五色映浦珠笑指虎

溪祉幻看蜃市圖廻頭彼岸者先我誕登無

靈濟寺　在縣南上陽河

竹林寺　在縣便河東成化年楊恬重建 按竹林寺創自唐塔至明正統年江西泰和閣老文貞公楊士奇之曾孫琚在家請乩乩曰竹林寺裹鳴鐘鼓黃獐起處開相府後琚登景泰甲戌第歷官藩於楚舟泊景陵便河夜聞鐘鼓詢土人曰竹林寺也晨起謁之鐃吹喧處黃獐突出琚因憶昔年乩筆語欣然購之留其子恬居焉因名楊恬玩居制仍相府從祖爵也遂重建此寺

庠生楊色依楊色春爲恬六世孫各有詩題壁

依詩　旛剎隨方建勝幽此地偏蒼苺蒸壁氣嚴

寶擁鑪煙向得遂行憶茲翻愧象賢不須窮運世

先澤政森然　春詩　曾聞影寺表洪都郡印仙

符是此陬鐘磬響中凝蔡戟鷓獐畔外指傳呼光

流雲葉仍雕俎矩泝高曾尚草廬今日登臨滋慨

慕澤東潭閱總平蕪

竹影寺　在縣西北横官舖

東林寺　在縣東北古名東嶽廟今稱三一菴萬曆戊子兵憲吳文企修 按譚友夏爲吳白雪墓誌曰東林寺公少與李少參長叔讀書處公湖州歸葬之燈火青熒烟水空明必往往是中卽此東林也

兵憲吳文企東林寺碑記　景陵北郭東距太湖凌郫睍望之四面劃成百尺直上者滂光樓也其直北玉皇閣其南放生臺而合之爲三一菴具乾明之閎秀而縹緲過之兼龍葢之静窕而明媚勝之水木助其清華日月滌而開朗南浦輕鷗亂行飛白西窓遠岫百里來青此天然一段画思也菴在勝國至正間稱東岳廟碑載道士居之不知何故稱東林寺按廨宇梁上題名弘治三年僧圓鏡修意寺得名以此不知何故而道士丘和明居之

其弟子不絕如髮至萬曆戊午衆緣福集再新菴成而議守始分呶矣或稱帝所或曰佛廬或引黃冠或推白足余裹其說兩存之諸道家土木像仍崇祀玉皇閣 閣布政文佳建 迎西塔古佛入漏光樓 樓則文企新建 釋道備矣而余以孔氏弟子左手執楞嚴右手持黃庭老子倘徉其間稱三教焉則兩三爲一可乎秣陵故有三一菴今適襲其嘉名彼自秣陵此自竟陵乾天坤地亦自假合釋種道流曾如賓相二氏香火春侶耦俱無倩而吾更與諸子姓向此

中礐匡壁而布董帷護法歡喜上真見福亦或[illegible]
此詩曰示言配命自求多福敬哉敬哉
舉人吳驥子文企 詠樹色界詩樹色界在巷西白雪先生自題 曉
靄生公石睎微彌勒龕一晴先暮鼓群動出精藍
清盥分香界新花示曉粲樓孤開戶牖空外逼虛
嵐
庠生吳泰讀湧光樓詩上有白雪先生石刻 祇園秋色染
江楓萬頃波光射采虹石上翻經內史意屋邊隱
寺輞川風蓮房露冷蓮池古鴈帛霜飛鴈塔通坐

又香煙裊欲斷爐灰撥盡匙頭紅 百折丹梯隱
法城黯然懷古意偏生鏡湖老乞君王賜蓮社先
尋衲子盟剎落苔紋侵石皷輕寒露氣濕金莖道
人靜坐蒲團又斜月樓頭有磬聲 緋宮縹緲峙
江鄉童子迎賓候上方石激泉聲張妙樂風廻花
氣散天香譯經象馬青蓮湧繡碣龍蛇白練光神
物欣存封筆塚閒看柿葉蒲書床 剎隱寒流曉
照斜晶光散處月千家蘚碑刻古封黃絹錦字塵
新籠碧紗灰鑿墨池因悟刼燈傳筆蕋併生花光

溪誰罷東林社携手猶思笑語譁
龍禪寺 在縣東北去柳家河不遠
白雲寺 在縣東相傳寺有古井通白龍潭味如蜜
邑鄒枚白雲寺講經疏 自大唐以來去邑東南
六十里有白雲寺余初徙居此愛其名夏月晨起
趣朝光較六朝羣書於榆影下寺僧來謁募疏講
法華經余聞而怖曰大亂初定而縱心及此恐事
未暇也僧曰是寺有古井每晨起則蛛網布欄上
圓密精緒若紗縠鏡先是興僧說法有蛇朱冠仰

而聽聽畢而跡滅邇來井旁蛟躍此皆可記余曰
蛇往蛟躍皆從來龍伯聽講事不足傳獨披昔人
避亂脊井中追兵及之則井床布網遂不窮搜顧
此乃亂世事也適與之值不足為異儒者於義如
轆子處轆轤中能使法輪常轉則請言避亂暇整
事而轉以法華早為解脫可乎余前為寇兵逼奔
小舫中手執六朝舊史數卷因自笑是手中所執
非郎六朝兵變時登臺較文選者耶六朝以來叔
運不息張華靈運謝朓鮑照諸君誦讀吟咏不絕

於口而一時聖僧闡教如道林之說法惠遠之翼
經佛圖澄之光照一室鳩摩羅什之誕孕無方皆
弘演大教宣揚聖諦者有如兵刼之會不誕名儒
不誕聖僧則六經三藏必漸以息也昔人云二莊
昭夜景之鑒兩明勒丹青之飾所謂二莊者則周
之莊王魯之莊公而漢晉則兩明帝也二莊之時
山崩水溢劊霸伊始楚兵僣甚晉之明帝王敦諸
人為虐而佛誕明經乃在其時漢明雖盛而鄙善
匈奴俱屬窮兵極武之候生斯世者儒家佛家講

誦譔註如江河不可息則所謂斷彼刀兵刼運者
或卽是疏理較藝之事語云並振頹綱俱維絕紐
故能使三十七品有禱組之師九十六種無藩籬
之固也昔人已先我而得之燕代之間有神僧焉
深知佛書會遭刼運乃抄盡三藏封之地底此其
功不在伏生孔壁之下況於六朝諸儒諸釋能無
企仰而已耶余二十誦書三十以外窮覽釋典而
今老矣統括餘年耳一尋溫庚幾升生公之座而
偃昭明之臺其他少暇皆趺坐而忘言僧曰先生

言有聞矣請申言法華講經之義余曰五代兵亂
時武昌明月湖中有丹自二珠大如斗神僧書鐵
符鎮之大請法華珠遂得解脫是以不驚井欄事
神宗皇帝鄭珠悟法華之解卽爲彈蛻蜀人黃翰
史為之塔而銘之是以不驚井欄事僧意云何僧
曰異哉先生不驚寺中之奇而法華妙義已備於
此國非他人所及

邑人藍景新詩　暫假祇園息世勞恍疑身世出
人群日將塔影懸青漢風帶鐘聲出白雲一徑草

煙無俗氣半溪花雨絕囂氛欣同老宿談經罷更
欲題詩遍此君

桐栢寺　在城北一名龍華寺　按積公禪院名龍蓋在西塔非桐栢也

廻過菴　在縣北郭外邑中丞徐成位闢建

少保周嘉謨記略　徐惟得先生與余締姻情好益
篤嗣是宦轍東西天涯之感乘真之思兩人何念
無之比余撫滇得先生爲代言何而先生疾不起
長兒告予云先生未易簀時元旦有道人登堂乞
晤豈期會他山之陽者耶先生弱冠再過金山芨

[illegible]羽道人刋見真武帝籍而風濤作舟竟無恙嗣
後守新安登齊雲山見披髮仗劍立巖前者卽焚
中像也故捐金修巖以垂久後治淮疏河寔仗神
力而先生解組歸里卽營建廻向菴祀真武帝頻
名感恩所先生嘗語余云菴名廻向示不忘所依
意心識此語久矣先生厚愿酬恩功德自遠他日
振振公孫世感先志勿忘嗣葺斯菴之不朽云
瑞芝菴　在義河南岸舊名南禪邑方伯吳文炷建
崇禎庚午菴後產芝其子贄改今名

貢士吳贄瑞芝篇　半偈數椽浮碧水樹陰樓影
一泓裏寶相莊嚴出天然宋真宗大中祥符元年十月復州撫內獻芝草三本狀類仙佛寶像天然可覩靈氣呵護成文綺煌煌三秀圖金
莖灼灼九曲散霞紫旃檀芬馥蓮座前雨花繽紛
貝葉裹頹借阿育役鬼神呵護紺殿垂萬紀
圓通菴　在五華山南邑學憲鍾惺建與季弟𢡟字居
易禮佛談經其中
鄭州章曠詩　古意着於寺圓通若有真僧能聊
慰爾病許獨餘身吟咏前賢老登臨屬地春我懷
殊不盡更欲問天真
柳庵　邑解元譚元春搆以居僧性空者
譚元春詩　真公乃吾師依我十餘年軒亭凡幾
易不與鐘鼓遞經聲如野水禮拜倚鑑然古佛坐
其上如與相挽牽覩師所坐處竹末自茶煙代柳
爲師室蔓竹爲師椽取予一園內息此幽居肩師
勿更置人納我十年前
曼陀庵　在邑東北參議李純元尚建
庠生吳琪玉詩　李公不愛平泉莊却搆精藍禮

梵王前爲烟水閣蓮座誰知成火宅貝函忽已散繩床
三珠寶樹空輝日菴更名寶樹千石巨鐘未應霜惟有
蛩聲並鳥語啾啾爲怨爲君傷　蘭若何年住闍
藜劫灰盡處有清池三乘已悟聲聞覺八般猶存
負荷恩可是焚餘葬舍利將無芥子納須彌我來
分得蒲團坐寂寞梧桐雨後詩
水月菴　在城內邑庠生吳貴建太史李維楨記吳君界土爲閣凌䎀睨而上瞰城闉與湖波相掩映者卽此也
吳泰水月菴記　水月菴者上瞰城闉下瞰明湖
菴闤闠中精舍也祖雲岳公積德好施幸歐陽元

既經營結構爲蘭若地曾祖鳳泉先生創紋依居
命之曰夫儒教如烈日麗天釋教如慧月照地故
積陽生火火主日積陰生水水主月日月者父母
之象也水火者夫婦之道也吾聞佛光同寶月常
明釋教共恒河無盡其取名水月乎爾于婦等廣
作思維於庭闈見極樂國於已身見無上法於一
切眷屬見善知識於現在父母見本師佛在家出
家是一是二如是而已遂標額如前云予髫年讀
書菴中每登閣東望則波光如鏡樹色圍岸長堤
若虹人影渡蟻不知其在清凉法界也及俯闞遠
眺則鱗尾魚集萬井生煙蜃樓雉列五都也雲不
知其在舍衛化城也迨閉閣課誦則曇華結蕋智
珠常圓香雲繞座寶篆自裊不知其在維摩淨室
也近者社墊爲墟此菴巋然僅存因念古仁孝人
過宗廟而生哀聽桑梓而起敬予獨何心能漠然
已於懷哉爰是塗隙補缺禮佛積經使定光之燈
永傳而不壞之衣履紹也使智慧之花重開而優
鉢之果再結也則由刼盡以至無刼從滅度以還

不滅凡得與斯會者咸以無上法成大因緣力而
摩詰氏所云方便爲父慈悲爲母者不猶然繼志
述事之意也哉

水西菴　在縣西堤庠生吳邦彦創建後燬於賊今
稍葺

吳邦彦詩　西來殺氣太飛揚遮莫林園與未長
忽訝亂篁抽劍戟偶看新茗閙茶槍時危轉覺菴
誰領風勁其如柳乍狂試向瞿曇詢刼數月明無
影照迴塘

袪塵菴　在義河南岸
邑貢士譚籍記　先朝戊辰間公安碧公飛錫寒
河先徵聘君結菴義水南居之顔曰袪塵後徙住
邑西白竹寺兵燹後菴爲刼灰矣今復置精藍仍
書舊題髣髴雪古衲與先君子遺風不泯云

庠生吳泰詩　雨過梅子熟招提淨如浴烟扉不
辨色過遭惟一綠法堂邑黝深晝行思秉燭坐久
定先生虛白洞可矚燈蕋綴曇華如來現金粟雙
樹如雙鶴亭亭倚屋曲岸雲不肯低寶蓋峙高纛
僧老骨清癯持戒惟忍辱器鉢靜無聲微聞香味

觸呼我方外遊入社聽約束茶罷飫西江泯此伊
蒲玉結夏及苦凉高寒不受溽所愧禮法疎道念因自勗

果菴　在深江站東三里許亭榭森羅花鳥繽紛平疇曲水中有笑橋焉

百穀菴　在邑東堤崇禎年間冉建按崇禎丙子水決東堤壞忽雷雨震動有斷槎浮出水上土人因取以爲梁建穀神祠

監利楊述題穀廟詩　江堤亘百里勢若蜿蜒伏
巨浸忽奔衝鼓鼉起平陸夜聞風雨聲霹靂撼林
屋居人旦出視乃獲雷車木豈惟資障護猶得免
修築於焉崇廟祀歲歲祈嘉穀

道院

丹臺觀　在城西南隅相傳唐劉梓真人煉丹處故云

中有丹竈丹井按丹竈久無跡今惟丹井現存昔人淘井曾出銅地鈸共六片又雲雷古銅方罍一座連耳高三尺圍徑六尺重三十餘斤不知何代物也兵變後俱失去

庠生吳泰鐃歌有引

鐃歌古曲所以和神人而洽上下也唐柳宗元常效斯體然惟軍中用之於郊廟勿取焉竟陵丹臺觀有古井爲劉梓真人洗藥處每靜夜輒有声洞洞如奏宮商乃齋祓而濬之獲古鐃大小六片堅韌斑剝扣聲清越真法物也昔漢得石磬於犍爲劉向因奏雅樂晉獲石鼓於臨平張華乃發嘉音夫聲音原與性通予安能已於言乎於是準古鐃歌爲長短曲雜語次不倫庚幾於月白風清夜雜鼓吹和之爲步虛聲中一助云

伊昔軒皇御極之初齡爰有廣樂來張於洞庭洋洋乎吞天日而浴滄溟維時東皇太乙雲中司命歌九歌協九辨鼓湘瑟召湘靈咸冉冉其來降兮辭紫府以遥臨噫嘻哉鑿井得銅麗水生金雜賓鐵無射鐘池畔躍出響雲汀姑洗角夷則鏡水中激來殷雷霆無乃曲沃懸匏泗濱浮磬泠泠然下釣天而奏咸英我聞竟陵古器方腹底平服匿可

容七八升竟陵王子良得古器方腹而底平可容七八升以問陸澄澄曰此名服匿單于以與蘇武觀器底可識如澄言又聞竟陵禮器王振金聲瑞物歷來出江濱南史晉元熙二年竟陵郡江濱出古銅禮器十餘枚劉裕獻之恭帝讓不受於是歸諸瑞物藏於相府今按總志元熙二年竟陵郡巾水戍山得銅鐘七口言之上府者即此器也但史言水濱志言戍山紀載不同爾祇今重胥多宗器望洋猶移海上清爾乃籥大夏舞雲門笙南陔補由庚薦郊廟格鬼神洽志氣通神明常使乾坤廣大復清寧衎我烈祖古延陵觀樂魯郊六代嘆乃頌鐘篪思勤銘刪定雅頌補樂經神其格之和平聽神其格之和平聽

邑郡丞謝廷讃丹臺觀詩　珠宮歷落倚層瓏紫氣蒙茸駕遠葱倒影斗星列璧牖參横巖岫隱香叢説經王局三天下震世疎鈴萬壑中便檻秋斎清法界鳳笙縹緲韻徽空

庠生吳琪玉登玉皇閣懷劉太史詩閣爲劉仕徵太史讀書處

宸居端拱俯神皋鈴鐸風生響夜濤太史再來香案吏仙宗同系卯金刀經成黃玉人朝斗閣照青藜帝賜膏景仰登臨欣作賦歸然惟見鶴[illegible]

飛昇觀　在縣東三里石人汊昔傳有劉梓真人於此飛身有飛昇臺故名焉舊志以臺上有八卦爐訛稱八卦觀今改正又傳有煉丹井亦訛按八卦觀在縣東南十五里煉丹井在城內丹臺觀非此地也邑教授延鶴移築新觀庠生吳貴捐田供祀貢士吳贊築基爲閣

舉人曾彭詩　登臨隨處可啣杯況是昇仙古煉臺南浦煙平新漲合北山雲煖積霓開寘鴻極目摇摇去野鶴多情故故來回首東籬多逸興寒花聊復短詩催　按臺去蓮北書院不遠彭乃蓮北子讀書其中

臺旁舊有浴蠶池鄉人浴蠶必將蠶種於池中濯之其蠶無不成者今廢

仙真觀　在五華山成化八年修正德十五年重修

泰清觀　在湯港市今廢

白鶴觀　在湯港市今廢

華容觀　在隨陽市今廢

玉真觀　在皂角埠西五里前有玉真泉

清都觀　在北城外聚義樓東邑舉人周命修今改爲

庠生吳泰詩　樓郭遥仙闕帶湖隱道齋鶴棲檻千迴瞻隊石床鑑藻井雲爲棟芝田玉作泥周遭遥擁宅只應舉家棲

白鶴觀　在縣南門外義河邊相傳劉梓真人跨鶴而下駐此三日復冲舉而去

邑郭枚修白鶴觀疏　古乘鶴而飛仙理與佛同予楚人也則宜言楚仙居通於佛理者莫如武昌之黃鶴與竟陵之白鶴也二鶴之旁皆有禰予以參佛武昌鶴樓聳時甲天下而竟陵鶴觀數椽則

人獨小之然而景陵未可小也若使天下樓觀其勝槩必踞萬里之長江其地時百仞之高阜其植其礎必伐蜀山之楩楠剡魚鳧之貞石其天仙必欲深秘其姓氏其輿匾必與天竺則其遺蹤必擬其在此不在彼可知不可知之間而欲以青幻爲高則景陵何有焉予誕於武昌而長於景陵白鶴之仙誕於大唐白雀仙人姓劉名梓里中祠而供之與佛同龕煥然於西江上者二千餘年于太高祖舜臣有記存焉至詳也明末而燬武昌鶴樓名山大江蕭井

積參其下爲頭陀寺有齊朝王巾碑記迨明末而
樓與寺俱燬然予讀陸放翁記黄鶴在唐宋間已
屢燬郎基址莫可蹤跡前丁酉庚子歲止閱三十
載而予見其再焚則不及白鶴之歸然二百餘年
矣且又有異黄鶴樓誤塑吕祖像而不知其䰟之
費文禕也樓建於曹魏在吕祖四百年前其事已
誤而又或以爲王子安於是文禕子安吕祖憒然
莫據不及劉公梓之永著也時有住持持册葉屬
予爲文予睠此生焉長焉之地敬述所見願以餘

年觀厥成焉
光禄夏時傳詩 白鶴道觀也僧易爲菴居人大閧郷馬卿與予復還舊頪賦得錫飛常近鶴爲衲子解嘲
青牛西出白馬來如草枝分同一荄後來門戶爭
高下至今籓籬剖不開大哉高皇菴廬岑頼仙尊
者共徘徊邑有白鶴冠龍潭丹臺飛昇並此三鶴
駕千年久不還較嘴磯鷂水潺湲錬劃銀鈎照門
楣秋空月明鶴來歸滄海忽變又僧扉不適城廓
人民非爲語道人心不同鴻飛鄉復記西東不見
昔日白鶴子濟麓居然讓誌公
八卦觀　在縣東南十五里
五顯廟　在縣衙西城上崇禎年間邑庠生毛瑞麟舉人一駿貢上一騏炎重修知縣楊一儁有募疏
子文廟　在縣東北雲潭村明初指揮李廷琛所建
今琛葬處卽與廟相近名虎形地
景邑官城村華池嘴與雲潭村斗潭浦俱有令尹
子文廟二者未知孰據今按左傳䢵子女生子文
棄諸夢中未嘗言在竟陵也惟水經注竟陵縣故

有䢵亭則知竟陵爲子文所生地也又水經注竟
陵縣有雲夢城城在東北則知竟陵東北爲子文
所棄地也今以邑幅幀考之雲潭村斗潭浦俱是
縣東北惟地名傳訛遂至失證爾夫雲潭村當作
䢵誕村言䢵子所誕處也斗潭浦當作菟誕浦言
鬬穀於菟所誕地也按浦本作步乃水際渡頭郎
傳所稱雲夢之澤是也柳子厚記凡江之滸可上
下曰步今子文棄諸澤中郎水際渡頭其以菟誕
名步者猶吳録所謂龜步魚步也且去此廟甫函

有雲澤河夫河即夢澤之類是也稍北即虎形地
菸虎即於菟之稱是也今此廟正在縣城東北顯
與水經雲夢城合較官城村廟爲有據矣前土八
誤作蔣子文大帝其祀甚非奉命廟祀[illegible]正焉因
題詩曰古廟巋然夢澤前爲山何事[illegible]相[illegible]若敖
弗餒垂千載祀典重爲邧國推叉[illegible]邑王[illegible]遷今
見還欣邊[illegible]祀勝庭堅生平令尹[illegible]三仕喜色何
嘗動九臯

白馬廟　在縣南壇旁合祀白起爲援[illegible]駁經也

二郎廟　在縣北古城西郎清源妙道真君也[illegible]武
年趙昱立崇禎己巳武舉曾國先重修

廟前有二殤墓　按殤墓一爲程僕耕[illegible]子一爲[illegible]僕一傳女係西蜀人[illegible]

藥王廟　在水月菴前祀神農帝孫韋二真人

庠生吳序記　開天地大德曰生帝王[illegible]仁
以仁心行仁術則醫方作用生理資生物則醫[illegible]
與前聖創始後賢美報此廟祀所繇重也[illegible]
縣設醫學而藥王廟祀缺焉弗備邑[illegible]
於水月招提前序募捐資同構之其[illegible]則中祀神
農帝旁祀孫韋二真人不可無配以[illegible]神
農帝師於隱老而問太乙小子以[illegible]本[illegible]
其平燥寒[illegible]畏惡臣使靈而參之以養性治命人
病四百藥三百六十五乃著本草立方書命[illegible]貸
季理色脉封劑摩砭而人得繼其生明德馨香不

土人[illegible]感修廟忽有商人慫此許捐木助五十
姓名而去及期與造忽山水暴漲浮木百根至廟
弗去土人夢神告云吾即前商人此木即許修廟
者也言訖而寤於是發木造殿至今土人祈禱無
不應驗

愚按景陵廟祀甚多不能悉載惟取其文章可
傳者則附錄舊志中如唐裴[illegible]西[illegible]寺[illegible]
寅伏羲祠記最爲近古矣餘則文章不少概見
焉然陸鴻漸所載[illegible]經有西[illegible]王廟[illegible]其文
乎於是爲記

箍水廟　在縣西馬溪河石家河不遠馬溪河發源
趙橫寺此三箍之揚水也石家河發源空山洞如
意寺此三箍之巾水也二水發源皆有寺故於此
建箍水廟

九真廟　在縣北崇禎年間邑人江良相舉人江良洲姪
禎舉人琳生琇生祖捐貲同修

花臺廟　在縣北萬曆乙巳年庠生胡觀光修

水府廟　在縣北柳家河中祀蕭公最著靈異先是

土人發感修廟忽有商人趁此許捐木助工云
姓名而去及期與造忽山水暴漲浮木百根至廟
岸去土人夢神告云吾即前商人此木即許修廟
者也言訖而寤於是發木造殿至今土人祈禱無
不應驗

愚按景陵廟祀甚多不能悉載惟取其文章可
傳者則附錄舊志中如詹妻楚西蔡等諸祭朝
實伏羲廟記最爲近古矣餘則文章不少概見
焉然陸鴻漸所載[illegible]經[illegible]其文

見顏魯公題而陸本集不載今備錄之以爲景
陵文章之遺云王象之輿地紀勝[illegible]五禪[illegible]有　[illegible]魯公題云西塔寺[illegible]之　未與叔[illegible]盖今之[illegible]州也[illegible]蔡而　華制天下[illegible]至今[illegible]不絶　其[illegible]子[illegible]入廣七　舉[illegible]州十二載[illegible]進其　嶺上[illegible]竟陵是[illegible]以[illegible]之[illegible]當　圖務章[illegible]之真卿亦[illegible]以[illegible]之世　則御史方生明之日觀此題有[illegible]是論[illegible]則　碑繼爲陸羽所載無[illegible]與[illegible]而　竟陵詩　無傳也

景陵縣志卷之七終

景陵縣志卷之八

署縣事李　馨纂修　儒學[illegible]易體

邑人吳

版籍論　户口　田地　稅糧　起撥　俸役　驛站　均徭　走遞

賓興　典禮　支徭　裁解　雜課　藩租　興除　土產

禹貢荆州厥土惟塗泥厥田惟下中司馬相如曰
楚雲夢極言其饒則楚田賦當甲天下不獨景邑
然也然宣尼負版必式蕭相圖籍先收故首户口
而次田地者盖有人此有土也至於任土作貢量

出爲入惟辨則壤以藝征歛計盈縮以恩度支則
國計始不匱其紬也而起撥存留於是乎定矣在
官則俸役須祿在野則驛站計程均徭弗缺於貢
走遞不絶於道敬祭祀爰妥鬼神重賓興乃育人
材而一切典禮支用冗款裁解因茲攸詳焉漢
設食貨唐制租庸宋稅間架明定賦役亦云備
自正貢而外雜稞出於庶務藩租因乎厥封無非
普天率土之義况土產實在封以内者乎雖
之夏貢商助周徹不外是矣然事久則窮

要爲人上者惟在衛民生裕國計而已故與民必
偕詳焉夫經制既定邦本孜寧撫字有方催科
應古君子用一緩二是有望於今日矣

户口

周　荆州其民一男二女
南宋　竟陵郡户八千五百九十有一　口萬四千
三百七十有五
隋　沔陽郡户四萬千七百十有四
唐　復州户八千二百有一十　口四萬四千八百

八十有五　唐制庸調法有身則有庸即今丁口當差役之制也有户則有調即今農户耽桑絲之制也
元　復州户萬七千七百六十有六　口三萬九百
五十有五
明　洪武辛未景陵縣户四千七百有二　軍四千三百七十有八民户八千有二雜役百四十有二　口二萬三千六百十有九　男一萬二千五百有三女萬二千一百有十六
永樂癸未户減七百六十　口減八十有七
永樂壬寅户減五百七十有六　口増九百三十
有六
宣德壬子户減五百　口増七百三十
正統壬戌户減一千五百四十有三　口減二千
二百二十有四
景泰壬申户減一千五百四十有四　口増三百
四十有六
天順壬午户減乙千三百五十有七　口増二千
八百八十有二
成化壬辰户減七百九十有一　口増七千二百

九十有三
正德壬申年户減七百九十　口如舊
嘉靖壬午户減四百九十有六　口増一萬五千
六十有九
嘉靖壬子人丁一萬四千一百六十有二
萬曆壬午奉例清審將各户百歲老年户口删除
實在當差人丁八千三百八十有六派丁銀二千
八百三十六兩九錢九分一釐一毫八絲八微五
塵八纖二渺

田地

禹貢荊州厥土惟塗泥厥田惟下中（　）

明

洪武辛未景陵田地三千八百九十有五頃五十有四畝四分（官地三千四頃七十六畝三分 民田三千八百六十頃七十六畝）

永樂癸未田地增百三十有八頃九十九畝九分

永樂壬寅田地增二十九頃四十八畝九分

宣德壬子田地增百十有八頃九十六畝二分

正統壬戌田地增三百五十有八頃十七畝

景泰壬申田地增百四十有五頃七十六畝四分

天順壬午田地增三百三十六頃六十九畝二分

成化壬辰田地增百十有三頃九十七畝五分七釐

嘉靖壬午因撫院行三十三頃六十八畝二分

嘉靖壬午因塊山塘共四千三十頃六十三畝二分

萬曆九年辛巳奉例丈量田地山塘上中下四則共計一萬八千一百四十四頃二十五畝四分

萬曆十年壬午撥出漁田上中下四則共四千六百一十一頃八十畝四分九釐實存民田上中下四則共一萬三千五百二十二頃四十四畝九分一釐

萬曆十六年戊子本縣欽依改正田增一萬二百六十九頃四十九畝二分八釐將地塘山盡減合九年清丈數足額共一萬八千一百四十四頃二十五畝四分

（查十六年縣前碑上則田陸千一百五十八頃二十八畝四分九釐中則田五千四百八十二頃三十三畝四分八釐二毫下則田三千八百六十頃五十二畝八分五釐八毫四則田二千六百四十三頃一十一畝五分七釐）

萬曆十八年庚寅潞府出國奉摘漁田四千六百一十一頃八十畝四分九釐仍歸五所撥屬耶租充膳

賦稅

宋

淳熙三年臣僚奏減復州等處增稅初復州置榷貨務後廢

金

世宗大定八年十月辛亥詔罷復州歲貢鹿筋

明

洪武年稅（夏）小麥六石二斗九合米四百一石四斗六升五合南絲一百七斤一兩一錢八分農桑

絲十有四斤一兩二錢秋糧米二萬一千八百四十有四石三斗八升五合黃荳五十有五石八斗七升六合芝蔴五石一斗六升一合

永樂元年稅米增四石八斗南絲增一斤九兩一錢七分農桑絲增三兩三錢二分糧米增四百七十石六斗二升二合

十年糧米增一百二石二斗五合黃荳增九斗

二十年稅小麥增九斗九合米增一石一斗四合農桑絲增三兩七錢一分糧米增五十七石七斗

一升二合黃荳增三石一斗四升一合芝蔴增一斗三升三合

宣德年稅小麥減一斗六合米減一石一斗四合南絲增一兩九分農桑絲減二兩五錢二分糧米增四十四石二升三合黃荳減一石一斗七升六合芝蔴減八升一合

正統年稅小麥增一升九合米增七斗一升八合南絲減三兩九錢七分農桑絲增四兩三分糧米增九百八十石九升二合黃荳減一斗三升二合

芝蔴增二升六合

景泰年稅小麥增一斗米增六石六斗八合南絲增六錢一分農桑絲減三兩四錢五分糧米減九十二石四斗八升五合黃荳減四石九斗三升七合

天順年稅小麥增六斗五升六合米增二斗七升五合南絲增三兩三錢八分農桑絲增七兩三錢九分糧米減二百十七石一斗四升五合黃荳增五石七斗八升二合芝蔴增四斗四合

正德七年稅米增六石四斗五升七合南絲增一

十一斤五錢五分二厘農桑絲增三兩四錢四分糧米增四百九十七石四斗六升八合黃荳減一斗九升三合

嘉靖元年糧米增四百九十八石五斗一升

二十一年糧米二萬一千九十八石九斗二升有零

萬曆九年清丈民漁田地灘泒上中下四則共該糧米二萬一千一百二十石三升七合三勺五抄六撮九圭內除漁田摘去秋糧藩租五千五百十八石三斗三升五合八勺一撮實存秋糧民米一

萬五千六百一石七斗一合五勺五抄三撮九圭 合縣通融派存剩額糧每石加派三斗五升三合七勺一撮仍足民米二萬一千一百二十石三升七合三勺五抄六撮九圭

糧米

官民米二萬二千四百四石八斗四升六合二勺七抄六撮九圭內官米一千二百八十四石八千八合九勺二抄即京庫米 民米二萬一千一百二十石三升七合三勺五抄六撮九圭即秋糧米

稅米

夏稅米四百一十一石八斗一升三合四勺六抄八撮夏稅小麥六石三升九合九勺三抄六撮 即縣倉米

稅絲

夏稅絲一百零八斤一十二兩三錢三分二釐四毫該北絹八十七疋四寸九分八釐六毫

夏稅農桑絲一十四斤四兩六錢四分該南絹一十一疋一丈二尺九寸六分

貢課

貢湖天鵝四十五隻鴈三十五隻鹿皮一百張獐皮一百三十二張花貓皮二十張狗獾皮二十六張香貓皮二十二張水獺皮一十二張鴈翎一萬二千張鴨翎一萬張緞匹青紅綠三色二十三匹弓五十四張弦二百六十五條箭一萬七千三百三十三枝 萬曆四年改折條編

課酒油榨紙鈔二百七十貫四百文房地賃鈔一百三十貫二百五十文歲徵商鈔七千五百九十三貫二百三十文 萬曆四年改折條編

南漕

兌軍本色正耗里納腳米共三千七百一十七石六斗二升 即漕米

南糧本色正耗里納腳米六千九百二十七石四斗八升

泰昌元年庚申知縣程維楧初申改折南糧詳上請題文

看得景陵居漢下流漢水廣衣入景陵因沙洋築堤水不西泛而東溢濳開泗港河不曲走而直冲

豈獨浸沒田廬抑亦壅淤運道洪濤小舸十觸九覆而南糧不輸積逋獨多半是災疲之難辦半是糧艘之擠沉耳卑縣初入其境首偵災告次履運路凄然寒心續奉催檄如雨而逆民多無從督即欲勉强徵解恐湖陰難冐陸輓難肩亦竟付之無可奈何耳今其士夫舉監生員耆甲人等合詞請乞改折切見彼處不乏本色南運實爲景民與其以徵而常欠之本色圖國儲易若以便而輕齎之折色實兩裕君官民之利病則姑不敢丟辦也伏

乞轉題永改南運萬世永賴矣

本年知縣程維秩覆議改折南糧詳上請題文

景陵非僻邑也水災頻仍相率逃亡誠有如上憲所云不徵不解以爲常者今豈敢謂改折之後遂急公爭先至不逋分毫而止乎然竑急而催促必改絃更張乃可誠也伐木而折薪必椅巔尋理乃可斤也盍卑縣庸闇書生而未敎與多□僉謂不□已竊從旁斟酌之改折有八便焉而是南糧徵忽而改折倏議折忽而改徵規則無常遷弊不便永改則民之耳目一一便也且民爭利徙秋毫耳彼見夫輸者不免狼戾而時或擲回欠者從容觀望而反無捐損轉相顧盼專相推延永改則民之趨向速二便也況民避害何不至風波淪胥之苦齊傒刁難之厄鋪墊賫發之費卧挑貸貼之難種種名色動破身家永改則民之氣力蘇三便也乃其平日而積之一旦而輸之始可如期竣事有如銀米未决便覺手足難展永改則民之措辦豫四便也南糧縱更尚有漕舟然漕規既赴省城

制原畫一南中遞年更議甲乙參差豈惟民不識役亦且官不識征永改則縣之號令肅五便也此縣不獨水鄉苦决山鄉苦蝗而水鄉有米去江苦迂山鄉無米買納苦倍一槩督責究號延挭永改則縣之撫字寬六便也而又民多積玩胥多舞文皆緣本折不常因而上下其手以致尺籍漫漶莫可殫詰賄沉賕塌未即期會永改則吏之奸孔絶七便也此中最患包攬總緣南運破家民不樂就故奸民得而乘之認收認解幇貼肥已銀米花消

卒之起運則攬頭匿而正户併逃即正户出而重
輸安措延呆羈競𢧐成難問來歿則下之齏斷絶
八便也爲民上者利不百不興害不十不除今害
已極於剥膚而利可圖於更决此非窮變而通之
會乎况京山景陵事多一體京山二運俱改而景
陵獨請改難所當曲念民艱力爲申豁者也聞南
中不甚需米又何必以不急之征困民於無窮之
埜乎哉伏乞俯賜題准景之黎民子孫實萬世永
賴焉 文見措詣

天啓元年辛酉景陵南糧奉部文改折銀二千四
百七十四兩一錢 每兩加損銀一分三厘共損
銀三十二兩一錢六分二厘三毫今將原南糧觧
費二十二兩止加銀十兩一錢四分三厘三毫
按景陵南漕二糧舊例漕糧賦於民而兊於軍成
化年知縣姜綰設兩便倉里甲於乾鎮交遞其後
於漢口交遞謂兊軍米不累民亦不累官也惟南
糧或長運撥運或本色折色以致節年拖欠鬭批
賠累候運偶遭風浪舟覆糧翢里户逃死官吏參
罰爲害極矣程侯首詢民疾苦無如南糧於是集
里甲公議申詳請題具咨南户部議確覆北户部
合疏上聞時冡宰周公嘉謨在京籲所司爲景請
命奉旨依擬下湖廣撫按藩司永改折官民兩便
國計攸裕矣此法今可行且有往例現存宜遵云

起泒

稅糧起泒南北京絹沔陽州倉本縣學倉京庫未
兊軍折色運糧官軍行月糧輕齎南糧蓆竹運官
盤纏太倉米楚祿辰州軍餉府縣學倉米折銀共

七千零七十六兩三錢二分
丁石起泒南北藥味緞疋白硝麂皮弓箭弦條天
鵝絣襖褲鞋營膳司料光祿司甲丁庫供應潞府
茶價曆日軍器科舉戔舡陵殿香燭共銀乙千六
百六十一兩四錢零二厘
起泒綾紗紙價銀一百七十五兩四錢三分五厘
俟部文到
日方起泒

銀差

江濟水夫冒水遞運所修舡銀遏鬭米扣觧辰州

軍餉江夏王民校祠祭署岳懐王奉祀守道留司本府柴薪守道本府檢校馬夫府學齋膳夫代編鍾祥歲貢盤纒郢東石城乾灘白口四驛支應本縣柴薪馬夫倉庫從紅冊紙孤老布花修船縣學齋膳文廟啟聖名宦鄉賢山川社稷邑厲武侯各祭祀鄉飲歲貢盤纒共銀一千七百六十九兩九錢六分

力差

富水遞運所紅船水夫乾灘水夫豐樂荊山建陽

麗陽石橋郢東七驛馬匠豐樂舡夫陵祠廚役太府皂隸戶部抽夫巡道門子府軍廳門皂府禁斗府前鋪兵石城郢東館夫本縣並學看司門子皂隸禁斗民壯乾灘巡司弓兵鋪兵渡夫縣夫縣馬協編鍾祥馬共銀七千五十八兩三錢一分

班匠

南京班匠三十八名每名一兩八錢閏加六錢四年一班

北京班匠一十七名自行當差銀無定數

畝餉

萬曆四十六七八年加增地畝遼餉正撥共銀六千三百八十三兩三錢二分九絲七微四厘九纖四渺每石民糧派銀三錢二厘二毫四絲

附知縣程維楙請議遼餉詳萬曆四十八年申

看得景陵止有此土固無分民漁也自萬曆十八年撥入潛府實割四分之一而糧額猶留民間今節年奉文新增照畝加派既明稱景陵一萬八千餘頃矣民且按畝而詰有司曰此一萬三千餘頃民地也而民敢不輸此四千六百餘頃漁田也其

間之水濱有司誠不能應也且查景派者全民田則倡議稱屬全漁田則掉臂不管此間苦樂何啻天壤牧民者敢坐不問哉況部文司檄必會糧而議畝正慮邑有按間之畝則必有偏累之糧無非所以恤民隱而宣民鬱也伏乞洪恩轉達竟割景陵割去之畝只以見畝起派則民得寬一分之賜而有司亦得執法於萬姓矣

附知縣程維楙請均遼餉疏天啟二年正月奏

湖廣承天府景陵縣臣程維楙謹奏爲全楚派額

著當下邑艱危特甚懇乞聖明軫念湯沐重畿恤
允窮乏亟賜蠲免惠一方以綏四國事云　云
聖旨該部知道全文見後雜錄
附戶部汪應蛟覆減遼餉疏天啟二年三月覆
戶部尚書汪應蛟等謹題爲楚之增餉萬不可減
楚之民力萬不能堪謹申前疏遵部覆設抵補額
以蘇民困以佐國計等情內一款云　云如近者景
陵知縣程維楧入覲上書楚御臣亦有詞以謝之
矣既經具疏前來相應覆請恭候命下臣部轉行

湖廣撫按藩司云　云　隨奉
聖旨　餘議依擬行
按萬曆末以遼議增餉我楚乃至六十萬邑侯程
公維楧以覲得伏闕爭部下戶部議持不報時先
祿署丞徐同氣爲言於同里劉太史必達王黃門
鳴玉曰邑令獨入爲全楚事毋太史猶而要黃門
要而請奈何不出一言以襄楚二公合詞告冢宰
部長楊公嗣昌亦吾楚人遂議減楚餉之半而景
景得寬賦者夫程公上疏身受民牧爲景請命然

時景歷來入告者匪獨良牧然也如宣德中照磨
呂中奏請免歲造弓矢三之一嘉靖中主簿殷文
翼奏請革協濟徭役諸弊政蓋當時縉紳先生願
能言之故任斯土者咸得顧見天子而言其情夫
宣上德達下情良有司職也與大利除大弊賢大
夫事也然則後之君子其亦思所以福吾景邑夫

前代賦役舊全書

一田地額數

原額民漁田共一萬八千一百四十四頃二十五
畝肆分上田六千一百五十八頃二十八畝四分
九厘　中田五千四百八十二頃二十三
畝四分八厘二毫　下田三千八百六十頃五十
二畝八分五厘八毫　四則田二千六百四十三
頃一十五畝
五分七厘

查民田上中下四則共一萬三千頃二十五畝
伍分六厘七毫六絲

漁田上中下四則共五千一百四十三頃九十

九畝八分三厘二毫四絲萬曆九年清丈後增
出漁田入冊降充

臘糧另
載役款

糧米科則

秋糧民米正耗二萬一千一百二十石三升七合
三勺五抄六撮九圭內上田每畝科秋糧米一升
六合四勺二抄六粒三粟該
米一萬一百一十二石九斗二升五合一勺八抄
五撮　中田每畝科秋糧米一升二合三勺一抄
六撮二圭三粒八粟該米一千七百五十二石一
斗七升四合六勺三抄六撮八圭　下田每畝科
秋糧米八合二勺一抄八圭二粒三粟該米三千
一伯六十九石八斗一升一合九勺四抄六撮七
圭　四則田每畝科秋糧米四合一勺五撮六圭
九粒四粟該米一千八十五石一斗二升五合五
抄八
四圭

官米帶科一千二百八十四石八斗八合九勺二
抄即京庫米各則民糧一石帶科官米六升
八勺三抄三撮六圭四粒

夏稅米帶科四百一十一石八斗一升三合四勺
六抄八撮每民糧一石帶科夏稅米一
升九合四勺九抄八撮七圭

小麥帶科六石三升九合九勺三抄陸撮每民糧
一石帶
科小麥二勺八抄
五撮九圭八粒

以上額載秋糧民米正科官米夏稅米小麥帶
科共二萬二千八百二十二石六斗九升九合
六勺八抄九圭八粒

一糧米徵銀

秋糧民米額徵銀一萬四千一百六十兩一錢一
分七厘二毫二絲三圭七微五塵二纖九渺二漠
二莍　新加北絹銀三十兩四錢五分五厘　新
加方箭弦條銀一千一百六十四兩一錢四分七
厘六毫八絲四忽　新加顏料銀二百四兩四錢
七分三厘五毫七絲每石民米共該折秋糧銀七
錢三分五厘六毫七系九忽
四微八塵六纖九渺七漠　上田應徵並北絹弓
箭顏料共七千四百三十九兩八錢七分一厘六

毫一絲一忽八微六塵二纖八渺中田應徵並
北絹弓箭顔料銀四千九百六十七兩四錢三分
六厘三毫七絲二忽八微八塵下田應徵並北
絹弓箭顔料銀二千三百三十一兩九錢六分五
厘六毫二絲一忽九微四塵四則田應徵並北
絹弓箭顔料銀七百九十八兩三錢四厘六毫三
絲五忽八微七
塵四纖九渺

官米額徵銀九百四十五兩二錢七厘五毫七絲
八微二塵每石照前則例

夏稅米額徵銀三百二十二兩九錢六分二厘七毫二
絲二忽三微三塵七纖每石照前則例

小麥額徵銀四兩四錢四分三厘四毫五絲七忽
一塵八纖八渺每石照前則例

以上額徵並新加共銀一萬六千七百九十兩
一錢九分一厘九毫九絲二忽七微三厘三塵
三纖五渺

一絹絲徵觧
北額觧稅絲一百八斤一十二兩三錢三分二厘
四毫每民糧一石帶科夏稅絲八分二厘四毫一忽九微五塵六纖
南額觧農桑絲一十四斤四兩六錢四分每民提一石帶
科桑絲一分八毫二微
五忽七微三塵八纖

以上二絲共一百二十三斤九錢七分二厘四毫

一人丁徵銀
原額人丁八千三百八十六丁　額徵丁銀二千
八百三十六兩九錢九分一厘一毫八絲八微五
塵八纖二渺　新加人丁顔料銀八十七兩六錢
三分一厘五毫三絲　新加弓箭弦條銀四百九
十八兩九錢二分四毫三絲六忽

以上額徵並新加共銀三千四百二十三兩五
錢四分三厘一毫四絲六忽八微五塵八纖二
渺

康熙五年奉文豁除二三年運糧故夫五百五十
八丁遵照則例豁免銀二百二十七兩八錢七毫
四絲八忽三微三塵四纖六渺　實在人丁七千
八百二十八丁實徵銀三千一百九十五兩七錢
四分二厘三毫九絲八忽五微二塵三纖六渺

一地畝徵銀
萬曆四十六七八年加增地畝九厘[illegible]餉正餉銀六
千三百二十六兩三錢八分二厘[illegible]絲一忽

一徵每两京損九厘該銀五十六两九錢三分七厘四絲
八忽九微連正損共銀六千三百八十三两三錢
二分九絲每民糧一石派銀三錢二厘二毫四絲

一南漕徵米

漕糧本色正米二千四百九十五石五升每石耗米四斗
共米九百五十三石零二升共正耗米三千四百九十三石七
升另正米一石納脚米九升内盤脚該米二升船脚該米七升共里納盤脚船
脚米二百二十四石五斗五升四合五勺每民糧一石派
米連正耗一斗六升五合三勺九抄一撮三圭八粒完漕糧外共盤船脚米原係過淮給徵解後自
順治二年起至今止未奉文徵不敢擅派

南糧本色米四千九百四十八石三斗每石耗米二斗五升
共米一千二百三十七石五升共正耗米六千二百八十五石二
斗五升另正米一石納盤驢脚米共該一斗五升共里納盤驢脚米七
百四十二石二斗三升每民糧二石派米連正耗三斗九升三合九勺六抄
一撮七圭完南糧外其盤驢脚米奉文每石折銀一两共折銀七百四十三两三錢三分以三錢給
解役該銀一百四十八两四錢四分六厘餘六錢充餉該銀五百九十三两七錢八分四厘𢿙南糧
本色内派徵每民糧一石該徵充餉銀三分八厘一毫一絲四忽七微三塵三纖

一起運款目

戸部項下

夏税折色起運

南農桑絹一十一疋一丈二尺九寸六分每疋正銀五錢
五分損銀一錢五分共銀八两二厘四毫每两京損五分該銀四錢一毫二絲

秋糧折色起運

京庫米一千二百八十四石八斗八合九勺二抄
每石折銀二錢五分該銀三百二十一两二錢二厘二毫三
絲每两京損銀三分滴珠銀一分共銀一十二两八錢四分八厘
八絲九忽二微解官盤費每两九厘該銀三两六厘五毫

兑軍折色米二千四百九十五石五升每石連耗折銀七錢
該銀一千七百四十六两五錢三分五厘每百两京損銀
一两二錢該銀二十两九錢五分八厘四毫二絲
派剩太倉米七百六十一石五斗每石折銀六錢該銀四
百五十六两九錢每百两京損銀一两二錢該銀五两四錢八
分二厘八毫解官費每两九厘該銀肆两一錢六分一厘四毫

鹽鈔折色起運

南戸口鈔本色正損共銀七十四两七錢五分一
厘六毫二絲九忽六微帶閏二两四錢九分一厘

七毫二絲九微八塵六纖七渺（解官盤費每兩九厘該銀六錢七分二厘八毫）

夏稅本色起運

北黃絹八十七疋四寸九分八厘六毫（每疋正銀七錢織曹二錢插銀二錢）共銀九十五兩七錢一分八厘二毫八絲三忽（即前北絹）新加北絹（每疋三錢五分）共銀三十兩四錢五分五厘（今奉文改改折銀）

以上折色共減故夫丁銀六兩九錢七分七毫五絲六忽

秋糧本色起運

漕糧本色（即前漕米）正耗共米三千四百九十三石七斗里納盤腳米二百二十四石五斗五升四合五勺　又糧道條陳於耗米四斗外再加耗米二斗　順治九年　楚撫題請免加　戶部覆奉

旨革除多加耗米二斗

南糧本色（即前南米）正耗共米六千一百八十五石二斗五升里納驢腳米七百四十二石二斗三升（奉文每石折銀一兩正）共銀七百四十二兩二錢三分（以二分給解盤）該銀一百四十八兩四錢四分六厘（以八分偏兵）該銀五百九十三兩七錢八分四厘（係本色南米內派徵）

原編部解南糧運官盤費銀二十二兩奉文裁解充餉

原編蓆竹圓頭笋銀一百零六兩八錢八分一厘一毫二絲奉文裁解充餉

原編部解兌官盤銀八兩奉文裁解充餉

隨漕本色起運（新例奉文歸解糧道充餉關銷）

楞木松板銀九兩九錢八分二毫

運糧官軍行月二糧米一千三百三十七石二斗（每石折銀四錢）該銀五百三十四兩八錢八分

三六耗蓆輕齎銀四百六十一兩五錢八分四厘二毫五絲（每百兩解准損銀一兩該銀四兩六錢一分五厘八毫四絲二忽五微）

淺船銀六十五兩六錢四分五厘（解官盤費每兩九厘該銀五錢九分）

隨漕四項共減故夫丁銀一兩三錢二分二厘一毫八絲八忽七微

地畝本色起運

萬曆四十六七八年加增地畝九厘遼餉正銀六
千三百二十六兩三錢八分二厘六毫四絲一忽
一微每兩京損銀九厘每民糧一石派銀三錢二厘二毫四絲正
內原編楚府宗祿折色銀茶價雜項銀官役薪銀
軍梭廩糧銀共二千二百四十五兩九錢五分六
厘四毫四絲八忽六微俱裁解充餉載後
新編光祿寺項下甲丁庫供應銀除解費外該銀
三十一兩八錢八分一厘五毫二絲二忽入戶部
款目起運

禮部項下
夏秋折色起運
北藥味正價銀七兩七分九厘四毫六絲兩忽五
微每兩京損銀四分該銀二錢八分三厘一毫七絲八忽
五微八塵解官盤費每兩九厘該銀六分六厘三毫
南藥味價銀四錢一分四厘二毫三忽六微二塵
五纖
南北藥味共減故夫丁銀一分一厘一毫六絲
新編光祿寺項下牲口除解費外正損銀二十六
兩一錢四分七厘零五絲七忽入禮部款目起運
兵部項下
夏秋折色起運
原編解南江濟水夫五十五名每名四兩九分五厘共二百
二十五兩二錢二分五厘每兩京損銀九厘該銀二兩二
分七厘二絲五忽新例奉文歸解　驛道協濟沅
州沅水驛工料
工部項下

夏秋折色起運
緞疋青紅綠三色二十三疋改折正銀七十六兩
七錢每兩京損九厘該銀七錢九分
三厘八毫解官盤費每兩九厘該銀八錢一厘　減故夫丁銀二兩
四錢九厘三毫四絲三忽
弓五十四張箭一萬七千三百三十三枝弦二百
六十五條改折正銀三百六十八兩九分一毫損
銀一十四兩七錢二分三厘六毫四忽解官盤費每兩九厘
該銀三兩四錢四分五厘三毫新加弓箭弦條正銀一千六百三
十三兩五錢三分二厘二毫每兩京損九厘該銀一十四

兩七錢一厘八毫二絲解費每兩九厘該銀一十四兩八錢三分四厘一毫
減故夫丁銀五十四兩九錢八分六厘八毫八
絲
天鵞四十五隻每隻價銀五錢共正項銀二十二
兩五錢每兩京揎九厘該銀二錢二厘五毫解官盤費每兩九厘該銀
二錢四厘三毫減故夫丁銀六錢一分四厘六毫二絲
八忽
營繕司料銀三百五十七兩八錢三分一厘每兩京揎
九厘該銀三兩二錢二分四毫七絲九忽解官盤費每兩九厘
該銀三兩四分九厘五毫減故夫丁銀九兩七錢七分四厘

八毫三忽
夏秋本色起運
白礦麂皮一百張每張價銀四錢京揎二錢共銀六十兩解官盤費
每兩九厘該銀五錢四分如遇折色之年每兩另派京揎九厘減故夫丁銀一
兩六錢二分四厘三毫
胖襖褲鞋四十五副每副正銀一兩二錢水脚銀三錢共銀六十
七兩五錢原議官解領銀製造解司另派夫馬不必加派揎銀減故夫丁
銀一兩八錢二分七厘四毫

軍器銀一百三十二兩一錢二分四厘八毫解費每兩
九厘該銀一兩一錢八分九厘一毫二絲三忽二微減故夫丁銀三兩五
錢七分七厘三絲四忽
綾紗紙價銀一百七十五兩四錢三分五厘五毫
七絲七忽七微俟部文到之年方派不必每年帶徵
光祿寺項下
甲丁庫內供應銀五十五兩六錢三分八厘五毫
七絲八忽七微五纖菓品銀六十四兩三錢七分
一厘四毫二絲一忽二微五纖共銀一百二十兩

每兩京揎銀二分該銀二兩四錢解官盤費每兩九厘共該銀一兩一錢一厘六毫內菓
品銀係　上供無減
內供應銀奉文入户部欵目起運
派剩辰州軍餉米一百一十石一斗每石折銀六錢除原減免
改抵沅陵縣外坐派丁糧光祿寺銀一百八兩四錢二分
四厘每兩京揎二分該銀二兩六錢一分八厘五毫解費每兩九厘該銀九錢九分五厘三毫
扣解辰州軍餉民壯一十三名每名七兩二錢共銀九十
三兩六錢原改抵沅陵縣坐派丁糧光祿寺銀每兩外京揎銀二分
該銀一兩八錢七分二厘解費每兩九厘該銀八錢五分九厘二毫

扊徧共減故夫丁銀二兩五錢八分四厘七毫

新加顏料銀二百九十二兩一錢五厘一毫　減

故夫丁銀七兩九錢零八厘二毫

以上各　部寺解費總共銀五十兩七錢七分一

厘五毫五絲九忽四微減故夫丁銀五錢九分七

厘四毫四絲五忽七微

一經制款目

分守荆西道 康熙六年奉文全裁

原皂隸一十二名共支銀八十六兩四錢原快手一十二名共支銀八十六兩四錢順治十四年每

名裁一兩二錢今全裁

知府

書辦二十四名 每名歲支銀一十兩八錢 共銀二百五十九兩

二錢 順治九年會議每名裁銀四兩八錢 康熙元年奉文全裁

同知

俸銀每年四十二兩五錢五分六厘

通判

燈夫二名 每名歲支七兩二錢 共銀一十四兩四錢 順治九年會議每名裁銀一兩二錢

推官 康熙六年奉文全裁

原俸銀二十七兩四錢九分 原皂隸一十二名共支銀八十六兩四錢 原燈夫二名共支銀一十四兩四錢順治九年每名裁一兩二錢今全裁

經歷司

馬夫一名歲支七兩二錢 順治九年會議裁銀一兩二錢

知事

馬夫一名歲支銀七兩二錢 順治九年會議裁銀一兩二錢

照磨

馬夫一名歲支銀七兩二錢 順治九年會議裁銀一兩二錢

檢校 康熙五年奉文全裁

原書辦一名支銀七兩二錢原門子一名支銀七兩二錢順治九年每名裁一兩二錢今全裁

司獄司

俸銀坐派一十九兩五錢二分

府儒學

膳夫二名 廩生支給 共銀四十兩 順治十四年奉文裁三之二 實支

銀一十三兩三錢三分三厘三毫

以上戎廳糧廳經歷知事司獄府學共銀一百

零五兩四錢九厘三毫三絲三忽三微　減故

夫丁銀九錢二分五厘九毫七絲一忽九微塵

知縣

俸銀每年二十七兩四錢九分順治十六年裁銀九兩

薪銀三十六兩順治十四年裁銀一十八兩四錢九分

心紅紙張銀每年二十兩　減故夫丁銀四錢二

分七厘四毫一絲二忽四微

油燭銀每年一十兩順治十四年奉文全裁

修宅家伙等銀每年二十兩順治九年會議全裁

迎送上司傘扇夫銀十兩順治十二年奉文裁八留二十四年全裁

書辦一十二名每名歲支十兩八錢共銀一百二十九兩六

錢順治九年會議每名裁銀四兩八錢康熙元年奉文全裁

門子二名每名歲支七兩二錢共銀一十四兩四錢順治九年會議

每名裁銀一兩二錢　減故夫丁銀二錢五分六厘五毫三

忽三微

皂隷一十六名每名歲支七兩二錢共銀一百一十五兩二

錢順治九年會議每名裁銀一兩二錢　減故夫丁銀二兩零五分

一厘六毫

馬快八名每名歲支工食草料一十八兩共銀一百四十四兩順

九年會議除草減不裁外每名裁銀一兩二錢十六年奉裁草料銀八十六兩四錢　減故

夫丁銀一兩二分五厘七毫九絲

民壯五十名每名歲支七兩二錢共銀三百六十兩順治九年會議

每名裁銀一兩二錢十六年奉文每名會裁去銀二兩四錢正　減故夫丁銀

三兩八錢四分六厘七毫一絲二忽

燈夫共四名每名歲支七兩二錢共銀二十八兩八錢順治九年

會議每名裁銀一兩二錢　減故夫丁銀五錢一分二厘九毫

看監禁子八名每名歲支七兩二錢共銀五十七兩六錢順治

九年會議每名裁銀一兩二錢　減故夫丁銀一兩二分五厘七

毫九絲

修理監倉銀二十兩　減故夫丁銀四錢二分七

厘四毫一絲四忽

轎傘夫七名每名歲支七兩二錢共銀五十兩四錢順治九年會議

每名裁銀一兩二錢　減故夫丁銀八錢九分七厘五毫七

絲

庫書一名歲支銀一十二兩順治九年會裁六兩康熙元年奉文全裁

倉書一名歲支銀一十二兩順治九年會裁六兩康熙元年奉文全裁

庫子四名每名歲支七兩二錢共銀二十八兩八錢順治九年會議

每名裁銀一兩二錢

斗級四名 每名歲支七兩二錢 共銀二十八兩八錢 順治九年會議

每名裁銀一兩二錢 減故夫丁銀五錢一分二厘九毫

縣丞

俸銀每年二十四兩二錢二厘

薪銀二十四兩 順治十四年奉文全裁 八兩二錢二厘

書辦一名歲支銀七兩二錢 順治九年會裁一兩二錢康熙元年全裁

皂隸四名 每名歲支七兩二錢 共銀二十八兩八錢 順治九年會議

每名裁銀一兩二錢 減故夫丁銀五錢一分二厘九毫

門子一名歲支銀七兩二錢 順治九年會裁一兩二錢 減故

夫丁銀一錢二分八厘二毫二絲四忽

馬夫一名歲支銀七兩二錢 順治九年會裁一兩二錢 減故

夫丁銀一錢二分八厘二毫二絲四忽

主簿 天啟年間奉文全裁

原柴薪二十四兩八錢二分 原俸銀一十二兩

原絹傘圖扇等銀一兩三錢 原門子一名工食

銀五兩八分三厘三毫 馬夫一十名共銀四十兩

原民壯二名共銀一十四兩六錢四分 皂隸四名

共銀二十兩三錢三分三

厘二毫裁華多年充餉

典史

俸銀每年三十一兩五錢二分 內俸銀一十九兩五錢二分 薪銀十二兩

書辦一名歲支銀七兩二錢 順治九年會裁一兩二錢康熙元年全裁

門子一名歲支銀七兩二錢 順治九年會裁一兩二錢 減故

夫丁銀一錢二分八厘二毫二絲四忽

皂隸四名 每名歲支七兩二錢 共銀二十八兩八錢 順治九年會議

每名裁銀一兩八錢 減故夫丁銀五錢一分二厘九毫

馬夫一名歲支銀七兩二錢 順治九年會裁一兩二錢 減故

夫丁銀一錢二分八厘二毫二絲四忽

乾灘鎮巡檢

俸銀每年三十一兩五錢二分

書辦一名歲支銀七兩二錢 順治九年會裁一兩二錢康熙元年全裁

皂隸二名 每名歲支七兩二錢 共銀一十四兩四錢 順治九年會議

每名裁銀一兩二錢 減故夫丁銀二錢五分六厘五毫三

忽三微

乾灘驛驛丞 康熙五年奉文全裁

原俸銀三十一兩五錢二分 原書辦一名支銀

七兩二錢 原皂隸二名共支銀一十四兩四錢

順治九年每名裁一兩二錢今全裁

儒學教諭

俸銀每年三十一兩五錢二分內俸銀十九兩五錢二分薪銀一十二兩

儒學齋夫三名每名歲支銀十二兩共銀三十六兩　減故夫丁銀七錢六分九厘三毫四絲二忽五微

膳夫二名每名歲支銀二十兩共支銀四十兩廩生支給順治十四年奉文裁三分之二　減故夫丁銀二錢八分四厘九毫四絲二忽

門斗三名每名歲支七兩二錢共銀二十一兩六錢　減故

夫丁銀四錢六分一厘六毫五忽

學書一名歲支銀七兩二錢康熙元年奉文全裁

喂馬草料每年歲支銀一十二兩　減故夫丁銀二錢五分六厘四毫四絲七忽五微

訓導天啟年間裁一員康熙三年裁一員

原訓導一員俸銀一十九兩五錢二分薪銀一十二兩齋夫三名支銀三十六兩門子二名支銀一十四兩四錢喂馬草料支銀一十二兩今全裁

一撥運款目本縣徑解藩司

曆日銀八兩八錢三分解官盤費每兩九厘該銀七分九厘四毫七絲

減故夫丁銀一錢九分四毫九微

科舉銀四十九兩四分七厘解官盤費每兩九厘該銀四錢四分一厘四毫二絲三忽　減故夫丁銀一兩零五分七厘五毫九絲八忽三微

一驛站撥協

原編石城驛馬一十匹每匹銀三十兩帶閏銀五錢又零銀六兩帶閏銀一錢　共銀三百一十一兩五錢奉文撥協各處開銷

原編鄖東驛馬一十二匹每匹銀三十兩帶閏銀五錢　共銀三百六十六兩奉文撥協各處開銷

原編豐樂驛馬七匹每匹銀三十兩帶閏銀五錢又扣筭零銀二十八兩帶閏四錢六分七厘　共銀二百四十一兩九錢六分七厘奉文撥協

原編豐樂驛站船水夫四名每名六兩帶閏銀一錢　共銀二十四兩四錢奉文撥協

原編荆山驛馬二十匹每匹銀三十兩帶閏五錢　共銀六百一十兩奉文撥協

建陽驛馬一十一匹每匹銀三十兩帶閏五錢又零銀一十五兩帶閏二錢五分　共銀三百五十兩七錢五分奉文撥協

原編麗陽驛馬一十匹每匹銀三十兩帶閏五錢又零銀一十八兩帶閏三

錢共銀三百二十三兩三錢奉文撥協

原編石橋驛馬三匹每匹三十兩帶閏五錢又迭銀一十五兩帶閏二錢五分

共銀一百六兩七錢五分奉文撥協

原編石城驛支應銀二百七十兩奉文撥協

郢東驛支應銀三十九兩奉文撥協

原代編沔陽州原派郢東驛支應銀四十四兩奉文

撥協

原編郢東驛館夫二名每名銀五兩帶閏銀八分三厘共銀一十

兩一錢六分六厘奉文撥協

以上係七驛銀兩共二千六百九十七兩四錢三分三厘

原編乾灘驛站船二隻水夫四名每名六兩帶閏一錢共銀

二十四兩四錢奉文裁撥

原編乾灘驛支銀一百一十兩奉文裁撥

原編乾灘驛館夫二名每名銀五兩帶閏銀八分三厘共銀一十

兩一錢六分六厘奉文裁撥

以上係縣驛銀兩共一百四十四兩五錢六分六厘

原編本府篙水遞運所原額紅船六隻每隻水夫九名每名

正閏七兩三錢二分每夫修船銀一十二兩共銀

四百六十七兩二錢八分內扣捕盜廳紅舡一隻

水夫九名共銀七十七兩八錢八分裁入餉款實存銀三百八十九兩四

錢內分守荆西道並府堂清軍管糧理刑三廳各座用一隻奉文歸驛道協

沅州沅水驛工料

以上係歸驛銀兩

一走遞夫馬

本縣舊額排夫一百五十三名每名工食七兩二錢帶閏一錢二分

共一千一百一十九兩九錢六分內本縣應役

轎傘夫六名工食抵作經制外實走差排夫一百

四十七名該銀一千七十六兩四分內除奉驛鹽道

撥銀七百一十兩四分協沅州安陸雲夢應山等

縣工料外本縣議設長養夫五十名該工食三百

六十六兩　減故夫丁銀七兩八錢一分一厘六

毫五絲

本縣舊設脚馬四十一匹每匹銀二十四兩帶閏銀四錢共一千

兩四錢內除奉檄撥銀七十二兩四錢減故夫丁

銀一兩五錢四分七厘二毫解　驛鹽道請抵減

存銀兩外實該工料鞍屜藥餌銀九百二十八兩

減故夫丁銀一十九兩八錢二分八厘六毫一絲

九忽三微四纖六渺

協編鍾祥馬一十匹每匹銀三十兩帶閏五錢共銀三百五兩

以上係夫馬銀兩

一驛站撥協

新奉撥前驛站項下剩銀協沅州沅水驛銀五百三十三兩三分八厘七絲一忽六塵六纖八渺二漠　減故夫丁銀四兩四錢二分五厘六絲二忽一微

新奉撥前驛站項下大馬存剩協安陸縣工料銀一千一百五十二兩六錢五分二厘五毫三絲

減故夫丁銀九兩五錢六分九厘九毫三絲五微三塵

新奉撥前驛站項下夫馬剩銀五百四兩四錢三分三厘五毫九絲二忽四微九塵三纖五渺八漠協應山縣工料　減故夫丁銀四兩一錢八分七厘六毫一忽

新奉撥前驛站項下夫馬剩銀一千五百二兩五分一毫九絲協雲夢縣工料　減故夫丁銀一十二兩四錢七分一絲五忽

新奉撥前驛站項下存剩解道酌用銀一百六十四兩八錢六分四厘六毫一絲六忽四微三塵九纖六渺七漠　減故夫丁銀一兩三錢六分八厘五毫三絲

以上係撥驛銀兩即前原編不係外派

一均徭款目

各舖司兵徭編差共四十六名每名銀六兩帶閏一錢共銀二百八十兩六錢內縣前舖六名官橋橫官利涉柳河皂角趙家漁泛七舖各四名洪仕縣水牛槽銅柱四舖各三名　減故夫丁銀五兩九錢九分

六厘六毫

本府總舖兵一名工食正閏共銀六兩一錢　減故夫丁銀一錢三分三毫六絲

各河渡夫六名每名銀一兩八錢帶閏三分共銀一十兩九錢八分順治十四年奉文半裁實支銀五兩四錢九分　減故夫丁銀一錢一分七厘三毫一絲一忽五微

各渡修船銀三兩二年一修每年該銀一兩五錢順治十四年奉文半裁　減故夫丁銀一分六厘三絲八忽五微

乾灘鎮巡司舊役工兵三十名每名銀四兩帶閏銀六分六厘六毫

共銀一百二十二兩順治十四年奉文半裁　減故夫丁銀一
兩三錢四厘六毫八忽
迎送皂隸三名共銀一十兩九錢八分　減故夫
丁銀二錢三分四厘六毫五絲
一祭祀款目
龍亭儀仗修理銀二兩　減故夫丁銀四分二厘
七毫四絲
文廟二祭共銀四十兩
啟聖祠二祭共銀七兩
香燭米銀一兩二錢六分

山川壇二祭共銀一十二兩
社稷壇二祭共銀一十兩
名宦鄉賢二祠各二祭共銀七兩
武侯二祭共銀四兩自文廟起至此止　減故夫丁銀一
兩七錢一分一厘二絲二忽
邑厲壇三祭共銀一十二兩　減故夫丁銀二錢
五分六厘五毫三忽三微
鄉祭褒米銀三兩一錢五分

任氏三烈祭祀銀二兩五錢減故夫丁銀五分三
厘四毫三絲
一賓興款目
本府生員正貢盤纏除徑編外花紅旗扁酒席一
十二兩其呈詞作興臨期於剩銀內支給正陪赴考脚力各一兩　共銀一十四
兩今奉文裁解
歲貢生員正貢盤纏除徑編外花紅旗扁酒席一
十二兩其呈詞作興臨期於備用內支給正陪二名赴考脚力各一兩　共銀一十
四兩二年一貢　每年該銀七兩今奉文裁解

本縣歲貢盤纏銀一十五兩今奉文裁解
科舉生員原以三十名為率每名盤纏銀二兩花紅九錢酒席銀一錢共銀九十兩三年
一次行　每年該銀三十兩　減故夫丁銀六錢四分
一厘一毫二絲
廩生二十名每名支米折銀七兩二錢共銀一百四十四兩順治
十四年奉文裁三之二康熙元二年奉文全裁
新舊會試舉人原以十五名為率每名長夫銀二十四兩該銀三百六十兩三年一
次每年該銀一百二十兩如新中數多本年暫於備用銀內支給次年照
名加編如有甲第出仕者次年照名減編以免冒破支給　減故夫丁銀二兩

五錢六分四厘五毫
提學道歲科考生童合用試卷給賞等項每年派
銀三十兩 臨期卯銀四兩恊濟鍾祥縣搭廠餘俱卯筭實用銀数造冊申賫學道印發本縣存照除搭廠銀四兩不裁外餘銀順治十四年奉文半裁 減故夫丁銀四
錢七分一毫五絲
代編鍾祥縣歲貢盤纏銀三兩 今奉文裁解
府學顯承二衛寄學科舉生員盤費銀一十六兩 三年一次 每年該銀五兩三錢三分四厘
科場對讀生五名 每名一兩共銀五兩三年一次 每年該銀一兩

六錢六分七厘 減故夫丁銀三分五厘六毫
科場内簾刻匠一名盤纏銀三兩 每年應差工食在外另給

一典禮款目

鄉飲二次共銀一十二兩 順治十四年奉文半裁 減故夫
丁銀一錢二分八厘二毫二絲四忽
門神桃符春牛芒神花鞭酒席開印封印等銀四
兩 順治十四年奉文全裁
府應朝盤纏銀二十八兩七錢八分二厘 二年一次 每
年該銀九兩五錢九分四厘 順治十四年奉文不朝覲二年應裁朝覲一年應留 減故夫丁銀六分八厘一毫四絲
縣應朝盤纏 正佐四十兩首領二十五兩該吏一十兩造冊六兩共銀八十兩 每三
年一次 每年該銀二十七兩 順治十四年奉文不朝覲二年應裁朝覲一年應留 減故夫丁銀一錢九分二厘三毫四絲

一支用款目

孤貧一十六名口 每名歲支米三石六斗每石折銀五錢 共銀二十
八兩八錢 查舊例全書内縣倉米併夏稅米麥銀兩内除支給官吏俸米外尚不敷銀一十五兩六錢三厘三毫原於缺官銀内補給今缺官銀兩奉文解部將前項沔陽州倉米折銀内補足

孤貧一十六名口 每名歲支布花銀三錢 共銀四兩八錢
減故夫丁銀一錢二厘五毫八絲
供應銀一百二十兩 内答應欽差部差過往差使油燭柴薪廩給口糧等項於此内支順治十四年奉文全裁
備用銀八十五兩 除正官明暖轎等銀一十二兩六錢抵新定經制外 實存
銀七十二兩四錢 備修文廟銀五兩修理城垣府縣各一十五兩季考一十二兩凡歲貢舉人會試呈詞作與歲科考府學生員花紅盤纏一切雜用俱於此項動支如有存剩報院司道府存案作正項支銷 減故夫丁銀一兩五錢四分七
厘二毫

一裁解款目

南京裁銀

部解京糧解官盤費八兩

南蘆蓆猫竹圓頭籮扒篩𥴦等項銀一百六兩八錢八分一厘一毫二絲

南部解運官盤費銀二十五兩

廢宗裁銀

宗祿折色銀一千六百九十三兩七錢九分二厘九毫一絲二忽二微　解費一十五兩二錢四分四厘一毫三系六忽二微

楚宗茶價雜項共銀四百二十一兩八錢四分三厘二毫　解費銀四錢一分　減故夫丁銀一十一兩四錢二分零六毫

楚宗官役薪銀七十四兩四錢　減故夫丁銀二兩一分四厘二毫

楚宗民校等役共銀四十兩二錢六分六厘　減故夫丁銀一兩九分一毫

倉課裁銀

本府倉折色米一千　每石折銀五錢除新議摘改楚祿外　實徵銀四佰五十兩

沔陽州倉米三千二百一十三石八斗二升二合八勺九抄六撮六圭　每石折銀三錢除陸續免徵外該銀二百九兩九錢六分六厘內除一百五十六兩一錢九厘、抵本縣各役新定經制又除一十五兩六錢三厘三毫抵本縣孤貧舊額口糧未足銀外　實存裁銀三十八兩二錢五分三厘七毫

沔陽州倉米二百石　每石折銀三錢　該銀六十兩

原編本府湖課鈔銀一百五十四兩九錢六分七厘九毫七絲　係代編沔陽州

以上共銀一千零九十兩九錢五分九厘六毫九絲　減故夫丁銀一十九兩一錢七分五厘一毫七絲

冗款裁銀

順治九年會裁修宅家伙書州縣書門皂馬燈轎傘扇庫禁斗級各役銀三百七十七兩六錢

順治十二四年新裁迎送上司併薪油燭廩膳鄉飲門神桃符春牛芒神花鞭酒席開印封印歲科試卷給賞朝覲盤纏孤貧口糧布花供應渡缸皂快

弓兵渡夫等銀四百六十四兩四錢六分一厘三
毫三絲三忽四微
順治十六年奉裁知縣俸銀九兩
順治十七年奉裁馬快草料民壯工食銀共二百
六兩四錢
康熙元年奉裁本府堂隸本縣堂衙學驛書辦工
食銀二百六十五兩二錢
康熙二年續裁廩生米折銀四十八兩
康熙五年奉裁教官俸齋夫門子草料驛丞俸皂

隸檢校門子工食共銀一百四十三兩四錢四分
康熙六年奉裁守道皂快刑廳皂隸燈夫工食共
銀二百五十五兩四錢九分　減故夫丁銀四兩
八錢七分二厘五毫六絲一忽四微四塵
原裁守道馬夫銀四十兩
原裁民壯一十一名正閏共銀八十兩五錢二分
原裁縣抽夫快工食剩銀二十九兩五錢八分一
厘五毫二絲
原裁主簿員役共銀一百一十八兩一錢五分六

厘五毫
原裁朝賀書儀例理行香紙燭銀六錢
原裁捕盜廳紅船水夫共銀七十七兩八錢八分
原裁本縣刷卷紙劄銀一兩
新裁本府鍾祥本縣歲貢盤費等銀三十九兩
減故夫丁銀八錢三分三厘四毫五絲
一優免丁例
准優免則例
順治五年三月二十七日戶部尚書巴哈納等題

一品免糧三十石人三十丁　二品免糧二十四石人二十四丁
三品免糧二十石人二十丁　四品免糧十六石人十六丁
五品免糧十四石人十四丁　六品免糧十二石人十二丁
七品免糧十石人十丁　八品免糧八石人八丁
九品免糧六石人六丁
查以上係在京官員優免例在外官員各減一半
其除教官舉貢監生生員各免糧二石人二丁雜
職省祭官承差知印吏典各免一石人一丁以禮
致仕者免十之七閑住者免一半犯贓革職者不

在優免之例如戶內丁糧不及數者止免實在之數丁多糧少者不許以丁准糧丁少糧多者不許以糧准丁俱以本官自巳糧丁照數優免但有分門各戶疎遠房族不得一槩混免

一湖州雜課

戶部項下

濟邊門攤商稅銀五十兩每兩京摃九厘該銀四錢五分內門攤銀二十三兩四錢五分京摃二錢一分一厘五絲 商稅銀二十六兩五錢五分京摃二錢三分八厘九毫五絲俱市住舖戶出辦

茶稅銀一十二兩每兩京摃九厘該銀一錢八厘俱商人出辦

工部項下

蘇鐵銀二兩七錢一分九厘二毫五絲一忽三微六塵八纖八渺遇閏加銀六分一厘八毫兩絲兩忽八微八塵今官莊內帶派

原額新增南湖水課銀一兩五錢 漁戶出辦

一班匠雜差

南京人匠除逃絕并重名外實在納班三十八名匠名一班該班每名納銀一兩八錢遇閏加銀六錢解司

解

北京人匠一十七名自行當班銀無定數

一藩租款項

潞藩

原額田七千七百二十九頃三十六畝九分二厘內萬曆九年清丈後民糧圈撥上中下四則田共五千一百四十三頃九十九畝八分三厘二毫四絲仍於前民糧內合總 又代夾沔陽實在田二千五百八十五頃三十七畝八厘七毫六絲於順治十六年奉文撥田二百一十五頃一十七畝八分八厘四毫九絲歸潛江 十三年撥田二百五十頃九十一畝二分一厘歸沔陽

實存撥圈代夾共田七千二百六十三頃二十七畝八分二厘五毫一絲

原額租銀一萬一千五兩七錢五厘六毫

原額加餉銀一千七百五十九兩四錢六分八厘五毫二絲五忽內順治六年撥租銀三百四十二兩二錢六分歸潛江縣 十三年撥租銀二百七十二兩一錢三分六厘餉銀四十四兩九錢二厘歸沔陽州就近徵解本銀外

本縣實存租銀一萬三百九十一兩三錢九厘六毫六毫

本縣實存加餉銀一千七百一十四兩五錢六分六厘五毫二絲四忽二項共銀一萬二千一百零五兩八錢七分五厘六毫二

絲四忽

楚藩

原額租穀地二百七十六頃四十二畝三分八厘四毫每畝科穀二斗五升

額穀六千九百一十石五斗九升六合每石折銀四錢六分六厘

本色大麥九十石奉典屯道親臨踏勘實係崩塌久荒無徵田八頃八十四畝四分減除原額無徵谷二百二十一石一斗

屯墾田八十九頃三十三畝八分八厘四毫二絲

額徵谷二千二百三十三石四斗七升一合五抄奉典屯道臨田履畝踏勘實係低窪減除虛額無徵谷一千三百四十石八斗二合六勺三抄每畝減谷一斗實徵谷八百九十三石三斗八升八合四勺二抄

草蒿牧牛田一十八頃五十三畝七分

額徵穀四百六十三石四斗二升五合奉典屯道踏減除虛額無徵谷三百九十七石六斗三升七合每畝減則泒谷三升五合四勺九抄一圭一粟實徵谷六十五石七斗八升八合

青草牧牛田一十四頃七十七畝九分九厘九毫

八絲

額徵穀三百六十九石四斗九升九合九勺

五抄奉典屯道踏勘減除虛額無徵谷三百四十八石一斗八升六合九勺五抄每畝減泒谷一升四合四勺二抄實徵谷二十一石三斗一升三合

以上奉例照屯則減除無徵虛額谷二千八十五石九斗六升五合八抄又崩卸無徵谷共二千三百七石六合五勺八抄無徵大麥九十石

原成熟田一百四十四頃九十二畝四分

原實徵穀三千六百二十三石一斗

原熟并屯墾草蒿牧牛共田地三百六十七頃五十七畝九分八厘四毫

實徵共穀四千六百三石五斗八升九合四勺二抄

該折銀二千一百四十五兩二錢七分二厘六毫六絲九忽七微二塵

原額楚藩租田六十三項一十八畝四分

額租銀一百七十三兩六錢一分

以上楚租原額舊熟新墾穀折價銀二千三百一十八兩八錢八分二厘六毫一忽九微二塵

順治十七年奉部文駁攤於成熟內一例徵解崩
御堤壓租銀一百三兩三分二厘六毫
以上楚租原額舊熟新墾併部駁堤壓共脊折價
銀二千四百二十一兩九錢一分五厘二毫七絲
九忽七微二塵

官庄
官庄地三十二頃七十八畝八厘
額租銀九十五兩三錢五分三厘五毫
柴灘夫銀七錢三分二厘五毫

加增九厘地畝餉銀二十五兩三錢五分八厘二毫二系
又帶泒蘇鐵銀二兩七錢一分九厘二毫五絲四忽
以上共官庄額租柴灘加餉帶泒共銀一百二
十四兩一錢六分三厘四毫七絲二忽

福藩
原全書外民糧上坐泒福租銀一十九兩三錢五
分六厘四毫 解費每兩九厘該銀一錢七分四厘二毫七忽六微 正費共一
十九兩五錢三分六厘七忽六微 每無免米一石泒銀九毫八絲七忽九微八塵九纖二渺

以上闔縣民藩潞楚官莊商茶稅水課班匠裁
鐵除減故夫丁銀外總共該銀四萬一千七百
二十一兩九錢八分三厘八毫八忽八微二塵
五纖九渺 照康熙七年步知由單開造

按賦役一書賦出於田役出於丁此定制也然田
有荒蕪則賦議蠲口有虧耗則役議賑此善政也
以定制裕國計以善政厚民生誠百年培植之良
法萬代鞏固之弘圖也然興利莫如除害遐困猶
在剔奸語云撫字心勞催科政拙是在　司牧者

釐正而舉行之爾

國朝賦役新全書終

一除五款康熙四年六月　日詳

湖廣安陸府推官史　爲地方困苦已極酌議興
除大端懇祈申詳以便官民事據此案照甲職於
本年四月内蒙　分守荆西道馮牌委赴景陵縣
均平里甲蒞於五月初抵該縣民糧改造推收挨
數均撥奈景邑頻罹水旱軍需之後民多逃亡一
里半皆空甲一甲僅存數戶皆由積猾蒐法恣奸
是以士民苦於賦役若不極力興除即均賦終屬
無益也甲職遍諮輿論亟蘇民命今據該縣鄉紳

公呈前情該甲職查看得呈内驛馬官喂官走錢
糧官徵官觧會經甲職於康熙三年二月内呈爲
景邑瘡痍未起等事條列四款内之二比徑逼詳
批允行縣在案而該縣竟未遵行者也既經鄉紳
舉貢呈請申詳前來合無懇祈　憲恩俯憐景邑
凋瘵已極興一利不如先除一害准飭該縣勒石
永遠遵照而後民不苦於苛政官亦不憂逋賦矣
甲職馳驅景邑再三且久民病吏弊知之最悉今
據公呈外酌其宜革而最切利病者理合并列於
後

一景陵額馬四十一匹額載工料銀兩合令該縣
恪遵履
旨官喂官走不許派累里民查縣屬乾鎮驛設有驛
丞一員舊係水驛距縣六十里今議將此馬即委
驛丞移住縣城兼理水陸驛務設立官廐督率馬
夫喂養走遞庶郵傳有專官不致推諉悞事且免
將來不肖有司又派里民之害其額該工料銀兩
據紳民公議恐差繁不敷情愿捐協亦屬急公前

此官不承喂祇因差浮於額所以諉之里役則病
在民今馬歸官養萬一差煩難支則病又在官亦
非長便久遠之計與其官不任受私派之名而使
小民暗賠不貲之費爲害尤深不若稍示通融俯
從衆議每年按數協銀誠官民兩便之術也至於
應支工料縣官按季給發不許延遲扣尅兵書積
棍不許使漁包攬如有此等及仍派里民喂走者
查訪告發官聽揭叅役拿處死遵依照印發循環
簿按日登填除勘合火牌外一槩不許討給至該

縣一應衙役斷不容仍前私差騎占違者與受同罪

一起解錢糧該縣向來一槩責之里民有原未徵足發空批而無銀者亦有批數多而銀不足者以致錢糧愆期批不迴銷屢煩催提動干參罰今議將該縣起運南漕二糧專責成縣丞經管同該經承書役執批起運其一切起解　司府銀兩俱令佐領官同該經承書役執批賫解勒限回銷俱不許僉撥里户護解不但小民無長途意外之虞與

短少包賠之苦且使錢糧得以依限解到一一俱有着落而永杜侵盜花費之獘矣

一收戶名色亟宜革除也各處俱係里長催督本里甲戶正供錢糧惟景陵不曰里長而曰收戶凡上下公私一切俱問之收戶所以里甲人戶一聞僉充則棄其墳墓田產而去卅心流離不思還故鄉者率由此也詢其故及閱歷訟牒中每一屆收戶云費數千金至於破家殞命而正供尚未足額竊因而比半是此輩聞之真堪泣下今擬將收戶

請　憲革除今後各里應輸大差者止稱里長催督各甲條餉應比不復以收戶之名目應付別項則從前相沿之陋規或可從此減除矣

一銀櫃宜減不必多設也景陵民糧六村二十五里漁糧五里共糧三萬餘耳查各里錢糧花戶原不到櫃俱係收戶彙收每日名為上櫃其實將一小匣搪克到晚各自攜歸私家夫以收戶自收已物則每日收納盡屬虛文今擬將民糧六村每村止許一櫃秤收漁租另設三櫃共八櫃足矣每櫃

高三尺用堅厚木料齊釘鐵裹硃封安置縣官二門以便士民輸納遲晚抬入內堂撥人同直櫃里長看守挨里輪流撥換每日花戶完銀里長秤兌明白即刻挨號先填紅簿給與合同印券券上仍用看櫃某里里長姓名真字圖書以便查對納戶將銀親投入櫃以防侵欺如完銀不即時眼同登簿或延展不給印券及券上不用圖書者告發定以監守枉法論罪不貸至於收銀紅簿每里按月置二簿請　道府印給櫃頭填寫一存縣官一

存里長上下放貯以杜向來割截勾抹之獘如是
則小民輸將絲毫盡歸公帑而剗紅改造妄派重
完可盡除矣
一補庫之名即係私派亟宜通行嚴禁也錢糧額
數載入由單此外分毫即係私派屢奉
嚴旨 憲禁何等諄切乃聞近來不肖官吏蔑視大
法乘向來軍興殷繁之際捏立補庫名色公然派
數徵比殊可駭異甚至私交小費亦皆逐事措尅
以致民力凋耗正供反絀雖今州縣未必盡然而

防微杜漸不得不總總通計并請 憲恩立法痛
革以厚民生即以裕 國計也 康熙四年六月日奉
總督部院張 批革去收戶名色衆甲公催之議
已據力詳餙行矣仰候 撫院批示繳
巡撫部院劉 批興利除害自是守土官分內職
掌况驛馬之官喂官走與解徵之官徵官解屢經
嚴餙各屬俱已遵行何獨景陵縣惟聽猾胥相沿
故習不恤災苦之民瘼故悖 憲行仰 守荊西
道嚴查仍將安刑官條議五款并質輿情議稟詳

核行
左布政使司劉 批歷來陋規剝民膏血閱之殊
堪髮指據詳各款悉宜以甦殘困仰嚴餙該縣實
力奉行勒石永為遵守繳
按察使司陳 批驛馬官喂官養錢糧官徵官解
久奉嚴綸何得復累里民至於收戶補庫名色皆
為不肖官吏藉端剝民獘政多設銀櫃明屬虛文
俱如詳嚴行禁革仰廳移會府正共加體訪一有
悖違即據實揭報以憑轉報提參仍通詳 司

道繳
驛鹽道饒 批條陳各款皆救世良藥具見平日
留心地方惟驛馬工料一款該縣原有額協何得
累及民間仰該廳嚴申餙仍候 院司詳行繳
分守荊西道馮 批據詳錢糧官徵官解設立銀
櫃而發收簿革收戶之名禁補庫之派皆切中弊
民疾苦亟宜勒石嚴禁永為革除惟驛遞一項自
應遵照官應官當但應否責令乾鎮驛丞管理必
須酌議妥詳請 兩院乃便委管至於差頻不敷

現奉院行止可據實語協不許藉通苛歛情愿協助之說不便准行仰安陸府酌議速報內有已經兩院允行者即嚴飭該縣勒石永遵繳（以上係批申詳）

安陸府知府張　批收戶大差久經禁革催糧則有里長而收糧則有官吏何得違抗　上行後生蠹獘至禁斥差役需索前示甚明并單開庫吏私派等項俱應立刻剔除仰該縣一面遵　督撫批允道府原詳刊榜申賫一面將呈內事情實見施行速速具報（批公呈）

安陸府推官史　批據呈革去收戶等獘俱從地方興除起見且條欵內多奉　各上臺嚴飭刊榜彰示以垂不朽何迄今未實舉行仰縣即會集紳衿里耆赴廟公同商酌速行均徭議妥以杜官民之累繳（批公呈）

禁約

總督部院張　禁約照得州縣錢糧屢奉嚴綸官徵官解夫馬官喂官走不許輪派當年里長苦累小民如州縣印官蠹役不肯恪遵力行許被害士民據實控告定行嚴叅懲處斷不姑饒

論曰夫聖王定賦中邦賢君取民有制值災荒則議蠲聞死徙則議賑其於損上益下之道亦何周至無獘也景陵田賦以明制考之洪武二十四年田地止三千八百九十五頃五十四畝四分至萬曆九年清丈共一萬八千一百四十四頃二十五畝四分其視明祖民田已增出六倍有奇也清丈後將現存田地一萬八千一百四十四頃二十五畝四分攤派秋糧二萬一千一百二十石零三升

七合三勺五抄六撮九圭亦可謂任土作貢者至十八年庚寅潞藩分封隨撥出漁銀四千六百一十一頃八十四畝四分九厘（除新攤及代夾歸入沔陽潛江在外）五所取租充膳應摘去秋糧五千五百一十八石三斗三升五合八勺一撮其民田實存一萬三千五百三十二頃四十四畝九分一厘應徵秋糧一萬五千六百一石七斗一合五勺五抄三撮九圭乃損此益彼之良法也分撥後主計者因田去糧虧照畝加額遂將合縣存剩民田通融起派每石

秋糧加三斗五升三合七勺一撮仍足原額二萬一千一百二十石三升七合三勺五抄六撮九圭其視初年民糧巳增出十分之三也加額役又帶派官米一千二百八十四石八斗八合九勺二抄又帶派夏稅米四百一十一石八斗一升三合四勺六抄八撮又帶派夏稅小麥六石三升九合九勺三抄六撮連前原額秋糧合總在內共起派至二萬二千八百二十二石六斗九升九合六勺八抄九圭其視九年民糧復增出一倍有奇也無何

萬曆四十六七八年加增地畝遼餉每畝田起派九厘每石糧起派三錢二厘二毫四絲除應徵銀一萬六千七百九十兩一錢九分一厘九毫八絲三忽八微二塵三纖五渺外復加銀六千三百八十三兩三錢二分九絲七微四塵九纖四渺其視十八年正餉又增出十分之四也嗟乎猶是景之田畝也猶是景之賦稅也今田去而賦不減賦存而餉迭加以益上則不足以損下則有餘豈其時地忽變滄變桑而天更雨金雨粟乎抑民自能神輸鬼運而樂於好義急公乎夫澤竭而漁聖主有禁履畝而稅春秋有譏此非於舊額所載大議蠲復不可者然以恤民隱則稱便以籌國計則未足而非所論於　本朝也　本朝允款盡蠲災傷屢捐前於漁租巳有濬洿代夫之除矣今於民丁又有丙山故夫之減矣此非古損上益下之聖恩乎伏讀　恩詔云照萬曆初年起科凡末年外派亦必非　當宁所樂聞也今普天皆土率土皆臣輿爲附益勿寧裁損然興除實由上人而通融自在

民間嗟乎將欲損之又烏得而損之也哉

土產

穀類

秔　蕎　黍稷　芝蔴　穤

稲　荳　大麥　小麥　粟

蔬類

葱　蒜　韭　薤　芹　王瓜　冬瓜　茭

茄　匏　芥　芋　藕　蔞蒿　蘿蔔　莧

菓類

杏　梅　梨　菱　蓮　橙　木瓜
柑　柿　棗　芡　桃　李　石榴

木類

桑　柘　楊　椿　楮
槐　柳　櫟　楝　樗

貨類

棉花　檾蔴　靛
苧麻　蠶絲　蜜

藥類

半夏　香附　益母　牽牛　車前子　豨薟
紫蘇　枸杞　瓜蔞　草蔴　桑白皮　蒿艾
金銀花　旱蓮草

草類

蘆葦　青蒿　稗

花類

菊　萱草　紫薇　芙蓉
桂　鷄冠　薔薇　木槿

竹類

鯉　鮎　鱔　蚌　蛤　鯿　鯮　鰻　鱧　龜
鯽　鰍　鱉　螺螄　鯖　鰱　鱖　鮰　蝦

羽毛類

鷄　鴨　牛　豕　驢　䧿　雉　鴉烏　鵓鴿
鵝　鳩　犬　兎　鷺　獐　鵲　鶺　翠鵁鶄

蟲類

蠶　蚓　蚱蜢　蝴蝶　蟋蟀
螢　蛙　蜻蜓　蝸牛　蝌蚪

按周禮荆州其畜宜鳥獸其谷宜稻漢書楚有江漢川澤山林之饒民食魚稻以漁獵山伐爲業果蓏蠃蛤食物常足故呰窳偷生而亡積聚飲食還

給不憂凍餓亦亡千金之家相如賦雲夢方九百里其南則平原廣澤登降陁靡案衍壇曼緑以大江限以巫山其高燥則生葴菥苞荔薜莎青薠其卑濕則生藏莨蒹葭東薔雕胡蓮藕觚盧菴閭軒芋其中則有神龜蛟鼉瑇瑁鼈黿此泛言其大槩爾惟史記云竟陵澤楚之材也陸羽自傳風土之美無出吾國皮日休云竟陵煙月似吳天又云重

蠶近岸無妨耶舴艋隨風不費牽處處路傍千頃稻家家門外一渠蓮復州廳壁記民足魚蝦之饒名賢文集化作蚕桑之俗魯文恪云景陵地最廣衍足牲鮮絲卉稻粱之利故志云以漁罟爲業而少積聚耕尚鹵莽雖廣種而薄收此則吾景實録有可考者也然景邑壤地褊小西北巖居則病乾東南澤處則苦潦土產不登物用多耗盂山君童而澤若焦矣抑地利偶値其變歟或物命弗遂厥生歟此則古今不相及之勢也昔公孫僑治鄭輿人誦曰我有田疇子產殖之張堪守漁陽百姓歌曰桑無附枝麥秀兩岐張君爲政樂不可支然則生聚之道富庶之風亦在乎爲人上者有以轉移之而已

景陵縣志卷之八終

景陵縣志卷之九

署縣事李　馨纂修

儒學諭易體震參補

邑人吳　㤗編次

秩官論　封建　守令　内史　防禦　司馬　知縣　判官　團練　將領　軍事　酒稅　訓導　署政　縣丞　主簿　典史　教諭　驛丞　訓術　訓科　僧會　道會

楚自祝融始封熊繹繼建而封建有可舉也春秋縣大而郡小戰國縣小而郡大秦漢以後漸設官司郡有守州有牧縣有令乃更設内史職掌邦志防禦鎮守封疆其秩最尊故列諸前若司馬則古治中也判官則古通判也與守令分治斯土而團練將領兼統兵機所以衛護地方所謂文武並用者也參軍則幕戎贊議國附其後焉若夫酒稅乃司榷而設亦不預政令其職漸早故殿諸後此宋元以前制也今制有知縣以總庶事有署政以遵代庖有縣丞以清軍防河有主簿以管糧攝牘有典史以捕盗治獄俱佐知縣爲理焉教諭司鐸訓導皷篋爲人材養育之本而巡檢驛丞各轄鎮市共理驛遞誰謂官小可畢乎術科備員調劑僧道

主司祝頌亦庶人在官者也

封建

唐虞夏商無考

周

鬬辛　春秋周敬王五十四年楚滅鄖封大夫鬬辛爲鄖公水經注竟陵城古鄖國也

漢

劉隆　水經注臼起東至竟陵秦以爲縣王莽之守平矣漢世祖建武三年更封劉隆爲侯國

劉平　東平城陽恭王後漢明帝永平中封竟陵侯其後嗣封者三代

劉貞　劉平子嗣封竟陵侯

劉禹　劉貞子嗣封竟陵侯

劉嘉　劉禹子嗣封竟陵侯

晋

桓宣　銍人孝武時建元年封竟陵男後封[illegible]

趙倫　義熙十四年封霄城侯

司馬懋　義熙年封竟陵郡王

南宋

劉義宣　元嘉元年封竟陵侯

吳嘉遷　孝武帝時封竟陵侯

劉誕　封竟陵郡王知宋主見忌有異志假而事覺宋主収付廷尉貶爵爲侯遣之國隨襲之誕逐反詔沈慶之帥衆攻克誕走追及斬之

沈攸之　破誕軍時上遣送章二紐其一曰竟陵開國侯食邑一千户募賞禽誕

蕭道成　元嘉年封竟陵公元嶶末年封竟陵侯

鄧琬　元嶶四年封雲杜侯

薛淵　元嶶末封竟陵侯

劉道遴　宋高祖中弟封竟陵公食邑千户

吳喜　臨安人南宋明帝時封竟陵縣侯食邑一千户

薛珍　南宋蒼梧王時人元嶶時封竟陵縣侯

劉懷珍　建元元年改封霄城侯

褚炫　建元元年出爲竟陵王

周山圖　世祖朝遷竟陵王

汝南公　隆昌三年改封霄城公

齊

蕭子良　初封聞喜公進爲竟陵王

按子良字雲英齊武帝第二子也永明二年齊以竟陵王子良爲司徒良少有清尚傾意賓客范雲蕭琛任昉王融蕭衍謝朓沈約陸倕並以文學見親號曰八友柳惲王僧孺江東范鎮孔休亦預焉猶篤好釋氏范鎮盛稱無佛子良曰君不信因果何得有富貴貧賤鎮曰人生如樹花同發隨風而

散或拂簾幌墜茵席之上或開籬壁落糞溷之中墜茵席者殿下是也落糞溷者下官是也貴賤雖殊因果何在鎮又著滅神論以爲形者神之質神者形之用也神之於形猶利之於刀未有刀沒而利存豈容形亡而神在哉

蕭昭胄　齊宗室也永泰元年封竟陵王

梁

曹景宗　字子震新野人以胆勇聞頗愛書史梁武帝表爲竟陵太守及帝起兵聚衆從之累功封湘西縣侯除郢州刺史加都督封竟陵縣侯

柳慶遠　天監六年封雲杜侯

王令則　天監十年封雲杜開國侯

王圓蒲　天監年封竟陵王

范雲　天監元年以佐命功封霄城侯

北齊

李欽祖　武平中封竟陵王

杜伽　封竟陵公

後周

稽胡　武城十年封竟陵公

楊忠　弘農人周封隋國公食邑竟陵一千户以其祖賦

楊堅　忠子也嗣食竟陵後進爵爲王大定元年篡位

楊惠　忠弟也封竟陵縣公

叔裕　杜陵人字孝寬以字行周武帝封鄖國公古竟陵爲鄖國也

常總　叔裕子也嗣封鄖國公

隋

楊瓚　勝穆王也封竟陵侯

楊垣　隋宗室大業間封竟陵王

唐

殷開山　鄠人唐高祖時從征有功封鄖國公

褚亮　杭人封鄖國公

韋安石　京兆人武后神龍元年封鄖國公

明

廖永安　明洪武十三年封鄖國公

按景陵爲鄖爲竟陵自鬬辛始封在竟陵有古大城其餘自漢以下雖爲公侯爵邑大抵皆遥授而已未嘗建國也或云古爲風氏國未詳名爵不敢妄書

守令　舊志守令但列其名不載其事且有遺其名而軼去之者真缺典也今遍採諸書補所未備云

晉

杜曾　爲竟陵郡太守　懷帝永嘉六年胡亢聚衆於竟陵自號楚公以杜曾爲竟陵太守按晉時愍帝朝永嘉之亂曾自稱南中郎將領竟陵太守與弟吾猗分據沔漢時陶侃新破杜弢乘勝擊曾司馬魯恬曰古人戰爭先料其將今諸無及曾者未易可逼也侃不從進軍圍之於石城時曾軍多騎而侃軍無馬曾密開門突侃陣出其後反擊其背侃遂敗

李陽　爲竟陵郡太守　成帝咸和二年從陶侃庾亮破蘇峻於石頭六年拔石虎將郭敬所陷新野後石虎以夔安爲大都督寇荊揚北鄙攄江夏圍石城李陽拒戰破之斬首五千級

鄧遐　爲竟陵郡太守　哀帝隆和元年守竟陵按遐字應遠陳郡人平南將軍嶽之子也勇力絶人號爲名將沔水有蛟爲害遐揮劍入水斬之

羅崇　爲竟陵郡太守　海西公時守竟陵泰和二年燕慕容塵寇竟陵崇擊破之又與荊州刺史桓豁攻宛城拔之留兵戍宛而還

桓石虔　爲竟陵郡太守　簡文帝朝任按石虔小字鎮惡譙國龍亢人征西大將軍開府桓豁之子也有才幹趫捷絶倫嘗赴袁真於壽陽又擊苻堅將王鑒於

石橋除竟陵太守苻堅使梁成閻震率衆入寇竟陵石虔與郭石民拒之

桓石秀 爲竟陵郡太守 孝武帝咸安中爲鷹揚將軍同時與桓石民戍夏口攻梁成於竟陵按石秀幼有令名風韻秀徹博涉群書尤喜莊老獨處一室時人方之庾純簡文時父豁爲荊州請爲鷹揚將軍竟陵太守非其所好也

趙統 爲竟陵郡太守 孝武帝泰元九年桓冲遣趙統攻襄陽荊州刺史桓石民復遣兵助之

謝邃 爲竟陵郡太守 元興二年

魯軌 爲竟陵郡太守 安帝義熙十一年守竟陵軌父宗之不爲劉裕所容軌起兵擊殺裕將後犇泰秦臧降於魏

劉遵 爲竟陵郡太守 安帝朝

南宋

劉粹 竟陵太守 粹字道冲沛郡蕭縣人武帝朝討司馬休之時粹以憂去職起爲寧朔將軍竟陵太守從水軍入河後以佐命功改封建安縣侯

檀祇 竟陵太守 武帝朝金鄉人除不拜

趙伯符 竟陵太守 伯符字潤遠下邳僮人少好弓馬武帝永初間爲竟陵太守時竟陵蠻屢爲寇伯符征討悉破之繇是有將帥之稱

劉道濟 竟陵太守 永初間

申謨 竟陵太守 申謨字公休魏郡魏人也世祖時守滑臺爲魏所役後得還元嘉中爲竟陵太守一云申恬

孟巳宗 竟陵太守 巳宗平昌安丘人文帝永初間嗣祖

懷王父慧熙爲竟陵太守中大夫

宗珍之 竟陵太守 永初間

殷道鸞 竟陵太守 文帝元嘉三年

劉德源 竟陵太守 元嘉間大舉北征竟陵太守劉德源藉荊雍之勁攬郡師之鋭直繇武關稜威震衆

夏侯恭叔 爲竟陵令 宋孝武帝孝建元年譙國人夏侯恭叔爲竟陵令惠化大行木生連理上有光如燭人咸謂善政所致

魯軌 竟陵大夫 明帝朝

劉德竟陵大守

劉義宣竟陵刺史元嘉二十七年二月壬辰白兔見竟陵刺史南譙王義宣以獻

蕭齊

曹景宗竟陵太守景宗字子震新野人以胆勇聞頗愛史書每讀穰苴樂毅傳輒放卷嘆息曰大丈夫當如是永元初表爲竟陵太守及武帝起兵景宗聚衆從軍帝至竟陵以景宗爲右衛將軍梁天監二年封竟陵侯

劉懷珍竟陵太守懷珍字道玉平原人漢膠東康王後也初隨江夏王劉義恭爲叅軍明帝詔還爲輔國將軍封艾縣侯出補竟陵太守

裴果竟陵太守材能斷决申理屈滯

房僧寄竟陵太守齊建武四年薛元嗣榮栢相率入郢城房竟陵太守被代還至郢東昏侯勅僧寄守之永元二年將還建康至郢梁武勅留守魯山除驍騎將軍

蕭梁

康絢竟陵太守絢字長明藍田人天監元年竟陵太守魏圍梁州刺史王珍國請救絢以郡兵赴之魏軍退

韋放竟陵太守字元直京兆杜陵人輕財好施武帝時天監中轉假節明威將軍竟陵太守守郡和理爲吏民所稱按放乃韋叡子也本性嚴挫豪右或以獻爲竟陵太守者誤

孫萬竟陵太守梁武帝大清二年以郡叛入於魏萬尋以竟陵郡歸太平二年復爲郡守

裴邃竟陵太守邃字淵明河東聞喜人天監中竟陵太守開置屯田公私便之

王僧辯竟陵太守辯字君才太原人梁太清中竟陵太守湘東王繹遣僧辯及鮑泉擊湘州辯以竟陵部未即赴求緩期繹疑觀望斫中其髀後意解得不死尋出之辯代鮑泉克湘州封長寧公卒平侯景之亂後爲陳霸先所襲被殺長子顗承聖初位侍中魏尅江陵隨王琳入齊爲竟陵郡守

栁仲禮竟陵太守仲禮河東解人簡文時司州刺史淵

東王繹與岳陽王詧爲敵詧求救於魏繹使仲禮鎭竟陵以圖詧及南陽圍急杜岸請救仲禮帥衆於安陸竟陵郡守孫嵩以郡降於魏仲禮乃使司馬康昭如竟陵討嵩嵩降仲禮命其將王叔孫爲竟陵太守而以輕兵師於漴頭將侵襄陽詧告急於魏魏遣楊忠援之仲禮敗没王叔孫因斬嵩以竟陵降於魏

後周

裴果 復州刺史 字戎昭河東聞喜人保定五年復州刺

史性嚴猛能斷决每挫抑豪右申理屈滯歷牧數州號爲稱職

隋

李信則 復州刺史 文帝時任

裴寛 知復州守事 寛河東聞喜人開皇元年爲沔陽刺史後行復州事

王懐珍 竟陵縣令 瑯琊臨沂人

唐

狄仁傑 爲復州刺史 字懐英并州大原人舉明經中宗時豫州刺史初寧相張光輔討越王恃功多暴仁傑拒之光輔怒還奏傑不遜左授爲復州刺史民仲之爲立生祠 柳文以丞相貶復州本傳作吉州

齊物 爲竟陵太守 隴西人唐玄宗天寶間爲河南尹坐李林甫言朋黨貶爲竟陵太守嘗見陸鴻漸於伶人中異之捉手拊臂親授詩集其事見陸羽自傳中

崔國輔 爲竟陵守 天寶中由禮部郎中出守竟陵與邑處士陸羽遊處凡三年贈白驢烏犎一頭文槐書

函一枚其事見陸羽自傳中

李復 爲竟陵守 前太守李齊物子也齊物爲復州守生子於守之日故名復亦爲是郡太守周愿詩八十年前棠陰樹竟陵太守公先人

周愿 爲竟陵守 牧守竟陵因遊西塔寺著三感說畧云愿曩時爲南海連率李公復從事公詔移滑臺予又爲幕下賓從容兩地七改星火而愿材貌卑薄亦爲刺史隴西短齡物故予感一也隴西先人諱齊物嘗爲竟陵郡守公生於守之日故名復嗚呼

愿以散揣忝公先人之州徃爲子僚今刺父郡其感二也愿類歲與太子文學陸羽同佐公幕羽自傳竟陵風土之美無出吾國予今牧羽國憶羽之言不誣矣我州之左有覆釜之地中立塔廟蓋陸羽之本師像也予作楚牧因來頂中道場白日無羽香火其感三也

盧虔為復州守 唐孟郊詩知音不韵俗獨立占古風忽掛觸邪冠逺逐南飛鴻肅肅太守章明明華轂躬高山無平路楚水有驚濼

崔評為復州太守 唐韓愈送崔復州序大丈夫官至刺史亦爲榮矣然小民苟有不得其所能自直於鄉里者鮮况能自辯於縣吏乎能自辯於縣吏者鮮况能自辯於刺史之庭乎賦有常而民産無恒水旱癘疫豈約懸而歛愈急吾見刺史之難爲也崔君爲復州其連帥則于公崔君之仁足以蘇復人于公之賢足以用崔君有刺史之榮而無其難爲者將在於此乎愈甞辱于公知而舊遊於崔君慶復人之將蒙其休澤也於是乎言

寔公輔復州刺史 宣宗時任

董元素為復州刺史 唐宣宗咸通中開五華山石堰渠

裴讓權知縣事 唐會要曰宣宗大中五年十二月景陵有賊獲神門戟架六年四月以裴讓權知縣事後有知縣名自此始 按裴讓州志已辯其誤唐時無景陵縣名亦無知縣名蓋宋時事也今附見此　又唐賓使君有境會亭無考附見此

後梁

劉玘復州刺史 玘汴州雍丘人爲襄州都指揮時山南

節度使王班爲亂軍所殺玘擒亂軍以功拜復州刺史

鮑唐復州刺史 梁均王貞明五年爲武昌節度使李簡所執

後唐

郭延魯復州刺史 沁州綿上人以蕪平自厲時刺史皆武夫恃功縱害獨延魯在復州與其父饒在沁州獨以善政特聞

鄭肇復州刺史 見晏殊類要鄭肇建望仙樓在復州城

上不知何時人
後漢
王彥超復州刺史宋太祖謂曰曩在復州朕往依卿何
不納對曰臣一刺史耳勺水豈容神龍上大笑而
罷之
宋
朱昂知復州事字舉之潭州人富文學有清節宋太
宗端拱二年以轉運使直秘閣出知復州在州多
紀述昂富文學有清節後爲工部侍郎與弟協皆

致政歸時人以比二䟽
魏丕領復州事字齊物相州人宋太宗淳化五年領州
事
劉師道知復州字損之開封東明人真宗時任能敏
於吏事所至有聲吏民畏愛之
陳堯咨知復州雍熙中知復州
李渕復州刺史
李皎
李仁肅

杜珽
李夷吾竟陵太守
岑靖復州刺史
于敏之知復州爲政有治績
肅勉復州刺史
鄭武竟陵令
鄭儒復州刺史
王寘知復州守字子玉成都華陰人宋仁宗景祐時刺
復州守治効顯著稱爲循吏嘗建夢野奇觀亭賦

詩云風迷楚客傷春野山瞞荆王夢雨天一云琪字君玉
郤州人
唐介改知復州字子方荆南人舉進士宋仁宗朝以言
屢貶改知復州書問未嘗至京師召爲殿中侍御
史帝嘉其不易所守宋名臣言行錄云改復州未至召充御史今從本傳
張堈知復州宋哲宗元符中知復州張耒贈詩風流
家世仁人后豈弟歸謡是俗傳
万俟湜刺復州宋徽宗大觀中刺復州公勤清約有
[illegible]政州人稱之曰前有王琪後有万俟

李森出知復州宋徽宗宣和時御史中丞以劾王黼罷黜知復州

李宏知復州紹興元年

何文度知復州南宋高宗紹興二十七年知復州得蘭亭石刻於民間明初祭酒南昌胡儼有記

胡儼記定武蘭亭石刻鑴損天流帶右四字然又有肥瘦二本而鑴損者乃瘦本爲真定武後復州以此本重模亦鑴損四字其字極瘦王順伯尤延之爭辯如聚訟然復州風韻更勝　復州裂本首

六行斜裂第一行闕會字又永字與二行會字三行畢字四行修字五行爲流二字六行弦字正當裂處十三行因字内改筆作小伸字十七行向之字差大二十五行視昔下二字作圖夬字上露初也字末行文字稍重乃景陵郡齋故物湮沒民間何文度搜訪得之　蘭亭諸本當以復州本爲勝次豫章本次劉無言本次北京本其他皆不及也

焦維正知復州紹興十二年部長吏修繕境内祠廟焦侯曰莫先於庖犧氏矣鳩工闢事肅給告成胡寅有記

張適道知復州呂本中詩聞道復州賢太守只如前在武陵時摽逢未說爲州樂所至先傳喜雨詩

王友直改知復州高平人宋紹興中以節度改知復州

施子仁知復州宋理宗端平中元兵陷復州子仁死之

王知新知復州宋理宗寶祐中知復州作煙雨樓有詩

翟貴知復州宋度宗咸淳十年安撫翟貴以城降元

翟黃知復州宋度宗時任按故志貴與黃同時同官考諸書無黃疑即貴也併存俟考

楊邦憲知復州度宗時任

元

白景亮知沔陽字明甫南陽人明法律善書筭至正間遷沔陽府尹景陵至府河頗迂乃於縣南闢漕便河徑達漢江掘土得石有白公溝三字民咸異焉又作浮橋以利涉民德之奏聞於朝特詔褒美賜以宮袍

忽都不花（知沔陽）順帝至元四年戊寅沔陽郡守安伯寧監縣忽都不花同教諭傅珪修建景陵儒學

傳與礪送安伯寧詩水郭春爲市沙村夜種田鷄栖桑雨外魚網荻風前山獻荊人璞江通郢客船使幡當任過賓筆腦花傳

內史（內史掌邦國之志小雅棸子內史古者太史類也主掌國典書記）

晉

朱祠字仲文安陸人少爲吳牙門將武勇口訥以謙恭稱張昌之作逆祠倡義討之破陳敏以功封亭侯隨陶侃討杜弢有功夏口之戰祠用鐵面自

衛以弩射大帥數人殺之賊箭中其頸氣色不變加廣威將軍領竟陵內史及王曾弟廙代侃爲荊州牧遣祠歸楊口壘爲杜曾所圍說之降祠答曰吾年六十餘不能與卿作賊吾妻當南歸付汝仍還甑山

劉宋

殷道鸞　文帝元嘉年除竟陵內史時下詔討謝晦晦謀舉兵道鸞未之郡晦以爲諮議參軍以弟遜爲冠軍竟陵內史

劉道濟　文帝特初爲車騎從事中郎元嘉三年討謝晦以道濟行竟陵內史

臧質　元嘉年竟陵內史按臧質字含文東莞莒人初爲建平太守甚得民心

王僧達　元嘉年補竟陵國典書令（按此與內史同）

薛安都　安都河東汾陰人守歷陽亦功孝武朝爲竟陵內史遷輔國將軍

蕭梁

曹景宗　建武三年爲竟陵內史

長史

唐

陳璠　復州長史

防禦（唐時始置防禦使以總軍旅其權與節度等宋後改爲諸軍轉運使惟總兵權而已）

晉

吳廓　字寶川鄭州盧縣人晉高祖以爲復州防禦使

漢

王彥超　臨清人漢初爲復州防禦使宋太祖依

之不納後登極問之謝曰臣當時亡刺璩句參
睿神龍上笑罷之

宋

梁延嗣　京兆長安人勸高繼冲納土太祖嘉之
授復州防禦使

陳規　熙寧間爲復州鎮撫使　按此時防禦使同

岳飛　紹興四年除荊南鄂州兼復州制置使　僞齊遣李成挾金人侵飛奏襄鄧爲恢復中原本當先取之高宗諭趙鼎善其言遂授復州制置使

王友直　字聖益博州高平人紹興三十三年爲

淮遇金兵協不襲擊自陳改爲復州防禦使

司馬　晉有治中爲司馬唐初復曰治中後改司馬

王延陵　唐宣宗十二年以建州刺史不職貶復
州司馬

姚顗　字百真京兆長安人少懃不修儀光事梁
爲翰林學士中書舍人唐莊宗同光元年坐累貶
復州司馬

判官　唐宋有判官之名宋時復置判官州亦置判官掌知府公事須通判簽議方可行下

宋

趙保忠　咸平中移判復州

唐淑問　字士憲唐介之子皇祐間通判復州

下詔　刑部熙寧間以坐受刑名勅不即下貶判
復州

團練　長興間有防團練推官宋因之爲軍府官理軍事團練使

宋

高文虎　寧宗慶元年責復州團練使

鄭剛中　紹興十八年責亳州團練使復州安置

呂文復　咸淳五年責復州團練使雷州安置

楊邦憲　度宗德祐元年加至思州兼復州團練

田謹賢　德祐元年加知播州兼復州團練趣兵
入衛

翟國榮　咸淳八年九月爲復州副將兵禦元人
戰於爛泥湖兵敗死之十月贈復州團練使立廟

復州官共二子

將領

晉

杜曾　永嘉之亂曾自稱南中郎將領竟陵太守

桓石秀　桓冲子爲鷹揚將軍竟陵太守

梁

王茂　中興元年梁高祖至竟陵命王茂曹景宗爲前軍進逼郢

宋

張榮　荆湖宣撫使吳獵將開禧二年將兵援竟陵金人再犯竟陵榮死之

軍事　唐有總管後有參軍宋制禁軍以州領軍事

劉宋

柳元景　元嘉間兼竟陵諸軍事

劉道産　元嘉間督竟陵軍事

劉渾　孝建元年督竟陵諸軍事

劉延孫　持節監郢州竟陵軍事

劉休茂　封海陵王太明三年都督郢州竟陵軍事

劉子仁　封永嘉王太明五年監郢州竟陵諸軍事

劉子勛　封晉安王太明八年都督郢州竟陵諸軍事

蕭緬之　都督郢州竟陵軍事

劉長懋　文惠太子昇明二年都督郢州竟陵軍前事

袁顗　督郢州竟陵諸軍事

蕭齊

蕭道成　建元初督郢州竟陵軍事

蕭鏘　鄱陽王建元四年都督郢州竟陵軍事

蕭子懋　晉安王永明十一年督郢州竟陵軍事

曹虎　隆昌元年都督郢州竟陵軍事

劉繪　都督郢州竟陵諸軍事

蕭梁

蕭詧　大同元年持節都督郢州竟陵諸軍事

張法安　中興元年梁高帝命以中兵參軍守竟陵城

張纘　泰清二年都督郢州竟陵諸軍事

唐

張公素　咸通中以節度使貶復州司戶參軍

宋祁　仁宗時初釋褐領復州軍事推官孫奭薦
之

酒稅

宋

王益柔　字勝之河南人伉直尚氣善論天下事
皇祐間以集賢校理黜監復州酒稅

張耒　字文潛楚州淮陰人幼時有才名年十七
作函關賦蘇軾愛之弱冠第進士歷遷秘書丞著

作郎史館檢討擢起居舍人紹聖初知潤州坐黨
籍謫監黃州酒稅熙寧間徙監復州酒稅作馮軒
以居植薔薇其間

附雜職椽　竟陵椽劉諷夜投空館有三女郎至
歌曰明月清風良宵會同星河易翻歡娛不終綠
樽翠杓爲君斟酌今夕不飲何時歡樂忽有黃衣
人曰婆提王屈娘子速來女郎皆起明日拾得翠
釵數隻今按椽即邑吏也附見此

知縣　知縣事始於宋以京官知縣事總治[illegible]
凡事皆掌之元初有達魯花赤一[illegible]

監縣復兼勸農以蒙古人充職又縣尹一員
號爲司判正官兼勸農事明則設知縣一員

明

張天麟　荆門人洪武甲辰任與指揮李瑆修築
城堞協力保障有功於民子孫因家焉

嚴貞　秀水人一云秀才洪武中任廉介有爲政
政愛民

宋彦　北直通州人洪武中任

任英　陝西鳳翔人洪武間任

方泉　直隸和州人洪武中任

楊季安　字懷忠江西安福人由監生宣德中知
本縣原縣地卑永樂間大水城邑俱壞公大修護
城隄防水患遂息士民德之

孫璦　建德人

顧行　字正道南直江陰人由監生正統間修理
學校整築塘垸士民慕之

吳傑　祥符人正統間任

梅魁　字應春山東臨濟人由監生正統間任

魏甫　字時中直隸鳳陽人由監生景泰年任

陳敬　字立之直隸吳縣人景泰中由教官舉

殷孟應　江西吉水人由教官舉祭酒魯鐸有[illegible]嚴司訓罪縣[illegible]詩雙鳥飛髡問五華持符鸛雀兆龍蛇先將酒水當壚杏種作河陽滿縣花晚日芳臨諸池館春風保障萬人家遷陞會有賢良政不待井烹陸羽茶

賴英　江西安福人由監生天順間任

秦敬　字惟一南直吳縣人由監生天順間任

張繼宗　字善慶直隸興化人由監生成化十六年知本縣豈弟有持守終始如一秩滿致仕人有遺思焉景陵自洪武己巳年水決城壞公重築土城云

姜綰　字玉卿江西弋陽人由進士成化庚子知縣時制度簡陋蠹弊嘶深公既捜剔復爲規畫巨細畢舉興學墾田民懷吏畏尤以文章飭吏事有所創制輒爲記述始創修景陵縣誌六年之間文治蔚然擢南京監察御史累官河南按察司邑祭酒魯鐸詩黃甲新題郎制符頃令海內說名譽民從教後渾無訟吏到門來亦讀書闕下草麻深眷顧舟中行李自蕭踈只分便是門墻隔翹首西風思有餘則姜侯可知矣　又邑進士劉臨孫授弋陽令爲姜侯詩桐鄉來是匪無源塚墓家園細細存併昜應猜同馬處碑殘猶記過車門先生自厭衣冠孝移爲能知稼穡尊景水弋山盟兩地他年付與史童論

田俊　山東冠縣人由監生成化間任

湯貴　字朝瑞江西永豐縣人由舉人弘治年修築城堤又建保障亭於清河橋

經邦　字世用浙江仁和人由監生弘治間任

周端　字德莊揚州高郵人由鄉貢弘治戊午知縣爲人整飭賦性嚴介扶善鋤惡遇事敢爲廢弛之餘政賴修舉卒於官民哀之如失所恃焉

左輔　寧國涇縣人由進士正德丙寅知本縣政尚平恕不事表暴盡心撫字民服其化有古循吏風

徐環　望江人由舉人正德十三年任

陳良玉　字德夫四川富順人由進士正德辛未知縣識度深遠操履芳潔事無易劇必審的而後發無不奇中人咸服其公明時單車出行田間勸課農桑循注意學校暇則與諸生講論日晏不倦士皷舞其教而邑城多圮至是大舉築甃期年而畢雉堞堅完民無勞費徵爲監察御史未幾卒是

人思之
來亨　河南汲縣人由貢士正德乙亥任性剛直
是非無所回撓孜孜以裕民爲事上官遣之至縣
門者但入其牒需求一無所與里甲月費不過錢
計然亦坐此不便僅一年間罷去惜哉
李東　字元震番禺人由舉人正德中任修堤防
又修廟學遷興國知州
周申　字文伯眉州人由舉人嘉靖二年任
朱相　字汝弼南充人由舉人嘉靖五年任

張珩　字廷珂漢州人由舉人嘉靖八年任
江宇　南豐人由監生嘉靖十年任
張賀　福建福州人由舉人嘉靖十二年任存心
愛民惜任不久
封祖裔　雲南滇陽人由舉人嘉靖十四年任職
業修舉政聲列著嘗建鍾秀樓卓泉亭後行取欽
除工部主事去
高第　雲南廣東衛籍徐州碭山縣人　由舉人嘉靖十七年任
張確　江西安儀人由監生嘉靖十九年任

[illegible]應和　福建長樂人由舉人嘉靖二十一年任
時值僉憲柯喬改移城外新儒學同心協助有功
名教後以致仕去任
李仲僎　廣東桂林籍北直饒陽人由舉人嘉靖
二十四年任撫按薦獎修儒學敬一亭石欄杆後
遷辰府通判累遷戶部員外邑有去思碑
夏汝礪　廣西融縣人由舉人嘉靖二十八年任
寬平不擾建儒學大魁亭未幾以憂去
黃子靜　直隸歙縣人由監生嘉靖三十年任

況國奇　江西奉新人由舉人嘉靖三十二年任
清白嚴肅吏民畏服但執性用剛未幾罷去
李廷纘　福建懷安人由舉人嘉靖三十四年任
明斷服人不踰年以憂去
李文蔚　雲南石屏人由舉人嘉靖三十五年任後政教去
丘宜　字汝中江西新建人由舉人嘉靖三十八
年任祇蒞政績壁陛簡供億權郵遞修學校甦里
役糾嚚濫諸廢悉舉重修景陵縣志書

周徹爵　雲南人由舉人嘉靖年任
魏洋　許州人嘉靖末年任
方粱　字星野江西弋陽人由舉人隆慶三年任
羅應鶴　歙縣人由進士隆慶六年任
李濂　四川合州人萬曆二年任
羅繼韓　南昌人由舉人萬曆四年任
陳大統　會稽人由進士萬曆七年任
陳席珍　字君聘號立軒四川富順人由庚午舉人萬曆七年任奉例清丈復沔侵界編簽里甲征輸無遠時絶甲田產旁郡皆勒民上直公毫無所問又修築堤垸水不爲害民樂其生侯冢嗣請聖佐中萬曆乙酉鄉試今邑有去思碑

程子諫　南直歙縣人由舉人萬曆十四年任時奉新旨改正虛糧侯將本縣田地頃畝稅糧捐俸勒石永爲定例至今碑存儀門前
應廷良　浙江永康人由舉人萬曆十七年任
林雲龍　字以升晉江人由舉人萬曆十九年任清正愛民多善政以外艱歸士民有去思碑

董梓　懷寧人由選貢萬曆二十三年任
朱濟卿　江西廬陵人由選貢萬曆二十六年任
周載仁　廣西平樂人由舉人萬曆二十七年任
趙天民　江寧人由舉人萬曆二十九年任
梁從輿　號萊庭廣東南海人由進士萬曆三十年任公下車問俗極意撫循興學重士平圖均里修堤繕城鋤强剔奸吏服民愛在任三年偶疾不起有去思碑
朱有年　由貢士未久去萬曆三十四年任

劉繼禮　字公立號文庭四川宜賓縣人由進士萬曆三十五年任至誠愛民清白無私歲饑發帑賑困復捐俸三百緡爲完逋賦襄郢水漲大璫欲由防有害於景公毅然爭之後以漁稞事請下所司徵解因忤分巡不得意遂請假養毋決意掛冠而歸士民攀轅號泣公亦揮涕而别立生祠以誌去思
李守廉　字淡園四川綿州人由舉人萬曆三十

八年任重士愛民後遷鞏昌通判以清白聞
王光裕　字岷莪四川廣安人由進士萬曆四十
二年任陞歸州知州
朱洧　福建人庚子舉人孝亭族孫萬曆四十五
年任本年卒
李良卿　人由貢士萬曆四十六年任未久
去
程維秩　字簡子四川富順人由舉人萬曆四十
七年任公下車問俗興利除弊善政良法粲然具

舉請改南折永賴其惠入覲日上疏請減遼餉上
大司農書爲全楚請命造福不獨景邑也公吏治
必本經術有擩諧傳於邑至今思慕不忘云
任贊化　字参之山西聞喜人由進士天啟五年
任公在棗陽以循良稱邑中諸顯秩在長安力請
於典銓者迺調繁來景陵是時積逋如山催檄若
雨公聲色不動取細戶册次第布之華完糧立里
戶平設六櫃許納戶自完四季限比火耗襍費悉
除觧閘後躬籌漕米而糧署椽吏不得高下其手

設官傾解邊餉毫弗累及里役後委教諭游支聚
修舉邑誌治績逐奏第一擢取北監察御史後士
民德之立五不朽碑至今在縣治前
楊一儁　字乂起號五華四川隣水人由進士崇
禎二年任公材力敏決揮霍有爲修城濬築隄防
飭學校均里甲以卓異稱行取南直漕務御史
陳六奇　號臘升南直上元人由舉人崇禎八年
任
奚士龍　字賡之號公霖南直華亭人由進士崇

禎十一年任與士民不協掛吏議而去
吳第　福建晉江人由進士兄弟五人俱登科第
崇禎十四年任十六年城破逃去
國朝
魏人傑　山東曲阜人由貢士順治四年任
張含輝　山西安平人貢生由沔陽州判順治五
年任
汪漼　江南上元籍由進士順治六年任清銳英
特卒於任邑人惜之

賽鳴玉　字楚珍遼陽人由貢士順治八年任公
吏治精敏緩征省刑調劑有方招徠流亡瘡痍漸
復凡客兵臨境多方安輯地方不擾捕水寇弭火
灾修城樓築隄防善政畢舉民甚德之而猶注意
學校培養士子故科目鼎稱蔚起陞滁州知州去
之日士民攀留不忍捨有去思碑
項王符　字嵋雪浙江秀水人由貢士順治十五
年任因謝病告歸
任鴻業　山西太同人由貢士順治十六年任甫

三月卒於任
劉毓賓　字觀光北直玉田人由貢士順治十七
年任
陶襄　字大復浙江秀水人由貢士康熙三年任
顏象龍　字三暢江西安福人由進士初任寶慶
府推官奉　綸音改授景陵縣康熙七年任
署政　舊志鈌署政熊畧也盖官不必備惟其人也今人存則政舉烏得不布諸方策已乎
李馨　字蘭若陝西臨洮府狄道縣人由貢士選
授京山縣丞康熙六年奉各　上臺委署景陵現
任
按景陵近年糧無畫一民多凋殘　郡伯張公諱崇
德親蒞下邑目擊時艱嘉惠賑貸民有起色爰揀
廉能
李公署理縣政請於　憲咸賜允授茲專城緯有
治聲甫下車招徠流亡撫循里役力行新頒　官
當良法錢糧官徵官解夫馬官喂官應令勒石通
衢永遠遵行復優禮　縉紳培植學校整飭團甲
清覈田賦大正名分嚴逐衙蠹汰免贖鍰勸諭輸

納惠政仁規莫可縷陳闔邑士夫里耆有仁政歌
輿誦録德譜絃聲郢屆坤伶刻有過化録
李父毋治績序　附　　邑翰林院檢討譚篆撰
今上御極親政之年念民為邦本必使家給人足
安生樂業始可以爾太平之化爰　詔内外文武
臣工直陳因革事宜關民生計者一時昌言充庭
有利必興有害必除海宇殷殷待治思躋休於唐
虞三代之盛矣然親民之吏莫如司牧自功利競
而澹泊寧靜之學不講因之逢迎瞻顧習於便媚

而貿心任事潔已愛民之人遂不可多覯狂瀾全
注此倡彼和之時不期有　關西李公力執聖賢
之行毅然爲大丈夫也　公滋雲杜未及春　郡
伯三韓張公重　公之望請署吾邑邑固十年前
樂土也無佻達不義之士無頑梗不良之民慇公
輸賦　國供無逋即爲之長吏者亦得優游治理
有墜遷奏績之榮乃邇年來大壞法很噬虎攫
十餘輩張牙露爪而俾　朝廷之數萬生靈盡轉
徙於溝壑陋阱之中侵漁加徵逃亡者踵相錯田

地日蕪糧賦日諭彌望四野井煙蕭條百里無吠
月之犬誰爲爲之而至於此公下車蒿目心惻勞
來撫卹以休養悅安爲首務罷収戶當年之陋例
而徵収解運悉歸之公家行夫馬官應之實政而
陸驛承遞不責之細民其向之朋奸舞文恣肆朘
削如彼彼者置之濾驅之歸農而庭無鷹隼之跡
向之包攬私肥肩衆致富如　某某　者比其名尼其
出入而門絕狐鼠之跡向之垂古其衣逢掖之
衣不免於縲絏箠笞者　公敦[illegible]人行

而士有棫樸菁莪之頌向之棄田廬離丘壠井心
去父母之邦傭其身不得一飽者公招輯之去其
水火奠以袵席而鴻鴈之嗷嗷早變而爲桑雞之
鳴絡繹之札札矣向之倒置冠履凌替風俗縱梟
獍而滋獄訟名分墮於宵人波影及於善類　公
則申培正氣却暮夜之金燭奸宄之隱而圖扉草
蛬公庭鳥下矣人見其施措無難恢乎有餘謂公
之才爲之也抑知剛柔並用張弛相濟非深於聖
賢本領之學身體力行於道德仁義之訓者不能

於渡委風頹之日而有此松心竹筠之節試問舉
世皆司牧誰非爲　朝廷愛養斯民之託求其清
淨寡慾槖中不受一文錢如我　公者有之乎彼
愛人之牛羊而爲之牧者方且朘其芻豢剝其膏
脂百計以恣其嗜慾求其代人牧而真心實意視
爲分內必不可苟之事從地方計長久一塵不滓
安貧守素如我　公者有之乎唐太宗曰縣令尤
爲親民不可不擇宋神宗以選任州守謂文彥博
曰不可以一州生靈付庸人方今

聖上軫念民依亟求循良之臣固已軼唐宋而媲隆於中天之治矣使得人如　公葦內之爲政本之碩輔外之爲封疆之大僚於以襄　國家勳華昌熾之運箓史臣也行且載湘東三管以識　公德業於不朽寧貞觀熙寧之可同日語哉茲值覽揆之辰同邑大夫士庶躋堂稱觥謹𧶘香盥露而爲之序

康熙六年丁未歲仲冬月穀旦

漢廣篇爲

關西李夫子頌　　邑生員吳泰撰

漢水一瀉數千里發源先自嶓嶺始禹貢導漾過三澨楚尾秦頭互起止崑崙積石經洸流崆峒鳥鼠連渭汭中有名世應運生函谷紫氣望是李𨻶星一路來關西化被江漢歌孔邇腑裁甲兵十萬才氣吞雲夢八九疊詞賦直欲凌屈宋經術行將駕左倚是歲十月坐雪堂三冬是用餘文史走也操觚拜下風摳衣立雪復倒屣前席倚問厠幕材上方給劄充令史桃李昔歸狄相門狄邑侯來多士喜倬彼雲漢頌天章壽者作人在茲矣

論曰士君子得志行道蓋必有其地又有其時而後克展夫平生之所欲爲者也至於大學問人則有異昔孔子爲魯司寇攝行相事三月而國大治此即聖人得志行道之會而大試則大效小試則小效也厥後因魯史作春秋又以匹夫攝行天子事君必如前所云則攝相非用我之地弱魯豈變道之時孔子寧肯貶已從政乎維我　關西李夫子秀稟終南靈毓大華分符雲杜過化竟陵而麗表無誇章甫興歌抑何與攝相治魯者同一軌轍

也且匪獨此也載考邑乘唐天寶年竟陵太守李齊物隴西人也生子於守復之日竟陵古稱復州因以名復其後復亦爲是郡太守故周愿詩八十年前棠陰樹竟陵太守公先人蓋紀異也今　李夫子發祥狄道起家隴西而亦涖政茲邦地靈人傑又何與前李公齊物大相侔同也豈其再來身乎抑不忍忘吾竟陵耶夫先聖後聖若合符節見知聞知同應昌運泰雖弗敏敢不簪筆從事敘紀於楚書之首

郡丞 漢京尹而下有少尹其州郡爲貳守後世稱爲郡丞又爲郡相

南宋

陳懷真 竟陵郡丞明帝元嘉元年劉胡作亂郢州吳喜張興世進向荆州沈懷明進向郢州所至皆平定劉胡走入沔衆稍散北至石城止餘數騎竟陵郡丞陳懷真聞胡經過率數十人間道邀之胡人馬既疲自度不免因隨懷真入城告渴與之酒胡飲酒畢引佩刀自刺而死斬首送京邑張興世弟僧産殺懷真竊其功

黃僧相 明帝朝竟陵郡相 僧相竟陵人黃回之子爲尚書左民郎竟陵相未發從誅

趙宋

宋貽序 嘗修册府元龜筆札適勁坐事左遷復州副使

縣丞 縣丞有事蹟可記者編入備考其主簿典史等俱從此例未盡詳録

明

王邦英 江西安福人洪武間由經明行修任三年遷監利知縣 按洪武初科舉未有定制但歲設明經科取經明行修者選用至洪武三年始定三年一設鄉舉縣學再舉貢一人入大學以合法選用廢明經科

謝玠 南直江陰人還鄉日囊無餘資知縣周端送行詩行囊落落君何乏傀儡寥寥我亦貧

杜榮 字春宇浙江慈谿人有去思碑萬曆間任

殷逢世 陝西漢中人由貢生崇禎年任清正有學後遷四川知縣

吳拱宸 休寧人由貢生崇禎年任舍書翰

國朝 縣丞仍明制

黃泰貞 浙江山陰人由吏員

趙學觧 山西臨潼人由貢士

張惟誠 北直景州人由貢士

朱新業 山東濟南人由貢士

謝家楙 浙江鄞縣人由貢士

莚芝 遼東杏山人由貢士今陞山東朝城知縣

主簿

宋

謝悰 字公定宋哲宗元祐中爲景陵主簿黃廷

堅詩謝公文章如虎豹至今班班在兒孫竟陵主
簿極多閒萬事不理專討論澗松無心古鬚鬣天
球不琢中粹温落筆塵沙百鳥奔劇談風霆九河
翻胸中恢踈無怨恩當官持廉且不煩漢濱耆舊
今誰存騶馬高蓋徒紛紛安知四海習鑿齒挂笏
看廋南山雲

明 明制縣有主簿一員至崇禎年裁革

喬著 山東冠縣人正統任重修文廟有功學校

晋大經 字宗道四川瀘州人成化任能詩嘗詠

龍山春雲十景

典史

明

陳顒 浙江山陰人正統中任嘗詠景陵十景

熊祉 字天錫江西建昌人成化中任頗能詩有
周侯禱雨諸作

國朝

胡利成 寧國府太平人

劉前用 嚴州府分水人

金華國保定府縣籍紹興山陰人

教授

宋

施師懸 上饒人宋德祐間調任復州教授

楊文仲 字時發眉州彭山人宋寶祐元年登進
士教授復州明伊洛之學轉運使印應飛辟入幕
荆湖宣撫使趙葵署佐分司幕姚希德江陵里合
薦其學爲有用後至國子祭酒

學諭 宋初無學官以令佐兼之故以勾管學事繫銜嘉定後制主學咸淳後始設學政學錄直學及學諭長諭小學教諭

宋

陳嘉言 景陵縣人文行爲鄉里所推由辟舉爲
學諭宋寧宗開禧二年金兵陷景陵被執褒脅使
降厲聲罵賊自沉於水同室八人俱死

元

傅逵 荆門州人順帝至元四年同監縣忽都不
花修建儒學 按泰定時有教諭孫康附載此

上官尹　江西南城人由鄉貢洪武任遷御史轉
湖廣按察司副使

翁善　字復初浙江烏程人由舉人正統間任立身公正教誨有方嘗廟學敝甚捐俸先與主簿喬署協力修葺知州李濂撰云官寒而修學宇世遂而起士思因從祀名宦祠翁嘗受聘校藝雲南還沐國公麟送行詩撥棘鄉試餘相與掄才傑方麗鹿鳴歡復按驪駒節露菊尚可留秋楊不堪折夜夜復遐思兩地同明月叅政舒城胡紀詩魯對東風餞王臺花繭痛飲醉相扶湘山此日君思我苦竹叢聲聽鷓鴣別後茫茫歲月催眼看花謝又花開相思莫道書難寄落鴈峯前有鴈來

曹珍　字伯奇江西湖口人由舉人正統間任能

詩

劉瀞　字源潔江西豐城人由舉人成化間任公九日初到景陵縣任詩欲裁黃蓩學孟嘉竟陵初到未成家羈懷值雨慎拼葉醒眼看秋負菊花短扅不曾落自露斜風那得墜烏紗一年好景愁盈度閒逝耶應感歲華

曾璦　字乾體江西泰和人由舉人盖衣冠世家也嘗有寫懷詩昆季科名忝後塵景庠承乏謬恩新云

胥善　字德純江西新淦人由舉人成化年任正身率物以教化爲己任一時士胥爲之丕變

張昱　字時暉福建閩縣人由舉人能詩

李翱　字一鳳廣東番禺縣舉人正德辛未任富文學勤講授士躍然興起景陵故有洗墨池在玉華山爲唐進士李翱讀書處公因與名同遂就景學宮疏洗墨池建青錢亭故舊志云在縣學也

蔡德器　字世重浙江黃巖人由舉人正德甲戌任純心篤行得之天性外和內剛貴義賤利士無不嚮服三年擢靜江尹諸生泣送出境

孫琪　長安人由歲貢嘉靖十五年任性方介與流俗寡和士習賴之[illegible]端

袁瀞　江西泰和人嘉靖年任後遷咸寧知縣

馬鳴陽　廣西全州人萬曆間任興學好士正直不阿

陸懷贊　字蓋伯號崑原荊州江陵人由貢士萬曆間任陸侍御懷玉之弟也興文課賜寒畯學者宗之

[illegible]讃　字子復黃州府黃岡人萬曆間任嚴毅自

持
杜祝進　字退思號仍僧黄崗人天啓年任有文
學多造就其子詔先拔貢
游文聚　江夏人由貢士天啓年任纂修邑誌
沈惟耀　字滄洲德安孝感人由貢士崇禎年任
其弟惟炳忭權瑞有直聲皆公教迪所成也後陞
淯川令　邑譚元春送行序君弟給諫忭瑞落籍君官武學教授卧不安席又嘗爲楊大洪經紀其喪事乞補景諭今升淯令
楊鵾　武陵人由舉人崇禎年任司馬楊修齡諱鶴

之從弟也嚴正有守士林畏服
趙之英　黄州府麻城人由舉人崇禎年任性昂
藏不羈有才學後中辛未進士欽授翰林庶吉士
攺給事爲先帝所眷顧
胡勲　字公碩武昌縣人由舉人崇禎年任性仁
孝温和與諸生講習相洽其甥父即孟誕先諱頗登
有文名
金城　字天府江夏縣人由舉人崇禎末年任遷
知縣

國朝
吳景祉　號二來興國舉人順治七年任泝潛有
學旁工詩畫後中乙未科進士　子兩生中癸卯科鄉試
李國璽　字萬咸漢陽府舉人順治十三年任工
詩文以病謝而卒
王命新　字天春黄州府九谿衛人由貢士初任
潛江訓導遷景陵學諭時學宫告燬謁各　上
臺倡議修建捐俸督工頗著勞勤刻有禹建大
成殿記在殿廡下康熙四年春聞母艱去任

易體震　字起潛荆州宜都人由永州寧遠訓導
陞今職現任
獲翁鄒枚贈詩　老去鄉能識字奇
經師拋却遇人師　從來馴雅推南郡
此日追歡入絳帷　身在虎牙名久著燕分鹿角道
無私交遊舊友劉炫虔爲向江州有所思　舉人
吳騏贈詩　籍甚南金重聲馳不自今噎知烏鵲
喜慨見鶺鴒　心江拂宜都過煙籠竟澤深此年題
句客自首任長吟　炟豆荒榛後君來憂赤寒笠
車逢舊友瓜葉接新歡鄉延青緗肅家韓紫基寬
扶風書筭學若箇試更端　翰林院檢討譚纂贈
詩　西江烟月待幽歡首蓿清華草閣寒茶井碧
波新紫蕨湘山絲雨舊崇蘭棲心一室開書幌醒
眼空堦植藥欄北郭芳隣吾頭足扶邀聞與話圍
欒　門人劉翼孫贈詩　共羨先生自此升中書
久擬罷將迎傳經子舍聞　求陸並爲吾師是弟兄
虎帳一朝酬興指法鍾此日待洪疇藻溪舊業誰
爲主爲幸春風拂短楹

訓導

明國初訓導二員崇禎初裁共一

彭希齡　景陵人洪武初年由儒士任

熊子維　豊城人洪武年任嘗詠道院迎仙等境

蕭洪　字行清泰和人由儒士正統年任能詩

馬達　字時通山陰人由舉人景泰年任能詩

譚旻　字元之清陽人由貢士成化年任能詩

陳源　字鍾洪永豊人由貢士成化年任能詩

張欽　字孔寅進賢人由貢士成化年任能詩

彭桓　字世圭信豊人由貢士弘治年任

胡誠　字貴中巢縣人由貢士弘治年任

劉翹　字伯舉江西安福人由歲貢正德己巳任學有造詣爲文典則一時髦俊皆受其益

虞載　字汝厚泰州人由貢士正德年溫恭雅飭致仕

劉鵬　字于霄萬安人由貢士嘉靖年任資性明敏學有造詣文多雅贍士類推服嘗奉知州曾儲命采摭邑事同修景陵縣誌

滕仁　嶍嵋人由貢士嘉靖二十一年任修學有功

景才　茂州人由貢士嘉靖二十六年任修學

任高　四川溫江人由貢士隆慶三年任至萬曆六年陞江西萬載教諭往任遭水寇刼擄妻李氏同兩女溺水死節公披髪跣足晝夜臨水哭號屍忽浮出顏面若生上臺聞之疏請旌表勑享春秋二祭優免六丁石世給子孫衣巾奉祀不絕後萬載秩滿欲回蜀以巡憲佘公一龍勸留遂家景陵至今祠祭如故

許立　應城人由貢士天啟年任清苦好學陞福

安縣知縣

國朝　國初設訓導一員康熙四年裁

周文旭　字爾初景陵縣人由漢陽籍歲貢考選本縣訓導順治六年任後遷福建歸化知縣

鄧衢星　字穉繡嘉魚縣人由貢士順治十四年任以病謝去後卒

巡檢　在乾鎮

國朝

陳謨　浙江紹興人爲水賊所殺

陳情　浙江紹興人　陞吳江縣主簿

劉章　南直揚州人

驛丞　舊在乾灘基廢遷改彭城河今奉文裁

國朝

屈必伸　陝西華州人　陞金華府司獄司

李文煌　浙江山陰人

訓術

國朝

鄒士俊

訓科

國朝

殷文敏

僧會

國朝

通權　寂瞻

道會

國朝

胡本固

按官志有河泊所五上帳葫蘆潼馬風波白雲凡
也明初設官一人吏攢典一人外有嵩臺青山俱
設所官正統年青山嵩臺省入風波萬曆十八年
華上帳潼馬餘裁革無考今據河泊官舊名上帳
所王綸長安人郭貫碭山人鍾溱嘉興人李應光
涇陽人湖蘆所王友仁完縣人李尭輔獻縣人孫
嘉謨華州人林萬喬侯官人潼馬所劉鳳鎮縣人
田朝忠德平人張松延慶人朱邦儒丹徒人風波
所胡景昭山陽人曹世相元城人白雲所鄭徵涇

陽人韓得貴沛縣人錄此備考

語云官先事士先志在昔賢有大事紀盍煌煌乎
其重之也至於志則猶有辯矣其志事也則錄善
而不錄惡其志官也則頌遠而不頌近其不錄惡
者何曰此春秋法也爲尊者諱也其不頌近者何
曰此禮教也所以別嫌明微也然黜陟之典歸於
朝常而毀譽之公存乎斯民此雖有志而未逮焉
者也

景陵縣志卷之九終

景陵縣志卷之十

署縣事李　彝纂修　儒學諭易體震參補

邑人吳　泰編著

人物論　侯伯　令尹　進士　舉人　貢士　辟舉　監生　武冑　掾吏　義官　封贈　蔭授　賓耆　忠臣　孝子　義士　節婦　神童　才子　隱逸　方技　仙釋

自炎農發跡於烈山祝融託祀於衡峯而吳回嗣封壁終衍泒我楚國人物遂駸駸乎稱盛矣其別籍而封茲土者若古風姑不置論惟土著而膺列服者若卿金寔有可紀則侯伯不可不先也次令尹則秩下王侯一等夫以楚人而爲楚官彼魯有

三家晉惟六卿非本國公族乎況闘芋其異紀者也嗣後賓興之制肇於周而論秀書升厥有成典自漢迄唐邈無可稽至宋時乃得載進士科焉至明而雲蒸霞蔚連軼前古矣今以甲第者分進士一科鄉舉者分舉人一科歲薦者分貢士一科此三途並用法其在　本朝猶爲盛也科目而外又有辟舉焉徵聘而外又有監生焉則文治於茲彰矣有文事者必有武備況軍興之際猶重斯選乎標爽起自雜籍義官頗有輸助亦朝廷收羅人心之典也且夫一命以至崇階無不欲褒其先業庇其後嗣則封贈蔭授所以尊賢也夫尊賢必養老卿飲必尚齒而賓耆之禮隆且重矣至于忠臣國之楨也孝子家之瑞也義士乾之健也節婦坤之貞也扶綱　於萬古振名教於千秋猶足爲景邑增色哉敏慧若神童博雅若才子非山川間氣所發祥者乎維彼隱逸則高尚其志不事王侯厥行益彰矣方技術有專門仙釋神起外界故志林終焉

侯伯

漢　漢法高帝封諸子弟曰非劉氏者弗王故刑白馬而盟者皆卯金刀裔也

劉　焉　字君瑯江夏竟陵人也漢魯恭王後章帝元和時始徙此支庶家焉少仕州郡以宗室拜中郎歷官冀州刺史南陽太守宗正太常聞侍中董侍言益州分野有天子氣謀出監軍使者領益州牧殺害漢使造輿服圖竊神器興平元年癰疽發背卒　按漢江夏竟陵今復州縣地

劉璋　字季玉竟陵人劉焉子襲位爲劉先主所收遷於南郡公安盡歸其財物印綬按章由竟陵遷南郡公安璋子劉循爲蜀中郎將劉闡爲吳御史中丞二子之後由竟陵遂分爲吳蜀二支

劉宋

張興世　竟陵人以與吳喜共平江陵封作唐縣侯食邑千戶興世傳詳後武胄志

黃回　竟陵郡軍人征討有功封葛陽縣男食邑二百戶進爵爲侯改封聞喜縣增邑千戶又增邑五百戶又改封安陸郡公增邑二千戶並前三千七百戶黃回傳詳後武胄志

明

房勝　景陵縣人封奉天翊衛宣力武臣特進榮祿大夫柱國富昌伯食祿一千戶子孫世襲指揮洪武十三年封伯爵

令尹

楚凡官以太宰爲掌楚臣以令尹爲掌令者爵也取善人以掌官政之意也

鬬穀於菟　字子文生於鄖水經注竟陵縣故有鄖亭初若敖娶於鄖生鬬伯比若敖卒從其母畜于鄖淫于鄖子之女生子文鄖夫人使棄諸夢中虎乳之鄖子田見之懼而歸以告夫人遂收之楚人謂乳曰穀謂虎曰於菟故名之而字子文云楚成王時代公子元爲令尹緇衣以朝鹿裘以處未明而立朝日晦而歸食朝不謀夕家無餘積自毀其家以紓國難皇輿考德安府雲夢縣有於菟鄉不在景陵也惟以縣古有鄖亭故志引子文生此又子文孫鬬辛封鄖即鄖地夫子文棄澤中虎乳之陸羽棄水濱鴈覆之俱竟陵人亦奇矣

進士

唐

劉虛白　竟陵人擢進士第嗜酒有詩云知道醉鄉無戶稅任他荒却下丹田出北夢瑣言按虛白與盧坦交坦王文虛白於籬前獻一絕云二十年前此夜中一般燈燭一般風不知歲月能多少猶着麻衣待至公出唐詩紀事

舊志不載劉虛白今從二書采入以補進士列傳則舊志失考多矣

宋

張徹　張嶶之弟也舉進士第七持使節入蜀

郡符公清趙邁計口授俸其遺表云神雖去幹忠
不忘君
張䢖 元豐間舉進士累官諫議大夫有諍臣
風烈
祝松 舉進士初調長水簿端平中以城誓死
守古郢遺民立祠祀之
元
黃翔 字仲翬延祐甲寅進士及第授饒州路
浮梁通判

張淵道 元致和丙寅進士授秘書監都事與弟
從道俱優文學居竟陵古城舊有雙桂坊
張從道 淵道弟同科進士授武昌路通城縣達
魯花赤 按元制達魯花赤謂之監縣縣尹也猶
今官制知縣之稱
陶鑄 字希聲致和已巳進士及第授大祝後
改國子助教轉湖南憲司經歷
明
永樂二年狀元曾棨榜

胡儁 字士美建文壬午科舉人永樂甲申科
進士任行人司司正永樂十三年授江西布政司
參議 舊志侍讀曾鶴齡記像謂公文章行誼德政擅乎當時著乎人心自非畫工所能肖當有史筆能述之者
弘治十五年狀元康海榜
魯鐸 字振之成化丙午科舉人弘治壬戌科
會元公弱冠遊邑庠提督副使薛綱愛其文由是
知名全楚弘治壬戌舉禮闈第一授翰林庶吉士
閉門斂跡不事交遊改編修益沉潛學問不專爲

文辭預修孝宗實錄正德初詔諭安南充正使
賜一品服以行比至宣布威德正其儀禮諸所餽
遺悉却之交人稱歎 公使交與大頭目黎能讓詩萬方臣妾屬重華仗節交南道路賒滄海不波原有詔青春作伴任無涯喜因季子談周禮何負張騫坐漢槎收拾賢聲歸史局大書行省墨如稱草露零經旬驄送草別傍從諸頭目詩嶺樹嵐深借青旌旆花柳春相婦尊俎笮簀夜未畢問訊舜勞傳國語品題須爲補山靈三湘歸思君應識芳芷叢蘭綠蒲汀安南頭目尹弘滋送天使魯公北還詩南甸春多木不零歸期況復柳青青皇華所過千山貢旭日初升萬國寧人道仲連天下士誰知子羽物中靈使君指日臨湘漢風送征帆十里輕 使旋上
嘉公能不辱命遷國子司業進南京祭酒尋改北

屢歷成均南北士多所造就尤持清操滿簡數
縉紳歆仰之謝病歸日危坐焚香讀五經四書不
言人短長及時政得失廼闢圃亭蒔花木屏跡深
居爲投老計虛心約己清慎不渝憂時濟世之心
每惓惓焉屢請告屢起屢駐特群情鬱慕益競持
名節嘉靖初交薦不起刑部尚書林俊上疏謂經
師易得人師難得一時巡撫諸臣暨兩都臺諫交
疏論薦先後以十數於是推卿佐者五皆莫之應
年六十七卒撫巡諸臣以卹典請詔諭祭一壇賜

景陵縣志　卷之十　人物志　進士　六

文辭預修　孝宗實錄正德初詔諭安南充正使
賜一品服以行比至宣布威德正其儀禮諸所餽
遺悉却之交人稱歎 公使交與大頭目黎能讓詩萬方臣妾屬重華伏節交南道路賒滄海不波原有証青春作伴任無涯喜因季子談周禮何負張騫坐漢槎收拾賢聲歸史局大書行看墨如鴉 別儐從諸頭目詩嶺樹嵐深草露零經旬馳送草猶青旋旆花柳春相媚尊酒筐篚夜未寧問訊每勞傳國語品題須為補山靈三湘歸思君應識芳芷叢蘭綠滿汀 安南頭目尹弘滋送天使魯公北還詩南向春多木不零歸期況復柳青青皇華所過千山黄旭日初升萬國爭人道仲連天下士誰知子羽物中靈使君指日臨湘漢風送征帆十里輕 使旋　上
嘉公能不辱命遷國子司業進南京祭酒尋改北

童庶子承叙傳而僭爲增省故述列傳意於此使後之君子獲所考訂焉
嘉靖二十五年狀元唐汝楫榜
李淑　字師孟由京山縣學嘉靖丙午科舉人
庚戌科進士仕至廣西右布政誥贈禮部侍郎 公履歷詳京山縣志 公子維楨進士禮部尚書維極舉人國子
監博士維柽舉人蜀同知維標進士國子監典簿
維楫中書舍人
嘉靖四十四年狀元范應期榜
吳文佳　字士美號鳳泉嘉靖甲子科舉人乙丑

景陵縣志　卷之十　人物志　進士　八

科進士公爲諸生行大澤深夜有兩炬前導環闔
而處者知其不凡也二十六登賢書明年第南宮
初授徽州府推官至郡斥請謁兩造陳庭片言摘
發懸賞格捕郡獄逸囚礦賊起扼吭犄角擊之嘗
署黟建城堞嗣署歙校士咸稱得人葺黌舍修廊
廡置祭品贍仰一新考最貤封親擢刑部四川司
主事部故有白雲樓公凭欄徙倚南望觴詠其際
有白雲退思集 太史李公維楨有序 移戶部司榷臨清州以
兼覈播聲未三月召入爲吏科給事中復晉禮科

右兵科左疏請定國是立紀綱厚風俗自[illegible]垣來
彈劾不避權貴晉工科都給事中視　輔陵工省
費巨萬奉使祭告[illegible]淮襄藩[illegible]從供[illegible]節約不
煩出爲河南參議[illegible]禁王公世爵贖行請責[illegible]六[illegible]僧[illegible]自音[illegible]餘獻納忠不
爲[illegible]營[illegible]交[illegible]事天[illegible]三川指[illegible]開益二[illegible]青[illegible]遂[illegible]飲[illegible]平[illegible]第一[illegible]陽今已
公[illegible]疏請[illegible]縣[illegible]令言[illegible]貴州按察使未上
擢福建右布政適議清軍節餉勒爲成書要[illegible]章直
一焉巳鄉大比充副總裁得士約三十餘人悉從
官而歸蕭然無長物聖有程章[illegible]廣交[illegible]學[illegible]孝

景陵縣志　卷之十　人物志　進士　九

熏同志合方相與爲性命之學曉搆別業東郊講
諸子及從弟文企等文企後成進士讀書其中客至命酒
相勞[illegible]歡[illegible]管[illegible]之年六十九而卒太史李[illegible]寧
先生誌公墓石以未盡隱德爲歎公季子贊貢士
孫國彥貢士宛平訓導曾孫秉忠康熙癸卯武舉
人禮部侍郎江夏郭正域述公傳曰世稱理學節義政事文章公不必居其名而躬行孝謹似萬石君厚德率物似陳太丘深造自得似程伯淳求易一端概也憶當諫垣時爲江陵直諫多所匡拂久之同僚以江陵隨声與不附而伸者皆先爲泉下人公獨踰強仕衍衍肥遯二十八年[illegible]儉[illegible]三世[illegible]天所聞[illegible]信[illegible]哉

周　芸　字用馨號仰南江西南昌人嘉靖甲子
舉人乙丑進士令桐城多異政如衡東城西城還
視事人稱神君載五譚中取人如胡大參瓚皆名
士也徵拜兵科給事中歷戶科左給事屢侍經筵
彈劾不避權貴　穆宗寵之入朝不名自是剛直
忤于朝謫知大名幸　神宗踐祚素知公直遷福
建布政使司左參議偶夢神人授一聯云春山雨
過含青色石洞雲深鎖翠烟是時公年正壯遂乞
骸歸隱願真館雲深洞與伯氏萁仲氏蘂友于一

景陵縣志　卷之十　人物志　進士　十

堂六旬之年桐人猶來爲公壽其德化入人類如
此蔡陸鴻漸爲人爲建祠于西湖太史李維楨并公子命昔有記
嘗築東堤以捍水患痛火災而授口糧皆功德在
人行堪俎豆者也公子命舉人孫以宗貢士

隆慶二年狀元羅萬化榜

謝廷敬　字宗文號鳳岐嘉靖甲子科舉人隆慶
戊辰科進士授行人陞刑部郎中子奇舉舉人陝
西巡按慶舉中書舍人按公鄉賢勘語藹蔡深手王母生產公諸姍疾解衣而養仆道之青衿抗疏而誅李情之元輔歡法江准岸獄悉蒙平反冊封齊晉餽遺不染纖毫奉公

儀刑用登俎豆

徐成位　字惟得號中菴隆慶丁卯科舉人戊辰科進士生六歲乃能行既就外傅警敏穎異後隨父麟任金華訓導署中從胡公泉先生受易與其長公元瑞切劘益深行年二十二出試督學顏公奇之拔冠軍二十四登賢書二十五聯捷南宮初授舒城令行條編投櫃法邑便之庚午寶應縣民變調煩就任恩威並著反側以安又發庫餉代邑輸漕賦而身請專擅罪於上縣是卓異馳聲考最

入掌禮部郎時宗藩請封邮者費不貲悉罷之出守徽州郡風稱難治會歙有絲貢欲分隣邑遂皷譟幾至衷甲之變公至核歲贏代歙輸而縛首惡論如律民無譁越四年遷山東憲副治沂州墨吏望風解組比移嘉興條丁父艱以不及含歛爲歎讀禮餘垂念桑梓爲民興利除害如減夫徭增郵馬汰浮糧革兼支又築邑東西二堤高崇如墉至今獲免水患猶嘉意學宮獎借後進而物望愈隆乃徇衆薦再起山東登萊兵備練士著習水戰斬

倭無算值旱饑則借運遼米賑於登取登拆色以於遼隨晉秩叅藩事視徐淮河上則開泇黃水以殺奔逸簡在　帝心宴鑣嘉賚遷蜀右轄公謝病歸里三年滇撫命下而卒著有冲漠館集公子忭中秘惕太學生孫同氣光禄寺署正曾孫篁州司馬蔚貢士五世孫尊顯庠生學教諭游文聚曰公孝友事繼母如同所生僅見爽撫其孤如已子獨愛少弟美田宅不吝推予且拓旁産以贍宗族脩譜牒以昭世守皆盛德事也少保周嘉謨曰公非獨吏治賢也蓋亦郁郁質有其文焉予讀公冲漠館集詩賦齒于七子長篇短札居然太史公家法而有潤德數斗不亂仕新安與汪司馬伯玉稱莫逆以爲儒栝酌既

言別而後舉觴引滿賢者固不可測哉

李維楨　字本寧號翼軒布政李淑長子也由京山學嘉靖甲子科舉人隆慶戊辰科進士改庶吉士由給事歷提學副使至南禮部尚書博學有才名著大泌山房集行世公履歷詳京山志中

隆慶五年狀元張元忭榜

周嘉謨　字明卿號敏松隆慶丁卯科舉人辛未科進士景陵人由漢川學登仕版後隨籍歸爲初授戶部主事管皇城四門倉糧革內監冢丁冒

領親給實籍戎伍鈔關九江絲毫不染題廳事曰江上清風遷粵韶太守入覲過家一騎一僕行李索然隨陞蜀瀘兵巡恩威丕著建武衛有兵變單騎馳赴數言底定採金中貴至所轄不敢橫恣蜀赤旱請於直指賑卹全活者衆後屢任藩臬政績偉昭尋受　命撫滇鎮國沭剥削莊佃民起爲盜公疏請租歸有司徵解害遂寢隴酋多安民負固梗緬全滇危洶遣兵二萬征討之隴用蕩平緬遂膽落又屢疏請減滇貢鑛金約免二千有奇後總

督兩粵威望逾隆司計南部國用月裕隨轉北司空正會計天下錢穀戶口詔陟掌北銓衙　神宗召見御榻公以補諸大寮臺省請溫旨退　泰昌改元彌月不豫命醫藥無功却不進公奏曰藥猶第二義惟清心寡欲則勿藥有喜中外諠傳鄭妃處宮進姝聖體違和公立請皇親鄭養性入朝疏請貴妃即日移宮群疑乃釋　帝大漸親承顧命正色立朝晏駕後請內閣大臣同至乾清宮爲門者阻公與給諫楊漣排訶直入請　皇太子至乾清門西向坐內侍兄集弗克成禮急請升輿至文華殿西向坐諸臣拜殿下入慈慶宮謁孝端皇后公奏曰殿下天地神人所託重須大臣至方啓行復疏請入乾清宮躬視小歛羣請登極公執言先帝未殮衆議遂寢倏傳內旨另擇吉期公傳各官隨入慈慶叩拜而退衆大定　天啓登極寵任逆璫公屢疏抗諫弗納遂慨辭求退不允連上十三疏得請而歸閉門弗預朝事逆璫魏忠賢橫肆誣陷坐移宮一案與楊漣同被削奪後漣杖死旋欲

逮公至京幸　崇禎繼起御宇首殲逆黨起公掌南銓衙甫就職屢疏乞歸奉　旨卿忠清端亮精力未衰起用方新何遽言去庚午春年八十四無疾而終哀聞於　上輟朝一日宗伯李騰芳等題請卹例祭葬遣荊西道集官諭祭九壇中書舍人史可鏡諭葬一區仍贈少保録用先後恩蔭子孫五人子壐工部郎中璧戶部郎中孫重慶刑部郎中方慶中書舍人世慶戶部郎中（餘詳李維楨庚申紀事）

萬曆八年狀元張懋修榜

李　登　字伯肅號華臺萬曆癸酉科解元庚辰
進士公豐地負奇骨目下數千言悉成誦十八補
博士弟子員然數躓于有司癸酉始領鄉書爲第
一人曩先生見時父龍山公感異夢睹先生領解
狀竊爲喜雨歌識之卒應如響庚辰舉進士高等
謁選得太理寺評事不二年被驟恙卒邸中自孝
廉至服官未嘗拓一丙舍增甌脫地按公魁岸豐
頤嶽立如仙於書無不窺發爲詩歌皆高宕洪於
酒數斗不亂酒酣度曲掩映數座善射輒命中挍

壺能使矢躍丈許爲樂好借齒牙援人里中要害
侃侃爭於上官退則蕭然不問築圃北郭外搆亭
吟嘯其中時人莫能窺也子純元進士陝西參議
編修新野馬之騏曰李先生高朗君子也造化者
予以蕣林盛名而阨之使愈壯僅得之復奪以去
何嗇也前不難豐之以才而後不靳賜之年予奪
天道果真夢夢者哉昔顏延之諸兒各得其一斑
獨其狂謂不可及余謂先生之二子或
得其逸或得其文譬如河源深遠矣
胡懋忠　字心廷萬曆己卯科舉人庚辰科進士
任固始知縣
萬曆八年會元蕭良有榜

萬曆十一年狀元朱國祚榜
陳所學　字正甫號志寰萬曆己卯科舉人庚辰
科進士癸未科廷試公登賢書年甫二旬聯捷南
宮公父篆猶命與長子所前貢士通判入學誦讀手課
文藝者三年至是始許其廷對葢不欲其躁進如
此初授刑部主事旋陞工部虞衡典試滇南號稱
得人再轉司權武林謹飭關政不染脂膏陞守新
安郡政清刑簡篤意人才後登第者踵相接也遂
擢三晉提學猶慎品騭凜然以人事君之義分巡

冀北修城堡興屯儲時順義擁衆叩關公親臨諭
備竟尋盟去復轄福建右司與直指論人不合力
乞歸休弗獲再陞浙江左司雖兩居藩府清苦彌
著奉　命撫山西提督鴈門等關時值旱蝗邊警
數聞拮据兵餉晰夕靡寧旋總督南京糧儲戶部
右侍郎轉北京戶部左侍郎兢兢業業始終如一
陪侍經筵禮遇特隆加工部正堂轉戶部尚書到
任日值給諫楊漣糾劾逆璫事　上怒不測中外
大潤公與右侍郎鄭公同請大司馬趙公上疏力

敉不報特　上視國學百官侍先期演習禮儀文
華殿逆璫魏忠賢立東耳門着小火者遶四閣下
及各部進議事旋及戶部詞色甚倨首詢邊餉何
以不足公理直氣壯侃侃折辯逆璫默然公遂辭
出決計乞休連疏上請遂歸休里門隱松石園中
寃心內典絕意外務雖鄉人莫得窺其面也行年
八十二感微疾預知去期遺命勿請祭葬子孫克
遵其志按公自筮仕至歸老宦情淡泊清白無愧
始闕藩告歸擬老松石園再起官闕藩兩疏告辭

復擢左轄三疏告辭任山西巡撫後五疏告辭起
家戶部左堂兩疏告辭益不待逆璫側目時而告
辭已十二疏矣公豈戀戀富貴不知勇退者哉公
鄉居爲同里置隄剅族黨置田產里甲除加派又
其巨者爲君國助大工助餽餉補優免未可一二
臚列也子盛楠舉人靈璧知縣孫爾燦蔭太學生
所著有松石園集會心草藏于家公安袁中郎先生題陳正甫會
心集曰世人所得者惟趣趣如山上之色水中之
味女中之態雖善說者不能下一語惟會心者知
之今人慕趣之名于是有辨說書画涉獵古董以
爲清寄意炫虛脫迹紛塵以爲遠又其下則有如
蘇州之燒香煮茶者此等皆趣之皮毛何關神情
夫趣得之自然者深得之學問者淺山林之人無
拘無縛得自在度日故雖不求趣而趣近之愚不
肖之近趣也以無品也或爲酒肉或爲聲伎率心
而行無所忌憚自以爲絕望於世故舉世非笑之
不顧也此又一趣也迨夫年漸長官漸高品漸大
有身如梏有心如棘毛孔骨節俱爲聞見知識所
縛入理愈深然其去趣愈遠矣予友陳正甫深于
趣者也故所述會心集若干趣居其多不然雖介
若伯夷高若嚴光不錄也噫孰謂有品如君官如
君年之壯如君而能
知趣如此者哉

萬曆十四年狀元羅文獻榜

李維標　字太瀛邑布政李淑第四子也由景陵
學中萬曆丙子科舉人丙戌科進士授國子監典
簿公履歷詳京山志中

萬曆二十年狀元翁正春榜

朱一龍　字官虞號虞言由本府學中萬曆戊子
科舉人壬辰科進士公少困童子試嘗題蛛絲云
游絲須借天風力挽上銀河織女機識者已卜其
爲飛騰之兆年逾三旬外始補郡博士弟子員第
一戊子科試不得意歸寄蕭寺攻苦下帷偶晝寢
感神夢若爲促裝者公縮即日赴省果以錄遺拔
七邑冠軍入棘闈爲文揮筆如有神助大總裁馮

琢菴先生諱琦奇之取以魁多士至壬辰復見賞于內閣陳公諱于陛故一時文聲譟中外初授蘇州司李公性敏材斷不爲鉤鉅之術而獄決多所平反時太守朱燮元郡佐朱芹同時咸著卓異故有一郡三朱之譽庚子取入南畿分房典試衡士十有二人皆吳知名士在郡政治有聲刻資治通鑑併楚騷其書法係王公穉登正篆二體以故名賢俱珍尚云庚子推陞南銓部辛丑實補北銓部以主政掌文選癸卯陞稽勳員外陞調驗封又調考功

郎中公在銓衡簡要清通惟在得人事君告假同籍閉戶嘯詠惟飲醇酒數斗而已行年五十三卒子森盛貢士孫宥瓊太學生

熊　寅　字國亮號念塘萬曆癸酉科舉人壬辰科進士少客京師遇異人超然有出世志登第後疏請養母得予歸予舍感烏鶴之異母安之爲加飧色喜吳郡王穉登送公歸養詩已斷三黎對公車疏請還御慰倚閭頗似報劉同令伯非關論蜀賦相如黃金正市燕臺駿白髮須供丙穴魚君出國門人共惜不知誰上治安書逾十年太夫人捐養始釋褐爲婺源令惠愛洽民功績茂著亡何屬疾卒於官舍臨終自爲偈曰我外原無我吾今却見吾世間多少事曾了一些無識者知其蛻形輕舉也邑舉人胡承諾書公逸事曰公客長安從道人遊已而道人出赫號書授公曰異日有阨發此當相助我鄉月嶺也他年芙蓉嶺上復與予期耳言訖而去後任婺源行彭澤颶風大作檣折帆摧取道人緘發視之有告汝婺源數字其餘仍秘論也居官以公事入都于峻嶺高峯忽見月嶺中相與道故如平生公轝中舉袖揖之從者驚異良久乃罷問其地則芙蓉嶺也公乃爲詩曰回首長安已十年相逢嶺上兩茫然愧予俗骨還爲吏羨爾丹容合是仙世事無憑蕉鹿夢炫談空墮野狐禪漁郎不久風波裏烟雨桃花一釣船壬寅元日夢道人來曰龍華會遇覺而與徐劉兩學博言是年遂卒

萬曆二十三年狀元朱之蕃榜

董　曆　字玉衡萬曆戊子科舉人第四名乙未科進士授蜀富順令揮霍不群堅貞有守吏畏其威民戴其德見獎於蜀撫云

萬曆二十六年狀元趙秉忠榜

吳文企　字幼如一字士行方伯吳文佳從弟也號白雪萬曆辛卯科舉人第二名戊戌科進士初授南戶部主事榷武林北新關減雜稅三千金逾六歲出守寧波郡抗法不私雖相國家人亦畏憚

之尋丁艱家居五年補郡得湖州守風采凜然琴書卧治猶雅好文社與韓太史敬綸詠相得歸裝無長物但携癖石一片而已吳興人相與肖像祠公以誌遺思隨遷饒南副使不赴後八年臺章交薦復起家秦中奉命兵備署關西守苑馬司兩印凡平凉固原間兵餉皆有紀律未幾調寧夏兵糧兼督學政用老胡僧敎銀定欵降貢名馬數千蹄聞於朝賚金賜秩將有秦闈之擢忽萋幢幡鼓吹來迎遂整衣冠端坐而逝所著有絮菴懸録讀書

大義耳鳴集藏于家子驥舉人邑解元譚元春曰公爲人清通靈警妙整風格臨事先發制奸遊刃猶其所長清冽圓天性亦由嶔鐫成之　少宗伯錢公謙益題公遺集序曰竟陵吳白雪爲吳興守掘地得石於郡齋茂樹下爲元豐時物鐫王荀二字最奇古退公之暇摩娑竟日去官無長物携之以行吳興至今稱風流太守有杜牧之蘇子瞻之餘韵其後屢遷備兵佐寧夏軍用胡僧招降銀定出平虜塞登撫夷臺虜羅拜帳下進名馬數千蹄命画工作銀定歸欵圖爲詩紀之杜牧之好論兵注孫武書自謂因而用之如盤中走丸而不得一試以死吳公覘牧之可以雄矣余最愛吳興山水嘗與范東生程孟陽再泛夾山漾詠歐陽公吳興水晶宮樓閣在寒鑑之句倚櫂扣舷不忍別今讀白雪遺集吳興山水輕清寒碧恍惚在卷帙中楚人之文以豪放跌宕爲主而吳公獨不然豈文章山水故有宿緣吳公之風流故當與牧之子瞻長留于峴山雲水間而斯文爲之睍兆卯公之子孝廉既閉來余山中奉其遺文乞叙爲書其篇首如此

萬曆三十二年狀元楊守勤榜

胡承詔　字君麻號侍黃萬曆庚子科舉人甲辰科會魁第五名養利學正胡早子也讀書西塔寺風晨雪夜怡然自得庚子始入闈登賢書經文刻程式論孟二義爲黃貞父湯霍林所賞甲辰中南宫授蜀夾江令招集逋亡民以樂業三月調內江壹意愛民兼喜造士而又平鹽課議馬價諸善政申飭爲令陞南儀制主事調南驗封主事隨晋稽

勳郎中南士子問奇者趾相錯也公槩謝之鎖署巖冷凌公森壘以所識士請質乃受之嗣是門人以文投品題皆如意去旋丁艱服闋除祠祭郎陞蜀憲副督學政端士習正文體試課三年持衡獨裁不假於他人所得奇篇輙緘其稿以示弟承諾丙子舉人知縣同相參訂併勉其子俊儒共宪之遷河南大參未發而奢難作分幷東城躬擐甲冑親冒矢石緦士取勝乃辭詰任是年冬以蜀守城功晋秩按察使兵備如故隨擢山東右轄轉四川左轄潔

已率屬其所厥最天官信爲去取遷留都太僕卿節滁州督完歲會莫由弛負辛未奉　旨致仕以焚黄登壠銜冐風雪肅成禮而卒子來俊蔭太學生擬授廬州府推官按公入鄉賢祠分守憲吳公尚默勘語曰歷中外三十年何以銘竹帛曰社稷臣砥節始終如一日何以貽子孫曰清白吏又督學憲水公佳胤勘語曰文擢巍科政成卓異裕國佐縣官之急孤城著捍圉之功温飽不啚于生前清白獨貽于死後云

萬曆三十八年狀元韓敬榜

鍾　惺　字伯敬號退谷武進學訓鍾一貫子也中萬曆癸卯科舉人庚戌科進士公爲人羸寢力不能勝布褐性深靖如一泓定水披其帷如含氷霜不與世俗人交接𣁽專致積于書史庚戌闈中爲夷陵雷公思霈所深賞初授行人者八年中間使四川山東及典貴州乙卯鄉試者凡三差所過各有著作擬部者二年改授工部主事疏願改南曹部持不覆者又二年授南禮部儀制司主事轉祠祭司郎中者又一年在南都讀書評閱詩歸史懷多所發明有古賢所不逮者陞福建提學僉事考校興化延平福州三府者一年尋丁父憂去職

居家服闋凡三年而卒壽五十有二矣所著述有隱秀軒詩文集楞嚴如說酒雅及評選左史漢書等行世按公讀書學道爲念通籍十四年簡淡自持耻事生産自著述外無酬酢主賓人以是多忌之然與文士接終日談論不輟與邑名士譚元春爲性命友每商搉古今文章詩史不襲人唾餘而兩家各勉爲孝友儼如通家有雍睦古道焉解元譚元春爲公墓銘曰食幽獺秀無終極氷性霜毫眞宰匿得意靜書不再餙海岳如從君受職驅烟排霧待拂拭紛紛餘子不相識旗衆君前談法式鞭笞鳳麟加裁抑爾曹蠢蠢徒失色勤農堯湯費稼穡汗流至踵沒籍湜大勇猛人歸蓮域厭多聞障宜慈力海印放光只頃刻發棺求之不可得茫茫衣冠我履側

李純元　字長叔號空齋萬曆庚子科舉人庚戌科進士公爲解元李登次子幼岐嶷不凡從父讀書常月誦數千言故家學得於淵源補諸生復與邑中士吳文企諸業東林寺後各致通顯切劘不忘公成進士授工部主事督修皇極殿順養清曠早無宦情陞陝西布政司左叅議郎上疏致仕不就家居二十年與言商詠怡然自適也晚喜事禪

悅建寶樹菴依自足修淨業不預戶外事菴前搆煙水園濠上亭水光樹色鳥語蓮香有陶自出塵之意編修馬之駿曰余同籍中最幸于水部郎李長叔以道義文酒交雖戶外之武旦旦可數也邑解元譚元春贈公詩曰六旬甚黑四旬斑自是輸君淡與閒頻喜常師黃叔度不須親見白香山官宜水部梅花裏身在沙門貝葉間更欲摳衣重下拜日從歌笑學朱顏

魏士前　字瞻之號華山萬曆己酉科舉人庚戌科進士公祖諱亷陝西學正也有瑞芝產梁上生公父名應瑞未竟厥志而篤生乃孫遂叶兆發祥焉初選蕪湖令兩載鋤吳江剔奸除獘輕徭省刑

遷南祠祭主政歷儀制司郎與襄　熹廟大婚禮陞潁州兵備會有龍華變起不數月而勘定之及奸璫開屯江淮汝潁所在騷動調停諮釋全活數萬人陞參議馳封於其親轉浙江糧儲道忤璫絕歸惟斑斕娛親而已　烈宗御宇乃復賜環補冀寧道奉表還里改鎮潞州平渠賊神一魁等復轄川北道効蜀藩御門僭制事再轄榆林道屢奏膚功詳少司徒張縉海撫延集中尋疏乞休得予告回籍終養癸未以邊才起東昌道推屯撫未任丁艱歸　國朝兩徵固辭守禮會劇寇劉恩才等作亂湖泊流毒不悛乃請於前司馬　佟公暨督臺羅公移師殲之里黨始安厥後家食自井至戊子年卒著有陪郎集學憲鍾惺有序晉陽集紫芝集蜀遊集北歸集戊巳啓編藏于家子鉉齡貢士枝江訓導

天啓二年狀元文震孟榜

劉必達　字士徵號天如萬曆乙卯科舉人天啓壬戌科會試第一人公生而端沉幼不嬉笑見者知其遠器弱冠里選督學寶淮南先生拔第一由

茲試優食餼至乙卯舉於鄉壬戌首南宮受知於賀公逢聖揭曉偵之則嶷然不動益氣淵冲觀政時值母六旬未觴力求告歸初選庶吉甫就職旋授編修注起居管誥勅纂修國史展書經筵猶求歸未已隨蒙覃恩階文林贈封其先人稍慰厥志復冊封瀋藩還里焚黃展墓胥侍講再贈封如現秩用是顯揚始酬萬一　崇禎戊辰龍飛初掄士分考得賢十有八咸比瀛洲盛選不負人倫雅鑒次年東宮生捧　御書授各藩便道歸省太夫人

啓若辛未纂修　神宗實録告成欽賚黄金白綺
陞春坊右中允太夫人猶無恙也是年典試武闈
公央計求歸隨疏懇辭旋中忌得請不五年而
恩詔再起公陳情終養未幾忽忽不樂泣語諸弟
必壽等必壽舉人知縣姪渾孫等渾孫進士推官謂君恩未報母
養未終若難瞑目者不逾旬而隣居夢見公儀衛
若遠適者越晨竟以訃聞按公生平樂易無忤胸
懷坦然而正直不渝可格幽明當冊藩時假寐
黄河河神促渡纜觧舟抵岸風濤大作竟免于虞

在家居日火延其宅肅衣冠再拜頂刻焰滅南中
僧于西塔寺說戒戢衆傾動城市公持大義白邑
令逐之風俗丕變服官十餘年所得俸悉週急族
黨戚誼著有天如詩文集子肖孫貢士遂安知縣
曾孫特舉史館擢用太保學士賀公逢聖銘曰舉世流競獨回瀾力求穎州爲
承歡司馬役法豈爭端忠宣不言展也安曲笑徙薪做泥丸彘邦亡恙鴻漸盤稽首兩足盡涅槃不
有醇儒夜漫漫人生大德炳如丹遊奕反風久遊看新阡欝匕神理完學者宗之如虬鸞象賢濟美
世琅玕

王鳴玉　字六瑞號遂篷萬曆壬子科舉人天啟

壬戌科進士公弱冠游泮爲文宗董公諱其昌鑒賞
至是再選庶常悉由推轂之力也自是聯班玉署
陪經筵日講丰采偉特著於朝端隨改吏工二科
給諫公蹇諤自將不避權貴毎登殿陛輒有敷陳
深蒙採納無何逆璫見忌遂外擢隴右參政寔欲
陷之以茹其口出都月猶疏請上攬權遠奸媸媸
數千言　崇禎改元出特旨召還有諫官王鳴玉
忤璫外轉風節巍然之褒授刑科左給事復以刑
部回避斜遲調外俄遷膳部陪祭南郊偶中風疾

駭不能起遂疏請歸里居日禮法繩躬不庇親曲
遇利弊挺然出力請命得允乃已偶夢遊匡廬而
逝著有補山齋朝隱堂西莊草等詩文集弟靈璧令鳴琦
憶兄詩伯也金閨彥清時早策名詞林曾吐秀諫省亦蜚英遭逢雖明主匡扶未升平霜簡擊權倖
佚馬擲一鳴獒狗盛當路不敢伏蒲爭賜環旋內秩司鐸火貫城九重忽震怒龍鱗誰敢攖豈不懷
拂袖隱腸難自明高堂念霜髮忍即捐微軀體肥客郡風墮馬棄簪纓輞川葬樂事優游卒柴荆信
心崇白業儵然念無生平居躭酒癖有樽即醉傾山水固所好登眺每怡情吟咏累成帙佳句典而
清同氣偏余愛明發許同賡憶昔遊廬阜千峯攜手行蒼烟杳渺際臭味似和羹不覩古軾轍多生
結重盟岱遊已數載背飛傷鶺鴒試披西莊草一吟淚縱横

崇禎四年狀元陳于泰榜

龔　奭　字君路號昔菴天啓辛酉科舉人第七名崇禎辛未科進士公性敏少孤爲諸生時見重於學諭陸公懷贄然貧不能自給母張孺人輒勵之曰汝窮年弗獲曾不如吾鬻履之易售也公掩卷長泣益攻苦弗輟年逾三旬始舉孝廉遂陳情乞恩得豐縣教諭迎養署中怡然承歡時豐士史文奎宣城孫襄徐州萬壽祺咸假館執經問業後俱成名辛未登第授桃源令邑苦征役難償有司

先後被褫公郎日上疏叩閽請蠲舊逋奉宸諭龔奭着用心料理以蘇疲邑公陛辭赴任招撫流亡綏徵却耗民始效義時黃河爲害修繕有方隄植杉逾月忽茂人以爲精誠所至而公自處坦如復築城修學百廢俱舉尋舉循良稱卓異擢兵部主政甫就職勅令掌銓曹毅然以得人事君爲已任甄拔所加望風欽服未幾丁內艱同籍服闋屛戚交與諸弟滌觴爲歡益友于固其天性也癸未賊變輿疾出城而終著有秋水堂支魚圖詩集藏濾無傳邑翰林檢討譚篆舟泊桃源弔龔昔菴祠詩黃沙瀰漫若迷城帆卷灘高一磬聲桃李遺陰存故舊衣冠肅制見峥嶸垣花草際河山冷香斷龕前日月生渤海幾人追烏羽漢臣應許結蓮樞祠在関廟旁

譚元禮　字服膺號柘塢解元譚元春胞弟也崇禎庚午科舉人辛未科進士先是譚氏自湘涯公以前俱治尚書歷傳至數世專經弗從公爲諸生時與兄點訂古詩歸讀風雅頌欣然有獲遂挈詩爲業其著有黃葉軒詩藝載鵠灣集中庚午遂由詩入棘闈冠本房時大總裁翰林黃公諱景昉以

詩名噪於海內深加獎賞焉次年聯捷南宮初授德清令端潔公方纖芥弗苟嚴公私請託紳士罔敢干者時督學蔡公諱官治於公爲師生亦凜然佩服而已以奏最陞戶部雲南司主事奉簡書兼程就道至維揚道中疾作不起著有詩文集藏于家

崇禎十年狀元劉同升榜

藍　絅　字尚夫號錦淙前壬午孝廉藍應斗子也崇禎癸酉科舉人丁丑科進士公天性孝友常贖其已嫁庶母遺腹子歸而撫育教訓愛逾同胞

歸夏劄已腴産之半矛之内外無間言弱冠時補
諸生沉潛攻苦屏交接卒能紹家聲筮仕爲閩順
昌令清謹自守愛民重士已卯分典闈試頗稱得
士院司交薦尋以疾卒

國朝

順治六年狀元劉子壯榜

沈倫　字夔士號景山崇禎丙子科第五名舉
人順治已丑科進士公善屬文與兄佺明經翩翩爲
古學闈中受知於吳駿公宋九青兩先生取麟經
藝刻程再捷南宫廷對五策稱旨簡在帝心特
授梧州守隨定藩營前畫方運畧拓疆闢土頗著
戎績蒞任日招徠撫循凋敝漸起葦鹽廠陋獘商
人戴德立碑頌之禁鎮兵騷擾民獲妻孥相保凡
胥役有犯令者悉勸令歸農定藩優奬同兩院疏
薦撫院王諱一品疏云撫凋殘而野集歸鴻理繁劇而劾多馴雉至籌兵奏餉無往不宜按院王諱签可疏云洞悉衙蠹之積獘深葦鹽商之陋規部擬擢升監軍命未下
而疾作竟卒于署撥公拮据戎疆鞠躬盡瘁所著
有秋心草西來堂草卒之日宦囊蕭然梧人立祠

以志去思

蕭維樸　字雪竇邑富陽令蕭岫萬曆癸卯舉人之子也
順治戊子科舉人已丑科進士公父慕前邑侯程
公維樸有吏治而本經術故取以名其諱後果成
進士出授棗強縣令未數年而卒

順治九年狀元鄒忠倚榜

程一璧　字支琰順治丙戌科舉人壬辰科進士
出授安陽知縣調比隸長蘆鹽運司知事現任景陵里役利獘相沿日甚順治十七年公上條陳已議舉行康熙四年復上條陳各上臺現經題示永遵行

陳朝暉　字邇宸順治辛卯科第三名舉人壬辰
科會魁前孝廉陳朝時崇禎壬午舉人胞弟也公性孝友
工文章潛心苦學明性究理未竟其業而卒同時
士林惜之

劉渾孫　字厚存號曙浦順治辛卯科舉人壬辰
科進士邑會元劉必達胞姪也性穎悟志嶔崎每
爲文不起草援筆立就出授永平郡司理耿介有
爲著于畿輔尋以公出卒于行署附弋陽令劉贈孫修厚存兄寧

詞兄長養于縉紳之家而備嘗夫艱難險阻薰[illegible]于詩書之林而極盡夫攻苦磨厲故雖文遇錯[illegible]而文名獨早弟受兄益獨深竹窗讀課雨牀聯話未嘗一日離也憶壬辰公車時輿則同輿寓則同几校往昔最密且久方幸共看花上苑題名鴈塔爲讀書人美譚爲孝友家善報而孰意以此兆踈別之端也今成永訣矣

劉臨孫　字繼令號楫菴順治戊子科舉人壬辰科進士公少孤好學祖和平令諱漸最愛憐之與兄曩孫暨從兄渾孫共筆研校文翰後以進士第起家弋陽令公務稍暇不廢嘯咏竟殞于任著弋傭草餅雪集響石軒詩邑翰林檢討譚篆贈詩千年蒲壁倚龜峯簪組如君有令容事業當今傳化鹿文心斯世許雕龍河陽花足三春雨玉浦人遥萬嶺松夢到西江波浪濶楚山深處只耕慵

順治十五年狀元孫承恩榜

譚　篆　字玉章號瀟湘順治辛卯科舉人戊戌科進士漢川教諭元亮子解元元春姪也初選內翰林弘文院庶吉士踰年

[illegible]試第二名

[illegible]旨授翰林院檢討充庚子科

歲貢閱卷官再充庚子科江南典試正主考奉

丑

子告養親部覆期滿赴部補用著有賜書堂詩集

汪以淳　字淥水由漢陽籍順治辛卯科舉人戊戌科進士授定安知縣現陞吏部文選司主事

順治十六年狀元徐元文榜

程飛雲　字培風號拙菴順治甲午科解元巳亥科進士考選推官改授獲鹿知縣

歐陽鼎　字長卿號象菴順治甲午科第二名舉人巳亥科進士考選推官著有韻會政事改授萬泉知縣

盧　鋏　字鴻士順治丙戌科舉人巳亥科進士選授商南知縣

彭上騰　字雲徤順治甲午科舉人巳亥科進士考選推官

胡雋生　字元羨號還竹順治丁酉科舉人巳亥科進士選授石泉知縣

景陵縣志卷之十終

景陵縣志卷十一

署縣事李　馨纂修　儒學諭易體震叅補

邑　人吳　泰編著

人物志中

舉人

舊志元朝有陳伯淵舉人考伯淵由碎舉非孝廉也故弗列其名

明

洪武甲子科

史文琮　字廷玉任巫山縣訓導

洪武丁卯科

程　昭　任懷遠縣教諭降內江縣訓導蒙　恩

復還任懷遠遷戶科給事中

建文壬午科

胡　俊　見前進士志

永樂乙酉科

何　讓　字守謙任主事

何慶源　字本宗任靈璧知縣

雷　鐸　字聲衆任大昌知縣

永樂戊子科

姜　勉　字志學任定遠知縣

永樂辛卯科

黃　鍾　字景陽除知崇慶州改知武定州方變

故面奉　宣廟聖諭馳驛至州州賴安靖至一考

復命綽有政聲未幾卒於官

永樂丁酉科

何　禮　字主敬

鄧以恭　字尚敬

徐　顯　字明道

宣德丙午科

李　端　字正之任登州衛經歷遷蒲州同知陞

平陽知府

宣德己酉科

王以義　字用善任長樂教諭遷國子典籍南國

子助教

宣德乙卯科

蔣　珪　字廷用任合州訓導廬州合江教諭

景泰庚午科

廖　訓　字尚裕除汝州訓導遷德化教諭改四川新寧改河南鄢陵致仕卒年九十三鄉人重其方正高潔

景泰癸酉科

蕭　佐　字廷弼任楚雄通判遷蘇州府同知子璉孫福俱貢士舊志編修劉戩送公還鄉詩晝錦歸家春正濃故林蒼翠接青峯長儕莫訝無車馬桑梓由來貴敬恭

張　昺　字廷器

成化丁酉科

王　瑜　字廷貴任廣元教諭文章行誼綽有時名

子化貢士經歷

成化庚子科

何　玘　字光弼授合江教諭秩滿致仕年四十五博學能文邑人稱爲湖東先生

郭　軒　字文载除盧氏教諭師道自任多所造就遷連江知縣與丞不合卒于官丞制之不得發諸生爲扶柩而出凡顯者過縣必拜其墓

成化丙午科

段　諫　字直夫任綦江教諭

魯　鐸　見前進士志

正德癸酉科

徐　鵬　字巨卿性淳朴孝友懸髮苦學動期古人歷任馬湖府推官撫州通判郝傀金辯寃獄尋改維摩州知州致仕絕迹公門

程　鴻　字子漸賦質穎敏制行端莊受學魯文恪以壁經魁鄉試筮仕通江繼補鹽城改判饒州遷知通州仁恕清苦以議割郡地與邑宦異遂棄

官歸部徵不起時稱勇退邑呼爲東磐先生云子宗簡貢士訓導孫以聰貢士知縣翰林王格贈詩炫髮投簪世所稀索居濯復傍漁磯一竿月滿嚴陵瀨五柳風吹陶令衣載酒每過湖外寺彈琴獨掩竹間扉東山我亦烟霞客思爾時時上翠微

正德丙子科

汪　儼　字子莊任亳州知州

張本寀　字淑與號陸泉性孤介不羣判嘉興剌海寧有廉能稱分巡俾公移文議祀鄉賢祠

魯　彭　字壽卿號蒙野宗伯鐸伯子也清修博

學克紹家聲任廣東樂會知縣平易近民勤恤賑濟一日海上漁人以玳瑁獻睁目仰視嘖嘖有聲公憐而送之海濱回顧數次因作海問賦載在樂會邑志後公致仕歸候風海嶼夢天妃呼令速渡者再急命炊爨發舟數里風雨驟至波浪澎湃中隱隱黑線一道舟隨以進忽聞舳艫聲在後追隨公禱呼天妃有海蝶如車輪逐風集舡桅似來擁護者少頃舳艫逼舟乃海賊也知爲公舡厲聲謝過而去遂抵岸拜天酬謝忽見玳瑁現形叩首而逝去任民思爲生祠以祀焉所著有離騷賦爲門小橋稿藏于家卒年七十有二子佶舉人太平郡守

正德己卯科

魯　嘉　字亨卿號觀復鐸仲子也己卯登賢書庚辰上春官知名京師及試果入首䇿搜三場卷弗獲主司惜之罷第歸潛心理學尚友遼古中丞顧公諱璘稚重其誼有兩兩鳳雛毛五色避人常自宿丹丘之句卒年六十有四

嘉靖辛卯科

魯　思　字膺甫號净渾嘗言道本率性爲學理宗子景亨貢士

譚　述　字汝賢號清河任建昌推官捐俸作千金陂旬日立就署南豐篆縣治龍脉傷鑿雞犬無聲毅然修補有龍首亭復任閩邵武歷保定判以歸

嘉靖癸卯科

魏　禀　字子初任太平知縣

戴　虔　字少容未任

嘉靖丙午科

李　淑　見前進士科

魏　寅　字弘衷邑貢士魏亨子

嘉靖己酉科

鄭　傳　字君錫號自業

蕭　副　字彥甫號學泉著景陵總誌序

嘉靖壬子科

陶之肖　字克踐號南華三齡失怙攻苦下帷後登賢書授歸安教諭修學宮有雙鹿直入馴伏不去因立來鹿亭遷東鄉知縣清白不阿陞袁州府同知告歸故里有鄢氏兄弟盜誣必死力爲解究公母何氏孀居教子白鴞巢堂咸稱義感云益王題扎

堂瑞鳩詩簇簇花明錦翼翔春深歲歲乳雛采科
椒故喜深堪聽貽老偈宜秋可將鈎花豈歸西蜀
客戶巢應表漢家即此堂千
古慈心在五柳門前世澤長

嘉靖乙卯科

江　洲　字敦夫

趙嘉賓　府學順天中式

嘉靖戊午科

王　轄　武昌府學本省中式

嘉靖辛酉科

朱　高　字萃陽任西充縣令復任資陽縣令遷

麻哈州知州致仕

劉世臣　字致吾號丹山初任臨潁知縣清徵收禁詞訟定里甲頗著政績後改大昌縣令致仕歸里子登龍孫植俱中武科

嘉靖甲子科

吳文佳　見前進士志

謝廷敬　見前進士志

李維楨　見前進士志

周　芸　見前進士志

隆慶丁卯科

周嘉謨　見前進士志

徐成位　見前進士志

萬曆癸酉科

李　登　解元見前進士志

熊　寅　見前進士志

王曰然　字儆溪任四川雙流知縣修學宮新城池禁止燒畬斂衆懲土蠻抄掠民有兄弟爭訟化之遷大理評事戶部郎中督淮安鈔關禁貂璫横

恣採榷商賈德之陞陝西臨洮府知府興學培士頗稱得人禱雨立應撫綏羌夷輩若長城除四川副使未下爲當道所忌掛冠歸子嗣美貢士教諭

按公幼育于舅氏陶公之肖成名後終身不忘建渭陽永思祠祀于家

萬曆丙子科

李維標　見前進士志

萬曆己卯科

胡懋忠　見前進士志

陳所學　見前進士志

夏良弼　字賚卿號夔巖江西南昌縣人生時大星流屋𡚁西溪公異之後來景陵始就學年十六猶讀孟子未了忽焉單精研思三年學成出補弟子員巳卯科舉於鄉後謁山東樂陵令治主清靜勸課農桑邑無逋賦興學校徵文藝得士三人張君潑范君之彝史君高先俱曾去云會監司有以斬乾下索者公以非土產謝絕應郎請假歸優遊林臯日抄書史自娛門無以外泊如也後張公潑爲御史馳書往召公弗答行年八十一晝見邑

城隍具衣冠來召宴坐不言而逝子時傳貢士先祿署正　邑司徒陳公所學曰吾平生嚴事者兩人一曾兄對巖然性孤高人不能學一吾黨夔巖言不遺物行不踰䂓中道而立予謹師之焉又邑解元譚公元春曰竟陵公廉無干謁仕無他甚里中稱賢行君子必首夔巖先生云

李維極　字本建號滄浪布政淑次子也本縣學中省式授南國子監博士

李維柱　字本石號石符布政淑三子也本縣人由京山學中省式授常熟教諭遷南國子助教甫八月擢夔州府同知　公履歷詳京山志中

萬曆壬午科

藍應斗　字文煜號輝甫任桐鄉縣令子絅進士知縣

鄢應薦　字荻尚授國子監正復授禮部司務

彭萬里　字惟顯號起濱授合江縣令時播囚甫靖客師調集公能輯驕兵補鄉寧令昭雪疑獄徊賊不入境陞漢中府同知攝太守篆以廉著卒于任

萬曆戊子科

熊作霖　字蘇之號泰雲中鄉試第三名任鄢陵教諭

朱一龍　見前進士志

董曆　見前進士志

高則騰　字伯龍號春池貢士啓端子也任渠縣知縣　按公考巳丑監元

蕭鳴世　字來儀舉人副弟也初任奉節縣令改遵義縣隨大軍入土司征楊一龍有功陞濟寧知州未任致仕

萬曆辛卯科

吳文企 見前進士志

魯佶　字夢暘號影圓邑祭酒鐸孫樂會令彭子也 按公父家居六十六歲忽夢天妃坐珮瑁入中堂呼曰佶曰當陽梧影重圓歲夢入西房與如夫人王氏語其事夫人亦夢日入懷遂娠公焉里人周爵夢空中鸞與鼓吹自東南來遂降生中鄉試不第始就南樂縣諭遷雎寧縣令後轉淮安府管河同知以河績陞廣西太平府知府卒年七十有二 按魯鐸少時詩西周老鳳將雛近幾見梧桐日影圓然則梧影重圓蓋已有先識矣

秦光祚　號鴻溪任蘄水縣教諭

陳所蘊　號完樸大冶諭範之子也初授永豐知縣陞潁州同知

魯日唯　字心尼武平知縣改興寧致仕

萬曆丁酉科

謝廷讚　字鳳掖號東山由沔陽州籍中省試第九名出授盧龍知縣有善政遷太原府同知致仕著藍田詩集　國朝定鼎首徵大賓享年八旬無疾告終子藥舉貢士辰州府訓導

周命　字德符參議芸子恬靜好學子以宗百士

夏敬承　字象賢任新鄭令招撫流移設四徵法按季輸納兩臺取著為例邑相國高珙沒爭嗣構訟公剖讞立斷一塵不染刻可對人言錄治聲大振尋以臺省被徵因病歸里垂十載始授南畿掌河南道御史俄因內侍掛議遂請告歸

萬曆庚子科

胡承詔 見前進士志

李純元 見前進士志

熊一棟　字梁甫號郢衛子啓艮貢士知縣

萬曆癸卯科

鍾惺 見前進士志

謝奇舉　字彥甫號鳳毛行人司廷敬子也什邡縣知縣重士愛民頗稱循良未幾奢難作自重慶陷成都鋒不可遏什邡孤城無援公矢志扞禦賊不能破巡撫周公箸疏薦欽取四川道御史巡按陝西入境詢民隱飭官方墨吏望風解組去會權

皆肆虐公上疏直摘其奸叉糾豢泰撫喬其貪黷
諸狀臺省凛然竣事乞休值疾大作廷諭差取赴
闕公已不起矣後數年以蜀城軍功叙錄加級賜
金按公博學好古尤工翰墨性最孝友著有陸舟
亭稿

別如綸　字鳳藻初任靈璧知縣循撫振刷治績
上聞欽取南臺改授南兵部武選司轉車駕司員
外郎掌選務會請獎三朝要典公附諸大臣名後
降旨俞允陞懷慶府知府俄以議軍機不合遂歸

年至九十三歲方終子策貢士知縣

蕭岫　字平墟任富陽知縣子維樸進士知縣

彭健侯　字象乾號亥嶽

萬曆丙午科

江良搆　字我堂

萬曆已酉科

徐自化　字隱冲

石汝璧　字完樸

魏士前　見前進士志

區鳳儀　字舜儀任富陽知縣陞任三月即掛冠
歸

萬曆壬子科

黃開　字伯素原名甲科後改今名任蘄水教
諭著有[illegible]軒古文辭[illegible]軒詩集[illegible]貢士知縣

王鳴玉　見前進士志

鄭有光　字斗[illegible]任[illegible]授蘄州學
正

萬曆乙卯科

沈應魁　字斗垣由貢[illegible]授[illegible]州知州
[illegible]舉大賓晚年[illegible]不[illegible]有[illegible]稿

劉夢蓮　見前進士志

胡恒　字[illegible]任[illegible]陽郡丞順化[illegible]
公少負[illegible]奏早[illegible]丁丑會闈[illegible]石齋[illegible]
庚 任[illegible]才首[illegible]元落第始[illegible]職任[illegible]
諭[illegible]國子[illegible]戶部主事轉郎中[illegible]
[illegible]四川上[illegible]道在任[illegible]修[illegible]
[illegible]甲申賊張獻[illegible]成都[illegible]

公時兼攝建昌諸道印聞成都失守因提兵鎮雅州急遣偏將羅大爵將兵救成都不利陣死雅州吏王國臣叛降獻忠叉兵刼公士卒皆走公泣曰余兒懷戊午舉人官戸曹近聞京師有變已盡節殉國且余父諱順化貢士任慶陽同知亦食國家厚祿余何惜一死以報朝廷於是遣義士汪光翰婺源人茂才鄢之駱雅州人往調招討使高蹐泰兵復調建昌道海棠鎮夂鑾莊千戸李華宇兵疾馳來援獻忠聞之發大衆迎擊九月朔公與貴州御史朱公奉鉀雅州指

揮使阮士奇合力死戰兵北陣陷遂被擒前叛吏王國臣擊公如成都獻忠脅之不屈與朱阮同時遇害臨死罵不絕口訃聞諸州士民莫不飲泣公子生員之驊赴河死僕京兒見公被擒不忍舍同就戮所著有古懽堂詩集邑舉人吳驥輓胡公恒死事詩甦嗒崎嶇病馬艱捫參歷井卬天闕平生有意遊汝嶺一死何知重泰山吏具衣冠嚴拜起僧收布衲見安閒春華庚子如相笈此事高流豈易班　身危家誥遵時艱不蘇荒雞夜唱閑父子分離羅剎國弟兄隔絕劍鋩山劇憐眉尺紅鑪勇騰硍尻輪綠草間煶燿企書嶽昔夢鮮形曾是黙仙班　多難深維囙步艱誼存師友見攸閑氷盤要共銅川食雪窖長流乇呈山手攬龍髯休謂晚曾爲雞彈只如閒九原可作歸誰與不愧當時王荀班　十上三還止尺鄰歲華詩句動江關亭亭身後分雙廟落落生前見小山紫軟修門猶未遠清都官府不多閒綠章得劾蒼生意香案逡巡也闘班　酸風吹浪望猶艱掌婺巫陽半楚關葬鮮未經西筮水禮魂誰上北邙山驂鸞乘鯉知非幻怨鶴啼猿可是閒華表水鄉清夜月衷回猶得照蓬班　郢客裁詩未是艱尺蹏分影押花間登臨好句隨瓢衲情具高人什冰山半日孤郵曾屬和千年少別詎如閒耕巖卜肆還同昔故紙殘書誦二班

萬曆戊午科

胡懷　字公遠沉潛好學能讀父書郡丞順化長子弟恒先舉於鄉公憤志攻苦卒登賢書屢上公車弗第始就孝感諭再補宣城諭遷國子助教轉北刑

部司務陞戸部郎中值寇逼畿輔按籍徵餉公與本部尚書倪公諱元璐同心料理未幾城陷國破上登萬歲山壽皇亭宴駕其中公倉卒未知上所在疾趨皇城爲邏兵所獲縛獻李自成拷掠百端不屈而死

天啓辛酉科

龔爽　見前進士志

陳盛楠　字培植號心石司徒所學子任靈璧知

舉士偉　字彥白號嵐谷貢士[illegible]任成都府
同知陞轉川南兵備僉事卒于任

天啓甲子科

譚元方　字正則[illegible]號錦秋解元譚元春
胞弟也天[illegible]凡流督學葛屺瞻知其飛
騰必[illegible]方公諱逢年取論藝刻程
海內[illegible]不第始出授山東高苑令蒞
事[illegible]剖斷如流以禦賊有功調沈上縣奏
[illegible]州海防同知復調淮安府邳宿分管鹽運

靜海疏河與漕艘不繼連坐諸大臣公開泇河殺
水勢通漕運鑿新渠四十里疏聞上賜秩加金陞
廣西柳州知府誠心愛民口碑載道奉　旨赴部
調用蘄黃監軍未任復補廬州太守陞安廬兵備
道河南按察司副使招撫流移誅鋤遼妖聞郢陵
失守具疏乞歸以老疾致仕
國朝屢徵弗起優遊林下行年六十九終子荀貢士

天啓丁卯科

譚元春　字友夏號鵠灣別號蓑翁道氣淵冲天
性孝友弱冠負文譽以著述爲已任與同邑鍾伯
敬揚扢風雅不襲濟南公安餘派惟蔡敬夫朱無
易數公唱和往來稱神交焉督學葛公屺瞻掄楚
材鑒賞逾格旋中言者忌後學使顧公起鳳復拔
置明經至丁卯領解受知李太虛先生云按公文
章本性命交遊遍吳越著簡遠堂嶽歸堂湖霜草
虎井詩鵠灣古文遇莊等集行世子籍貢士
詹在前　字卓爾爲督學葛屺瞻邑侯任贊化所
甄賞後任蜀新都令有詩稿譚鵠灣贈序

張三楚　號令望任忠州諭奉蜀撫檄招輯秦兵題叙紀錄陞灌縣令
彭曰琰　字輝序由沔陽州學中式

崇禎庚午科

別仲茂　字徵休號松心中式第五名任武昌縣
諭膺聘貴州同考　國朝授通城諭
毛一駿　字翰如號槐眉　國朝考身言書判中
選陞見賜宴授海鹽令在任請緩併徵撤援兵建
譙樓修學校造營房築海塘著有拙存堂稿
譚元禮　見前進士志
旋　字濬之由沔陽州學中式

吳驥　字旣開號延傘一號如琴兵憲文企嗣
子邑譚公元春吳白雪先生誌初公艱嗣夢其贈公詩曰撫夢也有子考視其足則着重展敏驥音類夢竟驗云　著有浮園詩稿

崇禎癸酉科

藍綱見前進士志
彭維錦字公準由沔陽州學中式
李思謙　字秉言號敬身爲督學葛屺嶠所歎賞
由府學中省試著有雪栢堂草邑譚公元春有序

崇禎丙子科

沈倫見前進士志
劉試位字膚公由沔陽州學中式

胡承諾　字君信號東柯養利學正公早季子太
僕卿承詔胞弟著有青玉軒菊佳軒詩集
劉必壽　字介眉號靜山會元必達胞弟　國朝
筮仕河南真陽令蒞任甦里困開荒地減鹽引繕
城池修學宮審編戶均役復請行官徵官解法請
還協濟驛馬銀減河夫見庸書

崇禎己卯科

程先達　字質夫　國朝授隨州學正歷國子學
錄遷兵部司務工部員外陞山西平陽知府

崇禎壬午科

馬世盛　字仲燃　國朝任崇陽諭改宜城學諭
陞辰州府教授
陳朝時　字與行弟朝暉進士有文章名俱早卒
張自怡　字仲豫

國朝

順治丙戌科

程一璧見前進士志
盧僎見前進士志

程滋時　字聲子任南豐知縣著有嘉禾堂長柳
堂詩文集進士一璧從姪

順治戊子科

蕭維樸見前進士志
劉臨孫見前進士志
程達時　字爾燕任興寧教諭進士一璧從姪
蕭賁　字無斁由沔陽學中式任遠安教諭以
西山役卒於河洛同榜維樸從姪
胡公寅　字秉載由漢川學中式任夔陵教諭改

永定衛教諭

譚桓　字子尚號畬廳初除通山縣學教諭順治辛丑科雲南鄉試膺聘同考改調監利縣學推廣東高要縣知縣兼攝德慶州事家蔵槐蔭堂稾弟植長子封炳俱貢監

順治辛卯科

陳朝暉　見前進士志中式第三名

劉渾孫　見前進士志

譚篆　見前進士志

鄒山　字禹封號弘景學諭昌言曾孫初署漢諭有初言方伯翟公聘主江漢書院遊中州有白松記尋匡廬有懷歸賦等作後任玉山縣令多惠政范楨等有德政頌罷政將歸李公來泰有生祠碑記

戴汝爲　字于宣由漢陽府中本省鄉試任桂陽教諭

蔡遇　字伸旭由漢陽縣中省試

汪以淳　見前進士志

順治甲午科

程飛雲　見前進士志

歐陽偶　見前進士志

彭上騰　見前進士志

順治丁酉科

胡偶生　見前進士志

程相疇　字二楣中式第七名進士一璧從姪

金偕　字山長號訒菴南漳縣諭補華容教諭

鄒拳　號巾岸玉山令山胞弟

康熙癸卯科

沈坦之　字天路號守巖明經佺子進士倫姪

江琇生　字耳塋號梅菴生員自容子首倡捐學人良構姪孫洲姪曾孫也胞兄琳生舉人

祭酌復刊功過格戒殺文買物放生多所全活每分俸餘必給戚友在署偶感微疾遂不起臨終時合掌向西方端坐念佛持玉皇聖號遺命修諸葛廟殿像用酬宿願蓋其本性不昧固如此妻楊氏殉節不渝克成厥志云新建通明殿大雄殿玉皇像佛像準提像施田供養

周澤長　字子裕任新化教諭遷漢陽府學正

涂雲步　字清逵由江夏學中省試授廣平知縣

龔仲嶲　字仔鴻號聞來由本省拔貢廷試考選知縣奉旨應甲午科順天鄉試中式乞恩罷任桂東教諭吏部覆從弟著有鬧豫堂

順治丁酉科

胡鶚生 見前進士志

程相疇 字二相中式第七名 進士一璧從姪

金偕 字山長號訒菴南漳縣諭補華容教諭

鄒參 號巾岸王山令山胞弟

康熙癸卯科

沈坦之 字天路號守巖明經佺子進士倫姪

江琇生 字耳瑩號梅菴生員自容子首倡捐助修學舉

人良搆姪孫洲姪曾孫也胞兄琳生舉人

康熙丙午科

江琳生 字王林號嚴菴由安陸府學中式舉人

琇生胞兄

徐則倫 字書訥由德安府學中式

胡公傑 字芳世由漢川縣學中式舉人公寅發弟

鄒崎宜 字有瑜由沔陽州學中式貢士民表發弟

貢士

明

洪武年間

吳國琮 任萊州同知

秦伯卿 仕至工部員外

王謙 任重慶府知府

蕭鈺 任雙流教諭

劉謙 任光州訓導

陶璟 任順州判官

羅鍾 字廷用任浙江布政司參政

劉晁

王正隆

王典

永樂年間

吳良

張凱

胡昌 任工科給事中後改大寧行都事

廖珩 任奉新主簿

顏以義　字用質任廣信同知
劉謙　字尚益任徐州訓導
向儒　字子鴻任福州同知
危誠　字子純任井陘知縣
邵善　字復初任温州知事
李愷　字仲和任蓬州判官
熊裕　字子厚任東安縣丞
宣德年間
李慶　字積善以歲薦除建昌同知改南戶部

郎中調禮儀制宿獎頻華遷浙江塩運使布衣蔬食處之澹然嚴簿書絶請謁有持券請塩者按歲月先後給之二年歲課三倍尋乞歸卒於舟素守燕介歷官幾二十年所居茅屋數椽田園不增尺寸歿之日妻子無以為歛人至今稱之
李伯英　字玉潤
王常　字正倫少有大志負文才讓貢辭金鄉人義之竟以貢起方筮仕聞親病篤即奔歸居喪哀毀嘗志而歿以遺後人王瑜繼其志云

魏敬　字尚學號樗菴初任淮安府訓陞秦府教授改河州衛教授孫澤有孝行作泣血歌
胡本清　字景燕任西充訓導
正統年間
程泰亨　字志通任長安縣丞
曾俊　字一傑任雙流知縣
李賓　字致美
雷震　字聲遠任太和知縣
李岩　字景高

陳哲　字晉用
張佐　字良輔任北流知縣
景泰年間
楊春　字時茂任龍江塩場批驗大使
鄧淵　字子淵
黃魁　字仁勉營州衛經歷遷涪州判官
何璟　字光甫任榮寧訓導
天順年間
李裴　字成章任南康照磨

蔣　珙　字廷光任南溪主簿
何　聡　字聞廣任保寧府知事
汪　濟　字仁廣任臨江教諭
成化年間
郭　儀　字懷忠任嘉興府照磨
羅　恂　字本泉任彰德府教諭
李　彧　字文盛
鄧　誠　字季實任大足縣丞
譚　澄　字源深

程　倫　字明夔任經歷
邵　達　字九達
李　珙　字玉光任萬縣訓導
陶　敬　字謹德任壽張訓導
朱　華　字德輝
延　贄　字朝佐任銅梁縣丞
蕭　璉　字宗器任合江主簿舉人佐子也
江　俊　字彥才任王府教授
弘治年間

楊　清　字一廉以歲薦除知貴溪縣茂政績[illegible]
文學操履耿介楊氏自春及清以名儒稱重
曾　賢　字希哲任河南按察司照磨
向　文　字應奎任思明照磨
魏　達　字兼善
涂　平　字用坦
危　啓　字景暘
李　實　字孟誠
聶　誠　字子實任漳州府照磨

謝　禮　字用和祖貫福建宋末官籍襄陽雙溝派衍景陵冀家潭本姓葉以軍訟從外氏姓謝自此始也
張　琇　字文玉
蕭　塄　字乂重任順德訓導子錄貢士
正德年間
王朝著　字臣儀任樂安縣丞
鍾文朝　字嘉會
陳　諮　字文謨
蕭　錄　字元賓號梧崖貢士塄子任內江諭嘗
率執禮不墜家聲

汪　僑　字子高大庾主簿
延萬善　字元之
汪　位　字子立任遂府教諭
楊楚賢　字邦奇任鳳陽衛經歷
徐　鰲　字鎭卿任懷寧訓導陞金堂教諭
鄒　毅　字子美號前川貢士昌言父也初以歲薦請京廷試詩文書翰流布都中歸而不群詩酒自娛少時爲先君種梅及樹成蔭而親逝作詩曰栽梅本擬望梅開臨到梅開親不同何似孔林花萬樹門人千里墓中栽遂移植冢上其養志如此

張一中　字元卿
呂文啓　字道原
陳尚賓　字汝穆
劉　中　字時之
程　翀　字鵬舉
朱　臣　字國佐任富川主簿
徐　爵　字良貴任宜興縣丞端方醇朴政有廉聲
鄧　瑯　字良佐任建始主簿

但　玉　字德純任鄢陵訓導
王　化　字宣化舉人王瑜子任尋甸府經歷
何　鎬　字宗周任滎陽訓導
黃　澄　字德源積學安貧知縣李仲僎旌獎
嘉靖年間
江　山　字伯高
延　欽　字寅之任貴州按察司經歷志操端方政聲丕著
汪廷鳳　字來儀恬退安貧應貢二十年不仕

蕭　瑜　字君用
蕭　福　字希謙前貢士蕭璉子
孫　儀　字象之
陶應奎　字文煥
謝　高　字立之任定遠縣訓導前貢士謝禮孫
魏　亨　字子嘉
胡鳳瑞　字時儀任蒲江訓導
徐　麟　字仁卿號楚陵甫北督學使者楊公奇其文嘗與邑魯淨潭先生論大道恆至丙夜不休

由明經除金華訓導出俸錢贍孤貧生徒翕然遷
天台教諭台故遭倭躪蹂士風萎薾設條布和視
金華尤啓已而決策爲歸養計諸青衿涕泣不忍
捨郎廟左繕祠黃巖蔡司徒有碑廣西馬君有記
少時得遺金詢歸其人嘗爲市猾詈之鍵闔聽其
所爲嘗治學博袁公道喪資又贈學博黃公天栢
歸裝其隱德類如此以子成位累封至中憲大夫
云太史李公維楨曰先大父與先生葭莩毋稱邑長者必曰前嗇文恪先生今徐仁卿先生不言而躬行孝類翟方進柳公綽友悌類范冉牛弘鳶類甄彬趙軌儉類宣秉許邵好施類原涉范叔孫

無兢類伏湛衛玠師表人倫類郭林宗陳仲弓煨煨高致伯仲文恪所不配者位耳文恪豈碑鴻號流之無窮何可以當吾世而失先生是用表之俾夫過墓下者庶幾如見先進君子焉

譚　釜　字汝器

譚　金　字汝兼

倪志朋　字德孚由府學貢任亳州訓導

魏　典　字弘敷由府學貢

黃　恒　字一德由府學貢

許希顏　字子愚由府學貢

熊　佳

魏　貫

陳尚質　號鳳池任夔州府教授

魏　廉　任階州教諭孫士前進士

何　器　字汝玉博洽多聞邑侯丘宜委修邑志
授陳州州同署長葛禱雨立應陞成都府判補夔州
判攝大寧雲陽建始諸課商民德之後致政歸

隆慶年間

徐　萃

劉　恩

陳　表　授荊州府訓導陞梓潼教諭致仕

劉　錠　初諱鈞避御諱改今名字伯兼號秋潭任
分宜縣令方正清絜孤立寡援棄官歸里儕重之

朱　享　字萃鶴任嘉定主簿儉約自持

萬曆年間

何夢夔

魯　述

魯紘榮

鄒昌言　字師禹號甸南貢士穀子也嘗遊黃鶴

樓選詩四壁裴然有凌雲氣善古文詞懸書國門就恒調歷楚江夏訓導委修全書校閱兵法及書經會解文選越德清諭委給散饑民毫不染指改蜀忠州諭署孝豐期年以清聞陞成都郡丞弊聘修五圡司志竟拂衣歸年八十體徤如壯夫吐聲洪暢如巨鐘後善終太史李維楨曰上世齊有三鄒子忌以琴干威王因及国政取相封侯衍善談天梁趙燕三国執賓主禮奭聞第康莊命列大夫然學術踳駁儒者所不取不如先生誦述孔子含經咏道也以予所聞先生乘鶴登樓或以爲王子安或以爲賈文律杖履嘯歌其中人未有不以爲仙者古今詠鶴樓崔顥爲最吾家太白至于韜翰先生人間希有時來羽化御

風而行予棄家如脫屣從先生遊矣翰林王鳴玉曰予在史館時倪公元璐白公士麟向予語甸南先生蓋天人也夫先生在蜀而蜀人尊之在越而越人尊之若此蓋禹穴一山而蜀與越俱倚爲重也

胡　早　字遲卿號霹東生而穎異父伯崖公（諱賀）後贈通奉大夫喜曰吾見兒生之遲而成之早也遂命今名焉巳卯闈中魏見泉先生得公卷薦居首格于總裁竟乙之再逾年選明經廷對後得歸州司訓割俸餘以贍左遷者又捐金贖邑貢士已賣兒鬻衣活優臥士子後攝本學堂篆嚴師範正士習寔

清脩予理遷寧鄉諭益慨然以作士維風爲已任其公道培植如此陞廣西養利州學正迺上書歸養終身殁後歸州學請祀入名宦景陵縣學請祀入鄉賢蓋自來廣文所未有也公長子承詔太僕卿季子承誥舉人孫來俊太學生

張　醽

程宗簡　號韋菴知州鴻子也潛心理學窺其蕴與當時邑先生魯公淨潭（諱思）以理學著劉公秋潭（諱錄）以芳絜著公兼而有之初任永寧訓導李本寧

爲憲使經永寧延公別館揖就上座於是藩臬咸尊禮之嘗作全楚大觀賦纂録姓氏全譜晚居鄉德益高邑侯林（諱雲龍）劉（諱繼禮）延爲上賓公折柬謝之二公嘆曰又費程先生一紙書矣行年八十有四卒

陳　範　字九疇任大冶教諭子所藴舉人同知孫盛櫰貢士知縣

田　種　字義甫授秘陽訓導沉籍詩書敦崇廉節

延　鶴　字鳴皐任襄陽教授歷達關衛教授行年九十三歲

閔廷訓　任岳州訓導

鄒學孔　字心矩學正昌言長子童時有文名受知督學顏犹字與仲弟法孔孝友學業相師友授崇靈令時蜀苦征播採木公惟恬澹治民修崇邑誌採捜艮悉以轉輸得法考滿奏最陞福建別駕歸著有傳家瑣語舉大賓

江有元　字　舉人有光兄貢士文潤父

蕭應元　字慕荊號世翹年十二受知督學顏公諱鯨補第一後任池州府教諭有貧生公飱食貸書

景陵縣志　卷十一　人物志　頁十一　三五

以成其材任滿持一兩茹來謝竟弗受

高啓端　號鳴梧任蘄州訓導陞楚雄府教授篤孝事母舉大賓子則騰舉人

劉守化

陳所前　字敬甫號對庭孤高方正司徒所學兄也初授武康訓導規矩繩士肅然丕變陞南國子監典簿職司錢穀秋毫不染陞興化府判署莆田大得民和然恬淡少宦情屢投牒乞休兩臺疏薦有器識端凝操術峻潔等語致仕歸杜門却埽不問生産而賑窮恤乏築堤安民有益族閭云

劉守儀

戴賡　字虞廷萬曆乙巳貢士子大紱庠生孫衍衛庠生

程雲翼　字溟南任河池州同

陶之亮

羅鳴遠

章達　字啓虔號章甫沉潛好學授廬江令以清謹聞陞無為知州考最拜永昌推官乞休以詩文自娛刻有悖史滑華等集

景陵縣志　卷十一　人物志　頁十一　三十六

鍾一貫　號魯菴學憲惺父爲人敦敏端嚴幽獨無欺由德屬安陸學廩於庠兄一理病痺進藥嘗食視其加減以爲喜懼也以明經授武進訓導時常鎮道曾公唯何公應瑞皆其子惺同年過識不通名諸上臺彌心重焉辛酉請告歸享年七十三

羅應泰　字吉宇任黄陂訓導舉人士淳父

江有光　字斗華中順天鄉試貢士有元弟

胡順化　字實明號應侯篤行好學初任廬江教遷遂昌知縣清正勤敏陞慶陽府同知致仕歸里

著有南北遊草按公二子皆孝廉死國難一門雙節長子懷戶曹郎次子恒川南道不愧忠孝世家云

劉漸　字于磐號象鴻生而穎異讀書目數行下諸子姪輩親承訓誨咸掇巍科孝友性成與兄贈承德公諱豫聚順養志內外無間弱齡廩餼縣官九困棘闈兩擬元竟以明經分訓蘄水時蘄游使君諱王庭以詩文重公秩滿奏最陞和平令山寇嘯聚王文成公新服之公蒞任肅教示信群懷其德入覲左遷欣賦遂丽杜門謝客嘯詠娛情詩酒年

八十終所著有小鴻集滃上吟粵人吟

邑譚公元春題　小鴻集者吾邑劉先生于磐明府詩也明府名號與前賢陸子正同風期又近之故予題其詩曰小鴻集明府年七十餘自辭和平令以歸種秫澆菊所遊皆黃冠白社六逸九老其胸鬲氣岸眞有昔賢詩人之風元春記童年時從先子後爲明府酌斝撰屨聽所誦自作詩文不知其所以佳而但見坐客傾耳俛首作贊歎狀私作想安得吾它日得似其絲粟毛髮不至如群輩茫然贊歎者則幸甚由今數之已三十四五年闊哉而予已作五十衰翁矣詩之係人感慨爲何如哉予近有詩云漸老彌傷親去遠而明府以先子之友細作行書改塗舊詩商訂某句最佳某句未穩片楮小封出自袖中則髣吾親猶在吾猶是齠齔竊聽時然則是詩不惟移人性情並移人歲月也

又題滃吟舊跡　滃上山水清麗河腹有石石罅有泉泉未嘗向人鳴也而吾邑陸鴻漸祭于空碧漣漪之中品爲第三固已奇矣予瞭舟遡川上璧石鐫字一日擊空明一日泝流光作赤壁賦遂入二語是又一奇也予執友劉于磐來爲廣文頗而安之朝夕戲擊無虛日也君名字適與陸子

同今又令惠州之和平滃惠皆燕公遊止地枝梧相符必有奇語佳事繼其後不敢止以陸子後身蹤跡夾人也

江交潤　字心褱任什仿縣令貢士有元子

張文選　字復元係明初知縣張天麟八世孫也

提峽江縣令未任今其子元翰孫必元庠生

天啓年間

倪朝賓　字四稹任崇義縣令卒于任

楊利奉　字秀川

譚元春　字友夏號鵠灣中天啓丁卯科解元

陳盛楨　字仲楨由漢川學任溧陽教陞永安縣令清謹有守轉起雲和縣未任教諭範孫

戴一麟　字鉉趾

經以驄　字龍亞性行端方器宇泓深授粵肇慶府學訓署廣寧四會二縣篆却餽金罔干以私諸生中遭抗累年吏莫之何竟置于理後練民兵勦土寇境內得安陞蜀潼川學正復署樂至事有靈胥分數其惡立斃杖下時拔潼州才士歐仲蘇置月課首後歐竟售去蜀人服其神鑒云後致政歸

卒年六十有八陶公汝爲日轉飄公立朝勲業而厥手謨圖家子進憲周畿鄭而厥孝不能彌其初程公師存先德克昌厥後自韋菴先生以下五代不匱家聲先民所希觀也

周　侃　字季行

魯暴貞　字幹季舉人思予任監利學訓

汪光榮　字全吉由府學有文名參與譚友夏先生夾章唱和交好最篤未仕而卒士人惜之友夏爲以誄

胞侄諭之順治辛卯省試

吳國彥　字青城方伯文佳孫也恩貢廷試授北順天府宛平學訓

王　悅　字媚蒼由漢川學貢任天長知縣

王時揚　字永明由本府學貢任辰州府學訓導譚友夏先生爲意氣友見譚文集

徐同氣　字伯倫號西江中丞成位孫由北雍恩貢授光祿署正生平慷慨好義邑有大務不憚身任之刻陸羽茶經自跋云余昔合梓楚騷茶史矣而經之者楚也猶楚風之二南也已而毀于燹力不能并鐫姑先畢茶經次及騷將并及少陵詩濂溪畜楚產也力未暇任槩覽則修矣

吳　贊　字傳旃號蘇嶺方伯文佳子也十二補弟子員稚贍能文李太史本寧器重之辛酉中副

榜入南雍再中丁卯副榜恩貢著閩覽樓詩集蘆砠山人稿生平愛臨池以揮翰名于時

朱泰寧　字方寧號長康吏部一龍子穀皺好學撩洽皆文士中丁卯副榜恩貢性嶔崎不苟驅誦文遊觴詠自得著有蟄菴集

程一騏　字文伯恩貢任福寧州同進士一璧胞兄

崇禎年間

陳　綱　字克章孝友嫺睦文章博洽爲後進矜式公幼頴敏家貧不克就外傅邑庠生陳甚高器重之教育俾有成焉陳公歿而心喪三年亦猶

行古之道也

譚元聲　字達韻解元元春胞弟受知於督學葛屺瞻周鉉吉兩先生有文名於時爲寒河推重

譚元亮　字擬陶翰林院檢討纂父也天性孝友家學淵源好施予重然諾中庚午副榜恩貢

國朝任漢川諭贈檢討著有靈谷詩陽臺甑山詩薆遝集秋江吟藏于家

劉仲達　字敬和由府貢任南陽府教授會元必達胞弟

夏夢祖　字嗣宗由南雍恩貢侍御敬承子

鄢應元　字長公邑孝廉應薦再從弟

曾其傳　字宗之邑人曰唯子授貢入監

劉觀海　字龍門

聶時鑄　字獻叔號肖巖邑人吳蔚子也入國學讀書有譽特用辦選以奉呈上賞其文下部授光祿大官署丞數月屢見寵用開賊入郢其號乞歸省因赴部改司理監軍赴本省總督何侯用旋以老疾致仕著有光祿司稿今自記詩稿云光祿爲閑曹今署利于懶散不嗜嘯詠既而免奔百維朝廷典禮婚諸飲食費紙爲之神宗時代以署官遂爲故例今止其繳一二老儒任勞任罪而几硯塵封矣閒中出紀事亦相杵節勞之意嗟乎公庭萬舞碩人所誇王事適我北門所歎附以南還北征諸什總曰光祿詩從其職爾豈止曰光祿最能詩哉

鄒庭譽　字文叔

黃閱　字仲宅號自肯舉人問胞弟也奉旨特用授上虞知縣後授兵部職方司主事告養歸里著獨坐亭詩文稿

劉肖孫　字世美會元必達子也初授海寧諭奉旨特用授遂安知縣告養歸里

譚箾　字林表南雍恩貢兵憲元方子

程一驂　字文仲准貢任鴻臚鳴贊進士一璧兄

周以孚　字公缶准貢喜交遊好施濟破產不悔邑舉人吳驥贈詩終朝煑粥啖饑貧滄海橫流遂一身產盡倪迂還有累門高于氏詎無人

別永懷　字未央准貢　國朝委署枝江縣知府

如綸胞姪

李營道　字宗儒京山學准貢任汝寧府通判太史維楨胞姪

李營之　字宗文京山學准貢

章奏聞　字君信准貢任廣西巡州衛經歷

毛一騏　字是中禦賊有功奉按院黃（諱澍）咨准給
功貢　國朝奉按院馬咨送鄖撫胡隨營監軍旋
以病告歸海壖令一駿胞弟
國朝（分歲按恩准四等總名曰貢士內有由外學出貢者附錄本縣籍後以備一代之盛）
順治年間
歲薦
王嗣美　字君服由縣學貢任衡陽訓導陞石門
教諭（知府世然子）
王世亨　字休徵號鶴巖由縣學貢任武邑知縣

陞滄州知州（維貢士堃父）
胡　倁　字公俊由縣學貢任青城知縣（舉人儀恒從弟）
梁天敘　字用九由縣學貢廷試
周以宗　字孝遠由縣學貢授常德府訓導奉往
倪　翰　字犀洲由本府學貢候選
程爲式　字伯憲由縣學貢任長沙訓導
萬年春　字長秋由縣學貢廷試
程世璉　字爾詢由縣學貢候選
別　策　字錫公由縣學貢任縣丞陞光山知縣

（知府如綸子）
魏鉉齡　字述房由縣學貢任枝江訓導（參議士前子）
鄒　芈　字雲掌由縣學貢（舉人山弟參兄）
李　樸　字子固號見山由本府學貢天性孝友
才智敏贍內奉慈訓外凜師教（其師李士傑字朱實與譚友夏爲性命友）
弱冠受知督學周鉉吉先生餼食郡庠由明經
入選授如皋縣令治績備舉至如懲罡鏇勦渠寇
其犯著也詳見兵道李公（諱培真）安東碑畧中忌者
議以病免歸囊中僅圖書數卷尋卒著有見山堂

詩文射雉紀要藏於家（太史金沙蔣起贈序竟陵李公有地負海潤之度而
復有掣電擊雷之用莫能測其涯涘也前代名臣
從皋令起家如許侍制元錢司農勰皆公直操劵
俟之矣　刑部郎黃嵩杜祀進贈詩欣聞海賜種
花新何代蘭皋入夢頻愧我停雲吟歲月知君操
雪引陽春郢中舊憶鍾譚契白下今能李杜親咫
尺潮吹魚運從小鮮烹莫詩書鱗）
謝夔舉　字伯諸號瞿菴由沔陽學貢授彝陵州
訓導改辰州府訓導奉委修辰州志（同知丞讃子）
梁　貢　字西來由沔陽學貢（前貢士天敘姪）
[illegible]嘉系　字公緒由京山學貢任海鹽知縣卜居
[illegible]華山桃笠嘯詠不預外事在官日著有（海昌初政錄）

周文旭　字爾初由漢陽學貢任景陵縣訓導少保嘉謨姪孫　按明初彭希齡本縣人亦由儒士任本縣訓導與文旭任本縣同

秦祈文　字遂初由漢陽學貢任穀城縣訓導選長沙府教諭陞宿松縣丞現任舉人光祚姪孫

張　谿　字謚之由漢川學貢

陳肇樑　字實卿由漢川學貢任武昌訓導戶部尚書所學姪

鄭民表　字楷瞻號來頤由荊州學貢舉人時宜堂兄

鄢　韶　字允諧號治菴由興山學貢拔貢晉父

恩授

龔仲鵠　字竹鳴號仁來由縣學丁亥年貢中順天甲午科舉人吏部與從華

譚　籍　字只收號鹿柴由縣學丁亥年貢候選解元元春子

陳　棟暨名梅　字雪右號質菴由縣學戊子拔貢任常州府通判治郡有聲常人思之刻南蘭口碑申年改名梅著有聽園詩文集原任湖廣督學高登諱世泰贈白雪歌達觀萬象資清真猶歎白雪光無垠天開廣輿塡缺賠雲移列嶂成嶙峋誰從世外闢心梁苑山陰俱局促清涼臺畔六月寒大哉峯顛盤礴此中可踏萬年冰古洞穿林積素巖五百仙人卉奇卉三千佛了集靈陵乾闥婆成耀岩白晃羅綿雲瞰連璧銀界晶晶鑒衆形素空顯顯含物媿日華月華霜氣華不如雪艷奇且還閣門表生龍豈得拔髦王即興未睽不向三峩玉臺上那知看雪窮千狀堅輝絜象難強名高寒絕處心神旺更瞻蔥嶺干青霄太古至今雪不消初日照耀萬里見玉京遙闕同迢迢猗歟雪觀此其特沅湘之間君聽徹虛白光中攝古今悠然俯仰崔巍陟

馬前融　字小鏞號容菴由縣學甲午年貢考選教習授知縣未就今候縣缺著有菫浦詩稿

王　驥　字二稱由本府學甲午年恩拔入監候選

周　珏　字崑齊由漢川縣學丙戌年貢任常盛

訓導少保嘉謨姪

鄢　晉　字次莊號曙憲由歸州學甲午年貢入監候選貢士韶子

恩選

熊啓良　字賭行由縣學辛卯年貢任臨潁知縣舉人一棟子

沈　佺　字耘士號全人由縣學辛丑年貢候選通判著有燕臺小紀褒書秘笈等稿進士倫聰兄舉人堤老父

王鳴琦　字小韓又字遐隱號浮攬由本府學辛

卯年貢任靈璧知縣著有浮籬詩草翰林給事鳴玉胞弟

蕭貞明　字用晦由沔陽州學丙戌年貢考選判通

周文昱　字孟韜由漢陽學丙戌年貢任蒲圻訓導少保嘉謨姪貢士文煋胞兄

徐蔚　字仲霞由本府學甲午年貢入監廣子副榜篁弟中丞成位孫光祿同氣子

徐篁　字孟筠由縣學貢考選同知中丞成位孫光祿同氣子

王望　字仲呂由縣學貢考選山東利津縣丞知州世亨子

饒于璦　字璞生由縣學貢候選

易贊化　字仲育由興山學貢任江都縣丞

謹按選舉志載仕版者朝有官箴繫里居者鄉有月旦蓋必事久而後論定也故歿則記事記言存則書名書爵匪詳古畧今也寧尚友而論古毋曲學以阿世後之視今猶今之視昔也且夫善善長而惡惡短者此物此志也

辟舉

宋辟舉至宋有考宋以前無聞也唐陸羽以太子文學辟未就故弗列其名

陳嘉言　由辟舉爲郡學諭開禧二年金兵陷景陵被執衆脅使降厲聲罵賊自沉於水同室八人俱死

元

陳伯淵　由辟舉

明明朝辟舉人材行於初年宣德而後其制少見

張谷琇　由辟舉任山西按察司僉事

孟文　由辟舉任溧水縣河泊陞戶部主事

張勳　由辟舉任河南登封主簿

彭希齡　儒士由辟舉任訓導

呂中　字子正由辟舉授四川布政司照磨歷政有聲宣德間上疏請免縣民歲造弓矢三之一邑人德之致仕歸毋故廬墓三年晨夕號哭感傷遂終于家

李允中　由辟舉任四川瓊雷縣主簿猶善草書有名于時

監生

明

陳詔 字湖南慶遠經歷　鄒凱 字舜臣貢士穀祖
殷文翼 任魚臺主簿郡若協濟上疏奏　譚大綬 崇仁主簿
鄒英 字龍津定遠主簿　王容 經歷
熊恩 字仲施光祿監事　楊梅 一名白孔和河池州吏目
熊惠 字季施　程一鑑 署丞
熊儲 字元俊　徐薦 字叔同
戴唐 縣丞舉人慶弟　彭鏜 縣丞

胡春和 經歷　熊藻 字新甫
王鶴 兵馬司副　張諫 字信夫
戴元愷 兵馬司副　徐忭 字豫簑武英殿中書中丞成位子
李維楫 字雲漢文華殿中書維楨弟　朱萬祚 字孟僕文華殿中書知州萬子
謝慶舉 字鳳雛文華殿中書奇舉弟　唐堯舉 字省僑武英殿中書慶舉大賓
戴良士 字秀凡武英殿中書　徐暘 字乾之文雅工書好客中丞成位子
徐懌 字適之號酣道人清曠以画名家　熊景辰 字星聚江西按察司經歷
陶謂 字禹聞雲南布政司理問　徐尊生 字公遠福建布政司經歷
程伯縉 字道容多財好義行履不苟　周士貴 字顯卿恬性溫恭正氣肅褒
馬伯樂 字德倩天性孝友富而好施　高承家 字錫榮知縣訓騰子
曾大書 字芝莪知府曾佶子　朱運遲 字君起知州高孫

國朝

朱南夔 字韶令順治辛丑年奉
恩例入太學同准貢　廷試考選吏部員外一龍曾孫

武胄

南宋

張與世 字文德竟陵人本名世太祖益為興
世少家貧依南郡宗珍之以補將軍督護不就白

衣隨王炫謩伐蠻輒有擒獲謩奇之白太祖稱其
膽力後隨世祖鎮潯陽以補南中參軍都護入討
元凶為先鋒事定轉員外將軍領從隊又隨炫謩
出深山有戰功除中軍行參軍又為直衛從子尚
入臺棄仗遊走下獄免官復以白衣充直衛太明
末除員外散騎侍郎仍除宣威將軍太宗即位進
號龍驤將軍領水軍詎南賊與世定議以兵斷截
其首尾中流一梗糧運自艱沈攸之吳喜並贊其
成劉胡自領水部軍來攻與世禁將士不得妄動

儆而賊近乃率壯士擊之劉胡敗走又遏其糧道賊衆大敗與世率兵追討與吳喜共平江陵遷左軍將軍尋爲督豫司二州南豫州六郡諸軍事封作唐縣侯食邑千戸徵爲遊擊將軍濟道北伐假輔國將軍加節銜左無功而還四年遷太子右衛率又以本官領驍騎將軍轉左衛將軍又權兼領廣陵軍泰豫元年爲持節督雍梁南北秦郢州之竟陵隨二郡諸軍事冠軍將軍雍州刺史尋加寧蠻校尉桂陽王休範反與世遣軍赴朝廷未發而

事平進號征虜將軍廢帝元徽三年徵爲通直散騎常侍左衛將軍後以疾從光祿大夫常侍如故昇平二年卒時年五十九追贈本官與世居臨滄水自襄陽下至九江二千里先無洲與世初生當其門前水中忽生洲年漸大及至與世爲方伯而洲上遂至十餘頃卒以大貴應云與世父仲子繇此致位給事中欣業嘗嗣封會齊受禪國除欣泰欣時有文名

黄回　竟陵郡軍人出身雜役稍至傳教隨臧質討元凶有功免軍戸羅直隊主後敗于梁山走豫章會中書舍人戴明寶被繫得回原奉事盡力甚寵任之在江西屢爲刦盜太宗即位明寶啓使假回征討有功累遷至將校以功封葛陽縣男食邑二百戸元徽初桂陽王休範爲逆討斬之轉回驍騎將軍加輔師將軍進爵爲侯改封聞喜縣增邑千戸遷冠軍將軍王景素據京口反遣回討之回先與景通謀蕭道成知回有異志及拔京口回軍先入不親殺景素事平道成釋不問增邑五百戸進號征虜將軍加散騎常侍太守如故明年遷右衛將軍常侍如故沈攸之反以回爲使持節督

郢州司州之義陽諸軍事平西將軍郢州刺史給鼓吹一部率衆出新亭爲前鋒未發而袁粲據石頭謀誅道成回與新亭諸將帥謀應粲事發不果然粲已平道成撫之如舊回進軍未至郢州而沈攸之敗走回至鎮進號鎮西將軍改督爲都督回不樂停郢州固求南兗遂率部曲輒還改封安陸郡公增邑二千戸並前三千七百戸改都督南兗加散騎常侍持節如故道成以回終爲禍亂乃上表劾之詔付廷尉依法窮治回時有部曲數千人

道成欲收恐其爲亂乃召回入東府至停外斬之
桓康將數十人數其罪而殺之時年五十二子倩
僉尚書左民郎竟陵相未發從誅

明

伯爵

房勝　景陵人洪武四年封富昌伯

指揮

李廷琛　景陵人洪武初從鄧愈取江南定武昌
遂擢景陵衛指揮使奉　旨攻南陽各屬克之後

擊王保有功命鎮守景陵與知縣張天麟協力保
守修築城堞有功于民累陞東勝右衛指揮使　孫登
解元進士純　元進士泰議

陳隆　杭州前衛指揮　何真　蘇州衛指揮使

史宣　沔陽衛指揮使　王庸　瞿塘衛指揮僉事

郭洪　宣府衛指揮僉事　熊畸　字賓菴由庠生授沔陽衛指揮

千戶

王勇　蘄州衛千戶　李順　山海衛副千戶

吳原彪　丹山衛千戶　王儒　潞州衛副千戶

杜秉　延安衛副千戶　黄安　[illegible]陽衛正千戶

王璽　沔陽衛千戶　王貴　瞿塘衛正千戶

李榮　武城衛[illegible]千戶　[illegible]行寬　由原千總運餉有功欽選辰州守備

百戶

劉興祖　廣寧衛[illegible]百戶　[illegible]

何友旻　戶　[illegible]百戶　錢[illegible]　戶　[illegible]所百戶

樓[illegible]　百戶　[illegible]衛[illegible]所　劉濟　戶　[illegible]陵[illegible]所[illegible]

董壽　戶　[illegible]九江衛百戶　鄭必文　[illegible]中所百戶

黎貴　百戶　[illegible]衛中所　劉太　[illegible]後所百戶

張貴　沔陽左所百戶　袁文德　戶　[illegible]衛僉書[illegible]衛百

何興隆　戶　[illegible]羽林前衛百　李[illegible]　[illegible]衛百戶

譚榮　雲南守禦百戶　劉[illegible]　[illegible]衛百戶

宋興乙　廣東衛百戶　王勇　戶　廣[illegible]守禦[illegible]百戶

黄顯衛　西安右衛百戶　宋興詔　[illegible]中左所百戶

石瑾　西安中所百戶　劉興　常德百戶

丘秀　沔陽衛百戶　陳添祐　南[illegible]陽[illegible]　衛百戶

鄧旺　戶　南虎賁左衛百　許彥明　戶　虎賁左衛所[illegible]

熊一標　隨洮府河州衛把總　羅士爻　[illegible]

明

武科

劉登龍　字雲甫武舉任高州府守備　知縣世臣子

劉植　字群若武舉任香山澳都司　登龍子

曾國先　字二浦武舉　程一濬　字濬如武舉

孟奇　字明瑞武舉

國朝

劉斌　由本縣學中順治丁酉科

易贊和　由京衛籍中順天丁酉科　授揚州衛千總

史嘉相　由公安籍中順治丁酉科

吳秉忠　字小培由武昌江夏籍中康熙癸卯科

第五名武魁　邑布政文佳曾孫

郭弘勳　字儀生由沔陽籍中康熙癸卯科

趙雙璧　由京衛籍中康熙癸卯科鄉試甲辰科

會試

張韜　字伯友由本縣學中康熙丙午科

椽吏

明

陳魁　字貞齋徐州經歷任嘉定判官　何文翰　赤水衛經歷升獨山同知

閔清　溫州衛知事遷德州判官　程仁　留守右衛經歷

吳鏜　號鏡湖經歷兵憲吳文企父　楊楚貢　縣丞

鄭洪　鹽倉大使　謝景端　南京營繕所正　貢士謝禮胞姪

石光榮　松藩倉副使　張大綱　縣丞

熊士沭　本姓羅字用章由例監[illegible]州府經歷　國朝補崇德縣丞陞臨洮府河州衛經歷

王榮望　字仰素北京保安州吏目　溫知新　字達恒浙江寧波府經歷

闕應鵬　字沖霄雲南元謀縣典史　沈建中　字懋德浙江寧波府監課大使

劉宗聖　字孔源吏目　汪朝俊　字泰徵典史

龔弘化　字二公巡檢　楊其美　字孝玉四川太平開建檢

于承慶　任懷遠縣主簿　于瓘　任遼東都司衛倉大使

程其意　字在明經歷著有家乘　易可久　字彝宇吏目

胡以貢　字肖虞典史　鄒希遷　字王吾縣丞

義官

明

蕭淥　張九霄

王祖洪　周文秀

熊子清　徐誠一

李溥　譚淳　俱成化四年輸粟二百石給冠帶
張壐　蕭瑞
譚大綸　俱奉例納七品散官　倪志朋
蕭鏚　張珙
張玘　陶卓　俱奉例輸銀授楚府引禮
蕭必祥　譚晃
譚遜　張宇一
沈吉　蕭偉　署正
熊慈　陶之常

朱儒　沈君濵
蕭璉　何傳
黃夔　俱奉例輸銀給冠帶

封贈

明

李旺　李慶父　誥封奉政大夫南儀制司郎中
曾仕賢　曾鐸父　勅封文林郎翰林院編修
徐清　徐鵬父　勅封文林郎馬湖府推官
陶巾　陶之肖父　勅贈奉政大夫袁州府同知

李淑　李維楨父　誥贈通議大夫南禮部侍郎
吳鈞　吳文佳父　誥封通奉大夫布政使司右布政
謝孔仁　謝廷敬父　誥贈奉訓大夫北刑部員外
周倸　嘉謨曾祖　誥贈資政大夫北吏部尚書
周日春　嘉謨祖　誥贈資政大夫北吏部尚書
周惇　嘉謨父　誥贈資政大夫北吏部尚書
鄒昌言　孔學父　勅封文林郎崇寧縣知縣
徐麟　徐成位父　誥贈中憲大夫嶽州府知府
王薦　王日然父　誥贈中憲大夫臨洮府知府

陳守廉　陳所學祖　誥贈通議大夫北戶部左侍郎
陳篆　所學父　誥贈通議大夫北戶部左侍郎
朱之屏　朱一龍父　誥贈奉訓大夫北吏部驗封司員外
吳鐙　吳文企父　誥贈中憲大夫湖州府知府
曾奎　曾日唯父　勅贈文林郎興寧縣知縣
謝希文　謝廷讃父　勅封文林郎盧龍縣知縣
夏正功　夏敬承父　勅贈文林郎南河南道御史
李登　李純元父　勅贈承德郎北工部屯田司主事
胡賀　胡承詔祖　誥贈中大夫南太僕寺卿

胡　早 承詔父　誥贈中大夫南太僕寺卿
鍾一理 鍾惺嗣父　誥贈奉政大夫南禮部祠祭司郎中
鍾一貫 鍾惺生父　誥封奉政大夫南禮部祠祭司郎中
謝廷敬 謝奇舉父　勅贈文林郎陝西巡按監察御史
魏應瑞 魏士前父　誥封朝議大夫潁州道參議
劉　豫 劉必達父　誥贈承德郎翰林院侍講 國朝以子必達贈文林郎
王道弘 王鳴玉父　誥封朝議大夫隴右道參議
龔則遂 龔鼎孳父　勅贈文林郎桃源縣知縣
譚曉立 譚元方父　誥贈中憲大夫柳州府知府

國朝
譚元亮 譚篆父　勅贈徵仕郎內翰林院檢討
劉必向 臨孫嗣父　勅封文林郎弋陽縣知縣
劉必燦 臨孫生父　勅贈文林郎弋陽縣知縣

恩蔭

明

周　璽 嘉謨子字伯符　由父巡撫奏績蔭補太學仕至工部郎中
周　璧 嘉謨子字仲完　由父膺登極覃恩補太學仕至戶部郎中
周重慶 嘉謨孫字公亮　由祖工部舊勞陵功告竣蔭補太學仕至刑部郎中
周方慶 嘉謨孫字公宣　由祖吏部諭賜祭葬贈少保蔭補中書科中書舍人
周世慶 嘉謨孫字天門　由祖膺登極覃恩補太學仕至戶部郎中　國朝順治初委授湖廣驛鹽道殪於賊
胡來俊 承詔子字元闢　由父太僕奏績蔭補太學後擬授廬州府推官未補而歸 附舉人叔承詔傳君名某字某太僕兄長子也

補諸生當食廩讓其次為寒生者已而應太學生屢試不售晚乃版補廬州推官未命遂中止君為人傲岸守禮寡殖好施嘗自言曰古之人動於義不求助於人力於己不私益於身歷鋒鏑死亡而不隕其生者將必有其非常之福勉之而已邑學宮在北郊因湖濱以為泮璧其周遭庢制而中絛君為石欄以繚之凡捐貲若干君之所謂動於義不求助於人者類如此邑處漢下流君於收港之南築巨防捍之西為橫堤北為直堤所謂楊恬垸是也由是雞犬桑麻相屬不絕君之所謂力於已不私其益於身者類如此君庚辰辛巳間揣摩時事為十策以待用癸未之亂君蹶起挾策謁荆西觀察使章公曠中丞王公揚基直指黃公澍皆以國士待之時左帥良玉屯重兵武昌將恢復承天倚章公為前驅調撫州東鄉援兵五百合土兵萬人命遊擊李光甲將之進兵由景陵援君為監紀又以故景州刺史董碩儒督邑西土兵共取景陵董雲柱人也由西路先進賊擊之萬人坂土兵敗績

的儒死之君與光甲由東路入戰楊林口官軍亦敗積光甲死之君俾以身免甲申正月事也又之左師攻承天復大潰自是賊益張君棄家走吳依皖撫張公亮亮故太僕兄門人也館之上合將承制而授以官君因說張曰闖賊爲北師所敗狼狽走關中不敢出河南諸郡可以尺符取也公若以皖師臨壽春以王命招中原豪傑以之賜履造於潁濟度楚師聞之亦不敢安武漢而荆襄畢舉矣皖撫異之以廬州聞於朝命未下而左師破皖君見獲焉以爲官掠之且責貲遂刃其腹撅其指竟無所得稔其爲客而棄之淵游涌以免焉會王師定楚沿江畧地授流寓者符君得歸里踰數年而卒年五十四君之所謂鋒鏑死亡瀕於危而不隕其生者又如此

陳爾燦 所學孫字孟闇 由祖戸部尚書蔭補太學擬授推官

賓者

鄉飲大典有誥有律名不勝書惟載始終二人以昭備一代之用

蕭鉦 字子玉洪武丁巳應舉

李公望 字渭石邑庠生崇禎壬午應舉

國朝

謝廷讃 字鳳腋由同知順治己丑應舉

沈應魁 字斗垣由知州順治甲午應舉

吳世彥 字叔勛由生員順治丙申應舉

劉植 字群君由都司順治己亥應舉

忠臣

宋

陳嘉言 文行爲鄉里推由辟舉爲郡學諭開禧二年金兵陷景陵被執衆脅使降厲聲罵賊自沉於水同室八人俱死

祝松 舉進士初調長水簿端平中以城誓死守古郢遺民立祠祀之

明

周嘉謨 光宗登極親承顧命正色立朝熹宗嗣位寵任逆璫坐移宮一案與楊璉同被削奪烈宗繼起推掌南銓卒諭賜祭葬贈少保

胡懷 國運告變公官戸曹聞烈宗宴駕倉卒未得遺詔疾趨皇城爲闖賊所獲箠撻百端不屈而死

胡恒 兵備川南多方捍禦賊張獻忠破成都癸兵攻郡縣公遣裨將援救不利兵北陣陷遂被擒遇害罵弗絕口訃聞諸州莫不飲泣

孝子

明

吕中　字子正宣德時由辟舉任照磨性至孝父早喪奉母甚謹每夙夜必正衣冠四拜母亡廬於墓側朝夕號哭三年乃歸家知縣周端咨訪遺聞德純孝悼其未暴白於當時特表章之知州鍾順挽詩執政優優反故鄉遊仙一枕夢黃粱拜官不負嚴親志廬墓能終老母喪蓮幕琴書閒夜月菊籬樽酒冷秋霜鄉民聚首哀思處猶感當年上奏章鍾禧挽詩行行南澗濵采彼南澗蘋美人遠云遊回歌淚沾巾憶昔舊頭角出為蓮幕賓封章拯時弊遷七達楓宸投簪向晚年甘與泉石隣結廬老墓左孝行扶彝倫正直孝者壽彼蒼胡匪仁拂衣竟長逝飄然謝風塵愁雲翳山野落日迷荆榛舉家有兩子楚楚垂儒紳明時在繼述允矣[illegible]褒贈良有期穹碑照千春

唐寶　字惟善生數歲繼母張性奇嚴數加鞭笞輒引咎自責比長補博士弟子員溫清定省一如幼儀後父南渚公垂沒囑已產為兩弟修脯資割已所畀地予兩弟無難色有司上其事禮為上賓邑舉人魏禀詩義水橋邊客葛天世上民紅塵真不染白髮已更親大孝終身慕鄉規千里循觀風應有采指日動楓宸子鄉賓生員一舉孫廩生登雲俱孝友稱弟賡姪堯舉復以節俠顯

蕭珦　父死廬墓三年鄉黨稱孝

魏襄　字子臣邑學生賦性仁厚臨義利際是非則毅不可奪父綸伯父經弟禀癸卯舉人孝友敦睦襄克承之五世同居聚族數百口庭無間言人謂今之陳競云僉憲柯公喬扁其門

譙賞　九歲喪父家貧傭耕養母妻病躬持湯藥嘗溲溺母卒捐妻子廬墓三年自成童至皓首孝心純篤

景運嘉　家貧業儒母譚氏病兜嘗溲溺剔胸臠薦母霍然病已醫言右乳為陽明經斷鉅必死方沉痛時有老父布袍扉屨撫嘉相宗遺麈尾而去衆莫測其人後書志下帷補弟子員終身孺慕數

詳如初

江良搆　字我堂一字伯旨性孤介有文學父芝南公諱[illegible]絳帳里中但指其二子曰我無堂有子搆郎我堂也我無畝有子穫郎朕畝也公與弟仰體親志佩服終身暨芝南公殁始習為形家言操舟往來武漢諸郡及富池夏口間周覩原隰果得與國善地遂遷窆焉復值母搆奇疾藥褁經心衣不解帶痛泣嘗糞籲天請代至丙午登賢書人以為真不愧孝廉科云次上春官不第仍開館授徒謂

公元春執經受業其弟元方峥嶸獨露公以愛息
委會焉晚年淵情炫學文有相規者公搖首謝曰
吾非好黃白術也守身保命勿敢毀傷是或一道
也享年五十一葬江右洋渓祖塋旁

陳甚高　字仰義邑庠生語莊而氣温步潤而貌
肅其父義齋公篤行嗜學母田孺人佐讀無間高
尚乳臭忽失所恃呱呱不輟逾十年父亦殁高貧
無爲禮惟號泣悲痛而已嗣後列庠授徒修脯所
入稍拓墓田數畝樹楸尨材顏其堂曰瞻依奉親

像於其中出必告反必面儼如生時也歲時享祭
孝子君縣拜哭其中邑知縣程公維横聞其孝造廬
表墓爲文紀之邑侯程維横記予入竟陵諸陽觸都未物色第覩陳君若嘉觔徐察
之篤行君子也陳君逮俱存時未修服饌甫見背
而食貧不識封樹從隣媼問防氏莊每穀七數行
下也壯歲綢繆拮据登其堂有懸吊矣有陟降矣
有焚魯矣閭巷比於叔度函丈列於西河則肯堂
立墓基矣堂上步武堂下接武詩云孝子不匱永
錫爾類固瞻依堂嘉話也　兵愚吳文企序古不
修墓今索修墓人不可得無論今人於陵遯而厚
壙耿何墓門之與有吾友陳仰義皇皇孺慕一似
患有憂者每死不逮養父死不逮壯父母殁不逮
今日今南畝可耕比鄰可廬爲牖可牖僅摘可捷
而親不可得養也已乃坏土崇封剪棘種樹堂容
可廈宰木可撫而親儼然不可得見也撫治纂田

塋內谷蘋藻可薦朋酒可享父書可讀兒子可教
月未嘗不數往往未嘗不信宿宿未嘗不注想幽
通洋洋如在怳然見之也予向者領郡東方奉先
慈訃歸今且捐墓遂遊仰義之慕久而方新不孝
之感新而遽忘耶予登彼崇岵二陵斯在此肅
皇帝瞻依低徊而不能去者也資於事父以事母
而愛同資於事父以事君
而敬同吾與君共勉旃矣

鄒閒孔　字孺南髫年隨父甸南公宦德清母熊
孺人疾刲肉救治甸南公憫季子詩痛爾髫年猶孺子持刀割股氣稜稜此事君
道稱容易何我當年却未能

佘登瀛　字慕阜邑庠生七歲能文十歲失怙孝
事孀母終身無間撫育兩弟割產以給邑工部周

璽爲文紀其事

龔則敬　字與德號廉里世居江西南昌縣生有
文在手曰孝人咸異之九歲生母姚氏病篤哀傷
割股南昌令彭公題門旌獎焉長從父入景陵補
庠生吳觀察諱文企愛其才妻以姪女事繼母胡同
盡厥孝三十六年如一日也後胡殁廬墓三載邑
大水守塋弗離地復震跽慰墓前君生時學博楊
鵾武陵人舉於督學王諱志堅旌以廩餼堅辭不受所
著有易喩詩經稚言藏于家其子仲鷴甲午舉於

鄉邑春坊甲允劉必達題易輿亭龔君廉里與孝
厚交也潛心易學以相往來歷行藏而無間言
友人胡蒲菴攜其子仲鶴文若干首屬亭於予予
謂通家子材雖傳年甚少可待也廉里孝子哲耆
易輸不可不行于世因改易輸曰易輿從君字也
昔孔氏作孝經繫易辭廉里易自孝生由來微矣

胡之驊　字逸少邑庠生父恒任川南兵備道爲賊張獻忠獲不屈死節驊聞變託孤兒於義士汪光翰偕母樊氏投端公河死蜀人憐之莫不哀泣

國朝

鄒紫　字對臣幼岐嶷有雋材祖荻翁憐愛之隨父山宦遊漢川學署值母戴病篤禱天請代隨

割肉進食驊𥄫復甦漢景兩庠錄行上尚督學狄公敬　諱扁旌曰移孝作忠　漢川侍御顧如華贈詩
眉山堅論誠寥廓廬墓封
肉分強弱未知此事實不易皆由性成匪意作大
勇可羨鄒孝子拔刀爲母輕剸割一試血淋空皮
綻再試筋斷肉始脫躬烹進母祈延生刀亦數易
弗悔錯心悲母肉即我肉母病未痊胸攢簇此身
只看如羊豕封之任意靡頻顱邪覺眉間有痛楚
奮然其代母就木嗟嗟萱枝竟殄瘁隕血寒泉凄
顧復曾閔孝行重古今耘瓜衣蘆總稱心鄒孝子
爲其難者勇在神骨過孟賁西漢制科首孝弟吾
亦久將㕘莪廢感此純孝
雛磨滅青年鴻文亦國瑞

章雲官　父病不起穀道閉六日齋沐禱天割股作湯進咽三嚼遂甦族間義之

唐實　惟善邑庠生數歲喪母繼母張性苛嚴不易事　二子篤愛所生而佗實實脩極苦辛不怨比長　女婦相率溫清定省朔望必肅衣冠拜母不急父　歿將革會族書遺金數千分給言已脫戶張怨蓋之父既歿張盡匿以私已子實分毫無得不嗔析居田地奴婢惟母所與其受甲瘠老弱不較弟被外侮構訟甚司毋以弟幼命實代質值問官新任未悉誤申禮章不恤闔邑閧免上鳴問官郎悔而釋之益重急難之義而屢加優禮焉今

母老乞身終養且嚮已産以課成兩弟茂才弟治屋址狄母命劉實地實郎撤已屋壁椽予之無難色母病親侍湯藥嘗溲溺呼天請代衣不解帶者數月母既歿形毁骨立哀號終身如初沒性既篤
于孝友行亦脩乎睦姻任恤還學鄉者公舉縣府
道院題旌建祠立坊給祭田復子孫生列上賓死
祀鄉賢諸如此類不可縷數知縣黃子靖李仲傑
經應崔鄉紳知縣魏禀中丞徐成位俱有傳有記
有題有詩知縣程維楨申詳勘語所謂奇順名儒
丸敦肖子信不誣矣年已久而公論不衰人雖亡
而嚮慕益新非大孝內外無間烏能致此乎匪非
獨實能也其子鄉賓生員一舉孫選貢登雲勅封
中書弟賡中書姪光舉復以節狹屢舉賓飲孫女
徐門屈氏年十六孀居矢志柏舟六十年不逾甚
一門節孝流著若此益見實之垂範也遠矣

義夫

明

蕭旦 號思齋邑庠生壯年失偶義不再娶縣
舉大賓

義士

彭大翮 字仲翔博學多偉畧壬午冬賊破郢城
奮志報國著平賊權畧五十二策上執政同邑生
員修翩姪生員龍躍義士劉振孫等倡義起兵陣
亡俱贈士民義之

京山鄭澹石諱友玄官御史義烈傳　彭大翮字仲翔景
陵青山人翩諸生博學慷慨給諫鄭公仲與席爲
子弟師誡之曰汝曹師其經兼師其人可也會賊
犯郢　陵分黨盤據仲翔閉室中如訴如泣不食
飲者三日家人私相謂避寇法如是耶仲翔出乃
所著平賊權畧百餘紙令其子謁獻執政執政唯
唯焉而已仲翔憤甚與其妻哭於寢復召其子於
堂哭之佚劍曰劍知我者男兒不殺賊如君父何
於是閭里感激唱聲和附遂成一師賊放兵肆劫
截殺傷甚多賊往來郢城路由青山輒衝堅陷
陣賊無不受創者遂謀襲之忽於風雨夜由水陸
兩路潛甲而出圍仲翔宅仲翔佚劍迎曰子孫陣
亡盡焉用身獨完往呼跳躍連斬賊數人賊蜂擁
爲集仲翔提劍太息吾安可授首於若曹遂赴河
而死嗟乎昔縣賁父御馬敗績非辜而死莊公誄
之司馬叔手劍父讐視死如歸明帝誄焉此既一
人也况仲翔報國亡家慷慨義烈焉而死者乎予
故綴其略而作傳焉

邑庠生張公謂義烈記詩　皇帝壬午冬十二月除夕陵

廟隕槍槍妖氣纏肘腋窺竊散州縣鑿齒競唱躡
天經寔内訌乃值此殘孽河上人鄭翔王客不相
揖南八所賜少周處民鮮克慷慨蕭沉外隨風靡
臣妾維時甲申春乾坤終蕩圻蠢爾盤寇深談笑
恣剽賊吾友彭子諱其父曰大翮歎息傷黎元磨
矛聲嘖嘖名籍隸諸生穰苴志疇昔乃撰平賊書
執政無損益揮淚起義旅幽人荷戈戟闔門偕什
伍誓死難塞責盟歃重爲告汝謀戰宜力苟能畱
君父破家以爲国義形激闔左遂涌争赤幘日鑿
凶門出倏澹明石畫閑弓射賊豪箭出不苟拍僉
曰先射馬取彼一飛驀衝堅西水上戎醜服勇決
此舉快四方旌旗互孑孑官軍又合連但求搗其
穴鞠師環寇久寇心憂如惔相訂西山路舉體少
合脉間道潛出沒與往鏖剪滅豈意運悲凉郭家
真兀鷂中間皷声死一軍皆挈拙咄嗟将相臣大
事委草澤蕭蕭寒夜永壯士腕空搤至今來悲風
吹彼山
腰亡

劉振孫　字麟似府學生生平磊落慷慨癸未闖賊陷城奮不顧家日與青山義士彭大翮等潛圖恢復謀洩爲賊所獲身被數創詈賊不屈而死同堂弟翼孫上其狀於監軍道章（諱曠）方圖題䘏尋以左帥南潰不果仝時義勇大祉俱有挽章付其子瀾藏于家

節婦

元

翟氏　張楚林妻年二十夫死守節終身府縣録

其實中間至正間旌表其門居景陵古城

王氏　吳伯璋妻年二十夫死守節終身府縣録其實中間至正間旌表其門居景陵南黃村

明

王氏　蕭政妻年十九夫死無子守節獨與一老嫗朝夕紡績自給釜盎寥落處之裕如邑有巨室而鰥聞其賢因請之屹不爲動自是人無復敢言壽七十八終弘治中知縣周端咨訪其節將聞於朝未果鄉人惜之（知縣周端詩夫君早逝値青年一節堅持誓不還自是松筠[illegible]霜雪肯隨花柳競春妍）

蔣氏　魯倫妻任在城坊年二十五夫死耐貧持節寢處夫柩傍四十年如一日雖族人罕見其面累經本縣旌䘏將聞於朝未果

何氏　生員陶中妻夫早年病篤何泣欲代死及夫死哭幾絕舅姑諭曰爾幸有子撫之成猶夫存也何遂名其子曰之肖每伴讀至夜分後子領鄉薦何悲夫不見痛泣喪明孀苦守志四十年有白鳩巢堂之異後以貞節舉特賜旌表建石立坊

李氏　蜀人邑訓導任高妻也高以歲薦授景陵

職潜隆慶壬申陞江西萬載教諭赴任舟宿湖中衆賊持刃突入高有二女盜欲汚之長女瑞哥縱裾投水次女留哥罵賊與母李氏亦投水死越三日屍浮水面交結如生俱葬景陵巡道藴公（諱賡）贈聯曰生於蜀顯於楚三烈同芳宜乎家教乎國薦年不朽

程氏　劉崇斌聘爲妻年二八未嫁斌死誓不適人請於父母設奠成服謁舅姑歸閉門獨守歲時

閏遺不缺臨卒仍執喪服三年守節六十餘卒旌
弟程鴻知州欽錢塟焉應城編修陳士元爲文紀之
陳氏　熊維妻年十九夫死水漿不入口姑再四
諭解之始飲食守節五十八年奉　旨旌表建坊
唐氏　徐同芳妻孝子唐實女孫也年十六出室
甫六月夫殞决策殉死姑朱婺婦拊之始飲泣治
喪姑病嘗藥禱神願代及歿哀毀骨立守節數十
年知縣楊公傳一云唐氏冲年守節白首不渝梁燕
爲之單飛園葉因而鮮實允宜表揚以培風化

尹氏　陳司徒所學子盛杭婦年十六寡誓死殉
節足弗踰閾隣居不戒火延及其寢姑拉使避之
扃鑰弗啓忽反風滅熘其節烈如此竟嘔血以死
司徒公有文哭之
姚氏　貢士鄒穀側室也過期未許人其父慕鄒
才名曰與爲俗人妻盍爲才人妾得詩一幅即聘
資也鄒因賦詩與之曰一雨清殘暑。南牕枕簟凉。
五絃彈指下。餘韵出匡床。翁得詩喜次日即媵氏
來於歸後喜誦夫詩越二年鄒公卒守節自矢婦

子昌言居官每伏臘必拜氏端然受之人謂宜少
避氏曰父有愛妾子致身敬之禮也嫡孫法孔無
母氏憐而撫字之每舉鄒公所作口誦授讀一字
勿遺至八旬餘乃卒
吳氏　性貞淑嫺内則祖方伯公諱文佳最愛之出
嫁廪生樊伯伯有才名不幸中殂氏誓以死殉元
夜携孤拜靈伏地長號竟逝不起閭里哀之公舉
其節邑舉人石汝璧輓詩王樹中分連理圖。可憐烏雛啼斷枕。呱呱戀母兩分離。不愁聖善扁
莫邊。漢家禰童上元時。東皇初燃太乙藜。靜妹含淚守孤幃。夜夢父憑絕命詞。登星辯淚影霧迷。英

魂杳杳王滿僧。鏡破釵折斷空閨。滿城風雨慘不鳥。哀咽如聞鼓角悲。嗟嘆香奩歎編綦今夕頻問
夜何其。雲軿紫姑攜王娘。同駕綵鸞赴仙其。
高氏　舉人高則騰妹也嫁進士熊寅子生員士
英二十二喪夫誓死自守其公令婺源卒於官扶
櫬歸里撫三歲孤兒承序教誨成人稱補諸生享
年七十餘卒按余公諱應桂給扁旌表曰栢舟自矢
戴氏　年十六嫁夫胡東春爲繼室夫年已四十
七矣前室有子三氏撫如已出夫寢疾祈禱請代
卒不瘳撫孤守志歲偶儉氏苦節支持會大病尊

神人敬以梅實果愈已又病思雉膏不獲忽天雨
雉入室烹而食之亦愈遠近傳爲神異按氏二十
四而寡七十二而殁氷玉自矢五十年如一日也
邑太僕胡公承詔曰先大夫嘗道戴伯母守節狀
嗚乎婦人爲忍死難耳衾穴相盟踵頂可捐特恐
慮人後者未悉也先君易簀而委之亡人茹蘖而
任之夫乃可以死可以無死而生有益於人家也
母勤苦力作歲不能甾而且梅轉旁於標有雉不
待於矢亡舉天地間物盡靈通於一身若母者又
存孤立節之矯矯者矣
先大夫不忘有以哉

王氏　鍾愫妻愫早卒王撫四月孤昭夏誓死守
節五十餘年今之嗣於惺者郎其孫晃也夫兄惺

具題請表會惺卒未奏著有五十壽序

歐陽氏　鍾悌妻悌郎愫之季弟也悌早卒歐陽
與其姆王氏同居處食貧茹蘖四十餘年其子陔
夏繼嗣於惺

謝氏　庠生鍾陔夏妻侍御奇舉姪女陔夏二十
九亡無子謝自矢散髮築室墓側撫嗣子晃承學
憲公祀按鍾氏婦俱守貞不渝可稱一門三節云
學憲鍾惺仲弟婦王氏五十序　予家世地寒獨
讀書樂善不倦祖父兄弟事在家傳中予同胞五
人長郎惺次愫次恮次悌次快中間三人皆早夭
愫也甚年僅二十一歲婦郎王氏孀居二十八年

閒十六歲婦歐陽氏孀居亦十六年性三十
歲婦妾相繼殁仲弟婦王京山名族爲予妹夫工
中丞宗載孫中丞愛弟慧以其兄之子妻之弟負
剛陽奇骨卓然爲世男子齎志以殁婦時年二十
三歲撫四月孤自矢散髮至老形影相吊食貧茹
咸二十八年如一日今天啟甲子冬爲五十之辰
昔舜年百歲終身慕父母然大孝之論至五十乃
定予雖不忍没婦之貞然至今日而始有言者蓋
其慎也今四月孤昭夏已二十八歲能養其母娶
婦唐氏有孫晃亦六歲鼓篋就學繞膝含飴鄉有
典論國有旌典婦雖不欲有貞名固不可不以爲
貞婦之報予猶記婦族兄有王幼秀茂才者諱其
世父贈光祿時青爲侍御時首犯權相分宜之鋒
以死曰吾宗雖科目蟬聯與侍御公並稱者獨鍾
門一女子耳知言哉請以是爲王婦祝盡孀婦後
十三年而有季弟婦歐陽氏今年亦四十歲

戴氏　年十六嫁吏部朱公諱龍一爲繼室持婦道

嚴閨範甫二十封宜人而孀陔聲不出戶惟紝績
自若天啟辛酉程侯維棋扁旌曰栢泚熊和崇禎
巳巳撫按會題上聞宜人謝曰我命婦爲　朝廷
守禮豈可煩大官表揚哉命其子貢士泰盈庠生
泰定懇辭乃巳年六十七無疾終

沈氏　舉人沈應魁妹也嫁貢士蕭應元子瑞歧
甫三月夫亡誓以死殉屢救方甦痛哭逾年鄰嫗
諷勸他適未敢言也氏覺其意閉戶經死遺經今
[illegible]轉底詩一十八歲嫁蕭郎誰知蕭[illegible]
[illegible]

吳氏　高要令譚桓祖母也始笄適儒士譚允年二十餘允亡悼痛幾不生後苦節歷四十餘年隻影中宵寒孀寂寞凡其所爲者皆極難耳及卒謂諸子曰吾自稱未亡人來夙興夜寐飲氷茹蘖今小節幸爾不虧可見吾夫地下矣兒輩勉之後巡撫李公本晟題其墓曰貞淑吏部余公開熙復序以彰其德云余公開熙譚母吳孺人序畧云孺人出邑巨族吾同譜高要長譚君桓祖母也少適譚肖賓公允當案眉齊舉時奉舅姑廷鴻公暨魯孺人以孝聞於諸兄弟元元充充外盡友恭內無間言子三伯自成仲自善季自道道字弘所桓森楦兄弟父封炳輩祖也聞孺人年廿餘

肖賓疾憔悴悲傷不啻欲以身代及肖賓公膺綝召去慟幾殞惟節自矢其苦節也寒不思燠暑不求涼寡言語飲食僅取資朝夕而熊薦望子不衰事堂上日益孝謹或稱之曰吾婦人何足道此自當然事耳嗣後尊章徃子皆壯而氷霜操歷久彌堅當上壽捐帨夕謂諸子曰吾自稱未亡人來夙興夜寐飲氷茹蘖教養藐諸孤至成人今大數至小節幸爾不虧度可見爾父地下矣爾輩當修身謹行益孝友自勵勿忘我數十年辛苦可也諸子皆哀毀盡禮奉孺人祔肖賓公墓焉自是弘所公獨享遐齡其事亡也年七十猶孺子慕如少時每歲時伏臘必陳設以祭祭必敬敬必哀嘗涕泣語人曰我年方襁褓遂不見我先君今慈母亦久逝終身恨也噫公之心孝矣夫一門內節以開之孝以承之頌節録序有云爲忠臣難爲孝子難爲節婦更難蓋婦人而以節見非權位可立之功名晨昏可勉之歲月以宇宙丈夫所不易能之事而孺人能之孺人誠賢矣况母節子孝賢賢相繼也哉

張氏　吏部主政龔奭母也貞淑有條持碧年留龔生則遂甫及笄攝內政其姑彭性奇嚴氏綏養脩至日未出而作日入而未息嫁時裝具悉質供廿肯生見兎身三日卽出蓐次不欲姑尸饔其劬勞如此夫攻舉業屢躓氏寄諫曰青氈君家舊物然貪造物難必之名以墜老人傷心之淚得勿爲承歡累乎自是決意教子無何夫郎世仰事俯畜咸埤乃躬嘗冬夜憶翁姑晨炊無辦卽操刀尺成襄一兩曉命老蒼頭市之乃得上食兼幾姑病篤

不起氏亦抱疾治棺斂以故右濱公年逾七十猶得侍粥無恙也捐養後治喪俱如儀而家徒壁立矣卜居東郭命兒從學黃青萍翁灶突煙冷持家蓄書數卷鬻無應者毋嗟曰是何不若吾賣履之易售也若父手澤勿得輕棄諸兒唔咿不輟氏靜夜烹茗佐之辛酉子奭舉於鄉氏益悲悼夫翁弗見也辛未成進士迎養桃源署中蔬食練服兩改舊風伯子奭秩滿由兵部至銓曹貤封孺人毎憶往時艱難輒潸然淚下也氏七十子士升秉等乞

言侑鷁然猶郤肥鮮於匕箸以安静當詩禮氏薟
終始弗渝者巳按氏幼貧早寡苦節極孝內外無
間享年七十有二而終孫甸俊銓卜昌俱列膠庠有聲
龔奭爲母六十乞言引日世論父母者恩同而職
其父職勞者也母職逸者也若乃母一身耳代父
爲子代父爲父爲師又代其子爲子代其子爲孫
氷霜自矢荼蓼備嘗爲子者欲避內舉之嫌而不
敢名公一言白其苦猶區匕稱觴爲務罪莫大焉
如奭之母是也奭之母苦母也夫苦之一字彼其
親者諱言之而節孝二字則人子所欲濫施於親
不顧其安者孰知皆從我母苦境中確然眞歷而
其子又不敢自白則但存其苦以聽之立言君子
如范蔚宗之善搜者而巳
觧元譚元春龔母六十詩　龔子齊憶忘自念其
母苦氷蘗如薺耳難哉母兼父孤貧表弘慈挫鍼

日夜輔敵帷映隣光誦讀聲出戶有懈可捧時抆
淚思愛撫何以報爾親勤愼用相砥
譚元春龔母七十詩　是母產是子辛盤已不慚
是子報是母勤愼庶無靳是母眞晝荻是子眞戲
綵不謂古人語今人事匕在老我計諧身戒裝累
桃客天寒母頻出貧廚豐酒醴言歆子有友嗜古
如中蠱蓄意兩經歲觴祝事遥竚十年賦一詩瞿
弗數巳改不羨親首爀所羨親日建
譚氏　生員譚廣野女也嫁生員李廷謨十九而
寡遺腹未娩欲以死殉翁姑慰之曰吾兒宗祀無
託今兒瞑而婦娠是天未絕李氏也始稍安歲除
設奠哭夫遂生兒華教誨補邑庠兒至五旬竟先
母殂氏涕泣悲歎竟以憂卒邑兵憲譚公元方曰嗚乎余從兄邑諸生

詩序德誕女寔嫺家訓猶憶予少時往來城中謁吾兄于義河女輒令家僮抱孤雛相問曰此李氏
一塊肉也女可以報泉中人矣夫詩美栢舟易稱從一至性篤矣乃見貞良上天無親善必獲報今
子後有子孫又有孫以茲繁衍傳之靡疆寧惟吾猶女且不朽卽泉中人亦不朽矣
鄒氏　鄒文學法孔女也幼讀閨訓嫁生員徐同
寅寅偶病篤氏割股救甦邑侯任贊化旌曰捐軀
全義後寅再病割股再進不愈禱神願代復不愈
竟長逝氏矢志守節壬午冬左營兵下聞變不食
而死鄒氏秋日薦亡夫詩　伏雨暗新秋岑居添悶惱苗禾爲水淹終日傷懷抱兒女累人心
嗟君離別早但見流螢飛紛匕出腐草蟋蟀吟床頭雙匕任自保惟我眞薄命陰陽信忽詭叉眼天

朦朧和淚連涕道楚腸血未乾題紙忭焚稿
唐氏　生員徐惟妻二十七寡苦節自守癸未賊
至景避亂譚家垸爲賊所逼不辱被戮而死堉生
員譚簡收葬焉
程氏　名夢瑤廣文程以驄女也幼穎異知文字
嫁徐伯榮爲妻壬午冬左營兵下氏仰天大哭携
女三姑赴水死媳熊氏復號泣從之越五日屍逆
流浮出面貌如生邑舉人鄒山日古溧陽女及曹娥皆水死者凜然有烈丈夫風
然吾觀其分壺漿以滅口徒爲孤窮逋臣動耳卽孝女入江抱父尸出未聞其邀江逆流也今夢瑤

烈魂英氣逆行十數里面貌如生不猶異哉吾邑
有三烈祠蓋任氏一門三節也任公蜀人彰教吾
邑而三烈著于楚程公邑人彰教蜀中而其女節
烈著于邑何其事之相符耶任氏享祀不絕而程
氏無人表彰予自漢署歸其
姪稚爲予言故傳附三烈後

吳氏　劉芳聲妻年三十無子夫溺死漁泛渫臨河泣七日屍浮抱起誓踐同穴盟撫姑子式轂教之補諸生焉其女嫁雙适早寡母子守節云

譚氏　邑譚必昌女許聘徐夔未嫁夫死誓不再適壬午冬左營兵下逼辱不從延頸受戮按譚爲寒河望族前備變婦此則處女故特表出之

朱氏　貢生朱泰寧女嫁川南兵備道胡恒子之驊隨公入蜀遭冦張獻忠亂夫翁俱殉難氏抱三月孤雛逃生至招討司爲司官所縶夜半脱去亡走滎經縣賊破縣又亡走黎州亂稍定後至滎經艱危萬狀稍得安堵孤兒漸長名巖生諸名公大人憐之悉優給焉後袁武兵亂又罹於禍有某貴人欲乘亂逼嫁氏剌面斷髮負巖生詣南安平西而王府上書始得全節携孤兒巖生赴滎經縣考得補博士弟子員隨赴嘉定州守吳公具呈蒙批胡巖生祖父盡節全忠合蜀風聞在廷自有特獎猶可念者母朱氏撫孤守貞應題獎以慰貞烈可也滎經縣知縣汪贈詩

深林有慈烏夾亂失
其雛哀哀撫孤雛永夜聲悲痛念雛匪劣旅
三楚稱華宗大父宦中蜀抗節死孤忠遺爾孤與
寡飄飄似萍蹤不惜劬勞苦朝夕勤女紅爲爾延
師傅給爾饔與飧望爾羽毛就賜鶚乘秋風飛飛
摩九天不負冰霜躬寸陰須自惜慎勿等常同

國朝

謝氏　侍御謝公奇舉女嫁生員熊承彦卽前節婦高氏孤兒也二十六夫喪誓不獨生痛姑且老同幃守節姑病願以身代避冦姑被獲請同飲刃

賊憐其義俱得釋孤名學詩補諸生安陸刑府周公諱龍甲賞其交錄毋貞烈申詳侍御李公諱贊元偏旌曰雙節齊芳司理周公贈詩

死節何難難立
孤冰操一室互持扶同將老眼看
孫予各揖香心表夫夫銜德影單重至燕感時聲
集續啼烏九天褒詔千秋史博得泉途一笑無

樊氏　南豐令程鉉時母也嫁生員程一模年二十六喪夫惟遺繼姑王無依氏孝養無缺撫嵗餘孤兒及就塾稍近嬉輒引跪靈前且撻且泣曰汝不受教我胡以報泉下人哉隣族悍愚者利其產肆飛語誣氏闔戶告神言者七朝竟殂癸未賊掠

野民竄伏茅舍竟如無見是夜逃難氏其夢神告曰若輩獲免於賊樊夫人力也乎茲時舉於鄉氏益悲痛夫弗獲見有司録實申聞侍御曹諱叶卜扁旌曰節矢靡他督學道李諱可汧扁旌曰芳貞壽世隨經候　題在案

李氏　生員劉必悠元配也生而端慎父生員李右章愛之教以閨範女訓輒識大意于歸事舅姑以孝相夫子以禮逾年隨姑侍翁諱漸遠宦蘄水生子翼孫臨孫司訓公即擢粵東和平縣令道遠弗

從內外家政悉歸綜理時必悠遠隨官舍奉嚴命以公事郊迎竟冒瘴卒先是家人恍惚見公子冠蓋騶從而歸氏心動知其匪吉越月凶訃至是時氏方二十有四也斷髮剔面幾不欲生少間曰上有姑微吾疇與代而子下有孤微吾疇與代而父乃強疾視事迄和平公致政歸養前後兩襄大事復勉兩孤攻文藝俱補膠庠食餼兵變後家殖中落聞兩兒唔咿聲輒爲開顔　國朝初次子臨孫掇巍科令弋陽母就養喦以清慎平恕旋思歸

含飴爲樂曰氷蘗吾所素矢也膺覃恩移封孺人次年臨孫以積勞殞氏聞變慟絕然猶撫孤保家以古希終邑中士人公舉節孝侯題在案　西江傅菴黎公元寬曰予觀古女史如湘妃殉力爲貞姜泪水濱皆楚國山川間氣也劉母李太君青齡守節白首勿渝其於湘貞二女爲何如哉其子偉菴綰符弋陽顯揚報答政自無疆而太夫人節烈又將與吾弋疊山謝先生華並垂不朽矣

程氏　名匪石庠生程純素女也嫁司理章遠姪奏表爲室歸未碁賊起奏表以奇男子自許犯陣喪軀氏年十九聞之濱死者數復念舅姑齒頽強

起視息舅姑亦憐氏年猶艾且有親在遣歸寍焉在親舍遜饘飲膳一如膝下舅殂奔赴喪與姑冽室而居苦守逾三十年　進士程飛雲曰孝節匪石者予從兄純素女也幼誓柏舟兄命是名取詩我心匪石不可轉之義云恃兄病革時匪石泣榻前兄指謂予曰汝令冠賢書登甲第當爲一言令吾女不朽予雖不能文而重以兄命詎不得辭也予是詮次之以待夫採風問俗者既稱節婦而冠以孝義者寔録也

熊氏　名德貞孝廉熊作霖姪孫女也贅廣文劉恩孫劉霽爲偕甫旬日勸夫就塾勉爲續學霽苦志疾生奄然不起氏聞訃繚服到門撫棺痛號覘

大葬畢竟弗旋歸代執中饋舅終氏歛殯如禮孝養老姑足不踰閾者三十餘年郢城龔君扶萬紀其事寧國知府龔鯤日孚與劉霖兄劉雲素爲文章交相摩切者有年矣登堂拜母之後尊酒論文爲予道其弟婦遺行甚悉而非筆墨所能盡者也

吳氏　生員王乾繼室年十八適王撫前妻子如己出夫早喪遺腹生一子苦節自矢家貧辟纑以養舅姑侍疾送終備盡孝道課兩子成人稱未亡人者今四十年矣邑吏部龔與翰林譚篆等俱録其節孝云

王氏　邑梅溪人生十七歸生員李佐謹事孀姑

井氏至二十四失所天斷指矢志門以內凜然難犯也一日謂兒註曰爾父因諸生嘗修族譜置義田拳友遺志終不可泯遂捐貲舉行族屬悅服姑年九十歲猶無恙氏亦届六袠里中名社咸爲詩歌致觴後姑病不起日夜拜大士龕爲姑祈禱徹夜弗輟姑感泣瞑目邑人公舉其行進士歐陽鼎題雙節傳曰吾邑城南三十里有梅溪爲古梅平百成林環溪皆李氏而李母王歸其姑井在焉王孺人少有婦德早年喪夫斷指矢志教養子媳督課僮僕敦孝友以修族譜贊理以措義莊殆婦德中不多有者事九十孀姑克盡其孝內外無間予與梅溪李母姨表兄弟也故知之最悉夫古今孝子節婦湮沒弗傳者多矣如井母節孝古今罕儷嗟夫王肯以孤微書竝霜雪與梅溪爭芳矣

烈女劉氏　生員劉世耀之姊也年十齡許字邑人王某未適而王殁氏聞訃自哀矢節不嫁引刀自贖以拒嫌約後姑苦持辛爲弟世耀等督理家政漸至充裕晚締茹禮佛晨夕不輟竟以童老戊申正月某幼弟某忽見冥司來攝口中自舉生平隱慝爲上帝所譴叩首願皈佛教悔過不許請感里跪請代罪亦不許復願受姊戒持齋自新攝者稍緩氏方宣揚佛號授念珠于弟其攝者忽不見矣

人感嘆爲正氣所感云

易云女子之道從一而終故節烈尚焉今已嫁稱節婦未字名烈女此節與烈之別也而婦與女又有別譬諸三光然月元配則日麗天者也日繼體則月代明者也日側室則星聯綴者也此俱相輔有成者已若處女則更異其在三光中如日月重華景星呈慶乃混沌之元精乾坤之瑞符較諸節婦更稱獨尚愚竊爲闡微顯幽矣然其中門戶卑寒不能自達村墟僻陋莫由

周知年代寫遠無從考徵姓氏鈌佚難便稽衆
者未能悉數也噫士爲知巳死女爲悅巳容夫
世固有抱貞守一而湮滅無聞於當時者豈獨
婦人女子爾已哉

景陵縣志卷十一終

景陵縣志卷之十二

署縣事李　馨纂修　儒學諭易體震叅補
邑人吳　泰編著

人物志下

神童

明

鍾肆夏　字樊倩學憲惺子也五歲讀書矩行正
肅作字甚敬八歲爲細書題署省刑罰有文云晝
地爲獄誓不入況真獄乎削木爲吏期不對況真

吏乎父惺見之大驚年十三董玄宰太史視楚學
入試持卷拜帳下曰童子不欲干進欲一識異人
顏面耳董公笑手其肩而書耴字出竟不言年十
六出試督學岵雲王公嘉其文復面録之是歲歸
感寒疾劇父爲跪禱神內云兒生世淺罪過無多
必身有業請自當之時病劇不能言聞之遽呼云
昔周公以身代兄何至以父代子乎悉請易其語
向壁飲泣而絕檢篋中多用片紙書寂寂不動烱
烱常明八字病中談夙世事及卒後多幽感皆以

為神詳見鍾氏家傳刻

才子

齊

張欣泰字義亨竟陵人父興世宋左衛將軍欣泰
少有志節不以武業自居好隸書讀子史年十餘
詣吏部尚書褚淵淵問之曰張郎弓馬多少欣泰答
曰性怯畏馬無力牽弓淵甚異之父興世被劫憂
病卒見欣華時任安成郡悉封餘財以待之世祖
即位欣泰通涉雅俗交結名素每遊園池著鹿皮

冠納衣錫杖挾素琴世祖曰將家兒何故作此舉
止後從車駕出新林敕欣泰甲仗欣泰停仗於松樹
下飲酒賦詩世祖大怒遣出外數日復召還曰卿
不樂武職當處以清貴除正員郎後出為泰軍巴
東王被僚佐上遣西討使欣泰為副欣泰曰今太
歲在西南逆行軍兵家深忌戰必有患且頓軍夏
口宣示威福可不戰而擒也不從見敗欣泰徙為
鎮西軍世祖召還都屏居家巷置宅南崗下面接
松山欣泰負琴射雉恣情閑放衆伎雜藝頗多閑

解明帝即位為長史泰軍上書陳便宜二十餘其一
言宜毀廢塔寺並優詔報答建安三年虜圍鍾離
城欣泰為軍主虜引退洲上餘兵萬人求輸馬假
道崔慧景欲斷路攻之欣泰曰歸師勿遏不如許
之乃聽虜過時領軍蕭坦之啟明帝曰鄧陽有死
賊萬人欣泰放而不取帝以此皆不加賞廬陵王
義師起以欣泰為持節都督時少帝昏亂人情咸
隙欣泰與弟前始安內史欣時密謀結王靈秀十
餘人並同契會帝遣中書舍人馮元嗣監軍救郢

衆等相送中興堂欣泰等使人懷刃於座斫元嗣
頭墜果柈中王靈秀仍往石頭迎建安王寶寅率
文武數百唱警蹕欣泰初聞事發馳馬入宮因行
廢立既而茹法珍處分閉門上仗不配欣泰兵在
殿內亦不敢發城外衆尋散少日事覺詔收欣泰
等皆伏誅欣泰少時有人相當得三公年裁三十
後屋瓦墮傷額相云無復公相年壽更增可得方
伯耳死年四十六

張欣時欣泰弟也初為諸暨令坐罪當死欣時父

興世宋時討南譙王義宣吳郡張暢時爲彭城王
長史官軍欲殺之興世以袍覆暢而坐得免興世
卒暢子融著高履負土成墳至是融爲司徒竟陵
王子良長史乞代欣時死子良曰此乃是長史矣
事恐朝有常典不得如長史所懷欣時遂與兄欣
泰同伏誅

趙宋

張巖　元豐間以詩名著有滄浪集　司馬光范純仁曾與友善

鄧徵　進士

明

魯鐸　著蓮北稿使交集巳有園集梧亭小稿東
西廂稿　邑吳泰懷魯先生詩　東魯鉅歌答南宮翰苑臣
典型如可作風俗定遲醇虎觀臨天子鵝林重達
入誰徵文獻者
故府有遺濱

鍾惺　著隱秀軒集史懷楞嚴如說古唐詩歸酒雅
邑吳泰懷鍾先生詩　聲氣倜入雅文章天下尊
譽仍楚左史謗亦鄭東門五總龜誰請九苞鳳自
存華山歸仰止
風雨望中騫

譚元春　著嶽歸堂詩集鵠灣古文集簡遠堂詩
虎井詩湖霜草古唐詩歸遇莊　邑吳泰懷譚先生詩　楚無檮杌史公繼離騷唱
白虎群儒會丹鷄好友盟琴聲師大海書卷擁專
城著作超今古
寒河共徹清
貢士譚籍爲弟太史篆賜書堂詩序　邑自文恪
魯司成後代有文人如李太泌之博爾鍾隱秀之
雅淡及李華臺長叔父子於中丞吳自雪謝鳳毛
諸先達孤詣逸事至今猶蕊窗無意藤風節猶延
古哉吾家讀先徵君及觀察司農公之書者同堂
兄弟殆十許人惟弟漢湘綺年天成髫時習風雅
弱冠登朝讀書中秘三年極羅臺海內藝文之士
墓不斂維器亡不備阿奴大坡高風賦退合矣

隱逸

漢

漢濱父老　不知何許人漢延熹七年正月戊辰
桓帝幸竟陵過雲夢臨沔水百姓莫不觀者有父
老獨耕不輟尚書郎南陽張溫使人問之父老笑
而不答溫乃下車道行百步自與言父老曰我野
人耳不達斯語請問天下亂而立天子耶理而立
天子耶立天子以父天下耶役天下以奉天子耶
昔聖王宰世茅茨本椽而萬人以寧今子之君勞
人自縱逸遊無忌吾爲子羞之子又何忍欲人之
觀之乎溫大慚問其姓名不告而去

唐

陸羽 字鴻漸一名疾字季疵竟陵人不知所生或言有僧晨起聞湖旁群鴈喧集以翼覆一嬰兒遂収畜之既長以易自筮得蹇之漸曰鴻漸於陸其羽可用爲儀乃以陸爲氏名而字之幼時其師教以旁行書答曰終鮮兄弟而絕後嗣可爲孝乎師怒使執糞除圬墁以苦之又使牧牛三十羽潛以竹畫牛背爲字得張衡兩都賦不能讀危坐效群兒囁嚅若成誦狀師拘之令薙草莽當其記文

字若有遺過目不作主者鞭苦因歎曰歲月往矣柰何不知書嗚咽不自勝因亡去匿爲優人作詼諧數千言天寶中州人酺吏署羽伶師太守李齊物見異之授以書遂廬火門山貌侻陋口吃而辯聞人善若在巳見有過者規切至忤人朋友燕處意有所行輒去人疑其多嗔與人期雨雪虎狼不避也上元初更隱苕溪自稱桑苧翁又號竟陵子東崗先生東崗子闔門著書或獨行野中誦詩擊木裴回不得意或慟哭而歸故時爲今接輿也久

之詔拜羽太子文學徙太常寺太祝不就職貞元末卒性嗜茶著茶經三篇言茶之原之法之具尤傳天下益知飲茶矣時鬻茶者至陶羽形置煬灶間祀爲茶神有常伯熊者因羽論復廣著茶之功御史大夫李季卿宣慰江南次臨淮知伯熊善煑茶召之伯熊執器前季卿爲再舉杯至江南又有薦羽者召之羽野服挈具而入季卿不爲禮愧之更著毀茶論其後尚茶成風時回紇入貢始驅馬市茶 以上採宋祁新唐書隱逸傳

夫學者載籍極博必折衷於孔氏當時七十二賢中惟任不齊爲楚人而已何南方學者寥寥也然其同時以楚人而知孔子者則有接輿蕢高士傳所稱陸通是也其在後世以楚人而知孔子者又有鴻漸今隱逸傳所稱陸羽是也夫二子者同一楚人也同一陸氏也而羽自傳陸子盍今之接輿也是將以通自況者乎至其答師問則曰羽稚接孔聖之文乃所願則學孔子者也或有痛羽者天寶中酺於滄浪道爲伶正師非善學孔子者也子以爲弗然論語稱子與人歌未嘗不自歌也即接輿歌而過之孔子下車欲與言未嘗不許人歌也況羽所獻滄浪道亦孔子經歷者孺子歌滄浪呼小子聽之未嘗不教人歌也今羽屐其地習其風雖身爲伶歌又何傷焉孔子曰不得中行而與之必也狂狷乎與歌衰鳳羽悲鴻漸即同以稱狂可矣即同以尊聖可矣又即同以悵楚可矣宋祁陸傳鬻茶者陶鴻漸形以神事之煬突間其說本於費袞云華有甆偶人號鴻漸市沽茗不利

輒灌注之此以人名器也考工記鞼人爲皐陶鄭幺註云皐陶鼓木也琴操元康中發古塚得銅器名阮咸樂工云阮咸制此器彈之後世倣其制也越范蠡號鴟夷子黃山谷詩載酒泛鴟夷盃鴟夷榼形今盛酒器也可見古來以人名器者多矣楚有二書離騷茶經是也屈原自離騷外更無別作羽則茶經三傳外有六羨歌天寶中詣伶黨著諸謔三篇數千言自祿山亂中原爲四悲詩劉展窺江淮作天之未明賦皆見感激當時行哭郛酒著君臣契三卷源解三十卷江表四姓譜十卷南北人物志十卷吳興歷官記三卷湖州刺史記一卷古夢上中下三卷並貯於褐布囊後李季卿至江南召羽烹茶野服挈具而入季卿不爲禮愧之更著毀茶論惜其書皆失傳與屈原辭作者等也然兩人出處雖異興懷多同羽自傳伶歌滄浪道中而原所傳漁父辭滄浪歌與孔氏聽者無異然則屈原求籌學孔子者歟

元

趙吉甫　其先蜀人徙居王沙與魯齋許衡友自號搗存以文學名世　舊志載趙吉甫徙居王沙非縣地也舊志係沔陽州志采出因元朝沔陽府領王沙景陵二縣故也

明

鄒法孔　號景南生時多病五歲不言一日望空再拜遂能語六歲從伯兄諱學孔北面受業長試於邑第一隨父句南翁諱昌言江夏學署凡學使刑古今書皆公訂也宗伯郭正域歎曰當今第一流也因與論時事如建皇儲其最大者處鄉里間如王彥方令人不敢爲非孝事尊人孺慕如彩敬事兄嫂莊嚴弟督所獎成皆名士　邑黃問因童子試公薦於邑令李宗蕪拔第一後舉孝廉　行年七十以微疾終　太史倪元璐曰予聞鄒先生其事兄如尹公度而行實過之昔相府賀公逢聖謂我曰郭宗伯似齊桓公克定襄王鄒景南似商山翁克翼太子余頷其言信無所疑也鄒氏八代詩文各自一體

譚舶　號湘涯有隱德篤行君子邑譚元春祖也春自撰父誌先人言少時行當陽界暮投村舍龕上有譚公湘涯神主異而悲之父嫗驚問故先人

曰見神主姓號與吾府君適同故悲耳父嫗曰郎君即是乎公爲我德我是以如此因泣不能起與先人羅拜交相泣云　按湘涯家貧館於當陽縣歲暮歸僅存束脩數金途中遇胥吏械老夫與妻泣別公問故知以宦罪當贖將鬻其婦公盡捐橐金與之無餘存者及歸度歲無以炊妻毋孺人出績易米無怨言督學王公爾祿迪吉錄載其事

徐善　字徵休號巾城賦性警敏博洽多聞早棄舉業工古文辭舂容淹雅自成機軸與李宗伯維楨徐中丞成位往來商榷皆千秋大業也初邑中議禮綿蕞聚訟因持不決公毅然復古鄉閭宗服

予樂易近人出語詼諧稍近滑稽晚築室東皋
穉園自適享年八旬卒按公臨終自題墓誌曰髫
齡諸生弱冠隱士一生書癖半世虛名蓋實錄也
中丞徐成位題徐徵伕六詩　棲遲閣　欣將環
堵老吾桑獨掩柴門倚隱囊修竹籠雲封不開殘
花帶雨落繩床五車圖籍春光潤三逕煙霞晚翠
涼昔日清風生戶牖分明塵世到羲皇　膺文館
蕭然生事笑研桑書滿烏皮螢滿囊問字繩繩
來驀屧草玄默默坐匡床露凝玉玦三溪濕風起
如椽四座涼有客吹噓文似昔紫泥飛詔入堂皇
徐徐室　萬木蕭疏隱栖桑祇將蹤跡付奚囊
懷人有興揮金錯生客無塵倚石床寂寞別館花
微落霏霏孤城雨暮涼杖頭封鳥繁絃悉人境悠
悠是蓬皇　市隱亭　谷口沉冥只土床杖頭醉
酒滿油囊煙雲舟冉冉春常在燕月紛紛夏自涼無

鄉湖塘生浪柳且將耕稼老空桑煙霞莫愛吾廬
好旱傍影雲捧于皇　一塌吾居　幽居何事荷樞
桑三尺空懸古錦囊長夜金樽堪避暑清秋一王衛
巳生涼弦言滿酒飛松麈詩思琳瑯下筆床一日
滄江春睡足長安車馬自張皇　嘉樹園　無數
寒藤施綠桑莓苔滿地掛胡床一溪流水漁樵便
四壁濤風號皐涼刈去黃雲猶在圃歌來白雪巳
盈囊簷前荷插渾無事擊壤還應賛聖皇
解元譚元春和亭堂序　徐徵伕早棄諸生讀書
議禮諸常厢其座人老至七十猶昂昂如千里之
駒記予務[illegible]邑里大會來坐見公與諸公貴
人齒歡抗手[illegible]議笑如平常諸公貴人仰首側
耳觀聽[illegible]一布衣予退而喜以為吾邑甚不
俗此風頗古使後生得見布衣之貴公真有功於
邑矣侯贄曼倩有希古振纓踏籍貴勢詬厲為近
之亦庶爲知公矣
皋人胡恒祭文　徐先生少席先資衣馬丈光照
府甲問曉孫河渚茅屋為秋風所破過雖卑以[illegible]

決思誤書而成適此其心神妙遠與有度越古賢
者自有竟陵以來達官貴人在宋元間求其姓字
了不可得而前乎文恪尸而祝之者獨一唐處士
陸桑苧則處士之蘊藉能為河山邑里重矣請與
長老子弟歲秉兩湖之蓮酌三澨之水醉桑苧於
西塔而以徐先生為東皋子配享先生何讓焉

程子喬　生平端方醇樸孝友傳家值歲暮異母弟因訟繫獄痛念隕淚檢衣物往皂市質銀完贖抵暮投宿憂弗成眠夜三更月下見婦人傾筐覆灰似有物觸目竟弗覺而去喬視傾處乃白鏹一錠也徐拾起急欲呼問而門已閉矣雞鳴時聞喧泣聲甚慘喬悉叩門詢之乃屠者李某遺銀床下厥婦人掃地誤傾者也細叩銀數俱合慨然出還

李屠夫婦叩謝莫報立主致祀後喬壽至八旬有子六人孫一璧進士曾孫鉉時達時相時舉人咸以為隱德之報云

吳有省　初名邦彥字聖甫補邑庠有聲中歲棄去隱西湖生平有二妙四絕二妙者詩書也四絕者彈琴圍棋蹴踘飲酒也自號松道人

儒學諭李國寧松道人傳　松道人五歲能誦文
選九歲即通舉業入試童子文宗金公拔置冠軍
邑中盛集文社曰蘭曰玉曰丹鷄曰鴉軒争致道
人主盟其中邑侯程籥子徵其兩湖賦鴉字韻爲

書帋置中年讀仲長統論有獲名堂曰樂志捐諸
生業操小茶舫往來西湖上或招同志分韻命題
或集群衲參禪說法復謂古詩中有畫畫中有詩
乃著論曰詩畫史循工大隷古篆得漢魏遺法道
人嘗曰周史籀變古文爲大篆李斯變大篆爲小
篆此書家功臣也程邈變大小篆作隷書王次仲
割篆隷體作八分此書家罪魁也世運升降於斯
可驗道人善酒政飲可數石不亂癸未冠變携家
湖渚與會所至不廢嘯詠著有西箍園草素患集
傳於隣邑予來視學竟陵刻其十二懷詩依韻屬
和更附
以傳

高則駟　字季龍性豪放工山水每飲酒輒傾一
石時復縱談放歌有名士風致雖生長貴裔而貧
窶自得絕意進取云公父啓端貢士兄則騰舉人

景陵縣志　卷之十二　人物志　隱逸　十二

胡秉定　字安卿號太平初名辰應夢更名補弟
子員生時岐嶷九歲能文十二歲能詩嶠質倩韓
勁骨嶙峋發爲文章閫中肆外大雅不群與兄子
承詔少共函丈長同膠庠開疑發覆列伸觸類學
問相長稗益良多顧數奇不售遁隱經生業杜門
栖栖獨篤藥書精研攝鄉里貧病者呼與診視利
濟之所活甚衆邑侯廣安王公諱光裔順程公
諱維城延爲大賓不就六十七考終正寢請爲後天
協德其昌嗣宜也夫僕卿侄承韶曰自韶通籍來歷歷自牢叔教不淺於此

教而適有以成吾志也以叔之文學宜錄而終不
錄叔之行能宜羽緝以綿而艱於嗣天乎人也天
不可問如叔者復何嗯於人間世哉故其殁紓也
不感處獨也寡怨詩書以爲朋軒農以爲貽鄉里
稱曰長者後進効其端方
鳳翔鴻儀如是而已

鄒荻翁　翁名枚字馬卿自稱騶夕郎即姓字離
合而書之也頎立美髯似甸南先生諱昌言翁祖也髫年
有大才每飛紙命題頃刻立就馳聲吳越間七入
闈試兩中副車乃閉戶著述究心制作身任八代
理學之傳力挽三楚文章之運崇禎壬午年舉修
史學侯題未覆會變中止辟在全楚舉貢秘士公

景陵縣志　卷之十二　人物志　隱逸　十三

呈中行年八十餘精力方健手不釋書猶刻意著
作遊情翰墨所刻詩文稿盈帙海內傳誦于山麥
舉入華貢士孫紫綠約綬細俱以文章名
翰林檢討譚篆贈荻翁先生詩　松石清谿選鈞
臺渭濱人健舊鳳栽聞棲日掛鱗蟠樹老隱雲封
錦繡堆繁肘丹砂留晏景刻眉香案進春杯庭前
三世皆才子瑞應西堂早放梅　時程太君八月
壽逵令子巾
岸庭梅頓開

吳世彥　字叔勛號槐庵天懷抗爽耿直有守中
年棄諸生卜築瀼東別業貯笔床茶灶奕具酒器
其中笑傲永日客至如歸值陵谷變遷嘉遯巖阿

暇則拈毫爲小詩歌率皆真樸古淡取適意而已晩年幅巾杖履逍遥物外有淵明風趣邑侯寗公諱鳴王迎爲大賔以風頽俗享年七十有五

舉人叔驥𢹂庵子傳　𢹂庵子家長公雲嶽叔子也長余念有八歲余補傳士弟子薦賢書心獨嚚余懽然相得是時年方及强修眉朗目豐頤巨額吐音若鍾周旋折旋動有繩墨與人不爲城府有急傾身爲之有疑難不决必解乃已有過則折之以故在聲幾遍於宗黨間乃謝去諸生卜築帶郭承間栖止期於老是已而旌頭倣擾海水群飛東莞舊宅不識阡陌鄠杜良田鞠爲茂草乃去邑東北六十里家焉其地背山臨流舊有古樹乃即巖爲堵因樹爲屋每夏石奇雲秋空迴月巨波盪於簷間片帆落於天際方斯時也山家則赤米供給野客以白雲相貽勅諸子謝逢掖讀世外書語及

子孫干祿之學笑而不答盖余合其生平而論道之條事如流懸解若契龍泉大阿遇物必斷經方馭遠之才也不慕虛無足履實地勞苦力作自致本富經濟實用之効也善氣相迎熈春可掬山藪茹訥腹容多人積中亨用之地也閒定與物紆徐觀世燥濕輕重不隨人轉立身守正之常也詩躬謙退舉念忠厚雖無老成典型𤨏在挽𣟵砥柱之力也志存人外韵謝區中三徑五柳一壺千日寄興寓託之高也不貪爲寶遠害藏身善履成功聚而能散盈虛消息之契也放意逍遥含和嬰赤澹泊明志惟笑怡神導引延益之方也𢹂庵子進德不可量其後人又烏可量哉

歐陽矔　號著明盛德傳學爲時所重隱居不仕所著有太平策諸書子嵒能世其業卒登巍科

譚史　名學號訥庵住寒河隔岸其人以鴞鸞傳

解元譚元春題譚叟詩引　隔寒河四五村有譚叟者教童子村中或邀其童子去不得館即行吟塍塲間稱詩里中里中人輙笑駡之曰牛亦自稱作詩耶叟聞之大笑常袖其詩過予予多外出叟即袖其詩去後數月復來又不值又去如是者三年無勧容怒色園丁問翁何事亦不告以袖中物一日逢舍弟搜袖中良久出一帙授之曰爾兄歸爲我示之舍弟手其本荒荒然無全紙笑而應之曰諸子客歸舍弟出其帙如叟言予性不敢妄測人高下雖褐夫星卜必凝思窮幅度其所以筆起墨止故得叟即屛人深讀其蛩蛙之音啞敗之習已了半帙予猶望其能佳而最後又得老病起三詩如聞其呻吟如見其枯槁如持筇待老友至如白髮妻在旁喃喃不已人固貴自量予雖年如叟病如叟不能爲此與語也自是與叟往來如三黨久之閲一詩後佳久之又閲一詩復佳積之得二十三首刻焉叟傴羸如柴舉止語氣如初不識字人聽予去取其詩皆莁然非其祕意叟名學未有

字或呼爲訥庵譚居士曰安知古工詩者不盡如叟耶

國朝

鍾㤝　字居易學憲鍾惺季弟賦性淵穆晦跡林泉無工書畫旁精内典著實林道人叙及遊詩文集

舉人胡承諾題鍾居易畫詩　堂上瀟灑生絶澗旁有高松覆危棧居士長齋踰十年心神寂寞雲煙幻此子宜置丘壑裹贈我千巖會稽路王子應接多不暇巢父掉頭誰肯顧雪花緋滿軒轅臺蟄龍苦寒凍生哀嵐氣潜滋碧嶂濕春風欲至興雲雷茅屋幾椽修竹晩翠石数點亂峯開豈是一生常愉悦東扉晝掩白雲來山橋野澗堪獨往淺草微徑槲杪町居士畫有神畫刼見天真出入兵燹中與我共一身爭知八版吳道子尚有當時負荷人

鄒韻　字谷音號怍菴補弟子員天懷孤[illegible]才學博與不羨榮名自怡花鳥作牽船堂以自居著述甚精期於可傳

邑弋陽令劉臨孫傳　鄒谷音邑中高士也自補紫渡樵客讀書深思詩文歌賦出入漢魏間初補諸生歷試高等久而棘闈蹭蹬嘯歌自如甲申賊變放浪益懶散自樂天石橋邵老夫安樂窩製茅屋爲息隱計顏曰牽船草堂寄題頗工遍選蜀和予亦作記與詩誌之刻七讕集中吳楚人士傳爲佳話

新朝定鼎前後督學使者慕其名檄就試鄒子遠遊義不樂應徵冀北諸名流慕其名佩其文翕然宗之自以爲[illegible]行[illegible]厭[illegible]後之東海諸守令慕其名思[illegible]致之欲分[illegible][illegible]片不可得己乃買舟彭蠡訪予[illegible]陽[illegible][illegible][illegible][illegible]諷吟[illegible][illegible]識[illegible]者六月有奇[illegible]下月[illegible][illegible][illegible][illegible][illegible]識判亦不可[illegible]牽歸寺去[illegible][illegible][illegible][illegible][illegible]海鹽時鄒子偶[illegible][illegible]遊皆花[illegible][illegible][illegible][illegible]至離久輾歸帆揮翁爲緝縈遷所[illegible][illegible][illegible][illegible]加數服逢人諫[illegible][illegible]西異人人[illegible][illegible][illegible][illegible][illegible]是與至生平善述古史將藝有夕[illegible][illegible][illegible][illegible]肯娃晉昔合刻來[illegible]草豎持社文變幾社文起燠社梅溪社天下名篇詩選刻詩有紫濤[illegible][illegible]是草二吹草作菴穀草四稿俱行于世劉臨孫牽船草堂詩[illegible]涌林中刻史艇不浮水上志和家開闢卜築無人啟[illegible][illegible]蹟來踏落花

鄒韻自題牽船草堂落成詩　[illegible][illegible][illegible]舟作室鄒子居爲舟岸涌非風阻舟安[illegible]旅[illegible][illegible]普作實想爽壇敢奢求餅手需管[illegible][illegible][illegible]所[illegible]多倉不隔欄審鶴能收花卉逅相就藤[illegible][illegible][illegible][illegible]天將月色繪地以[illegible][illegible][illegible]成雙鮮難[illegible][illegible][illegible]由異書衙裡授奇年[illegible][illegible][illegible][illegible]一圍[illegible][illegible][illegible]商理代旣無添客又[illegible][illegible][illegible]人遊何[illegible]還[illegible][illegible][illegible][illegible]流史浮

景陵縣志　卷之十二　人物志　隱逸　卅五

鄒斯盛　字元介號五治邑崇寧令　孔韶學　子彤補　清夷度越流品匿跡嘉遯耽情書史倘佯山水援琴適意生平喜觴詠工翰墨臨終賦詩而逝

邑人胡承詔聽五治彈琴歌　老友抱琴訪茆屋知我住在青溪曲遙際悠揚颺芳草流風錯迕抵華木須臾解帶拭龍脣檢容授節皆絶倫逸氣自超方內士雅製應推有道人初彈仙客憶故鄉再撫漢宮秋漏長飛龍嫋嫋落鴈閣收人漁子發瀟湘蔡氏五曲法隨指趙龍二家響代起秦聲乍見隴西人楚調旋移廣陵子泠然授我御風引二老元蹤接嶽軫長生久視諒有徵富貴浮雲等朝菌君今七十髮未絲終朝作畫喜吟詩戴安拌琴常有意桓譚奏技故不爲罷彈微笑捋髭鬚目送歸雲倏有無安得昔時顧將軍從旁寫作撫琴圖

邑人吳驥詩　古樹流風到硯邊閒齋久自[illegible]茶煙看上遲遲日酒暈吹殘瑟瑟波琴裹宮商移妝積碁中歲月問樵柯禁方斬國人難得歸自尋君更有何襟懷瀟灑謝拘牽濶帽寬彬遠市塵清興數杯三尺水閒心一片七條絃丁年尚憶裝眉量丙舍恒留彭澤煙晚食優遊殊自如居貧未少竹嬋娟也知簡出罷將迎邦喜踏莎緩緩行歲凡優閒三鹿倒交遊客邇一牛鳴迴鴈亭上頻移榻來燕軒前更洗觴醉酒社公停宿雨少微星象夜分明

翰林院檢討譚篆詩　白日山中老青蘿守舊盟伴雲間過嶺劚藥護留名結止松風寂帆開水霧生嘯臺遺響在五月亂聞鶯七十翁猶徙還山許再遊遲行彈別鶴盡醉解還舟林僻逢人少泉低入戶幽東望高隱者頻上小西樓

馬非馬　字騎非號德粹邑庠生博學講禮恬淡自守性復孝友有隱德生平以著作自娛諸子能

景陵縣志　卷之十二　人物志　隱逸　卅六

世其業惟次公前融以白眉見稱云

都御史漢川顧如華傳　竟陵馬公喻非予執友馬君容庵尊人也性敏質和十歲能文十四遊泮脫手贈一從兄竟無所耶既長遭家世中落雙白在堂祖母共依躬致孝養不以絲粟累諸弟也中年遊學漢南門下執經者数十人前後俱捷去晩益苦志下帷至五十四復出應試督學使水公諱任徵奇其才拔置前茅是時長君諱前周已補博士弟子而公與仲子前融同升泮亦亦異数也屢戰棘闈竟未獲捷然以文章自娱著有四書講蕆於家旁精字學幾入二王之室爲人嘗笑不苟家庭之間儼然朝典凡所行事必焚香告天鄉黨稱爲善人嘗入市購物偽得客奇貨即遣送之脫一人於危難感而報之力拒弗受客襄陽於池河買一婢問其已聘毀券而旋竟不問主其歷德類如是援公一經傳家自誦讀而外泊如也子四人長前周餼膠庠將及歲薦奉例停止次即予友容庵

前融以甲午舉明經丁酉掄選教習知縣不赴復考選邑佐未任叔季俱業儒爲諸生能紹家聲享年七十八而終有古隱君子風焉

吳毓彥　字隆休素行孝謹節操自勵性恬靜寡欲少補諸生博學善屬文数奇不遇益任真自得未嘗介懷也中年值賊變奉二親遠遁潔身不汚流離中曲盡孝養　國初吳藩入楚自辟守令當路援之不赴終隱處山林養親教子以自娱別號肥遯居士郡司李周公諱龍甲慕其高節贈扁曰樂志清曠邑教諭吳景祉欲舉爲大賓以風頹俗公復辭以疾教諭因爲之傳

教諭吳景祉傳　吳君名毓彥字隆休明經傳旃公之子方伯鳳泉先生之孫也生平孝友端方少補邑庠傳學洽聞爲士林推重屢入棘闈数奇弗售即謝去舉子業養志娱親於榮利泊如也癸未之變奉二親遠徙湖山雖流離中晨昏定省不輟毎賊騎將至輒心動敬啓二親先期遁去一時同避者俱賴以免人咸以爲孝德所感云逮賊氛日熾群情岌附或謂之曰此非諸生靖節時也公獨不爲目前計乎公毅然此之益高蹈遠引潔己弗汚著有亂集及愛山亭詩若干首其輓烈宗詩有云数行詔動征夫泣一劍身留毋后光寥落老臣悲地下顛連行路隔天間盡其家世忠孝類如此曾於倉卒跳奔中道逢少時業師王仲殊弊衣藹面相持大泣挽留同避解衣推食傾囊贈之又同里中播遷不能自保公亟爲具炊致餐值風抜露宿者寧割已寓之半以庇之盡其天性悱惻又

如此　國初英藩入楚自辟守令當路有欲援公者公辭曰吾有親可養有子可教圭組非所望也遂結茅湖畔植柳種菊命兒昇易讀書其中每風晨月夜聞唔咿聲以爲樂有時幅巾芒屩潔壺行吟響動山谷不知老之將至也公生平倣儻不群審諦自好故處常弗渝其志遭亂弗易其操造物將以全而歸之者也中年讀易有獲自號肥遯晩歲夢遊傑閣遇群仙羽衣翩躚呼公爲陽春子又因以爲號云

程夢男　字中男丈品高潔似乃祖肅庵諱宗簡嘗致書父潼川翁諱以驄以廉介聞晚益食貧閉戶課子賫志以歿

孩八翁贊曰程中男世德相輝所謂池上鳳毛多也

方技

唐

王超　復州醫人善用鍼病無不差文宗太和五年於日午忽無病死經宿而蘇言始夢至處城壁臺殿如王者居見一人臥召前袒視左髆有腫大如杯令超治之即為鍼出膿升餘顧黃衣吏曰可領畢也超隨入一門門署曰畢院庭中有人眼數千聚成山視內迭瞬明滅黃衣曰此即畢也俄有二人形甚青儲分處左右鼓巨箑吹熾眼聚扇飛起或飛或走或為人者頃刻而盡超訪其故黃衣吏曰有生之類先死而畢者次忽活

明

歐陽植　字友益竟陵生治舉業旁精醫著有全生四要邑進士劉逢忠刻於閩如有步商音存邑進士熊寅刻於婺源有全生四要邑知府王目然刻於臨洮

宗伯李太淡先生四要序　里歐陽叔堅氏以經術為諸生而雅節彌精醫里人遊致日不暇給曾益治其道所吾不啻重三千石矣學士大夫即之叔堅出一編目全生四要不佞三復而嘆曰子之道非醫也儒也儒者雅言詩書而重執禮子言四要節飲食寡色欲調精血慎方術皆禮也禮有之飲食男女人之大欲故制禮必先焉禮三十而室七十而夫婦無間晝居於內則問其疾月令十二戒容止禁嗜欲至男女行則道左右言則閫內外所以別嫌明微不勝舉矣飲食則割烹煎和之事死生鱻薨之物香燥腥膻之宜醴漿醢粥之品業習之最纖悉矣而更輔之以醫藥必貢食醫食灸習飲之齊眡四時而君子之食恒放焉以五味五谷五藥養其病以五氣五聲五色眡其死生兩之以九竅之變參之以九藏之動故曰子之道非醫也禮也子婦於舅姑問疾痛而敬抑搔之奉衽席請嚮趾而又升降上下周旋趨蹌各有差次鄉飲酒而終日百拜以飭肌膚之會筋骸之束則醫之折肢導引從此乎出夫安往而非禮而柰何以醫小之周禮莫要於天官自膳夫以下凡十職醫師以下凡五職酒正以下凡十職內宰以下凡十八職所司皆飲食男女藥物以此思重重可知已孔子與子夏論無體之禮極於清明在躬志氣如神吾以為醫足當之請繹四要而力行之修身齊家治國平天下有一不合者哉會起家入蜀攜授華陽令張㸃行之詩不云乎人而無禮胡不遄死知之則不宜鄙薄醫不鄙薄醫則知歐陽子之書非駢拇枝指矣

張廷臣　精醫術有隱德子行寬能世其業後以固原千總欽授守備

邑侯程維祺詩　越人楚產擅泰方誰與龍門傳頡頏爾飲長桑曾半勺予知素問可全章門前自樹初栽杏肘後千金合共囊莫道煙霞醫不得褭然今已具冠裳

曾同軌　醫深儒理神解鉉機頤養清徒覘履不衰有子庠生名家瑞以儒業顯

吏部龔昔庵先生贈詩　以我養生拙從君指下呼爾交知白首相戒失鉉珠車馬來門滿聲名益

殊故方焚莫盡有詔閩淳于
翰林譚灌湘先生贈詩　老隱西江曲仙源白鶴
鄰人天窮草木寒暖識君臣三世相公澤十全萬
氏春外臺成秘要期以壽吾親

殷惟哲　醫操仁術心存隱德中年客蜀值寇亂攜友人詹公在前
子同避難寇逼度不能兩全翁泣曰吾與友各一
子而友有城守責難保其子也義無可棄遂捨已
子而懷詹于去倉皇走村落中忽逢白髮叟負其
子至授翁所叟忽不見蓋隱德所報云
邑教諭李公諱國寧贈句云身可許人寧置子心
能忘我更無家是其實錄也

趙璧　字連城邑庠生內精儒業旁通醫理凡有
瘧者投七輒愈不計其值多所施予生平好抄寫
古書逸編學者訪求之即舉以相贈云

仙釋

仙籍

唐

劉梓　號白鶴仙人煉丹於西跨鶴於南飛昇於
東唐皮日休有道院迎仙詩則自唐（日休已傳矣詩見前十景）
教諭翁奮詩　檜栢陰森一徑通白雲隱處隱琳
宮笙歌繚繞相邀者不是劉公即阮公

明

劉邋遢　邑東北諸流村人（地名馬嘴）養修道成仙去
學憲鍾惺邋遢仙傳　邋遢仙姓劉名方衢字天
亨少具頴資讀書村塾多信口成句見水中眠牛
口占一絕不用繩索不用牽任他逐浪任他眠
殞天上長春草渴飲人間不斷泉及長讀易聞邵
老夫子半天心之說欣然有得遂棄去舉子業出
遊鄂渚靜寄鳳凰山麓之五聖祠傍祠墻爲席編
荻葦爲蓬布石於地坐臥其上無冬無夏三十年
如一日往往見其出市拾瓜皮梨核食之非人棄
者不取寒至取市中敗絮敝綾補綴舊衲遮體鄂
人初厭之既稍異之遂爲邋遢劉神仙先生悟道
后廣語悉前知名沸都城遠邇問道四方賢士大
夫過楚者以得先生一語爲快先生啟口皆怒罵
遇其喜談則終日不絕口其旨本性道仕育孝弟
誠明先生嘗云吾非黃冠吾非衲子故止說不外
儒也對當路權貴每呼名而發其隱衷或引譬經
文證以故實矜若江漢終如符契有以禍福成敗
問者輒言微中無不垂首帖服焉前後奉先生惟
謹者獨漢陽孝廉孫公世格事之不倦以故三十
年語錄孫氏備載成冊鄂人至今思之壽其像於
剞劂書先生法言數則於上競請奉祀焉

僧傳

晉

支公　名遁字道林高僧傳云支公姓關氏陳留
人或云河東林慮人按唐裴秀才迪詩竟陵西塔
寺蹤跡尚空廬不獨支公住曾經陸羽居是支公
原住竟陵也公任心獨往風期高亮性愛馬嘗云
貧道重其神駿今邑西有支公臺又知縣丘宜濬
城北官池有石柱鐫支公二字又其北五里許有
走馬嶺東北六十里有養馬嘴相傳俱支公遺蹟

唐

積公　西林僧陸羽師也羽自傳始其家孕露育乎大師積公之禪院九歲學屬文積公示以佛書出世之業羽荅曰終鮮兄弟無復後嗣染衣削髮號爲釋氏得爲孝乎羽將校孔聖之文公曰子殊不知西方之道其名大矣羽用矯無變歷試賤務掃寺地潔僧厠踐泥汙墻負瓦施屋牧牛一百二十蹄又東於寺中令芟剪榛莽以門人之伯主焉羽灰心木立過日不作主者以爲慵惰鞭之羽嗚

呼不自勝主者以爲蓄怒又鞭其背折其楚乃釋羽因捨主者而去卷衣詣伶黨積公追之曰念爾道喪惜哉吾本師有言我弟子十二時中許一時外學令降伏外道也以我門人衆多今從爾所欲可緝學工書

皎然　姓謝名清晝吳興人陸羽自傳至德初余過江與吳興釋皎然爲緇素忘年之交又清晝對陸羽曰使有宣尼之博識胥臣之多聞終日目前矜道侈義適足以發其性豈若松岩雲月禪坐相對無言而道合志靜而性同吾將入杼山矣遂東所著爨之則皎然與吾鄉陸羽長相往來者也又皎然春夜集陸處士詩欲賞芳菲不待晨無情人訪有情人西林豈是無情景祇爲忘情不記春則今西寺皎然曾住錫矣今邑東南燃燈寺傳有皎然碑蹟

宋

機聰　語録載復州乾明寺僧問師如何是佛法大意師曰此問不虛問如何是東禪境師曰定水不曾離看岸紅塵怎敢入波來按宋復州治景陵則師爲宋人

無念禪師　遺跡在縣南聖臺寺池産白蓮春無蛙鳴

破灶墮公　邑西青山晉濟寺相傳爲公道場

附記史載司馬楚之字德秀晉宣帝弟太常馗之八世孫劉裕誅邑晉司馬戚屬楚之亡匿諸沙門中濟江自歷陽西入義陽竟陵蠻中按今邑西有逃蠻臺古建浮圖疑其匿沙門遺蹟也

明

真清　號西泉嘗彭茶經序僧真清歙人嘗新其寺性嗜茶故業茶經録而謀諸梓以獻柯公焉

真清自題詩　十載傳衣鉢沙門寄此身種蓮開日社屏跡謝紅塵定起雲生衲經殘月滿津鉢憐桑苧老千[illegible]風神

覺岸　貽爲邑無藏出萍二年來南嶽歸欲建[illegible]
歷履沅采本卒中夜死
譚元春岸和尚塔銘　岸目皆赤氣不止啟是
沙門人日客死[illegible]其[illegible][illegible][illegible][illegible][illegible]取石像[illegible]與
瑰湯惠死或傷
男思汝憤惜

懶真　字一如[illegible][illegible][illegible][illegible]建西杉塔
大僕[illegible]明承[illegible][illegible][illegible]公請飯亭[illegible]景青水也據
騰璧立望若海市而西塔亦蹟[illegible][illegible][illegible]詩在焉
寺僧真公幼通三乘長歷吾[illegible]予曾舉讀書圖通
閣與竊封內典歷二十餘年[illegible][illegible]公詩一冊以
進曰將之金陵請全[illegible]令日雨[illegible]之興[illegible]始[illegible]公
下猶未聞可[illegible][illegible]其自吾于浮[illegible]陽[illegible][illegible]
至始有見尼事子[illegible]以西塔[illegible]矣而又[illegible][illegible]全[illegible]
昔甚遠有自運重開吾當再來[illegible][illegible][illegible][illegible][illegible]

尹　邑舉人胡承[illegible][illegible]詩　松[illegible]入法堂[illegible][illegible][illegible]絶來
長老鉉吉[illegible][illegible]山藥草香一[illegible]脚不[illegible][illegible]則[illegible][illegible]
務中夜[illegible][illegible]閣清泉出上方

性空　[illegible]河[illegible]庵僧
譚元春飯性空上人詩　[illegible][illegible][illegible][illegible][illegible][illegible]
老[illegible][illegible]門聲如木[illegible][illegible]踏[illegible]兒[illegible][illegible][illegible]夜風[illegible][illegible]
顯[illegible][illegible]聽已遠震心退[illegible][illegible][illegible][illegible][illegible]不[illegible]但言今
年老去年去年[illegible]我兩[illegible][illegible]欲[illegible]一[illegible][illegible][illegible][illegible]
餘利家飯熟時飯罷自[illegible]
歸溪去行到夕陽僧歸處

[illegible]翱

通省　號松影　按省即譚[illegible][illegible][illegible]集中云近照[illegible]五
里有一人[illegible][illegible]不及悵悵岸上而
世[illegible][illegible]是人以後至[illegible]免自[illegible]重生
[illegible]道[illegible]安于投西塔寺爲空門者也

海鹽令毛一駿贈詩　雨花猶記踏春行香拒鳥
華帶雪烹十四年來悲刼火朝昏磬裏悟虛盈道
成長老知無我身現宰官豈爲名慚
羽亭邊風月在可能洗鉢共鷗鳴

海栖　號寒碧住白竹寺披剃公安飛錫寒河與
譚鶴灣兄弟遊
翰林徐討譚篆贈詩　一灣新月掛西林竹掛堦
前光影沉靜夜茶香清世味空庭露白冷秋心匡
山苦憶溪橋斷澄水青蓮天竺深開
遲逢門翻貝葉扮更高詰起礁音

海藏　乾明寺僧精持群典兼通詩文四方來學
者無虛日

論曰風氣萃而人文開品物著而王化隆幽顯殊

途風教攸裨一也夫楚書惟善爲寶楚史紀惡垂
戒其於善惡之防亦甚嚴矣至晉習鑿齒字彥文襄陽人
論楚人物援引極盛如風氏本於伏羲邾國誕於
子文其人實在我景陵也洎宋祁唐書作陸羽傳
又隱逸之表表者惜羽自作南北人物志竟失其
傳至明婁丘任三侯廣編邑乘或輝煌廊廟或藻
貢林泉一經採錄俱光月旦今　署政李公顯微
闡幽彰志貞教補前賢所未逮蓋地靈人傑至此
而交收其勝也夫爲之前雖賢弗彰莫爲之後雖

矣弗彰使後之尚論者師其行友其人觀感而儀型之則千里若接踵百世若比肩矣

景陵縣志卷之十二

雜録

疏類

請均加餉疏

知縣程維稷富順人

謹奏爲全楚派額非常下邑艱危特甚懇乞聖明軫念窮宇亟賜裁蠲惠一方以綏四國事臣本賤儒備員下吏在班行不過么麽論事旹止於籩豆分何敢言職何足言屬者聖天子龍飛都禹績者以歲事辟臣追隨群宰附於載見求章之誼仰覩日表鳳姿幾幸有躍躍欲吐者然於古計吏或對便殿或賜筆札俱壓清問陳疾苦今皇上千載一時正小臣可言之

會也抑臣竊聞明主可與爲忠言臣舍其職即何言溺其職固非忠也則亦就臣所居之地述臣所營之艱請得盡言而無誅耳臣所領景陵爲　獻帝剪桐之邦　世廟潛龍之邸其間民爽二祖精靈實式凴之景陵地處漢濱適當陵阜竟處桑滄輒成窪瀦而自荆築沙洋河不西泛而東洗潛開泗港河不曲走而直衝遂無不災之年半是不耕之土今城西南縈環百里間萑苻如菁沙磧如邉凄然可念凡河伯所

劉撼固千百年賦區也欲攝而聞其額租一葉隨風者猶是順民群聚嘯呼者大有逆志積抗藪奸非一旦暮矣亦緣世廟南巡時泒恊良多事已而例仍不減既一困之乃至田已贍潞糧不盡隨苦攤民畝已重又重且二困之於是逃亡淩衆影射無算實三困之所以年來逋案如山逋檄如雨考成之吏寥寥交浘而窘此耳柰何四十八年之加餉泒至一萬七千哉夫一萬八千之正供尚多畫餅若一萬七千之加餉祇問石田耳臣於受事以來所追之糧不止寅欠

而卯夷所追之期每以辰出而戌停所追之民多是趙甲而錢乙籍無主名市無層輓桎梏充衢寃號徹旦臣既負所學而并爲催科之臣民實輕厥生而并爲胥譏之民正徵帶徵左折右折而餉數又逼矣剜民之肉擢民之觔斷難應此倍蓰裩令之官檄令之項亦何濟於軍需況前年半災去年全災粒𥝠不収請蠲未報即恐有怒目而蠕動者大可隱也臣非不知東江西異此乾坤何等時皇上其不以黑子區變法爲海內倡也亦明矣然他省餉盈十萬而楚省七

十萬豈謂楚地廣哉重湖二瀆潛嚙塘侵者難締矣豈謂楚民殷哉誅茅依渚風雨不蔽者彌望矣豈謂楚民好義哉其風壯烈其俗健訟士噪民噪兵噪屢見告矣若楚賦之原重臣不及詳而據見在之加餉景陵特其晁耳臣愚妄意廟堂主計第當依糧起例通計楚額而均權之五燕六雀適得其平而又不虧於成數此狂瞽之勦說計無出此若堅持稅畝之說楚畝除淵沉而外有菰塍沙場不值一文錢者有售陌遠阡不償一歲泒者將能得之鬼輸而神運乎哉

勝國二奸皆沔籍而景産萬一遊釜之魚盜弄於潢池令一身耳所不遑恤後來當大費手也臣痌瘝二載荷恩危全謬謂加餉一節本國家萬不得已之權而昨日募兵今日促餉將奚饒鄉哀此瘠里立見全楚之蕭條而景之無孑遺也縱未至顒聽羨沸繹騷陵寢使喻箕揭斗之衆垂象名都銷沉王氣二祖於昭之神安乎不安乎宸衷念此必有惻然而洞其隱者臣愚闇不識忌諱昧死上聞倘蒙光明燭照亟下所司通融分數顯示均役無觭重輕酌議楚餉大錮

共樂則陵宮安而楚安楚安而天下舉安臣雖斥去
猶惜其苟是譴有餘榮也臣不勝惶悚待命之至[illegible]

賦類

悶水賦

國子司業童承叙　沔陽人

王涉公子收吟發興戒御勅騶周遊乎竟陵之陸長
眺乎江漢之流爽回大堤之旁躊躇故城之上物寔
産而凋零景蕭森而板蕩精惝怳以㦥懰心忉怛而
怔悵還過三澨道見漢津父老而問曰何謂其然也
父老撫膺而長喟攬涕而前陳曰痛乎公子之問人

命避巧於搆室靈胥躍怒於潮波陽侯効力於水宮
支祈競怒於洪河誠皇天之降匪斯人所能和也公
子悵然有間曰嗟乎詩詠靡遺之災書紀阻饑之厄
今時則然矣若夫民之罹病也顑頷之狀得無異乎
父老曰殷雷震威駿疎搆雪雲滃風迅雹激雨作霪
氣滃渟縈瀴濡滋林樹霧迷寰宇盡失靉靆氛氳梟
濟崩濤潰沱硉矹沉沙激石翻三光潛列曜溢天潢
瀉丹堅浸溉凋瘵之心沉淪顑頷之身烟寂寥而絕
炊室垂磬以無營愁鷄鳴於如晦嗟貍字之書行[illegible]

其濛溶漣灖霽沸滂沛既彌月以逾旬衆沴萃而誑
瀆㓝胥淪而靡孑路淤渟而罕通遂藉疾而嫚疢爰
抱瘵而長終公子曰若是乎其甚乎父老曰爆翼赫二風
飈肆酷噓㳬乾維吸收坤軸江洶海湧谷轉山頹浪
翻波詭嶄裂雲廻水怪破硪河伯罹鬼徹若地坼谿
若天開龍飛揚以嗔目鮫騰驤而飛沫鯉一角而噴
浪鷁九有而滑碕匪濂爲泐峽匪夏爲之昏濁居飄
颻於驚飆舟摧折於深湍或摯妻以踊溺或抱子以
赴沉或委體於盤渦或托骨於瀟瀞偃仰兮混淪之

府鄰蜀兮魚龍之區或載浮而載沉冤孰念其止居
公子曰若是其甚乎父老曰歲暮時昏風起雲沉掩
霞翳日積晦累陰霰兮漸瀝雪兮紛繙容兮若絕蹤
兮若連穿細微透乘危隙摧掇之捨裂親之體膚如
圭斯方如璧斯圓如縞斯白如玉斯寒斯時也火井
滅温泉冰炎風勁陽谷凝起瑶城於粉野擬瓊枝於
玉樹天地閉而嚴肅縕隆結而寒沍於是蔽繻之夫
楞腹之民厥發刺其骨栗烈鑽其形乃彷徨而殭仆
蹇而慄殼暴枯骸於交逵横遺路於蕪城使肉飽

乎儀爲臭避乎過客盍終古之眚億類之極悅也公子酸顰而捧心歔欷而改容重進父老而告之曰詩曰哀恫中國具贅卒荒靡有膂力以念穹蒼斯是之謂歟雖然今聖明昭燭德意懇惻遴選臺司振豈弟積加以使命者率廿棠之政司牧者盡召杜之德父老其將被如天之仁蒙掩骨之澤升父毋之堂蔬糲席之側當不淪沒於陷阱展轉於溝洫也廼爲鴻鴈之歌以廣之曰鴻鴈歸來兮河之側河之漣淪兮菰蒲其實可飲可食兮去將焉極鴻鴈歸來兮河之央

河之清冷兮蒹葭蒼蒼可栖可宿兮去將焉翔鴻鴈歸來兮河之濱沙淨波渟兮畢羅不驚逐爾高翮兮其宪安寧歌竟父老再拜加額受命踴躍而去公子廼罷御叱徒僕步求歎歸疏所聞危坐待旦

序類

茶經序 略　唐皮日休

案周禮酒正職辨四飲之物其三曰漿又漿人職供王之六飲入於酒府鄭司農云以水和酒也盍當時率以酒醴爲飲也何姬公製爾雅云檟苦荼即不擷而飲之豈聖人之純於用乎抑草木之濟人取舍有時也自周以降茶事竟陵陸季疵言之詳矣然季疵煎茗飲者必渾以烹之與淪蔬而啜者無異也季疵始爲經三卷分其源制其具設其器命其煮飲者除痟去癘雖疾醫不若也其爲利豈小哉余始得季疵書以爲備矣後又獲其顧渚山記其中多茶事後太原温從雲武威段磶之各補茶事十數節由周至今竟無纖遺矣昔杜育有荈賦季疵有茶歌余缺然於懷遂爲十詠寄天隨子 天隨子陸龜蒙也

又茶經序 略　宋陳師道

陸羽茶經家傳一卷畢氏王氏書三卷張氏書四卷內外書十有二卷其文繁簡不同王畢氏書繁雜意其舊文張氏書簡明與家書合而多脫誤家書近古可考正曰七之事其下文乃合三書以成之録爲二篇藏於家其茶之著書用世自羽始羽誠有功於茶者也上自宮省下迨邑里賓祀燕饗預陳於前山澤成市商賈起家又有功於人者矣經曰茶之否臧存口訣則書所載猶其粗也夫茶至精微書有不盡况

天下之理欲求文字紙墨間其有得乎史稱羽持具飲李季卿不爲賓主又著論以毀之夫藝者君子德成而後及也不務本而趨末故業成而下也學者詳之

歐陽修太明寺水記

世傳陸羽茶經論水云山水上江水次井水下其說止此而未嘗品第天下之水味也至張又新爲煎茶水記始云劉伯芻謂水宜茶有七等又載羽爲李季卿論水次第有二十種今考二說與羽茶經皆不合羽謂山水上而乳泉石池又上江水次而井水下伯芻七水與羽說皆相反所載羽說二十水如蝦蟇口水西山瀑布天台千丈瀑布皆羽戒人勿食食而生疾其餘江水居山水上井水居江水上皆與茶經相反疑羽不當二說以自異使誠羽說何足信也得非又新妄附益之耶其述羽辨南零岹水特怪其妄也山水味有美惡而欲舉而次第之者妄說也故其爲

說前後不同如此然羽之論水惡渟浸而喜泉源故井取汲多者江雖長流然衆水雜聚故次山水惟此說近理云

歐陽修浮槎山水記

余嘗讀茶經愛陸羽善言水後得張又新水記載劉伯芻李季卿所列水次第以爲得之於羽然以茶經考之皆不合又新妄狂險譎之士其言難信頗疑非羽之說及得浮槎山水然後益知羽爲知水者浮槎與龍池山皆在廬州界中較其味不及浮槎遠甚而又新所記以龍池爲第十浮槎之水棄而不錄以此知其所棄多矣羽則不然其論曰山水上江次之井爲下山水乳泉石池漫流者上其言雖簡而於論水盡矣

又茶經序　略　　魯彭

粤昔上南巡寘荆西道以監察御史柯公來涖厥職百廢修舉適觀風竟陵訪唐陸羽故處龍蓋寺公喟然曰昔桑苧翁名於唐足跡遍天下誰謂產茲土耶因慨茶井失所在迺即今井亭而存其故曰茶亭焉索羽茶經三篇僧真清者錄而獻焉公遂命刻諸寺夫茶經行於世見百川學海集茲復刻者表羽爲竟陵人也按羽生甚異類令尹子文又謂楚生賢大類后稷云今觀茶經其曰伊公羹陸公茶取而比之實以自況也所謂易地皆然者非歟向使羽就文學太祝召誰謂其不伊且稷也而卒以不仕何哉厥後茗

飲行於中外而回紇亦以馬易茶則羽功固在萬世也或曰北山亦有酒經三篇然而其始也有酒禍惟茶不爲敗故其既也酒經不傳焉羽器業顛末具見於傳其水味品鑒又見於張歐等記則並附之經

又茶經序　略　　太理卿陳文燭沔陽人

先通奉公論沔陽人物首陸鴻漸蓋有味乎茶經也夫茗久服令人有力悅志見神農食經而曇濟道人與王子尚設茗八公山中以爲甘露是茶用於古羽神而明之耳稷樹藝五谷而天下知食羽辨水煮茶

而天下知飲羽功不在稷下雖與稷並祀可也今刻於經則羽之品茶槪見矣

又茶經序 略

李維楨

温陵林明府治邑三年政通人和討求邑故實而表章之於唐得處士陸鴻漸茶經鍥諸梓而楨爲之序蓋茶名見爾雅而神農食經華陀食論壺居士食忌桐君及陶弘景録魏王花木志胥載之然不專茶也晉杜育荈賦唐顧況茶論然不稱經也韓翃謝茶啓云吳王禮贒置茗晉人愛客分茶然不居功也其筆

諸書尊爲經而人以功歸之實自鴻漸始夫楊子雲王文中法言中說自可皷吹六經而以擬經故爲世訴病鴻漸品茶小技與經相提而論安得人無異議故溺其好者謂窮春秋演河圖不如載茗一車而鄙其事者使與傭保雜作不具賓主禮此難爲俗人言也羽所著君臣契三卷源解三十卷江表四姓譜十卷南北人物志十卷占夢三卷不盡傳而獨傳茶經豈他書人所時有此爲觭長易於取名耶李季卿直技視之能無辱乎無論季卿魯明仲應逸傳且不收矣費袞云鞏有甕偶人號陸鴻漸市沽名不利輒灌注之以爲偏好者戒李石云鴻漸爲茶論并煎炙法常伯熊廣之飲茶過度遂患風氣北人飲者多腰疾偏死是無論儒流卽小人且求多矣後鴻漸而同姓季蘭嗜茶置園顧渚山下歲收租自判品題不聞以技取辱度鴻漸之勝使倆磊塊沾沾自喜意奮氣揚體太簡踈有執以成名亦寄傲耳太史公曰富貴而名磨滅不可勝數惟俶儻非常之人稱焉鴻漸窮阨終身而遺書遺蹟百世下寶愛之以爲山川邑里重

其風足以廉頑立志胡可少哉夫酒食禽魚博塞樗蒱諸名經者夥矣茶之有經奚怪焉

茶經引

徐同氣

余曾以屈陸二子之書付諸梓而燬於燹計再有事而屈郡人陸里人也故先鐫茶經客曰子之於茶經奚取曰取其文而已陸子之文奥質其離有似貨殖傳者有似考工記者有似周王傳者有似山海方輿諸記者其簡而該則檀弓也其辨而織則爾雅也亦似之而已如是以爲文而能無取乎客曰其文遂百

爲經乎曰經者以言乎其常也水以源之盈竭而變泉以土脉之幷濊而變瓷以壤之脃堅熵之滓爐而變器以時代之刓削工事之巧利而變其鷓之爲經者亦以其文而已客曰陸子之文如君臣契瀝觧南北人物志及四悲詩天之未明賦諸書而蔽之以茶經何哉曰諸書或多感憤列之經傳中猶有假冠僭爻氣茶經則𥜥於方技迫于物理肆而不厭傲而不忤陸子終古以此顯足矣客曰引經以繩茶可乎曰凡經者可例百世而不可繩一時者也孔子作春秋

七十子惟口授其傳旨故經曰茶之臧否存之口授則書之所載猶其粗者也抑取其文而已客曰文則美矣何取於茶乎曰茶何所不取乎神農取其悅志周公取其解酲華佗取其益意壺居士取其羽化巴東人取其不眠而不可概於經也陸子之經陸子之文也

茶經跋　徐篁

茶何以經乎曰聞諸余先子矣先子於楚產得陸子之騷陸子之茶杜陵之詩周元公之太極騷也茶也而經矣杜詩則史也太極則啚也古人視啚史術劃經也河洛輿府啚也尚書春秋史也太炫中說何經之有則僭矣雖然禽也宅相也水也山海也六博也皆經矣經者常也郎物命則爲後起之不能易耳夫茶也茶也檟也古無以別則神農不識名矣衣之有木綿也穀之有占粒也皆季世耳茶之減價自君謨始榷茶爲南方之嘉木古中國北地穪猳醫之飲無華稚專官者耶陸子竟陵人故邑人如魯孝廉陳太理李宗伯皆爲立說近日鍾學使譚徵君曾無所發明豈亦如皮日休怪其不形于詩乎陸子豈不能詩

以技掩耳兩先生吾鄉篤行君子而以詩掩其行詩亦技耳余因先子有未就讀陸子四悲詩而謹誌焉

姜侯去思碑序　侯諱綰弋陽人　蘇州推官華清應城人

夫召伯行化周人愛之子產遺愛鄭人思之此豈可以智力求哉孔子曰學道愛人孟子曰善教民愛用是道也吾於姜侯見之侯始視篆先是官黷賂遺胥吏舞文吞噬吾民侯得其故首捕逮其尤者擊斷不少貸厥徒皆望風褫魄凡簿書訟牒皆親校叅決賦稅收徵皆有程度喪葬婚娶皆有條法置互保以妨

奸盜讙權量以平貿易群飲者有禁私鬬者有罰治
具一張舊政丕變方是時歲且洊飢侯噢咻撫字民
賴安輯者無廢業也又相視原隰募民墾闢㦯止學
宮與師生講藝習學縣當江漢下流侯度地勢募民
開陂塘築堤垸大脩孔廟山川社稷壇壝至於公署
倉庫驛置皆既完且堅外而街巷津梁道路皆治使
端直樹以嘉木侯時行境上以孝弟勤儉相詔語爲
縣一年民知畏法二年民食足流逋歸三年人知向
學四年民訟息五年倉廪實田器不收六年百廢具

舉績用有成以臺省薦擢南京河南道監察御史上
道日士民扶老攜幼冒雨雪擁馬首遮留至有泣下
者明年大旱秋冬積雨諸州縣流亡不知其几獨景
陵得免其惠利在人至於今不衰所謂學道愛人善
教民愛信乎不可誣已景陵父老相與狀侯治績來
請文以刻於石侯方進爲御史道行乎朝廷惠流乎
天下其係思甯有既乎於是道父老之心序而頌之
頌曰卓哉姜侯儒道吏治有惠有慈有嚴有毅乃嬉
乃謳乃恬乃遂伊誰爲之惟侯之賜令聞令德闇然
日章珥筆升朝豸冠繡裳民曰侯邁我失慈母孰衣
我膚孰哺我口士曰侯邁我失嚴師德孰我迪過孰
我規挽侯不留悠悠我思惠靡弗昭德靡弗怙祝侯
於天錫侯眉壽德音不已厥功無窮如川之流如陵
之崇封植此碑勿志角弓

周侯禱雨詩序　侯諱端高郵人　魯鐸

旱而禱者古桑林之事尚矣仲夏大雩見於月令國
大旱率巫舞雩見於周禮春秋以降凡有事乎雨者
則左氏諸史又往往書之其閒暴巫焚尫一或致雨

者史必盛稱豈不以天人之際感通爲難哉乃若旱
而禱禱而輒雨者乃親見於我周侯也侯膺薦來景
陵興廢舉新旱作晏食惟吾民是憂越明年春不雨
人共憂之侯曰過其子在乎乃遷坐變食禱於神職
雲雷者二月壬寅片雲亭晝有頃而雨民得舉趾焉
晴餘旬侯復曰東作方殷得無已涸乎禱如初三月
壬戌又雨田毛大興侯猶少之乙亥復雨䐹而雨夜
以達旦者三日畛途洸流防水多决相與歌且忭者
實皆有之邑大夫士書於冊命鐸序焉鐸曰初侯之

下車也至誠無厲而齎裒郎墨之云者不無有則吾民未必知當路未必知而惟天知之也應期雨至意者天以彰侯之誠乎侯以瓣香拜禱俄頃致雨至再至三如引瓢挹諸瓮中無不得者是固所謂由自誠然而天實彰之以至於此也古民德其上者必歌謠以明不忘今也獲臻有年皆侯之賜則是頌誠不可無作也他日觀風之使或有采焉侯將大用以澤於天下雖由此垂百世不異矣

程侯捐譜序　侯諱維禩冨順人　謝奇舉

吾邑水旱之災與水火之政亟作踵至而民困極矣會有天幸江陽程侯來治邑事豈弟君子民之父毋既三年以誼行高等薦聞蹶爵馳榮如甲令矣維三年中爲邑人解倒懸而胥枕席者不遺餘力故其披肝瀝膽敷陳奏記者情見乎辭曰請曰議曰申曰報曰辨曰詳曰回曰復則取裁於上者也爲事若干條爲文若干通曰諭曰約曰葦曰牒曰勸則涣汗於下者也爲事若干條爲文若干通大都以慈祥之心爲興華之謀以負荷之力爲轉移之舉以宏愽之學爲討論之實以莊嚴之氣爲正大之語其減餉一疏上大司農三書不憚以身爲民請命自非視民飢溺由己者何克臻此纚纚娓娓哀而輯之名捐譜昔南齊傅翽與父琰祖祐孫岐皆爲縣令著能名孔平仲謂諸傅有理縣譜劉鉉明令山陰政爲天下最劉代之劉言我有奇術卿家譜所不載侯尊公嘗令歸化復令上元而侯爲邑長於斯也譜之義或本此諸生素沐德教者固請益力乃出以示焉是譜者侯精心籌畫爲邑受賜無疆固宜尸祝於異壘流傳於邑乘於

是謀授諸梓而使不佞序之不佞忝倅郡侯辱於敝邑以蜀人令楚以楚人令蜀易民而治之顧不佞越在侯旁郡雖鞭之長不及馬腹侯所造福不佞父毋之邦可久可大以此感侯淪心銘骨以此愧侯汗顔泚顙讀侯之譜有不躍然奮者非人也

甯侯巾水輿誦序　侯諱鳴玉遼陽人　吳驥

甯侯治景上六載計得遷滁州行有日矣邑人謀范公像俎豆於賢人之間公曰吾惓惓桐鄉然意殊不在此已而巾水輿誦成强半六載中蹐堂獻壽之辭

而綴以贈別詎思之作吾嘗披覽前牒肆義芳訊鄭民之歌田疇魯民之稱裘鞸子高咸人之誦史起漳河之謠此其最初者也若夫萊蕪塵甑洛陽枹鼓考城之化鴟梟黎陽之駕蜚魚此又近古之表著者也其鬱勃於中者臻於極而後動其斟酌而爲言者垂之久而常新此古上德通理之吏所以夙夜勤共而晉其職也侯之涖景也在大兵大役之後千村荆杞横術無人侯苦心調劑强項支持鏟豆刈草供給調發之租庸抹馬輓車内紓閭左之疾苦以至斬蛟湛

璧下揵隤林灑沈澹災厖壞障澤皆以實心徒氣而爲之乃若麗譙堞列埤堄鱗次闤闠衆多貨賄遷化又公之遠馭長材而餘及之者凡公六載之中所以登景人於春臺覆景人以厦屋者可更僕數乎沐浴膏澤載諸歌詠宜景人之愛戴公於無已也

譚太孺人九十序 高要長桓嫡母 吏部主事彭褒 四川人

今上御極十有一年吏肅民安敦崇錫類思以孝治天下命儒臣纂修孝經遍布海宇秋八月余奉 命與南越試與夤廳譚公共闈事者三浹旬迨舟次端江會譚母劉太孺人壽九十端人士來乞余言爲太孺人壽盍家竟陵者文章孝友爲先而功名赫奕非所論記予與灌村太史朝夕燕邸得悉公至性非一班富貴見可淆其胸懷者比聞曩年吏隱通牟輒餉於黔徵聘於滇馬上芳薪惓心懷母氏氷冽霜堅克繼其先太翁弘所先生暨生母劉太孺人教養今兄弟至成人盍當滇雲選士方新之日正 國家禱祀求賢之時公撤棘當路即欲官以昆明大理職公惟戀戀母在不肯輕以身許豈期今瀟湘萬里製錦百

粤而慈幃安康猶以上壽顯耶夫母以教養其子爲賢子以顯揚其親爲孝聞公遷端水也禀太孺人命行孺人曰汝吾子也端之人即汝子汝官父母嶺海外當顧名而思義慎刑以愛民雖然愛有本節儉愛之本也刑即自此可省公莅處繁劇之區氷心庖砌絲解物斷貞有始射神明宰之意仁心惠政咸本慈訓孝於而家忠于而國何莫非膺劻當年堆還今日聖善之壽母所致哉不佳取諸彼而于之也且康州偶患賊氛師之所止荆棘生焉當路思遴安靜䘮敉

撫其衆調琴瑟匀水火爰以高要長當之倏康之民
請曰願假我公久刺康倏端之民留曰亟還我公專
令端在端端重在康康重竟與君胡不胄君胡胄望
公如望歲如望慈父母者同一轍郎地違楚越未能
如士元得百里必身昇母之官然治行卓越爲今日
第一流外不失爲仁人内即不失爲孝子至性當如
是也而公之心惟日深喜懼而巳余行矣攬轡所獲
皆以孝慈而忠不負君不負親不負吾民之良吏首
入　宸告抵目公台垣尺五　紫誥龍章嘉寵此懿

德淑行爲史册光不尤愈金馬碧雞時將母來謡不
以三公易一日之初懐與推公之心終不以彼易此
也今日者安仁堂上歡呼盈庭咸知竟陵有子而小
人有母感恍沛乎羣情其宏錫類孰大於是余幸躬
逢其盛謹拜手淸風偕端人士爲太孺人進獻一觴

記類

郡伯張公善政碑記公諱崇德錦州人　譚一篆

古之親民爲民賴者惟良二千石爲最如吳公治河
南黃霸治潁川王尊治東郡召杜治南陽載在史册
不可悉數其要以興利除害爲本今興利猶緩除
害急然除境内害易而除屬邑害難除屬邑旦夕害
易而除屬邑積久害難如景陵者十年前樂土也無
頑梗不良之民無佻達不義之士急公輸賦　國供
無逋郎爲長吏者亦得優游治理有陞遷奏績之榮
乃邇年來瘡痍疾痛莫獲休息恒産鞠爲茂草生民
轉於溝壑誰爲爲之而至於此極也當此時非明斷
而出以慈仁大力而用以小心者爲之整飭保釐之
安能起膏肓而就衽席之安哉幸逢

三韓張公以弘才碩望蒞郡四載目擊時艱心存民
瘼於事有便利地方者調劑張弛不遺餘力焉以故
民被其惠馴其法澣然不覺相入且相安也爰詳酌
利害洞悉興除爲欵目以請於　各上臺胥允其求
定爲條例用垂永久斷以賦歛從公稽核完欠而抹
除紅簿之害與侵隱那移之弊息矣斷以徵解起運
俱屬之官而空批虧賠之害與私派使費之弊絶矣
斷以郵遞夫馬不問之民而糧里無騷擾鞭箠之[illegible]
[illegible]便無津梁稽程之困矣且指公用而濫加補[illegible]

有禁挾差提而誅求供給者有禁假驛站而苛索陋
規者有禁從此孑遺之父老子弟策杖觀化咸安土
樂業還集家室熙熙焉快兹喬政畢舉信乎 公除
害爲其難者也邑以 公善政壽諸珉而問言於予
予聆渠誦者素矣察其湛深寧謐冲容和粹豈非明
斷而出以慈仁大力而用以小心者乎昔吳公治河
南治行爲天下第一 公今日者報政於
聖天子亦必爲良二千石首無疑也將見 朝廷詔
以璽書增秩賜金如黃潁川如王東郡故事景民惟

世世父母歌之繼召杜南陽之風可矣

司李史公善政碑記 公諱飀廷 溧陽人 譚 篆

皇上御極三年酉山冦平雖小腆告蕩而疲邑益不
可支四年春 各上臺念兹凋殘生命逃散皆由前
此里甲雖編丁糧未一以故執籌呼名半皆蔴井鄭
介夫流民之繪元次山春陵之歎恒集蓼辛瘠而痌
瘝肩釋焉遂以均糧平圖之役屬
司李溧陽史公公以東南名進士出理郢門其欽恤
明允簡乎而聽者已歷三載及兹奉 檄來臨境以
內鮮不焚香角首望車塵泣下者公惻然謂是頻年
來欲爲兹荒邑洒沉灊災而未遑者亟取版圖核之
景邑民糧六村二十五里蔴蕭漁銀五里彙計賦三
萬有奇歷歲衰益不均盈縮懸殊有多至糧數百石
銀數百兩少僅數十石不及百兩者又有匿糧飛詭
而不列諸里消乏至系厘而里不獲除是令富豪兎
脫貧懦雉羅矣向之一應軍需供役不較正賦多寡
止憑里分之名而槪取諸盈如蹇與驥馳蔑不斃者
乃集典司者置之署重扃其門使加研勘約民糧八

十石爲一里漁銀二百兩爲一墩酌盈濟虛猶權衡
之於輕重規矩之於方圓靡弗均平而齊一焉其巨
浸廣澤叢茅聚蒿之區與遠祖絕宗產盡戶懸之族
另請寬荒民糧附登册尾析紳戶漁銀先便輸納取
正賦而寬雜徭一時穨尾焦頭之衆早覺欣欣然有
室廬婦子樂也雖然賦役均矣郢政之供億錢糧之
徵解收戶之危難偏累不極力興除之將見里民逃
亡 國賦逋欠良司牧坐是得咎 公切切慮之矣
爰商酌因革殫心力行未久而驊騮在廐民不應鄉

存矣稅斂從公民未憂困賦矣運解在官而里中無
繁費之苦胥吏知法而愚賤有樂業之慶矣　公駐
邑甫兩月良法畢立又懲一二不諱目牧民無他力
去其害焉者而已矣余嘗默覩公恬詣寧靜湛然淵
致若不可以一望得之者乃一經盤錯則導窾批郤
曾無片晷得以休息偃仰而神愚優閒儀度暇整時
從進多士較讐文藝甄品高下澂類析節遺意其為
執掌如霡霂之灌根荄靡所不徹又若爝熾數討提
比承網而無綆漏廢闕之虞余是以知公之發恬合

道者也苟非寬而不私威而不烈惠下者鄭子產乎
反若儁不疑亦安能剛柔並施仁義互用如此哉事
竣踐旆報政其夙夕憂勞斯民之至意婦必有擬慰
之矣邑父老子弟咸欲鐫石紀功揚徽不役請余庶
字久愈知深使載其事以垂不朽余故為論述其大
略如此

寧侯去思碑記　北遷御史鄭文鉉 京山人

朝廷整飭群吏必重親民之官秦興等之勸節使丞
相御史問郡國上計吏　政令得失牖蔽者奉職循
理亦可以為治矣古天子以吏事責宰相夫吏事豈
易言哉鉉廢棄山中有年矣景諸君子請曰邑寧侯
德政一書屬公文以誌不朽予覽而擊節起焉夫邑
有此良有司而邑不治者乎天下盡此良有司而天
下不治者乎蓋景與京屬邑下邑兵後景土荒瘠甚
於京國家經費實束手焉侯為民請命得便宜從事
或本色或折色視粟貴賤為準稅斂不煩而自給也
景草澤多盜侯誘其渠魁而殲之招其脅從勸使歸
農盜賊不攻而自息也景數被兵患每至老弱溺流

狂走侯單車劬勞芻糧糗糒外秋毫無犯軍戎不戒
而自戢也景故襄郢下流納巾吐柘保障泗港一堤
方能為國潛欲決以漁景侯以力爭之聞諸監司臺
省得理迺止風力不賈而自勇也景城郭頹廢侯以
經費之餘高其樓閣壯其門堂堅其隄防清其溝洫
觀瞻不勞而自足體統不勞而自尊也其間子弟典
行訟獄無冤熏不求名清畏人知豈非家世相業根
器不凡如此乎鉉山中野人也無力之口何足輕重
但樂聞憐父母長者之治故書付勒石五達之衢以

告舍我而去者以告繼今而來者

邑侯方公異夢記　諸生弋陽人　劉臨孫

嗚呼遇合之數豈偶然哉或併時相慕或異地相感雖所遇不同而要不可謂無所合也余生也晚不及見公矣庚寅秋夢一儒人烏紗絳服手刺相訪于覺而異之及曉從斷碣中得公姓名或曰前邑令方所類陶宦墓道也彼予成進士承乏茲邑始讀弋誌見公歷鄉賢中予仰而慕俯而感遂念嚮昔夜不寐如而曰事也嗚呼凡夢生於因因必生於情所接耳目

所及蓋公去景已百六七十年矣凡公所治景景所□公者予不得見意者公子孫予偶一日爲長而公猶如之耶予雖不獲親炙公而景古先必有蒙其澤者是亦其夙因也予獨怪其在景夢而在弋不夢矣邑有言子孫奉祀我不如桐鄉僑亦景民德公深而公靈遂流連蕪葭流亦間不去耶然因公子孫訪公生平固不若疇昔烏紗絳服手刺相訪之爲親也讀弋誌祠祀公終始固不若荒壟斷碣摩挲姓字者之之異也遇之奇則異之必固予之於公備所謂續之者非

牧守竟□因遊西塔著三感說　全周　愿

古人之文有旌物而爲者歌功而爲者詭時而爲者感奮而爲者旌物識也歌功形也詭時詐也感奮情也若乃拆裂金石騷牢兕神莫尚乎感也予所作者其感舊耶客曰何謂也愿與百越節虔使扶風馬公曩時俱爲南海連帥隴西李公復縱事公詔移滑臺扶風公洎予爲幕下賓從容兩地七歲星火今扶風公勳庸滿世文翰飛走續鎮南海作民父母而愿才

貌單薄亦爲刺史繇是二客雙鯉殷勤於楚越隴西短齡閱川而物故予感一也隴西先人諱齊物祓大德嘗爲竟陵郡守生於守之日故名復嗚呼愿以散拙忝公先人之州徙爲子僚今刺父郡悲夫隴西歌鍾燼滅於池館九原極零乎薤露其感二也愿頫歲與太子文學陸羽同佐公之幕兄呼之羽自傳竟陵人當特羽說竟陵風土之美無出吾國予今牧羽國憶羽之言不誣矣扶風公又愿於羽者也代謂羽之出處無宗祊之籍始自赤子洎乎冠歲爲竟陵苾蒭

之所生活老奉其教如聲聞辟支以尊乎竺乾至聖
也羽字鴻漸百世之典學鋪牽乎掌天下賢士大夫
乎與之遊加以方曰諤諤坐能諧謔世無奈何文行
如孟軻所不至者貴位而已噫我州之左有覆釜之
地圖似頂狀中立塔廟篁大如臂碧籠遺形盂鴻漸
之本師像也悲歟似頂之地楚篁繞塔萻中之僧羽
事之僧塔前之竹羽種之竹覩夫僧影泥破竹枝犄
老而羽亦終乎作楚牧因來頂中道場白日無羽香
火退歎零落衣搖楚風其感三也是爲三感說七言

詩以語陳事扶風公覽三感之說豈得不酸漘濕目
以著詞致於塔下冠愿鄙章之首邪與陸羽交能聽故其文章氣調皆牢騷而多感慨

五華別號說　譚元春

名山與奇人相關久矣宗生四壁之間尚乎婚嫁之
後或卧焉而深好或好焉而遠遊造物者亦若聽其
所之而不爲之主惟用世之人奇情異才慧業天成
其墮地時已如巨霸贔屭森然有華峰之奇矣嬾瓚
幾灰而知其命石馬缺耳而定其數以至一名一號
造物者巧相位置不可思議同在人天之内而獨
有天人之稱良不誣也吾邑有五華山而楊公五華
即以是爲號事良奇公治吾邑吏散鳥啼之朝網開
魚樂之夕時與韵士商及雲霞煙嵐如帯香氣一日
過鳳后之匼尋墨池之蹟登高望遠三蓰環匝而後
自驚其身之在五華也夫羊叔子之峴山燕長公之
赤壁皆宦楚而與楚山有緣者也然其奇豈至此乎
吾邑雖有清淑之氣而苦於無山幸有是山蜿蜒磅
礴不能使其必傳而托於公之號以傳是即造物所

以傳是山之道也予觀杜光庭所記十大洞天皆有
仙真以治之如王褒葛洪王方平司馬季主之屬各
領一洞則皆入間奇情異才人也今我公秋神王骨
固不讓王褒輩則吾邑五華亦何必不是王屋委羽
諸洞乎客復有疑者問長嵗士者多矣何獨公先署
號予笑而不答但吟杜老詩云自是君身有仙骨世人那得知其故

考類

竟陵雲杜城考　童承叙

雲杜城故志在竟陵西北按竟陵雲杜漢隸江夏郡

晉分江夏置竟陵郡治石城領二縣梁分竟陵置沔陽郡治雲杜領縣無考隋沔陽郡所領縣但存竟陵或省雲杜入之也二城迄無定處舊志以景陵爲竟陵又以其城爲雲杜城通志以郢爲雲杜地一統志又以京山爲雲杜地安陸志又以郢爲漢竟陵縣諸說紛紛莫知所在盍竟陵之名昉於史記世家漢興因以爲縣秦漢止一竟陵晉以下郡縣名一安陸志所云謂晉竟陵郡治可也謂漢竟陵縣治不可也桑欽水經沔水東過雲杜又云夏水出江東至雲杜入

沔今夏水入沔處淤塞無考度其勢當經景陵地若是則今縣治信雲杜也穀梁傳水北曰陽雲杜在沔北故梁置沔陽郡治此晉書杜預開揚口起夏水達巴陵胡三省引水經註楊水逕竟陵縣北謂之揚口據此則夏水入沔處又當爲竟陵不爲雲杜矣何與桑欽異乎漢書劉弦傳馬武王常拔竟陵擊雲杜李賢註雲杜故城在復州沔陽縣西北竟陵故城在郢州長壽縣南李賢唐太子所註沔陽長壽皆自當時郢復二州附郭之縣而言其曰沔陽西北者正今景陵治盍可見其爲古雲杜矣其曰長壽南者則無其地水經書傳漢書皆云章山古之內方在竟陵東北而荆門安陸漢川治皆有章山未知孰是史記正義竟陵在長壽縣南一百五十里頗與李賢註同水經注巾水西逕揚水謂之巾口水西有竟陵故城古鄖國也今景陵西三十里有巾港港西亦有城城多荒圯盍自梁已廢正在長壽南一百五十里訪得之頗與水經註正義合意梁置沔陽郡遂省雲杜而徙竟陵於此爾然其相距太近不應漢晉二縣並置一方

王海以沔陽縣爲雲杜豈指今州治耶然無的據不敢强通姑識之以俟博雅君子

竟陵雲夢城考　童承叙

雲夢城故志在竟陵縣西即古雲夢澤也史記雲夢註裴駰云楚雲夢孫叔敖激沮水作此澤張揖云雲夢澤楚藪也在南郡華容縣郭璞云安陸有雲夢城枝江亦有之不言竟陵有也疑此即古竟陵城華容又有巴丘湖俗云即古雲夢澤也張揖云在華容者指此湖也德安又有雲夢縣其名皆遠耶此澤也唐安

衛聃敗唐兵於雲夢澤中史照曰雲夢二澤名胡三省辯誤禹貢雲土夢作乂孔安國註在江南宋王賦大言楚襄王賜以雲夢之田左傳楚王以鄭伯田江南之夢杜預註雲夢跨江南北漢志雲夢澤在華容南祝穆曰邧夫人棄子文於夢中言夢而不言雲楚子避吳入雲中言雲而不言夢則知雲與夢二澤也漢陽志亦云雲在江之北夢在江之南此皆以雲夢二澤爲說也盖古之雲夢澤甚廣後世悉爲邑居聚落故楚地之以此得名者非一處也故志竟陵有雲

夢城繫乎文所棄與楚子所入處皆在江北地也

歷代邑制考　　人　恭

黃帝疆理萬國顓頊分建九州唐堯因而弗改虞舜肇爲十二今竟陵古荊州地也禹平水土定爲九州導漢水過三澨入大別今竟陵古三澨地也商湯奄有九州厥制如夏周文王化行江漢見於周南武王受命作職方南曰荊州川曰江漢成王封鬻熊孫熊繹於丹陽賜以江漢之地其後楚子熊渠甚得江漢民和文王熊貲疆凌江漢莊王熊侶併吞江漢今竟陵古漢水地也周敬王時楚滅鄖封鬥辛爲鄖公今竟陵古鄖國地也周赧王時秦昭襄使白起攻楚拔郢遂東至竟陵此則竟陵所由名矣秦始皇稱縣天下置南郡今竟陵古南郡屬也漢興高祖更置江夏郡今竟陵古江夏屬也王莽時改竟陵曰守平此名不傳矣東漢光武中興竟陵制如西漢三國時竟陵與杜俱爲吳地晉爲竟陵縣制如漢屬江夏郡惠帝元康九年分江夏西部置竟陵郡治石城領竟陵縣今竟陵古石城屬也南宋初竟陵郡屬荊州至孝建

元年屬郢州領縣同晉今竟陵古郢州屬也梁武帝分竟陵郡置沔陽郡省雲杜縣入竟陵城今竟陵古雲杜治也西魏改竟陵曰霄城後周置復州仍霄城爲竟陵今竟陵古霄城治也隋文帝開皇間徙復州治竟陵煬帝大業初改復州曰沔州統竟陵唐高祖武德五年改復州屬山南道領竟陵縣是年徙復州治竟陵玄宗天寶元年改復治沔陽爲竟陵郡肅宗乾元元年改竟陵爲復州寶應二年徙復州治竟陵今竟陵古復州治也五代晉高祖天福元年改復州

曰景陵郡竟陵縣曰景陵縣此則景陵所由名矣宋
太祖建隆三年改復州竟陵郡領景陵縣神宗熙寧
六年以景陵隸安州今景陵古安州屬也理宗端平
三年復州景陵併徙治沔陽鎮元初還縣治於景陵
世祖十六年陞沔陽府隸河南行省領景陵縣明初
沔陽府隸湖廣行省景陵爲衛洪武九年改沔陽爲
州領景陵縣今景陵古沔陽屬也弘治十七年轄巡
撫奏改景陵併隸漢陽府父老陳讓等具奏下户部
議諭知不便仍照舊正德十三年都御史陳金復奏

改景陵隸漢陽府民言不便者以千數景紳魯鐸復
上書極言知縣李東奏罷之嘉靖十年改安陸州爲
承天府割沔陽州景陵縣隸今
國朝改承天爲安陸而景陵遂有專屬矣此吾邑歷
代沿革之制也

符類

錫竟陵郡討謝晦符　南宋太祖劉　裕

散騎常侍驍騎將軍段宏鐵馬二千風驅電擊步自
竟陵直至鄢郢

議類

遣軍通竟陵衆議（諸將欲圍郢分襲西陽武昌）　蕭道成（齊祖）

漢口不濶一里箭道交至房僧以重兵固守爲郢
人犄角若襲郢前進賊必絶我軍後一朝爲阻則
無所及今欲遣王曹諸軍（王茂曹景宗）濟江與荆州軍相
會以逼賊壘吾自後圖魯山以通沔漢則城竟陵間
粟方舟而下江陵湘中之兵連旗繼至糧食既足士
衆稍多圍守兩城不攻自拔天下之事卧取之耳

自獅子口治漕河至漢議　宋閻文遜

張孝芳記端拱元年閻文遜議奏開東漕渠自師子
口入於漢達於襄陽遂發丁夫治荆南漕河至漢可
勝二百石舟上遊之人利焉（按景陵有獅子河俱通漢漕河之名當以此今其河已久淤矣）

書類

上大司農汪老師請減加餉書　程維禊

屬者簪簇傳響狼烟飈至老師閣下主帷幄而運籌
無暇談餉事矣然餉事正今日之急着也門生封疆
小吏具疏叩閽縱談餉事恃老師台臺主國命也嘗

家面諭堅其有心憐其無他知楚泒有大減之機楚
民有更生之望老師照屋列烜回天神手定有一番
經濟念楚億萬生靈望此以日爲歲而彈丸疲邑么
磨疲令目更承踶而不得下也門生前程不足惜即
頭顱亦不足惜惟老師臺爲蒼生造福惜民因以惜
令全在茲刻也以門生杞人嫠婦淺衷料此日元老
籌邊別構一𢌿乾坤其題覆小疏捄景陵以及全楚
不俟職言之畢矣 汪司農諱應蛟

上錢按臺築泗港書 萬曆癸丑八月事 周嘉謨

某原非公正不發憤者也泗港一堤奉青築塞老台
臺公祖聽潛令王生言友爲開掘無論田産宅第盡
受其害即先人遺骸亦遭其没而敝邑若陳所學若徐
成位素以名義自重耶迫切相告皆出於不得已而祖
台乃以公子爲名動加喝叱皆起於潛令一偏之所
致也耶聞兌軍之改未鎮觀之作亦望風承惠矣但
泗港一節還望再爲築塞倘其堅執不俟與敝邑諸
君子他有舉動豈不更煩台慮乎

復周敬松先生書 巡按御史錢 春

某以刻沖之年嘗茲巡方大任事多有謬耶罪大方
泗港起自貴縣印官不以一字相聞而諸父老又止
赴撫臺告理故加開掘惟耶其有利於潛而豈知其
有害於景一至此極也耶捧華翰愧赧無地未鎮觀
之作捐俸三千將功贖罪而兌折之改景與潛同其
會無戚心也惟俟未鎮觀功完後即加築塞泗港不
煩台下過慮也

上冀道尊水災書 冀諱光祚 周嘉謨

郡屬七城敝邑最稱汚邪頻年河伯爲虐民不聊生

久矣然有水災未及之處尚可移民移粟緩須臾無
死迺今歲四郊一望目彌天際匪直野無青草且無
寸土矣匪直室如懸磬且十室九付東流矣匪直轉
死溝壑且泥骴朽骨委之魚腹無隙地可收瘞矣父
老相傳爲百年異常之變地方未有之災哀哀寡婦
痛哭秋原即呼天呼父毋乎恐當事公祖雖有如天
好生之仁亦病博施濟衆之艱伏乞老公祖轉達兩
台公祖速賜題請即南兌爲軍國之需漕糧爲親藩
之膳亦須大破常格特爲減免少可攝累志毋令死

從來年國稞獨有賴焉否則人民離散土地荒蕪遂
咸爲有寧至國非其國耶

上李道尊弭盗書 李諱佺臺 劉必達

敝邑當襄漢下流河伯爲虐靡歲不登茲復連年苦
旱金沙焦爛禾黍槁立間有桔槔得水者食必食根
之蟲又從蠭起昔與魚鱉爭居今與蝗蝨奪食矣而
大盗嘯聚草澤倡狂江河爾干比戈樹幟揚鑑肆然
公行白晝不伏雖赤子弄兵潢池實巨魁發縱指示
此時沿江一帶商旅年至舟楫不通各鎮幾於罷市

仰祈年臺老公祖念災疲下邑民不堪命亟檄潜沔
莧乘舫卒及時剪滅寧此萬姓若役遷延便有燃臺
難圖之勢其所關國計民生非小者萬惟垂察

詩類

秋日侍宴 齊竟陵王蕭子良

月殿風轉。層臺氣寒。高雲斂色。遥露已團。式詔司警。
言戾秋𤁥。輕觴時薦。落英可飡。

石城歌二首 宋竟陵太守臧質

唐書樂志石城在竟陵質常爲郡守於城上眺矚見群少年歌謡因作此曲

生長石城下。開窗對城樓。城中諸少年。出入見伊投。

二

莫愁在何處。莫愁石城隈。艇子打兩槳。催送莫愁來。

月夜啜茶聯句 唐處士陸 羽

泛花邀坐客。代飲引清言。陸 醒酒宜華席。留僧想獨
園。薦 不須攀月桂。何暇樹庭萱。萼 御史秋風勁。尚書
北斗尊。崔 流華净肌骨。疏瀹滌心源。真卿 寧似春膠醉。
何辭緑菽繁。晝 素瓷傳靜夜。芳氣滿閑軒。士修

送陸鴻漸赴越 唐皇甫冉

行隨新樹深夢隔重江遠迢遞風日間蒼茫洲渚晚

陸鴻漸採茶相過 唐皇甫曾

千峯待逋客香茗復叢生採摘知深處烟霞羡獨行
幽期山寺遠野飯石泉清寂寂燃燈夜相思磬一聲

尋陸鴻漸處士不遇 唐僧皎然

移家雖帶郭野徑入桑麻近種籬邊菊秋來未著花
扣門無犬吠欲去問西家報道山中去歸來每日斜

寄榮寧司訓何璨 翰林修撰黎 淳 華容人

君海明珠歎久遺觀光有幸拜儒師龍樓雨露沾綸

□鵬路風雲□遇時桃李咸開香滿室芹茆薄采
盈泮縧紗近對香山好到日迎門桂幾枝

送舉人蕭佐入試　順德知府黎永明 京山人
鐵網珊瑚碧海東鮫人持獻大明宮一團溫潤鍾元
氣五色文章炫彩虹客邸喜同聽夜雨杏園還待醉
春風明朝夢破江南月莫惜音書寄便鴻

送秦府教授魏徵　御史朱紳
轉漢東宮矣譽馳況看高第列京師陶翁今遂歸田
日疏傅新承賜老時江水到門魚入饌竹林圍座鳥

催詩相期已集耆英社倚杖衣冠會有期

送教諭何玘之蜀合江　知縣吳紹
三巴東頭送別舟岐途千里謾夷猶蘇湖教授宗安
定魯武絃聲愧子游谷應舷聲巫峽曉水沉花影蜀
江秋行行何日重相會八陣圖前話武侯

送給諫吳鳳泉參藩河南　兵部尚書汪道崑 休寧人
仙郎朝下擁朱幡河洛提封漢大藩諫草已焚青瑣
闥吏星仍屬紫薇垣舊京九馬歸分部少室三花待
駐軒□□簇帷山色好陽春先自郢中翻

二先生起家新安司李
延陵國士入中原賓從都門櫪馬喧鳳下朝陽原不
偶鶯當別路故能言去時故里芋紫在到日東郊秀
麥繁何物圖書千古秘使君河上問真源

翅觀登舟詣景陵　參議楊瑶 泰和人
繞罷荊襄馬上遊寒風楊柳沔陽州蒼波碧浪三灣
曉白草黃花兩岸秋日落檣聲驚宿雁月明笳曲起
眠鷗旁人欲識句中意王粲廳教廣布流

寄景陵尹王□　岳州知府李鏡 弋陽人

列爵湖南果幾傳達人獨說漢中年桑麻郊野煙雲
合桃李門墻雨露周夜靜花村無犬吠月明沔水絕
魚鈞行看歸立青霄上還爲君王展大猷

別景陵諸同寅　吳館
一東圖書載去所別懷無限水東流鳴琴堂下鰥留
鶴帶劍村中盡買牛醉散未知何日會夢來仍似舊
將遊行行莫道都中樂心爲蒼生進亦憂

別景陵諸父老　吳館
宦竹霄城已六霜虛名常愧頌循良勞心自爲分陰

莆為政都無一事長莫虚行裳只書劇要知生計在
農桑栩畱何用重遮道杜毋來時意或忘

贈吳士奐方伯　　禮部尚書董其昌華亭人

諫草當年重漢庭歸來魚服暫鴻冥人間雅調誇春
雪天上前身識歲星夢澤雲連三澨碧石渠霞接五
華青嘗逢好奏崧高韻申甫今知岳降靈

賀周明卿太宰加宮保蔭孫　　鍾惺

稠疊看新寵殷勤畀舊人欽哉三獨坐咨爾五朝身
璧南方濕草如星欲向晨豈惟優報稱抑亦望調均

虎拜承天語蟬聯作世臣文饒光蔭胄賈至續絲綸
大禮難謙讓孤懷倍苦辛時危繋主幼俯仰自逡巡

壽吳雙湖太封翁　　中書吳國倫興國人

禮樂延陵裔煙霞夢澤居一經開世業雙闕下天書
賜錦紋成鳳趨朝佩是魚豈須逢出獵垂老載周車

二

再命輿南國箕裘自義方門高于氏里俗表鄭公鄉
四世分天祿諸孫擁壽觴共驚蘭桂色偏向竟陵芳

漢江歌　　童承叙

漢水西從嶓冢流蜀江東連雲夢洲有時蛟龍鬬風
雨恍惚疑是楚王遊

二

竟陵城北山葱蒼上有野寺高琳瑯千障雲霞繞洞
出萬樹松杉拂殿長

三

午時掛席芙蓉渡薄暮牽纜葫蘆灣順風逆浪何意
緒開船獨看江雲閒

贈吳鳳泉方伯歸隱　　李維楨

錦堂絲竹奉清歡四座同心臭若蘭手樹孫枝春競
秀金莖仙掌露會餐學人誰見成麟角方伯何如試
馬肝膂力自彊神自王飛觴不覺夜將闌

二

清朝何意賦閒居潁水箕山事豈虚田有上農三歲
蓄家傳孺子一編書春桃醉色花無賴雪鬢仙姿鶴
不如早晚追鋒宣召入問年猶未及安車

三

投簪先後學[illegible]居里社時時載酒從卿國賢書曾附

驩門閶喜氣迓乘龍循環六甲開新曆結綬三朝憶舊蹤蒲柳經秋衰已甚蒼然古色自喬松

四

青鞵白帢小烏巾草莽遐稱帝外臣門掩春風惟種柳舟回秋水不思蓴上頭九鯉垂空度西腳三花逐歲新閬海洛陽俱宦轍當年應得還仙真

五

十畝南湖睥睨間樓居遠色到青山爐傳宿火燒丹粒林染清霜照玉顏招隱獨窺鴻寶秘辭榮屢費鶴

書還藤床石枕松風夢不入蛾眉兩省班

李本寧憲副入蜀　徐成位

大雅微茫竟莫陳長庚入夢隱梁岷一時叱咤無先輩千載馳驅有後身絲筆縱橫霞作綺絃言瀟洒玉爲塵浣花溪上春無賴誰是當年攜手人

二

翩翩旌旆結如雲蜀道材官四隊分萬里清風逐杜甫峨眉明月吊文君旄頭阻險寬猶假太乙臨戎夔肓焚白羽渡瀘君記取好驅九折建奇勳

三澨波光（載市隱園集）　翰林費尚伊（邑人）

北漢南江一艦通當年蹕鑾聖人功只今江漢爲池日定有榮光瀲灧中

王六瑞左遷隴右召還給諫（歸里）　胡承諾

去臺雙炬草芳言中奉天書拜瑣垣暫與青綾辭世史旋持繡被覆黄門西王許贈神樓藥東嶺還開離垢圖憶昔涼州城北望千家猶作漢人村

二

千峯遠客愛幽香萬羨清江到草堂故井尚存居士

宅里門今記鄭公鄉山僧瓷鉢歸雲外野老絢蕭共水傍欲向侍中尋舊瑑宿儒世業在青箱

給諫王六瑞甌香亭　謝廷讚

遠山擁翠伴雲隈虎水環流映碧苔曲抱竹陰合緑柳斜依石嶼點紅梅舟摇澄浦綸竿入簾捲晴空燕語來此際茗香殊有味黄金漫羨逐空壘

送程賀夫任隨州學正　沈倫

何以來今夕於茲不可諼鱣堂隨世遠苜味因君存載酒題巾水尋秋揖雪門季粱敦古處相對應忘言

同龔吏部昔庵看邗橋月上　關允命

一片晴堤月曉風吹上橋照花兼照酒又欲照吹簫

歌散秋成怨燈穿水欲燒桃源難再入漁子欲誰招

贈甯楚珍明府　胡承諾

千家輿頌作新聲三日公餘樂政平蒿拔晝移鈴閣

冰壺旁映吏人清荷風自逮兼山翠溪雨時來接

滿城青簡一編書茂宰何公令郢有高名（公於今相爲令郢）

送甯父師遷滁陽郡守　吳琪玉

使星移鎮斗牛宮五馬分符駕鐵驄楚水柘巾流惠

澤吳天煙月映高風文傳海國驅神鱷酒滌獄星化

怪蟲遥擬官亭先作記環滁山色待歐公

湖上　王鳴琦

竟陵城似海中洲歷歷仙居水面浮煙裏聞簫天上

出雲邊露寺畫中樓芰荷有徑通遊艇鷗鷺無心逐

[illegible]舫明月易留人易醉湖光佳興兩悠悠

聚義樓步陶邑侯韻　劉翼孫

[illegible]義於今烈封疆望古遥廟祠憑險塹丹碧煥層霄

[illegible]雪煙燼金刀政布昭神機屈策力聖德祖軒姚

[illegible]戰鬚髯戟勞羈髀肉消豈斗割隅[illegible]

二表血湛瀝三軍慘不驕遐哉西益部儀奐中山[illegible]

生面開楹桷遺威鎮斗樵賓遊誇彥會詞賦壯興朝

輕洒横汾曲弘長流俗標竟如書越絶不復論原招

多士尸而祝群兒嘻且謳嚴城傳令啟歸路擁笙簫

金雞塚旁有祭祀壇　鄒彥文

未知何代塚人曰係前王石馬已無跡金雞猶現光

西華同關祭秋熟尚蒸嘗爾有冤藏見幽靈詎可忘

閱覽樓爲吳侍御茹峨賦　李維楨

高樓縹緲紫煙屏年少遊何結搆登六代繁聲傳曾

圖千金劍氣識延陵臨風恭聽湘蕃奏弄月珠隨漢

水拜東望大江黃鶴在醉呼仙子與同乘

三

花滿層城月滿樓[illegible]長洲[illegible]臺[illegible]蕩雄風

至郢樹龍蟠王氣浮雲物變湖天萬里圖書抵掌日

千秋經漢似高當代[illegible]人輸[illegible]

贈[illegible]修太守　譚篆

[illegible]世逅風雲絳節來幡早雜熱[illegible]良有

[illegible][illegible]中雞犬舊相聞褰車夢澤鵲鴣囀數座丹臺杜
若薰耵次天階徵化理郡城絃管正紛紛

其二

槐庭衙燕適清和鸞鶴聲中白雪歌保障權尊無秉
鉞參軍幕並獨鳴珂恩波久注三湘遠惠政偏留一
邑多早晚綸綸宣漢詔銀塘新溆貼香荷

史虞賡司李均糧功竣適舉令子詩以賀之　譚篆

桑田煙火徧東菑綠野寬鬭過雨時井地既均生户
日天心入夢見熊羆情深蔀屋棠陰遍瑞應春臺玉

榭滋郢社謳吟同此日紫薇花影照槐墀

贈署令李蘭君　譚篆

十年瀟澤竟如焚閭閻春溫託使君在野桑麻留好
雨還鄉父老帶歸雲居然景內咸三異不見囊中有
一文世上鷹鸇徒爾爾天心獨愛此清聞

贈蘭翁老父臺　吳驥

雉遯來郊落安恬變井煙千春懷隱賑茲日見駢闐
暖覺新長至歡如大有年留杯西笑意曨月向人圓

[illegible]海存豪氣闕門識棄繻版寧營虎爪家自給龍[illegible]
膳落生花筆心開調水符季疵祠畔草三徑闢荒塗

五華雪霽荷　蘭翁老父臺式廬並謁羲農祠　毛一駿

雪餘高閑袁安門喜識車聲起擕軒香泛詹梅留坐
起春生笑語勝冬暄偃息飛點華山色茂德恩存古
帝魂剪燭西牕聽篩箸民依念切感昌言

贈蘭翁老年父臺　鄒山

十秋經濟業畫一與清勤孰以文章伯兼之變理勲
成傳迎冠準交欲訂陳羣下邑真凋瘵清聯去垢氛

為車隨雨至解澤似朝曛路與登時止家絃每夜分
須將石瀨吏不遣燎原焚雨霽塵外偏能治化均
令嚴胥應惕用儉耶何紛及此時多暇相看野漸耘
吏收庭際露農破隴頭雲最喜民無訟方稱國有君
最難全未樸梁簡通通交上者才皆美幽蹤敢自云
佇觀良史筆刻鑄載絲綸

同前題　歐陽問

禹書十七閏靈威吐鳳雕能首代輝兆里筌歌皆寂
歷寺窓交火自紛飛白真幾許分是斜縛甲何須論

丈非繡嶺祥光流譜下也從仙露覲奎徵

同前題　程一壁

函關紫氣拂丹臺僊吏聲名遠近來茶井清流溥霧
甕巾湖明月注霞杯願分化雨錫鄰國喜見魁纏逼
上台自媿微才當壽域遥將詞賦[illegible]鄒枚

同前題　龔仲鵠

知君才品屬冰壺絳雪風高入漢梟香藻集鸞通古
道榆城[illegible]鳳識今藕籠紗紫氣峒山峻鄴架牙籤雲
嶺殊寵借納巾滋渭濟喜聞童叟起懽呼

瑞雪豐霽呈蘭翁老父臺　江琳生

天粉毿毿馬耳齊東郊伏引憐羣黎枝輕已作開花
意履重偏多奪絲泥春到龍門先解凍苕封李下又自
緑蹊頭頭頻愈三農願況得陽和淌襄攜

同前題　沈坦之

隴頭花發自枝枝春氣先從巾柘熙群式高攴開嶽
瀆共傳異績壽鍾夔松軒不攺讀書火陸井新分爨
客祠最喜陽和如有意葭灰翻與惠聲馳

贈蘭翁老年父臺　鄒參

紀公嘉績邁前賢舊史空傳屢百篇漢室循良徒爾
爾唐家茂宰失翩翩全將政譜師分陝更復奇名起
北燕凜烈不同霜内肅春温真似日方鮮關西夫子
清無敵柱下真人道久傳持符衿來剛數月成功不
俟報三年獻瑒總失高深意致禱徒增禮俗喧清靜
所奏自寧一幽遐之外盡傳宣欲憑伸紙須千幅行
看鐫碑錄幾編聊復同人書棟梁還須邢關上芳荃

同前題　江琇生

荒郊忽覩德星懸處處村烟復舊廛八俊並稱續世

譜一賢高列擬當年文名廻出兆雙筆吏治非常化
醴泉才大豈因百里惜澄清有志此爲先

李老恩師臺榮壽篇　蕭聲達

冰壺玉鑑想澄清柱下家聲舊有名帝賜藜光分太
乙天傳吉夢應長庚江漢源遥連涇渭華嶽峰高並
參衡子月黄鍾回黍谷丁年墨綬綰專城秋門廣闢
桃李楚望兼收景與東南極遥占仙吏色西方自
恣美人情稱觥敢擬同輿誦彤管竹聞列御屏

同前題　[illegible]吳[illegible]序

射策彤庭早擢魁分符江漢倚長材美人正自西方
至王化先從南國來十斛珠璣藏錦繡一簾風月侵
蒼苔長庚誕降識儒李遥映郎官列上台

愛日歌　為李父師賦　吳昇

愛冬日晴照萌簷解凛栗既非杲杲秋氣高那比驕
陽當夏煉藹然晴回陽春來上到梅花放出野人
曝背最相親堪獻君王誰與匹我逆長至冬日好散
作萬姓濡與胍大地普天望恩光何幸咫尺奇温早
兩湖澄澈瀲灧明婦子桑麻樂暐暐狐鼠不敢當晝

見陰雲裊盡碧天掃君不見仙李盤根納精華瑞靄
蒸蒸長朝霞祇覺照臨偏到此萬年千載頌非奢

李父師治績詩　吳昜

儒李高閎奕葉賢符分郡國盡推先文章揺筆酣雲
露旌旆入圖醉管絃令望久翔三澨外清光直照五
華前一庖通上當今日嬴得春風滿楚天

竟陵與程邑郎冬夜步月　翰林編修王吉人京山人

寒月與高人同向堦前立寒月自泠泠高人自瀓瀓
不知月與人兩者孰可及中有白髮叟舉杯聊與𢌞

特録居易同集仰天不敢言衆星顔頗執寥寥吾與子露上
衣邊濕寂寞微煙生似助百卉愁念彼舟中人與月
久相習高人亦可思寒月亦可捨共在此天地焉用
長相集

贈譚只叔　劉齋孫

應叔先集薦文沙夢到西江各有涯宅近魚梁司馬
里世通銀鐘右軍家載將煙雨生春草牽得奇峯似
古叙吏可祖于溪可酌不妨垂一至官衙

聚義樓懷古　吳昇

高樓直旁古城開一望西江水盡回雜集羣芳分雅
座遥夜野色上青醅梵音未斷絃歌續棲鳥初飛車
馬來莫謂漢臣留舊恨同堂千古永無猜

二

兩湖寂歷徧蒼苔歷盡興亡殿不災棟宇疑傳空壁
壘英雄欲借荒城隈月明孤影增長嘆日落酸風起
暮哀幸有卧龍幃幄在卯將餘策救傾隤

讀書東湖　吳昜

一水畫林市離塵別有天湖澄光似鏡峰遠晴猶煙

濃影參差樹緩歌上下船攤書堪寄傲瀟洒意高騫

聚義樓和韻　吳珩玉

龍虎君臣會春秋配饗遥德星同聚里正氣自凌霄
劍閣旌旗動中山譜系昭膺圖延赤漢秩祀媲黃姚
大業股肱集壯心髀肉消蟠踞聯井絡輔弼列魁杓
荆益先籌畫魏吳半壁驕至今新俎豆重整舊規條
雲陣屯宵殿雷鉦叶暮鐎北門鎖鑰近南紀漢江朝
梯覽京觀盛錢題錦字標登樓儵椽侍開閣俊英招
蜀道連巫棧巴歌問郢謠卷阿來鳳羽噦噦應鳴簫

景陵十景　和唐皮日休題

道院迎仙　婁綰　弋陽人

雲樹尋常隱石壇一壺懸處境偏寬樓邊黃鶴隨風落袖裏青蛇射斗寒孺子有情將履進樵夫無意着棋殘分餘亦欲尋真去但恐偷生心未安

前題　蕭洪　泰和人

雲林高樹藹蒼煙殿閣玲瓏映碧天杳杳乘槎江上客飄飄跨鶴月中仙丹藏虎豹爐無火劍度魚龍井有蓮歲月悠遊陳跡遠空餘芝草紫壇前

書堂出相　婁綰

庭草深深映綠槐和羹何日試鹽梅詩書醉飽天民樂禮樂分明王佐才紅藥空圖金帶兆紫薇未伴玉堂開席珍自是平生志却笑踰垣亦固哉

前題　陳源　永豐人

書堂弘敞自天開中有文章燭上台蠹簡漫勞寬夜雪龍門還待奮春雷虀鹽暫試調羹手衿珮應存補袞才宵旰孜孜魯夢弼乘時獻納上雲臺

鳳竹晴煙　婁綰

數畝庭筠傲渭侯煙光閃瑣四時秋深籠翡翠嬌無語淡浸琅玕潤欲流素練不沾湘女淚輕綈常束此君頭清風莫動枝難老留與明時鳳鳥遊

前題　周端

香霭濃煙晝不消長梢隱隱拂層霄來爲仙杖龍難化試截簫韶鳳可招萬箇琅玕凝淡墨一林翡翠隔寒綃却疑淇澳詩成後衞武庭中瑞氣饒

龍池春漲　婁綰

一鑑開來自古今蜿蜒欲化水纔深鷺行却向綠楊

雲琲敷亦隨青草泥泛泛船浮天上葉迢迢江接地
中禱禹門三汲平如許容易飛騰去作霖

前題　周端

靈湖連日雨初收新漲潮來地欲浮遥指桃花知舊
岸欲尋杜若失芳洲浪從天日光中瀉魚在風雲會
裏遊笑殺漁舟空盡棄欲從何處下金鉤

夢野秋蟾　姜綰

秋來景物總凋零好月良宵夢野亭衣染水光寒不
濕慈堆雪色淡無形浪傳仙桂枝長秀可信嫦娥藥

常靈千古一般清意味醉眠中有幾人醒

前題　周端

夢野臺荒事已非良宵好月自相宜蛩知節候鳴空
壁鶴惜文章守舊碑玉杵搗成仙子藥金風吹老桂
花枝粱王尊酒今安在對此令人有所思

天門夕照　姜綰

山如閶闔啟乾方一道斜陽鎖八荒煙暈餘光驚背
紫水涵落影鴨頭黄休論三舍隨弋退爲惜分陰運
甓忙惆悵金烏關不住焚膏猶待出扶桑

前題　何地

排雲閶闔倚晴空紫翠光浮落照中蒼莽園屏横罨
畫逶迤螺黛接崆峒九重壼壼三更夢八翼飄飄一
駕風廊廟也知憂國是山中誰道只忝同

三澨漁歌　姜綰

迢迢三澨帶孤城添却漁歌畫不成欸乃聲中山亦
緑滄浪曲裡水猶清吹開柳絲遊魚聽飛過蘆花宿
鷺驚棹倚白蘋鉤莫下滿簑明月一舟横

前題　周端

落日長歌三澨洲得魚收網棹歸舟數聲響入煙霞
去一曲聽來山水幽沙鳥隔江應破夢蘆花含雨亦
悲秋滄浪孺子休相訝好和新腔試一謳

五華樵唱　姜綰

丁丁響歇伐柯希謾倚東風唱翠微高遏行雲迴北
去聲隨孤鶴向南飛傳來谷口如相和落盡梅花尚
未歸莫道楚邦薪似桂還宜弛擔問漁磯

前題　周端

山中茅屋老煙蘿樵子平生樂亦多深澗纔聞停伐

木歸途又自放行歌聲傳谷口借雲住調轉梅花與笛和此曲分明無世累功名富貴柰渠何

梵刹晨鍾　周端

五夜銅壺滴未乾梵鍾聲已出雲端敲殘半壁蟾光淡開盡千門曙色寒僧衍釋談窺教象人催行李擾征鞍心驚㝡爲叨宵守念看蒼生卧不安

前題　張欽

梵刹東西夾市城晨鍾百八吼華鯨撞開天際雲初散敲落樓頭月尚明解使林丘棲鳥起從教潭水卧

龍驚山僧須要尋常度莫爲詩狂夜半鳴

笑城暮雨　姜綰

笑語寥寥城尚存幾番風雨送黄昏柳垂還似旌旗動蛙鬧猶疑鼙鼓喧流水有聲歸别澗斷雲無意逗孤村輸贏事往憑誰計薜荔横斜爲鎖門

前題　周端

瀟瀟暮雨滿荒城風木居然似笑聲猶有歸鴉排遠陣却疑豊草伏奇兵柳摇旌旆和雲暗水滌腥鎧入澗清此日太平歸一統燒痕青處屬春畊

經諸葛廟三首　譚桓

紅塵白馬向西州野日荒荒蕭荻秋魏蜀吳今千百載扶疎古木覩諸侯

瀝血披肝表出師山河繡錯鼎分時若非一草頻頻顧命世英雄只自知

前軍經處大星殘借得荆州片席寒扶起英雄歸昨日香名歷歷瑁梁覓（廟久圮羅欽壞邑孝廉陳君毅貽教授荆郡毅然更新之故句內襲用陳同甫意）

送里社賈崧惟卿試　譚桓

去年一札布十（平聲用）行不躍不鳴喜砉狂繡虎文章今八比從龍俊彥又三場（時舉子業復八股闈兼仍行三試）樓頭月滿君家好夢裡花飛是處香河漢微雲新鵠立梧桐秋雨舊笙簧

西塔橋亭小憩　金説（休寧人）

夾道多長柳近亭見小魚夏雖四月去暑未以秋除湯漸非無井觴㶊自有書（寺額爲友夏先生手蹟）竟陵風雅在幽賞愛停車

水西庵月夜　譚楦

十里長堤盡夜浮依然楊柳綠溪頭遠鍾遙落聲横野鶴霍孤飛喫入秋半楊名花連月色一邨好影對江流更闢四顧蒼茫杳更有湖煙接釣舟

端州贈譚爺廳明府　刑科給事張健赤　江南人

高峽崧臺瘴海深雙鳧遥自五雲臨花村寂歷牛歸劍官舍清嚴鶴觀琴好士論文開藥樹沓農閒雨禱桑林客中聞說西京事應擬循良久賜金

前題　進士任墊　懷寧人

琴鳴靜閣日凝香一片山雲落邱林神雀久因良吏

見野鷗真與素心忘芝蘭畹有平生契桃李蹊看夾路長奏最即隨丹詔入懸知感召在明光

九日過湖山寺　譚封炳

嶺雲一片望悠悠驅馬西來萬壑頭携句登峰人罕到拚飛悅性鳥先遊白衣酒送他鄉醉黄菊花開此地秋極目長空征雁遠池邊煙鎖古龍丘

聖臺寺阻雨　譚封榮

片雲天際落惱殺一園花嬾貫杜陵酒閒烹陸羽茶倦遊歸興切野院客心遐何事登樓望深林守暮鴉

和陶令君聚義樓韻　徐尊顯

漢代君臣契謳歌歷數遷雄圖分社稷高義薄雲霄祀典邦家盛精靈海嶽昭循陝思祖武詢卹凛僄姚層構喬基迥疏寮霧霽消肝腸横日月鬚髯颯斟杓武子兼明允文翁敏不驕節根形政器枝葉振詞條鏤檻新文祀刻方表壯鑣三分傷往古無外羡今朝和飲重拈酒清輝早建標雕蟲叨廣宴趨驥各先招多士盡荆巳里人能漢謠高樓縈暮靄不敢坐吹簫

東湖夜泛　徐尊顯

年年愛詢碧湖秋野闊天高一葉浮明月隨人出北郭凉風引綠過東樓吟聲欲濕舟來往花氣漸升客去留舊事東陽傳勝蹟溪邊卧醉正堪謀

綠漪園晚眺　徐尊顯

真尋此郭侶移宅此中居愛柳新編綠栽荷舊種渠歸雲擁去鳥暮火集溪漁相對長無異年年碧水餘

文學泉　徐尊顯

西江曾是舊周旋當盡名川得此泉千載發興迷昔址涓涓明月下寒淵

其五

東閣弘開禮數將上方給劄借輝光楚辭擬續離騷古郢曲將賡白雪長髦士攸宜無菜色　賢侯戾止有芹香亡書三篋偏能記叅酌不同抱牘忙

其六

徵書下辟到門前爲牒先聲諫草傳（先方伯列諫垣有白雲退思集）考父鼎銘三命古常賢射策一經詮風城賜履彝宗廷郢國分茅闢裔綿瓞藻聖朝歸版服滔滔江漢盡甸宣

其七

學古入官術　圭遺乃心　王事獨賢勞氣吞夢澤凌雲健樂奏洞庭古曲高刮目能知三日呂相神自服九方皐書記獨邀吳季重翩翩幕下許揮毫

其八

皇甫先生鑒賞心高山流水託知音延陵審樂登風雅鄒衍辨方數古今雲布五華筆作陣雨揮三篋墨成霖衍齋舊是牛山侶漫假先賢半說尋

其九

三五何年製典墳神君校勘與平分襄陽耆舊搜遺軼岣嶁剩碑倣古文墨別朱藍標石室籤分甲乙藝香芸罏堂自此將升座負笈擔簦也自欣

其十

闕西夫子門墻高樹幟詞壇擁鞬磬縉本重鑿石鼓帖鏤心兼贈呂虔刀治行第一官方矣國士無雙知已遺願附開元陪著作吳競直筆敢辭勞

李老師誌績告成敬題　吳　序

前身鬬氣本長庚宦轍南來自識荊將理緗綸歸掌故先收圖籍酌虛盈山分大鼇詞何氏屋住東頭問陸生（家兄忝委屬筆）江漢朝宗傾學海淵源嶓嶺發澄清

二

休休斷斷起秦方天惠群黎保楚疆柱下仙籍原苦縣長源相業近衡陽祠優桑苧先鴻漸愚逮柴荆到鴈行古訓獲時通說命果回霖雨夢徵商（使君禱雨有驗）

景陵縣志卷之十二終

荊楚文庫

〔康熙三十一年〕景陵縣志

〔清〕錢永修　〔清〕戴祁纂

《荆楚文庫·方志編》編纂組

組　　長：劉偉成　陽海清（執行）

副 組 長：劉傑民（執行）　王　濤　謝春枝　郝　敏　嚴繼東

　　　　　范志毅（執行）

參編人員（以姓氏筆畫爲序）：

　　王　濤　李云超　宋澤宇　范志毅　郝　敏　柳　巍　馬盛南

　　陳建勛　夏漢群　梅　琳　陽海清　彭余焕　彭筱濛　楊愛華

　　雷　静　劉偉成　劉傑民　劉水清　謝春枝　戴　波　嚴繼東

編　　審：周　榮

顧　　問：沈乃文　李國慶　吴　格

前言

《（康熙三十一年）景陵縣志》十二卷，清錢永修，清戴祁纂，清康熙三十一（一六九二）刻本。

錢永，字子膺，號雀齋，江蘇吴縣人，監生，康熙十九年任邑令。戴祁，字小宋，號南堂，邑庠生，工書法，善詩文。

景陵縣沿革請參《（康熙七年）景陵縣志》影印前言。南宋嘉定年間林英發創修《景陵志》十四卷，明成化二十二年（一四八六）邑令姜綰修縣志一卷，明嘉靖三十九年（一五六〇）邑令丘宜踵修三卷，明天啓六年（一六二六）邑令任贊化續修六卷，惜經易代兵禍，以上各書皆不存。現存最早縣志爲清初縣令李馨所修，有康熙七年刻本。康熙二十二年，禮部察催各省通志，以備纂修《大清一統志》之需，湖北爲較早進呈通志的省份之一，由此也帶動了各府州縣志的纂修。時任景邑知縣錢永遍訪民間，尋稽舊志，鮮有存者，存者亦踳駁蕪穢，永欲加修治，未果。康熙三十一年初春，永欲再修之，『整齊其踳駁，芟理其蕪穢』，奈何公務繁忙，精力有限，鞭長莫及，乃定凡例若干條，囑邑庠生戴祁次第加讎，『視其重且大者先之，有關於政化者詳之，時至事起者續之，無係有無得失者刊落之』，『蒐羅往籍，詢咨方隅，可紀則紀，可載則載』，同年秋告竣。

志分十門：建置志、星占志、輿地志、城闉志、學校志、風土志、典祀志、田賦志、秩官志、人物志，卷首另收新舊序四篇、目録、姓氏總録、地圖三幅。

是志頗有特點：各卷之前冠有小序，文中時有按語，後有論，可提綱挈領，考證真僞，總領全卷。紀事詳盡，且時限跨度大，如卷五學校志廟祀考，將廟學内各機構、建筑逐個記述，且各有詳考。又如學署條下詳記景陵縣漢代至清初學署變遷及教員、學生人數變化等，多卷紀事溯至南朝劉宋時期，以明及清初之事爲重；廣録詩文，種類豐富，如山川目下僅寒河條下録詩五篇，（西湖）浮香閣下録詩文多達十四篇，卷五鄉賢祠條下録檄語六篇，藝文更是收録衆多，不僅有吟誦山川、風土類的華麗詞章，亦有關注賑災、水利、學校等現實問題的疏文和碑記，此皆其可取之處。然是志例目略顯雜亂，且與正文内容時有不一，查檢不便：如卷九秩官志目録所列訓術、調科、道會等，正文實無相關内容；卷十二人物志文學、賢良等人物皆列入隱逸類，人物志中藝文實爲藝文志，却歸於人物志後，易生誤解。另，卷三山川與卷六古蹟内容及録文似有重複，是其不足之處。錢永自評是志『輕重有序，體制不紊』。《續修四庫全書總目提要》贊其『從事慎審』，亦指出：『其體例多本李氏前志，前志所失，不能以之爲殷鑒，輒又從而蹈之。故乾隆乙酉胡翼再度修志，因舉李、錢二書，同加譏諷，其故蓋亦在此。』評價較爲中肯。

據《中國地方志聯合目録》，是志國圖、浙江有藏。此次影印所據底本爲殘本，少許頁碼漫漶嚴重，字迹不清，偶有浮墨、缺損。因此本爲清雍正年間後印本，爲避康熙陵寢名諱，故縣名處皆被挖去。《國家圖書館藏地方志珍本叢刊》影印收録該志。（彭余焕）

目録

天門疇上

續修[illegible]縣志序

康熙二十有二年歲次甲子
今天子治定功成廼
勅禮部檄催各省通志以備纂修
大清一統志煌哉甚盛典也是時
楚志繼豫陝而進而不佞永
蒞景巳四年於茲爰撿邑志
躋駁蕪穢欲加修治未遑也
宋眞宗朝詔括諸道圖經止
得海鹽一志當茲文物大備
之時有所纂修毋庸固陋否
則寧闕焉可也夫王言有紀

起居有注政事有載藏諸金
匱以備乙覽尊謂國史諸禁
近侍從翰苑館閣之臣任其
職他曹不與也其中山川形
勝土田賦役物產人文分星
野別清濁辨貞淫編圖彙類
謂之志省得而修之郡與州
縣亦得而分修之其詳畧互
異要之輶軒之使採風問俗
俾就此有稽焉亦不可視爲
不急之務也雖然難言矣江
文通有言曰修史之難無出

於志河汾亦云遷固之失紀繁而志寡然則前此無志歟曰十五國之風載之備矣考其詠歌國地山川封域圖牒鳥獸艸木魚蟲之名與其風俗善惡方言訓故盛衰美刺

之由今之志有能詳於此者乎詩亡而後春秋作先聖蚤已續之矣至若編年變爲紀傳國風變爲圖志斯時代之貿遷名雖異而事則同後之相沿而作者不能不彷其體

而不可不溯其源庶不致愈離而愈遠矣景之治爲州爲鎮爲衛爲縣沿革不一而一邑之內山川形勝土田賦役物産人文咸彬彬可考欲續而修之整齊其蹟駁芟理其

蕪穢顧簿領之餘鞭長莫及於是商略凡例若干條屬戴子祁次第而加讐焉視其宜且六者先之有關於政化者詳之時至事起者續之無係有無得失者刊落之輕重有

序體制不紊雖不侔於丹鉛
之南詔青藤之越州抑亦可
以成書矣學校爲教化之首
田賦爲民生之基詳之慎之
弗敢後也城郭倉庾隄防驛
站津渡爲官守之責詳之愼
序五
之弗敢遺也他如星占災祥
山川古蹟祀典封建佛宮道
院人物藝文固不宜挂漏而
蒐羅往籍詢咨方隅可紀則
紀可載則載何多求焉然而
薈蕞其事捃摭其詞蓋不啻

三伐毛而三洗髓也續云予
哉余因之有感矣永之滋景
蒙
今上特恩改授其始至也勞來還
定安集之不暇旣而生息之
又久而休養之宣膏布澤覗
序六
雨露之無私鑿井耕田忘帝
力於何有飲氷茹蘖在萬蹊
跎余亦不自覺留滯茲土遂
至十有三年之久也嗟日月
之易邁憐齒髮之蚤衰仰愧
無以答

君恩顯或可以告無罪於羣黎故
於是書之成反覆低回而不
能已云
旹
康熙三十一年歲次壬申春月之
吉

[illegible]長史錢永撰

署事李侯重修縣誌序

今之邑乘猶古之國史也古者太史各以其國之風上陳於天子天子得考其貞淫奢儉而殿最之是以侯度謹而民俗美秦變封建爲郡縣而此義遂廢然史稱漢興蕭何收關中圖籍乃知祖龍雖焚書而輿圖版籍尚存也自漢而後凡郡邑皆有誌其記載則如晉乘其垂戒則如楚檮杌其備天子之觀風問俗守令之功罪賞罰則又如詩如春秋故曰今之邑乘猶古之國史也然又謂之誌者何葢誌有二義誌識

也方識是事而已分野形勝欲其悉也建置沿革欲其詳也山川土田欲其該也人民戶口欲其周也學校人物欲其傳也物產賦役欲其覈也人心風俗欲其考也抑又志也正其心之所之也悉形勝則志捍禦詳沿革則志張弛該土田則志墾闢周戶口則志生聚傳人物則志栽培覈賦役則志度支孜風俗則志表正是故有識記之精而後行心志之正管子之作內政國僑之鑄刑書博洽亦可以致治非心志之正無徒貴識記之精公孫龍之臧三耳司馬相如之

賦上林虛文無裨於實用也　上古盧氏之墟大
春秋為邔地在戰國為竟陵而今之邑名則自石晋
始昔固無誌附見沔陽誌中景陵而有誌自姜公綰
昉也嗣是因河決而補修者一因舛訛而校正者一
茲又因勝國離亂
大清定鼎以前邑城屢被兵燹版籍未免殘缺督撫
憲念此典乃通省風化所係爰命潘學憲身體力行
以昭一代之興隆以成千古之盛事於是檄諭、本
府查修　本府仰體　各憲美意多方蒐緝命邑庠

吳泰重加訂正閱二載而誌成將付剞劂適余視篆
因徵序於余余自分無二酉之學忝三都之賦而義
又不可辭遂舉誌之二義告之蓋吾儕讀書懷古無
不以匡濟民物為志第一登仕籍遂易初心捹鸞鳳
而效鷹鸇急繭絲而忽保障即曰取邑乘而披閱之
無式版之懷而反以為奇貨可居其亦非父母斯民
之志也夫矧景邑人丁困憊凋殘何堪此視民如越
人肥瘦之輩任意摧折哉故自委署以來小心敬慎
雖乏龔黃召杜之才而竊慕龔黃召杜之心亦云有

志而未逮耳朋嘗於退食之暇展閱斯誌即思形勝
何以捍禦沿革何以張弛土田何以墾闢戶口何以
生聚人物何以栽培賦役何以度支風俗何以表正
未嘗敢以五日京兆而有遑恤我後之意不揣鉛刀
之割而輒思自効於盤錯者無他誠見匡濟民物者
司牧之志即闔邑紳衿士民望司牧者之志抑亦
聖天子設官分職之志也則余今日者亦惟是以不
負巳志者期無負薦紳士民之志並無上負
聖天子之志云爾如云方識是事而已則存乎精於

考稽詳於辨博具子長孟堅之手筆抒太冲平子之
著作以邑乘而同國史上佐
聖朝觀風問俗之治者微吳子泰其誰與歸誌凡十
卷八十條綱舉目張吳子之纂修備矣余又奚容以
覆瓿而取傖父之誚耶雖然余因之有感焉夫索米
立傳求賄曲筆古今所通慨每見郡邑志中或浮詞
以獻諛當道或過情以取媚巨室者比比皆是幾何
不與穢史同譏若夫言歡則字與笑並言慼則聲共
泣偕寧簡毋煩寧嚴毋濫用筆如化工肖物無愧古

人之信史者是又所望於吳子矣是爲序時
康熙七年歲次戊申孟春日署縣事洮陽李馨書

邑任侯修誌序

矣志也者記事之書也朝有寔錄郡邑有志家有
籍其義一也試觀之家田産土段租税出納朝夕之
殘賓客往來伏臘祭享莫不有簿以記之爲家者
按籍而考其成假令紀數不清則入乾没而出漏巵
惡用是掌故者爲哉景故無志附於沔陽志中弘
治年邑侯姜公縮修縣志距今將二百年風俗淳漓
陵谷變遷不無滄海桑田之異及世宗朝邑侯丘君
宜重修又聞以大水嚙城印板爲河伯取去且字跡

鶻突不可讀恭遇我侯任公以名進士先宰春陵未
及朞而邑稱治主上嘉其能美調　又未朞而吏
治民安乃於公餘之暇披閱縣志見其脫漏命予重
修於是上稽往牒下採時論自冬徂夏半載告成是
故帝王迭興更姓改物創制立法時易　殊志　革
一統元氣地統元形三垣九野纏度分明志星野天
有顯道爰以象示休徵咎徵如響應聲志祥異寓縣
之廣形如錯繡被疆此界各有分土志疆域建邦啟
土山川土田守在四境封山濬川志山川美哉山河

用粢盛蘋藻對越在天駿奔在廟志祭儀雜□
敎瓶罍彝必備必親神如在斯志祭器鐘鼓管籥□
磬柷圉琴瑟塤篪靡一不舉志樂器左手執籥右手
秉翟式歌且舞神之格思志樂舞飲以明讓射以觀
德無慚無斁其儀不忒志飲射彌儒濟濟講道論業
馬帳春風程門立雪志學規桑梓非暖松柏非寒予
以代耕苜蓿闌干志餼廩膏腴畎畝養士食貧婚嫁
喪葬衣襦米薪志學田蒙以養正聖功伊始閭巷有
塾喻蒙可啓志義學文事武備不可闕一克詰戎兵

用戒不虞志兵防既富而教有勇知方風移俗易薰
德善良志風俗二氏之教雖曰異端殊異風教亦有
小補志寺觀雍門知哀牛山飲泣賢愚共盡千古同
悲志墳墓英賢蒐征虎榜策名爰立坊扁芳聲四開
志坊扁選勝尋幽遐登遠眺嘲月吟風壺觴寄嘯志
勝槩朝廷建官各有分職上下相維如臂使指志秩
官方稱製錦政美烹鮮金口木舌賢名並傳志名宦
山川靈淑篤生俊英廟廊巖穴今古齊聲志鄉賢父
筆射策金閨通籍爾公爾卿共熙王室志進士鄉舉
上選賢良孝廉無負嘉名一飛沖天志鄉舉貢與
薦纁辟徵召南金東箭貢於王庭志歲貢譽髦俊乂
席珍待聘肄業成均恩賜躐士志例貢祖宗開國克
咸厥功山河帶礪爰及苗裔志武胄觀以示貴榮所
自出生有顯封沒有贈卹志封贈子以孝親臣以忠
君婦以從夫三綱克正志貞孝琬琰琳瑯纍纍金石
傳信千秋不磨不泐志紀傳郢中之曲流爲詠歌陽
春白雪調高寡和志詩詞凡爲卷者六爲目者五十
餘分縷析判如列眉俾公餘之暇一披閱之洞若觀

火然豈敢附於著作之林亦曰聊當簿籍以待家督
之考其成耳第恐見聞有限未免漏舛所賴同其
固陋補其闕畧不無望於後之君子

天啓六年閏六月望日　教諭江夏游文聚譔

邑丘侯修誌自序

古者列國必有史今之縣邑猶古子男之國也而志亦史之流也宜去秋蒞邑稽故考関喟然歎曰文獻無徵何此邦之曠典耶時方急民瘼獨寤樊盖有志於誌而未之逮者爾一載茲冬退食稍有餘閒延訪舊志於遺逸參州志之因革沿文竊義分剖就編天開於子而辰宿列故志星野地闢於丑而流峙形故志山川人生於寅而氣習殊故志風俗三才既判王儲事與故次建置次城堤次署宇次學校次祀戎次

叙籍治法亦云備矣有治法必有治人故秩官繼之有治人必有治化故人物繼之人文既盛則吾道明而異端歸故寺觀終焉而災祥勝景古蹟村里封域司道倉院驛鎮舖坊社塾書舍廟祠壇局戶口田賦貢課郵役土產守令丞簿典教科貢薦辟臨武掾散封贈名宦鄉賢孝節隱逸各以其類相附如綱舉而目張領挈而衣具雖不敢齊流古史庶幾備考稽覈曠典而觀風采俗不病於文獻之無徵也然歷時未久而採訪未周則掛一漏萬容或不免知我罪我者

縣志目錄

知縣事錢　永續修　　儒學諭蔡壽生叅訂

邑人戴　祁編次

縣志 卷之一 目録 二

縣志 卷之一 目録 三

人物十

神童　才子　隱逸　方技　仙釋　僑寓

藝文

縣志目錄終

縣志

姓氏總錄

明

成化乙巳年

纂修　晏　綰　號玉卿江西弋陽人由進士知縣事

嘉靖庚申年

纂修　丘　宜　號以湖江西新建人由進士知縣事

編著　蕭應科　庠生邑人

校訂　魏　貫　邑庠生

程宗敬　邑庠生

何　器　邑庠生

隆慶丁卯年

纂修　任贊化　號參之山西聞喜人由進士知縣事

參補　游文聚　字網卿武昌江夏人由貢士任教諭

萬曆戊申年

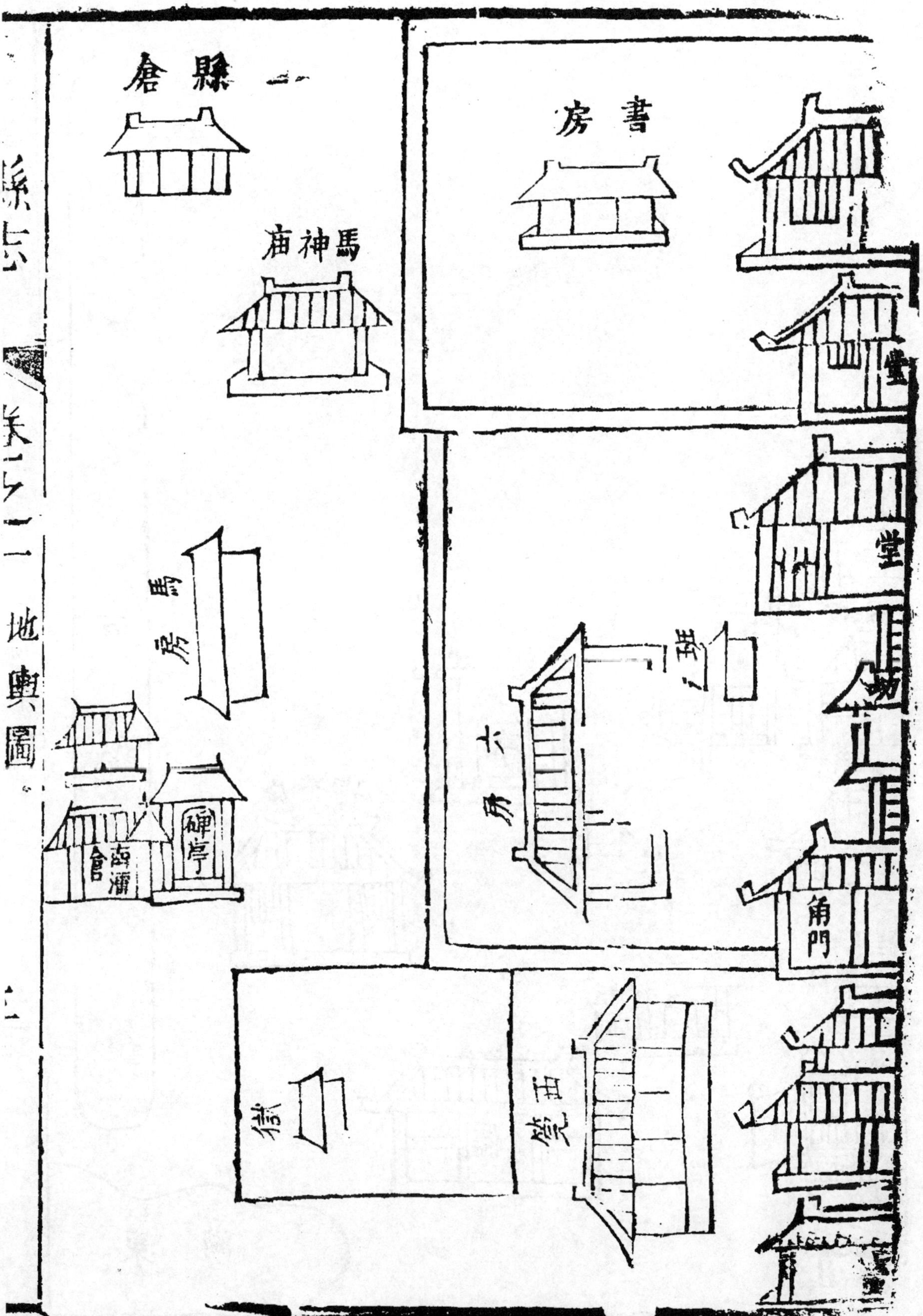
縣倉
書房
馬神廟
馬房
碑亭
六房
堂
角門
縣志卷之一　地輿圖　十二

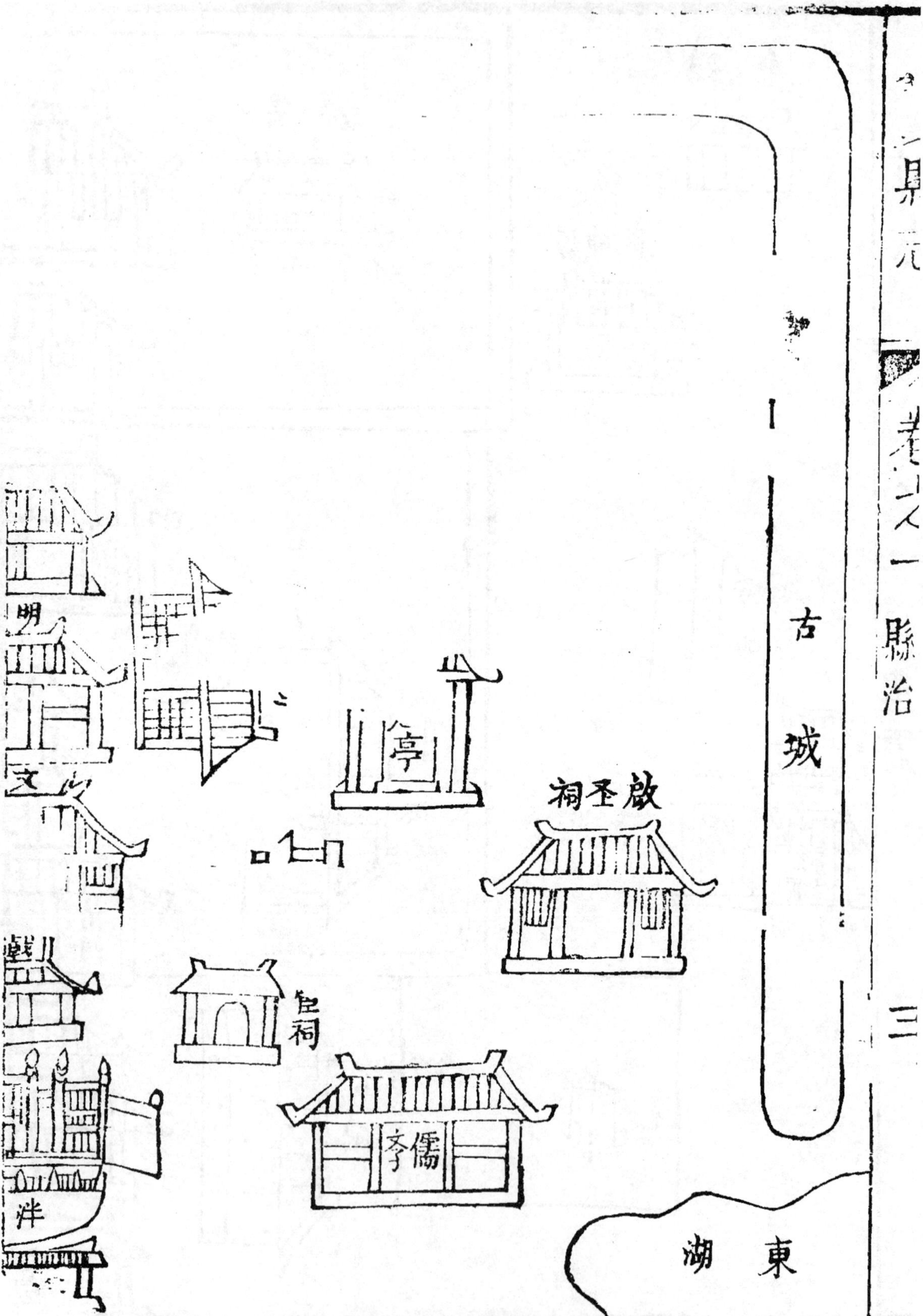
縣治
三
古城
啟聖祠
亭
儒學
東湖

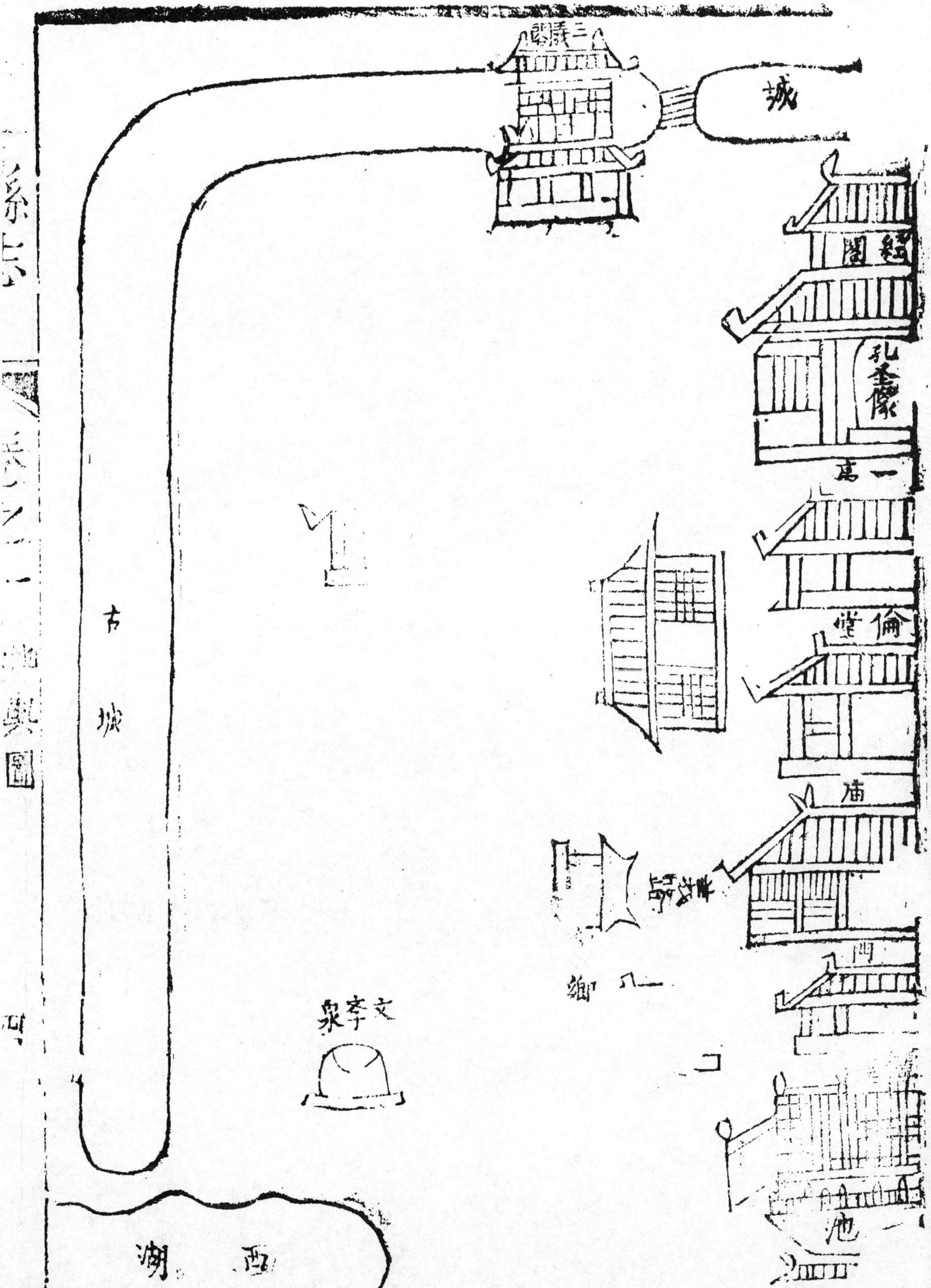
城
經閣
孔聖像
倫堂
古城
西湖
池

大别孔安國注三澨水名鄭玄注三澨水在江

郡竟陵縣按孔鄭俱漢人是時漢竟陵縣屬江夏郡也後漢書注曰江夏郡故城在今安州東南以地輿考之則今德安漢陽兩郡與京山南郡陵東鄖皆是也今之江夏郡乃漢之沙羨縣至三國吳割據後乃分江夏東境沙羨地置武昌郡隋時始改沙羨縣爲江夏縣與漢時江夏郡幣竟陵縣地者迥不相侔也

春秋爲鄖子國

鄖楚屬國也國在縣巾揚水西酈道元水經注巾水西逕竟陵縣北西逕揚水謂之巾口水其西有竟陵大城古鄖子國也鄖公辛所治謂鄖國矣

縣志　卷之一　建置志　沿革考　二

春秋周敬王二十五年楚滅鄖封大夫鬬辛爲鄖公鬬氏芈姓若敖後辛爲鬬穀於菟曾孫鄖令尹子文先敬王十四年楚昭王敗於吳自郢北睢濟江入雲中遂奔鄖鬬辛以王奔隨明年乞秦師敗吳昭王入於郢至是楚無忌故勛封鬬辛鄖公

戰國爲竟陵地竟陵名始見此

秦昭襄八年周赧王三十七年秦使白起攻楚拔郢燒夷陵遂東至竟陵秦拔郢至竟陵乃南郢非北郢也楚熊繹封於荊在南郡丹陽故楚文王都於郢在荊州江陵地是時秦拔楚都所燒夷陵所謂南郢也今安陸府燕郢屬宋時俱稱郢州去夷陵甚遠謂之也郢誤見王弇州宛委編

東舉雜錄云信陽軍山路險隘迤邐至安陸南大

元元年又改復州爲竟陵郡

寶應三年竟陵郡復治竟陵縣

代晉改復州曰　郡竟陵曰　縣

後晉天福元年改竟陵縣曰　縣縣名始此

宋改竟陵郡爲復州領　縣

至道二年以玉沙屬竟陵郡玉沙縣名竟陵郡名原自有辨

縣志　卷之一　建置志　沿革考　五

元祐元年仍置復州及玉沙縣而以玉沙　隸復州

端平中　陵縣隨復州徙沔陽鎮

元還舊治　陵隸復州路沔陽府

至元十六年改復州路爲沔陽府領玉沙　二縣

州爲衛後廢衛爲縣

洪武初年　爲衛

洪　三年改　衛爲縣調衛金州以衛治爲縣治

洪武九年改沔陽府爲沔陽州領　縣

嘉靖十二年世廟舊邸在安陸州乃陞州爲府曰

承天府割沔陽州附屬之縣隨州隸焉 隸沔陽古也始於

至元後暨洪武初創制爾萬曆末年漸丁相屬至

天啓時知縣程維楧請于上 陵直隸本府今爲

定制

國朝改承天府曰安陸府縣名如故仍隸本府

按景　置縣以來爲郡屬者四爲州屬者二爲府

屬者二徙鎮者一隸路者一改名者三因時稱號

與時推移苟不詳終始無以

考古徵今而沿革何從知矣

附雲　王沙辨今談縣治者引古曰鄖國霄城

復州　是　沿革較然著矣至雲杜王沙間言並

硎河哉按古志竟陵雲杜自漢迄晉俱爲二縣至

隋治沔陽但存竟陵意省雲杜入之雲杜之稱甚

此乎若王沙則自宋以來分漢江南白沙院爲

縣初屬江陵後屬復州又後縣領沔陽鎮又後廢

爲鎮屬監利縣始終與　將未嘗相入也景邑

人有恒言雲杜王沙始書焉而不察者乎

論曰披覽往牒每於搶攘之際未嘗不撫卷三嘆

焉五代前後干戈之間置併紛紛姑論已南宋時

此土皆爲邊地列壘建戍民不聊生今車書混一

人物豊阜兵氣全消無易視此太平境界也

景陵縣志卷之一終

景陵縣志卷之二

知縣事錢　永續修　儒學諭蔡壽生參補

邑人戴　祁編著

星占

古先聖王仰觀象於天俯觀法於地象謂日月星

辰法謂水土州分形成於下九州其象見於上

星宿垂布故分野備至於五行占應何代無之爰

按舊籍作分野災祥志

分野

周禮保章氏以星辨九州之野所封域皆有分星以

觀妖祥 鄭玄註翼軫楚荊州分野

司馬遷史記天官書二十八舍主十二州與楚之疆

候在熒惑占於鳥衡 註鳥衡柳星也

按鳥衡註柳星非也鳥者南方朱鳥宿當翼軫爲鶉尾之次故曰鳥衡者北斗玉衡第五星爲楚分

荊州故曰衡今註作柳者非柳屬周三河非楚分野明矣　天文王衡星精下主衡山南岳也故有

衡州府盖取象於北斗云　又軫旁小星名長沙下應長沙府故周名長沙爲星沙此其一証也

左傳裨灶稱歲棄其次而旅於明年以害鳥帑 此時楚鶉尾之次也

石氏星經南宮赤帝其精朱鳥翼翮軫尾皆麗於巳

在天北斗二星主楚分

按朱志北斗第二星曰璇名爲法星其分野楚次也

新唐書布太微之政而在巽維外者鶉尾也爲烈山氏之墟

烈山氏即炎農帝生於楚隨州厲山

宋天文志三台下星主荊州天市西垣第二星曰楚

五車中央星曰司空主鎮星楚

皇甫謐帝王世紀自張十八度至軫十一度曰鶉尾之次於辰在巳謂之太荒落於律爲夷則斗建在申

今爲楚國分野

爾雅邢昺疏僧一行志魏陳卓書蔡邕月令章句起張終軫俱同

春秋元命苞軫星散爲荊州江夏入軫十二度

晉天文志翼軫楚荊州江夏入翼十二度

春秋元命苞江夏入軫度晉天文志江夏入翼度自秦漢置縣始屬江夏雖世代遞遷要在然禹貢荊州之域則天文所屬江夏與　俱爲翼軫分野明矣

皇明通紀星志南郡入翼十度正德二年卿雲見於翼軫世宗肅皇帝誕降斯土入繼大統占者曰此楚分野也

論曰一楚也而或謂屬軫或謂屬翼或謂兼屬張又或謂主北斗二星[illegible]第二星主[illegible]惑星各持其說以[illegible]主相麗尺寸皆遺拘拘焉指某星司某[illegible]分星司其邑則未免柽矣乃又有以邪之也爲皆分屬翼十度者此醯雞之見不足論也然躔次相應精氣相屬確不爽管窺者第亦得其末云

災祥

南宋朝

孝建元年竟陵木產連理其上有光

木產連理人以爲縣令夏侯恭叔善政所致云　又南宋元嘉三十七年二月丁辰白兔見竟陵刺史南譙王義宣以獻

唐朝

長慶四年復州漢水溢決時復州

宋朝

太平興國五年七月復州江漲民舍隄防皆壞

紹興三年二月復州水

淳熙三年夏復州旱冬大饑

淳熙八年七月復州不雨至於十一月明年五月[illegible]雨至於七月

三月君有物自東來蜿蜒學宫櫺杪既而
滅丈餘紅光燭天其底似金色獅子像經□
觀者如堵
五年春雨無麥
崇禎二年漢水溢
崇禎三年元旦日暈生珥夏地震二次□□皆□
崇禎七年春地復震冬旱草木開花
崇禎九年六月丙子夜有星如斗赤芒耀十丈自
西南流東聲如雷八月大水決東隄入城冬十二

月賊犯西關廟　按賊犯關始此以誌亂始
崇禎十二年秋太白晝見冬彗星出是年城東隄
有氣如牟纏歷四五年不散　後賊踞景與□□相拒屠數千命隄□是其兆也
崇禎十三年春大風霾雨沙晝不見人秋旱饑□
□饑民爲亂旋捕殺之
崇禎十四年正月朔黃霧四塞日青無光夏旱蝗
十月朔癸卯日食無光晝不見人大雨如注
崇禎十五年春大饑□□饑死無算夏南門□□

志卷之三
□科事錢　永續修　儒學諭蔡壽生參補
邑人戴　鄖編著
輿地　形勢　道里　坊村　山川
天下之大勢疆域小大互爲分錯省與天下分郡
與省分邑與郡分景封東西廣袤百里而遥其阨
塞險易四境鄰接戶口聚落山川流峙成班班可
考作輿地志

形勝

□辭曰南郢之邑
輿地紀勝曰惟兹夢澤之南寔在重湖之右
□今傳曰形若螃蠏
州志曰川澤之區
復州廳壁記地濵江漢之迦
□□日環城皆水因湖爲濠
其廣澤南府襟帶隨郢腹背吳楚地洿而卑水漾
明
□允之焦侯德政頌曰夢澤之南江流襄□

西到安陸府二百三十里
南到沔陽州一百八十里
北到京山縣九十里
東到漢陽府三百里
北到應城縣一百二十里
西南到潛江縣一百二十里
西北到安陸府二百二十里
坊村
縣治編戶六村編爲二十五里

坊在城内編一里
曰在城村
廂在城外編一里
曰附城村
上自湖村俱縣西北編四里
曰馬溪　曰巾港　曰青山　曰洲上
下自湖村俱縣西南編四里
曰永和　曰永豐　曰泰寧　曰安和
[illegible]村俱縣東北編[illegible]
曰東流　曰諸流　曰胥城　曰仁和
官城村俱係縣東編五里
曰興仁　曰仁和　曰三才　曰白雲　曰仁平
按今廢一里或者仁和里同雲潭村
方樂村俱縣南編四里
曰永平　曰安平　曰泰平　曰和平
南黄村俱縣南編三里
曰泗港　曰獅子　曰崇進

論曰成周時里宰黨長咸列六秩之命官鄉老嗇

夫皆有聲望之名士蓋古者郡有守縣有令鄉有長里有正位雖不同而任皆役民者也古制鄉長里正原非供役於官者後世虐用其民鄉長里長命曰戶役唐宋而後其弊益深矣明初令郡縣里長主斷鄉里間事花戶逋稅輒用刑比不頒守令也遠後守令有權催科是急凡爲里長輕則破家重則喪命則戶役之爲害也康熙初年行官當法民困稍舒至十九年錢公永蒞任多方調劑徵解有序官當亦併革除清操峻節前此未有也

山川志

五華山　在縣東北七十里週九百丈高十五丈上
有風城有伏羲廟其旁臨津河有神農廟有白
龍寺有仙真觀

青山　在縣西六十里其山色多青上有普濟寺
知縣姜綰詩　三年兩度青山過景物依然鳥自
啼路入天門隔南北水生巾港浚東西巳看刀劍
賣爲犢誰謂絃歌笑割鷄誨遍民風歸馬晚好峯
如畫白雲低

天門山　在縣西六十里舊志天門爲火門以俗忌
火字改爲天門非也考地
勢天門山在青山左火門山又
在天門旁二山自别安得爲一

火門山　山去天門數里其勢差小至今土人猶呼
爲火門山世傳漢光武兵夜舉火度此因名
唐陸文學自傳羽天寶中負書火門山從鄒夫子
肄業即此是也惜鄒失其名故無傳
太史倪公元璐曰　火門山葢陸羽師鄒夫子
故地也余聞王翰史鳴玉黄孝廉鶴言里中張翁
夢人告之曰我唐鄒公也名坤字戸部塟於邑白

竹臺之偏將與景南鄒子同穴也徐人因
衍闕戸一坤之句尤爲確然
邑庠生鄒法孔景南人山參　入門夫子詩　感君
夢　相存千百餘年萃　軒弟子詹經知姓陸先
生　舊名坤向嫌異代邈同譜今傍奇人約
樊將竹一　却厭火山佳號換招尋白竹瘞精魂

巾成山　水經注巾水出縣　西百九十里西逕巾
城下即巾水戍晋元熙二年　竟陵郡中巾水戍
得銅鐘七口言之上府者即此山也
志云巾戍山在縣東北並不載道里遠近然以
注考之則遠出縣東一百九十里也　又按

志章山　或云即禹貢内方山也其
麓俱至章　以地圖考之德安府有章山
則縣地也且其山又遠在一百九
十里外晋巾戍漢章山不遠附記此

白螺山　在縣西南地其上舊有吳王廟云按邑有
白螺湖無山可見也
考地圖荆州監利縣有白螺山太守孫存詩曰嘉
魚東轉蘆溪河南望山形似白螺頗有草莩三百
塅半開湖地半漁簑葢監利縣古玉沙鎮宋
至道二年以玉沙屬景陵故白螺山互見云

惠亭山　在縣西南十五里按此山無可見也
考京山有惠亭山葢京山古稱壯隋治沔陽郡
雲杜入竟陵故惠亭山互見云亦猶白螺山之訛
也

時之遊觀也

諸葛嶺　在縣南二十里世傳諸葛孔明屯兵處

按三國志先主長坂之敗與孔明趙雲張飛趨漢濟沔與羽會又縣有先主[illegible]屯兵此地似可據也

知縣周端詩　鋒鏑艱危獨輔劉相才堪不愧伊周陣圖自許籌神計糧道誰能運木牛千載忠腸昭赤日半生威望肅清秋早知漢祚天[illegible]龍臥雎井老一丘

漢江　在縣南五十里一曰大襄河其源出嶓冢山今按弇州四十道志荊楚之地水駕山而上者皆呼爲襄故襄水之上流亦名襄江卽書云懷山襄陵之義也今俗疑爲襄陽而來名爲襄水按陸澄地里記襄陽無襄水夫襄陽城枕大江卽漢江水非襄水所自出也

丹鉛録天下之大川以漢名者二班固謂之東漢西漢而黎州之漢水源於飛越嶺者不與焉固之所謂東漢則禹貢之嶓冢自嶓冢山逕梁洋金房均襄郢復至漢沔入江者也西漢則蕪代所謂中之甲輕所出於巴乘夏水下漢四日而至五渚者其源出於西和州徼外徑階沔與嘉陵水合俗謂之西漢又徑大安利劍界合與涪水合入於江

漾水　在縣南合沔水其源出猥谷中禹貢嶓冢導漾是也東流爲漢水又東爲滄浪之水　輿圖考安陸府城北有滄浪水過三澨　三澨水在竟陵縣　入於大別云其水自安陸東逕漁泛洚逕葫蘆三澨而下　或疑三澨爲三汊　又按漢水分派諸河　漢水東播爲小河牛蹄獅子三汊口漢水又東播爲馬腸河漢水又東得[illegible]口漢水又東播爲瀏溪潭漢水又東得[illegible]口漢水又東播爲新沖河漢水又東逕乾鎮河出漢口入於江

知縣李濂襄水櫂歌　襄河兩岸石楠花絳水青梢照客槎春風吹槳郎休駐野艷令人忘却家

儂家阿姊笑儂孤無奈郎船楚又吳安得化爲船後柁隨郎南北別愁無

[illegible]雙灘漵閘靖川對對鴛鴦戲白蓮如何郎去儂無賴惱殺春風夜不眠

三澨水　在縣南五十里其源自安陸達[illegible]書曰過三澨是也今郢州長壽縣磨石山發源東南流

者名澨水至復州竟陵縣左[illegible]句[illegible]漳澨[illegible]
澨皆水邊地

江水　在縣境西乃襄江[illegible]下過通雲杜
泉約數十道云

縣河三汊水　舊名汊水以乾鎮亦有三汊故以縣
河別之也其河西自南河入焉南自罾流渡入焉北自石家河入焉故名三汊云或疑三汊爲三澨俟再考

巾水　水經注巾水出縣東一百九十里西逕巾城
下即巾水戍又云竟陵水合巾吐柘是也

揚水　水經注龍陂水逕郢城東北流謂之揚水
揚水又北逕竟陵縣西又北納巾吐柘柘水即下
揚水也　揚水又北注於沔謂之揚口中夏口也
曹太祖遣劉備於當[illegible]遂濟夏口是也
今在江夏地

按巾揚二水俱在縣西[illegible]三[illegible]水經注巾水西
逕巾城下城下有巾水戍又巾水西逕[illegible]北[illegible]逕
揚水謂之巾口水與西有古竟[illegible]大城以今地勢
考之則巾水當在石河馬溪合流之[illegible]故今巾

西[illegible]故城數區即古巾城竟陵大城與夫巾水
也舊志石家河即巾水不待與馬溪合流後方夕
巾港也且馬溪河正在石家河之西當即所謂揚
水而合流之處當即所謂巾水者蓋巾揚二水交
會之地頗與水經合　按志邑有巾港湯港二市
而湯字或揚字之誤也但舊志稱石堰渠西通巾
水以石堰口即石堰渠通石家河其水道似訛今
正之

臼水　左傳吳伐楚戰於栢舉即公辛與王出奔隨
涉於成臼杜預註江夏竟陵縣有臼水出聊屈山

西南入漢

井魚陂　志引楚公子比次於魚陂杜預註竟陵縣
西北有井魚陂水　註在竟陵城旁有井魚陂左
傳昭公十三年公子黑肱爲令尹次於魚陂者也
玉海曰戰國多以水攻故楚守井魚之口今其地
不知所在

七里河　周地圖云夏水合諸水同入漢曰漢汊諸
名七里河州名故取諸此方輿勝覽註

夏三水所滙之處是也又疑　有七里泛即七
里沔
漁泛泽　獅子河　馬腸河　清水河　諸河皆潛
也俱會泊江逕潭灣由漢流達於江諸河又逕張
池口會下帳湖東南注於白湖今惟漁泛泽如故其獅子馬腸清水
等河故道已淤由漢南爲大河
按爾雅水自江出爲沱漢出爲潛故曰諸河皆潛
地
牛蹄口　在縣北小河也其河逕三汊口出横林口

入於漢又分漁泛泽水逕淘溪潭白雲潭入於漢
寒河　在縣西南漢北小河也其北有寒土嶺邑解
元譚元春結廬其南焉中有鏡橋柳庵紅濕亭
簡遠堂剪石臺諸勝凡名賢悉有題詠
邑學憲鍾惺寒河詩　予居在河干河水寒其聲
而我來五月颯然形慮清乃悟秋冬意不從霜雪
生動植沿洄之欣欣無不榮肅然高寒内共具一
淵情
閩蔡公復一寒河詩　淵淵秋水心置此河之要

隄渚隨洄曲煙火終往還鐘磬雜井臼慨過
瀾聲影所吐納皆與性情安春風秀衆卉冰雪
齊觀樂飢分我友言之涼心肝按蔡公字敬夫閩人也原任楚即撫
與譚爲友
解元譚元春寒河詩　茆屋圍長堤水火自相匝
溝池界爲垣春流歸無雜桐卉覆鷄鳴滮口聲颯
颯兄弟成鄰里賓朋如老衲倚樹時不冠人逢無
拜答庶幾桑者心泄泄猶沓沓
翰林侍講譚篆憶寒河詩　寒河煙水接湘流想

到溪邊風景幽三徑名花香帥舍一園涼月照書
樓采菱歌斷南湖夜下釣船移野火秋此際日歸
歸未晚北山猶謝薜蘿羞公爲鵠灣先生廸侄
錢侯永寒河舊圃詩　嶽歸堂久還雲沙剪石依
然長薜蘿只有文章傳海内那知風雨舊寒河
淘溪河　在漢南河北出盧家埠東出羊角入漢又得新冲河折旋十餘里復入於漢
此河已淤
便河　在漢北縣與漢江遠元知府白景亮開此民
便之因名時掘土得石有白公渠三字民咸異之

沔　在便河右　按蜀先主敗於長坂趨漢津關羽船會得濟沔留駕於此地因名有劉先主

巴中丞徐廣位詩　覞河潋秋色鼓棹興悠遠嶼雲中盡孤村水上浮風洄丞相嶺渡滸帝王洲依古翻蕭索聞吟斷白鷗

河　在城南亦沿也東距紅花港西擄搥河口長五里其河由三汊河逕楊林口又東逕便河又東逕枝港又東趨風門入於漢又自楊林播爲河逕風波湖又東逕沿湖至回河東北合皂市水入漢

按義河世傳宋太祖微時嘗渡此遺舟八錢不受後特蠲漁稞賜今名　知縣姜綰記義河如義田義莊類其事或始於宋漁人記宋祖幸汊蠲稞應　考宋史王彥超沔州守宋太祖常幸作坊宴射酒酣謂彥超曰卿曩在沔朕欲依卿何不見納彥超頓首曰臣一刺史耳今水豈容神龍上大笑則宋祖固嘗涉此也

石家河　在縣西北三十里舊表仙河爲三汊之一且石河水不

通漾水也

馬溪河　在石家河西二水俱出京山詳後古蹟考

巾港河　在石家馬溪二河之[illegible]流曰巾港河其河南流入於三汊口東流逕縣至風門入於漢

柳家河　在縣東北四十里其河發源淥水堰逕師家泉雲潭河入於風波湖舊志柳家河北逕石堰口水道舛訛今俱正之

河　一曰會河自安陸直河東流逕皂市南會楊汊洪會風波沿湖合流趨風門入於漢名會

在縣東十里一曰車目可

池　在縣東一里東湖隄漏澤園前西連河水旋縣治東出楊林溝復入河遞年水漲河淤今廻其半近民界河築堤壅水南下此港終當疏

一　在縣東二十里又名枝港河有大小二渡

渠　在縣北十里唐咸通中刺史董元素開故

池　作石渠堰其流自五華山西通巾水按縣北六十里石堰

自龍尾

自五華

香浮素飈華燈遞影財揮麈氣岀豪何必蘋闠
畫舫迭笙簫澄湖凈旅思凝神入沆寥卽境取㠯
適素位遊逍遥回覩世上輩擾擾如牛毛
吳騏詩　盤翠浮嵐被大涯柳隄香閣俯蒹葭新
篘試酌重陽酒舊井同嘗九日茶風雨中宵吹皂
帽煙霜晚節護黃花詞人清讌恣遊賞猶自荆州
憶孟嘉
譚　篆詩　西塔知名寺唐賢舊草堂湖渟波四
照林茂柳千章曲徑規岩磴飛甍架石梁躋攀舒

眼闊憩息解衣凉一閣全形勝重闉遠頡頏笙歌
喧雁渚燈火露漁莊詞賦昇平業交遊禮法塲髩
年還記憶此日恒蒼茫門掩犧檟在亭欹蔓艸荒
支持思往哲補綴嘆窮鄉仙吏來何晚經時屬小
康搴帷詢父老駐馬按城隍萬族勤生聚幽蹤亟
表彰里求桑苧舊菜辨水泉香取次圖椒度經營
一番劇旁樓高凭遠翠橋敞列垂塲質樸先民制
華茂苑長紙窻非繡幌竹檻似方舫暇日或
今年得歲穰雨收秔稻臥風振芰荷妝卽

者前　愜忖量登臨
青嶂歡遊倒夕陽樽
拚衰白深宵轉激昂自
版題名遠詩篇體物詳清
蘇詠雲飄忽蘋花鶴渺茫吟
光
戴　祁詩　攻篋想載詠觴掃除虛閣汲泉
席邊秋水明新霽湖外微雲助晚凉久旅堪消暑
客醉閒愁偏許次公狂穿林燈火遲遲轉擊柝城

頭夜未央二綺閣疎櫳倚樹平遠山幾照一時明
幕中人對蓮花靜琴上風臨鏡太清櫂入菱池香
轉細酒行荷葉醉先成菰蔣久之樽罍色秋月纔
看兩度生
胡　褒　五月扇景風驕柳應婆娑鳴琴治多暇
勝客遠相過香閣稱開敞滿目雲煙播特為移清
延賞屢昕和菖蒲綠正抽菡萏紅初破共薦芬
姿霏霏縈四座歡成倒載歸好月當空大
泌　湖水澄素波芙蓉香且絢傑閣立湖心

賢侯開芳讌歡然文字飲清士娛忘倦汲井漱徵
醒追凉步古殿鳥語靜裏聞山色望中見月出露
愈清餘香墜花片
徐尊顯　湖亭張樂處茂宰任仙鳧閒[illegible][illegible]佳勝
同人心賞俱鐏罍傾北斗題詠重西湖差[illegible]江南
夢橫塘興不孤
譚孫遹　仲夏湖水闊危亭瞰碧波暇日見招尋
芳尊倒芰荷整履步艸堂汲井與婆娑天涯名士
老席上故人多熄慮不受暑披襟樂如何觴政明

而肅未醉顔已酡黄昏歸路近凉月掛煙蘿
劉　澗　愛尋湖外寺得得步霜晴出郭塵心少
登樓客思清尊移紅葉下窓啓夕陽明薄望蒹葭
路漁歌返棹輕
譚孫蘧　春渚樹層層危亭取次登萍香湖過雨
橋響寺歸僧良會因詩重狂名藉酒增夕陽移艇
去雙槳趂漁燈
夏元旦　湖亭春色早傾榼度芳晨水闊雲煙亂
窓開草樹新山川餘醉眼風物暫閒身日落凭欄

望蒼茫一釣綸
胡　漢　蕭寺聞鐘磬平林水一方芳洲牽小艇
碧樹繞修廊鳥語逐人解茶煙入座香往來成勝
事吾輩即高陽
錢公永　浮香閣倡和詩跋　夫竟陵城畔陂澤恒
多覆釜洲前林塘絶勝碧波百頃名爭西子之湖
綠樹千章碑記唐賢之井長隄環抱俯瞰澄流傑
閣巃嵸上凌雲表乃緣烽火遽委蓬蒿僕謬領名
邦獲遊勝地荆榛滿階叵愁看此日風光煙月似

吴天快誦前人吟咏旋分鶴俸刻日鳩工名亭以
新式惟其舊繚垣猶在拓開香榭之觀丹艧不施
質朴先民之制蔣則凉風乍至暑雨初收苔菁紛
披倒映綠波而炫目黛螺渲染遥分[illegible][illegible]以怡情
用開北海之樽雅紹南皮之會碧筒消夏清香沁
我詩脾綠蟻迎凉爽氣撲入眉宇或凭曲檻釣來
盈尺鮮鱗或棹中流驚去一雙屬玉樂斯極矣興
莫豪焉爰擊鉢以催詩遂含毫而賡詠蠻牋璀璨
恍疑霞起赤城斑管繽紛直訝花飛閬苑僕則頽

然而酬率倫夕日之間率爾而吟昔數羣賢之後
一時樂事十[illegible]心[illegible]日月之幾何回頭如昨嘆
其屋之[illegible]少[illegible][illegible]從已[illegible]償勝之心大有塵埋
之[illegible]爲樓[illegible][illegible]乃獲新碑亦[illegible]落不[illegible][illegible]用傳勝
事[illegible]亭[illegible][illegible]徒[illegible]新支之意云爾
南湖　在[illegible][illegible]城外東[illegible]西湖其地中界民居[illegible]
稱名南湖在[illegible][illegible]名[illegible][illegible]色[illegible][illegible][illegible]
[illegible]中今已[illegible]可[illegible][illegible][illegible]西[illegible][illegible][illegible]
[illegible]南保[illegible]
歸去

一　縣志　卷之三　輿地志　山川考

邑令元譚元春南湖數成曲[illegible]羣君子高[illegible]
[illegible]中正水凍無興殘條衰貞[illegible]何以觀艶
事述人性深[illegible][illegible]鼓歌[illegible][illegible]散唱闌
當坐[illegible][illegible]之所稱[illegible][illegible]也詩言
志人[illegible]日歌[illegible]
南湖[illegible]漫[illegible]南[illegible]漫衍[illegible]小築夏公[illegible]住宅
後有[illegible][illegible]兒[illegible]公[illegible]何歌中有云伊青過
庭倚南陵[illegible]湖云有[illegible]三[illegible][illegible]湖中立泉
段多年砂一[illegible][illegible][illegible]不移四桑芋

其事甚異附記於此
[illegible]湖　在縣北城外舊志曰官池是也東西通湖方
近年水起濟城知縣丘宜募民築其半爲合之中
官道不得通也近城西北門官池內有陸文學
之至今古蹟隱然在煙波荇藻中非舟不渡故往
來者稀焉邑好事者欲擬亭于其上爲遊觀勝槩
此亭似不可缺
蒿臺湖　在縣東北七十里達回河入於漢
松石湖　在縣東七十里邑司徒陳所學有松石園

一　縣志　卷之三　輿地志　山川考

嘗携新安松蘿茶種其地所著松石園集藏於家
青山湖　在縣西三十里近青山相傳讖曰青鳳生
下圓出狀元或疑即青山鳳波二湖也
風波湖　在縣東北十里其湖在安定黃林納
一河達揚林口入漢即古大小十八
上帳湖　在縣南七十里其
沙揚莊自麻陽潭逕破江
下帳湖　在縣東南百四
官湖[illegible]湖受黃荆[illegible]

湖

馬潭　在縣南三十里有陡湖河溯雙湖石泉瀾泥三角龔家諸湖陳家濠栢家灣老鸛塌其水皆達於漢其地多淤爲田

白雲三汊　在縣東南八十里有泛曰百步曰藕家有湖曰白湖有河曰拖鎗入於漢

論曰邑治山少而水多此其地勢也旱少而澇多此其歲徵也熟少而荒多此其民隱也天啓初程侯捐諳中有曰景　原稱沃壤而近乃凋瘵也盖

漢水離襄而趨平川至潛則東折入景至沔則北折赴江景實三面受水河身高於兩岸者數尺環景皆泿鄉也本縣泣對窮民既鮮點金之鐵立視牧壤又乏射水之弓大率每　遇歲苦澇而於今爲甚百日不涸三漲不休棲木之萑巳經成蔓沉竈之鼃又當産子歛穡已矣耕淪何時嗟夫程侯去此曾幾何時至今讀其遺言藹然如親歷其苦詩曰樂只君子民之父母程侯何媿焉

縣志卷之三終

城郎今縣治　洪武巳巳年大水城壞　成化乙未年知縣張繼宗築土城此土城之始壬寅年知縣姜綰重修　弘治巳未年知縣周端修　正德甲戌年知縣陳艮玉新甃磚城此磚城之始嘉靖癸卯年南城崩知縣李仲僎修王子年知縣黄子静修庚申年知縣丘宜修　萬曆癸未年西城崩知縣陳帯珍修辛卯年東北城崩知縣林雲龍修　天啓癸亥年知縣程舒楧修　崇禎壬申年知縣楊一儁修甲戌年知縣陳六奇倍加修築癸未年賊蹈景

僞知縣張釆添修外城砲臺乙酉年賊拔城遁

國朝　順治甲午年知縣甯鳴玉更修補築東北城數百丈　康熙戊申年署縣事[illegible]馨重修　康熙十九年知縣錢公永下車便加築癸亥年遭水患復毁數十丈重爲修治雉堞完固　城有門樓南曰南薰舊名打雨北曰北拱舊名北門東曰東陽舊名人焉西曰西成舊名雁叫俱知縣陳艮玉題

門内有屋三楹以居門者城樓有鐘鼓舊置南樓以警昏曉者乙酉年城門樓俱燬

國朝　知縣甯鳴玉　于順治甲午年新建北樓[illegible]未年新建南樓丁酉年新建東西樓置聖像鎮之四城樓屢修屢燬　錢公天[illegible][illegible]理鑾觀成一縣治矣　街衢四達平治如[illegible][illegible][illegible][illegible]街[illegible]　[illegible]砌整塗人晴雨俱便

祭酒魯鐸修城記

舊有衛蓋襄荆以東漢沔以北隨郢以南最廣衍足粧鮮絲秔稻粱之利自古四方有事所爭趨也是故宜有城國朝調衛金州城猶無恙民恃如故洪武巳巳水決隄城壞

景泰二年盜入刼縣庫弘治四年既刼庫復斫獄取劇盜去正德庚午盜自獄出因嘯聚屠掠鄉村擄女婦刼丁壯為徒晝踏譟呼官府示將直入狀擬取所怨三司長副集官民兵數閱月僅乃殲之此皆城壞以後事也陳侯下車之明年適河北大盜起詔有司不得無城侯慨然為永久計屬父老語之父老曰所願也召富商大賈曰城為汝蓄藏也出什一以助吾築召丁壯曰城實汝保障也分力以助吾築皆應曰惟命侯自捐俸僚屬所捐各

抓撐不蔽風雨然太平無事之日已覺荒穨[illegible]今四[illegible]蠕動而茲覇國之餘民斬木揭竿之遺孽苦括派苦徵逋宜有開捐者將何恃而不恐屢奉修理[illegible]檄奈邑無分毫公帑而頹垣[illegible][illegible]矣適當清理皇冊年分民有投契者錙銖所積些些少羡積凡此實在正額之外實不在溢額之中可用以修城者也又前人覲時此縣舊規有夫馬津送本縣革前項不致此雖節啬無幾亦可以修城者也又縣每年編修城銀支用粉飾徒糜物力而未支者歲欠如故此正可以修城者也估筭城工約可二

百餘此三項已過一百五十復加節省儘可結局本縣遭此四顧無策時難作巧婦之炊枉抱愚公之願偶幸此一非剜肉醫瘡二非拆籬補壁遂不禁其手口之並作但舉事動衆伏奉憲批方可堅久玩之羣情定一時之則例桑土綢繆景邑世世賴之矣

右中允劉必達上按臺修城書　敝邑城垣褊小素稱澤國水患頻仍城圯池淤久際承平戈彫甲

衎突閭賊警四顧無策今幸新任陳父母繕城修築聚論僉同咸曰先年修築永鎮觀修築板橋灣及東西護城兩堤悉從均攤事克有濟夫當此賦重時加派似不可行然實有至情焉豈在殷實者什九而在細戶者什一且城卑難守大家世族咸思奔徙而険固足恃寒門單族亦必重遷此大小所以有同願也役賦所至用偵最密本地背壬伺隙援引轇根本固而枝節聯是一邑有金湯則四野無駭散矣從來城池大事凡有築建本邑不足

猶借派鄰封豈一境內外敢分畛域且恒人衛性命急於顧財貨而保妻子深於赴公事況積錙成鉅所出無幾而鏤金鑄鐵所全實多此加派所不俟上聞而自下陳也任例可做不為創非常之原輿情允孚不啻下流水之令夫舉事有名若弗美而其實大有益于地方者此類是已其等不識忌諱同集士民合詞上籲懇祈台臺老公祖俯採任暨酌議均攤立賜施行則闔城邑幸甚士民幸甚

縣治

時雍當不過此而要不可謂觀止矣

縣廨　在正本堂後爲廨樓五楹燬于賊順治三年知縣魏人傑建寢堂五楹九年知縣甯鳴玉加修

康熙十九年錢侯永重修署西小房宿從者暨庖湢之所署東小樓三間前令李□□建其餘敗屋數椽歷來荒廢錢侯與建三楹扁曰留蔭軒聯曰政閑還讀史縣僻好栽花其風韻可想見也至於簿領藏弃之所退食從容之處咸有次第隙地亦

復蒔花布石綽有幽致

縣丞廨　在儀門內東燬于賊順治初年縣丞費泰貞稍修葺之康熙年間縣丞李名筱大加修葺

康熙二十八年縣丞劉以潛重修堂以下班房兩翼及門額盡加整飾門以內植柳濬池草堂花砌有槐廳竹徑之風焉

主簿廨　在儀門內西天啓年裁革主簿僅存空廨後燬於賊

東西庫　在堂兩翼舊創　後圮弘治巳未

知縣周端重建天啓二年知縣程維模於堂東創
新庫外樹贊政廳以蔽之後燬於賊順治九年知
縣甯鳴玉重建

幕廳　在堂東燬於賊今建

架閣庫　舊在縣幕廳東知縣姜綰修賊燬今知縣甯
鳴玉移東房科下名曰架閣庫

儀仗庫　舊名鑾駕庫知縣姜綰立先在東後移西
復置東賊燬

六房　在東西序賊燬知縣甯鳴玉建東首爲承發

科次吏戶禮次架閣庫西首爲兵刑工科後北康
熙二十年知縣錢公永重建又於其東序增建民
科三楹

西班　在捲廳前東民壯房西皂隷房賊燬知縣錢公重建

土地祠　舊在東房科前賊燬知縣甯鳴玉移建儀
門外東其前爲舞廳凡三楹知縣錢公永重修

節愛坊　在堂前甬道中舊戒石銘曰爾俸爾祿民
膏民脂下民易虐上天難欺賊燬知縣甯鳴玉重
建知縣錢公永重修

錢侯革除宦當碑　在縣治前按宦當人在
收戶當年之苦惟此法足以挽回積弊安賜
于前水部力成于後此法既行流亡漸復日見
息康熙十九年錢公永蒞任多方調劑徵輸有
遠離湯火漸被清凉享婦子之樂忘公家之勞矣
且海宇清晏徵調日少錢侯亦樂與民休息官當
舊規悉爲蠲除歡呼之聲達于四境紳士耆庶勒
石以誌不忘公之清操勁節允稱完美竊恐後此
者之難爲繼也

陰陽學　在縣東訓術一員

醫學　在縣東訓科一員按二學知縣魏庸立姜綰修嘉靖三十年闕於民

僧會司　在東禪寺僧會一員

道會司　在丹臺觀道會一員

公署

布政司分守道行署　在縣東萬曆年間鬻於民

按察司分巡道行署　在縣西今燬

州行署　在縣前東知州林濟立崇禎年間鬻於民

府行署　在皂角市仙鎮觀本府通判鄺立今改建

舖　在縣治西嘉靖三十九年知縣丘宜修建今
廢
憲行臺　在縣前西順治初年邑公捐置凡
上司往來借邑知縣劉衡故宅稍假館焉後孫進
士劉臨孫以逼處不便自售於官
官宇
武臺　在北城外社稷壇東知縣姜綰立周端修
姜綰記　陵爲楚内地僻於百里編氓不滿萬
縣志　卷之四　城邑志　官宇　十六
戶軍民半之今職司乎養奚爲以民而軍演之自
起攻楚東至竟陵裴讓權知縣事因　賊損神
門戟架金人寇宋而笑城尚存於　之東隅用
武之地宜有軍軍隸於衛者一方如遼　如雲南
相去萬里近而五開九谿往來之程亦以旬月計
而[illegible]如無軍之境爲民師帥舍民壯而不少[illegible]
則簿書之吏日不談兵鋤[illegible]之民手不操戈倉卒
有警遂使赤子之兵弄於潢池中亦將閉戶袖
莫能戮力以勝之故　之莫善於衛

於上田所安親上死長根於所性非以
義演以行伍則爲兵教以孝弟則如子弟
衆擾無經餉廢幾寓兵於農而養與教亦隨之
爲十室之邑亦所宜有況景陵乎若夫農以井耕
兵以家起擇將而統因時而簡用之以地而出之
設名乃爲備道綰爲知之
稅課局　在縣前西十間知縣姜綰立今廢
頒政亭　在大街西以揭榜知縣姜綰立今廢
同量亭　在大街東知縣姜綰有記今廢
縣志　卷之四　城邑志　官宇　十七
姜綰記　度量衡法制所自始洪武頒鐵斗於天
下大定之時所以齊物範人也然斗收於官民不
常見劂承平日久安能保其無弊哉綰乃立亭於
市中合度量衡較以鑄劑使法之不一者皆於此
取則焉庶乎齊一而平也
[illegible]里亭　在街左姜綰立有記　知縣周端李仲僎
重修後此亭改曰懲惡且督申明非作者意也今
亦廢
一記　古之人一夫受宅五畝二畝半在野爲

廬二畝半在邑□□同井而□
之家冬則歸里里有塾而無不教之人自授
壞而不復講教□□養遂至爲故事焉綰承　命□
乃五家爲隣五隣爲里使家屬於隣各□□一
黨隣聯於里共立一塾則四民之志以定而五品
之倫以明聞有一二率教者隣里會衆諭之不悛而
聞官以懲之庶幾綱維有道而教養可施也於是
作亭者所以記隣里之敎云
堤亭　在衛右姜綰立有記　知縣周端李仲僎
重修今廢
姜綰記　景□古竟陵陵至此而竟故高地多泉
下土瀕水多泉則易旱瀕水則易潦而景□旱潦
常相半故事救旱有塘防潦有堤因循歲久而□
誠堙圮綰來蒞而得之乃擇有行藝者爲塘堤長
統其里人以義力爲比者綰之壞者葺之因以正
經界勸耕穫時督月覘之歲終則論功以加懲勸
四五年來農事修衣食足然始□終怠人情之常
爰能保其不廢者是爲亭於□□西以□□堤是□

與長人姓名于石使及時趨事可以久存矣堂
能思初而安能惟始也
望泉亭　在申明亭前嘉靖十五年知縣封祖裔鑿
泉砌井以濟居民作亭覆之今井存而亭廢
去思亭　在旌善亭前知縣封祖裔作亭以□民亭
後鄉士大夫爲知縣李仲僎立碑因名去思今廢
五不朽亭　在望泉去思二亭間天啓六年知縣任
贊化立五不朽法最便民民勒石建亭稱良法焉
五不朽者一革完糧包攬二革條書科詭三躬理
□糧四清查細戶五修築隄防今亭廢而碑存其
法可舉行
義河亭　在城外重恩坊西與義學分峙知縣姜遠
立今廢
保障亭　在清河橋上弘治六年知縣湯貴重建今
改學
養濟院　在北門外演武亭東姜綰立任贊化重修
男女二院
壽寧園　在縣東一里分守道方公立

因不儲米

積穀倉　在縣庫東爲校廠三楹順治十年知縣宋
鳴玉建康熙壬寅年水圮知縣劉毓賓修

廣儲倉　在縣南門西久廢

兩便倉　在乾鎮驛知縣姜綰立今廢

姜綰記　兑運者賦於民而兑於軍也景　收於
縣倉河隘且淺軍船不能入則出米於乾灘撥䑠
爲蓬而貯之軍以米濕爲辭未免賂之科斂如常
綰乃度地作倉曰兩便賦入於倉而民不勞焉兑

出於倉而軍無辭焉謂之兩便不亦宜乎

按姜綰記米皆軍運程維模詳求官部運今康熙四年奉文官運矣

義倉　在北門外姜綰立周端修嘉靖辛丑改新儒
學

廣運倉　在縣南岳家口市康熙六年安陸府知府
張諱崇德捐俸用建正廳三間東西倉各六間收貯
六村南漕米石革去獘竇命府經承楊佳瑞料理
徵解

□□□□□□□建倉記　□□任土制賦惟

於河則以河者運道出入之會　後世法之因改
水利專設漕政則河運於是乎興突然儲備之法
莫先於倉詩云乃積乃倉裕積者天下之大
命也思爲裕國足民計其便實不重歟三十年
簡書流郢已及七載凡有可利於地方者莫不講劑
不遺餘力丁未夏以清積逋至景、拮据經營
南漕二糧壓欠尤甚詢厥繇則以前屯軍與旁午
災青迭告加以水道紆廻輸輓維艱而徵求或苦
無藝死徙遂至大半嗚呼如之何其弗匱絀也哉

按景南漕二糧約九千石有奇邇年軍需難緩井
𪏭俱空次山春陵之歎介夫流民之圖能不惻然
於衷乎爲蘇恤之義須拯疲以養力乃召署縣李
君集闔邑紳衿里耆商酌權宜僉曰欲甦困憊莫
君爲急景邑村落僻處多屬水次舊出米義河必
紆拆數百里出鄖口達漢江中間風濤之險盤淺
之難已百倍於他邑前明知縣姜綰設兩便倉於
乾鎮又廢弛有年矣今欲謀蓄儲省梯航則莫如
古口便予聞斯議如痌瘝釋懷者爰捐俸資擇吉

命築基高阜不虞水患侍講譚纂爲之記康熙乙
卯科舉人今侍讀孫岳頒書丹立碑　文載後

新建南漕倉碑記　歲巳未爲

今上繼統之十八年吳門錢公永以　內廷供奉之
臣出試民職授知□縣事　陛辭之日
天子勞問訓勉顧念家貧道遠　勅賜中金文綺以
資其行外臣榮遇振古所希邁公賦詩十二章紀
恩遇事矢勵臣節即海內工於言者亦往往著爲
歌頌以揚遭逢之盛越明年庚申正月視事景邑

凋敝之餘百務隳弛公下車憂之審其大且要者
首先釐舉無如南漕倉儲一事集紳士里耆諮諏
創舉相署西亢爽之地二畝有奇度地面勢負坎
向離計定衆議邑人供邑事名勞人情合詞按糧
歛費爲請公惻然閔閻瘠瘵不欲以興作苦諸父
老獨任捐貲擇日戒執事鳩匠庀材樽節經營不
三月而工竣有堂三楹左右翼各六廒周遭繚垣
前列門禁宏敞堅緻觀瞻煥然約費計捐銀六百
餘兩合儲米四千二百餘石倉入既盈異艘載運

景邑南漕萬石更番徵解即十二廒而已足是役
也經始於六月戊寅告成于閏八月癸卯約用力
作悉視民間募直不傷財不勞人而積儲大命咄
嗟迅辦公之廉能勤事誓竭力以圖報稱者此最
先務也景當漢沔下流夙稱澤國年來水患頻仍
城堞公廨所在傾圮爲苟且計以南漕二糧寄囤
東湖蕭寺中漫漶狼藉茫無稽核而貪饕猾吏因
緣爲奸雀鼠之誅既工饕餮之慾無饜致使小民
終歲勤苦之輸將僅飽二三胥徒之腹起運持空

牒報銷無完期爲長吏者坐受下考十年以往凡
數易公熟思審處建倉公堂之西得以不時巡視
唱籌之聲遠徹庭階準量之平悉遵京斛凡徵收
轉運之勞或慎選官役或簡委尉佐不以累貽里
戶其分饋軍供與檄行北運者次第應給無後時
可異者繁重二糧在他人展轉數春終不免罣議
于有司而此一歲之內按期符額民既不見操縱
之急而公亦不見有棘手之難豈非實心實事即
可見諸實效與杜拾遺序元道州謂盜賊未息知

民疾苦得結葦十數公落落然參錯天下爲[illegible]
萬物吐氣天下少安今滇蜀漸平卬兵待餉公爲
親民吏潔己愛人善氣所蒸雨澤年豊公私庾廩
徧慶盈寧是
聖天子訓勉恤民之一言公已體[illegible]奏效直方諸漫
叟之治道州而無媿漫叟之詩曰安人天子命符
節吾所持則公紀恩之末章所云期將清肖矢
肩豎儼常臨已早於服官之初自許矣余時里居樂
邑之有賢令尹也因記倉之成而并述公之守官

大節如此

常平倉　康熙二十九年　錢侯永建於堂東捐俸
鳩工移時告成凡六廒邑戶部主事程大夏撰碑
記樹於倉側門人冀郡書碑　文載後

縣新建常平倉碑記　國家財賦悉領度支故
古稱司農爲天倉蓋國以民爲本民以食爲天其
在周禮廩人掌九穀之數以待國之匪頒倉人掌
粟入之藏辨九穀之物以待邦用是倉者有救之
要也故孟冬謹蓋藏務積聚季春則發倉廩賑
乏窮漢唐以來如耿壽昌之常平開皇之義倉[illegible]
觀之義倉皆有裨於當時收則於後世焉吾邑自
西山進勦飛芻輓粟悉徵求於收戶當[illegible]
獄田荒于野而戶日以減賦日以逋官斯土者視
爲傳舍其於廨舍倉庫之類委之頹垣荒礎[illegible]
復問矣曩時有預備稅糧國命廣儲等倉久廢之
後不克舉其一每至輓輸之期有[illegible]交馳不得已
而借貯民間俟在收兌難稽乾沒錯出毋論地非
其地且有傷國體焉己未吳門錢公膺

簡命來令是邦始至之日詢民疾苦以興利除害爲
己任寬徵比却苞苴蠲贖鍰革羨餘杜爭訟懲惡
胥清土籍興學校謹隄防朞年之後民之逃者歸
居者說而賦日以供地日以闢政通人和百廢具
舉公於是建倉於署西以貯漕其後
天子從科臣之請令天下郡縣官紳士民皆量力捐
輸以備荒比者歲不登又從臺臣之請開納粟之
例以備賑公於是復建倉於署東以貯穀額曰常
平凡十廒不動衆不擾民不[illegible]已功不

護城古堤　隄擁東西南三湖爲城障護焉　自洪武年巳巳大水永樂間一入大水嚙衛城堞文廟居民盡傾圮漂流至宣德間知縣楊季安重築之成化知縣姜綰修弘治癸丑知縣湯貴修弘治戊午知縣周端倍修

祭酒曾鐸記　古荆州域間乎夢澤襟帶義河三籛在其南沱潛在其西實江漢下流也邑故有隄環東西南三面袤七八里抱三湖其中每夏秋交水盛勢與天際登高而望若浮釜然水懸隄

外欲下就城中者不啻二丈許亦甚可畏矣而所賴爲邑者此隄隄覆則流屍不可甚言又濱湖沃野百餘頃隄覆則千口不食其患可盡言哉近歲水患滋甚風雨湍急隄遂善崩每水時民人人自危必將刼稺匍匐往茭陵阜得無事歸則相慶爲奇幸弘治戊午周侯下車喟然曰此不豫圖而因循苟安不猶棟宇將焚而燕雀猶相樂哉由是目爲區畫蕭勸富民貲募貧民力爲浮橋取土義河南使倍築之址廣八丈面四丈高於面之數得隄其袤如故在南湖者受害猶劇增高且厚丁上流嘆怒湍使南射以殺其勢凡五閲月而畢己未水七[illegible]得無虞夷水視常歲獨大且久盲風溷濤勢甚可憂侯循視不少休七月東南兩隄急有穴釀水漸急民譁然[illegible]走計侯親視隄身立穴處召號捐畫爲捷築[illegible]若土莫取侯善開諭民乃捐隙地萬力並作復湛牲幣以籲江[illegible]中大風止水退穴塞人以爲精誠所激也水涸時侯臨視穴處[illegible]中寸築使益高厚望若城郭其規

模不止爲數百年計者民歌謡之不足相[illegible]記其事於鐸鐸曰伊尹有言一夫不獲時予之辜西門豹爲鄴令不用漳水史記譏其未盡仁智河決瓠子武帝憂之親臨築焉古人於民災其用心類如是景陵四境根本係於縣治縣治利害[illegible]隄防不有周侯則人不獲者豈止一夫今侯仁且智力爲捍禦使民得所而不列焉其何以寤來者鐸不敏辭也弘治十四年五月記

湯洪水高齊眼風猛波[illegible]欲散下魏

邑城下卒夏漲冬涸虛其地以供舟楫舟人撩一
葉艤而待必湍始發舷與水齊旁觀股栗一遇風
濤篙柁失勢不可測已數年間邑人築土爲堤自
庞田鄰虢爲負郭行人得取道焉堤窮復登舟水
益掠郭箭如𣏚一折而入於[illegible][illegible]可爲寒心如是
者止五里有一人趣舟不及[illegible][illegible]岸上而舟忽覆
是人以後至獨免自矜重生蘇[illegible]棄妻子接西塔
寺爲空門僧名通省號松影踞號予門外者累月復以路
成爲期予爲之心動然未敢以爲能也一日胡君

元圖名來儀太僕胡承諾子告於邑令商於里賢位置堤橋
而以書促予文夫二十里之愚纔而爲五里覆舟
者率然在[illegible]數中而一人不變予以爲皆持地菩
薩舍茶茹齋數十年事而予[illegible][illegible]不[illegible]心予嘗謂
營建事有二日光景因剝[illegible][illegible][illegible]光景恩得自
寒河至邑長堤亘匝纔木夾道橋梁可[illegible]行人巷
剝可蔭賜子予輩瘦蹇徒步且聽去來至樂而不
敢告人何也其說止於足目也必至河水齧岸馬
歇舟與人命寄於舴艋人天變色而邑爲焦腑[illegible]

驚破膽拯溺翹翹不可緩我公奚如築翠[illegible]
眼底百萬[illegible]劫盡我田我宅不理論大造同功感
至仁二千石與八千春
嘉靖己丑丘宜復修
丘宜記　已未秋潦景詢眞利害先募民填築城
址卸有事於是堤庚申大水幸免於塹冬修邑志
閱舊志修公記中閒言水懸堤外[illegible][illegible]今築堤奔
走爲[illegible][illegible]穴諭民出土[illegible][illegible][illegible][illegible][illegible]歷如道眼
前事竊恩古人實莫我心而後値庚申豈曠世

[illegible]感有數存耶然時予之事不敢不勉而大造同
功之誰則豈敢知哉
萬曆丙午知縣劉繼禮復修是年邑中丞徐
捐貲出粟募民加築東西二堤既高且厚至今
之　天啓甲子知縣程維棋勸民加修又勸示各
[illegible]適修
崇禎勸修堤示　苟舉修堤一事爲民自爲命
舉提三月[illegible]以縮不修耳成不居功[illegible][illegible]任
堤潰五六年矣山[illegible]湮淤生[illegible][illegible]條[illegible][illegible]

至萬曆三十四年丙子知縣劉繼禮復加
立圩長十□逐年輪守每十年更遞其役以
弘多者爲率
東湖河頭舊在湖北正德九年徙置東南嘉靖三
十七年移或謂元辰水不宜直出且切瀕義河恐
非久計
周公堤　在縣治南自東尾牛槽桐柸三舖至南黄
長三十里皆瑱圩下弘治己未知縣周端
通築高隄行人便之因以周公名隄有行人曲歌

其事
行人曲　北黄南黄三十里半是繁蕪半泥水去
年過此不堪行今日長堤高崛崛
馬公堤　在縣治南馬家垸一帶大襄河沿江堤舊
被水决順治戊戌知府馬逢皐加修之因立碑名
焉
錢公堤　在縣南岳口洪山廟康熙　　决知
縣錢焜詠朗督修盡革陋規派夫運土悉准均
平移時告成士　士民屹立豐碑以錢公名堤太

書深刻用垂遠久云
古堤　在縣東北有二長五里以防義河水今月岸
垸董家垸一帶俱系豊堤外障也
班堤　在縣西南下自湖村以防京山小水世傳魯
班所作故名
論曰楚澤國也景之爲邑西接石城下流汎濫不
測謂之西水東南接荆沔江介横溢爲害甚巨謂
之南水中流爲大河地卑流迅爲患一河面上濶
下東吐泄不及爲患二疏瀹排决莫可措手唯有

堵築一法用爲永倒耳相其地勢就其下者設爲
堤防襄陽以上崇山夾峙連絡不絶馬良以下山
有陂續歷雲杜東南接景沿沔一望平衍每至驟
漲河身高出茆屋居民仗隄以爲命員設水利民
編圩頭重大其事也其在先朝郡堤决以陵寢告
地屬邑奔赴不敢告勞　本朝相沿屢决屢築其
本一議派議協流弊遂有包折濫派爲費不貲
堤垸不加修希圖潰决以爲奇貨康熙壬戌科
爲又曰曾令潛江習知其苦特疏條禁協濟

詳明愷 今著爲令甲矣萬曆三十六年南□
顯陵議決泗港以殺水勢此港一開勢若建瓴□
無噍類知縣劉繼禮與邑紳衿力爭獲止其事與文載藝
文中 順治十二年潛復理舊議知縣甯鳴玉復爭止
之漢入景界自黑流渡至漁泛泎兩岸沃野歷葫
蘆三灣逕岳家口彭石河抵汩江爲大河中分一
支自牛蹄口東逕淘溪潭乾灘驛出脉望嘴爲小
河上下兩岸綿亘數百里春夏水發浩浩蕩蕩雲際
流來其地愈低其流愈急乃障數千里之水壅於

一河合數萬億之命萃於一堤無堤則無田無田
則無民矣版築之堅非講於暇時倉卒呼助未能
保其完固也昔杜預開揚口 胡三省註引水經注竟陵下揚口水也
通夏水 按夏水出江原無定處應邵十三州記曰江別入沔爲夏水原夏之爲名始於分
江冬竭夏流故納厥稱 受利甚溥今 □已不可考但上流
貴乎下洩支分始得流緩自沙洋一築而荆爲樂
土郢成水鄉 被沈菑今奉 功令晝守經
界嚴加修築譬 水結陣濟河焚舟人自用命
□此邀天之 安瀾田保豐腴正有日也

□八里逾其水分三支一而來 西自南河入南自□
俱會三汊河逕縣城東流趨楊林通便河下枝 流渡入此自石家河
□出會汈寨築城堤家白烏宇等 楊恬堤 漢史稱竟陵
澤楚之材也又桑欽水經注古縣城下有巾水戍
夫戍因水名或疑即保障之類所謂長江天塹古
以爲限者歟

街衢

如以外爲阡陌郭外内爲街衢景邑地勢卑下晴
猶沾濕驟雨時降急溜成河若遇久陰積潦泥深

沒踝輿馬皆不便康熙十九年邑侯錢公永涖任
下令修治甃石平甃極望如砥自堂階以外旁通
四達以至僻巷水道莫不皆然往往雨過塵消著
屐徒行無不稱快焉

十字街 在縣城内近南門如十字形東至東門西
至西門南至南門河街北至北門新□ 惠沮迦
知縣胡嵩築街基修治如砥人甚□
學前街 在城内舊儒學前
三達街 在縣前知縣姜□□

門西涖預備倉
河街　在城外臨義河船舶檣艘俱泊岸下
四通衢　在城外河堤上由南薰門出至鴻[illegible]關口
爲四通衢東通乾鎮驛往漢川西通橫店鋪往京
山南[illegible]通[illegible]泛洚[illegible]往[illegible]河陽北
通皂角市往應城舊路狹隘年[illegible]界址
水瀦處設橋沿道植柳行人便之新[illegible]官道
柳陰其一也
解元里　在城內十字街傍邑解元李登所居里也

萬曆年知縣李濂表曰解元里
烏衣巷　在北城內邑[illegible]士謝廷敬所居里也知縣
方梁表曰烏衣巷後廷敬子奇舉侍御右吏題曰
繡衣巷巷後有陸舟亭
孝子里　在南壇嘉靖初年邑庠生唐賓事繼母以
孝稱有司錄實申請因旌其里知縣李仲僎羅應鵠俱給匾旌獎
涉官舖　即利涉舖堤在縣北舊利涉有大小二
行者病焉嘉靖癸卯知縣李仲僎改修陸路民
志之

[illegible]獻坊　在中衢爲王瑜立
擢科坊　在中衢爲何圯立
鳴鳳坊　在官城村義民張愈爲郭軒立
會元坊　在州司前爲魯鐸立　以上俱廢
司成坊　在南門內正街爲魯鐸立現存
亞魁坊　在南門內爲程鴻立今廢
尚義坊　在縣東分巡道柯喬爲魏經魏裹立今廢
重恩坊　在義河街舊名鳴鳳坊爲徐鵬立今廢
丹山起鳳坊　在儒學前爲魏稟戴虔立今廢

威震華夏坊　在古城內分巡道柯喬爲關侯廟立現存
子進士坊　在阜角市爲李淑李維樾李維標立現存
登龍坊　在縣東爲陶之㫖立現存
綸音疊錫坊　在縣東爲陶中立現存
青雲接武坊　在縣西爲吳文佳吳文企立現存
紫誥重綸坊　在縣西爲吳鏜吳鈞立現存
父子都諫坊　在縣東爲吳鈞吳文佳立今廢

青瑣聯班坊　在縣前爲□隹周芸立□存
少子科甲坊　在縣西爲周芸周命立現存
父子司寇繡衣坊　在縣北爲謝廷敬謝奇舉立現存
承恩坊　在縣前爲周嘉謨立現存
宮保天卿坊　在中衢爲周嘉謨立今廢
四牌坊　在縣西爲徐斌位徐鵬立現存
父子進士坊　在中衢爲李登李純元立現存
黄堂坊　在縣東爲王日然立現存
世荷天恩坊　在縣前東爲陳所學陳所藴陳盛楠

立現存
□□文宗坊　在縣前東爲胡承詔立今廢
□馬坊　在縣西爲刑如綸立現存
陸公祠坊　在西塔寺内爲陸羽立現存
□氏貞節坊　在縣城内東爲陶中妻何氏立現存
熊氏貞節坊　在南城外爲熊維妻陳氏立現存

市鎮

乾灘市　在縣東六十里舊有驛後移彭市河叉吾 乾灘社學今廢
□陽市　在縣東九十里按直陽市有城隍臺會□□河接壤

漁薪市　在縣西二十五里近與於加增午
雲潭市　在縣北三十里今廢
楊湏市　在縣北六十里市與皂市近
長汀市　在縣東北五十里舊爲市久廢有長汀河通皂市
柳家市　在縣東北四十里有柳家河通雲潭風波
皂角市　在縣東北七十里
知縣姜綰皂角市亭記　景□市有五日乾灘石
家柳家楊湏惟皂角爲盛乾灘地濵襄河上下人
稀石家與京山接壤彷彿乾灘柳河北石家稍臨

楊湏生理鮮少猶下於柳家皂角扼楊湏柳家之
衝有水道自東南流入襄河逶邐達於大江通商
賈南仰縣治北連應城東跨漢川西控京山如德
安孝感雲夢市高不與河通者亦有轂馬服胥此
以貿遷有無然壟斷之所法網易疏綰下車獨留
意焉審量衡立市里人情以立禮義以與皂角人
爲亭購碑請紀因言其畧以見皂市爲□之津
會權量爲治道之先務云今俗訛爲秤斗亭其實乃衡量亭也
□之市　在縣西南六十里康熙十九年邑侯錢公

鎮　在花灘驛西成化十三年設

官一員併吏一人知縣張繼宗制字今撤書辦一名皂隸五名弓兵三十名

康熙庚申年知縣錢公永於鎮中設義館一所聘

館師一人歲捐俸錢給之教某都一帶居民子弟

魏廣齡乾灘驛義學課士紀事詩　湛然冰鏡澈

犁叢若個實堪入彀中敢謂當時能倚馬幸從童

子試雕蟲隨車燠色多擕雨比屋書聲應秉風佇

待品題留院壁他年好作碧紗籠

郵舖

一縣各舖司兵徑編共四十六名

縣前總舖　城內更舖十曰明教曰興仁曰孝義曰

履善曰正俗曰明政曰雁冲曰敦本曰蕃庸曰清

政　今縣前舖兵六名　按縣總舖其名相沿日久

漸無可考矣

新開舖　舖係新開不載全書亦無司兵

趙家營舖　司兵四名

洪仕舖　今司兵三名

舖　司兵四名

舖　今司兵三名

槽舖　今司兵三名

桐柱舖　今司兵三名　以上俱往沔陽州路知縣姜繼董立李東改修

利涉舖　今司兵四名

柳家舖　今司兵四名

皂角舖　今司兵四名　以上俱北往應城路知縣李東立

觀橋舖　今司兵四名

橫官舖　今司兵四名　以上俱西北往京山路知縣李東立

橋梁

東橋　在東陽門外萬曆年間富民邵宗易建今議

復修

西橋　在西城門外古名雁橋相傳橋下有棄兒羣

雁翼覆之即陸羽也因名焉萬曆年間邑中書朱

萬祚重建

國朝順治初祁子監生朱運遂復修雷震毀康熙

癸亥年　錢侯永重建石欄宛轉水樹暎帶迴超

而觀立碑於側題曰古雁橋縣丞李名發監造

南橋　在南薰門外萬曆年間中丞徐成位重建孫

光祿丞徐□　重修

清河橋　在北拱門外昔有執政經此策馬不起得孔聖遺像嘉靖辛丑僉憲柯　　地改爲新儒學遂因以爲泮池焉舊有泮橋跨池中其東西爲兩橋先是弘治六年知縣湯貴因中橋舊有亭重建曰保障亭至嘉靖三十年水決兩橋惟存中橋直通往來三十七年推官袁履省中橋築東西橋爲坦道天啓元年知縣程維楧因泮水勞渡併塞兩橋康熙元年水衝泮池與湖相通康熙六年理刑府史諱廷颺同署縣事李馨教諭吳□震合力捐修康熙二十一年水決知縣錢公永捐修如故

北橋　在北拱門外今改爲驛知縣錢公永重修

義河橋　在城南一里今廢

浮橋　在南門外元知府白景亮作今廢

張家橋　在城南十里地名張官畈明初知縣張大麟任籍其地因建橋焉縣民樊昱重建今廢

圓通橋　在東禪寺前邑民樊澗修陶普圓許可立重修

上磚橋　在城北三里

下磚橋　在縣北二里邑人陶堯賓修

石家河橋　在縣西北三十里邑民朱仕建今廢

觀音橋　在縣西北十五里舊橋敝且隘知縣周端改作可通車馬今其地爲觀橋舖

渡河石橋　在縣西北二十里縣民陳榮泰建今淤廢

馬溪河橋　在縣西北三十一里縣義民藏鸞建知縣丘宜云令蒞縣聞鸞輕財重義嘗捨地施棺捐貲修學而設橋置渡乃其一端云

柳家河橋　在縣北四十里弘治十三年知縣周端立　康熙二十二年知縣錢公永率衆重修

高家增橋　順治丁酉縣民郭近陳章張居之募修

津渡

按景邑爲荊武通衢所屬官渡如夜港龍潭灣漁泛滓一日之程便有數渡往時羽檄交馳輒復停驂船戶移時乃濟邑侯錢公目擊各渡船損朽壞渡夫苦乃倡先捐貲并募紳衿里民量力協助將各官渡船修理堅固仍按時捐給渡夫工食從

此咸稱□又便其餘私渡如方家臺黑流渡中洲□
官津等□處雖非差使往來然兩岸居民稠密行商
絡繹從前悉皆鄉民自駕小舟接送貪錢強載多
□人江漲急每有覆溺之患公復捐貲募助共製
大渡船　隻更捐俸四十兩買田四十畝收每年
租稞以作渡子工食及修補船楫之用通詳　各
憲前　撫軍王　諱新　命、批云　錢令因商民病涉
倡捐募助既造船以渡行旅復置田以贍舟子誠
利濟爲懷愛民實政由是擴充將見續奏循良姝

可嘉尚邑主政程飛雲爲之記　文載後
官城渡　在縣東十里
板港渡　在縣東二十里有大小二渡□太學胡來修
古角渡　在縣西二十五里青山湖口
黑流渡　在縣西南七十里
邑主政程飛雲修渡船記　從來利濟之事毋論
大小惟有實心以行之斯成功遠而人受其賜漢
水自鄢郢下逕景邑之西偏爲黑流渡又下十里
爲漁泛港漁泛港之有官渡也以荆潛驛路黑流
渡少偏居民自以葦　接濟歲月深久朽腐破□
不任篙楫涉斯渡者凛凛有羊腸呂峽之恐幾既
濟而後慶再生焉歲庚申爲
皇上御極之十有九年又値蕩平齊瀫滇黔藩
上念荆楚重地景邑爲軍賦絡繹之所□□□選
特簡侍從文學之臣吳門錢公來尹是邦又且賚以
大府之金
內帑之幣俾赴新任極從來未有之數公果感念
眷注矢清矢勤下車之始詢疾苦諮利獘無獘不剔

有利必興其尤者如清逋累詐奸懲除害馬之政
擒伏莽之奸賑飢而食饗以存修堤而傾潰獲免
至於捐貲俸營公署築倉厫修學宮□皆出已所
有無絲毫派累於民雖至窮鄉遠地東如柳河之
橋西如漁鎮之渡無不竭已力爲之至于黑流而
之私渡不屬於官者亦且捐俸倡率命邮子洵縈
司其者李三恒等悉力勸募以共觀厥成也嗚呼
天下事豈不□人哉前此之爲景邑也者頹獘層
□□務孔百千其潰敗委靡不可收拾有如昔　之

朽舟矣今一載以來百廢修舉煥然改觀即思渡[illegible]之扁舟亦有如景邑之重新焉嗚乎天下事豈不以人哉至其買田以給渡子免其需索之擾申詳以禁游兵絕其往來之[illegible]道也或者曰公固清矣不有廉吏清在[illegible]不逮人者乎曰公之清公之才有以濟之[illegible]而不自用其才難才而能爲君父用爲生民用[illegible]世之地方用則更難公之廉以律已敏以行政將何事不蒙其經綸區區渡舟特濟人利物之一端耳

義河渡　在城南一里　又有龍潭灣西門外二渡

十里堤渡　在縣南十里

車湘渡　在縣南五十一里

獅子渡　在縣南五十里今獅子河渺

東尾渡　在縣南七十九里與牛槽桐柱二舖相近

蔡陂渡　在縣南三十一里

芙蓉渡　在縣南八十里

縣北大渡　即大十八里今改路

縣北小渡　即小十八里今改路　按二渡昔涉久

人嘉靖癸卯知縣李仲[illegible]舖官道上

[illegible]家河渡　在縣東北四十里

[illegible]角市渡　在縣東北七十里

漁泛洚渡　在縣西南五十里

淘溪潭渡　在縣東南三十里

按淘溪原非官渡縣義民戴鑾建舟渡自[illegible]此始

石家河渡　在縣西北三十[illegible]生吳貴修

兵防

古者寓軍政於蒐苗獮狩之中所以訓民禁暴其備預也秦漢發閭左遷六郡及唐之府兵宋之軍衛與農[illegible]徵農以食兵隄塞之外凡有城池倉庫者皆設兵衛焉然分撥郡城守之屬員不一崗設也三楚邊徼固稱曠莽而設險聲勢互相聯絡[illegible]江漢下流[illegible]非用武之地然歷覽史傳事蹟可據者備列於左

周敬王十四年吳子唐侯蔡侯伐楚舍舟於

自豫章與楚夾漢左司馬沈尹戌謂子常囊瓦沿漢
且與上下別悉方城外衆毀其舟還塞大隧濟漢
伐之既謀而行子常不聽乃濟漢而陳自小別至
於大別三戰不利庚午二師陳於柏舉闔廬弟夫
槩王以屬五千擊子常楚師亂奔鄭吳從楚師及
清半濟而擊敗之楚人爲食吳人及之敗諸雍澨
五戰及郢左司馬及息而還敗吳師於雍澨傷死
楚子涉睢濟江入於雲中鄖公辛與其弟以王奔
隨明年申包胥以秦師救楚大敗吳師十月楚昭

王入於郢觀吳楚相戰小別大別郢中雲中與竟陵接壤師旅出入之地也且竟陵古鄖國而鬬辛封鄖公又邑故有三澨而敗師乃任雍澨豈非古用武之地耶特載以備考
秦昭襄八年使將□芊戎攻楚取新市又使白起
攻楚拔郢燒夷陵遂東至竟陵戰國策張儀說秦王□□有巴蜀舫船積粟起於汶山循江而□□三千餘里舫船載卒五十人與三月糧一日行三百里不至十日而距扞關扞關驚則從竟陵以東盡城守矣
新莽時天鳳四年荊州饑饉延相侵奪地皇元年
竟陵三老起兵於鄉界新市人王匡王鳳爲渠帥
與馬武王常成丹等共起兵雲杜綠林中地皇二
年荊州牧討綠林賊王匡等迎擊於雲杜大破之
軍攻拔竟陵
後漢昭烈時建安三年九月昭□斜趨漢津至竟
陵留駕河適與羽船會得濟沔
晉惠帝大安二年劉昌作亂荊江揚豫徐五州多
爲所據劉弘遣陶侃攻昌於竟陵劉喬遣其將李
楊等向江夏侃等屢與昌戰大破之
晉永嘉二年七月荊州刺史劉弘以南蠻長史陶
侃爲大都護遣攻昌於竟陵大破之

懷帝永嘉六年正月胡亢聚衆於竟陵自號楚公
以杜曾爲竟陵太守
晉時永嘉之亂杜曾自稱南中郎將領竟陵太守
與弟吾猗分據漢沔時陶侃進軍圍於石城曾突
陣敗之
晉成帝咸康五年庾亮鎮武昌趙王石虎患之以
夔安爲大都督寇荊揚北鄙郡城進據胡亭寇江
夏進圍石城竟陵太守李陽拒戰破之斬首五千
餘級

晉穆帝永和四年十月石虎使其將苻堅大掠竟
陵
晉帝奕海西公泰和三年四月慕容暐將燕慕容
塵寇竟陵時羅崇爲竟陵太守擊敗之
晉簡文帝時苻堅使荊州刺史梁成襄陽太守閻
震率衆入寇竟陵南平太守桓羆·將軍桓石虔與
弟桓石民拒之史又云閻震寇竟陵桓沖遣南平太守桓石虔竟陵太守郭銓等水陸二萬拒之按志竟陵太守無郭詮也史又云武帝太元六年十二月苻堅荊州刺史都貴遣其司馬閻振寇竟陵桓沖遣冠軍將軍桓石虔與石民破之擒振按晉志乃梁成非都貴也且閻名與閻震簡文與孝武名不相同又云武帝時桓沖戍夏口與桓石虔攻梁成等於竟陵

晉安帝義熙八年何無忌爲刺史表以竟陵去州
遼遠去江陵三百餘里荊州所志綏安郡人戶入
境欲資此郡助江滑戍防以竟陵屬荊州
南宋武帝永初時竟陵蠻屢爲寇趙伯符爲竟陵
太守悉破之
南宋時文帝元嘉元年劉胡作亂衆稍散北至石
城竟陵郡丞陳懷真率數十人邀之胡告渴與酒
飲畢自刺

南宋明帝泰始二年[illegible]懷真爲竟陵郡丞邀[illegible]
入城斬首送京師張興世弟僧産殺懷真竊其功
僞竟陵守丘景先聞敗變形逃走追擒伏誅
蕭齊時建武四年蔣元嗣繁伯相率入郢城時竟
陵太守房僧寄被代還至郢東昏侯勑僧寄守之
齊和帝中興元年蕭衍至竟陵命王茂曹景宗爲
前軍進逼郢以中兵參軍張法安守竟陵城
南齊竟陵蠻動文帝遣太祖領偏軍討沔北蠻
梁太清元年侯景陷臺城邵陵王蕭綸討之攻南
陽侯景將任約使鐵騎襲綸敗走行至汝南遇故
吏李素開城納之收集士卒將攻竟陵西魏聞之
遣大將軍楊忠等帥師赴焉綸嬰城自守死者甚
衆後城陷綸被執不屈殺之投於江岸
梁太清三年司州刺史柳仲禮赴臺城竟陵郡守
孫暠以郡叛入於魏守文泰使大都督符貴往鎮
之
太清三年湘東王繹遣竟陵太守王僧辯擊湘州
分給兵糧刻日就道僧辯以竟陵部下未盡來發

矣衆集然後行又 士數經行陣已遣吞
之不久當及繹疑僧辯覬望掞劍斫中其髀悶久
方蘇卽送獄僧辯母入謝繹意解賜良藥得不死
因克湘州
西魏時大寶元年西魏使楊忠鎮襄城經畧江漢
忠克隨圍安陸獲柳仲禮於濮頭盡俘其衆馬岫
以安陸降羊叔孫以竟陵降
梁簡文帝太寶元年正月柳仲禮還孫嵩仍以郡
歸秦將聞西魏省州陵惠懷二縣置縣建興見隋志郎

丙治所沈約志州陵屬甫郡惠懷屬江夏云 改竟陵曰霄城
梁簡文時湘東王繹與岳陽王詧爲敵繹使柳仲
禮鎮竟陵以圖仲禮命其將王叔孫爲竟陵太守
以輕兵師於濮頭詧告急於魏魏使楊忠援之仲
禮敗沒王叔孫因斬嵩以竟陵降於魏
陳永定二年十一月甲子武昌國川爲竟陵郡以
安流氏
唐宣宗大中五年十二月竟陵有賊獲神門戟架
以裴讓權知縣事

宋寧宗嘉泰中詔武臣一體詣廟
明太祖洪武十五年詔天下通立孔子廟頒釋奠
儀
明嘉靖九年禮部議改文廟曰先師廟不宜稱王
罷封號撤塑像題以木主
一設戟
宋太祖建隆二年詔廟門準儀立戟十六枝
宋徽宗政和元年增立三十四戟
一賜祭器

宋文帝元嘉年纔具牲牢器具如上公
唐太宗祀孔顏備俎豆
宋徽宗政和六年賜祭器一副及禮器於闕里
宋高宗加孔廟籩豆十二禮如社稷
明太祖洪武十五年定祭器頒釋奠儀
明英宗令祭丁品物非其土産者以所産代之
明景帝增兩廡祭品
明憲宗增籩豆各十有二
明孝宗用大牢加犧

一嘉靖九年詔府州縣春秋祭祀用八籩八豆
一賜樂舞
漢章帝祀孔子以六代之樂
南宋元嘉中從裴松議舞用六佾設軒縣之樂
唐太宗貞觀年祀孔顏樂用干戚
唐高宗登歌用宣和之舞
唐玄宗開元二十七年詔祀先聖樂用宮縣舞用
六佾
宋太宗詔祭文宣王樂用永安之曲

宋仁宗詔釋奠用登歌
宋徽宗大晟樂成詔頒降肄習用之更撰釋奠樂
章又賜堂上大樂正聲一部
元成宗置先聖祭歌樂
明洪武二十六年頒大成樂章舞用六佾
成化十二年從周洪謨議增佾舞八
明嘉靖九年從輔臣張璁議改正先師祀典樂三
奏舞六佾樂章仍舊
一賜袞冕

唐玄宗開元二十七年追孔子爲文宣王內出王者
衣之
宋真宗大中祥符二年詔加先聖冕服桓圭一從
上公之禮冕九旒服九章[illegible]
宋徽宗崇寧四年下太常考正文宣王冠服加冕
十二旒服九章仍賜鎮圭同王者之儀
一金世宗大定十四年詔從國子監請先聖冠十二
旒服十二章纁旒九就
明世宗嘉靖九年詔撤冕服用木主

據孔子至聖崇加冕服同於王制蓋以天子之禮
尊之也然冕用天子而衮章用上公服用天子而
纁旒用上公其制度互異似非
尊聖之意其撤用木主宜矣
一制木主
一明嘉靖九年從禮官議撤孔子塑像改制木主焉
一至聖先師高三尺三寸七分濶四寸厚七分其座
一高四寸長七寸厚三寸四分朱地金書　四配主
一高一尺五寸濶三寸二分厚五分赤地墨書　十
哲兩廡主高一尺四　二寸六分厚五分赤地
墨書　啟聖公主同四配赤地墨書　從祀

賢儒主高濶同兩廡并地與書其座俱高二寸

分長四寸厚二寸有差

先儒朱濂云古造木主棲神天子諸侯廟皆有之大夫則束帛以依士庶則結茅□□無有設像之事也即丘濬亦云北史有□□塑人之像□塑像固非禮之所許況用以事聖人□□□不經異於之是肖像即作俑一類爲其象人而用之□乃以所惡者强祀先聖先賢其式愆矣□

一御製聖贊

唐肅宗大極元年御製贊一章章八句

宋太祖建隆三年御製贊一章章八句

宋真宗太和祥符二年御製贊一章章十二句

縣志　卷之五　學校志　廟祀考　七

宋徽宗宣和四年御製贊一章章十二句

宋高宗紹興十四年御製贊一章章十二句

宋理宗紹定三年御製贊一章章八句

明太祖洪武二十六年御製贊一章章四句贊曰

德配天地　道冠古今

刪述六經　垂憲萬世

唐宋贊文未及詳録今録明文以□

一本朝釋奠用之凡宗祀所有

朝

康熙甲子冬至

聖駕東巡

幸闕里

御製詩一首

鑾輅來東魯先登夫子堂兩楹陳俎豆□□似見宮牆道統唐虞接儒宗洙泗長入門無松柏瞻拜肅冠裳

御製闕里古檜賦

孔子手植檜在□□之側金貞祐間無復存矣元

縣志　卷之五　學校志　廟祀考　八

至元三十年再茁故處明弘治間又燬於火今所遺者不枯不榮屹立□路而秀色獨異撫摩久之乃作賦曰

維楷樹之靈質實鈞化之所鍾標扶輿之奇特峙先聖之故宮涵元氣以不朽與至道而俱崇爾其黛蘇蒼蒼孤柯濯濯鶴骨初扶龍鱗未儀□萬以方舒類潛龍之忽蟄謝繁采於春華完淳風於太樸天矯蟠勃星臨靈滴枝無界干樛繆葉全稀于梾梾夕飈度兮弗鶩朝旭烘兮如遊伊間氣之

濬濊惟祚爽之咸集徘徊延邨　漣蚳
若佾羽之在列聳簡兮若奐翼　則有銑
崇封沃以膏壤方以周閉角以　細忍歡
給神賞蘿煙奪翠松額失響於是豐固之而攉頡
著感之而抽莖爭蕤於絃誦之里祿於禮
樂之庭朝菌慚兮一旦大椿讓兮千齡上溯亘宰
之功遠契無爲之代均雲行兮雨施等乾始兮坤
載疇則出混茫之中而居耳月之外與三才以並
綿歷禎其長在亦有扶桑海表若木山嶺東瀛

西極揭日摩天迹雖誇於神異植非出於文宣宜
蹝乎其後矣逸無得而稱焉
康熙二乙丑年
御書萬世師表四大字頒行天下製匾懸大成殿中
封謚爵號
周敬王四十一年魯哀公　誄爲宣父
漢平帝元始元年謚爲褒成宣尼父
漢和帝永元四年追封爲褒尊侯
後魏孝文帝太和十六年改謚爲文聖尼父

後周宣帝大象二年追封爲鄒國公
隋文帝贈爲宣師尼父
唐高祖贈太師改先師配享周公
唐高祖武德時以周公爲先聖南面孔子爲先
師西牖坐至太宗貞觀二年從房玄齡議罷祀周公
祀聖孔子爲先聖坐仍舊至玄宗開元二十七年
謚爲文宣王次年孔子始正南面
孔子既正南面則獻官北面宜矣先儒宋濂謂北
面非獻官所宜且非神道尚右之義者何也蓋拘

漢章帝西向再拜及開元初西向再拜之禮故爾
豈知二十八年後已正南面矣其見豈不迂乎
周武后天授元年封道隆公
道隆公封出于女主不應入誌以損聖德然論語
稱子見南子似未可刪因并記之
宋眞宗大中祥符元年加謚爲玄聖文宣王　眞宗丙春
秋演孔圖云孔母感黑精生孔子故稱玄
祥符五年改封爲至聖文宣王
元武宗元年加封爲大成至聖文宣王　即成宗大

十一年[illegible]

明太祖洪武三年詔封孔子爲大成至聖文宣王

世宗嘉靖九年改稱爲至聖先師孔子

[illegible]日作之君作之師君師一體共[illegible]二也詔於

[illegible]師無北面豈可以王爵[illegible]王且

[illegible]況公侯耶今去王公侯號及大成文[illegible]等稱

稱至聖先師其於君師並尊之道宜矣

啓聖封號

宋真宗大中祥符元年追封叔梁紇爲齊國公

縣志　卷之五　學校志　廟祀考　十一

元武宗元年封叔梁紇爲啓聖王

明嘉靖九年改封叔梁紇爲啓聖公孔氏

一從祀稱位

明嘉靖九年改四配稱國爲某聖某子　改十哲稱公爲先賢某子　改兩廡從祀封稱爲先賢某子　改歷代從祀封稱爲先儒某子　改啓聖祠兩配封稱爲先賢某氏　改啓聖祠從祀封稱爲先儒某氏

按春秋二祭月用仲仲王晝夜分時之正也日用丁丁爲陰火文明之象也此所謂祭義也

州縣釋奠至聖文宣王儀

時日

州縣以春秋二仲上丁釋奠至聖文宣王前一月檢舉關所屬排辦

齋戒

前釋奠五日應行事官執事官散齋三日治事如故宿於正寢及期質明赴祠所獻官（即今主祭者之稱）以州縣長吏（闕以次官充）已齋而闕者通攝行事

縣志　卷之五　學校志　廟祀考　十二

陳設

前釋奠三日有司設行事執事官次於廟門外隨地之宜前二日有司牽牲詣祠所前一日掃除廟之內外釋奠日丑前五刻執事者陳幣篚各於神位之左次設祭器掌饌者實之每位各左十籩右行以右爲上右十豆爲三行以右爲上（明憲宗[illegible]籩豆各有二肅宗止用八籩八豆）俎二一在籩前一在豆前簠二簋一在籩豆外二俎間簠在左簋在右設犧樽四象樽四爲二重在殿上東南隅北向西上又設諸從祀

香再拜除再詣盥帨如初詣爵洗南北向立洗
以授贊升詣尊所西向立贊以爵授獻官司尊舉
羃酌酒獻官以爵授贊俱詣先聖前獻官北向跪
贊跪授爵獻官[illegible]三祭奠爵於籩之間俛伏興
少立祝詣獻官之左東向跪讀祝訖興復位獻官
再拜次詣盥洗爵如初洗詣配位爵訖贊者以盞
羃捧升酌詣配位如初儀但不讀祝獻官復位當
獻官詣配位酌獻時贊者二人各引分獻官分行
東西從祀禮盥洗以下并如配位之儀東先西後分獻

訖復位在位者皆再拜退
獻　贊者四人
分獻二人　贊者二人
祝
掌儀者
司樽
一　廟學制度
舊儒學在城內西南隅
宋
治平年創治學宮
元
至治泰定間次第修
順帝至元四年戊寅沔陽郡守安[illegible]縣忽都
[illegible]不花教諭傅珪重建後燬於兵
明
洪武三年庚戌重建儒學
正統十年丙寅知縣顧行教諭翁善復建
成化十六年庚子知縣姜綰撤而新之

弘治十二年己未知縣周端重修
正德十三年戊寅知縣李東修
嘉靖七年戊子州官任佃十年辛卯同知歐賢署
山縣丞金文默俱修
廟學在城外正北方
明嘉靖二十年辛丑僉事柯喬謁廟見地窪水積
遷北門外清河橋北
廵政司參議應城余胤緒記[illegible]先[illegible]陵縣學在城
西南隅國初循宋元舊址重建嘉靖辛丑分巡副

事燮華何公喬牧　學興圖[illegible]
延諸倉頹敗欲更新，師[illegible]力以城北倉基
請余曰先年有兆政經此其馬鳴伏寶之下遂
擴地得[illegible]刻乃先聖遺像吳道子筆燮華與同[illegible]
曰學可已乎乃度其廣狹定其崇卑[illegible]地組
延者以他地易之務實其規模士民樂[illegible]其工
日以千金計冬十一月吉旦始事建大成殿於其
中殿前為戟門又前為儒星門又前清河橋為遂
池左右鑿泮池仍為兩橋以通民物往來橋西下

縣志　卷之五　學校　廟祀考　十六

俱可行舟通東西湖中[illegible]即衛縣北門殿之左右
為[illegible]為明倫堂堂左右為齋齋東西為號以居
學師而啟聖名宦鄉賢各分祠於東西堂之後為
風乎亭亭之左右為號房以便藏修又買學[illegible]
地三十丈餘為射圃凡五越月而工成分[illegible]其事
者府倅督子曰孝州倅袁子洞縣侯楊子應[illegible]縣
丞周子儀縣[illegible]馬子崑學諭孫子琪楊子紹與典
史宋子[illegible]稷其[illegible]而建檄一亭石關千以尊聖謨
勒夫子遺像以垂韓佩。[illegible]廟於鍾秀樓後

以為古城之衛　縣侯李子仲傑繼與學[illegible]
事者少野傅公汝舟凡縣所傍事尚未得者
如區畫社學租師生試資之類悉力行之[illegible]
爰俯命李子仲傑學諭袁子道狀屬余氏[illegible]
[illegible]始末
國朝　順治十八年辛丑[illegible]御史　公諱劉文燦[illegible]縣人
[illegible]學重建　按[illegible]景學重建前後俱[illegible]辛丑歲志是補　公曰欲此學可已乎至是其言盆驗三
文廟中為大成殿　前嘉靖辛丑歲僉事柯公喬移
學創建至順治六年己丑歲十月初七日大成殿

縣志　卷之五　學校志　廟祀考　二十

忽轟然右聲如雷隱隱紅光燭天[illegible]是
歲南殿兩廡焚燬雖同時兩廡戟門神庫　齋
所宦祠俱就焚署縣經歷崔鹿鳴同訓導鄧[illegible]
撫　至聖木主而出置明倫堂春秋二祭俱就此
行禮順治十七年庚子十一月朝巡按湖北御史
顧　諱豹文　分守荊西　上　諱廷安　推官黃　諱孝先
同謁文廟生員[illegible]　述吳琪[illegible]庠毛偵等以重
修大殿請仍將閣學士[illegible]倫等[illegible]係舉人優
貢銀兩助工各憲俞允興[illegible]　會同湖七學[illegible]

空懸展止尋山閔叔之肝無累荷衣蕙帶偃蹇仍
纏萬卷三冬優遊棣蕚連枝頓姜被之教以成名
同氣述田荊之愛而胝涕殁後永思如此當年隱
德可知宜申藻絜芹香之薦用招蘭芳菊秀之魂
非惟聲宗雅頌從此有光且使泮水蘋蘩差稱不
俗侶季珽於一室共酌清泉懋伯敬於九原同歸
白首　崇禎辛巳年季秋月日行
督學鄭公諱僑胡公崇祀鄉賢看語　看得[illegible]
故庠胡承諾賦姿高邁秉性端凝文成髫齔之年

縣志　卷之五　學校志　廟祀考　十

奇才蓋世哀毀塊苫之日至孝感人擴興義於六
經淵源如接斥異端於氏學術堪師桂苑蜚聲猶
殫精於著述銓曹辭禄終藏志於丘園傳出水之
浮槎瘞旅紹陽明之德惆無依之窮族捐田續文
正之風論其始終哲人無媿核其名實從祀攸宜
督學鄭公諱僑吳公崇祀鄉賢看語　看得[illegible]
前庚午科孝廉吳驥者德器溫恭風稜嚴恪髫
年博學擅擬天綸日之才弱冠成名播清廟明堂
之譽靈芝之異產元王孝因此顯彰黌序重新斯文賴

其可比乎景頫形勝甲乎全楚邇者大成殿告成
兩冷蓼衍御古前貢司李　兩文宗倡邑侯劉翻
先學傳王天赤兩公起而同搆之誠盛典也泰明
承憲　淩躋墍修越惠　堂門多矣昔王文考
賦靈光　平叔賦景福咸因城覽獻頌裁員前休
兄忝以下士執管應　命附條訊除之役者敢不
載筆濯詞揚
厲盛舉乎
繄楚域之竟陵兮載禹貢而尊三澨峙霄城其
在望兮隸復州之占衛紛巾析以相合吐兮襟西
江而統帶㵐從五華而建風國兮系必藏以兆書
言文明之首都兮服習聖教而滴替也爾乃
皖蜒吐秀透迤鍾靈扶輿而占勝槩兮表慕嶨

縣志　卷之五　學校志　廟祀考　二十

於孺星翼兩湖若環列兮規泮月而剖珪形蹈清
河而圜橋門兮應國號而負求寧藉殷會其成基
兮象米廪之在虞廷燦聖像而聯卜禑兮氣崢嶸
而森典型何上天忽喪斯文兮斲泰岸而焰焚熒
抑玉屋化鳥而流火兮燃青藜以照羅六經爰是
帝簡柱史繡斧巡疆拜瞻禮聖拳修是倡爾乃度
原隰相陰陽酌豐約準低昂微材徂徠取楨榦章
門闕延英室宴披香開天祿兮列石渠朱金馬兮
啟丘堂佑約陳兮潛正位宅紫薇兮御中

乎而在城亦衆氏以法充兩門[illegible]其[illegible]
[illegible]王其正中則[illegible]十丹[illegible]
[illegible]房[illegible]天[illegible]之[illegible]
[illegible]
[illegible]
[illegible]餘音[illegible]於二月[illegible]
[illegible]
[illegible]百官[illegible]
[illegible]

縣志　卷之五　學校志　廟祀考

[illegible]天[illegible]行[illegible]
[illegible]之人[illegible]
[illegible]
[illegible]
[illegible]
[illegible]
[illegible]
[illegible]
[illegible]

政教之本不加崇飭無以率衆而明倫堂朽墜特
工宜急越明年督修不踰時告竣申懸
生諭朱版金書每月朔望大集儒生紳衿耆老鄉民
推諸生二人陳志忠毛貞講
生訓數條率以爲常而景邑風化丕變矣明倫堂成
公自爲記勒諸貞珉以示後來文載後旋復丹雘聖
殿創建兩廡若名宦鄉賢二祠癈墜已久公爲特
建以至戟門櫺星門煥然一新煌煌乎璧宮泮水
俎豆冠裳焜耀瞻矚矣公復製文勒石垂諸遠久

縣志　卷之五　學校志　廟祀考　三十三

繼此者其踵而新之以無負公經始之意哉
知縣錢公永重修明倫堂碑記　古今治天下國
家之道莫不本於學自　國學以至天下郡邑莫
不皆有學夫學所以正人心敦風化俾士子日講
習其中曉然知綱常名義之所在有以感發其至
性而防制其匪彝從來經濟大儒學成而任天下
之事履常處變卓然自立能無所搖奪者蓋繇其
平日見理明確彝倫敦厚故也然則士胡可一日
無學學之有明倫堂又胡可聽其蘼圮哉景之治

育賢坊　在戟門東知縣丘宜修建舊廢今建不坊

拔俊坊　在戟門西知縣丘宜修建今廢

泮池　舊有泮橋跨池中東西爲兩橋須程來嘉靖二十年水決西橋崩惟中橋直達後來三十七年推官袁履省中橋築東西橋爲坦道天啟辛酉知縣程維楧以泮水不宜外瀉塞東西橋更樹石欄馬有碑記之是年二月春泮池水湧躍數丈許有聲如雷有物如龍蜿蜒行水上逾時衛不滅闔邑觀者如堵此異人將出之兆也次年春榜劉必達

舉禮闈第一人教諭游文聚有泮水呈祥賦

按邑自明設科以來景兩會元前爲魯鐸後劉必達歷年一百二十餘年值壬辰先後不爽亦異哉

射圃　舊圃在城內學南成化壬寅知縣吳銘立提學副使薛綱有記今徙置新學東爲圃爲地東西三十餘丈貿民湯翰移入於學今圃亭俱廢亞聖後[illegible]

提學副使薛綱復射圃亭記　陵射圃在學宮前蓋令學隙地爲之也縣尹吳君紹觀志復古而

祝　松　進士以城死節郢民祠之

胡　俊　進士官至參議　黄　鍾　舉人崇寧

李　慶　歲貢官至鹽運使　呂　中　[illegible]

廖　訓　舉人教諭　王　瑜　舉人

何　玘　舉人教諭　郭　軒　舉人知縣

程　魯　彭　舉人知縣　鐸　會元禮部侍郎諡文恪酒贈禮

程　鴻　舉人　徐　麟　進士贈中憲大夫

謝廷敬　進士刑部郎中　徐成位　進士都御史

周嘉謨　進士吏部尚書太子少保　陳　[illegible]戶部尚書議大夫

胡　早　貢士教諭贈中大夫太僕寺卿　魏　濂　陝西階州學士

陳　暹　諫議大夫　王以義　助教

胡承詔　進士太僕寺卿　鍾　惺　進士學憲僉事

譚元春　解元

國朝

胡承誥　舉人知縣　吳　驥　舉人

程飛雲　解元會魁工部營繕司主事　譚元方　舉人歷任江南安廬兵備道按察司副使歿後三十五年丁丑春始奉督公諱宏譽憲撤崇祀鄉賢以副梓里追思看

以上載在祀典各有本主履歷詳人物志不
按鄉賢自崇禎而後祠無特祀邑生員劉枝於
午年具呈公舉古今當祀者十八人蒙督學高
泰批准行府縣查報議於次春入祠以鼎變未
今錄俟采行

漢

漢濱父老　漢桓帝臨竟陵百姓聚觀父老獨不輟耕尚書郎張温問之父老曰子之君勞人自縱何忍觀温大慙問其姓名不告而去

唐

鄒夫子　唐陸羽於天寶中負書火門山從鄒夫子墅即此也

明

魯思　號淨潭有理學不仕　　吳文佳　號鳳泉山詳李
陳所學　號志寰孝友端方理學自持鄉里化　　鄒昌言　號劍南代詳李紀楨誌
熊寅　號念塘以孝養母致白兎烏雀之異　　李純元　號咸叔和易山簡驟穉登垣
夏良卿　號麥岩清方自守舉官不仕　　劉定　號秋濂方正自棄官不仕
鄒學孔　號象齋修身正裕啓迪後人　　程崇儒　號常庵文行理學為時推重
鄒洪孔　號景南事母孝兄敬多善行　　吳文企　號白雲警敏有學諸譚元春誌

棫之仁彼閩海之繁桃李之蔭甫辭武夷以返棹
遽赴玉樓而修文冲寂自持庸俗鮮悉其便概簡
遠相尠知已稍得諸形容本道企慕艮深惋惜滋
甚風流頓盡猶幸文采宛存大雅可[illegible]肯令幽芳
長掩況客詢梓里正切耆舊之思豈於[illegible]庠宮可
綴昔賢之享　崇禎丙子年孟夏月日行
附譚公崇祀鄉賢檄　督學僉事高公諱世泰批詳
看得已故解元譚友夏先生至性絕才清文篤行
孝友類元紫芝而風流獨迥介潔如孟東野而潛

岩不群觀其早孤抱多傷之感報毋啣罔極之悲
有觸必宣無聲不咽每披遺句輒重泫然本此深
淳散於筆墨栽心苦調奇唱幽情篇闡師友則鄭
重流連語涉弟昆則纏綿悱惻山水增其窈窕絲
竹遇而高閒可謂風兼哀樂豈徒體變齊梁若乃
闢蘙叢遇莊數篇神傳蝶夢揖古人於煙霜氷雪
之中開後學以靈朴蒼寒之緒微言可尋伊誰之
力又復褆躬肅括鑒物淵衷蹤多閉戶徐穉之榻

以不墜龍蛇筆走彩毫五色呈花星斗胸蟠腹笥
七襄綴錦好施而行之慷慨情無間於親疎解紛
而佐以和平交[illegible]新故家傳型範不愧端人
體被芰荷寧懈高、參輿情之悉協宜祀典之攸崇

督學鄭公諱僑生[illegible]祀鄉賢看語　看得、
故官程飛雲至性過人逸才曠世賢良方正允符
前漢之科孝友睦婣無媿成周之選冠楚材而策
名廷[illegible]　王音[illegible]士無雙宰巖邑而報政民和輿
誦治行第一蓋自利圖桑梓言平里賦於上臺及

乎爵列皇華更矢冰心於郎署於家於鄉於國爲
善皆同　德曰言曰功並稱不朽謝公養望但留
清白家風帛氏傳經還裕[illegible]緗世業蓋棺已及三
載投牒竟如一[illegible]採月旦之評典型斯在秩春秋
之祀風厲何窮

督學岳公諱宏譽　譚公崇祀鄉賢檄
看得、陵縣故官譚元方品立躬修學成家教祖
父積德門之慶類王家之世守青箱弟兄擅華國
、英羨謝氏之庭盈玉樹始魁蕊榜早領花封從
嬰城值國事艱難之會忘軀却賊矢平生忠孝
之心任再調於汝陽治一同於高苑既而洪波[illegible]
挿能役陽侯巨浸安瀾不阿河伯擲州符守胥聞
神顯羅池廬郡賢君立見妖濤遺黨偷安[illegible]比安
衽席於瘡痍副憲河南奠井疆於兵燹崇身而退
守順在
興朝定鼎之初全節以歸保哲在勝國抽簪之後
清風惠政豈徒宦迹可傳郵難急公抑亦鄉評足
據不忘恭敬尚有典型歷造次顛沛恒於斯郎微

行細節類如此雖係舊邦遺獻足光
聖代採風俎豆桐鄉既信口碑載路絃歌欒社猶
彰公道在人論已定於蓋棺禮宜躋於從祀事經
核實例合施行

敬一亭　在明倫堂後知[illegible]仲傾建

尊經閣　在敬一亭後邑中書舍人唐堯舉朱萬祚同建

風雩亭　舊在堂後西北隙地有學井今廢

號房　在風雩亭左右以便諸生藏修者今廢

戟門　在大成殿前順治己丑燬辛丑司李黃公■
尊光捐資重建生員鄒韡李光術劉翼孫吳序等
募修生員龔仲升吳泰等督工告成
櫺星門　在戟門前舊植以木邑中丞徐成位同鄉
中書舍人唐賡卿者邵宗易更樹石焉
教諭易體震字起潛宜都人櫺星門說　先師廟制自正
殿而南有戟門有櫺星門戟門始宋建隆年准儀
立戟學者類能言之至櫺星則弗解其義按釋文
云櫺者楯門牕隔也班孟堅西都賦伏櫺檻以俯

牕亦牕隔之証也文選詩云曲櫺激鮮飈韓昌黎
詩暑夕眠風櫺蘇東坡詩皎如明月照牕櫺俱指
牕隔言其名星何居陸放翁老學菴記牕隔縱横
相間名星眼近時蔡京省去横隔更名太師牕以
此知牕隔古名星也今之戟門古爲櫺門制用櫺
牕格撤去障板取闢門求賢之意其兼取星者同
於王制尊之至也周禮有皋門應門又有闕門雉
然中闕上縣治象讀之象魏自漢以來天子正門
日端門後世用天子禮尊先聖爲櫺星門即今所
云宸居法宫是也按井石諸經無有櫺星其名取
此蓋有深意若曰聖教昭於日星内外通明矩燿
方正猶天之不可階而升也漢明帝臨櫺門觀聽
漢靈帝設鴻門都學此自一代之制若櫺星則自
宋紹興以迄於今相沿匪易殆與魯靈光巋然獨

建亭於上高敞壯麗視其志豈徇目前計哉今日
緒率諸生來曰射圃有亭矣願有紀述勸其堅砥
琟諸永久庶幾古存乎識禮之意也嗚呼予文豈
足存禮哉予嘗讀儀禮禮記而知其說古者鄉士
大夫之射也必先行鄉飲酒之禮所以明長幼教
和敬也觀所謂拜至拜洗拜旣則敬之至也請安
請坐旅爵則和之至也和敬之教行長幼之序明
身修家齊而國天下治平也故孔子曰吾觀於鄉
而知王道易易者此也予奉璽書督學湖湘痛古

制不復下車首圖是舉聞西江康齊吳先生講明
是禮以教郡縣予遣兩生從九江學之以歸即命
有司築亭圃置射器俾諸生剏習之不二年
閭亭圃有鞠爲蔬圃者其肄習可知已使得如緒
者數十輩分布湖南郡縣亭圃不蕪圃也飲射
必不廢文也何謂古禮不可復哉夫從古非徒誇
弓執爵從其儀文焉而已亦惟復其禮樂和敬斯
不負古先王之意此又諸生之責也予與緒之望
也

石屏　在泮池前順治壬寅水衝屏壞康熙丙午
翰林院檢討譚纂首倡募修生員龔仲升督工告
成
石欄杆　在泮池過圍嘉靖年知縣李杞倡立崇禎
年邑太學生胡來俊重立順治甲午年知縣寗鳴
玉同教諭吳景祉屢修康熙元年水決池圮五年
冬教諭易體震亟議修築生員劉真孫吳昇吳易
毛倣等合請安陸刑府史公諱廷颺獨助撤修生員
吳存龔仲鵾捐冊具募生員龔仲升程之璜督工

告成康熙癸亥水決復圮知縣錢公永重修
學署　在文廟東嘉靖辛丑年移建
漢武帝始詔天下郡國立學校官元帝時詔天下
郡國置五經史平帝光始三年詔天下郡立學縣
立校置經師一人鄉立庠聚立序置孝經師一人
景陵於漢時爲縣也宜立校學庠序置經師一人
矣
後魏獻文帝天安初詔郡置博士三人助教二人
學生六十人　於魏時爲郡也宜置博士助教
學生如其數矣
唐開元二十六年詔州縣置博士助教各一人
於唐時爲州復州也宜置博士助教一人矣
宋景祐四年詔藩鎮始入學慶曆四年詔諸州路
軍監各立學置教授以經術行義訓導諸生掌
其試事而糾正之或兼官或舉士人委於漕司熙
寧六年始詔諸路學官兼委中書門下選差縣官
置博士助教各一人謂之主學官　於宋時爲
郡縣也宜置博士助教一人矣

按誌宋時有施師懸爲德祐年教授揚文仲爲寶祐年教授俱任復州路與慶曆年詔制合其應學年傳士助教無姓氏可考誌稱宋時有陳嘉言　陵人爲郡學諭開禧二年金兵陷陵祇執死難入鄉賢中今附記於此
元時詔縣置教諭一人又立學一人掌錢穀教諭
聽行省及宣諭司劄付或命於禮部曰教授始受
職朝廷學生額十五人或盛也至五十人俱受餼於學　於元時爲縣
也宜置教諭直學各一人矣
按誌元時景坤厚記至元年有荊門傳珪爲　陵教諭又泰定時有教諭孫康者姓氏猶可考也
明時詔置教諭一人訓導二人齋夫六人膳夫四

入門子二人學書一人洪武十五年令縣學一
人日給廩膳仍免差徭二丁宣德中增廣員數如
正額不給廩膳為增廣生正統十二年復選俊秀
附學肄業為附學生　於明時為縣也其置教
諭訓導如數矣
一按志明時天啟年奉裁訓導一員
國朝初置教諭一員訓導一員生員無定額後奉
旨裁去訓導一員歲科並一考生員大縣十五名復奉
旨大縣止五名今奉

旨復訓導一員科歲兩考大縣生員每考各十五名
學倉　舊倉在城內學東南隅知縣姜綰立今倉基
一在學後未建歲編斗級二名
學基　儒學新基在清河橋北嘉靖辛丑歲僉憲柯
一喬易民地併廢縣義倉地而裒益焉其地為鎖形
一計丈量過四十三畝二分五釐　按學西地基舊
一被豪橫侵占天啟年知縣程維棟任贊化勘明始
正經界云
知縣程維棟勘學地牒　夫學宮之地所謂聖域

入坐落中家臺者推官袁履斷入久已無考
用共二畝廖家壋十二石五斗柳家河四石零廿
田除納賦轉縣外餘租貯倉候　學道取給寒生
考之學田之設莫盛於宋之景祐每詔一處立學則賜田若干頃盍養士之典蘇東坡自後無改考元修學記有云汚陽州守及都安侯朝列到職勸課視劃隱伏得豪户規占乾淡學田者八九人皆服罪見坡露首服視舊租入倍得為石者壹千四百有奇以修學宮及考姜志尚有學田二區而今則寸壤無存矣任侯蒞政言念多士為之經營時有胡劉兩生質成不央願輸其田以為學田一申詳院道府批送本學遵依除完錢糧外餘租以備學政之用仍聽查盤
義學　在縣南一里義河邊成化十七年知縣姜綰

建以教民間子弟且以縣前官地舖房二十間收
租納學中給師生弘治十四年知縣周端重修嘉
靖三十七年鬻於居民舊址在丹臺觀旁　綰記
一姜綰義學記古者井田法行教在其中自壞井田以來富連阡陌而陵蔑倫理貧無立錐而不暇治禮義教在養外也綰幸生逢文運寄教養職於景以鄉學未立乃度城南隙地為學以教之教而非養與無學何異耶故賦官田以輸於學師則月支米一石歲給銀十兩使教子弟貧富俱許來學而貧者給以紙墨使學有定志所以教者小學一書其要在於明倫其本在於敬身月考而歲試之間有俊秀者則升於庠以進乎修己治人之道也使若富若貧咸得以學亦庶幾乎義焉耳
東邑向有義學社學明成化間縣令姜公綰建久

廢嗣後無復議修者錢侯永蒞任□獨□□□
修治學宮復設三義館　在縣治東以教附郭
外之子弟西南則設於漁市東南則設于乾灘民
間子弟有志向學者㫖　貧富咸許負笈受業焉
□師於館者捐俸錢給之洋洋乎絃歌達〈于〉四境矣
社學　上白村十六學　下白村十七學　雲潭村
□十六學　官城村十二學　方樂村十二學　□
黄村九學　附城村二學　在城村三學　共八十七所
成化十七年知縣奚綰勸民創立擇通文理□
縣志　卷之五　學校志 社學考　四十六
師盃古者二十五家有塾□上老庶老以教洒
應對進退之禮六甲五方書計之事即古鄉學
制也弘治十四年知縣周端重修順治十八年
憲王公□議復遵　部議舉行　按明太祖登極年詔府州縣每五十家設一社學選師以教子弟
乾灘社學　知縣奚綰有記今廢　乾灘自興學
魯祭酒鐸周少保嘉謨薛司徒□所學魏觀察士
諸公相繼而起至今□□□登名籍仕語盃
藏云

綰記　邑義學成而四境受者□
弟意如乾灘亦其一也綰以公務□
而爰爲教亦得入大抵倣義學制爲之
兄環門而觀四進諭之曰若輩可謂知□
弟從事於此小學功成舉之大學則登名□
分內事也群拜且請願刻諸石以垂不朽乃□
其說以遺之
夢野臺書院　在縣東□內邑祭酒魯鐸讀書處
扁額爲太師李東陽先生題也
縣志　卷之五　學校志 書院考　四十七
魯鐸記略　倣廬東隅有地焉自平地視之高丈
其上有古臺自其地眎之又高丈許臺曰夢野裔
諸於此登望可盡雲夢之野故名予緣病得請買
而治之爲休養之所於臺之西爲屋數楹兒輩及
族子弟讀書林壹間老西涯翁題爲夢野臺書院
自書院以東別設關鑰凡子入則童子及府爲人
莫敢呼雖呼亦不復聞故池臺林亭諸屬自爲一
區又鐸詩叅買東隣宇囊空猶倖全廡間分巷陌
或裏得山林每椒險全一廡堂署不使一臺臨官

里野色上吾琴、

東湖書院　在東湖岸祭酒魯鐸讀書處也。

文恪魯公鐸書院詩　讀書堂下日如年門外

淺灘夜泉乞耵漁竿頻煙京丘園誰道獨無權、

山園書院好峯多行處新詩日幾何中有幽棲人

不到綠蘿深處白雲窩

縣志卷之五終

志以魚罟耕耨爲業而少積聚

又云耕尚鹵莽雖廣種而薄收婚娶禮文毋多賫而

少娶疾瘧則歛貲相卹死喪或歌鼓相舞

論曰孔子曰移風易俗莫善乎樂言聖王統理人

倫必移其本而易其末壹之乎中和然後王教成

也論者云楚之地蔓其俗蕩其政宜輯斯言得之

矣

古蹟

風城　在五華山古風氏之國相傳伏羲之後封於

此故有伏羲廟在山側按左傳任宿須句顓臾風

姓也杜預註四國伏羲後封近於齊皆處河肅也

則今風城非伏羲後矣故宋胡明仲諸寔寧宴國子也弟箏云

記不及此蓋亦疑之也或云須句氏封此俟考

又按帝王世紀云伏羲之後女媧氏亦風姓也女

媧氏没次有大庭氏栢皇氏中央氏栗陸氏驪連

氏赫胥氏尊盧氏渾沌氏昊英氏有巢氏朱襄氏

葛天氏陰康氏無懷氏凡十五氏皆襲伏羲氏風

姓之號或曰黄帝時有風后相春秋時有風胡子

與水經巾口水西竟陵故城相合意梁置沔陽郡遂省雲杜而徙竟陵於此爾　又按水經沔水又東逕左桑湖三省史註左桑在雲杜昭王溺處言百姓佐王喪也又雲杜有横桑晉於竟陵置横桑戍按戍者城且也雲杜城在竟陵或取此

古竟陵城　州志在縣西北三十四里　水經注巾水又西逕竟陵縣北西逕揚水謂之巾口水西有古竟陵大城古鄖國也鄖公辛所治所謂鄖鄉矣昔白起拔郢東至竟陵即此也秦以為縣矣今在石河西有城相傳即古竟陵大城云

竟陵名昉於史記世家漢興因以為縣秦漢止一竟陵也至晉以下郡縣各稱同名後置復州或治沔或治　則竟陵始不得洸稱矣

魯公城　在下白湖村本土臺名之曰城相傳魯肅屯兵於此

按三國志吳孫權遣魯肅至荆州行[illegible]夏口聞曹操向荆州兼道至南郡表子劉琮已降曹或取道由竟陵云

雲夢城　故志在縣西即古雲夢澤按漢桓帝延禧七年正月戊辰桓帝幸竟陵過雲夢臨沔水則雲夢與竟陵不遠也又沔志郭璞云安陸枝江皆有

在淮泗齊魯間不在　陵也况唐皮日休已有城暮雨詩不應唐人能用宋事然今邑人多呼雲城既蓋本漢晉霄城縣治耳宋史畢再遇未嘗至竟陵且笑城詩本必日休所作或者霄城訛為笑城也姑存備考

霄城　隋書竟陵舊曰霄城隋置竟陵郡蓋晉元帝年分江夏西部置竟陵郡領霄城縣與竟陵縣至西魏改竟陵曰霄城或併竟陵而入之又梁史范雲傳以佐命功封霄城侯則竟陵即古霄城縣通稱也

章山　漢書章山在竟陵東北　按荆門安陸漢川治俱有章山未知孰是今按荆門在縣西漢川在縣東惟安陸縣屬德安府在縣東北頗與漢書合此即禹貢內方山其麓俱　陵而竟也

巾戍山　晉恭帝元熙六年秋八月竟陵郡上巾水戍山得銅鐘七口言之上府即此山也　按水經注巾水出縣東一百九十里西逕巾城下即巾水戍今不詳所在詳見前山川志

東岡　在縣東七十里夾松石華嚴二湖間陸羽嘗居於此叅酒曾鐸世家焉宋祁新唐書隱逸傳陸羽號竟陵子又號東岡子

三澨水　禹貢漢水又東爲滄浪水過三澨入大别是也註云在今郢州長壽縣磨石山發源東南流者名澨水至復州竟陵縣今不詳其所在

禹貢三澨水除蔡志外考志書據蔡沈註以磨石山發源者爲澨[illegible]出山蒲圻寺又南爲夏洋港邐楊家滓合長灘小河此一澨也一以馬溪河者

爲澨（馬溪河在陵）益馬溪河發源趙横寺黑龍洞迴而東流南邐馬頭山又東南爲官橋又東爲馬溪此一澨也一以石家河者爲澨（石家河在陵）益石家河發源空山峒如意寺茸家冲爲夔河口爲雷公潭邐白土苑又東南爲石家河而以石家爲巾水馬溪爲揚水以澄水邐龍陂邐郢此又一澨也（前山川志未詳今附見於此）

巾水　柘水　揚水　史記竟陵澤楚之材也按水經巾水出縣東一百九十里又龍陂水邐郢城東

文學泉　在縣西北隅一名陸子井陸羽得泉於此茶故以名井羽嘗以文學稱故又名泉　按陸井湮沒年久舊志謂在西禪寺不得其實嘉靖庚子僉憲柯雙華公令人[illegible]錐地博求無蹤因構陸子茶亭于西禪寺并列茶經以寓尋陸之意嘉靖巳未知縣丘宜視閱城址召民塡築獲得井於城西北隅二十餘步官池内口徑七尺深近百尺中有斷碑癈柱字刻支公乃眞陸井也豈清冷之蹟出處顯晦固亦有數存耶丘擬構亭其上而至今

未有舉行者

宋王禹偁詩　甃石封苔百尺深如今嘗味少知音涓涓泉底中宵月倘得先生一片心（故王禹偁爲[illegible]州守常過竟陵遊此）

萬人泉　在城南門東二十步口徑七尺五寸可飮萬人故名又日萬八井今井巳湮無考惟有井口

巷

玉眞泉　在縣北六十里玉眞觀

[illegible]釜洲　在西湖中以形似因名陸羽故居也唐爲

西塔寺裴廸詩曾經陸羽居即此

廣教院　在覆釜洲上唐爲西塔寺今爲乾明寺也

琢珠坡　在縣西五里土中有珠相傳有敗珠者覆舟於此頗著靈異鄉人祀之坡側又名覆船岡今祀無聞

夢野臺　在縣治東南隅高而且平亭在臺上宋景祐中復州刺史王琪建有記謂一目可盡雲夢之野故名晏殊宋祁吳育孫紡石延年皆有詩舊志未録無考惟宋張耒字文潛譙陵詩高甍巨桷壓城闉平視如將七澤吞幾度春光招宋玉碧闌干外獨

消魂　按夢野臺爲魯祭酒鐸讀書處建書院其中今廢焉邑知府王日然購得之在宅內故無遊覽者

花臺　在縣北三十里週圍五丈高一丈二尺不知何代所築知縣姜綰有詩新增十景有花臺曉日即此

姜綰詩　爲尋春信過花臺獨有寒梅帶雪開一段暗香良可愛何時移向上林栽

撒花臺　在縣東南六里廣百餘丈嘗有異花撒焉今無考不知所始也

境會亭　在縣南宋祥符中因剏鼓角樓掘得一石

賦界乃古疑塚也又縣東有銅塚在漢川界亦十疑塚

李運使慶墓　在諸葛嶺布政何喬新銘墓以挽詩焉

何喬新挽李慶詩　奕奕靈宗遠汪汪雅度寬黃堂賢別駕粉署老郎官清氣金莖露芳聲楚畹蘭姓名聞輦下寵命出朝端國課常先足醜丁亦自安心公寮寀服政簡吏民懽北闕方趨覲東門又掛冠兒童隨去馬耆老擁歸鞍楚甸栽閒至吳山

遙盍棺異鄉寬杳杳旅櫬路漫漫節操追前輩儀型發後觀薄田臨沔澳老屋枕江干嶺斷松雲暝堂封草露寒晚風吹韻子清淚不勝彈

魯祭酒鐸墓　在縣東四十里地名止林論賜祭葬焉

祭酒魯鐸自記邑城東有地曰蝌林昔予同庠友何汝郎居也余卜地購得之爲堪輿說者山水形氣吉可壽藏余少而學道蚤有志世務晚得第爲禁近官得請歸大司寇林見素諸名公論薦部檄

詔至皆莫起余殆止於此矣因以止易雜曰
云按止林今沿湖地
李揖揮廷璟墓　在縣東北七十里料潭埠解元李登
祖也
知縣丘宜曰墓非古蹟無關國典然尚武定封於
比干墳高置守於信陵所以表賢也揖揮□有功
城守故附二塚之後按周禮墓大夫掌邦墓而爲之圖王道之隆也
徐中憲麟墓　在縣東艮家嘴　大宗伯李公維楨
表　大司空曾公省吾誌銘銘曰大道爲公良知

天啓能者從之默成而已寒哉一鐘陋彼千駟赫
赫無聞亦孔之耻俎豆天臺儀型帝里情分參如
朗瞻高氏猗與憲臣實鍾厥美好爵弗縻人其舍
只服堤之鄉魂營於址於樂斯丘永延百祀
徐中丞成位墓　在艮家嘴依父中憲公墓　大宗伯
李公維楨表　方伯蔡公復一誌銘
李表畧　所謂大臣者其行直方其氣沉毅其量
弘深其才銳敏其致讞達余嘗以是求吾同榜兄
弟中惟劉道禎鄭邢常徐惟得三人足當此三人

人之指也公與聲明經禮進士亮賜公俱祀□祖□
邑舉人胡承諾題譚遠韻墓下詩　劉家諸柔
能文三筆六詩世所云豈詔杜欽官最晚寧如
業老猶勤泰山治兒知何似南夏還□意不聞□
日中林春亭折白楸棺外是黃雲遠韻元聲宇
清勅贈徵仕郎翰林院檢討譚公元亮暨王孺人合
葬墓誌銘　太子太保工部尚書內文院大學士李公□撰
世祖章皇帝十五年戊戌會試天下貢士　録取如
額

賜進士訖
上復御太和殿親試拔其尤者三十有二人充史館
庶常余時備員秘書學士奉
特命教習中間譚子年甫踰弱冠博學多才詩文清
慧且其人端凝而沈摯余器重之己亥十月
御試南苑譚子以第二名授史官每退直過從譚子
愴然言其嘗居憂時公捐棄母太孺人孤孀哀病
不克迎養輒泣數行下庚子秋譚子充江南鄉試
考

使選聞太孺人疾亟鶴有弟爲人後閭會典所載
毋年老獨子仕於朝願歸養者聽乃援例陳情得
請終養還鄉六載詢南來者知譚子鏈戶侍母足跡
未嘗闖郊坰無何而太孺人訃聞且將卜期合塋
於白竹山越三千里乞銘於余余知公久矣寧可
無一言以報謹按狀公諱元亮號提陶先世籍江
西吉安府遷　陵歷至四世祖文慶生恕號依菴
恕生祜號湘濵文學有隱德祜生鵬立號念湘補
博士弟子員即公父母魏太宜人一乳生子六人

長元春明天啟丁卯解元即友夏元生次元䏻諸
生早世元聲貢生名儒工詩文元方天啟甲子舉
人歷官按察司兵備副使元禮明崇禎辛未進士
官戶部主事季即公世所稱竟陵寒河譚氏兄弟
也公四歲喪父依伯兄友夏教訓愛養得就成
邑茂才王公時燿學行純備爲學所推重友夏以
公受業其門王公奇其才字之以女即太孺人王
氏也孺人靜慧孝慈歸公貧儉相依事嫠姑如母
服勞承歡侍疾數年無倦容家計蕭寒安於澹素

以紡績佐薪水凡米鹽井臼之需靡不拮据營
公以少孤得無內顧憂青燈一案誦讀機絲聲時
相和公久困諸生尋丁艱太宜人艱哀毀骨立與
懐顏唐孺人忍淚節慰之勤苦夜日奠春秋祭其
先人悽愴相向有履霜沾露之感既應學使者蕭
田周公燦試拔之高等崇禎庚午鄉試薦得公
文首薦以策語中時忌乙爲副榜嗣由恩選貢入
國學迄我
朝定鼎督學南陽彭君而述與公爲詩文性命交推

署漢川教諭公以故人意不可辭偕孺人往客冷
署者三年兵燹之餘士氣不振公修葺學廨教育
諸生周其困乏貧不能給者衣食之至今江漢間
追思公遺澤未嘗不欷歔三嘆焉公性倜儻豁達
有遠識嚴正端方視履不苟即僕隸無私語而人
之善如己之得見人過失如己之失里黨戚友老
樂公之和而亦憚公之正會客武昌抱病伏枕三
戶外唯息聲令妹壻魏子繩詳叩之知爲湖南
試者暴病卒邸舍者月貧不能得棺同行進無

也公生平小心戒懼見於此甲午六年公於
人具禪衣沐浴訖召其子從孺人至寢歎顏前
家事呼僮僕輩悉勘之若尋常遠別者言畢端
坐而逝公於生死之際眞可謂了然去來者雖抱
道未試齎志以沒然其子卒登進士官侍從克揚
顯名以竟公之望公亦可以含笑九原矣卒之八
年辛丑譚子爲翰林檢討以孺人哀病循例得
請終養還鄉之日兵憲公耄耋猶健握譚子手哭罷
且喜慟吾弟之不見幸孺人之有子柄其瞑目報

泉下人矣未五月兵憲公無疾而逝閱六年康
熙丙午十二月孺人卒嗚呼是父是母是子宜獨
寒河家慶哉抑
聖朝孝治天下教化得人之休徵也將以某年某月
某日合葬於自竹山東岡之墓銘曰
公少孤也讀書敦行爲大儒科名不遂文譽與諸
兄俱發矣哉丈夫孺人相夫子而歷盡其勤鄉稱
未亡者十有三年秋冰茹蘗課子成亨衢霜榛矯
之已拱傳祿養之獨吾名山同歸尊榮不虧天道
與善八千秋萬世公之裔其八有昌乎

淸勅封承德郎拙菴程先生墓誌銘　刑部尚書徐乾學撰

水部程拙菴先生諱飛雲字培風楚竟陵人也東
晉新安太守程元譚裔孫有念三公若宋元之際
徙居竟陵東偏曰涸河口再傳天麟徙[illegible]四
傳繁始居邑城心街遂世爲竟陵右族八傳鶚先
生高祖也與兄鴻同肄舉子業鴻以正德癸酉魁
楚榜仕至通州刺史鶚課子宗稷志未遂宗稷生
篤齋爲先生大父德行文藝有聲三楚爲博士弟

子員矢志魁天下年七十猶翔步棘闈考諱士傑
字脫穎　誥贈文林郎同產五人齒最幼篤行孝
友先人田廬悉讓諸昆築室村東迎養雙親終老
焉文學彪炳一時持介節言笑不苟士大夫咸敬
禮之子二長乘雲字六御積學隱居宥三代以上
之風次卽先生也先生生之夕　誥贈君夢神僧
至其家覺而生先生　誥贈君自課之七歲善屬
文應郡試有江夏無雙之稱　誥贈君不欲小試
其技攜歸鍵戶恣其涉獵今古久之應童子科見

賞於學使者李公承尹毎試輙冠曹偶甲午登李
榜第一人典試者家莘叟及趙公韞退兩公皆文
章宗匠得先生躍躍自負不啻歐梅之於子瞻也
先生天資英妙六籍諸史百家言寓目即成誦快
意之篇繕寫成帙或風清月白名花燭之處良友
過從出其祕帙高誦一過別有會心軒翥擊節旁
若無人讀罷藏篋中涉旬累月不一覿其操觚也
意興所至娓娓數千言或短幅清空華贍無定式
一任氣機之所止於古文辭喜司馬呂黎眉山父

子於詩喜太白右丞於時藝喜鹿門陶菴嘉魚諸
子余爲諸生時讀其元墨已知其所欣賞語二弟
曰三楚名元自川樓鶴灣後今復見之邈數年吾
季　廷對第一得綴先生年譜比引見
先皇帝曰此甲午湖廣解元也目送久之時先生著
青旂曳裾華統間未免奪色遂同進士出身先生
性樸遜子弟鮮衣怒馬輙斥之後任時飲氷茹蘗
延客一如貧寒會然大慶會及嘉賓良友不惜肆
設務成禮霑接而後止其接人也覺和而嚴毅喜

奬藉後生集社課校多所成就族黨中士
仕宦以詩文名者皆出其門巳亥春攜子埘
鄂城黃公暘湄爲藩伯課士江漢書院先生
莪雜諸生牘以進暘湄愕然曰諸生中那得有此
特置一座敬禮備至是秋增會試一科遂釋褐南
宮候補司李巳而以銓邑令乙巳冬　誥贈君及
孟太孺人後先棄養先生哀毁骨立悽慼行道時
景邑苦於征徭先生偶檢遺篋見先人手書有收
戶苦累邑民無人造福之語愴然攸袂而起籲請

于各憲蓋景邑自明季積弊相仍曰收戶曰當年
蠹胥奸民朋比剝噬長吏又處脂膏中男女老
稺驚累號泣一邑鼎沸先生廉得其狀閉戶篝燈
條析[illegible]陳數萬言一夕而就東走鄂城西走郢數
月過家門不入發聲攜貲泣請憲司力遵
功令稅糧驛站悉領於官一切積弊槪除立石縣治
前繇累者釋轉徙者歸比戶焚香尸祝喁喁然有
樂生之心且孝友性成未第時授經村落間脡脯
之資悉以奉甘旨太孺人茹素數十年別設齋供

無鎮方兩柩在堂鄉令文先生即天號乎鳳翔
無恙裝上佳城夢神示以觿方鳳與如所往果得
善地人皆以爲誠孝所感云甫登賢書即以桥節
田廬奉伯氏訓兒子如子兒之孫如孫戊申筮仕
鹿泉值久潦後饑民十數萬日夕公庭設法賑救
民免死徙先生潔己愛民一蔬一粒不苟取甲按
戶籍自攜青蚨市餅餌方有事滇南也　禁旅更
番驛騷於道先生戴星出入飛輓咄嗟而辦大弁
恣雎胥徒竄匿先生單騎營伍中挈羔酒往勞之

相對大嚼有所需輒抗聲曰吾民苦兵劇矣無可
誅求吾豈戀戀一官者哉弁師嘆服而去始至盜
案數十一經鞫讞奏當悉平乃計誘渠魁咸革心
輸款盜至輒報先生乘夜領數騎突至其所皆伏
地就縛黎明入城邑民大駭大辟中亦多所平反
憲司異其才鄰邑疑案歷載不決者悉付之無讞
決畢坐公堂燒燭　筆沉吟頃之爰書就皆
才經術無事夠距修白鹿書院進多士課藝甲
之人文丕變　遂　晉郊行歸孺來

觀咸目爲瑞人　媼數輩持新果以獻先生
而愛之其平易　類如此壬子秋余　典試比
闈先生長嗣大夏以選拔占璧經元捷音至鹿泉
先生大喜曰沆瀣一氣吾早知必出徐公門下也
邑士大夫下及里胥野老肩酒牽羊躋堂上壽榜
聯詩歌遍張門屏亦一時盛事也旋奉
覃恩敕封文林郎孺人　貤封孺人二親皆贈如其秩
丁巳考滿內擢行人司行人士民擁泣不得行爲
人碑至今穹然道左是年余兄弟始得拜先生

於邸舍握手如平生懽先生出其鄂渚新詩及其
仲子大蘐諸刻示余余受而讀之矍然曰君家父
子不減眉山豈第突過黃初且浸淫乎漢氏矣無
於官先生方需次主政家報至度
門役理諸生業課子大夏大復孫
次年己未大夏成進士旋宰山
濟蒼生莫便於令須確然
上不負
黎一一　治譜先生

子評選全稿鄂渚新詩美月堂集久已行世甫以
巳巳年十二月厝於五華山左爰馳一介於京邸
屬余誌而銘之東坡有言軾於天下未嘗誌墓獨
銘五人以盛德故先生道德文章風流千載而與
吾弟立齋同年譜余與大夏屬通家義不容辭

銘曰

南邦嶽二日參輿衡九水比汪漢廣江淸扶輿磅
礡奇氣篤生軼馬班才鸞龍繡虎錦瑟和鳴響遏高
卓魯輶軒錫命鵷行遷秩

帝洛賡家鳴若予工稽首拜讓僉曰惟公公以詩人
㑹作水曹云胡不就俯仰林皋蒼生望重實大聲
宏穿厓道左蘚駁苔封于門大啓槐陰滿庭洪支
累葉彰組華簪凌雲一笑馭彼赤虬五華山左遠
遶環流佳城蟠固鬱鬱松楸左襟右帶鳳嶺虎丘
官誥叠錫媲美瀧岡慶流萬葉爲龍爲光

任氏三烈李氏瑞哥招哥墓　在縣北五里磚橋側邑學訓
導任高阿川人賊逼舟次妻李氏偕長女瑞哥次
女留哥俱赴水死適日昃浮于毋環抱縣閘依上

表其墓云

分巡荊西道新安余□龍任氏三烈墓碑　任子
高州人也以貢謁選得□陵訓導携其妻子而來
未三年堅江西萬載教諭□復攜其妻子以往
故有華嚴湖鄰於漢川漢川之涘去□伏莽中爲
商人使戒無行久矣任子高誤入焉舟泊水滸夜
半暴客至謂任子高必細載也乃任子高居冷職
舟中僅僅衣衾數篋耳趁憖未滿輒鞭箠婦子而
有之厥婦李氏偕二女罵不絕口挽衣攜手而投

諸河賊驚甚有欲援之者不得乃嘆曰嗟乎婦爲烈
婦女爲烈女稽諸史冊其殆無前余有封疆之責
不能剿滅妖氛致令三烈死我土我則不職何
以逃罪雖後多擒獲抑何補於死者嗟乎三烈余
益傷之矣三烈淺瘞　陵二年矣任子高由萬載
來將負三骸以歸此中去蜀數千里顛安得道路
費予謂之曰　陵山水大佳子官於斯因而家於
斯奚不可也矧三烈墓在有關激勸盍留之任子
唯唯遂家焉其墓則書前言仍封宅兆禁樵採庶

幾稍安任子高心且以□□世　萬曆甲戌

勝景

舊載十景　道院迎仙　書堂出相　鳳竹晴煙　龍池春
漲　蔓野秋蟾　天　三臺漁歌　五
華樵唱　梵刹晨鍾　笑城暮
按唐人羅隱題荆臺觀詩道院迎仙　隱相
儒庭栽棲鳳竹池養化龍魚今縣志　□□以
相同也考荆臺觀在監利縣蓋監利古玉沙縣地
陵在宋至道間以玉沙屬入疑後人附會託名

店口作荆爲謬矣

新增十景
龍巖吞雲　鶴軒秋月
官道柳陰　泮池芹香
花臺晚日　蓮湖午風
里巷人蹤　義學書聲
塘垸農歌　義河漁唱

唐皮日休
詠十景詩

道院迎仙　百尺丹臺倚翠華洞門迢遞隔烟霞□
中白鹿眠芳草松下青牛卧落花函谷月明浮紫
氣瑶池水暖伏丹砂抛書亦欲尋真去安得相從
一飯麻

書堂出相　棲遲泮水醉詩書自是明時未用儒欲
築久淹商傳說壚沽猶滯漢相如蒿□□□遊蓬
鬢明月清風一草廬他日得君行志學贊襄不□風
姚唐虞

知縣周端曰世際亨嘉人皆儒業以出贊明盛寧
復隱乎敢以出字易之名書堂出相云

鳳竹晴烟　半畝湘筠几萬竿清陰匝地盡生寒煙
籠翠葆疑棲鳳露浥清風欲舞鸞勁節受霜心不
改新梢擺日淚初乾風流未許王猷擅漠漠尤宜
雨後看

龍池春漲　龍池潑綠浩無邊一氣渾融太極先勢
撼乾坤聲動地光浮日月氣吞天驚濤赤鯉頻翻
藻出牒鼓龜欲上蓮翹首禹門春浪煖擬隨魚化
出重淵

蔓野秋蟾　地塹長堆月湧金九天寒露襲人襟鎖

洄聯秋空濶玉海沉沉波浪深華表卧雲歸
散碧叢凄露俟蟲吟神龍一去無消息寂寞湖山
自古今

天門夕照　落霞如綺絢晴空坐對天門欲下舂十
里孤峯層瀵碧數村殘照半江紅荒城市散人歸
牧遠浦沙明水宿鴻回首長安何處是岑巖宮闕
五雲中

三澨漁歌　長歌欸乃發中流短棹輕舟任去留落
日烟波三篷晚蒹葭風露五湖秋尊盈綠醑醅初
潑鱠切銀絲網乍收明月邀遊滄海濶敲舷又擬
下金鉤

五華樵唱　一聲樵唱落雲間伐木丁丁響萬山松
逕有聲時澗瀉石潭無雨晝潺湲負薪斜下牛羊
隊荷擔會經虎豹關欲把詩書拋却後五華仙境
任躋攀

梵刹晨鍾　日落鍾聲出上方水光山色曉蒼蒼驚
回客枕還家夢喚起僧焚禮佛香鳥散殘星飛碧
落雞鳴旭日麗扶桑春風二月長安道馬首經行
兩岸霜

笑城暮雨　草樹連雲雉堞平瀟瀟風雨暗荒城營
歸澗壑應無色響入松杉覺有聲旅邸愁人寧復
夢書堂倦客若為情芭蕉滴瀝傷心處俯仰空懷
一統名

按日休十景舊志所載州志亦附焉但題為前人
而不名蓋以前有日休送弟詩故耳近湖廣總志
以為作於王雄閱又稍易數句考之州志刊於天
順八年王雄成化十一年方任沔庠訓導相先後
者十有余年非雄作無疑矣　但觀此詩純疵相
半書堂一章語氣全不類唐人龍池春漲氣出二
字一義疊用又笑城以宋將紿敵而得名日休唐
人不當能用宋事意日休有道院迎仙之題後人
湊成十景耳是不可不辨

別墅

巴有園　邑祭酒魯鐸別業也中有芳秀亭大椿洞

魯鐸巴有園自記　竟陵之東隣有地焉由委巷
隆然深入城中自平地視之高丈許北上有古臺

自其池際之又高爽許臺曰夢野志謂於此登望可盡雲夢之野故名臺東下爲平地稍南漸下而潴水以其在委巷又其半甚下故靜且野而易致予緣病得請買而治之以爲休養之所於臺之西爲屋數楹見輩及族子㑹讀書其中閣老西涯翁題爲夢野臺書院於臺東平地植花木以其色與開之後先相間盖終歲未有一日不見花者又鑿水築而垣之以爲池池頗曲故以磬名之林中向池爲草亭吳東湖中丞扁曰芳秀芳言花木秀言

縣志 卷之六 風土志 別墅考 三六

池水也池中有洲如鳧而鳧又嘗棲止故名曰鳧洲作草堂其上堂名遂亦因之堂西有紅棚下覆釣石做李賀詩意名紅雪磯洲之南有磯樹間曰午陰貴其蔭也洲北復有小洲曰中臺樹令青梧梓以桃杏夾之下置平石可據而坐且爽也又其北復爲小池界以甬而橋其中橋東西分種紅白蓮將漁大池登草堂則小舟東西通爲舟貯以屋水直池東北隅古臺之東循地勢爲關行松竹間凡數折而下迤邐出池上蓺蒲蘋蓼芙蓉楊柳魚

而歸來日幾年手栽花木似平泉生生色色亭小滿掌握春風造化權

都御史蔡金詩 點綴亭臺倚石開從今修竹自千竿東山一枕那成夢天下蒼生望起官 半畝方塘護鴨欄午陰磯畔弄綸竿一觴一詠[illegible]樂風月由來不屬官

東莊 在東湖岸亦祭酒魯鐸讀書也土人稱爲蓮北莊公自詠有東莊二律 附徐瑩

魯鐸自詠詩 窓外群峯遠更佳吾廬自可號山

縣志 卷之六 風土志 別墅考 三七

家飛來好鳥尋常語移種新裁次第花木客每因求石蜜販夫頻送到溪 不妨兼有漁翁樂秋水東湖一釣槎

秋交伏窮殊未凉避暑却過湖東莊梧桐下影忽復薄絡絺作聲何太長身本無能合教懶鬢不爲愁還自蒼未怕鄰翁約做社香秔紫稻皆登場 右東莊二律

松石園 邑司徒陳所學別業也邑人譚鳴灣云吾鄉少司農陳正甫先生澄懷物表洗氣象先人莫

窺其際焉一日出松石園記令春詠之春盤旋其
間不覺累日深邃而方廣瑩拂而幽靜茗香岸潔
花艷湖明春雅未至亦曠然天真之想矣吾姑且
歌吾歌

譚元春歌　里名松石無松石祇移松□石碧
豈惟堅潤瑩心神若因枉捲慰朝夕魏丘藏壁水
雲巖有嶺蜿蜒入雲去位置仍憑經濟才淳朴恥
獲清遠譽恍然身世太古中往來村墟如野翁情
閒獨上百果嶺岸近不畏徧舟風湖光開宇月開

扉荷香林香合笑歸把鋤常爲墓草剪倚杖還同
池草依兄弟相將看平泉攜□渚茶青滿園風便
已傳伊吾起雨過或聞禾稱翻西疇日在周遭綠
南華日在園中熟二楞幾卷不自窺齋明時與僧
共讀歷歷松子落僧前臺尚伊吾俱悠然雖耽林
嶺非耽隱五朝聖主恩如天

邑宗伯李維楨松石園記　吾邑自贈文恪公後
鮮遵羽鵷鸞者嘉靖末二□君子繼　攀躋甚以
□□□□□□□□□爲最而公此隣家居

多清曠之致正甫予告歸園始成有書院曰□
有齋曰未言有窩曰燕息有草堂曰怡雲有亭曰
綏子曰淨植有庵曰常樂有軒曰既右有坊曰寶
蘇曰長林豊草有橋曰雲有門曰清士　古蘿而
槩之以松石或取遊於花草禽魚或取□於泉石
湖山或取景於煙雨風月或取事於耕釣漁牧或
以睦宗戚或以訓子孫或以集友朋或以叩禪宗
盖與諸爲園者同而其深指殊不在是盖正甫集
人葬其王父母於園西南隅而正甫伯兄敬甫與

諸弟旁求善地奉太公夫人以藏距王父母墓百
餘步所謂既有綏子未言者三致意焉維二人妥
世不忍忽其親天寔鑒之而後子事父母婦事舅
姑地下猶地上也維二人秉德累善天寔胙之此
妥靈於茲而後兄弟承藉餘庥以斬艾蓬藋爲園
爲之也氣候清淑湖山明秀動植飛潛可爲耳目
之娛二人若或眺聽寔娛由此綸於澤撫蕤於圃
登穀於田一切日用之娛二人若或率作興事也
家之子姓纓緌相屬伊吾相和禮義相先二人若

□□□面命也洽比其鄉婚姻孔云親跡□□
纔有差等二人若或往來酬酢也沙門比丘誦經
禮懺六時不輟輪迴因果薪盡火傳二人若或有
妙喜吉祥生彌陀淨域也雨露既濡則心怵惕霜
露既降則心悽愴一舉足一出言如見二人之容
聲伐一木殺一獸如見二人之所愛皆必入宗廟
設裳衣薦籩豆駿奔走以其恍惚與神明交哉是
園也敬甫勤垣墉正甫塗塈茨敬甫勤樸斲正甫
塗丹雘敬甫不自有而與其鄉正甫不自有而從

其兄與宗人里人無長少貴賤藏修息遊刑仁講
讓書云惟孝友於兄弟是亦爲政擴而充之以順
天下國家爲世名臣不亦宜乎正甫有園記畧言
邑人陸鴻漸以品茶名古之茗雪以隱而茶非邑
所產惟井泉猶存先生官營雪擕種布園中屬善
造者造之補鴻漸所未有爲八百年邑中盛事要
之物以人重余推原園所由創其大歸與家人殊
存禪倫常風教如是昔魯文恪已有園載諸邑乘
爲名勝故實自今正甫園以松石繼起與文恪並傳矣

沖漠館　在南城內邑中丞徐成位別業也李維楨
王穉登陳文燭費尚伊有序記自咏十絕屬和者
甚衆

徐成位自詠詩　萬劫由來一聚塵秋風感嘆二
毛侵而今自駕柴車轉魚在深淵鳥在林　乞得
官家夢裏身三湘魚鳥伴幽人月團片片清肌骨
滿地榆錢未是貧　占得城隅半畝宮冷冷松竹
四時風何人解得烟蘿意便是雲山一萬叢　百
年蹤跡付烟霞三逕松風兩部蛙倚杖柴門無底

事書叢藥醫是生涯　叢花片石暮烟霏竹徑蕭
蕭長蕨薇手把瓊枝獨遠望曈曈初日照荷衣
玉林烟薄槿籬空香逕參差待曉風紅翠滿庭明
月到自疑身在蕊珠宮　深巷幽棲半對蒿白衣
柔櫓送村醪閒樽洗盞花陰下旋剪春葱擘蟹螯
酒痕狼籍雜莓苔柳暗花明勸舉杯莫遣鬢強梳
冠未正夕陽又照玉山頹　混漾新泓碧玉寒白
榆初墜五雲端鱸魚正美無由得斬取龍孫作釣
竿　芒鞋竹杖寂林□□□荷花香不散洞庭春

融皋　邑舉人胡承詔所居也在縣東七里汲公□
搆閣廬稼穡焉有書王軒爲讀書處
胡承詔自題詩　遠遊陟岩阿近剩宜水麓緬懷
石戶農求恊滄洲趣□□不可託與□□誰慕悠
哉一畝宮適與心賞遇荆柴支隱隄入欄敎籬聚
曲沿窗回矚遐可引疏步林敧岸半爲澗逕入徑
渡風細有停雲山曉無罷霧習習幽蘭茁嘈嘈北
風句常抱觀願心未絕觸藩懼持此狎避席擬跡
北昏瞀

秫莊　邑貢士朱泰亭所居也在楊林河下流種竹
滿園環池繞屋嘉魚鮮筍秫田菜畦不待買而足
邑庠生吳邦彥懷秫莊詩　看竹尋幽憶昔時倩
余書額最高枝旋烹蔬筍留清供更炙魚豚佐巨
卮宅外有田皆種秫溪邊無水不通池可堪松桂
經摧折尚帶雲霞媚晚姿
舉人胡承詔詩　漉池脉散野田分侯鳥鳴乘樂
所聞樵若不欺朱隱士石巖猶畫顧將軍晚鋤藝
圃香芝术春浣漁磯濺水雲晨正來傾上時酒杏

花菖葉看紛紛

寶林　邑人鍾快所居也快學鍾悍李郭上專工書畫晚精內
寶林在五華山下四壁自繪桐竹案上惟梵書
而已長齋供佛蕭然物外
邑庠生張公謂集寶林宅詩　季春結浣月三
扇微涼牽牛旦正中飛絮隨風揚禱鷂拂扶人
雋巳降桑如何巢曉鎮比翼鶯鴿翔汎愛惕無隱
得升君子堂相見一握手嬿婉及晨良桐將吹扮
壁竹霧隱蕭墻趺坐映文雅同毛槐眉共集真氣鬱青陽

跡酌紆勝引蘭英以餉芳有滄興時節飛濕灑空
香芳鏈承檐滴花葉角低昂綱戶漸明歸衆色鬱
蒼蒼道遥攜杖履太丘道難忘
煙海園　邑人鄒枚所搆也園踞義河之南與白鹭
觀對峙公自爲記約數千言
鄒　號荻翁舉人諱□參貢士諱華父　煙海園記畧　闢壤而爲園
□適也其地則平疇山地必突起乃成其高而
一可望然平疇與憂與變或生焉然而古來名山
□若虎丘□□狀在□□□□□通□□山者

目中不見有雁宕豈非以伏處在平疇乎虎丘巖骨最奇而徐文長爲賦詩曰海湧一小山遠視如平疇倘非有生於靈運之後與文長之前者心目交縈將兩山果眞爲平疇矣然則□園實非平疇乃眞天下奇山也

采眞園　周少保敬松別業在邑東六十里乾灘驛河之南面澄湖茂林修竹池島亭榭綽有幽致邑胡知縣泌詩云　兩朝顧命秉衡銓通籍宦途六十年直忤閹人開綠野（先生忤魏璫落職歸里遂搆園林役起南冢宰卒贈少保）間依水國種奇蓮午橋明月宵吹笛亥市腥風曉泊船曾駐河干尋勝踏青萋芳草亂啼鴣

瀼東園　李少參空齋別業在東城下臨湖

胡泌詩　垂柳煙籠一畝宮行窩（先生舟名）再繫月明中時開幽徑延名衲自製新聲教小□（先生好佛入雅善音）律在杖躡殘春草綠短簫吹盡落花紅清詩雅慕杜陵老故闢園亭號瀼東

枕流園　謝侍御鳳毛搆在城北隅今臺址猶存

胡泌詩　曾持繡斧擊權閹疏稾長留天地間（先生疏擊魏閹將羅不測適捐館得免）尊酒澆愁傾北海園亭遺跡□東山陸舟有月同酧對香徑無人獨往還（園有陸舟亭志香徑）一片湖光翠靄畔遠林清曉散煙鬟

小山亭　劉中允天如別業在邑西南隅近城

胡泌詩　省元先後同壬戌接武巍科不偶然（先生與魯文恪俱壬戌會元）處世渾忘金馬客置身已似木雞年小山棲息成高放中允聲名自昔傳樹裏南湖臨几案城頭璧月傍亭懸

西莊　王給諫遂滋別業在邑西二里

胡泌詩　病拋青瑣臥松篁郭外平田日課耕最喜山僧同晤語偶逢農叟較陰晴□開自餉蠶頭藥竹裏頻傾霍嚙鎗元是玉堂供奉客西莊詩句晚尤清

漁圃　龔銓部苷菴別業在南城外西湖

胡泌詩　秋水堂（園中堂名）開對白蓮瑞應珠箔醉嬋娟□時遊舫兼書画深夜清歌雜管絃翡室落成棲貨燕綠楊初種隱啼鴣冷風化作流塵去荒圃荒凉憶往年（先生築圃不數年即殁于兵火）

倪閣 胡太僕寺卿侍皇別業

孫泌詩 年逾卦數便懸車襟度汪洋歎靡涯微省風清澄灔潁馬曹官冷韻瑯琊曾任蜀左伯南閣卿河干築墅消閒晝閣裏看山倚晚霞春日斜而頻盪槳楊林東渡問漁家

菉園 胡知縣石莊別業在邑東七里

姪孫泌詩 彭澤猶多此一行挂冠神武竟歸耕撥選縣令請部辭職歸隱著書仍將逸老還前代丗事囊歌樂太平雨後青山臨淨几夜深白髮對孤檠四時儘有閒花鳥茅屋疎籬傍水清

西園 胡知縣勉齋別業近署西偏池亭齋閣竹徑蘿陰梵聲鳥語饒有城市山林之致中有疑野軒俯青閣繁雪齋秋水亭慈志菴爲邑勝地

錢侯詩 柳腆春溪碧城隅落照斜新晴來乳燕積雨墮殘花病裏詩懷減愁中酒量賒爲憐春欲盡挈伴到鄉家

勉齋自詠詩 丈室維摩室書卷盡環列了榻一几外餘物無從設仙李正當門花開繁如雪朝雨潤庭階夕曛射牖缺□□靜無

縣志卷之七

知縣事錢 永續修 儒學諭蔡壽生參補

邑人戴 祁編著

典祀 壇壝 廟祠 佛刹 道院

傳曰祀國之大節也法施於民則祀之以死勤事則祀之以勞定國則祀之能禦大災扞大患則祀之百穀九土生民之本故祀以爲稷祀以爲社三辰五行生殖之所照臨名山大川財用之所自出設壇設壝皆所以爲民祈報也一邑之小有民人焉有社

稷焉詎敢忽諸先賢祠廟秩載舊典佛宮道院亦得附著作典祀志

壇壝

社稷壇 在城外西北隅知縣姜縉重建丘宜修繚以垣墻週圍百丈今壞 洪武二年奉禮部勅每歲春秋二仲上戊致祭

風雲雷雨山川壇 在城南門外其地窪濕庚申知縣丘宜重修 洪武二年例以城隍合祭於一壇

縣北門外知縣姜縉重建 按清明日七

分三才龜爲卜蓍爲筮有書契代結繩以龍紀
民事用儷皮爲禮始教民綱罟在位百有十年
生和洽各安其性可謂盛德矣哉是宜載之祀典
昭報罔極嗚呼道術不明異端並作士大夫昧於
鬼神情狀下里淫祀巫覡所設者□□祗奉與遨
福利至古聖帝明王有功德不可忘者或湮沒而
莫承或文具而莫享御邑長吏政教不善一有災
阨汲汲然旅繼旅黄謁諸偶像適會變止因卽爲
木主之賜靖□之功日滋月迷正理大壞復州焦
侯惟正秉心在郡三歲人和年豐會紹興十二年
詔長吏修善境內祠廟侯曰莫先于伏羲氏矣焉
工聞事肅給告成有尊報誠心無希望諂意庶幾
知古道憫俗失且二千石也乃推明帝德列靈經
吏使刻之堅珉以示來者
邑舉人胡承諾詩　顓臾與澒句譜牒詎
枕華山碧溪嗚溷永長文字儻不毀斵
神農廟　在五華山臨津門伏羲祠旁士
鐵亭唐進士李翺讀書處

按荆州記厲山有三穴神農所生人
又輿地考衡州酃縣有炎帝陵然則楚
終始也故景　通得而祀之明洪武初
太醫院後郡縣俱令立廟
邑庠生吳森詩　廟古墳生藥峯高棟納雲如何
風氏國並祀烈山君蜡祭當年制馨香此地聞至
今亭市古燃攘日中聚姜侯有阜市亭較衡量于其中土人名爲秤斗亭蓋古者日中爲市之遺意也歟
□□廟　在縣治東南隅國初李廷璨建成化丙申
知縣張繼宗丙午姜縉重修弘治辛酉知縣周端
次第修葺民倪俊新建廂房萬曆辛卯水決堤沖
廟圮壬辰年庠生吳貴邑布政吳文作子捐貲改修範金
鑄像廟貌重新康熙乙丑錢侯永萃其孫序重修
邑宗伯李　楨記　邑故澤國也四面皆水而城
隍廟最爲卑濕河伯射潮棟折榱崩歲壬辰邑吳
君慨然欲新之廼出橐金若干暴衣露蓋親執杪
爲植不逾歲而廟成又範金爲像飛甍翬□無虛日
又以其餘力就廟旁累土爲閣凌□睥睨而上綺疏

迺遭與湖波相掩映於是邑過而遊憩者相與嘆吳
君好施嘖嘖不容口矣今夫世所稱高貴富人非乏
也然其下者挈瓶而守錐刀之末耽耽刻股而藏之
無肯費其半菽落其一毛矣而其桀傑者又貪食漁
奪即有舉寘施勝因之說者且謂適言欺人嗤天而
詬耳今吳君富而能施且羞伐其德至舉歸先訓真
不背本哉雖然亦嘗聞端木叔所謂達者乎家累千
金忽之中都散其庫藏不爲子孫留及其後國人受
其施相與反其子孫今吳君席先君之業散財施予
先昭先德奕世靡悔語曰有陰德者必享其樂及子

孫夫端木叔寄財於人吳君寄報於天積善餘慶是
其往事矣吳君諱貴號雲㯋福建方伯公令嗣也有
八子美秀而文不侫所謂餘慶者也其修創若玉皇
閣龍蓋寺不具論作脩城隍廟記

文昌閣　在邑治東一里前臨義河後踞東湖新安程
氏施地公建也按春秋二仲縣官必祭斯神載在
祀典兵燹毀康熙乙亥邑伯　吳公諱肇榮邑
侯李公諱廷輔捐俸作募文并闔邑紳衿耆庶捐
資重建新閣教諭蔡壽生訓導王鑾監生萬經閣送聖像還本閣春秋上戊享祭

水府廟　在西湖堤壬戌年縣侯永修

…廟唐僖宗幸蜀神出迎命…
會上將次將之說者也化書又載周生
鄉士詩稱曰張仲孝友漢代生趙國爲賢爲
河令西晉末越雋間神夢治水有蹟自縣而上
趙垂訓文自述一十七世爲士大夫道家言神
吉而司桂籍則亦附會其神司祿之說者也
…文載神出黃帝後張方挾彈射殺物不祥者
人宜子多壽考如今所祀張仙乘馬挾彈之類
…廟初生爲山陰張氏子事周公爲醫氏職以壽考

終則亦附會司命司中之說者也雖然古稱庶民
惟星卿士惟月又言官上應列宿豈有帝君能七
先八之變而不能迴斗魁之精者乎且如傅說
箕尾微子感牽牛之氣而列中台方朔應歲精自
昔賢降生下則爲河嶽上則配星辰謂一辞
巖然也或曰孔子爲萬世師其崇祀宜尊彼處
載祭典毋乃瀆亂不經歟然吾聞國有大事必
於文人故立之學以釋奠成禮用光祭儀如詩
其稱尭則曰受終文祖其頌稷則曰思

也廟久廢

邑庠生吳泰曰史記秦昭王使白起攻楚拔郢燒夷陵遂東至竟陵則吾邑遭其荼毒久矣而顧儼然祀之耶按元時白公景亮知沔陽[illegible]使河據土得石有白公溝三字民咸異之以其有[illegible]德於景故後人遂尸祝俎豆之也後有修復祠廟者進景亮而黜起不亦宜乎昔狄道有董卓祠唐高適毀之蔡州有吳元濟祠宋王濟毀之狄仁傑采訪江南移檄境内毀淫祠千數處止存季札子游二

祠蓋仗大義以驅厲祀千載而下尚宜踵而行之又何疑焉

劉先主廟　在留駕河上以祀昭烈帝者

陸羽祠　在西塔寺中萬曆癸巳祭議周芸建中祀陸鴻漸像有記泰昌庚申舉人周命世芸重修後圮順治丁酉僧通省號松影復修康熙丁未署縣事李公馨修癸亥錢公永捐俸重修

邑宗伯李維楨唐處士陸鴻漸祠記　唐處士陸鴻漸者邑人也其生平具宋子京唐書列傳及所自爲傳中鴻漸生類子文　畜於大師積公禪院者院故名龍華寺或曰龍蓋今邑西湖禪寺相傳謂其遺址趙璘因話錄竟陵龍蓋寺僧姓陸於堤上得一初生兒收育之遂以陸爲氏及長能學贍詞逸詼諧縱橫東方曼倩之儔也鴻漸[illegible]文得茶經行世而又嘗爲歌所深羨者西江水向竟陵城來而已以故邑有覆釜洲有陸子泉或曰文學泉皆漸所品水亭亦茶亭嘉靖間邑人魯孝齋刻行茶經而以沔陽童承叙序附之其後沔陽陳廷尉

更刻豫章爲王山程光祿書邑人徐茂才復臨刻之校童傳更宋傳者十六字增者十二字篆有童讚而遂以傳童作或亦漢書之用史記文耳泉久沒湖中隆慶間某以治湖堤得之構亭其上鴻漸之迹日彰顯矣顧未有爲祠祠之則自邑人周藩伯始既新其所託迹寺更計之曰古因鴻漸名至今而身無地受血食何耶聞昔鬻茶者陶鴻漸形以神事之煬突間吾儕小子口祝而俎豆之爲邑匙物奚所不可於是就寺後創祠爲堂楹後有

臺前有其旁有廡有庖𢒈遂成勝地旣落成使余
記之余讀舊唐書傳隱逸者二十人新唐書傳亦
二十八其附傳者不與焉新書所不合於舊者五
人所增於舊者九人鴻漸所增之一也按傳此數
十人或仕而隱或隱而仕即不仕而或以徵聘至
朝或應辟至公府絫揖而去或取科名不偶而罷
或不就職而食朝祿而其人或羽流方士非吾儒
儔伍身不屛徵辟目不見入室足不履朝堂惟秦
系朱桃椎李元愷衛大經與鴻漸數人耳新書出

而舊書擯不録第以隱逸傳論貿知章耄始乞歸
而盧鴻一脫其名新書繆誤已甚舊書不收鴻漸
而燒丹煉藥方技假雜則何謂也子京論隱有三
槩上者身藏而德不晦名往從之次𩔖治世具弗
得伸其於爵祿汎然受悠然辭末焉者內審其才不
可當取舍故逃丘園而不返詠斯以談鴻漸固非
子京所深取也子京謂假隱自名號終南少室爲
仕途捷徑柰何於鴻漸輩不深取也子京之下士
乃今之上士乎今嘉鴻漸[illegible]之可矣余

梵刹

乾明寺　在東湖中語録宋復州乾明寺僧有機聰
禪師又本寺鐘銘載大元至治年乾明寺機峯師
住持鐵峯師重興則宋元以前久爲寺矣
正中大雄寶殿　明初指揮李珤建宣德年知
縣楊季安重建嘉靖年庠生熊文建崇禎末燬於
兵今康熙丙午年僧叙聲海雪募修
藏經閣 舊名玻璃閣　萬曆壬子僧覺岸募建
宗伯李維楨藏經閣文 畧　竊聞釋迦在世教化四

十九年及入般涅槃大迦葉與阿難等五百人追
共撰述載爲十二部後數百年而羅漢菩薩相繼
著論此佛經教所自始漢以後中國所求彼土所
齎譯衍滋繁至梁武帝於華林園總集五千四百
卷唐貞觀中元奘所取諸經六百餘部迄代復有
增益而卷帙較量不遠也岸公於諸經旣第裝演
以錦緹承受以緗厨度之高閣爲美觀耶特與其
徒誦說之從何處竪義耶阿那律陀無目而見跋
難陀龍無耳而聽憍伽神女非鼻聞香驕梵缽提

異舌知味舜若多神無身覺觸何有於經於是寔第裴演之盛受之度而置之高閣可也岸公曰君言向語路中作活計向文字中引證未來吾語君所易知者晃明達有言自悟自得已廣大智覺他利他曰無盡燈異時過從閣中見觧或難於此耳

學憲鍾惺題疏　邑有湖湖有寺寺有閣閣焉如坐舟中倚松牕而下觀可掬可潄可濯可洒即不以爲佛國而不以爲勝境不可也僧岸公目閣必積經經必積僧僧必置田飯之吳居士㓜如難

之問鍾子鍾子曰夫募者爲願施者爲緣願有待則頓成爲難緣無方而漸至亦易以願聽緣以緣奏願是岸公之志也登是閣也但作舟中想見可掬可潄可濯可洒在松牕間因是以有閣閣因是以有經經因是以集僧僧因是以置田以無方之緣足有待之願旦暮遇之居士何難焉

圓通橋　在大殿前

知縣安福楊季安乾明寺詩　屹立湖心一朶蓮蓮花花上建東禪摩尼支寶光中月兜率臺經天擾擾紅塵飛不到明霞金錫正相懸菩提滿三千界多少人間住福田

翰林檢討譚篆東湖禪房詩　樓臺一立道林莊六月倚溪送晚凉不必買山隨意定開門燈影叩鐘長　住得心情亦自由漁歌起處過沙鷗未消茶火三更足殘月東稍恰一鈎　栢子香前人影寒竹根敲破太無端雲中一夜歸何語獨立蒼苔曉露殘

龍蓋寺　寺在西湖即誌所云覆釜洲也天寶間大

師積公住寺中獲嬰兒於洲上育之即陸羽也公化後龕形其中因名西塔寺云　改爲廣教院又以寺西有龍蓋山名龍蓋寺

寺旁有陸羽茶井

知縣楊一儁西塔寺記　竟陵西水背陸其深然抱城流者東西湖也湖中各存古刹東曰乾明從來庳考西曰西塔唐裴廸詩竟陵西塔寺是也寺在唐興於積公傳稱陸處士鴻漸寺僧見而育之積公是也余令茲土一日過梵宮吊陸蹟汲井烹

文多乎哉真公曰有得一碑而去吾願畢矣予
汝以身去以碑守乎以衆守抑以律守乎汝爲
望佛則以律守律守爲佛覺衆何如以不守守之
堂猶夫公庭也良者誓不入姦者詛難出藏猶夫
經史也勤者市肆可學媮者父書可焚房猶夫大
宅也賢者世守之不肖者鄰傳之田猶夫農畝也
義者耦耕而食黠者越畔而芸庫猶夫私橐也廉
者一錢不選貪者萬貫非多橋梁亭榭猶夫□□
金谷也韻者以之邀風月俗者以之繫馬牛汝未

能保汝之身如此一片石安能必此西塔之堂之
藏之房之田之橋梁亭榭如汝之四大五蘊也哉
廼至呼曰真公真公真乎否也此足以碑矣亦足
以守矣

兵憲吳文企施田疏　　西塔禪院自積公至
疵後千餘年僧真公浮瀞陽謁廬阜延師講律此
中猶恐師去堂空煙消厨冷非得常住福田將轉
眼不聞佛律檀施有田數畝今施常住願此功德
圓成飽湌洗鉢納履而去其本誓如此時四方□□

□□春□□□邑舉人張本□□應
青草同春不叫蛙是也□爲無念禪
康熙丙寅年邑信善張　獨捐家貲創建道場座
閣堂宇□□落成鑄□　□敬造正殿大佛像金碧
莊嚴□還舊觀香積充盈結制演經至今六時無缺焉

知州華亭袁福徵詩　東林殊蹟捧池花解與溪
僧並出家洗鉢飯餘看施鯉聽經鐘後絕聞蛙攜
琴雅坐遺公事咒水漬經感佛牙靈妙劫來參悟
曉禪憐冠冕近煩譁

泗洲寺　在華嚴湖相傳唐僧皎然尋陸羽至此

白竹寺　在縣西北十五里天啟丁卯邑譚元春發
願倡募金建坊公獨助爲閣以貲毋冀福延高僧
寔碧靜修其中

翰林檢討譚篆詩　古寺臨殘照春風野氣昏谿
田開麥浪石壁護雲根白竹纏經嶺桃花又一村
年年寒食節瀑水灌山門

普濟寺　在縣西青山傳爲破竈墮公道場

□□鄉洪□□青山寺古□　有引

光景也寺槓宇傳自隋唐羅漢皆唐塑有樹
柯葉參天居然古封而年久荒頽大悲募結衆緣
舍舊而新是圖撤壁間詩板見殆竊惟此寺居廣
莫沮茹之鄉毋野水廻環寺若浮盂蒹葭互目乎
楚蒼然故累世以來災害不及所託者善也因重
録舊作而懸之先君子松風桐韻庶與斆桐共不
朽乎崇禎乙亥重九日書

資福寺　在舊隨口市

庠生吳邦彥詩　楓林秋色隱扶踈皎嶺紆迴草

未除野寺多年樹盡老山家隔水遥金滌客來禮
佛頻呼粥僧半爲農間種蔬古道斜陽雲欲暮不
知何處問吾廬

馬溪寺　在縣西北馬溪河

湯港寺　在縣西北湯港河　按邑有揚水港，湯字之悞

觀音寺　在縣東南十八灣萬

學禪寺　在建陽村今廢

燃燈寺　在縣東南淘溪隔岸

詩興湖仙寺遠將敵石泉

一聲或謂寺取燃燈者此也明嘉靖中重修邑

進士戴度爲文勒石以紀其事年久復圮康熙辛
未其諸孫斜集遠邇　著姓同爲倡建而襲李二善人實董其役云

中丞徐成位詩三首　遙勝資貴寘心彷彿
居攤書聞鳥語倚杖看農鋤下里黄花逕中尊緑
醑虚窮通君莫問莊叟已蘧蘧　窈窕凌丹壑淹
留倚絳宫蘿軒延素月苔澗起秋風入定觀三法
繙經解六蟲不須逢惠遠已覺萬緣空　寂寞龍
宫外迢遥一水茫寒蛩吟緑草秋兎隱黄粱濤送

風飛雨沙明尸照霜浮生原不定隨意釣滄浪
庠生鄢韻詩　風送迦陵作鼓吹是禽是佛那能
知老僧笑我與誰共指點雲深一片碑　敢然碑在寺内

觀音寺　在縣東北去石堰口不遠庠生吳貴施田

有福田記

司徒陳所學福田記　嘗觀易卦先王亯亯以饗
上帝而大亯以養聖賢益古者教養兼隆意也故
卿以下必有圭田下逮餘夫亦授田二十五畝此
又頤卦所謂養賢以及萬民者乎佛法入中國創

其弟子不絕如髮至萬曆戊午衆緣溫集司祈
成而議守始分敗矣或稱帝所或曰佛廬或引黄
冠或推白足余哀其說而存之若道家土木像仍
崇祀玉皇閣（今布政文企建）迎西塔右[illegible]樓則（文企）
新建釋道備矣而余以孔氏弟子[illegible]手[illegible]右手
持黄庭老子徜徉其間稱三教焉則兩三爲一可
乎秣陵故有三一菴今遂襲其嘉名彼曰秣陵此
曰竟陵乾天坤地亦自假合釋種道流[illegible]如實相
二氏香火眷侶稱俱無倩而吾更與諸子姓向此

中鑿匡壁而布董帷護法歡喜上眞見福亦或在
此詩曰永言配命自求多福敬哉敬哉
舉人吳騏（子文企）詠樹色界詩（樹色界在菴西白雪先生自題）曉
靄生公石晞微彌勒龕一晴先暮鼓群動出精藍
清盥分香界新花示曉黎樓孤開戸牖空外逼虛
嵐
生吳柰讀湧光（上有白雪何先生石刻）百折丹梯隱
殘蹟然懷古意生鏡湖老乞君王賜蓮社先
子盟殘荒紋侵石皴輕寒露氣[illegible]

坐蒲團久斜月樓頭有磬聲
在縣東北去柳家河不遠
在縣東相傳寺有古井通白龍潭味如蜜
鄭枚白雲寺講經弧　自大唐以來[illegible]東南
八十里有白雲寺余初從居此愛其名耳　晨起
趍朝光較六朝羣書於榆影下寺僧來請幕弧講
法華經余聞而怖曰大亂初定而縱心及此恐事
未暇也僧曰是寺有古井毋晨起則蛛綱布欄上
圓竅猶繕若紗覆鏡先是異僧説法有蛇朱冠伽

而聽講畢而跡滅迺來井旁致躍此昔可記余曰
然往蛟躍皆從來龍伯聽講事不足傳獨按昔人
避亂皆井中追兵及之則井床布網遂不窮搜顧
此乃亂世事也適與之值不足爲異儒者於義如
輙子處轆轤中能使法輪常轉則請言避亂暇整
事而轉以法華早爲解脫可乎余前爲寇兵逼奔
小舫中手挾六朝舊史數卷以自笑是手中所執
非即六朝兵燹時登臺校文選者耶六朝以來數
運不息張謝華靈涌一眺飽照諸君詣讀吟嘆不絕

於口而一時聖僧闡教如瀹林之鼓[illegible]
經佛圖澄之光照一室鳩摩羅什之[illegible]方
弘演大教宣揚聖諦[illegible]之[illegible]名[illegible]
不誕聖僧則六經三藏必漸以[illegible]云二[illegible]
邪夜景之鑒而明勃丹青之[illegible]
之莊王魯之莊公而漢晉則兩明帝也[illegible]之[illegible]
山崩水溢劉覇伊始楚兵猶甚晉之[illegible]
人為虐而佛誕明經乃在其時漢[illegible]
匈奴俱屬窮兵極武之候生斯世者[illegible]

論譔詮如江河不可息則所謂斷彼刀[illegible]
或即是疏理較藝之事[illegible]云並派類網[illegible]絕[illegible]
故能使三十七品[illegible]之斷九十六種[illegible]
之固也昔人已先我而得之燕代之間[illegible]僧[illegible]
深知佛書會遺切還乃[illegible]三藏封[illegible]底此其
功不在伏生孔壁之下況於六[illegible]釋能無
企仰而已耶余二十誦書三十以外[illegible]而
今老矣統括餘年耳一[illegible]之[illegible]
優招明之臺其他少暇皆[illegible]

白衣道人引見真武帝歸而風濤作舟竟無恙[illegible]一
後守新安登齊雲山見披髮仗劍立巖前者即夢
中像也故捐金修殿以垂久後治淮疏河寔使神
力而先生[illegible]營建此菴祀真武帝頗
名感恩亟先生嘗語余云菴名延師示不忘爰依
意心識此語久矣先生厚德[illegible]恩功德自遠他日
振振公孫世感先志勿忘嗣葺斯菴之不朽云

瑞芝菴　在義河南岸舊名南禪邑方伯吳文佳建
崇禎庚午菴後產芝其子贊改今名

貢士吳贊瑞芝篇　半偈數[illegible]碧水樹陰樓影
一泓裏寶相莊嚴出天然宋真宗大中祥符元年十月[illegible]獻芝草三本狀類仙佛實像天然可觀靈氣所[illegible]三秀圖金
莖灼灼九曲散霞裴旖檀[illegible]蓮[illegible]雨花繽紛
貝葉裏頹借阿育後鬼神[illegible]萬祀

圓通菴　在五華山南邑學憲鍾惺建與季弟快字[illegible]居
易禮佛談經其中

知州章曠詩　古意著於寺圓通若有真酒能聊
復爾病許獨餘身吟詠前賢老登臨隔地春我懷

殊不盡更　天眞

柳庵　邑解元譚元春搆以居僧性空者

曼陀羅庵　在邑東北背阓面湖亦曰寶樹菴叅議李純元搆公字長叔别號空齋造□供像後製一舟繫菴前水次式彷吳中筆牀茶竈青□自放與之所至任其所之有西塞甫里之遺風公□清敏與退谷爲同年進士自退谷寒河兩先生名噪海内公絶意述作栖心元著晚乃寄興絲竹蕭然物表人莫測其涯際所傳空齋集亦非公素志也

紫芝菴　在縣治北北禪東孝廉周公命男建僧襄仁重修堂殿香積叢林規制六時課誦閱歲講經爲邑中薰修勝地云

北禪寺　在聚義樓側大比丘智蓮修建

水月庵　在城内邑庠生吳貴建　太史李維楨記吳君累土爲閣麥疇晛而上綺疏週遭與湖波相掩映者即此也

水西菴　在縣西隄西塔寺右庠生吳邦彦創建久燬寺僧□雍艸拾礫闢建三楹法師别雲歸自長干邑侯王公紹貞郡丞劉公餘霖共爲護持更加創造康熙庚申邑侯錢公永留意經營未就之緑閲歲俱滿經樓佛殿齋魚粥鼓儼然一叢林矣又於西偏營艸堂三楹布石種竹迥出塵表而華山確菴和上自吳入楚卓錫其中題曰高雲一宿題詠甚多相傳爲盛事云

吳邦彦詩　西來兵氣太飛揚梵聲香林興味長試向瞿曇詢刼數月明無影照廻塘

華山確菴和上曉青挂瓢水西詩　結廬傍精舍逸老喜相枝帆影竹邊落磬聲花外浮朴翻成古雅

静益見深幽三宿存遺訓何當匝月留

菴西有二殤墓　邑侯吳門錢公永第七公子及孫中痘殤瘞於此週遭植柏　公哭七兒荀鶴詩云　幾日行春到客鄉入攜抱出堂階撫摩膝下情偏切風雨何曾一去懷　三月鶯啼新柳枝好花遍放斷腸時花前猶記牽衣問此日臨風不忍思

邑戴　祁經墓下詩云　生來秋水剪雙瞳攜手曾隨雁序中老淚不堪沾墓草荒花空自蕩春風

者也言訖而悔於是發木造殿至今士人祈禱無
不應驗

縣志卷之七終

邑貢士譚籍記　先朝戊辰開公安碧公飛錫
河先徵聘君結菴義水南居之額曰祛塵後徙住
邑西白竹寺兵燹後菴爲劫灰矣今復置精藍仍
舊額樓易髹雪石衲與先君子遺風允洽云
庠生[illegible]泰詩　雨過梅子熟招提淨如洗屏不
辨[illegible]遺惟一綠法堂色黝深晝行恩乘燭坐夕
定飛虎虛自洞可囑燈莊嚴曇華如來現金粟雙
樹如雙鶴亭亭倚座前摩雲不肯低寶蓋特高聳
倚老骨清癯持戒惟忍辱器幹靜無聲微聞香味

餘呼我方外遊入社聽綸[illegible]茶罷飫西江[illegible]伊
蒲玉綴交叉若亦高寒不[illegible]所愧禮[illegible]
聚菴　在深江站東一里許[illegible]
百[illegible]菴　在邑東堤崇禎年間[illegible]建[illegible]
西[illegible]浮出水上土人因[illegible]建穀神祠
監利楊述題穀廟詩　江堤亘百里勢若蛟龍伏
旦浸忽奔衝蛟鼉起平陸夜闌風雨聲霹靂[illegible]林
屋居人且出視乃獲雷車木豈惟資障護猶得免
修築於焉崇廟祀歲歲祈嘉穀

田地

夏禹貢荆州厥土惟塗泥厥田惟下中

明　洪武辛未　田地三千八百九十有五頃五十有四畝四分（官地三千四頃七十六畝三分　民田三千八百六十頃七十八畝）

永樂癸未田地增百三十有八頃九十九畝九分

永樂壬寅田地增二十九頃四十八畝九分

宣德壬子田地增百十有八頃九十六畝一分

正統壬戌田地增三百五十有八頃十七畝

景泰壬申田地增百四十有五頃七十六畝四分

天順壬午田地增三百三十六頃六十九畝二分

成化壬辰田地增百十有二頃九十七畝五分七釐

嘉靖壬午田地增百二十二頃六十八畝一分

嘉靖壬子田地山塘共四千三十頃六十二畝二分

萬曆九年辛巳奉例丈量田地山塘上中下四則共計一萬八千一百四十四頃二十五畝四分

萬曆十年壬午撥出漁田上中下四則共四千六百一十一頃八十畝四分九釐實存民田上中下

四則共一萬三千五百二十二頃四十四畝[illegible]一釐

萬曆十六年戊子本縣欽依改正田增一萬二百六十九頃四十九畝二分八釐將地塘山盡減合九年清丈數足額共一萬八千一百四十四頃二十五畝四分

（查十六年縣前碑上則田陸千一百五十八頃二十八畝四分九釐中則田五千四百八十二頃三十三畝四分八釐二毫下則田三千八百六十頃五十二畝八分五釐八毫四則田二千六百四十三頃一十一畝五分七釐）

萬曆十八年庚寅潞府出國奉摘漁田四千六百一十一頃八十畝四分九釐仍歸五所撥屬取租充膳

賦稅

宋　淳熙三年臣僚奏減復州等處增稅初復州置榷貨務後廢

金　世宗大定八年十月辛亥詔罷復州歲貢鹿筋

明　洪武年稅夏小麥六石二升九合米四百一石四斗六升五合[illegible]一錢八分農桑

芝蔴增二升六合
景泰年稅，麥增一斗米增六石六斗八合南絲增六錢一分農桑絲減三兩四錢五分糧米減九十二石四斗八升五合黃荳減四石九斗三升七合
天順年稅小麥增六斗五升六合米增二斗七升五合南絲增三兩三錢八分農桑絲增七兩三錢九分糧米減二百十七石一斗四升五合黃荳增五石七斗八升二合芝蔴增四斗四合
正德七年稅米增六石四斗五升七合南絲增一

十一斤五錢五分二厘農桑絲增三兩四錢四分一糧米增四百九十七石四斗六升八合黃荳減一斗九升三合
嘉靖元年糧米增四百九十八石五斗一升
二十一年糧米二萬一千九十八石九斗二升零有
萬曆九[illegible]丈民　地灘汎上中下四則共該糧米二萬[illegible]千[illegible]二十石三升七合三勺五抄[illegible]九圭內除灘田摘去秋糧藩租五千五百十[illegible]三斗[illegible]撥實存秋糧民米一

豈獨滾滾而廬抑亦壅淤運道洪濤小剩十餘十艘而南糧不輸積逋何多半是災疲之難辦半是糧艘之渰沉耳畢縣初入其境首罹災眚次漢運路凄然寒心續奉催檄如雨而逃民多無從督即欲勉強徵解恐湖險難冒陸輓艱府亦竟付之無可奈何耳今其士夫舉監生員耆甲人等合詞請乞改折切見彼[illegible]之本色南運實禍景民與其以徵而帶欠之本色困國儲曷若以便而輕齎之折色實南務若官民之利病則猶不敢置辯也伏

乞轉題永改南運萬世永賴矣
本年知縣程維稹覆議改折南糧詳上請題文[illegible]
景　非僻邑也水災頻仍相率逃亡誠有如上臺所云不徵不解以爲常者今豈敢謂改折之後遂
公争先至不遺分毫而止乎然絃急而柱促必絃更張乃可調也伐木而析薪必椅顛尋理乃
也蓋畢縣庸闒書生而未救與芻一念萬不
竊從旁斟酌之改折有八便焉前是南糧[illegible]
而改折絛議折[illegible]無[illegible]

不便求改則民之耳目一新一便也且民爭利僞
毫耳彼見夫輸者不免狼戾而歸或擱回欠者徵
盈觀望而反無捐損轉相顧盼□□延求改則
民之趨向速二便也況民避害何不至屬□淪胥
之苦矜侯刁難之厄鋪墊費發之費卧批貸貼之
雜種種名色動破身家求改則民之氣力蘇三便
也乃其平日而積之一旦而輸之始可如期竣事
有如銀米未決便覺手足難展求改則民之措辦
豫四便也南糧繼更尚有漕舟然漕規既赴省城

制原畫一南中遞年更議甲乙參差豈惟民不識
役亦且官不識征求改則縣之號令肅五便也此
縣不獨水鄉苦決山鄉苦蝗而水鄉有米去江苦
遠山鄉無米買納苦倍一槩督責究竟延挨求改
則縣之撫字寬六便也而又民多積玩胥多舞文
皆緣本折不常因而上下其手以致尺籍漫漶莫
可殫詰賄沉賕塌求那期會求改則吏之奸孔絕
七便也此中最患包攬總緣有運破家民不樂就
故奸民得而乘之認收認解書貼肥已銀米花消

卒之起運則攬頭匿而正户併逃即正户出而重
輸安措延累叢競幾成難問求改則下之壟斷絕
八便也爲民上者利不百不興害不十不除今害
已極於剝膚而利可圖於更決此非窮變而通之
會乎況京山　陵事多一體京山二運俱改而
陵獨請改難所當曲念民艱力爲申詳者也聞南
中不甚需米又何必以不急之征困民於無窮之
塹乎哉伏乞俯賜題准景之黎民子孫實萬世永
賴焉 文見描譜

天啟元年辛酉　南糧奉部文改折銀二千四
百七十四兩一錢　每兩加損銀一分三厘共損
銀三十二兩一錢六分二厘三毫今將原南糧解
費二十二兩上加銀十兩一錢四分三厘三毫
按景　南漕二糧舊例漕糧賦於民而兌於軍成
化年知縣委紹設兩便倉里甲於乾鎮交遞其後
於漢口交遞謂兌軍米不累民亦不累官也惟南
糧或長運撥運或本色折色以致節年拖欠卧批
賠累悮運倘遭風浪舟覆糧飄至户逃死官

害極矣程侯首詢民疾苦無如首猶□□
里甲公議申詳請題呈咨南戶部議確覆北戶部
合疏上聞特系寧府公露請在京額所司爲景請
命奉旨依擬下湖廣撫按藩司永改折官民兩便
國計攸裕矣

起泒

稅糧起泒南北京絹溧陽州倉本縣學倉京庫本
色軍折色運糧官軍行月糧輕齎南糧蓆竹運官
盤纏太倉米楚祿辰州軍餉荊縣學倉米折銀共

七千零七十六兩三錢二分

丁石起泒南北藥味緞疋白硝鹿皮弓箭弦條天
鵝衿襖褲鞋營膳司料光祿司甲丁庫供應濟府
茶價曆日軍器料奉茂顯陵殿香燭共銀乙千六
百六十一兩四錢零二厘

起泒綾紗紙價銀一百七十五兩四錢三分五厘（依部文到日方起泒）

銀差

江濟水夫眉遞運所□□□遞閘米扛舡辰州

□館□□□夫校祭□□□□□道程
本府柴薪守道本府檢校馬夫府學□□夫代編
鍾祥歲貢□□□京石城乾灘□□□支應本
縣柴薪馬夫倉庫徑紅冊紙孤老布花修舡縣學
齋膳文廟啟聖名宦鄉賢山川社稷邑厲武侯各
祭祀鄉飲歲貢盤纏共銀一千七百六十九兩九
錢六分、

力差

富水遞運所紅船水夫乾灘水夫豐樂荊山建陽

麗陽石橋郢東七驛馬匠豐樂舡夫陵祠廚役太
府皂隸戶部抽夫巡道門子府軍廳門皂府禁斗
府前鋪兵石城郢東館□本縣儒學看司門子皂
隸禁斗民壯乾灘巡司弓□□兵渡夫縣夫縣馬
協編鍾祥馬共銀七千五十八兩三錢一分

班匠

南京班匠三十八名每名一兩八錢（閏加四年六錢一班）
小班匠一十七名自行當差銀無定數

畝餉

國朝賦役新全書

一田地額數

原額民漁田共一萬八千一百四十四頃二十五畝肆分 上田六千一百五十八頃二十八畝四分九釐 中田五千四百八十二頃三十三畝四分八釐二毫 下田三千八百六十頃五十二畝八分五釐八毫 四則田二千六百四十三頃一十畝五分七釐

查民田上中下四則共一萬三千頃二十五畝伍分六釐七毫六絲

漁田上中下四則共五千一百四十三頃九十

九畝八分三釐二毫四絲 萬曆九年清丈後撥出漁田又潛府除充膳租另載後款

一糧米科則

秋糧民米正科二萬一千一百二十石三升七合三勺五抄六撮九圭 內上田每畝科秋糧米一斗六合四勺二抄六粒二粟該米一萬一百一十二石九斗二升五合一勺八抄五撮 中田每畝科秋糧米一升二合三勺一抄六撮二圭三粒八粟該米一千七百五十二石一斗七升四合六勺三抄六撮八圭 下田每畝科秋糧米八合二勺一抄八圭二粒三粟該米三千一伯六十九石八斗一升一合九勺四抄六撮[illegible]圭 四則田每畝科秋糧米四合[illegible]五[illegible]九粒四粟該[illegible]

[illegible]

帶科一千二百八十四石八斗八合九勺一抄 鄉京庫米 各則民糧一石帶科官米六升八勺三抄三撮六圭四粒

夏稅米帶科四百一十一石[illegible]一升三合四勺六抄八撮 每民糧一石帶科夏[illegible]升九合四勺九抄八[illegible]

小麥帶科六石三升九合九勺三抄[illegible] 民糧一石帶秋小麥二勺八抄五撮九圭八粒

以上額載秋糧民米正科官米夏稅米小麥帶科共二萬二千八百二十二石六斗九升九合

六勺八抄九圭

一糧米徵銀

秋糧民米類徵銀一萬四千一百三十八兩五錢一釐九毫八絲八忽五微五塵七纖七渺

新加北絹銀三十兩四錢五分五釐 新加弓箭弦條銀一千一百六十四兩一錢四分七釐六毫八絲四忽 新加顏料銀二百四兩四錢七分三釐五毫七絲 每石民米共該折秋糧銀七錢三分五釐六毫七系九忽四微八塵六纖九渺七漠 上田應徵絹北絹弓顏料民七千四百三十九兩八錢七分一釐六[illegible]

一[illegible]
北絹弓箭顏料銀四千九百六十七兩四錢三分六厘三毫七絲二忽八微八塵　下田應徵並北絹弓箭顏料銀二千三百三十一兩九錢六分五厘六毫二絲一忽九微四塵　四則田應徵並走[illegible]摺弓箭顏料銀七百九十八兩三錢[illegible]四厘六毫三絲五忽八微七塵四纖九渺
官米額徵銀九百四十五兩二錢七厘[illegible]毫七絲八微二塵每石照前則例
夏稅米額徵銀三百二十二兩九錢六分二厘[illegible]二絲二忽三微三塵七纖每石照前則例
小麥額徵銀四兩四錢四分三厘四毫五[illegible]七忽

縣志　卷之八　田賦志　全書　[illegible]

一塵八纖八渺每石照前則例
以上額徵並新加共銀一萬六千七百九十兩一錢九分一厘九毫九絲二忽七微[illegible]三[illegible]三纖五渺
一絹絲徵解
北額解稅絲一[illegible]八斤一十二兩三錢三分二厘[illegible]毫　每民糧一石帶科夏稅絲八分二厘四毫一忽九微五塵六纖
南額解農桑絲一千四斤四兩六錢四分　每民糧一石[illegible]科桑絲一分八毫二絲[illegible]五忽七微一塵八纖[illegible]

[illegible]絲共一百二十三斤九錢七分二厘
一人丁徵銀
原額人丁八千三百八十六丁　[illegible]徵丁銀二千八百三十六兩九錢九分一厘一毫八[illegible]八微五塵八纖二渺　新加人丁顏料銀八十[illegible]兩六錢三分一厘五毫三絲　新加弓箭弦條銀四百九十八兩九錢二分四毫三絲六忽
以上額徵並新加共銀三千四百二十三兩五錢四分三厘一毫四絲六忽八微五塵八纖二

縣志　卷之八　版籍志　全書　[illegible]

渺
康熙五年奉文豁除二三年運糧故夫五百五十八丁遵照則例豁免銀二百二十七兩八錢七毫四絲八忽三微三塵四纖六渺　實在人丁七千八百二十八丁實徵銀三千一百九十五兩七錢四分二厘三毫九絲八忽五微二塵三纖六渺
一地畝徵銀
一萬曆四十六七八年加增地畝九厘遼餉正銀六千三百二十六兩三錢八分二厘六毫四絲一忽

損九厘□□五十六兩九錢三分
八忽九微連正損共銀六千三百八十三兩
二分九絲每民糧一石派銀三錢二厘二毫四絲

一南漕徵米
漕糧本色正米二千四百九十五石五升每石耗米四斗共米九百九十石零二升共正耗米三千四百九十三石七升另正米一石納脚米九升内盤脚該米二升船脚該米七升共里納盤脚船脚米二百二十四石五斗五升四合五勺一每民糧一石派米連正耗一斗六升五合三勺九抄一撮二圭八粒完漕糧外其盤船脚米原係過淮給徵□役自

縣志　卷之八　田賦志　全書　三二

順治二年起至今止未奉文徵不敢擅派
南糧本色米四千九百四十八石二斗每石耗米二斗五升共米一千二百三十七石五升共正耗米六千一百八十五石二斗五升另正米一石納盤驢脚米共該一斗五升共里納盤驢脚米七百四十二石二斗三升每民糧一石派米連正耗二斗九升二合八勺六抄一撮□圭完南糧外其盤驢脚米奉文每石折銀一兩共折銀七百四十二兩二錢三分以二錢給解役該銀一百四十八兩四錢四分六厘餘八錢充餉該銀五百九十三兩七錢八分四厘隨南糧本色内派徵每民糧□□該徵充餉銀二分八厘一毫一絲四□□微二塵三纖

一起運欵目

户部項下

夏稅折色起運
南農桑絹一十一疋一丈二尺九寸六分每疋正銀五錢五分損銀一錢五分共銀八兩二厘四毫每兩京損五分該銀四錢一毫二絲

秋糧折色起運
京庫米一千二百八十四石八斗八合九勺二抄每石折銀二錢五分該銀三百二十一兩二錢二厘二毫三絲每兩京損銀三分滴珠銀一分共銀一十二兩八錢四分八厘八絲九忽二微解官盤費每兩九厘該銀三兩六厘五毫

縣志　卷之八　田賦志　全書　三三

兑軍折色米二千四百九十五石五升每石連耗折銀七錢該銀一千七百四十六兩五錢三分五厘每百兩京損銀一兩二錢該銀二十兩九錢五分八厘四毫二絲
派剩太倉米七百六十一石五斗每石折銀六錢該銀四百五十六兩九錢每百兩京損銀一兩二錢該銀五兩四錢八分二厘八毫解官盤費每兩九厘該銀肆兩一錢六分一厘四毫

鹽鈔折色起運
南户口鈔本色正損共銀七十四兩七錢五分一厘六毫二絲九忽六微帶閏二兩四錢九分一

…[illegible]徵八厘六絲七微 每[illegible]厘該銀六錢七[illegible]

起運

夏稅本色起運

北黃絹八十七疋四寸九分八厘六毫 每疋工銀七錢 織費銀二錢 插銀二錢 共銀九十五兩七錢一分八厘二毫八絲

三忽 部前北絹 新加北絹 每疋三錢五分 共銀三十兩四錢五

分五厘 今奉文改折銀

以上折色共減故夫丁銀六兩九錢七分七毫

五絲六忽

縣志　卷之八　田賦志　全書　二十四

秋糧本色起運

漕糧本色 即前漕米 正耗共米三千四百九十三石七

斗里納盤腳米二百二十四石五斗五升四合五

勺 又糧道條陳於耗米四斗外再加耗米二斗

順治九年 楚撫遲 題請免加 戶部覆奉

旨革除多加耗米二斗

南糧本色 即前南米 正耗共米六千一百八十五石二

斗五升里納驢腳米七百四十二石二斗三升 奉文

每石折銀一兩止 共銀七百四十二兩二錢三分 以上二分給解役

該銀一百四十八兩四錢四分六厘 以上八分該[illegible]

五百九十三兩七錢八分四厘 係本色南米內派徵

原編部解南糧運官盤費銀二十二兩 奉文裁解

充餉

原編蔴竹圓頭簳銀一百零六兩八錢八分一厘

一毫二絲 奉文裁解充餉

原編部解充官盤銀八兩 奉文裁解充餉

隨漕本色起運 新例奉文歸解糧道充餉間銷

椤木松板銀九兩九錢八分二毫

縣志　卷之八　田賦志　全書　三十五

運糧官軍行月二糧米一千三百三十七石二斗

每石折銀四錢 該銀五百三十四兩八錢八分

三六耗蔴輕齎銀四百六十一兩五錢八分四厘

二毫五絲 每百兩解准損銀一兩 該銀四兩六錢一分五厘八毫四絲二忽五微

淺船銀六十五兩六錢四分五厘 解官盤費每兩九厘 該銀五錢

九

漕四項共減故夫丁銀一兩三錢二分二厘一

六絲八忽七微

[illegible]本色起運

三十六兩三錢八
徵每兩京預銀九厘每民泒銀三錢二厘二毫四絲
內原編楚府宗　折色銀茶價雜一
軍校月糧銀廿　千二百四十五兩
厘四毫四絲八忽四微俱裁解充餉
新編光祿寺項下甲丁庫供應銀除
三十一兩八錢八分一厘五毫二絲二忽款目批
新編光祿寺項下泒剩辰餉銀除解費外該

一百零六兩六分四厘五毫入戶部款目起運
禮部項下
夏秋折色起運
北藥味正價銀七兩七分九厘四毫六絲四忽五
徵每兩京預銀四分該銀二錢八分三厘一毫七絲八忽
一五微八塵解官盤費每兩九厘該銀六分六厘三毫
南藥味價銀四錢一分四厘二毫三忽六微二塵五纖
南北藥味共減故夫丁銀一分一厘一毫六絲
新編光祿寺項下牲口除解費外正預銀二十六

兩一錢四分七厘零五絲七忽入禮部
兵部項下
夏秋折色起運
原編解南江濟水夫五十五名每名四兩九分五厘共二
二十五兩二錢二分五厘每兩京預銀九厘該銀二兩
分七厘二絲五忽新例奉文歸解驛道協濟沅
州沅水驛工料
工部項下
夏秋折色起運

緞疋青紅綠三色二十三疋改折正銀七十六兩
七錢預銀一十一兩五錢每兩京預九厘該銀七錢九分
三厘八毫解官盤費每兩九厘該銀八錢一厘減故夫丁銀二兩
四錢九厘三毫四絲三忽
弓五十四張箭一萬七千三百三十三枝弦二百
六十五條改折正銀三百六十八兩九分一毫預
銀一十四兩七錢二分三厘六毫四忽解官盤費每兩九厘
該銀三兩四錢四分五厘二毫新加弓箭弦條正銀一千六　三
十三兩五錢三分二厘二毫每兩京預九厘該銀一十四

兩七錢一厘八毫二絲解費每兩九□□□四兩八錢三分四厘一
減故夫丁銀五十四兩九錢八分六厘八毫八
絲
天鵞四十五隻每隻價銀五錢共正攅銀二十二
兩五錢每兩京攅九厘該銀二錢二厘五毫解官盤費每兩九厘該銀
二錢四厘三毫　減故夫丁銀六錢一分四厘六毫二絲
八忽
營繕司料銀三百五十七兩八錢三分一厘每兩京攅
九厘該銀三兩二錢二分四毫七絲九忽解官盤費每兩九厘
該銀三兩四分九厘五毫　減故夫丁銀九兩七錢七分四厘

縣志　卷之八　田賦志　全書　三八

八毫三忽
夏秋本色起運
白硝鹿皮一百張每張價銀四錢京攅二錢共銀六十兩解官般
每兩九厘該銀五錢四分如遇折色之年每兩另派京攅九厘　減故夫丁
兩六錢二分四厘三毫
胖襖褲鞋四十五副每副正銀一兩二錢水脚銀三錢共銀
七兩五錢原議官解領銀製造解司另派夫馬不必加派攅銀　減
銀一兩八錢二分七厘四毫

□品銀一百三十二兩一錢二分四厘八毫解每兩
加增該銀一兩一錢八分九厘一毫二絲三忽二微　減故夫丁銀三兩五
錢七分七厘三絲四忽
綾紗紙價銀一百七十五兩四錢三分五厘五毫
七絲七忽七微候部文到之年方派不必每年帶徵
光祿寺項下
藥品銀六十四兩三錢七分一厘四毫二絲一忽
原額甲丁庫供應等銀共銀一百二十兩每兩京攅銀二
分該銀二兩四錢解官盤費每兩九厘共該銀一兩一錢一厘六毫內收歸禮部壯日銀二十六兩

縣志　卷之八　田賦志　全書　三九

一錢四分七厘零五絲七忽餘入戶部欵目起
派剩辰州軍餉米一百九十石三斗每石折銀除一
改抵沅陵縣外坐派丁糧光祿寺銀一百八
四厘每兩京攅二分該銀二兩一毫解費每兩九厘該銀九錢
改入戶部
扣解辰州軍餉壯一十三名每兩
兩六錢原改抵沅陵縣坐派丁糧
兩八錢分二厘

充餉共減故夫丁銀二兩五錢八分四厘七毫

新加顏料銀二百九十二兩一錢五厘一毫　減故夫丁銀七兩九錢零八厘二毫

以上各　部寺解費總共銀五十兩七錢七分一厘五毫五絲九忽四微　減故夫丁銀三錢九分七厘四毫四絲五忽七微

一經制款目

分守荆西道　康熙六年奉文全裁

原皂隸一十二名共支銀八十六兩四錢原快手一十二名共支銀八十六兩四錢順治十四年每名裁一兩二錢今全裁

知府

書辦二十四名　每名歲支銀一十兩八錢　共銀二百五十九兩二錢　順治九年會議每名裁銀四兩八錢　康熙元年奉文全裁

同知

俸銀每年四十二兩五錢五分六厘

通判

燈夫二名　每名歲支七兩二錢　共銀一十四兩四錢　順治九年會議每名裁銀一兩二錢

夫丁銀九錢二分五厘九毫七絲一忽九微

知縣

俸銀每年二十七兩四錢九分

薪銀三十六兩　順治十四年裁銀一十八兩四錢九分

心紅紙張銀每年二十兩　減故夫丁銀四錢二分七厘四毫一絲二忽四微　奉文充餉

油燭銀每年一十兩　順治十四年奉文全裁

修宅家伙等銀每年二十兩　順治九年會議全裁

迎送上司傘扇夫銀十兩　順治十二年奉文裁八兩留二　十四年全裁

書辦一十二名　每名歲支十兩八錢　共銀一百二十九兩六錢　順治九年會議每名裁銀四兩八錢　康熙元年奉文全裁

門子二名　每名歲支七兩二錢　共銀一十四兩四錢　順治九年會議每名裁銀一兩二錢　減故夫丁銀二錢五分六厘五毫三忽三微

皂隸一十六名　每名歲支七兩二錢　共銀一百一十五兩二錢　順治九年會議每名裁銀一兩二錢　減故夫丁銀二兩零五分一厘六毫

馬快　每名歲支工食草料一十八兩　共銀一百四十四兩　順

[illegible]草料銀八十六兩四錢[illegible]名裁銀一兩[illegible]
夫丁銀二一兩二分五厘七毫九絲
民壯五十名 每名歲支七兩二錢 共銀三百六十兩 順治九年會議每名裁銀一兩二錢 十六年奉文每名會裁去銀二兩[illegible]正 減故夫丁銀
三兩八錢四分六厘七毫一絲二忽
燈夫共四名 每名歲支七兩二錢 共銀二十八兩八錢 順治九年會議每名裁銀一兩二錢 減故夫丁銀五錢一分二厘九毫
看監禁子八名 每名歲支七兩二錢 共銀五十七兩六錢 順治九年會議每名裁銀一兩二錢 減故夫丁銀一兩二分五厘七

縣志 卷之八 田賦志 俸役 三五

毫九絲
修理監倉銀二十兩 減故夫丁銀四錢二分七
厘四毫一絲四忽 奉文充餉
轎傘夫七名 每名歲支七兩二錢 共銀五十兩四錢 順治九年會議每名裁銀一兩二錢 減故夫丁銀[illegible]錢九分七厘五毫七
絲
庫書一名歲支銀一十二兩 順治九年會裁六兩 康熙元年奉文全裁
倉書一名歲支銀一十二兩 順治九年會裁六兩 康熙元年奉文全裁
庫子四名 每名歲支七兩二錢 共銀二十八兩八錢 順治九年會議

[illegible]三十一兩五錢[illegible]分[illegible]
[illegible]
書辦一名歲支銀七兩二錢 順治九年會裁一兩二錢 康熙元年全裁
門子一名歲支銀七兩二錢 順治九年會裁一兩二錢 減故
夫丁銀一錢二分八厘二毫二絲四[illegible]
皂隸四名 每名歲支七兩二錢 共銀二十八兩八錢 順治九年會議每名裁銀一兩八錢 減故夫丁銀五錢一分二厘九毫
馬夫一名歲支銀七兩二[illegible] 順治九年會裁一兩二錢 減故
夫丁銀一錢二分八[illegible]二毫二絲四忽

縣志 卷之八 田賦志 俸役 三五

乾灘鎮巡檢
俸銀每年三十一兩五錢二分
書辦一名歲支銀七兩二錢 順治九年會裁一兩二錢 康熙元年全裁
皂隸二名 每名歲支七兩二錢 共銀一十四兩四錢 順治九年會議[illegible]銀一兩二錢 減故夫丁銀二錢五分六厘五毫三
忽三微
乾灘驛驛丞 康熙五年奉文全裁
原俸銀三十一兩五錢二分 原書辦一名支銀七兩二錢 原皂隸二名共支銀一十四兩四錢
順治九年每名裁一[illegible]二錢今全裁

俸一十二兩五錢二分內俸銀十九兩□錢二分薪銀一十
二兩八□□四錢合支

儒學齋夫六名每名歲支銀十二兩共銀七十二兩康熙四年裁銀
三十六兩減故夫丁銀七錢六分九釐三毫四絲二忽
五微今與訓導合支膳夫三名每名歲支銀二十兩共□□銀四十兩
廩生支給順治十四年奉文裁三分之一減故夫丁銀二錢八分四釐
九毫四絲二忽

門斗五名每名歲支銀七兩二錢共銀三十六兩康熙四年裁銀一十八兩

減故夫丁銀四錢六分一釐六毫五忽

學書一名歲支銀七兩二錢康熙元年奉文全裁

喂馬草料每年歲支銀二十四兩康熙四年裁銀一十二兩今全
裁充餉

訓導　俸銀一十九兩五錢二分薪銀一十二兩齋
夫三名支銀三十六兩門子二名支銀二十四兩
四錢喂馬草料支銀一十二兩今全裁

撥運款目本縣停解藩司

曆日銀八兩八錢三分解官盤費每兩□九釐該銀七分九釐□毫□絲

減故夫丁銀一錢九分四毫九微

科舉銀四十九兩四分七釐解官盤費每兩九釐該銀四錢四分一釐
四毫二絲三忽減故夫丁銀一兩零五分七釐五毫九
絲八忽三微

一驛站撥協

原編石城驛馬一十匹每匹銀三十兩帶閏銀五錢文零銀六兩帶閏銀一
錢共銀三百一十一兩一錢奉文撥協各處開銷

原編鄖東驛馬一十二匹每匹銀三十兩帶閏銀五錢共銀三
百六十六兩奉文撥協各處開銷

原編豐樂驛馬七匹每匹銀三十兩帶閏銀五錢文扣銷零銀二十八兩帶閏
四錢六分七釐共銀二百四十一兩九錢六分七釐奉文撥協

原編豐樂驛站船水夫四名每名六兩帶閏銀一錢共銀二
十四兩四錢奉文撥協

原編荊山驛馬二十匹每匹銀三十兩帶閏五錢共銀六百一
十兩奉文撥協

建陽驛馬一十一匹每匹銀三十兩帶閏五錢文零銀一十五兩帶閏二錢五
分共銀三百五十兩七錢五分奉文撥協

原編麗陽驛馬一十匹每匹銀三十兩帶閏五錢文零銀一十八兩帶閏三

[illegible]共銀三百二十三兩[illegible]

原編石橋驛馬三匹每匹三十兩帶閏五錢共銀一十五兩帶閏二錢五分

共銀一百六兩七錢五分奉文撥協

原編石城驛支應銀二百七十兩奉文撥協

郢東驛支應銀三十九兩奉文撥協

原代編沔陽州原派郢東驛支應銀四十四兩奉文撥協

原編郢東驛館夫二名每名銀五兩帶閏銀八分三厘共銀一十

兩一錢六分六厘奉文撥協

以上係七驛銀兩共二千六百九十七兩四錢三分三厘

原編乾灘驛站船二隻水夫四名每名六兩帶閏一錢共銀

二十四兩四錢奉文裁撥

原編乾灘驛支銀一百一十兩奉文裁撥

原編乾灘驛館夫二名每名銀五兩帶閏銀八分三厘共銀一十

兩一錢六分六厘奉文裁撥

以上係縣驛銀兩共一百四十四兩五錢六分六厘

原編本府篙水遞運所原額紅船六隻每隻水夫九名每名正閏七兩三錢一分每隻修船銀一十二兩共銀[illegible]百六十七兩二錢八分內扣捕盜廳紅船一隻

水夫九名共銀七十[illegible]兩八錢八分裁入餉[illegible]三百八十九兩

錢內分守荆西道清軍糧理刑三廳用一隻奉文歸驛道協

沅州沅水驛工料

以上係歸驛銀兩

一走遞夫馬

本縣舊額排夫一百五十三名每名工食七兩二錢帶閏一錢二分共一千一百一十九兩九錢六分內本縣應役轎傘夫六名工食抵作經制外實走差排夫一百四十七名該銀一千七十六兩四分內除奉驛鹽道

[illegible]銀七百一十兩四分協沅州安陸雲夢應山等

縣工料外本縣議設長養夫五十名該工食三百

六十六兩減故夫丁銀七兩八錢一分一厘六毫五絲

今添設三十名該工食銀二百十九兩[illegible]錢

本縣舊設額馬四十一匹每匹銀二十四兩帶閏銀四錢共一千

兩四錢內除奉撥銀七十二兩四錢減故夫丁

銀一兩五錢四分七厘二毫解驛鹽道請抵減

存銀兩外實該工料藥餌銀九百二十八兩

減故夫丁銀一十九兩八錢二分八厘六毫一絲九忽三微四纖六沙

今設腳馬四十四匹共銀九百一十一兩二錢

新奉撥前驛站項下存剩解道所用銀一百六十四兩八錢六分四厘六毫一絲六忽四微三塵九纖六渺七漠　減故夫丁銀一兩三錢六分八厘五毫三絲

以上係撥驛銀兩 即前原編不係外派

以上驛站銀兩內有原編撥協當陽荊門、陸雲夢應山五州縣驛站銀三千九百三十七兩四錢七分一毫九絲五忽八微六塵七纖四渺六漠八茲原遵協濟徒多轉折等事之案彼處各動正項濟驛此協改歸正項充餉等因在案續於康熙二

十年十二月二十日欽奉

恩詔事案復該本縣夫馬歸回支用等項銀三千一百八十四兩九錢二分五毫六絲六忽八微二塵一纖六渺六漠三茫四漂止應協孝感驛站銀七百五十二兩五錢四分九厘六毫二絲九忽四塵五纖八渺四茫六漂仍照改歸正項充餉繼奉裁二之行共三千一百八十四兩九錢零之數除卜縣支給外俱解驛道

一均徭款目

各舖司兵徑編差共四十六名 每名銀六兩帶閏一錢 共銀二百八十兩六錢

內縣前舖六名官橋橫官利涉柳河皂市趙家渡汪七舖各四名洪仕紫水牛槽銅柱四舖各三名

減故夫丁銀五兩九錢九分六厘六毫

本府總舖兵一名 工食正閏共銀六兩一錢

減故夫丁銀一錢三分三毫六絲

各河渡夫六名 每名銀一兩八錢帶閏三分 共銀一十兩九錢八分 順治十四年奉文半裁

實支銀五兩四錢九分

減故夫丁銀一錢一分七厘三毫一絲一忽五微

各渡修船銀三兩 二年一修

每年該銀一兩五錢 順治十四年奉文半裁今裁充餉

減故夫丁銀一分六厘三絲八忽五微

乾灘鎮巡司弓兵三十名 每名銀四兩帶閏銀六分六厘六毫

共銀[illegible]两 順治十四年奉文半裁　減故夫丁[illegible]
两三錢四厘六毫八忽
迎送皂隷三名共銀一十两九錢八分　減故夫
丁銀二錢三分四厘六毫五絲
一祭祀款目
龍亭儀仗修理銀二两　減故夫丁銀四分二厘
七毫四絲 今全解充餉
文廟二祭共銀四十两
啟聖祠二祭共銀七两

香燭米銀一两二錢六分
山川壇二祭共銀一十二两
社稷壇二祭共銀一十两
各宦鄉賢二祠各二祭共銀[illegible]两
武侯二祭共銀四两 自文廟起至此止　減故夫丁銀一
两七錢一分一厘二絲二忽
邑厲壇三祭共銀一十二两　減故夫丁銀二錢
五分六厘五毫三忽三微
厲祭[illegible]米銀三两一錢五分

五錢六分四厘[illegible]
提學道歲科考生童合用試卷給賞等項每年[illegible]
銀三十两 臨期叩銀四两協濟鍾祥縣搭廠餘俱扣筭實用銀数造册申賚學道印發本
縣存照除搭廠銀四两不裁外餘銀順治十四年奉文半裁　減故夫丁銀四
錢七分一毫五[illegible]
代編鍾祥縣貢盤纏銀三两 今奉文裁解充餉
府學顯承二衛寄學科舉生員盤費銀一十六两
三年一次 每年該銀五两三錢三分四厘 今全裁充餉
科場對讀生五名 每名一两共銀五两三年一次 每年該銀一两

六錢六分七厘　減故夫丁銀三分五厘六毫
科場內簾刻匠一名盤纏銀三两 在府應差工食外方給今裁
鄉飲二次共銀一十二两 順治十四年奉文半裁　減故夫
丁銀一錢二分八厘二毫二絲四忽
一典禮款目
門神桃符春牛芒神花鞭酒席開印封印等銀四
两 順治十四年奉文全裁
府應朝盤纏銀二十八两七錢八分二厘 二年一次 每
年該銀九两五錢九分四厘 順治十四年奉文全裁 朝覲二年應裁朝覲[illegible]

一年應留減故夫丁銀六分六厘一毫四絲今全解充餉

縣應朝覲正佐四十兩首領二十五兩該吏一兩造冊六兩共銀八十兩每三年一次

一每年該銀二十七兩順治十四年奉文不朝覲二年應裁朝覲一年

應留減故夫丁銀一錢九分二厘三毫四絲今全解充餉

一支用款目

孤貧一十六名口每名歲支米三石六斗每石折銀五錢共銀二十八兩八錢查舊例全書內縣倉米併夏稅米麥銀兩內除支給官吏俸米外尚不敷銀一十五兩六錢三厘三毫原於缺官銀內補給今缺官銀兩奉文解部將前項沔陽州倉米折銀內補足

孤貧一十六名口每名歲支布花銀三錢共銀四兩八錢

減故夫丁銀一錢二厘五毫八絲

供應銀一百二十兩內答應欽差部差過往差使油燭柴薪廩給口糧等項於此內支順治十四年奉文全裁

備用銀八十五兩除正官明暖轎等銀一十二兩六錢抵新定經制外實存銀七十二兩四錢備修文廟銀五兩修理城垣府縣各一十五兩季考一十二兩並歲貢舉人會試呈詞作興歲科考府學生員花紅盤纏一切雜用俱於此項動支如有存剩報院司道府存案作正項支銷

減故夫丁銀一兩五錢四分七[illegible]二毫今全裁充餉

[illegible]

南兌裁銀

南兌糧解官盤費八兩今解糧道

籌猫竹圓頭鐵扒篩[illegible]等項銀一[illegible]六兩八分一厘二毫二絲

[illegible]解道官盤費銀二十五兩

廢宗裁銀

[illegible]銀一千六百九十三兩七錢九分二厘九毫一絲二忽二微解費一十二兩二錢[illegible]分四厘一毫一系六忽一微

楚宗茶價雜項共銀四百二十一兩八錢四分三厘二毫解費銀四一分 減故夫丁銀一十二兩四錢二分零六[illegible]

楚宗官役薪銀七十四兩四錢 減故夫丁銀[illegible]兩一分四厘二毫

楚宗民校等役共銀四十兩二錢六分六厘[illegible]減故夫丁銀一兩九分一毫

倉課裁銀

[illegible]府倉折色[illegible]錢除實徵

[illegible]沔陽州倉米三　三石八斗二升二合
八升九抄六撮　銀二錢除蠲免外
六釐內除一百　二百九兩九錢六分
兩定經制文　內一錢九厘抵本縣各役
除資糧道口　六錢二厘三毫抵本縣
剩未足銀外　徵裁銀三十八兩二錢五分三毫

志

一新舍裁二百有銀三錢每石折該銀六十兩
原編夫馬[illegible]銀一百五十四兩九錢六分七
九毫七絲係代解沔陽州

縣志〈卷之八　田賦志　裁解〉　四十六

以上共銀一千零九十兩九錢五分九厘六毫
縣　減故夫丁銀一十九兩一錢七分
二毫七絲
各款裁銀
順治九年會裁修宅家伙并州縣書門皂馬燈夫
禁卒紋各役銀三百七十七兩六錢
十二年新裁迎送上司修理油燭廩膳鄉[illegible]
兩　祭春牛芒神花鞭酒席關防封印歲科試
[illegible]衣巾　[illegible]布花供應渡船皂快

皆役渡夫　四百[illegible]兩四錢六分七釐一
毫三絲三忽四微
順治十六年奉裁知縣俸銀九兩
順治十七年奉裁馬快民壯工食銀共二百
六兩四錢
康熙元年奉裁本府堂廳本縣堂衙學驛書辦工
食銀二百六十五兩二錢
康熙二年續裁廩生米折銀四十八兩已復
康熙五年奉裁教官俸齋夫門子草料驛丞俸皂

縣志〈卷之八　田賦志　裁解〉　四十七

隸校門子工食共銀一百四十二兩四錢四分
康熙六年奉裁守道皂快刑廳皂隸燈夫工食共
銀二百五十五兩四錢九分　減故夫丁銀四兩
八錢七分二厘五毫六絲二忽四微四塵
原裁守道馬夫銀四十兩
原裁民壯一十一名工食共銀八十兩五錢二分
原裁縣抽夫快工食銀二十九兩五錢八分一
厘五毫二絲
原裁主簿員役共銀一百一十八兩一錢五分六

釐五毫
原裁朔賀習儀朔望行香紙燭銀六錢
原裁捕盜廳紅船水夫共銀七十七兩八錢八分
原裁本縣刷卷紙劄銀一兩
新裁本府鍾祥本縣歲貢盤費等銀三十九兩
減故夫丁銀八錢三分三釐四毫五絲
一新裁充餉
本縣心紅紙張銀二十兩
修理監倉銀二十兩　各渡修船銀三兩

龍亭儀仗修理銀二兩
一本縣歲貢盤纏銀一十五兩
科舉生員九十兩
三年一次每年該銀三十三兩三錢三分三釐零
提學道歲科考生童合用試卷給賞等項每年派
銀三十兩
代編鍾祥縣歲貢盤纏銀三兩
府學題承二衛寄學科舉生員盤費銀一十六兩
三年一次每年該銀五兩三錢三分四釐

科場對讀銀二兩三年一次每年該銀六分七釐
科場內簾刻匠盤纏銀三兩
府應朝盤纏銀二十八兩七錢八分二釐三年一次每年該銀九兩五錢九分四釐
縣應朝盤纏銀八十兩三年一次每年該銀二十七兩
條用銀八十五兩
一優免丁例
順治五年三月二十七日戶部尚書巴哈納等題
准優免則例

一品免糧三十石人三十丁　二品免糧二十四石人二十四丁
三品免糧二十石人二十丁　四品免糧十六石人十六丁
五品免糧十四石人十四丁　六品免糧十二石人十二丁
七品免糧十石人十丁　八品免糧八石人八丁
九品免糧六石人六丁
查以上係在京官員優免例在外官員各減一半
其除教官舉貢監生生員各免糧二石人二丁雜
職省祭官承差知印吏典各免一石人一丁以禮
致仕者免十之七閒住者免一半犯贓革職者不

在優免之例如戶內丁糧不及數者一
敷丁多糧少者不許以丁准糧丁少
以糧准丁俱以本官自己糧丁照數優免但有
門各戶類〔?〕不得一槩混免今奉
旨止免本身一丁

一湖州雜課　戶部項下

濟邊門攤商稅銀五十兩 每兩京摃九厘 該銀四錢五分 內門攤銀二十三兩四錢五分京摃二錢一分一厘五絲　商稅銀二十六兩五錢五分京摃二錢三分八厘九毫五絲 俱市住舖户出辦

茶稅銀一十二兩 每兩京摃九厘該銀一錢八厘 俱商人出辦

工部項下

一蔴鐵銀二兩七錢一分九厘二毫五絲一忽三
一六塵八纖八渺遇閏加銀六分一厘八毫四絲
忽八微八塵 今官莊內所派

原額新增南湖水課銀一兩五錢　漁戶出辦

一班匠雜差

南京人匠除逃絕并重名外實在納班三十八名 四名一班 該班每名納銀一兩八錢遇閏加銀六錢 餘同

北京人匠一十七名 自行當班 銀無定數

藩租款項

一[illegible]

一原額田七千七百二十九頃三十六畝九分二厘 內萬曆十年清丈後民糧圖撥上中下四則田共五千一百四十三頃九十九畝八分三厘二毫四絲仍於前民糧內介邊又代丈沔陽實在田二五百八十五頃三十七畝八厘七毫六絲於十六年奉文撥田二百一十五頃一十七畝四厘四毫九絲歸潛江十三年撥田二百廿頃九十一畝一分一厘歸沔陽

一撥圖代丈共田七千二百六十三頃二十七
分二厘五毫一絲

一租銀一萬一千五兩七錢五厘六毫

原額加餉銀一千七百五十九兩四錢六分八厘
五毫二絲五忽 內順治六年撥租銀三百四十一兩二錢六分歸潛江縣又十三年撥租銀二百七十二兩一錢三分六厘餉銀四十四兩九錢二厘歸沔陽州繞近似解本縣外

本縣實存租銀一萬三百九十一兩三錢九厘六毫
本縣實存加餉銀一千七百一十四兩五錢六
六厘五毫二絲五忽 二項共一萬二千一百[illegible]五兩八[illegible]一分五厘六毫[illegible]

[illegible]內一[illegible]
併堤壓租銀一百三兩三分三釐六毫
以上楚租原額舊熟新墾解部駁堤壓共谷折價
銀二千四百二十一兩九錢一分五釐二毫七
九忽七微二塵

官庄

官庄地三十二頃七十八畝八厘
額租銀九十五兩三錢五分三厘五毫
柴灘夫銀七錢三分二厘五毫

加增九厘地畝餉銀二十五兩三錢五分八厘二毫二系
又帶泒蘇鐵銀二兩七錢一分九厘二毫五絲四忽
以上共官庄額租柴灘新餉帶泒共銀一百二
十四兩一錢六分三厘四毫七絲二忽

藩

原全書外民糧上坐泒藩租銀一十九兩三錢五
分六厘四毫解費每兩九厘該銀一錢七分四厘二毫七忽六微正費共一
十九兩五錢三分六厘七忽六微每無免米一石泒銀九毫八絲
七忽九微八塵九纖二渺

以上闔縣民藩潞楚官庄商茶稅水課班匠
鐵除減改夫丁銀並荒蕪無徵外總共該銀四
萬二千五百二十二兩一錢二分七厘七毫七
絲四微四塵六纖康熙三十一[illegible]青冊造

土產

穀類

秔　蕎　黍稷　芝蔴　糯
稻　荳　大麥　小麥　粟

類

蔬　蒜　韭　薤　芹　王瓜　冬瓜　茭
茄　匏　芥　芋　藕　蔞蒿　蘿蔔　莧

菓類

杏　梅　梨　菱　蓮　橙　木瓜
柑　柿　棗　芡　桃　李　石榴

木類

桑　柘　楊　檜　楮
椑　柳　椋　楝

貨類

蚩蝻　蚱蜢　蝍蟟
螢　蛙　蜻蜓　蝸牛　蝌蚪

諭曰節用愛民乘農隙以興工度其入以爲出
先帝王不易之良法也然國有大軍大役非常供
之所能支而又不科民財與事輙有濟未有如漢
鼂错之說之善也其言曰足國之道莫若使民務
農欲民務農在於貴粟貴粟之道在於使民以粟
爲賞罰令募天下入粟縣官得以拜爵得以除罪
爵者上之所擅出於口而無窮粟者民之所種生

于地而不乏夫得高爵與免罪人之所甚欲也安
有而　其所欲而不獲濟者哉盖斯言既行上無催
科之煩下復有輸將之樂當時行之已有成驗後
世仿之亦足以紓民困而助國用
國家　若有大軍大役而天下無愁嘆之聲誠亦藉
此爲　一之助也加以
宸衷軫念民隱　賜蠲賜復曾無間歲又　勅各省
行積　常平之法未雨綢繆爲慮深長即一方千
里之　偶有水旱亦不能告病於堯湯之世

縣志卷之九

知縣事錢　永續修　儒學諭蔡壽生參補
邑人　郎編著

秩官　封建　守令　內史　防禦　司馬
判官　團練　將領　軍事　酒稅
知縣　縣丞　主簿　典史　教諭
訓導　驛丞

古者因事設官量能授職封爵而外宰輔以下
天子共治群黎者惟守令爲親切也盖國以民
本民以食爲天守令者壑其土而牧其生爲政之
大孰有踰於此者歟在昔君臣契合論道經邦無

論已細之綴衣趣馬俱纇俊之流內之宫伯侍中
盡輿賢之侶供奉簪筆則可以待顧問風塵荷戈
則可以備前驅人才卓異咸供器使故員不冗而
事常集中古以降內重而外輕親民之職區別既
甚科條亦數遂有數月去官十年不調久暫莫察
今古迴別要亦時代使然耳州刺史邑長吏以下
有丞尉之佐理師儒之教率其里居姓氏歷代載
列可考甚有遺蹟堪尋者下至驛吏亭長游徼嗇
夫往往載其職銜而人與地若存若亡焉作秩官

湘西縣侯除郢州刺史都督封竟陵縣侯

柳慶遠 天監六年封雲杜侯

王令則 天監十年封雲杜開國侯

王圓滿 天監年封竟陵王

范雲 天監元年以佐命功封霄城侯

北齊

李欽 武平中封竟陵王

杜伽 封竟陵公

後周

稽胡 武城十年封竟陵公

楊忠 弘農人周封隋國公食邑竟陵一千戶收其租賦

楊堅 忠子也嗣食竟陵後進爵爲王大定元年篡位

楊惠 忠弟也封竟陵縣公

叔裕 杜陵人字孝寬以字行周武帝封鄖國公古竟陵爲鄖國也

韋總 叔裕子也嗣封鄖國公

曾自稱南中郎將領竟陵太守與弟吾猗乃漢時陶侃新破杜弢乘勝擊曾司馬曾恬曰人戰爭先料其將今諸無及曾者未易可還也從進軍圍之於石城時曾軍多馬而侃軍無寄開門突侃陣出其後反擊其背侃遂敗

李陽 爲竟陵郡太守 成帝咸和二年從陶侃攻蘇峻於石頭六年拔石虎將郭敬所陷新野後石虎以夔安爲大都督寇荊揚北鄙據江夏圍石城李陽拒戰破之斬首五千級

鄧遐 爲竟陵郡太守 哀帝隆和元年守竟陵按遐字應遠陳郡人平南將軍嶽之子也勇力絕人[illegible]爲名將沔水有蛟爲害遐揮劍入水斬之

羅崇 爲竟陵郡太守 海西公時守竟陵太和二年燕慕容塵寇竟陵崇擊破之又爲荊州刺史桓豁攻宛城拔之留兵戍宛而還

桓石虔 爲竟陵郡太守 簡文帝朝任按石虔小字鎮惡譙國龍亢人征西大將軍開府桓豁之子也有才幹趫捷絕倫嘗赴袁真於壽陽又擊苻堅將王鑒於

石橋臨竟陵太守八堅使梁成閻震率衆入寇竟
陵石虔與弟石民拒之
桓石秀為竟陵郡太守孝武帝咸安中為鷹揚將軍同時
與桓石民戍夏口攻梁成於竟陵按石秀爲竟陵有令
名風韻秀徹博涉群書尤喜莊老獨處一室常有人
方之庾純簡文時父豁爲荊州請爲鷹揚將軍竟
陵太守非其所好也
趙統為竟陵郡太守孝武帝泰元九年桓沖遣趙統攻襄
陽荊州刺史桓石民復遣兵助之

謝蓮為竟陵郡太守元興二年
魯軌為竟陵郡太守安帝義熙十一年守竟陵軌父宗之
不爲劉裕所容軌起兵數擊殺裕將徐犇秦秦滅
降於魏
劉邁為竟陵郡太守安帝朝
宋
劉粹竟陵太守粹字道沖沛郡蕭縣人武帝朝討司馬
休之時粹以憂去職起爲寧朔將軍竟陵太守□
水軍入河後以佐命功改封建安縣侯

□德竟陵太守
劉義宣竟陵刺史元嘉二十七年六月壬辰白兔見竟
陵刺史南譙王義宣以獻
蕭齊
曹景宗竟陵太守景宗字子震新野人以胆勇聞頗愛
史書每讀穰苴樂毅傳輒放卷歎息曰大丈夫當
如是末元初表爲竟陵太守及武帝起兵景宗家
衆從軍帝至竟陵以景宗爲右衛將軍梁天監二
年封竟陵侯

劉懷珍竟陵太守懷珍字道玉平原人漢膠東康王後
也初隨江夏王劉義恭爲參軍明帝詔還爲輔□
將軍封艾縣侯尚補竟陵太守
□栗竟陵太守林能斷決申理屈滯
房僧寄竟陵太守齊建武四年□
城房竟陵太守破代還
末元二年將還建康
□軍

康絢竟陵太守絢字長明藍田人天監元年竟陵太守
魏圍梁州刺史王珍國請救絢以郡兵赴之魏軍
退
蕭放竟陵太守字元直京兆杜陵人輕財好施武帝時
天監中轉假節明威將軍竟陵太守守郡和理爲
吏民所稱按放乃蕭獻子也存此俟考案者或以
獻爲竟陵太守者誤
孫嵩竟陵太守梁武帝大清二年以郡叛入於魏嵩尋
以竟陵郡歸太平二年復爲郡守

裴邃竟陵太守邃字淵明河東聞喜人天監中竟陵太
守開置屯田公私便之
王僧辯竟陵太守辯字君才太原人梁太清中竟陵太
守湘東王繹遣僧辯及鮑泉擊湘州辯以竟陵部
未即赴求緩期繹疑辯觀望斫中其髀後意解得不
死尋出之辯代鮑泉克湘州封長寧公平侯景
之亂後爲陳霸先所襲被殺長子顗承聖初侍
中魏赴江陵隨王琳入齊爲竟陵郡守
柳仲禮竟陵太守仲禮河東解人簡文時司州刺史湘

繹與岳陽
竟陵以圖營及
太寶陸竟陵郡守孫
縣康昭如竟陵討蕭詧
竟陵太守而以輕兵師
於魏魏遣楊忠援之仲禮敗沒王叔孫因斬嵩以
竟陵降於魏
後周
裴果復州刺史字戎昭河東聞喜人保定五年復州刺

史性嚴猛能斷決每挫抑豪右申理屈滯歷牧
州號爲[illegible]
隋
李信則復州刺史文帝時任
裴寬知復州事寬河東聞喜人開皇元年爲沔陽刺
史後行復州事
王懷珍竟陵縣令琅琊臨沂人
唐
狄仁傑爲復州刺史字懷英并州太原人舉明經中崇

時豫州刺史初宰相張光輔討越王恃功多暴仁
傑拒之光輔怒遂奏傑不遜左授爲復州刺史民
咸仰之爲立生祠（柳方以丞相貶復州本傳作吉州）
李齊物（爲竟陵太守）　隴西人唐玄宗天寶間爲河南尹
生李林甫言朋黨貶爲竟陵太守嘗見陸鴻漸於
伶人中異之捉手拊臂親授詩集其事見陸羽自
傳中
崔國輔（爲竟陵守）　天寶中由禮部郎中出守竟陵與此
處士陸羽遊處凡三年贈白驢烏犎一頭文槐書

縣志　卷之九　秩官志　守令考　圭

函一枚其事見陸羽自傳中
李復（爲竟陵守）　前太守李齊物子也齊物爲復州守生
子於守之日故名復亦爲是郡太守周愿詩八十
年前棠陰樹竟陵太守公先人
周愿（爲竟陵守）　因遊西塔寺著三感說
盧虔（爲復州守）　唐孟郊贈詩知音不韵俗獨立占古風
忽掛觸邪冠逺逐南飛鴻肅肅太守章明明華轂
躬高山無平路楚水有驚湲
崔評（太守）　唐韓愈有送崔復州序

敬公輔（復州刺史）　宣宗時任
董元素（爲復州刺史）　唐宣宗咸通中開五華山石堰渠
裴讓（權知事）　今攷曰宣宗大中五年十二月
有敕摛門戟架六年四月以裴讓權知縣事（後有
知縣名自此始）　按裴讓州志已辯其誤唐時無　陵縣名
亦無知縣名盖宋時事也今附見此　又唐竇使
君有境會亭無考附見此
後梁
劉玘（復州刺史）　玘汴州雍丘人爲襄州都指揮時山南

縣志　卷之九　秩官志　守令考　卣

節度使王班爲亂軍所殺玘擒亂軍以功拜復州
刺史
鮑唐（復州刺史）　冢均王貞明五年爲武昌節度使季簡
所執
後唐
郭延魯（復州刺史）　沁州綿上人以蔭平自厲時刺史皆
武夫恃功縱害獨延魯在復州與其父能在沁州
皆以善政特聞
鄭肇（復州刺史）　見晏殊類要鄭肇建望仙樓在復州城

上不知何時人

漢

王彥超復州刺史宋太祖謂曰曩在復州朕往依卿何不納對曰臣一刺史耳勺水豈能容神龍上大笑而罷之

宋

朱昂知復州事字舉之潭州人富文學有清節宋太宗端拱二年以轉運使直秘閣出知復州在州多紀述昂富文學有清節後爲工部侍郎與弟協皆

致政歸時人以比二疏

魏丕領復州事字齊物相州人宋太宗淳化五年領州事

劉師道知復州字損之開封東明人真宗時任能敏於吏事所至有聲吏民畏愛之

陳堯咨知復州雍熙中知復州

李溯復州刺史

李皎

李仁肅

杜瑤

李夷吾竟陵太守

岑靖復州刺史

于敬之知復州爲政有治績

韋勉復州刺史

鄭武竟陵令

鄭儒復州刺史

王琪復州守字子王咸都華陰人宋仁宗景祐時刺復州守治効顯著稱爲循吏嘗建夢野奇觀亭賦詩云風迷楚客傷春野山晦荆王夢雨天云琪字君玉

舒州人

唐介貶知復州字子方荆南人舉進士宋仁宗朝以言慶貶改知復州書問未嘗至京師召爲殿中侍御史帝嘉其不易所守宋名臣言行錄云改復州未至召充御史今從本傳

張垌知復州宋哲宗元符中知復州張耒贈詩風流家世仁人后豈弟歸證是俗傳

万俟湜復州刺史宋徽宗大觀中刺復州公勤清約有善政州人稱之曰前有王琪後有万俟

李𣷹 出知復州 宋徽宗宣和時御史中丞以劾王黼

而知復州

李宏 知復州 紹興元年

何文度 知復州 南宋高宗紹興二十七年知復州得

蘭亭石刻於民間明初祭酒南昌胡[illegible]

胡儼記定武蘭亭石刻鐫損天流帶右四字然又

有肥瘦二本而鐫損者乃瘦本爲真定武後復州

以此本重摸亦鐫損五字其字極瘦王順伯尤延

之爭辯如聚訟然復州風韻更勝　復州裂本首

六行斜裂第一行闕會字又永字與二行會字三

行畢字四行修字五行爲流二字六行𢘥字正當

裂處十三行因字內改筆作卜伸字十七行向之

字差大二十五行視昔下二字作圖夫字上露初

也字末行文字相重乃景陵所無　故物湮沒民間

何文度搜訪得之　蘭亭諸本當以復州本爲勝

次豫章本次劉無言本次北京本其他皆不及

焦維正 知復州 紹興十二年詔長吏修繕境

焦俟曰莫先於庖犧

江陵事蕭給者

寅有記

張適道 復州守 呂本中詩閒道復州賢太守只如

在武陵時相逢未說爲州樂所至先傳喜雨詩

王友直 知復州 高平人宋紹興中以節度改知復州

施子仁 知復州 宋理宗端平中元兵陷復州子仁死

之

王知新 知復州 宋理宗寶祐中知復州作煙雨樓有

詩

翟貴 知復州 宋度宗咸淳十年安撫翟貴以城降元

翟黃 知復州 宋度宗時任按故志貴與黃鳳時同官

考諸書無黃疑即貴也併存俟考

務邦憲 知復州 度宗時任

元

白景亮 知沔陽 字明甫南陽人明法律善書篆至正

間遷沔陽府尹　陵至府河頗迂乃於縣南開濬

便河徑達漢江掘土得石有自公濬三字民歲異

焉又作浮橋以利涉民德之奏聞於朝特詔褒美

賜以宮袍

忽都不花知沔陽順帝 戊寅沔
伯寧監縣忽都不花同教諭傅珪修建景
傳與礪送安伯寧詩水郭春爲市沙村夜□摘桑雨外魚網荻風前山獻荆人璞江通使婚當任過賓羊馬花傳

內史 內史掌邦國之志小雅娵子內古者太史類也主掌國典書記

晉

朱伺字仲文安陸人少爲吳牙門將武勇口訥
詠恭稱張昌之作逆伺倡義討之破陳敏以功
亭侯隨陶侃討杜弢有功夏口之戰伺用鐵面

縣志　卷之九　職官志 內史令考　十九

猗以弩射大帥數人殺之賊箭中其頸氣色不□
加廣威將軍領竟陵內史及王曾弟廙代侃
州牧遣伺歸拂曰壘爲杜曾所圖說之降伺
吾年六十餘不能與卿作賊吾妻當南歸付□
還甑山

劉宋

殷道鸞 文帝元嘉年除竟陵內史時下詔封
晦晦謀舉兵道鸞未之郡晦以爲諮議參軍
遯爲冠軍竟陵史

文帝時初爲車騎從事中郎元嘉三年
坳以道濟行竟陵內史
一 元嘉年竟陵內史按臧質字含文東莞莒
冏建平太守□得民治
廷 元嘉年補竟陵國典書令 按此與內史同
郁 安都河東汾陰人守歷陽有功孝武朝
陵內史遷輔國將軍
景宗 建武三年爲竟陵內史

縣志　卷之九　職官志 長史考　二十

長史

璠 復州長史
防禦 唐肅宗始置防禦使以總軍旅其權與節度等宋後改爲諸軍轉運使惟總權利而已
字寶川鄆州盧縣人晉高祖以爲復州防
臨清人漢初爲復州防禦使宋太祖依

之不納復登樞問之謝曰臣當時一刺[illegible]之

否神龍上笑罷之

宋

梁延嗣　京兆長安人劉言繼冲納土太祖嘉之

授復州防禦使

陳規　熙寧間爲復州鎮撫使（按此與防禦同）

岳飛　紹興四年除荆南鄂州兼復州制置使（僞齊遣李成挾金人侵飛奏襄鄧爲恢復中原本當先取之高宗諭趙鼎鼎善其言遂授復州制置使）

王友直　字聖益博州高平人[illegible]二十三年渡

淮遇金兵悔不襲擊自陳攻爲復州防禦使

司馬（晉有治中爲司馬唐初復曰治中後改司馬）

干延陵　唐宣宗十二年以建州刺史不職貶復

州司馬

姚顗　字百真京兆長安人少惷不修儀止李梁

爲翰林學士中書舍人唐莊宗同光元年滅梁貶

復州司馬

判官（唐後有判官之名宋兩使置判官餘州亦置判官知府公事須通判簽方許行下）

趙保忠　咸平中移判復州

唐淑問　字士憲唐介之子皇祐間通判復州

丁諷　刑部熙寧間以坐受詞名勃不即下貶判

復州

團練（長興間有防團練推官宋同之爲軍府官理軍事團練使）

宋

高文虎　寧宗慶元年責復州團練使

鄭剛中　紹興十八年責亳州團練使復州安置

呂文復　咸淳五年責復州團練使雷州安置

楊邦憲　度宗德祐元年加至思州並復州團練

田謹賢　德祐元年加知播州並復州團練趣兵

入衛

翟國榮　咸淳八年九月爲復州副將兵禦元人

戰於爛泥湖兵敗死之十月贈復州團練使立廟

復州官共二十

將領

晉

杜曾　永嘉之亂曾自稱南中郎將領竟陵太守

桓石秀　桓冲子爲鷹揚將軍竟陵太守

梁

王茂　中興元年梁高祖至竟陵命王茂曹景宗爲前軍進逼郢

宋

張榮　荊湖宣撫使吳獵將開禧二年將兵復竟陵金人再犯竟陵榮死之

軍事　唐有總管後有叅軍宋制禁軍以州領軍事

劉宋

柳元景　元嘉間爲竟陵諸軍事

劉道産　元嘉間督竟陵軍事

劉渾　孝建元年督竟陵諸軍事

劉延孫　持節督郢州竟陵軍事

劉休茂　封海陵王太明三年都督郢州竟陵軍事

劉子仁　封永嘉王太明五年監郢州竟陵諸軍事

劉子勛　封晉安王太明八年都督郢州竟陵諸

宋祖　仁宗時薪釋之

酒稅

宋

王益柔　字勝之河南人伉直尚氣皇祐間以集賢校理黜監復州酒稅

張耒　字文潛楚州淮陰人幼時有才名年十作函關賦蘇軾愛之弱冠第進士歷遷秘書丞著

作郎史館檢討擢起居舍人紹聖初知潤州坐黨籍謫監黃州酒稅熙寧間徙監復州酒稅作鴻軒以居植薔薇其間

附雜職掾　竟陵掾劉諷夜投空館有三女郎至歌曰明月清風良宵會同星河易翻歡娛不終綠樽翠杓爲君斟酌今夕不飲何時歡樂忽有黃衣人曰婆提王屈娘子速來女郎皆起明日拾得翠釵數隻今按掾即邑吏也附見此

知縣　知縣事始於宋以京官知縣事總治民政凡事皆掌之元初有達魯花赤[illegible]貝謂之

與情擇李璨修築

□字孫因家焉

□秀才洪武中任廉介有爲政

直隸通州人洪武中任

陝西鳳翔人洪武間任

方泉　直隸和州人洪武中任

楊季安　字懷忠江西安福人由監生宣德中知本縣原縣地卑永樂間大水城邑俱壞公大修護城堤防水患遂息士民德之

孫瓊　建德人

顧行　字　□直江陰人由監生正統間修理學校整築塘坑士民懷之

吳傑　祥符人正統間任

梅魁　字應春山東臨濟人由監生正統間任

魏庸　字時中直隸鳳陽人由監生景泰年任

者俊禍亂知敎擒尊崇水弋由盟西地他今付與安童諭

田俊　山東冠縣人由監生成化間任

湯貴　字朝瑞江西永豐縣人由舉人弘治年修築城堤又建保障亭於清河橋

經邦　字世用浙江仁和人由監生弘治□任

周端　字德莊揚州高郵人由鄉貢弘治戊午知縣爲人整飭賦性嚴介扶善鋤惡遇事敢爲廢墜之餘政賴修舉卒於官民哀之如失所怙焉

左輔　寧國涇縣人由進士正德丙寅知本縣政尚平恕不事表暴盡心撫字民服其化有古循吏風

徐環　望江人由舉人正德十三年任

陳良玉　字德夫四川富順人由進士正德辛未知縣識度深遠操履芳潔事無鉅劇必審的而後發無不奇中人咸服其公明時單車出行田□課農桑猶注意學校暇則與諸生講論自晏士誠餘其教矜邑城多圮至是大舉築甃期畢雉堞堅完民無勞費徵爲監察御史未幾卒□

思之

來亨　河南浚縣人由貢士正德乙亥任性剛
是非無所回撓孜孜以裕民爲事上官遣之至縣
門者但入其牒需求一無所與里甲月費不過錢
計然亦坐此不便僅一年間罷去惜哉

李東　字元震番禺人由舉人正德中任修堤防
又修廟學遷興國知州

周申　字文伯眉州人由舉人嘉靖二年任

朱相　字汝弼南充人由舉人嘉靖五年任

張珩　字廷珂濮州人由舉人嘉靖八年任

江宇　南豐人由監生嘉靖十年任

張賀　福建福州人由舉人嘉靖十二年任存心
愛民措任不久

封祖裔　雲南滇陽人由舉人嘉靖十四年任職
業修舉政聲列著嘗建鍾秀樓卓泉亭後行取欽
除工部主事去

高第　廣東歸善籍由舉人嘉靖十七年任

張璀　江西[illegible]監生嘉靖十九年任

福建長樂人由舉人嘉靖二十一年
邑柯喬改移城外新儒學同心協助有功
以致仕去任

廣東桂林籍北直饒陽人由舉人嘉靖
任撫按薦獎修儒學啟一亭石欄杆
通判累遷戶部員外邑有去思碑

汝礪　廣西融縣人由舉人嘉靖二十八年任
寬平不擾建儒學大魁亭未幾以憂去

黃子靜　直隸歙縣人由監生嘉靖三十年任

況國奇　江西奉新人由舉人嘉靖三十二年任
清白嚴肅吏民畏服但執性用刑未幾罷去

李廷纘　福建懷安人由舉人嘉靖三十四年任
明斷服人不踰年以憂去

李文蔚　雲南石屏人由舉人嘉靖三十五年任
發政
教去

丘宜　字汝中江西新建人由舉人嘉靖三十八
年任祈旌政績璧陞簡供億權郵遞修學校甦里
役糾嚚濫諸廢悉舉重修景陵縣志書

周術爵　雲南　由舉人嘉靖年任

魏洋　許州人　靖末年任

方琛　字星野　西弋陽人由舉人隆慶三年任

羅應鶴　歙縣　由進士隆慶六年任

李濂　四川合　人萬曆二年任

羅繼韓　南昌　由舉人萬曆四年任

陳大統　會稽　由進士萬曆七年任

陳席珍　字君聘號立軒四川富順人由庚午舉

人萬曆十年任奉例清丈復沔侵界編簽里甲徭

輪無遍時絕里田產旁郡皆勸民上庫公毫無所

問又修築堤垸水不爲害民樂其生侯冢嗣諸聖

萬曆乙酉鄉試今邑有去思碑

南直歙縣人由舉人萬曆十四年任時

改正虛糧侯將本縣田地頃畝稅糧捐俸

爲定例至今碑存儀門前

浙江永康人由舉人萬曆十七年任

一字以升晋江人由舉人萬曆十九年任

民多善政以外艱歸士民有去思碑

童梓　懷　貢萬曆二十三年任

朱濟卿　江西廬陵人由選貢萬曆二十六年任

周載仁　廣西平樂人由舉人萬曆二十七年任

趙天民　江寧人由舉人萬曆二十九年任

宋徵輿　號萊庭廣東南海人由進士萬曆三十一

年任公下車問俗極意利循興學重士平賦均田

修堤繕城鋤强剔奸吏服民愛在任三年偶疾一

起有遺愛碑

朱甫年　由貢士未久去萬曆三十四年

任

劉繼禮　字公立號文庭四川内江縣人由進士

萬曆三十五年任至誠愛民清白無私歲饑發帑

賑困復捐俸三百緡爲完逋賦襄郢水漲大璫欲

由防有害於民公毅然爭之復以漁稞事請下所

司徵觧因忤分巡不得意遂請假養母決意掛冠

而歸士民攀轅號泣公亦揮涕而別　生祠以誌

去思

李守燕　字潑图四川綿州人由舉人萬曆三十

八年任重士愛民後遷鞏昌通判以清白聞
王光裕　字毗我四川廣安人由進士萬曆四十
二年任陞歸州知州
朱洧　福建人庚子舉人考亭族孫萬曆四十五
年任本年卒
李良卿　人由貢士萬曆四十六年任未久
去
程維積　字簡予四川富順人由舉人萬曆四十
七年任公下車問俗興利除弊爲政良法燦然具

舉請改南折永賴其惠入覲日上疏請減遼餉上
大司農書爲全楚請命造福不獨景邑也公吏治
必本經術有揣譜傳於邑至今思慕不忘云
任贊化　字參之山西聞喜人由進士天啓五年
任公在棗陽以循良稱邑中謡頌秩在長安力請
於典銓者迺調繁來　是時積逋如山催撤若
雨公聲色不動取細户册次第存之革完糧立里
户平殺六櫃許納户自完迺革限比火耗襍費悉
除無問後朔籌……糧……吏……高下其手

設官領解遼餉毫弗累及里役復委教諭游……
修舉邑誌治績遂奏第一擢取北監察御史後……
民德之立五不朽碑至今在縣……前
楊一儁　字又起號五華四川瀘水人由進士崇
禎二年任公材力敏决揮霍有爲修城池築隄防
飭學校均里甲以卓異稱行取南直漕務御史
陳六奇　號騰升南直上元人由舉人崇禎八年
任
奚士龍　字賡之號公霖南直華亭人由進士崇

禎十一年任與士民不協掛吏議而去
吳第　福建晉江人由進士兄弟五人俱登科第
崇禎十四年任十六年城破去
國朝
魏人傑　山東曲阜人由貢士順治四年任
張念祖　山西安平人貢生由沔陽州判順治五
年任
汪滙　江南上元籍由進士順治六年任清……英
特卒於任邑人惜之

寗鳴玉　字楚珍澄陽人由貢士順治八年任吏治精敏緩征省刑調劑有方招徠流亡瘡痍漸復凡客兵臨境多方安輯地方不擾捕水寇弭火灾修城樓築隄防善政畢舉民甚德之而簡注意學校培養士子故科目最稱盛起陞滁州知州去之日士民攀留不忍捨有去思碑

項玉筍　字嵋雪浙江秀水人由貢士順治十五年任因謝病告歸

任鴻業　山西太同人由貢士順治十六年任甫

三月卒於任

劉毓賓　字觀光北直玉田人由貢士順治十七年任

陶襄　字大復浙江秀水人由貢士康熙三年任

顏象龍　字三暘江西安福人由進士初任寶慶府推官奉　綸音改授　縣康熙七年任

王紹貞　字子箕浙江餘杭人由舉人康熙九年任公淹雅静鎮彈琴而誤去官民至今思之所著有湘消

佟可變　字[illegible]遼東人由舉人康熙十二年任清勤果斷大有惠政卒於官士民思之有遺愛碑

李念慈　字屺瞻號劬菴陝西涇陽人由進士初任河間府推官又任廉州府推官甫入境裁缺改授山東新城縣復授　縣康熙十六年任十七年薦舉博學宏詞科應徵北上旋以病乞休所著有谷口山房集三十二卷

錢永　字子膺號省齋江南吳縣人由監生選授辰溪知縣時方供奉

內庭

上念地處荒遠特傳

上諭扣留閱數月大學士索額圖明珠等再傳

上諭勅部銓選除授　知縣

陛辭之日

温綸慰諭越日復

召入養心殿

道遠特

端

郡丞 漢京尹而下有少尹，其州郡為貳守，後世稱為郡丞，又為郡相

南宋

陳懷真　竟陵郡丞。明帝元嘉元年，劉胡作亂，郢州吳喜、張興世進師荆州，沈懷明進向□州所至皆平定。劉胡走入沔，衆稍散，北至石城，止部數騎。竟陵郡丞陳懷真聞胡經過，率數十人間道邀之。胡人馬既疲，自度不免，因隨懷真入城，告渴，與之酒。胡飲酒畢，引佩刀自刺而死。斬首送京邑。張興世躬僧產殺懷真，竊其功。

僧相　明帝朝竟陵郡相　僧相，竟陵人，黃回之子，為尚書左民郎[illegible]陵相，未發，從誅。

趙宋

宋郎庠　曾修冊府元龜，筆札遒勁，坐事左遷[illegible]州副使

縣丞　縣丞有事蹟可記者，編入備考，其主簿典史等俱從此例，未盡者錄

明

王邦英　江西安福人，洪武間由經明行修任[illegible]年遷監利知縣　按洪武初科舉未有定制，但歲貢明經，用取經明行修者選用。至[illegible]武三年始定三年一設，州學縣學，兩科貢一人入大學，以合法選用，廢明經科

謝玠　南直江陰人，選卿日襆無餘資，知縣周端送行詩：行囊落落君何之，愧贐寥寥我亦貧

杜縈　字春宇，浙江慈谿人，有去思[illegible]崗任

殷逢世　陝西漢中人，由貢生，崇禎年[illegible]有[illegible]學，後遷四川知縣

吳拱宸　休寧人，由貢生，崇禎年任，善書[illegible]

國朝　縣丞仍明制

黃泰貞　浙江山陰人，由吏員

趙學解　山西臨潼人，由貢士

張惟誠　北直景州人，由貢士

朱新業　山東濟南人，由貢士

謝家楙　浙江鄞縣人，由貢士

苑芝　遼東□山人，由貢士，今陞山東朝城知縣

王巍　河南靈寶人，由監生

楊盈　浙江山陰人，由吏員

李允發　山東諸城人，由吏員，陞貴州敷勇衛經歷，卒於任

持

杜祝進　子退思號仍僧黄崗人天啟年任有文學多造士其子詔先拔貢

游文駿　江夏人由貢士天啟年任纂修邑誌

洗惟耀　字滄洲德安孝感人由貢士崇禎年任其弟惟炳惟權瑞有直聲皆公教廸所成也後陞渝川令

楊鶡　武陵人由舉人崇禎年任司馬楊修齡諱鶴之從弟也嚴正有守士林畏服

熊之英　黄州府麻城人由舉人崇禎年任陞昂藏不耦有才學後中辛未進士欽授翰林庶吉士改給事爲先帝所眷顧

胡勲　字公碩武昌縣人由舉人崇禎年任性仁孝温和與諸生講習相洽其男处郎孟誕先諱登顒有文名

金城　字天府江夏縣人由舉人崇禎末年任遷知縣

景才　茂州人由貢士嘉靖二十六年任修學

任高　四川温江人由貢士隆慶三年任至萬曆六年陞江西萬載教諭任任遭水寇劫擄妻李氏同兩女溺水死節公披髮跣足晝夜號泣[illegible]哭屍忽浮出顏面若生上臺聞之疏請旌表勅春秋二祭優免六丁石世給子孫衣巾奉祀不絶後萬載秩滿欲回蜀以巡憲余公一龍勸留遂家　陵至今祠祭如故

許立　應城人由貢士天啟年任清苦好學陞福

安縣知縣

國朝　國初設訓導一員康熙四年裁

周文旭　字爾初　陵縣人由漢陽籍歲貢考選本縣訓導順治六年任後遷福建歸化知縣

鄧衎星　字稺綿嘉魚縣人由貢士順治十四年任以病謝去後卒

趙應瑞　武昌江夏人由歲貢康熙十七年任丁憂回籍

張正芳　武昌江夏人由歲貢康熙二十四年任

按官志有河泊所五
也明初設官一人吏
設所官正統年青山嵩臺省入風洪
華上帳澧馬饒裁革無考今據河泊志
所王綸長安人郭貫硤山人鍾漆嘉興人李應
涇陽人湖蘆所王友仁完縣人李尭輔獻縣人孫
嘉謨華州人林萬喬侯官人澧馬所劉鳳鎮縣人
田朝忠德平人張松延慶人朱邦儒丹徒人風波
所胡景昭山陽人曹世相元城人闫雲所鄭徵涇
陽人韓得貴沛縣人録此備考

論曰景之治既爲縣亦嘗爲州封爵而外刺史之
屬員令長以下之佐貳咸得並載焉假令官斯土
者歷代以來葦葦龔黄人人卓魯亦庶之爲固然
惟其間有去之若遺者亦有攀轅臥轍歷久而思
之愈深者斷碣尚留其芳蹤父老能述其往事易
世而後聞之者不禁低回景止之不置而况於親
炙之者乎

縣志卷之九終

縣志卷之十

知縣事錢　永續修　儒學諭蔡壽生參補
邑人戴　祁編著

人物　侯伯　令尹　進士　舉人　武科
辟舉　監生　武胄　椽史　貢士　義官
封贈　蔭授　貢耆　忠臣　孝子　義士
節婦　神童　才子　隱逸　方技　仙釋

三楚川岳鍾毓人文秀發載在簡策莫可殫述然
古今之所艷稱者如倚相屈平之博文於陵庚桑
之廉逸子山少文之清潔北海之根柢詞林少陵
之光燄文章皮孟之温醇雅健以及戎刺史之遺

逢李校書之典麗洋洋乎大國之風也歟約而屬
之一州一邑地有專轄人無旁收然哉其封爵紀
其行事亦有可觀豈功鉅筆見於科目者固多獨
行異等出於資格者亦不少蓋兩漢以來取士之
法初考之以里閈之毁譽復試之以曹椽之職事
然後入備王宫出階清顯雖不及古德行之
循可以得才能之士也隋唐以來縉紳發軔
日宫階繫命於銓曹漸　於選
由宋迄明科目顯者

於一時至
本朝通籍名家纍纍若雲蒸霞起矣由此觀之以
隋唐之制溯而漢之法亦無所謂彼益此損也作
人物志而□□□□□□之後方技隱逸之倫若仙若
釋咸得並載焉

侯伯

漢 漢法高帝封諸子弟曰非劉氏者弗王故刑白馬而盟者皆邪金刀爲也

劉　焉　字君琅江夏竟陵人也漢魯恭王後章
帝元和時始徙此支庶家焉少仕州郡以宗室拜

縣志　卷之十　人物志 侯伯　二

中郎歷官冀州刺史南陽太守宗正太常聞侍中
董侍言益州分野有天子氣謀出監軍使者領益
州牧殺害漢使造輿服圖竊神器興平元年癰疽
發背卒 按漢江夏竟陵今復州縣地

劉　璋　字季玉竟陵人劉焉子襲位爲劉先主
所收遷於南郡公安盡歸其財物印綬 按章由竟陵遷南郡
□璋子劉循爲蜀中郎將劉闡爲吳御史中丞 二子□□□後由竟陵遂分爲先蜀二支

劉宋

極　舉進士初調長水簿端平中以城誓□
守古郢遺民立祠祀之

元

黄　翔　字仲輩延祐甲寅進士及第授饒州路
府梁通判
淵道　元致和丙寅進士授秘書監都事與弟
俱優文學居竟陵古城舊有雙桂坊
道　淵道弟□科進士授武昌路通城縣達

縣志　卷之十　人物志 進士　五

魯花赤
按元制達魯花赤謂之監縣縣尹也猶今官制
知縣之稱
陶　鑄　字希聲致和己巳進士及第授大冠後
改國子助教轉湖南憲司經歷

明

永樂二年狀元曾棨榜
胡　俊　字士美建文壬午科舉人永樂甲申科
進士任行□司司正永樂十三年授江西布政司

宜廣子淵撰傳兩借爲增省改延劉傳竄於此俟後之君子攷所考而得

嘉靖二十五年狀元唐汝楫榜

李淑 字師孟由京山縣學嘉靖丙午科舉人庚戌科進士仕至廣西右布政誥贈禮部侍郎公後歷詳京山縣志公子維楨進士禮部尚書維極舉人國子監博士維柱舉人蜀同知維標進士匡子監典簿維楫中書舍人

嘉靖四十四年狀元范應期榜

吳文佳 字士美號鳳泉嘉靖甲子科舉人乙丑

科進士公爲諸生行大澤深夜有兩炬前導環間而處者知其不凡也二十六登賢書明年第南宮初授徽州府推官至郡斥請謁兩造陳庭片言摘窾懸賞格捕郡獄逸囚礦賊起扼吭犄角擊之嘗署黟建城堞嗣署歙校士咸稱得人詔賚金廊廟置祭品贍仰一新考最貤封親擢刑部四川司主事部故有白雲樓公憑欄從箔南望鄉詠其際有白雲遐思集太史李公維楨有序擢戶部司權臨清州以廉嚴擠聲未三月召入爲吏科給事中復晉禮科

右兵科左疏請定國是立紀綱厚風俗自戚弾劾不避權貴晉工科都給事中視 昭陵工費巨萬奉使祭熗齊汴魏藩賜從供帳簡約不煩出爲河南參藩詩王公世懋贈行詩青門六詩擬春風南筋餘獻納忠不爲雲霄遠久飛後方擬重天中三川指指燕醫直二室高連楚岫秋陽潛平第一陽今已得吳公疏請蠲逋賑濟數千言擢貴州按察使未上擢福建右布政適議清軍儲餉勒爲成書要諸畫一焉已郊大比充副總裁得士約三十餘人應徙官而歸蕭然無長物里有程韋菴廣文曾半潭孝

同志合方相與爲性命之學晚構別業東郊課諸子及從弟文企等文企後成進士讀書其中客至命酒相勞童歌絃管侑之年六十九而瞑太史李本寧先生誌公墓石以未盡隱德爲歎公季子贊貢士孫國彥貢士宛平訓導曾孫秉忠康熙癸卯武舉人禮部侍郎江夏郭正域述公傳曰世稱理學節義政事文章公不必居其名而躬行孝謹似萬石君厚德率物似陳太丘深造自得似程伯淳未易一端概也憶當諫垣時爲江陵直諒多所匡拂之同儕以江陵蹙與不附而伸者皆先爲泉公甫蹴強仕循循肥遯二十八年餘膝前三卿競爽天有白書

周芸　字用馨號仰南江西南昌人嘉靖□□舉人乙丑進士令衡城多異政如斷東賊西城□魏事人稱神君載耳譚中取人如□大□賢皆名士也徵拜兵科給事中歷戶科左給事中侍經筵彈劾不避權貴　穆宗寵之入朝不名□□直忤于朝謫知大名幸　神宗踐祚素知公直起福建布政使司左參議偶夢神人授一聯云春雨過舍青邑石洞雲深鎖翠烟是時公年正壯遂乞骸歸隱顯真館雲深洞與伯氏冀仲氏藥友于一

堂六旬之年桐人猶來爲公壽其德化入人類如此慕陸鴻漸爲人爲建祠于西湖太史李維楨并公子命皆有記嘗築東堤以捍水患痛火災而授口糧皆功德在人行堪俎豆者也公子命舉人孫以宗貢士

隆慶二年狀元羅萬化榜

謝廷敬　字宗文號鳳皷嘉靖甲子科舉人隆慶戊辰科進士授行人陞刑部郎中子奇舉舉人西延按慶舉中書舍人按公鄉賢勘語孺慕深手王母生産公諸嬸掩解衣而覆仆道之青衿抗疏而誅奪情之元輔謝洪江甲岸獄悉蒙平反賜苛療胥餓遺不染纖毫奉□儀刑用登俎豆

徐成位　字惟得號中菴隆慶丁卯□舉人戊辰科進士生六歲乃能行既就外傅警敏異後隨父麟任金華訓導署中從胡公泉先生受易與其長公元瑞切劘益深行年二十二出試督學顏公奇之拔冠軍二十四登賢書二十五聯捷南宮初授舒城令行條編按櫃法邑便之庚午實應縣民變調煩就任恩威並著反側以安又發庫餉代邑輸漕賦而身請專擅罪於上繇是卓異驛聲考最

入掌禮部郎□宗藩請封卹者費不貲悉能之出守徽州郡夙稱難治會歛有絲貢欲分隣邑遂藉譟幾至衷甲之變公至核歲贏代歛輸而縛首惡論如律民無譁越四年遷山東憲副治沂州墨吏望風解組比移嘉興條丁災艱以不及會歛爲歎讀禮餘垂念桑梓爲民興利除害如減夫役增驛馬汰浮糧革兼支又築邑東西二堤高崇如墉今獲免水患猶寡意學宮獎借後進而物少佩衆薦再起山東登萊兵備□

鉾値旱饑則借運遼米賑於登取登折一
隨晉秩叅藩事視徐淮河上則開泇黄水以
殺奔逸簡在　帝心宴錫嘉賚遷蜀右轄公謝病
歸里三年滇撫命下而卒著有冲漠館集公子怀
中秘惕太學生孫同氣光禄寺署正曾孫纂州司
馬蔚貢士五世孫尊顯　學教諭游文斐曰公
貢生今在永明教諭　孝友事繼母如同所
生伯兄蚤卒撫其孤如已子獨愛少弟美田宅不吝
推予且拆旁產以贍宗族脩譜牒以昭世守皆盛
德事也　少保周嘉謨曰公非獨吏治賢也蓋亦
翩翩質有其文焉予讀公冲漠館集詩賦齒于七
子長篇短札居然太史公家法而有酒德數斗不
亂仕新安與汪司馬伯玉稱莫逆以爲倦梧酌既
言別而後舉觴引蒲
賢者固不可測哉

李維楨　字本寧號翼軒布政李淑長子也由京
山學嘉靖甲子科舉人隆慶戊辰科進士改庶吉
士由給事歷提學副使至南禮部尚書博學有才
名著大泌山房集行世　公履歷詳京山志中
慶五年狀元張元忭榜
周嘉謨　字明卿號敬松隆慶丁卯科舉人辛未
科進士　陵人由漢川學登仕𢓸後隨改籍歸貫
初授戶部主事管皇城四門倉糧革內監家丁

親給實籍戎伍鈔關九江絲毫不染與之以
上清風遷粵韶　守入覲過家一騎一僕行李
然隨陞蜀瀘兵巡恩威丕著建武鈴有兵變單
騎赴數言底定採金中貴至所轄不敢横恣蜀
旱請於直指賑卹全活者衆後屢任藩臬政績
偉昭尋受　命撫滇鎮國沐剃斬莊佃民起爲盜
公疏請租歸有司徵解害遂寢隴酋多安民負固
投緬全滇危洶遣兵二萬征討之隴用蕩平緬遂
膽落又屢疏請減滇貢礦金約免二千有奇復總

督兩粵威望逾隆司計南部國用月裕隨轉北司
空正會計天下錢穀戶口詔陟掌邦銓衡　神宗
召見御榻公以補諸大寮臺省請溫旨退　泰昌
改元彌月不豫命醫藥無功却不進公奏曰藥猶
第二義惟清心寡欲則勿藥有喜片外謠傳鄭妃
處宮進妹聖體違和公立請皇親鄭養性入朝疏
請貴妃即日移宮群疑乃釋　帝大漸親承顧命
正色立朝晏駕後請內閣大臣同至乾清宮爲門
者阻公與給諫楊漣排訶直入請　皇太子至乾

萬曆十一年狀元朱國祚榜

陳所學　字正甫號志寰萬曆己卯科舉人庚辰科進士癸未科廷試公登賢書年甫二旬聯捷南宮公父纂猶命與長子所前（貢士通判）入學誦讀手課文藝者三年至是始許其廷對蓋不欲其躁進如此初授刑部主事陞工部虞衡典試滇南號稱得人再轉司権武林謹飭關政不染脂膏陞守新安郡政清刑簡篤意人才後登第者踵相接也遂擢三晉提學猶慎品騭凜然以人事君之義分巡

冀北修城堡興屯儲時順義擁衆叩關公親臨設備竟尋盟去復轄福建右司與直指論人不合力乞歸休弗獲再陞浙江左司雖兩居藩府清苦礪著奉　命撫山西提督鴈門等關時值旱蝗邊警數聞拮据兵餉斯夕靡寧旋總督南京糧儲戶部右侍郎轉北京戶部左侍郎兢兢業業始終如一晉侍經筵禮遇特隆加工部正堂轉戶部尚書[illegible][illegible]備給諫楊漣糾劾逆璫事　上怒不測中外[illegible]侍郎鄭公同諸上司馬趙公上疏[illegible]

援不報特　上視國學百官例先期請[illegible]禮儀華殿逆璫魏忠賢立東耳門著亦次者凌躐階下及各部進議事旋及戶部司官色甚倨普詢遣餉何以不足公理直氣壯侃侃折辯逆璫赧然公遂辭出決計乞休連疏上請遂歸侍里門懸車田中宪心內典絕意外務雖鄉人莫得窺其面也行年八十二感微疾預知去期遺命勿請祭葬子孫克遵其志按公自筮仕至歸老宦情淡泊清白無愧始閱藩告歸擬老松石間再起官闕藩兩疏告辭

擢左轄三疏告辭任山西巡撫後五疏告辭起戶部左堂兩疏告辭蓋不待逆璫側目時而告辭已十二疏矣公豈戀戀富貴不知勇退者哉公鄉居爲同里置隄卹族黨置田產里甲除加派文其[illegible]者爲君國功大工助餉餉補優免未可一一臚列也子盛楠舉人靈璧知縣孫爾爍蔭太學所著有松石園集會心草藏于家（公安袁中郎生題陳正[illegible]集曰世人所得[illegible]惟趣趣如山上之色[illegible]女中之態雖善說者不能下一語惟會[illegible]今人慕趣之名于是有辨說書畫涉獵[illegible]寄意玄虛脫跡紛塵以爲遠又其下[illegible]）

蘊州之妙香煮茶者此等皆趣之皮毛何謂精
夫趣得之自然者深得之學問者淺山林之人無
拘無縛得自在度日故雖不求趣而趣近之愚不
肖之近趣也以無品也　為酒肉或為聲伎率心
而行無所忌憚自以為絕望於世故舉世非笑之
不顧也此又一趣也迨夫年漸長官漸高品漸大
有身如梏有心如棘毛孔骨節俱為聞見知識所
縛入理愈深然其去趣愈遠矣予友陳正甫深于
趣者也故所述會心集若干趣居其多不然雖介
若伯夷高若嚴光不錄也噫孰謂有品如君官如
君年之壯如君而能
知趣如此者哉

萬曆十四年狀元羅文獻榜

李維標　字太瀛邑布政李淑第四子也由景陵
學中萬曆丙子科舉人丙戌科進士授國子監典
簿　公履歷詳京山志中

萬曆二十年狀元翁正春榜

朱一龍　字宜虞號虞言由本府學中萬曆戊子
科舉人壬辰科進士公少因童子試嘗題蛛絲云
遊絲頗信天風力挽上銀河織女機識者已卜其
為飛騰之兆年逾三旬外始補郡博士弟子員第
一戊子科試不得意歸寄蕭寺攻苦下帷偶晝寢
感神夢告為促裝者公寤即日赴省果以錄遺捷
七邑冠軍入棘闈為文揮筆如有神助大總裁馮

茂著言何屬疾卒於官舍臨終自為偈曰我外了
無我吾今却見吾世間多少事曾了一些無識者
知其蛻形輕舉也邑舉人胡承諾書公逸事曰公客長安從道人遊已而道人出
赭號書授公曰異日有脫發兆當相助我卿月宮
也他年芙蓉嶺上復與予期耳言訖而去後任鞏
源行彭澤颶風大作檣折帆摧取道人緘發視之
有告汝發緘數字其餘仍秘緘也居官以公事入
都于峻嶺高峯忽見月宮空中相與道故如平生
公舉袖揖之從者囑目良久乃罷問其地則
芙蓉嶺也公乃為詩曰回首長安已十年相逢嶺
上兩茫然愧予俗骨還為吏羨爾丹砂合是仙世
事無憑蕉鹿夢玄談空豔野狐禪漁郎不久風波
裏烟雨桃花一釣船壬寅元日夢道人來曰龍華
會遇覺而與徐劉兩
學博言是年遂卒

萬曆二十三年狀元朱之蕃榜

董曆　字玉衡萬曆戊子科舉人第四名乙未
科進士授蜀富順令揮霍不群堅貞有守吏畏其
威民戴其德見褒於蜀撫云

萬曆二十六年狀元趙秉忠榜

吳文企　字幼如一字士行方伯吳文傑從弟也
號白雪萬曆辛卯科舉人第二名戊戌科進士初
授南戶部主事權武林北新關減稅　千金逾
六歲[illegible]守寧波　[illegible]法不私雖相

葬丁艱家居五年補湖州守風采凜然
臥治猶雅好文社與吏敬綽詠相得歸葬
無長物但携硯石一片 已而與人相與肖像祠
公以誌遺思遷饒南 使不赴後八年臺章交
薦復起家秦中奉命兵備署關西守苑馬司兩印
凡平涼固原間兵餉皆有紀律未幾調寧夏兵焔
兼督學政用老胡僧教銀定欵降貢名馬數千蹄
聞於朝賚金賜鐵券有秦關之捷怨[illegible]蟠鼓吹
來迎遂登衣冠[illegible]坐而逝[illegible]有[illegible]

縣志　卷之十　人物志　進士　五十八

丈義耳鳴集[illegible]于家子驤[illegible]人 邑解元譯元[illegible]一 公為人清[illegible]
[illegible]登風格臨事先發剿奸逆決備其所長清[illegible]四
[illegible]社亦由嶽鎔成之 少宗伯錢公謙益[illegible]一
[illegible]集序曰竟陵吳白雲爲吳興守撫地得石於郡
[illegible]樹下爲元豈特[illegible]錫玉符二字異哉古[illegible]公
之[illegible]摩挲[illegible]日去官無長物攜之以行吳興至今
稱[illegible]太守有杜牧之蘇子瞻之餘韻其後屢遷
備兵[illegible]夏軍用胡僧招降銀定出平[illegible]塞登[illegible]
來[illegible]帳下進名馬數千蹄命西工作銀定
歸欽[illegible]紀之[illegible]之好[illegible]兵[illegible]武書自[illegible]
[illegible]月之[illegible]中走光而[illegible]爲一[illegible]以死吳公祠
牧之可以[illegible]余[illegible] [illegible]公吳興水品宮樓閣在
孟陽再泛 山[illegible] [illegible]山水書與范東生程
寒[illegible]鑱之句 [illegible]知[illegible]下忍別今[illegible]白雲遺集吳興
山 輕清 [illegible]在卷帙中楚人之文以豪放
跌宕爲主 公獨不然豈文章山水故有福緣
吳公之風 山與牧之子瞻長留于峴

簡而[illegible]之親密耶公之子孝 申奉其遺文[illegible]叙爲書其篇首如
萬曆三十二年狀元楊守勤榜
胡承詔 字君麻號侍黃萬曆庚子科舉人甲辰
科會魁第五名養利學正[illegible]早子也讀書西塔寺
風晨雪夜怡然自得庚子始入闈登賢書經文刻
程式論孟二義爲黃貞父湯霍林所賞甲辰中南
宮授蜀夾江令招集逋亡民以樂業三月調內江
壹意愛民兼喜造士而又平鹽課議馬價諸善政
申飭爲令陞南儀制主事調南驗封主事隨晉稽

縣志　卷之十　人物志　進士　五十九

勳郎中南士子聞者不平相錯也公聚謝之鎖署
嚴冷[illegible] 一森嚴以所識士請質乃受之嗣是門人
以文於品題皆如意去旋丁艱服闋除祠祭郎陞
蜀憲副督學政端士習正文體試課三年持衡獨
裁不假於他人所得奇篇輒緘其稿以示弟承諾
丙子舉 知縣 同相參訂併兌其子俊儒共宪之遷河[illegible]
南[illegible]未發而寇難作分拜京城躬擐甲冑親冒矢
縋士取勝乃辭請任是年冬以蜀守城功晉秩
參使兵備如故隨擢山東右轄轉河川左轄察

已卒屬其所厥最天官信爲去取遷留部太僕節滁州督完歲會莫由弛負辛未奉旨致仕以焚黃登攏衡昌風雪甫成麓而卒子來俊蔭太學生擬授廬州府推官按公入鄉賢祠分守憲吳公尚默勘語曰渊歷中外三十年何以銘竹帛曰社稷臣砥節始終如一日何以貽子孫曰清白吏又督學憲水公侔儱勘語曰文操巍科政成卓異裕國佐縣官之急孤城著捍圉之功温飽不留于生前清白羈貽于死後云

萬曆三十八年狀元韓敬榜

鍾惺　字伯敬號退谷武進學訓鍾一貫子也中萬曆癸卯科舉人庚戌科進士公爲人羸寢力不能勝布褐性深靖如一泓定水披其襟如含冰霜不與世俗人交接而專致精于書史戊戌闈中爲夷陵雷公思霈所深賞初授行人者八年中間使四川山東及典貴州乙卯鄉試者凡三差所過各有著作擬部者二年以授工部主事既願改南曹部持不覆者又二年始授南禮部儀制司主事轉祠祭司郎中者又一年在南都讀書評閱詩[illegible]懷多所發明有古賢所[illegible]逮者陞福建提學[illegible][illegible]化延平福州[illegible]府[illegible]年尋丁父艱去

居家服闋凡三年而卒壽五十有二矣所著述、隱秀軒詩文集楞嚴如說酒雅及評選左史漢書等行世按公讀書學道爲念通籍十四年簡淡自持恥事生産自著述外無酬酢至[illegible]人以是多忌之然與文士接終日談論不輟與邑名士譚元春爲性命交每商摧古今文章詩史不襲人唾餘而兩家各勉爲孝友儼如通家有雍睦古道焉解元譚元春爲公墓銘曰食幽獵秀無終極氷性霜毫眞宰匿得意静書不再餘海岳如從君受職驅烟排霧待操摅紛紛餘子不相識然來君前談法式鞭笞鳳麟加裁抑爾曹蠢蠢徒失色勤農尭湯曹稼穡汗流至踵没籍湜大勇猛人歸蓮城厭多聞障宣慈力海印放光只頃刻發棺求之不可得茫茫衣被我履側

李純元　字長叔號空齋萬曆庚子科舉人庚戌科進士公爲解元李登次子幼岐嶷不凡從父讀書常日誦數千言故家學得於淵源補諸生馳聲邑中士吳文企諸業東林寺後各致通顯切劇不忘公成進士授工部主事督修皇極殿曠養清[illegible]早無宦情陞陝西布政司參議即上疏致仕[illegible]十年[illegible]商詠怡然自適也[illegible]

建寶樹菴依白足修净業不預戶外事菴
水園濠上亭水光樹色鳥語蓮香有陶自出塵
之意編修焉之興日公同館中最幸于水部郎李長叔以道義交酒交嘆戶外之武旦旦可數也邑解元譚元春贈公詩曰六代鬆樂四旬班白是輸君淡與閑幀善常師黃叔度不須相見自香山官宜水部梅花裹身在沙門貝葉間更欲擡衣重下拜日從歌笑學朱顏
魏士前　字瞻之號華山萬曆己酉科舉人庚戌
科進士公祖諱廉陝西學正也有瑞芝産梁上生
公父名應瑞未竟厥志而篤生乃孫遂以兆發祥
焉初選蕪湖令兩載調六江剔奸除弊輕徭省刑

縣志　卷之十　人物志　進士　二十五

遷南祠祭主政歷儀制司郎興襄　熹廟大婚禮
陞潁州兵備會有龍華變起不數月而功定之及
奸璫開屯江淮游騎所在騷動調停輯　全活數
萬人陞參議馳封於其親轉浙江糧儲道修璫免
歸惟斑斕娛親而已　烈宗御宇乃復陽瑛補冀
寧道奉表還里改鎮潞州平渠賊補一魁籌復轉
川北道劾蜀藩鄉門僭制事再轉榆林道屢奏膚
功詳少司徒張縉海撫延集中録疏乞休得予告
回籍終養癸未以邊才起六吕道推屯撫未任丁

艱歸　國朝兩徵固辭守禮會剿為逆方
亂湖泊流毒不悛乃請於　馬　公督冒官
羅公移師殲之里黨始安厥後家食自廿至戊子
年卒著有陪郎集學易纂惺存集易集紫芝集蜀遊集
北歸集戊巳啓編藏于家子鉉歲貢士授江訓導
啓二年狀元文震孟榜
劉必達　字士徵號天如萬曆乙卯科舉人天啓
壬戌科會試第一人公生而端凝幼不嬉笑見者
知其遠器弱冠里選督學竇淮南先生拔第一由

縣志　卷之十　人物志　進士　二十六

茲試優食餼至乙卯舉於鄉壬戌首南宮受知於
賀公逢聖揭曉偵之則凝然不動道氣淵沖觀政
時值母六旬未觴力求告歸初選庶吉甫就職旋
授編修注起居管誥勅纂修國史展書經筵猶求
歸未已隨蒙覃恩階文林贈封其先人猶慨厥志
復冊封潞藩還里焚黃展墓晉侍講再贈封如現
秩用是顯揚始酬萬一　崇禎戊辰龍飛初掄士
分考得賢十有八咸比瀛洲盛選不負人倫雅鑒
次年東宮生捧　御書撰各藩便道歸省太夫人

崇禎四年狀元陳于泰榜
龔　爽　字君路號昔菴天啓辛酉科舉人第七
名崇禎辛未科進士公性敏少□□爲諸生時見重
於學諭陸公懷藝然貧不能自給□□□□人輙厲
之曰汝窮年弗□□不如吾鬻屨之易售也公撫
卷長泣益攻苦弗輟年逾三旬始舉孝□遂陳情
乞恩得豐縣教諭迎養署中怡然承歡擕豐士史
文奎宣城孫襄徐州萬壽祺咸假館執經問業後
俱成名辛未登第授桃源令邑苦征役□□□有司

先後被逮公即日上疏□籲請蠲舊逋奉□論龔
爽着用心料理以蘇疲邑公陛辭赴任招撫流亡
緩徵郯□民□□□□黃河爲害修繕有方障隄
植杉逾月□□人以□□□□所至而公□庭坦如
復築城修學百廢俱□□□循良稱卓異擢兵部
主政甫就職勅令掌銓曹發□以得人□君爲已
任甄拔所加望風欽服未幾丁內艱回籍服闋屏
咸交與諸弟游觴爲歡蓋友于固其天性也癸未
賊變與疾出城而終著有秋水堂支魚圖詩集散

患無傳邑翰林檢討譚篆角泊
詩黃沙瀰漫若邊城帆上高□聲□
李遺陰存故舊衣冠肅制見峥垣荒草際河山
冷香断龕前日月生潮海幾人追鳥羽漢臣應許
結蓬極祠
在関廟旁

譚元應　字服膺號栎樂鄉元譚元春胞弟也崇
禎庚午科舉人辛未科進士先是譚氏自湘涯公
以前俱治尚書歷傳至數世與經□□□□諸生
時與兄□訂古詩歸讀風雅頌欣然有□□學詩
爲業其著有黃葉軒詩藝載鵠灣集中庚午遂由
詩入棘闈冠本房時大總裁翰林黃公諱景昉以業

詩名噪於海內深加獎賞焉次年聯捷南宮初授
德清令端潔公方纖芥弗苟嚴公私請託紳士罔
敢干者時督學蔡公諱官治於公爲師生亦凜然佩
服而已以奏最陞戶部雲南司主事奉簡書兼程
就道至維揚道中疾作不起著有詩文集藏于家
崇禎十年狀元劉同升榜
藍　絅　字尚□號錦淙前壬午孝廉藍應斗子
也崇禎癸酉科舉人丁丑科進士公天性孝友常
贖其已嫁庶母遺腹子歸而撫育教訓愛逾同胞

以志不忘

蕭維棋　字雪寶邑富陽令蕭論萬曆癸卯舉人之子諱順治戊子科舉人己丑科進士公父爲蒲邑侯程公維棋有吏治而本經術故取以名士後果成進士出授棗強縣令未數年而卒

順治九年狀元鄒忠倚榜

程一璧　字文琰順治丙戌科舉人壬辰科進士出授安陽知縣調北隸長蘆鹽運司知事景陵里役利弊相沿日甚公上條陳詳明剴切各憲允其議大爲革除邑人德之

陳朝畢　字邇辰順治辛卯科第三名舉人壬辰科會魁論孝廉陳朝踌崇禎壬午舉人胞弟也公性孝友工文章潛心若學明性究理未竟其業而卒同時士林惜之

劉渾孫　字厚存號曙浦順治辛卯科舉人壬辰科進士邑會元劉必達胞姪也性穎悟志嶔崎每爲文不起草援筆立就出授永平郡司理耿介有者于畿輔尋以公出卒于行署附弋陽令劉臨孫修厚存兄卒

詞兄長養下□□之家而備嘗艱難陰于詩書之林□□盡大攻苦磨厲故雖文遇稱而文名獨早□□兄盍獨深竹窓讀誦雨牀聯未嘗一日離也憶壬辰公車時輿則同茵寓則同校件昔最密且久方幸共看花上苑題名鴈塔爲讀書人美譚爲孝友家善報而孰意以此兆踈別之端也今成永訣矣

劉臨孫　字繼令號榯菴順治戊子科舉人壬辰科進士公少孤好學祖和平令諱渾最愛憐之與兄冀孫暨從兄渾孫共筆研校文翰後以進士第起家弋陽令公務稍暇不廢嘯詠竟殞于任著弋傭碑雪集碧石軒詩邑翰林檢討譚篆贈詩十年蕭瑟倚危峯碧紺如君有令

聲當今傳化鹿文心斯世許雕龍河陽花足春雨王浦人遲萬嶺松夢到西江波浪澗楚山庭只八帰

十五年狀元孫承恩榜

譚篆　字玉章號灌村教諭元亮子解元元春姪也中順治辛卯科舉人戊戌科進士累官至翰林院侍講公淡于仕進壯歲乞歸築西楼舊館嘯咏其中藥爐書卷酒籌歌板樂焉而已戶外事弗與也所著有灌村詩西楼館詩行世

□以樽　字淥水□□□□順治辛卯科舉人戊

戌科進士授定安知縣任吏部文選司主事
順治十六年狀元徐元文榜
趙飛雲　字培風號拙菴順治甲午科解元己亥科進士考選推官改授獲鹿知縣行取擢行人司行人再陞工部營繕司主事以病告歸歿後崇祀鄉賢
歐陽㽭　字長卿號象菴順治甲午科第二名舉人己亥科進士考選推官潛有韻會典事改授萬泉知縣

盧　俊　字鴻士順治丙戌科舉人己亥科進士選授濟南知縣會兵逆倡亂不屈死事詳忠臣志
彭上騰　字雲揵順治甲午科舉人己亥科進士考選推官裁缺改授廣西興安縣知縣旋移病歸所著有述軒文集粵西雜錄
胡㽭生　字元槩號遲竹丁酉科舉人己亥科進士按公幼而穎異七歲就外傅讀書目數行下十歲應童子科郎見重於學使郜公諱煥元丁酉登賢書己亥秋

世祖章皇帝　諭禮部再行會試於南宮年甫二旬公事父母暨王父母孝聞兄弟其敦睦生交愛有誼疏食書卷外一切求田問舍干謁之事弗與焉景邑素苦收戶公繼同里進士程公一璧哀訴請命永除夙弊民賴以安初任[illegible]殘民病賠累公力詳具題減免額銀四百餘兩猾胥毒民含冤十數年公為文告城隍就廟中面鞫片詞而猾胥伏辜沉冤以釋東村多虎往往食人公齋戒禱於神未幾一老翁詣溪口語舟師曰吾有犢數十渡所上波可來取幾語終忽不見有頃望焉羣然虎也舟師畏而遁虎去莫知所之里人因呼為虎渡口母服闋甲寅補進賢公甫下車遭

歲大旱科頭赤足戴枷祈禱百姓以萬從至禱雨壇哭聲震天僉曰實民之咎無苦父母三日甘霖降歲則大熟時閩逆猖獗建昌撫州廣信乘間及
和碩安親王率將軍等屯兵鍾陵需餉二十萬公儲糗糧時餉裴供億不缺　王奇其才　賜袍帽且資籌畫焉進勦撫州　王下令離進賢六十里誅其從賊者公以頭搶地泣曰進賢接壤臨汝百

里而遷若殺我四十里無罪之民不如殺令也

王感其言令公導之出疆越境二十餘里全活民

命甚衆 王師俶復撫州閩賊恐潛以兵萬餘由

瑞洪水道攻進賢公慨然曰進賢爲三郡要路一

失而糧道絶矣吾何以生爲督官兵五百人死守

適援兵至開城接戰躬冐矢石生擒僞官數員殺

賊數千級賊大敗知其不可以力屈也遣僞千夫

長楊文達持書招降公出首逆書縛文達赴軍門

斬之由是進賢安堵賴公扞禦之功爲多大中丞

黃公國諱衛具疏以

聞

天子謂其忠貞可嘉

勅部議敘部覆以各部主事員缺先用嗣蒙舉行卓異諸

臺司咸稱公有大勛勞於是文章奏薦疏曰志璋品學氷玉操持受事於兵戈擾亂之日安内攘外饒有方畧徵粮於丁缺田荒之後續新催舊不事鞭箠虎狼梗道而闔邑懲遺遷災引咎而甘霖隨降且講鄉約以敎人心崇文教以敦士行洵稱長駕遠馭之才允宜推卓異之選 辛酉夏

欽取赴 京去之日老少垂涕相送遮道盡公卒曰愛

縣志卷十一

知縣事錢永續修 儒學諭蔡壽生參補

邑人戴祁編著

人物志中

舉人 舊志元朝有陳伯淵舉人考伯淵由辟舉非孝廉也故弗列其名

明

洪武甲子科

史文琮 字廷璐任巫山縣訓導

洪武丁卯科

程昭 任懷遠縣敎諭降內江縣訓導蒙恩

復還任懷遠遷戸科給事中

建文壬午科

胡俊 見前進士志

永樂乙酉科

何讓 字守謙任主事

何慶源 字本宗任靈璧知縣

雷鐸 字聲泉任大昌知縣

永樂戊子科

陞諫　字直夫任綦江教諭
曾　鐸　見前進士志

正德癸酉科

徐　鵬　字巨卿性淳朴孝友懸髮苦讀期古
人歷任馬湖府推官撫州通判郡倅金[illegible][illegible]羸
改維摩州知州致仕絕迹公門
程　鴻　字子漸賦質穎敏制行端莊受學曾文
恪以壁經魁鄉試筮仕通江繼補鹽城改判饒州
遷知通州仁恕清苦以議割郡地與邑宦異遂棄

官歸部檄不起時稱勇退邑呼爲東巒先生云子
宗簡貢士訓導孫以驄貢士知縣翰林王格贈詩去髮投簪世所稱索居還復傍漁磯一竿月滿嚴陵瀨五柳風吹陶令衣載酒每過湖外寺彈琴獨掩竹間扉東山我亦烟霞客思爾時時上翠微

正德丙子科

汪　儼　字子莊任亳州知州
張本絜　字淑輿號陸泉性孤介不羣判嘉興刺
海鹽有廉能稱分巡憚公移文議祀鄉賢祠
曾　彭　字壽卿號要野宗伯鐸伯子也清修博

萬曆壬午科

監應斗　字文煜號輝甫任桐鄉縣令子綱進士
知縣
鄢應薦　字荻崗授國子監正後授禮部司務
彭萬里　字惟翼號起濱授合江縣令時擒囚甫
靖客歸調繁公能輯驕兵補鄉寧令昭雪疑獄禍
賊不入境陞漢中府同知攝太守篆以廉著卒于
任

萬曆戊子科

熊作霖　字蘇之號泰雲中鄉試第三名任鄢陵
教諭
朱一龍　見前進士志
董　曆　見前進士志
高則騰　字伯龍號春池貢士啓瑞子也任渠縣
知縣按公考已[illegible]監元
蕭鳴世　字來儀舉人副弟也初任奉節縣令改
遵義縣隨大軍入土司征楊一龍有功陞濟寧知
州未任致

盧爲敎　字夬敎任富陽知縣蒞任三月即掛冠

歸

萬曆壬子科

黃　問　字伯素原名甲科後改今名任[illegible]水教

諭著有五渚軒古文醉藥軒詩弟閎貢[illegible]知縣

王鳴玉　見前進士志

江有光　字斗華由貢監中北京鄉試授蘄州學

正

萬曆乙卯科

沈應魁　字斗垣由黃岡教諭授廣德州知州

國朝舉大賓晚年吟咏不輟有霍岑詩稿

劉必達　見前進士志

胡　恒　字公占號補菴慶陽郡丞順化次子忠

公少負英姿早擬巍科丁丑會闈黃石齋先生諱道

周佳其才首薦之因爭元落第始就職任會稽教

諭陞國子監助教擢户部主事轉郎中監督錢局

陞四川上南兵巡道在任多惠政修瀘新津邊[illegible]

堰捍禦保障甲申賊張獻忠破成都發兵攻[illegible]縣

公時兼攝建昌諸道印聞成都失守內[illegible]

州急遣偏將羅大爵將兵救成都不利陣死[illegible]

吏王國臣叛降求忠反兵劫公士卒皆走公泣曰

余兄[illegible]舉人戊午官[illegible]以盡節殉國

且余父諱順化貢士任慶陽同知亦食國家[illegible]一死

以報朝廷於是遣義士汪光翰挈[illegible]之駱

雅州人往調招討使高踐泰兵復調建昌道海棠鎮

及蠻莊千户李華宇兵疾馳來援獻忠聞之發大

衆迎擊九月朔公與貴州御史朱公奉鉶雅州指

揮使阮士奇合力死戰兵北陣陷遂被擒前叛吏

王國臣擊公如成都獻忠齊之不屈與朱阮同時

遇害臨死駡不絶口訃聞諸州士民莫不飲泣公

子生員之驥赴河死僕京兒見公被擒不忍舍同

就戮所著有古懽堂詩集二卷吳驥姓胡公以死事詩壁臨時絶筆[illegible]

鞭揮參歷井仰天閑平生存意皆改[illegible]一先[illegible]重泰山吏具衣冠嚴拜冲僧收亦[illegible]見[illegible]春華

庠子知相笑此事尚流芳易疏身危[illegible]選時鄉不蘇荒雞夜唱閑父子分離綱利[illegible]

劍鋒山劇憐眉凡紅鑷勇騰[illegible]企書歛昔夢解形曾是點仙班多[illegible]繼[illegible]步

艱誼存師友見依閑永盤要共銅川食雲箸長癡屋山手攬龍鬚休謂曉髯爲雞彈[illegible]如[illegible]九原

羅士淳　字彥白號嵐谷貢士應泰□任成都□同知後轉川南兵備僉事卒于任

天啓甲子科

譚元方　字正則號隱林別號錦秋□元譚元春胞弟也天懷倜儻度越凡流督學蔡□屺□其飛騰必早果先捷秋闈總裁方公諱□取論藝刻程海內頌服屢上春官不第始出授山東高苑令蒞事精敏豁達剖斷如流以禦賊有功調汶上縣奏績陞蘄州海防同知後調淮安府邳宿分管鹽運

時海壅河決漕艘不繼連坐諸大臣公開泇河殺水勢通漕運鑿新渠四十里疏聞上賜秩加金陞柳州知府誠心愛民口碑載道復調蘄黃監軍未任補廬州太守陞安廬兵備道河南按察司副使招撫流移誅鋤蓮妖聞鄖陵失守具疏乞歸優游林下　國朝屢徵不起其去官也在乙酉五秋留題分司署壁云臣誼家聲於爾安潔身今可□幽巒林前搔鬢砍初自懷裏腸心喜舊川野客□澆松葉酒老夫新着鹿皮冠縱橫淚墨長吟罷留與高賢帶笑看其志尚千秋如見也年六十九終子葑笏貢士孫之蘭康熙辛酉舉人

天啓丁卯科

譚元春　字友夏號鵠灣別號蓑翁道氣淵沖孝友弱冠負文譽以著述爲己任與同邑鍾□揚挖風雅不襲濟南公安餘派惟恭敬夫朱□叨數公唱和往來稱神交焉督學葛公屺瞻掄楚材鑒賞逾格□□言蔡□□□□公起鳳復拔置明經至丁卯領解受知李太虛先生云按公文章本性命交遊遍吳越著作遠堂嶽歸堂□霜草虎井詩鵠灣古文過莊等集行世子籍貢士

詹在前　字卓爾爲督學葛屺瞻邑侯任贊化甄賞後任蜀新都令有詩稿譚鵠灣贈序

張三楚　號令望任忠州諭奉蜀撫檄招輯秦兵題敘祀□陞灌縣令

彭日琰　字輝序由沔陽州學中式子戴煌有文名克紹家聲

崇禎庚午科

別仲茂　字徵休號松心中式第五名任武昌縣諭膺聘貴州同考　國朝授通城諭

毛一駿　字翰如號槐眉　國朝考身言書判中選陞見賜宴授海鹽令在任請緩併徵撤援兵建城樓修學校造營房築海塘著有拙存堂稿

譚元禮見前進士志

任□　字漸之由沔陽州學中式

永定衛教授

譚　桓　字子尚號𤋮廳除通山縣學課士卷首即甲午秋雋順治辛丑膺雲南鄉試聘同考所得皆滇水知名士時當路重其賢欲留𠉀邊疆用公以母老辭調監利縣學頻壅瀛洲爲田以裘泊菴先生讀書處公嘗吟哦其間福池水皆荳園蓮入瑞之還令粵東高要培學校正風化按獄多所全活諸民間丁錢三千餘兩復古節施田租三千畝康熙壬子粵闈受卷檢勘從寬面向所拔童子即

健翮橫秋焉德慶患賊氛缺守制府金委以端良牧當之公扁舟徃攝州刺州人喜如嬰兒得慈母焉且泯徙皆貫路歸曰慎不可逋負累良父母也悅城一釋陰功不小其令端創修縣誌攝康增修州誌蓋公之在官也平易和樂日與小民休息故一時述頌曰兩後有人耕綠野月明無犬吠花村方兼攝時端之民留專令端康之民請常守康郡守史庸菴賢公曰所居民愛所去民思兩端咸稱循良焉辛酉以調歸里同子封炳創建宗祠捐祭田百畝昌修家譜立九世以上墓碑未嗣者續立久去者歸之即鄉厲一壇骸骼五區皆以次漸舉事見槐蔭堂述著見槐蔭堂集弟楦長子封炳供貢監

順治辛卯科

陳朝暉見前進士誌中式第三名

劉渾孫見前進士志

譚　篆見前進士志

鄒　山　字禹封號弘景學諭昌言曾孫初署漢論有初言方伯翟公聘主江漢書院遊中州有白

松記彝匡廬有懷歸賦等作後任玉山縣令多惠政范禎等有德政頌罷政將歸李公來泰有生祠碑記

戴汝爲　字于宣由漢陽府中本省鄉試任桂陽諭

葉　暹　字仲旭由漢陽縣中省試

汪以淳見前進士志

順治甲午科

程飛雲解元見前進士誌

歐陽鼎見前進士志

彭上騰見前進士志

康熙己酉科

程世法 字元楷中式第四名歸州學正

别 楫 見前進士志

魏 昌 字匡六寶慶邵陽縣教諭

龔 銓 字啓山吏部龔之涇舉人仲鵠之弟也潛心嗜古澂懷倣度克世其家聲由監利學中式選授山東即墨縣知縣

陶士蕃 字 康熙二十一年考知縣職銜

劉自弘 字倬生由本縣學中式郴州學正

周志德 字疇三由江夏學中式岳州巴陵教諭

康熙壬子科

周寅賜 見前進士志

程大夏 見前進士志

康熙戊午科

程 璲 字羽漸

黄文啓 字公佑少保姪孫由漢陽府學中式任辰州府麻陽縣教諭

陳 峴 字玉瞻進士朝聘舉人朝聘之姪也任寶慶府新寧縣教諭

康熙辛酉科

譚之蘭 字趙臣兵憲元方之孫歲薦鈞之子敏贍絶倫未竟其用早卒

程 翹 字修齡南豐裔時仲子進士一璧姪孫也考教諭職銜

周輝蓼 字範蕉給諫芸曾孫舉人命之孫也考教諭職銜

康熙甲子科

熊 源 字金一由本縣學中式

楊之任 字右直

康熙丁卯科

魏必顯 字[illegible]由本縣學中式

康熙庚午科

何自懋 字鼎侯由潛江縣學中式

武科

國朝

康熙甲辰科

趙雙璧　字　由京衛籍中癸卯科鄉試甲辰

科會□

康熙乙丑科

唐時模　字憲子號器莊由通城學中壬子科舉人乙丑科進士第四名選授江南江北蕭縣守備邑庠生朝　長子也唐氏世有隱德君生而穎異

博學工詩書其入官也安閑靜鎮有輕裘緩帶之風焉

舉人

明

劉登龍　字雲甫武舉任高州府守備子知縣世臣

劉植　字群若武舉任香山衛都司登龍子

曾國先　字二浦武舉　孟　奇擧明瑞武舉

程一衡　字衡如千舉

史鑑　字穎園武舉授安陸府皇營千總

國朝

順治丁酉科

劉斌　字[redacted]由本縣學中式

易賛和　字[redacted]由京衛籍中式授楊州衛千總

史嘉相　字[redacted]由公安學中式

康熙癸卯科

吳秉忠　字小培由武昌江夏籍中第五名邑布政文佳曾孫

郭弘勲　字儀生由沔陽學中式

康熙丙午科

康熙己酉科

劉鐸　字振菴

孫賢　字左之號[redacted]選授陝西寧夏衛堡千總

康熙壬子科

唐時模　見前進士志

康熙戊午科

唐時□　字號瞿人由通城籍中式第四名

庠生時模之弟也皆能文章克大

男家
彭亮祖　字擬菖
劉煒　字[redacted]
彭篆　字[redacted]
康熙辛酉科
韋成貞　字内占號朴菴郧國公孝寬後裔
彭志尚　字[redacted]
康熙庚午科
范一韓　字

尹葳　字[illegible]
楊廷頼　字
康熙丙子科
唐國晋　字恒西號豫齋由本學中式第十八名
康熙己卯科
黄文煥　字[illegible]光號岸圃由府學中式第十六名

明
貢士
洪武年間
吳國珍　任萊州同知
秦伯卿　仕至工部員外
王謙　任重慶府知府
彦鈺　任雙流教諭
劉謙　任光州訓導
陶琛　任順州判官

羅鍾　字廷用任浙江布政司參政
劉昆
王正隆
王典
永樂年間
吳良
張凱
胡昌　任工科給事中後改大盈行都事
鄧珩　任來新主簿

顏以義　字用質任廣信同知
劉謙　字尚益任徐州訓導
向儒　字子鴻任福州同知
危誠　字子純任井陘知縣
邵善　字復初任温州知事
李愷　字仲和任蓬州判官
焦裕　字子厚任東安縣丞

宣德年間

李慶　字積善以歲薦除建昌同知改南戶部

郎中調禮儀制宿奬頻革遷浙江盐運使布衣蔬食處之澹然嚴簿書絕請謁有持券請盐者按歲月先後給之二年歲課三倍尋乞歸卒於舟素守薦介歷官幾二十年所居卑屋數椽田園不增尺寸歿之日妻子無以爲斂人至今稱之

李伯英　字玉潤

王常　字正倫少有大志負文才讓貢辭金鄉人義之竟以貢起方筮仕聞親病篤即棄歸居喪哀毀實志而歿以遺後人王瑜繼其志云

楊清　字一廉以歲薦除知貴溪縣改一文學操履耿介楊氏自春及清以名儒稱重
曾賢　字希哲任河南按察司照磨
向文　字應奎任思明照磨
魏達　字兼善
涂平　字用坦
危啓　字景暘
李實　字孟誠
聶誠　字子實任漳州府照磨

謝禮　字用和（祖貫福建宋末官籍襄陽雙溝派衍景陵華家覃本姓葉以軍蕊從妳氏姓謝自此始也）
蕭塤　字文重任順德訓導子錄貢士
張琇　字文玉

正德年間

王朝著　字臣儀任樂安縣丞
鍾文朝　字嘉會
陳爵　字謨
蕭錄　字元賓號梧崖貢士塤子

事親禮不墜家

但王　字德純任鄖陵訓導

王化　字宣化舉人王瑜子任尋甸府經歷

何篪　字宗顯任滎陽訓導

黃澄　字德源積學安貧知縣李公以經術薦

嘉靖年間

江山　字伯高

延欽　字寅之任貴州按察司經歷志操端方

政聲丕著

汪廷鳳　字來儀恬退安貧應貢二十年不仕

蕭瑜　字君用

蕭福　字希讓前貢士蕭璉子

孫儀　字象之

陶應奎　字文煥

謝高　字立之任定遠縣訓導前貢士謝禮孫

魏亨　字子嘉

胡鳳瑞　字時熊任浦江訓導

徐麟　字仁卿號楚陵甫卯督學使者楊公奇

共文嘗與邑魯年潭先生論大道恆至丙夜不休

樓題詩四壁飄然有雲氣善古文詞懸書國門

就恆調歷楚江夏訓　分修全書校閱兵法及書

經會解文遷越德清諭委紹散饑民毫不染指改

蜀忠州諭署孝豐期年以清閒陞成都郡丞帑聘

修五土司志竟拂衣歸年八十體健如壯夫並聲

洪暢如巨鐘後善終太史李維楨曰上世存有三鄒子忌以琴干威王田及国政取相封侯衍善談天梁趙燕三国執賓主禮與聞第康莊命列大夫然學術踳駁儒者所不取不如先生論述孔子含經味道也以予所聞先生乘鶴登樓或以爲王子安或以爲費文禕杖履嘯歌其中入未有不以爲仙者古今詠鶴樓崔灝爲最吾家太白至于韶翰先生人間希有時來羽化御

風而行予業家如脫屣從先生遊矣翰林王鳴玉曰予在史館時倪公元璐白公士麟向予語甸南先生蓋天人也夫先生在蜀而蜀人尊之在越而越人尊之若此蓋禹穴一山而蜀與越俱倚爲重也

胡早　字遲卿號霽東生而穎異父伯崖公諱賀後贈通奉大夫喜曰吾見兒生之遲而成之早也遂命今

名焉巳卯闈中魏見泉先生得公卷薦居首格于

總裁竟乙之再逾年選蜀經廷對後得歸州司訓

割俸餘以贍友遷者又捐金贖邑貢士巳賣兒解

衣活僵臥士子後攝本學堂篆嚴師範正士習實

消胥于理遷寧鄉諭益慨然以作士維風爲己

其公道培植如此陞廣西賓州州學正埏上書歸

養終身歿後賓州學請祀入鄉賢崇寧縣學請祀

入鄉賢祀自宋廣文所未有也公長子承詔太僕

卿季子承諧舉人孫來凌太學生

張　禧

程宗簡　號韋菴知州鴻子也潛心理學窺其蘊

奧嘗時邑先生魯公淳諱思以理學著劉公秋潭

諱銖以芳絜著公兼而有之初任永寧訓導李本寧

縣志　卷十一　人物志　頁十　四一

爲憲使經永寧延公別館揖就上座於是藩臬咸

尊禮之嘗作全楚大觀賦纂録姓氏全譜晚居鄉

德益高邑侯林諱雲龍劉諱繼禮延爲上賓公折柬謝

之二公嘆曰又費程先生一紙書矣行年八十有四卒

陳　範　字允疇任大冶教諭子所蘊舉人同知

孫盛櫰貢士知縣

田□　字羲甫授秘陽訓導況籍詩書敦崇古節

三歲

字鳴皋任襄陽教授歷濟關衛教授行

閔廷訓　任岳州訓導

鄒學孔　字心矩學正昌言長子童時有文名

知督學顏翀亭與□□□孝友學業相師友授

崇寧令時蜀苦征播採木公惟恬澹治民修崇邑

誌採授良悉以轉輸得法考滿奏最陞福建別駕

歸著有傳家瑣語舉大賓

江有元　字　舉人有光兄貢士文淵父

蕭應元　字慕荊號世翹年十二受知督學顏公

諱鯨補第一後任池州府教諭有貧生公資食貸書

縣志　卷十一　人物志　頁十　四二

以成其材任滿持一兩荔來謝竟弗受

高啓端　號鳴梧任蘄州訓導陞楚雄府教授篤

孝事母舉大賓子則騰舉人

劉守化

陳所前　字敬甫號對庭孤高方正司徒所學冠

也初授武康訓導規矩繩士肅然丕變陞南昌子

監典簿職司錢穀秋毫不染陞興化府判署莆田

大得民和然恬淡少宦情屢投牒乞休兩臺疏薦

有器識端凝操術峻絜等語致仕歸杜門却埽不

字仲楨由漢川學任溧陽教諭承安

有守轉起雲和縣未任教諭祚孫

戴一鱗　字鉉趾

程以聰　字龍亞性行端方器宇泓深受學肇慶府學訓導遷鹽四會二縣等郡傀金間千以私諸生中遇抗累年吏莫之何竟置于理復綏民兵勤王寇境內得安陞蜀潼川學正復署樂至事有靈胥公數其惡立斃杖下時拔潼川才士歐仲蘊置月課首後歐竟售去蜀人服其神鑒云後致政歸卒年六十有八陶公汝鼐曰韓魏公立朝勳業而厥子誤國家子產惠月野無而厥考不能彌其初程公師奇先德克昌厥後自韋菴先生以下五代不墮家聲先民所希覯也

周　倪　字季行

曾景貞　字幹季[illegible]人恩子任監利學訓

汪光榮　字全吉由府學有文名平與譚友夏先生文章唱和交好最篤未仕而卒士人惜之友夏哀以詩

吳國彥　字貴城方伯文佳孫也恩貢廷試授北順天府宛平學訓

王　說　字娟茲由漢川學貢任長垣知縣

王明揚　字來明由本府學貢任辰州府學譚友夏先生為意氣友見譚文集

徐同氣　字伯倫號西江中丞成位孫由北雍恩貢授光祿署正生平慷慨好義邑有大務不憚身任之刻陸羽茶經自跋云余昔合伴[illegible][illegible]茶史矣而經之著楚也猶[illegible]風之二南也已而毀子勠力不能并講姑先畢茶經以文發將并及少陵詩濂溪晶楚產也力未敢任然鎮則修矣

吳　贊　字傳旂號蘊嶺方伯文佳子也十二補弟子員雅贍能文李太史本寧器重之辛酉中副榜入南雍再中丁卯副榜恩貢著閱覽樓詩集廬岳山人稿生平愛臨池以禪翰名于時

朱泰寧　字方寧號長康吏部一龍子敦敏好學接洽皆文士中丁卯副榜恩貢性嶔崎不苟睍謝交遊篇詠自得著有蟄菴集

程一騏　字文伯恩貢任福寧州同進士一璧胞兄

崇禎年間

陳　綱　字克章孝友嫺雅文章博洽為後進矜式公幼穎敏家貧不克就外傅邑庠生懷甚高龢軍之教育俾有成為陳公殁而心喪三年亦猶

行古之道也

譚元聲　字達韻解元元春胞弟受知於督學葛祀瞻周鉉吉兩先生有文名於時爲寒河推重

譚元亮　字擬昫翰林院校討纂炎出武陞孝友家學淵源好施予重然諾中庚午副榜恩貢國朝任漢川諭贈檢討著有靈谷詩陽臺甑自詩葽遷集秋江吟藏于家

劉仲達　字敬和由府貢任南陽府教授會元必達胞弟

夏夢祖　字嗣宗由南雍恩貢侍御敬承子

鄢應元　字長公邑孝廉應薦再從弟

曾其傳　字宗之舉人日唯子援貢入監

劉觀海　字龍門

夏時傳　字獻叔號肯巖舉人良弼子也入國學讀書有詔特用開選以卷呈上賞其文下部擬光祿大官署丞數月屢見寵用聞賊入郢具疏乞歸省因赴部改司理監軍赴本省總督何侯用旋以老疾致仕著有光祿詩稿公自記詩稿云光祿爲閑曹冷署稍于懶性不廢嘯詠既而充齊百端朝廷典禮始諸飲食舊皆卿貳爲之神宗特代以署官遂爲故例今上英敏

毛一騏　字是中興（?）有功奉按院黃詳諮准給功貢　國朝奉按院馬咨送鄖撫胡隨營監軍旋以病告歸姆擅令一駿炮努

國朝分歲拔恩准四者總之曰貢士內有由外學出貢者附錄本縣藉以備一代之盛

順治年間

歲薦

王嗣美　字君服由縣學貢任衡陽訓導陞石門教諭知府玉然子

于亞亭　字休徵號鶴巖由縣學貢　武邑

陞滄州知州准貢士望父

胡　㥄　字公復由縣學貢任青城知縣舉人懐恒從弟

梁天牧　字用九由縣學貢廷試

周以宗　字孝通由縣學貢授常德府訓導未任

倪　軩　字犀渠由本府學貢

程爲式　字伯憲由縣學貢任長沙訓導

萬年春　字長秋由縣學貢廷試

程世遴　字爾韵由縣學貢

別　策　字錫公由縣學貢任縣丞陞光山

藉甚當代〻屢加賞識

魏廣齡 字漢思由漢川學貢魏士茂之子進士公姪文名藴藉克振家聲

恩拔

龔仲鵠 字仔鴻號仁來由縣學丁亥年貢中順天甲午科舉人吏部典 從弟

譚籍 字只收號鹿柴由縣學丁亥年貢候選解元元 春子

陳棟楙畧 字雪石號篔菴由縣學戊子拔貢任常

縣志 卷十一 人物志 貢士 四十四

州府通判湘鄂有聲常人思之刻南蘭口碑中年改名栴著有聽園詩文集原任湖廣督學高公詩世泰贈白雪歌

為廣輿填鉄隔雲務列嶂成巘嶒誰從世外開心目梁苑山陰俱局促清凉臺畔六月寒大巽峰頭百盤矗北中可踏萬年冰古洞穹林積素光五百仙人弄奇巧三千佛子集靈陵乾闥婆成瓔岩自晃羅錦雲聯遶壁銀界晶晶鑒眾形素空顯顯含物呪日華月華霜氣華不如雪豔奇且還閉門表生計豈得披氅王郎興未盡不同三歲玉臺上那知看雪窮千狀堅輝絮象難為名高寒絕處心神旺更瞻蔥嶺干青霄太古至今雪不消初日照耀萬里見王京遥闕同迢迢猗歟雪觀此其特沉湘之間廳徹虛白光中觀古今〻然俯仰從巍峨

馬前融 字小緗號容菴由縣學甲午年貢考選

上鳴琦 字少韓又字遐隱號浮巒由本府卯年貢任靈壁知縣著有浮巒詩草翰林徐上鳴玉胞弟

蕭貞明 字用晦由沔陽州學丙戌年貢考選判

周文昱 字孟韜由漢陽學丙戌年貢任蕲州訓導少保嘉謨姪 貢士文旭胞兄

徐蔚 字仲霞號且菴由本府學甲午年貢中北闈庚子副榜清真豐毅學問淹博罕見言笑雖公卿詞翰有疑咸請決證從不枉道是以名震京師性嗜山水攜圖書日事遨遊遇勝必留題詠盈富

縣志 卷十一 人物志 貢士 四十五

故家居之日少年四十六歲而卒中丞成位曾孫中秘林孫光祿同氣次子州司馬篁胞弟

徐篁 字筠號竹田由縣學庚子年貢任陜西漢中府寧羌州同知存心仁厚賦性儉樸言行不苟是非不聞性詩酒以陶情規鄉鄰而為善其居官也苦節廉貞慈明為政民呼之曰佛不期年歸化淳俗甲寅吳逆之變奉委辦理

王事日夕靡寧不遑暇處遂以疾乞休致政而歸時乙卯閏五月朔六日也值其年五月望二日為甲

子迥晨邑之人咸相慶曰古君子一生厚道天报
增闔以祝眉壽相率製錦稱觴於庭極盡歡暢宴
竣凡戚友之門必親詣拜謝乃於季冬下浣一日
卒嘗[illegible]之日精神[illegible]復能介
壽踰[illegible]以終人事非盛德感孚烏能臻此人如
此中丞曾孫中秘孫光祿長子貢生蔚[illegible]
王　望　字仲呂由縣學貢任山東利津縣丞州世亨子
毓于瓔　字璞生由縣學貢任江南山陽縣丞
易贊化　字仲育由興山學貢任江南江都縣丞

縣志　卷十一　人物志　貢士　五十六

程大蘐　字載亳水部次子由縣學廩貢任竹谿
縣教諭卒於官幼有文名性通脫淹雅沈酣經史
摩挱彝鼎舘幽閑坐則有序著作悄拔度越時
流有會心亭詩二卷賁志以殁同人惜之
吳祖彥　字巽中孝廉驥長子由沔陽州學貢任安化
歐陽德　字　　由本縣學貢任
譚孫遵　字端嗣由本縣學貢任靖州訓導
徐德晉　字懋昭號一齋太平令次子由蘄州府
學廩貢

俄而賊近乃率壯士擊之劉胡敗走又遏其糧
賊衆大敗與世率兵追之與吳喜共平江陵遷上
軍將軍尋爲督豫司二州南豫州六郡諸軍事封
作唐縣侯食邑千戶徵爲遊擊將軍海道北伐假
輔國將軍加節制左兵無功而還四年遷太子右衛
率又以本官領驍騎將軍轉左衛將軍又權兼領
廣陵軍泰豫元年爲持節督雍梁南北秦郢州之
竟陵隨二郡諸軍事冠軍將軍雍州刺史尋加寧
蠻校尉桂陽王休範反與世遣軍赴朝廷未發而

縣志　卷十一　人物志　武胄　五十五

事平進號征虜將軍廢帝元徽三年徵爲通直散
騎常侍左衛將軍後以疾徙光祿大夫常侍如故
昇平二年卒時年五十九追贈本官與世居臨沔水自襄陽下
至九江二千里先無洲與世初生當其門前水中
忽生洲年漸大及至與世方伯而洲上遂至十
餘頃卒以大貴應云與世父仲子縣比致位給事中欲業嘗
嗣封會齊受禪國除欽泰欽時有文名
黄　回　竟陵郡軍人出身雜役稍至傳教臧
質[illegible]元凶有功免軍戶擢直隊主後敗于梁山走
章會中書舍人戴明寶被繫得回原奉事盡力

甚寵任之在江西屢爲刦盜太宗即位以領
假回征討有功累遷至將校以功封髙陽縣男食
邑二百戶元徽初桂陽王休範爲逆詔回討之轉回
驍騎將軍加輔師將軍進爵爲侯改封聞喜縣增
邑千戶遷冠軍將軍王景素據京口反道回討之
回先與景通謀蕭道成知回有異志及拔京口回
軍先入不親殺景素事平道成釋不問增邑五百
戶進號征虜將軍加散騎常侍太宗加故明年遷
右衛將軍常侍如故沈攸之反以回爲使持節督

郢州司州之義陽諸軍事平西將軍郢州刺史給
鼓吹一部率衆出新亭爲前鋒未發而袁粲據石
頭謀誅道成回與新亭諸將帥謀應粲事發不果
然粲已平道成撫之如舊回進軍未至郢州而沈
攸之敗走回至鎮進號鎮西將軍改督爲都督回
不樂停郢州固求南兗遂率部曲輒還改封安陸
郡公曾邑二千戶並前三千七百戶改都督南兗
加散騎常侍持節如故道成以回終爲禍亂乃上
表召之詔付廷尉[illegible]將有部曲數千人

李秉　延安衛副千戶　黃[illegible]
王益　沔陽衛千戶　王[illegible]
李華　武城衛副千戶　張行[illegible]
何友良[illegible]

[illegible]

著有家乘　在明經歷　易可久　字𠔃宇吏目

胡以貢　字肖虞典史　郭希選　字玉吾縣丞

國朝

傅文元　字性長任江南揚州府鹽課司大使歷

任十有六載於康熙二十九年以老病告歸維揚

士夫攀留祖餞合成卷軸題曰帀懷錄以贈之

蕭之瑱　字瑾中考授經歷候選

義官

明

蕭琢　張九霄　王祖洪　周文秀　熊于清

徐誠一　李溥　譚溥　張璽　蕭瑞

譚大綸　倪志朋　蕭鎔　張琪　張玘

陶阜　蕭必祥　譚晃　譚遜　張宇一

沈吉　蕭偉　熊慈　陶之常　朱儒

沈若濱　蕭璉　何傳　黃夔

封贈

明

李珏　李慶父　誥封奉政大夫南儀制司郎中

曾仕賢　曾鐸父　敕封文林郎翰林院編修

徐清　徐鵬父　敕封文林郎馬湖府推官

陶中　陶之肖父　敕贈奉政大夫袁州府同知

李淑　李維楨父　誥贈通議大夫南禮部侍郎

吳鈞　吳文佳父　誥封通奉大夫布政使司右布政

謝孔仁　謝廷敬父　誥贈奉訓大夫北刑部員外

周侃　嘉謨曾祖　誥贈資政大夫北吏部尚書

周日春　嘉謨祖　誥贈資政大夫北吏部尚書

周惇　嘉謨父　誥贈資政大夫北吏部尚書

鄒昌言　孔學父　敕封文林郎崇寧縣知縣

徐麟　徐成位父　誥贈中憲大夫徽州府知府

王鳶　王曰然父　誥贈中憲大夫臨洮府知府

陳守廉　陳所學祖　誥贈通議大夫北戶部左侍郎

陳篆　所學父　誥贈通議大夫北戶部左侍郎

朱之屏　朱一龍父　誥贈奉訓大夫北吏部驗封司員外

吳鎧　吳文企父　誥贈中憲大夫湖州府知府

曾奎　曾曰唯父　敕贈文林郎興寧縣知縣

謝希文　謝廷讃父　敕封文林郎盧龍縣知縣

夏正功　夏歲承父　敕贈文林郎南河南道御史

李登　李純宏父　敕贈承德郎北工部屯田司主事

……贈……太僕寺卿

戶部郎中

周重慶 嘉謨孫 字公亮　由祖工部舊勞陞功告竣蔭補

太學仕至刑部郎中

周方慶 嘉謨孫 字公宣　由祖吏部論賜祭葬[illegible]心保蔭

補中書科中書舍人

周世慶 嘉謨孫 字天門　由祖膺登極覃恩補太學仕至

戶部郎中　國朝順治初委授湖廣驛鹽道 殪於賊

胡來俊 承詔子 字元闢　由父太僕奏績蔭補太學後擬

授廬州府推官未補而歸 附舉人叔承詔傳君名恭字某某太僕兄長子也

補諸生當食廩讓其次爲寒生者已而廬太學生

屢試不售既乃贬補廬州推官未命遂中止君爲

人傲岸守禮寡交好施嘗自言曰古之人勤於義

不求助於人力於己不私益於身歷餘鏞死亡而

不隕其生者將必有其非常之福德之而已邑學

宮在北郊因湖瀆以爲泮鸑其周遭庳削而中深

君爲石欄以繚之凡捐貲若干君之所謂動於義

不求助於人者類如此邑處漢下流君於枝港之

南築巨防捍之西爲橫堤北爲直堤所謂楊恬瑞

是也由是雖犬豕麻相屬不絕君之所謂力於己不

私其益於身者類如此君庚辰辛巳間揣摩時事

爲十策以待用癸未之亂君驟起挾策謁荊西觀

察使章公曠中丞王公揚基直指黃公涵皆以國

士待之時左帥良玉屯重兵武昌將恢復承天倚

章公爲前驅調撫州東鄉援兵五百合土兵萬人

命遊擊李光甲將之進兵由景陵援君爲監紀又

以故景州刺史董碩儒督邑西土兵共取景陵董

雲杜人也由西路先進賊擊之萬人瓦土兵敗績

陳嘉言　文行爲鄉里推由辟舉爲郡學諭開禧

二年金兵陷景陵被執衆脅使降駡賊自沉

於水同室八人俱死

祝　松　舉進士初調長水簿興平中以城誓死

守古郢遺民立祠祀之

明

周嘉謨　光宗登極親承　顧命正色立朝熹

宗嗣位寵任逆璫坐移宮一案與楊漣同被削奪

烈宗繼起推轂南銓卒論賜祭葬贈少保

胡一懷　字公遠號允石郡丞順祀長子性剛方累官至

戶部主事當國事搶攘饋餉艱支本部尚書倪公

諱元璐　端人也公竭供爾職勤勛實多差督催通州

中南倉軍糧立辦還部紀錄復差監督寶泉局甲

申三月李賊犯京師　思宗崩京城大亂倪公殉

節嘆曰安用生爲遂裂帛作書付妾吳氏暨幼子

其志已決哭奔　梓宮爲賊所執嚴刑不屈而縊

子之驥孫昌克紹祖德昌尤能文章

郭　恒　兵備川南多方捍禦賊張獻忠破成
發兵攻郡縣公遣裨將援救不利兵北陣陷遂被
擒遇害駡弗絶口訃聞諸州莫不飲泣
王應乾　字[illegible]知定番州
[illegible]同甫抵任值丁酉之變賊陷[illegible]死

國朝

盧　倓　字鴻仕巳亥進士任陝西[illegible]縣知縣
吳逆之變[illegible]賊不屈而死勅賜陝西按察使司僉
事賜祭葬廕一子盧志遜選授嵩縣知縣

附程大夏忠烈詩　往代多忠烈爲君守岩疆武
臣揮麾節謀士策廟廊我公奇男子賦性稱素[illegible]
雄才冠賈董鉅篇邁王揚少年多折節執經涕泗
撫絃歌被消木附策出爲郎野驥城社兕茅亭結
山岡鹿豕堪爲友煙霞滿書倉一枰消歲月十載
遭秋霜逆氣哭西蜂屯以谷量尚煩天戈指勢
還夏勢商士女擁入去公曰吾何干甚以身許國
朔無負君王心懷負恥憤切爾衝紅正氣撼華
嶽引頸赴劍鋩憶昔木日坦腹在公堂練裳非
不賓躍躍志騁驟自宰商邑渭樹天長何期
乘箕尾就義而慨慷名豈有盡時貴流芳
聖王甫加意捍城重雖公固未嘗死彪焉庸何傷

孝子

明

呂中　字子正宣化[illegible]舉任照磨性至
父早喪奉母甚謹每必正衣冠四拜母亡廬
于墓側三年不歸知縣周端特表章之知州鍾順挽詩
執政後優友故鄉遊仙一枕夢黄粱拜官不負嚴
親志[illegible]慕能終老母喪蓮幕琴書閒夜月菊籬樽
酒冷秋霜鄉民聚首哀思處猶感當年上奏章
鍾禧挽詩行行南澗濱采彼南澗蘋美人遠云遊
回歌淚沾巾憶昔舊頭角出爲蓮幕賓封章拯時
弊遲遲七達楓宸投簪向晚年斗與泉石隣結廬老墓
左孝行扶彝倫正孝者壽彼蒼胡瞑仁拂衣竟
長逝飄然歸里墅愁雲翳山野落日迷荊榛傳家
有兩子楚楚儒紳明時在繼述允矣爲王臣褒
贈良有期穹碑照千春

唐　寶字惟善邑庠生也幼失恃繼母張愛己子

子而惡寶備極諸苦無少怨比長娶婦相率定省
一如幼儀父病革張匿所遺金私其子弗與寶寶
亦弗請及析居田地僕婢惟母所與不敢較弟被
外侮搆訟憲司母命寶代質時問官新任未悉其
隱寃之寶亦無怨心闔邑重其急難鳴于上問官
悔釋之且加禮焉事平乃鬻產課弟迄于成立弟
居隘母命割寶地郎從居于之共奉母命類如此
母病呼天請代衣不解帶者數閱月及歿號泣如
孺慕知縣程維禎上其事立坊旌表舉爲上賓一
時鄉大夫各爲詩歌[illegible]之古稱純孝始莫過焉
其子姓繁多或以孝[illegible]或以節俠顯載在邑乘
一班班可考寶之垂範也遠矣

蕭　珦　父死廬墓三年鄉黨稱孝

魏　襄　字子臣邑學生賦性仁厚臨義利際是
非則毅不可奪父綸伯父經並舉癸卯鄉人孝友敦

義克承之五世同居聚族數百口庭無間言人□
今之陳競云僉憲何公荷表其門
謀 常 九歲喪父家貧傭耕養母逮病躬持湯
藥嘗溲溺母卒捐妻子廬墓三年自成童至皓首
孝心純篤
景運堯 家貧業儒母譚氏病晚嘗溲溺剔股□
薦母霍然病已醫言右乳爲陽明經割飼必死方
虎痛號有老父布袍緋屨撫嘉相守遺履一□去
衆莫測其人後苦志下帷補弟子員終身孺慕哀□

謹如初
汪良搆 字我堂一字伯皆性孤介有文學父□□
南公諱潛綽帳里中但指其二子曰我無憾有子搆
即我堂也我無廠有子獲即我廠也公與弟偷□
親志佩服終身聲芝南公歿始習爲形家言操□
往來武漢諸郡及幫池夏口間周覽原隰以得□
國善地遂遷窆焉後偷殁搆竟殮歛經紀□不
解帶痛泣嘗籲天請代至丙午發賢書人咸□
眞不愧孝廉科云次[illegible]

受業其弟元方峥嵘獨露公以受
爲聡年溺情玄學友有相規者公搖首謝曰
非好黃白術也守身保命勿敢毀傷是所一道
享年五十一葬江右浮梁祖塋旁
陳甚高 字仰義邑庠生諳莊而氣□□ 宿貌
肅其父義齋公篤行嗜學母田孺人性□□□高
尚乳臭忽失所恃呱呱不輟逾十年父亦殁高貧
無爲禮惟號泣悲痛而已嗣後列庠長徒修脯所
入稍扣墓田數畝樹楸𧃍村額其堂曰瞻依奉親

像於其中出必告反必 儀如生時也歲時享祭
率子若孫拜哭其中邑知縣程公 諱維楨 聞其孝造廬
表墓爲文紀之 邑侯程維楨記予入竟陵諸陽驛都未物色第視陳君若嘉鮎徐宗
之篤行君子也陳君逮俱存時未修服饌甫見背
面食貧不識封樹從所媼問防氏莊毋藜匕數行
下也壯歲綢繆拮据立其堂有憑吊矣有陟降矣
有焚牆矣闔巷比於杖度孫丈列於西河則肯堂
立其基矣堂上步武堂下接武詩云孝子不匱永
錫爾類因瞻依堂嘉詁也 兵憲吳文企序古不
修墓今索修墓人不可得無拎今人於陵遯而厚
壞歌何墓門之與有昔友陳仰義皇皇孺慕一似
有憂者母死不逮者父死不逮壯父母塋不逮
□日今南畝可耕比年可廬滫瀡可膳僮橘可
□□不可得養也已乃坏土崇封剪□種樹堂
□□木可矣□□□然不可[illegible]

□內含蘋藻可薦朋酒可享矣書可讀是可
月未嘗不敬往往未嘗不信宿宿未嘗不往想
過洋洋如在恍然見之也予向者領郎東方奉先
慈訃歸今且捐墓建遊仰義之墓文而方新不孝
之感新而遽忘邱予登彼崇岵二陵斯在此肅
皇帝牌位低廻而不能去者也資於事父以事母
而愛同資於事父以事君
而敬同語共若共勉旃矣

鄒聞孔　字孺南嵗年隨父任南公官德清母熊
孺人病刲肉救治句南公嘲季子詩痛爾十年猶孺子挽刀割股愈陵陵事若道稱當易何我當年却未能

余登瀛　字慕皋邑庠生七歲能文十歲失怙孝
事孀母終身無間撫育兩弟割產以給邑工部周

縣志　卷十一　人物志　孝子　十

璽爲文紀其事

龔則敬　字與德號廉里世居江西南昌縣生有
冬在手曰孝人感異之九歲生母姚氏病篤哀傷
割股南昌令彭公題門旌獎焉長從父入景陵補
庠生吳觀察諱文企愛其才妻以姪女事繼母胡同
盡厥孝三十六年如一日也後胡歿廬墓三載邑
大水守墓弗離地復震跪慰墓前君生時學博楊
踐武陵人舉於督學王諱志堅旌以廩餼堅辭不受所
著有易牖詩經稚言藏于家其子仲鵠甲午舉於

謙去

明

普旦　號思齋邑庠生壯年先偶樂不再娶

舉大猷

義士

彭大翮　字仲翔博學多偉略壬午冬賊破郢城
奮志報國著平賊權略五十二策上執政屬兄生
員修翮姪生員龍躍義士劉振孫等倡義起兵盡
亡俱歿士民義之

縣志　卷十一　人物志　義士　十二

京山鄭澹石諱文慈官御史義烈傳　彭大翮字仲翔景
陵青山人補諸生博學慷慨給諫郭公仲典器
子弟師誠之曰汝曹師其經兼師其人可也會賊
犯郢　陵分黨盤據仲翔閉室中如訴如泣不食
飲者三日家人私相謂避亂者如是耶仲翔出所
所著平賊權略百餘紙令其子謄獻執政執政唯
唯焉而已仲翔憤甚與其友哭於變後召其子於
堂哭之使劍曰劍知兵者男兒不殺賊如君父何
於是閭里感激同聲和附遂成一師賊放兵肆掠

截戰殺傷甚多賊往來郢城路由青山輒衝其隊陣賊無不受創者遂謀襲之忽於風雨夜由水陸兩路潛甲而出圍仲翔宅仲翔挾劍出曰予孫陣亡盡焉用身獨完狂呼跳躍連斬賊數人賊蜂擁爲集仲翔提劍太息吾安可授首於若也遂赴河而死嗟乎昔縣賁父御馬敗績非辜而死莊公誄之司馬叔手劍父讐視死如歸明帝誄焉此既一人也况仲翔報國亡家忼慷義烈焉而死者乎予故綴其略而作傳焉

邑庠生張公謂義烈記詩　皇帝壬午冬十二月除夕陵

廟隕欃槍妖氛纏肘腋竊窺散州縣鑿齒競喑囓天經寔內訌乃值此殘孽河上人劉翔王客不相挦南入肝腸小周處民鮮克慷慨蕭沉外隨風靡臣妾維時甲申春乾坤終蕩坼蠢爾盤窟深談笑恣剽竊吾友彭子謂其父曰大郦歎息傷黎元磨牙聲嘖嘖名籍隸諸生殯葬志嚌昔乃撰平賊書執政無損益揮淚起義旗糾人荷戈戟闔門備什伍誓死難寒貴盟歃重爲告波譙戰自力尚能畜君父破家以爲國義形激闘危遂涌争赤幘日鑿凶門出條潛明石晝閑弓射賊豪箭出不苟拍弇日先射馬取彼一飛鷙衛堅西水上戎醜服勇决此舉快四方旌旗互孑孑官軍文合連但求得其失翰師環急久竭心憂如惙相計兩由路舉體少合脉間道潛出沒冀往廢前滅豈意運悲凉邦家真兀軀中堅皷声死一軍皆擊拙咄嗟將相臣大事委草澤蕭蕭寒夜永壯士腕空揖至今黎悲風吹彼山腰宕

劉振孫　字麟似府學生生平磊落慷慨癸未賊陷城奮不顧家日與青山義士彭大郦等潛圖恢復謀洩爲賊所獲身被數創詈賊不屈而死同堂弟翼孫上其狀於監軍道章諱曠方圖題䘏尋以左帥南潰不果仝時義勇大祉俱有挽章付予瀾藏于家

節婦

元

翟氏　張之林妻年二十夫死守節終身府縣錄其實申聞□□以旌表其門居陵古城

王氏　吳伯璋妻年二十夫死守節終身府縣錄其實申聞至正間旌表其門居陵南黃村

明

王氏　蕭政妻年十九夫死無子守節獨與一老嫗朝夕紡績自給釜盎寥落處之裕如邑有巨室而鰥聞其賢固請之屹不爲動自是人無復敢言壽七十八終弘治中知縣周端洛訪其節將聞於朝未果鄉人惜之　知縣周端詩夫君早逝後青年一節堅持誓不遷自是松筠

曾倫妻任在城坊年二十五夫死耐貧持
八柩傍四十年如一日鄰族人罕見其面
旌節將聞於朝未果
生員陶宏妻夫早年亦篤何泣欲殉死及
幾絶舅姑諭曰爾幸有子撫之成立夫存
名其子曰之肯每伴讀至夜分後子鎮
爲何悉夫不見痛泣喪明孀苦守志四十年有
嫣巢堂之異後以貞節舉特賜旌表建石立坊

李氏　蜀人邑訓導任高妻也高以歲薦授景一
職滸陸慶壬申陞江西萬載教諭赴任舟宿湖中
夥賊搶入窗入高有二女盗欲污之長女瑞哥絕
襟投水次女留哥罵賊與母李氏亦投水死越三
日屍浮水面交結如生俱葬景　巡道蘇公諱雨贈
聯曰生於蜀顯於楚三烈同芳宜乎家教乎國萬
年不朽
程氏　劉斌聘爲妻年二八未嫁斌死誓不適
請於父母設奠成服謁舅姑歸閉門獨守歲時

問遺不缺臨卒仍執喪服三年守節六十餘卒
弟程鴻知州欽錢趁焉應城編修陳諱士元爲文紀之
陳氏　熊維妻年十九夫死水漿不入口姑再四
諭解之始飲食守節五十八年奉　旨旌表建坊
唐氏　徐同芳妻孝子唐寶女孫也年十六出室
甫六月夫殞洪贊殉死姑朱娶婦聞之亦飲泣治
喪姑病嘗藥禱神願代及歿哀毀骨立守節數十
年知縣楊公儁一云唐氏沖年守節白首不渝梁燕
爲之單飛園蕙因而鮮實允宜表揚以培風化

尹氏　陳司徒所學子盛梡婦年十六寡誓死殉
節足弗踰閾隣居不戒火延及其寢姑拉使避之
扃鑰弗啓忽反風滅焰其節烈如此竟嘔血以死
司徒公有文哭之
姚氏　貢士鄒毅側室也過期未許人其父慕鄒
才名曰與爲俗人妻寧爲才人妾得詩一幅即聘
資也鄒因賦詩與之曰一兩清殘暑南飈枕簟涼
五絃彈指下餘韵出匡床翁得詩喜次日即媵氏
來於歸後喜誦夫詩越二年鄒公卒守節自矢嫡

子昌言居官每伏臘必拜氏端然受之人謂宜爾
避氏曰父有愛妾子殁身敬之禮也嫡孫法孔撫
母氏憐而撫字之每與鄉公所作詩授讀一字
多遺至八旬餘乃卒

吳氏　性貞淑嫻內則祖方伯公諱文性最愛之出
嫁廩生樊伯伯有才名不幸中殂氏誓以死殉元
夜攜孤拜靈伏地長號竟逝不起閭里哀之公舉
其節邑舉人石汝璧輓詩王樹中分連理圖可憐烏雛啼烏枝呱呱慈母兩分離不慈聖善嘉
莫遺漢家詞重上元時東皇明德太乙毅脩姝含涙守孤帷衣帯父懸絕命詞婺星斯蓋墨素逆莫

魂杳杳王孀催鏡破敏折斷空閨肅城聲營嫁不寡哀咽如聞節義悲嗟哉香奩數編幕今夕類問
夜何其雲轄鸞去雜王姬同鸞鉾鸞赴仙算

高氏　舉人高則騰妹也嫁進士熊寅子生員士
英二十二喪夫誓死自守其公令娶厥卒於官扶
櫬歸里撫三歲孤兒承序教誨成人得補諸生享
年七十餘邑按察公諱應桂給扁旌表曰栢舟自矢

藏氏　年十六嫁夫胡東谷爲繼室夫年已四十
七矣前室有子三氏撫如己出夫寢疾祈禱請代
卒不瘳撫孤守志歲偶愈氏若節支持會大病[illegible]

神人呶以梅實果愈已又病思雉膏不[illegible]
雉入室烹而食之亦愈遠近咸爲神異按氏
四而寡七十二而殁冰玉[illegible]矣五十年如一
邑太僕鄭公承韶曰先夫[illegible]道哉伯母守節嗚乎婦人爲忍死難耳含[illegible]盟踵可捐特
慮人後者未悉也先君易簀而委之[illegible]人茹蘗任之夫乃可以死可以無死而生有[illegible]於人宗
母勤苦力作歲不能卤而且梅轉芳於[illegible]有待於矢下舉天地間物盡靈通於一身若母
存孤立節之矯矯者矣先大夫不忘有以哉

王氏　鍾愫妻愫早卒王擁四月孤昭夏誓死守
節五十餘年今之嗣於惺者郎其孫昺也夫兄惺

具題請表會惺卒未奏著有五十壽序

歐陽氏　鍾悌妻悌爲愫之季弟也悌早卒歐陽
與其姆王氏同居處食貧茹蘗四十餘年其子陔
夏繼嗣於惺

謝氏　庠生鍾陔夏妻侍御奇舉姪女陔夏二十
九亡無子謝自矢散髮築室墓側撫嗣子昺承學
憲公祀按鍾氏婦俱守貞不渝可稱一門三節云
學憲鍾惺仲弟婦王氏五十序　予家世地寒貧書樂善不倦祖父兄弟事在家傳中予同氣一
[illegible]郎惺次愫次恮次悌次烘中間三人皆早逝年僅二十一歲婦郎[illegible]氏婦若二十八

張氏　吏部主政龔甄妻也貞淑有識　皆年自
龔生則逸甫及笄歸內政其姑彭性　紡養
倫至日未出而作日入而未息嫁時裝其悉質供
甘旨生兒甫三月卽出嫁人不敢姑爾□其劬
勞如此夫攻舉業屢蹶氏密諭以書籍卷帙雜物
然貪遺物難□之名以墜老人傷心之淚得勿為
承歡累乎自是共意教子無何夫卽世仰事俯畜
咸資乃躬晝冬夜織翁姑饘粥無缺卽操刀尺成
履一兩賤命老嫗頭市之乃得上食未幾姑病篤

不起氏亦抱疾湯棺斂以故右濵公年逾七十猶
得侍病無恙也捐養後治喪俱如儀而家徒壁立
矣卜居東郭命兒從學黃青萍翁授冥種冷持家
蓄書數卷嘗無應者母嗟曰是何不若吾責獲之
易售也釋父手澤勿得輕棄諸兒唔咿不輟氏靜
夜熟若佐之年四十乘舉於鄉氏益悲悼夫翁弗
見也辛未成進士迎養桃源署中蔬食練服罔改
舊風仍千乘積滿由兵部至銓曹貤封孺人每憶
在時艱難輒潸然淚下也氏七十子士升乘第乞

吉伯廓然猶郤肥鮮於己箸以安靜嘗詩禮氏孝
終始弗渝者已按氏幼貧早寡苦節極孝內外無
間享年七十有二而終　孫銓卿八郎墨知縣俊州　同前卜郎供列膠庠有聲州
龔輿為母六十乞言引日世□父母者恩同而職
異父職勞者也母職逸者也若乃母一身耳代父
為子代父為父為師又代其子為子代其子為孫
永霜自矢荼蓼備嘗為子者欲避內艱之嫌而不
敢名公一言自其苦猶區區稱觴為壽實夫豈
如輿之母是也輿之母苦母也夫苦之一字使其
親者諱言之而節孝二字則人所欲踰於親
不顯其安者孰知皆從我母苦境中備嘗歷而
其子又不敢自白則但存其苦以聽之立言君子
如范蔚宗之善摸者而已
鮮元譚元春龔母六十詩　龔子齊憶忘自念其
母苦冰蘖如薺耳難哉母兼父孤貧表宏慈挫鍼

日夜輔敵帷映隣光誦讀聲出戶有檄可捧時拔
淚思覺無何以報爾親勤慎用相補
譚元春龔母七十詩　是母產是子辛勤已不惜
是子報是母勤愼庶無罪是母真盡歲是子真戲
綵不謂古人語今人事七在老夜討話身歲裝累
桃李天寒母頻出貧辭豐酒盈言獻子有交嗜古
如中壘蓄意兩經歲觴祝李遷□□□一詩濯
弗數已敗不羡貌首耀所羡□□□
譚氏　生員譚廣野女也嫁生員李廷譏十九而
寡遺腹未娩欲以死殉翁姑慰之曰吾兒宗祀無
託今兒瞋而婦娠是天未絕李氏也始稍安歲除
設奠哭夫遂生兒華教讀補邑庠兒至五旬竟先
□姐氏溺泣悲歎竟以憂卒　邑兵憲譚公元春曰烏乎余□□讀生

女建祠家訓猶讀子□□往來城中
義河女飢令家傳抱以歸廬　曰此李氏
現□女可以報□夫八良夫詩　舟易櫂
一至性篤矣乃見貞節上天鑒之　獲報今
子後有子孫又有孫以崇祭祀傳之　嗚惟
猶女且不朽即泉中人亦不朽矣

鄒氏　鄒文學□□女也幼□□訓嫁生員徐同寅寅偶病篤氏割股救甦邑侯任贊化旌日捐□全義後寅再病割股再進不愈禱神願代竟不愈竟長逝氏□□□□□十年冬左營兵下聞變不食而死鄒氏秋日□下夫詩　秋雨暗新秋岑居因貽畫不為水哀餘日傷淚抱兒女累人心差考離別早但見流螢□□上□傷草蟋蟀吟咽雙七任一係惟我與薄命陰陽信忽討交眼

康熙和泉逋道趾□盧未亂藏紙□

唐氏　生員徐鎔妻二十七寡苦節自守癸未□避亂□家撓為賊所逼不辱被戮而死攢生□□收葬焉

□孝孫顏文□以鮑女也幼穎異知文字□為妻壬午□左營兵下氏仰天大哭携□赴水死媳熊氏復號泣從之越五日屍逆貌如生　邑舉人鄒山曰古溧陽女及曹娥皆水死者凜然有烈丈夫風□臺衆以滅口徒為孤窮逋臣動耳節□史尸□八開其邇　迎流也今要□□

烈魂與氣逆行十數里而屍如生不倍□□□有三烈祠蓋任氏一門三節也任公蜀人教邑而三烈著于楚程公邑人教蜀中而其烈普于邑何其事之相符耶任氏享祀不經氏無人表彰予自漢署歸其姪雅為予言故傳附三烈後

吳氏　劉芳聲妻年三十無子夫溺死漁泛高河泣七日屍浮抱起誓踐同穴盟撫姑子式穀教之補諸生焉其女嫁雙适早寡母子守節云

譚氏　邑譚必昌女許聘徐夔未嫁夫死誓不再適壬午冬左營兵下逼辱不從延頸受戮　按譚寒河望族前猶娶婦此則處女故特表出之

朱氏　貢生朱泰寧女嫁川南兵備道胡恆子之驊隨公入蜀遭寇張獻忠亂夫翁俱殉難氏抱一月孤雛逃生至招討司為司官所縶夜半脫走走榮經縣賊□□□□□黎州亂稍定復至榮艱危萬狀稍得安堵孤兒漸長名羲生諸名人憐之悉優給焉後袁武兵亂又罹於禍有人欲乘亂逼嫁氏剌面斷髮負羲生詣南安兩王府上書始得全節攜孤兒羲生赴榮□由補博士弟子員隨赴嘉定州守吳公其□

胡巽生祖父盡節全忠合蜀風聞在廟廷自有此
舉猶可念者母朱氏撫孤守貞應題獎以慰貞烈
可也榮經縣知縣汪贈詩深林有慈烏養亂失其雛哀哀戀孤雛夜夜聲悲痛念雛眦劣艱
三載稱華宗大父宦中憲抗節死孤忠遺爾孤與
寡鰥匕似萍蹤不借勿勞苦矜久勤女紅為爾延
一脈偉給爾餐與饔望爾羽毛就鵷鶵乘秋風飛匕
摩九天不負冰霜射寸陰淚自滴慎勿等常同

國朝

謝氏　侍御謝公齊舉女嫁吳郡季承序廩生前節
婦高氏孤兒也二十六夫喪誓不獨生痛姑且老
同寢守節姑病顙以身代避兇姑被獲請同死眾

賊憐其義俱得釋孤名學詩補諸生安陸刑府周
公諱甲蕭貴其交錄母貞烈申詳侍御李公諱元贊扁
旌曰雙節齊芳司理周公贈詩死節何難上立孤氷操一生互持扶兩孀老眼看
孫子各捐香心表丈夫徵德影單重主無感奇聲集續啼烏九天齋淚手雛史傳待泉途一笑無
變絕　高凝令孫縣姓房氏妻生員饒一貫年二
十六喪夫遺孤姑姑氏孝養無缺撫歲餘
孤兒亦殤翁精近媳輒昇號慟前且提且泣曰汝
不受穀機以報泉下人哉隣族悍愚者利其產
肆飛語誣氏闔戶告神言者七朝竟以癸未賊掠

卑伊芳舍竟如無見是夜逃難民某夢神告
曰若輩獲免於賊燹夫人力也予謚時舉於鄉氏
益悲痛夫弗獲見有司錄實中丞侍御曹諱叶卜扁
旌曰節矢靡他督學道李諱可河扁旌曰芳貞壽世
隨經侯　題在案

李氏　生員劉必惔元配也生而端慎父生員李
右章愛之教以閨範女訓輒識大意于歸事舅姑
以孝相夫子以禮逾年隨姑侍翁諱漸遠宦蘄水生
子翼孫臨孫司訓公郎擢粵東和平縣令道達弗

從內外家政悉歸綜理時必惔達隨官舍奉命
以公事郊迎遘胃瘴卒先是家人恍惚見公
益騎從而歸氏心動知其匪吉越月凶訃至是
氏方二十有四也斷髮剔面幾不欲生少間一
有姑微吾疇與代而子下有孤微吾疇與
乃強起視事迄和平公致政歸養前後兩
復勉而孤攻文藝俱補膠庠食廩餼兵燹
中落聞兩兒唔咿聲輒為開顏　國朝初以
孫授魏科令　陽母就養昜以清慎平恕

合節爲分曰冰蘖吾所素矢也旌
尹息後封孺人次年陪孫以積勞殁氏聞變慟絕□
猶撫孤保家以古稀終邑中士人公舉節孝侯題
在案西江倅巷黎公元寬曰予觀古女史□湘妃殉九嶷貞姜沮水濱皆楚國□川間□也劉母李太君青齡守節白首勿渝其於湘貞二女爲何如哉其子楫菴綰符弋陽顯揚報答政自無憾而太夫人節烈又將與吾弋疊山謝先生輩並垂不朽矣
程氏　名匪石庠生程純素女也嫁司理章達姪
癸夫爲室歸未幾賊起癸表以前男子自許犯陣
殁偪氏年十九聞之濵死者數復念舅姑齒頹強

起視息舅姑亦憐氏年猶艾且有親在遣歸寧焉
在親舍進饘飲膳一如眎下舅殂奔赴□與姑烈
室而居苦守逾三十年進士程飛雲曰孝節匪石者予從兄之素女也幼誓栢舟兄命是名取詩我心匪石不可轉之義云憶兄病革時匪石泣禱前兄指罷予曰汝今逝賢書登甲第當爲一言令吾女不朽予雖不能文而重以兄命詎不得辭也于是詮次之以待大採□問俗者旣稱□而冠以孝義者缺也
熊氏々　貞孝庶熊作霖姪孫々□八交劉
思孫劉霖爲偕甫旬日勸夫就塾□□□壽苦
志疾生奄然不起氏聞□□□□□號視

縣志卷之十二

知縣事錢　永續修　儒學論蔡壽生參補

邑人甄　鄢編著

人物志下

神童

明

鍾肆夏　字樊倩學憲惺予也五歲讀書矩行正
席作字甚敏八歲爲細書題署省刑罰有文云畫
地爲獄誓不入況眞獄乎削木爲吏期不對況眞

吏乎父惺見之大驚年十三董玄宰太史視楚學
入□持卷拜帳下曰童子不欲干進欲一識異人
顏面耳董公笑手其牘□書所字畄竟不言年十
六□試督學岵雲王公嘉其文復而録之是歲歸
感寒疾劇父爲號禱神內□見生世淺罪過無多
必身有業請自當之時□翹不能言聞之遽呼云
昔周公以身代兄何至□又代子乎愿請易其語
向壁飲泣而絕檢篋巾□□片紙書寂寂不一燭
烱常明八字病中談風□　又李綫多幽蔵□以

爲䢖家傳詳見氏

才子

齊

張欣泰字義亨竟陵人父興世宋左衛將軍欣泰
少有志節不以武業自居好隸書讀子史年十餘
詣吏部尚書褚淵問之曰張郎弓馬多少欣泰答
曰性怯畏馬無力牽弓淵甚異之父興世被劫憂
病卒只欣華時任安成郡悉封餘財以待之世祖
即位欣泰通涉雅俗交結名素每遊園池著鹿皮

冠衲衣錫杖挾素琴世祖曰將家兒何故作此舉
止後從車駕出新林敕欣泰甲仗欣泰停仗於松樹
下飲酒賦詩世祖大怒遣出外數日復召還曰卿
不樂武職當處以清貴除正員郎後出爲參軍巴
東王殺僚佐上遣西討使欣泰爲副欣泰曰今太
歲在西南逆行軍兵家深忌戰必有患且塡軍夏
口宣示威福可不戰而擒也不從見敗欣泰徙爲
鎭西軍世祖召還都屏居家巷置宅南岡下面接
松山欣泰負弩射雉恣情閑放與使雜藝頗多關

解明帝即位爲長史泰軍上書陳便宜二十條其
言宜毀廢塔寺並優詔報答建安三年虜圍鍾離
城欣泰爲軍主虜退淵上餘兵萬人求輸馬假
道崔慧景欲斷路攻之欣泰曰歸師勿遏古人所許
之乃聽虜過時領軍蕭坦之啟明帝曰彌陀有死
賊萬人欣泰放而不取帝以此皆不加賞廬陵王
義師起以欣泰爲持節都督時少帝昏亂人情咸
隙欣泰與弟前始安內史欣時密謀結王靈秀
餘人並同契會帝遣中書舍人馮元嗣監軍救郢

覓等相送中興堂欣泰等使人懷刀於座斫元嗣
頭墜果柈中王靈秀仍往石頭迎建安王寶寅率
文武數百唱警蹕欣泰初聞事發馳馬入宮冀
發之既而茹法珍處分閉門上仗不配欣泰兵
殿內亦不敢發城外衆尋散少日事覺詔收欣泰
等皆伏誅欣泰少時一人相當得三公年裁三十
後死屋歷傷額相二　復公相年壽更增可得方
伯耳死年四十六

一張欣時欣泰弟也　諸暨令坐罪當死欣時朱

興世宋時討南譙王義宣與郡張暢時爲彭城長史官軍欲殺之興世以袍覆暢而坐得免與世李暢子融著高履負土成墳至是融爲司徒竟陵王子良長史乞代欣時石子良曰此乃是長史矣事恐朝有常典不得如長史所懷欣時遂與見欣泰同伏誅

趙宋

張嶷　元豐間以詩名著有滄浪集司馬光范□□名皆與□陵

弟徽　進士

明

魯鐸　著蓮北稿使交集巳有閏集擇亭小稿東西厢稿

邑吳泰懷魯先生詩　東魯絃歌答翰苑高典型如可作風俗定還醇一觀齊天子鷄林重遠入誰徵文獻者故府有遺賓

鍾惺　著隱秀軒集史懷翠娛瀟湘說古唐詩歸雅

邑吳泰懷鍾先生詩　西人雅文章天下集響仍楚左史謗亦鄭東□鼉能詩九苞鳳自存華山歸仰止風雨望中齋

譚元春　著嶽歸堂詩集鵠灣古文集簡遠堂詩虎井詩湖霑草古唐詩歸選雅

邑吳泰懷譚先生詩　楚無儔杌史公繼離騷鳴白虎辭儒會丹鷄好友盟琴聲師大海青春擁專城著作超今古寒河共澈清

貢士譚籍爲翁□□業場□堂詩序吾邑自文恪魯司成後代有文人如李太泌之博開鍾隱秀之雅淡及李華臺長叔父子徐中菴吳白雪謝縣毛諸先逕孤韻逸事至今猶芬菌頻竟陵風節猶近古哉吾家讀先徵君及觀察司農公□者同堂兄弟殆十許人惟弟灌湘綺年天才時習風雅弱冠登朝讀書中秘三年栢梁臺□□藝文之士莫不斂袵器之不獨阿奴火攻南□既俱退舍矣

隱逸

漢濵父老　不知何許人漢延禧七年正月戊辰桓帝幸竟陵過雲夢臨沔水百姓莫不觀者有父老獨耕不輟同書郎南陽張溫使人問之父老笑而不答溫乃下車道行百步自與言父老曰我野人耳不達斯語請問天下亂而立天子耶理而立天子耶立天子以父天下耶役天下以奉天子耶昔聖王宰世茅茨木椽而萬人以寧今子之君勞人自縱逸遊無忌吾爲子羞之子又何忍欲人之觀之乎溫大慚問其姓名不告而去

陸羽字鴻漸一名疾字季疵竟陵人不知所生
或言有僧晨起聞湖旁群鴈喧就之得一嬰兒
遂叔畜之既長以易自筮得蹇之漸曰鴻漸于陸
其羽可用為儀乃以陸為氏名而字之幼時其師
教以旁行書答曰終鮮兄弟而絕後嗣可為孝乎
師怒使執糞除圬塓以苦之又使牧牛三十羽潛
以竹畫牛背為字得張衡南都賦不能讀危坐效
群兒囁嚅若成誦狀師拘之令薙草莽當其記文

字若有遺過日不作主者鞭苦因歎曰歲月往
奈何不知書嗚咽不自勝因亡去匿為優人作詼
諧數千言天寶中州人酺吏署羽伶師太守李齊
物見異之授以書遂廬火門山貌侻陋口吃而辯
聞人善若在己見有過者規切至忤人朋友燕處
意有所行輒去人疑其多嗔與人期雨雪虎狼不
避也上元初更隱苕溪自稱桑苧翁又號竟陵子
東岡子闔門著書或獨行野中誦詩擊木
裴回不得意或慟哭而歸故時謂今接輿也

之部拜一太子文學徙太常寺太祝不就職貞
未卒性嗜茶著茶經三篇言茶之原之法之具尤
備天下益知飲茶矣時鬻茶者至陶羽形置煬突
間祀為茶神有常伯熊者因羽論復廣著茶之功
御史大夫李季卿宣慰江南次臨淮知伯熊善煮
茶召之伯熊執器前季卿為再舉杯至江南又有
薦羽者召之羽野服挈具而入季卿不為禮羽愧之
更著毀茶論其後尚茶成風時回紇入貢始驅馬
市茶（以上採宋祁新唐書隱逸傳）

夫學者載籍極博必折衷於孔氏當時七十二賢
中惟任不齊為楚人而已何南方學者寥寥也然
其同時以楚人而知孔子者則有接輿盖高士傳
所稱陸通是也其在後世以楚人而知孔子者又
有鴻漸今隱逸傳所稱陸羽是也夫二子者同一
楚人也同一陸氏也蔚羽自傳稱孝盖今之接輿
也是將以通自況者乎至其著傳謂則曰羽惟椾
孔聖之交乃所講則學孔子者也或有莆月者大
寶中酺於滄浪道為泠正師非善學孔子吾也于
以為弗然論語稱子與人歌未嘗不自歌也即接
與歌而過之孔子下車欲與言未嘗不許人歌也
況羽所譏滄浪道亦孔子經歷者儒子歌滄浪呼
小子聽之未嘗不教人歌也今羽履其地言其風
雖身為伶歌又何傷焉孔子曰不得中行而與之
必也狂狷乎與歌衰鳳羽熱鴻漸所同以稱狂[illegible]
矣即同以尊聖可矣又即同以張楚可矣
宋祁陸傳鬻茶者陶鴻漸形以神事之煬突間之
祇未於費衮云華有鶩偶人號鴻漸亦沽茗不

輒淮注之此以人名器也考工記鞾人爲皋陶之
么許云皋陶鼓木也琴操元康中發古塚得銅器
名阮咸樂工云阮咸制此器彈之後世做其制也
越有蠡號鴟夷子黃山谷詩載酒從鴟夷盍鴟夷
榼形今盛酒器也可見古來以人名器者多矣
楚有二書離騷茶經是也離騷自離騷外更無別
作羽則茶經三篇外有六羨歌天門中請伶黨書
譜諸三篇數千言自祿山亂中原爲四悲詩劉展
窺江淮作天之未明賦皆見感激當時今哭[illegible]酒
著君臣契三卷源解三十卷江表四姓譜十卷南
北人物志十卷吳興歷官記三卷湖州刺史記一
卷占夢上中下三卷並貯於褐布囊後李季卿不
江南召羽烹茶野服挈具而入季卿不爲禮愧之
更著毀茶論惜其書皆失傳與屈原辭作者皆也
然再人高處雖異與懷多同羽自傳伶歌滄浪豈
中面原所傳漁父辭滄浪歌與孔氏聽者無異然
則屈原亦善
學孔子者歟

元

趙吉甫　尹先蜀人徙居王沙與魯齋許衡友自
號插存以文學名世　舊志載趙吉甫徙居王沙非
景陵縣地也舊志係沔陽州志采
出因元朝沔陽府領
玉沙　景陵二縣故也

明

鄒法孔　號景南生時多病五歲不言一日望空
再拜遂能語六歲從伯兄孔諱學北面受業長試於
邑第一隨父句南翁諱昌江夏學署凡學使刋古
今書皆公訂也宗伯鄒　歎曰當今第一流也

生平樂易近人出語詼諧　近滑稽晚築室
灌園自適享年八旬卒披公論終身題其詩曰數
畝諸生弱冠隱士一生書[illegible]學此[illegible]名[illegible]實錄也
中丞徐成位題徐徵士六書[illegible]
堪老朽桑獨擁柴門倚隱[illegible]
花帶雨落繞床玉市酒錢[illegible]
凉習習清風生户牖分明[illegible]
蕭然生事笑研[illegible]
來高癭草玄默默[illegible]
如歸四壁凉有吹噓文似昔紫泥飛詔入堂皇
翁徐室萬木蕭疎隱栢桑祇將蹤跡付奚囊
艱人有興揮金錯坐客無氊倚石床寂寂別館花
微落霏霏孤城雨暫凉杖頭好鳥繁絃柔人境悠
[illegible]是蓬皇市隱亭谷口況寞只土床杖頭酤
[illegible]滿油囊煙雲舟冉春常在蘿月紛紛夏自凉無

鄉波塘生浪柳且祥耕一稼老空桑煙霞莫愛吾廬
好早傍形雲搖于皇一塌居　幽居何事倚[illegible]
桑三尺空懸古錦囊長夜金樽堪避暑清秋一王[illegible]
巴生涼[illegible]言瀟灑飛松臺詩思琳瑯下筆床一[illegible]無數
滄江春腫足長安車馬自張皇嘉樹園[illegible]無
寒藤埜綠桑莓苔滿地補湖床一溪流水漁樵便
四壁清風挑草凉刈去黃[illegible]猶在圃歌來白雪巴
盈囊簪前倚樹渾無事擊壤還應贊聖皇
解元譚元春和亭空亭　徐徵作早棄諸生讀書
議禮常[illegible]其産人老至七十猶昂昂如千里之
駒記予冠時從邑里大會來坐見公與諸公貴
人齒飲抗手揖禮戲笑如平常諸公貴人仰首側
耳觀聽畢集於一布衣予退而喜以爲吾邑長不
倚此風猶古使後生得見布衣之貴公其有功於
邑莫俟貧賤賞有希古振勵踏譏貴勢詐無爲近
之亦然爲知公矣
舉人胡恒祭文　徐先生少席先資衣馬之光懸
辯里門塊若河濟萃屋爲秋風所破過辯字以膏

決思誤書而成適此其心神妙遠與有度越古賢
者自有竟陵以來達官貴人在宋元間求其姓字
了不可得而前乎文恪尸而祝之者獨一唐處士
陸桑苧則處士之蘊藉能爲河山邑里重矣請與
吳老子弟歲秉兩湖之蓮酌三瀲之水酹桑苧於
西菴而以徐先生爲東皐子配享先生何讓焉

程子喬　生平端方醇樸孝友傳家値歲暮與冊
弟因訟繫獄痛念囚㧞捐衣物往邑市貿銀完贖
抵暮投宿處所以未三更月下見婦人傾筐覆
灰似有物觸目竟寐覺而去喬就傾處乃白鏹一
錠也徐拾起急欲呼問而門已閉矣雞鳴時聞喧
泣聲甚悽喬詰即門詢之乃厝者李某遺銀床下

厥婦人掃地誤傾者也細叩銀數俱合慨然出還
李厝夫婦叩謝莫報立主致祀後喬壽至八旬有
子六人孫一璧進士曾孫滋時達時相時舉人咸
以爲隱德之報云

與有省　初名邦彥字聖甫補邑庠有聲中歲棄
去隱西湖生平有二妙四絕二妙者詩畫也四絕
者彈琴圍棊蹴踘飲酒也自號松道人
儒學論李國寧松道人傳　松道人五歲能誦文
選九歲即通舉業入試童子文宗金公拔置冠軍
已而盛集文社日簡日王日丹鷄日鳴軒爭致道
人主盟其中邑侯程簡子徵其兩湖賦屬予詩稱

畫亦畫中[illegible]有長[illegible]論者德人一堂門[illegible]
生業操小篆爲杜來西湖上其[illegible]四方[illegible]詣人[illegible]
或集[illegible]書[illegible]法復講古詩文有[illegible]中不計
乃者論曰詩畫史九工大隸古篆漢魏遺法通
人書曰周史籀遺古文爲大篆李斯變大篆爲小
篆此書家[illegible]正變遷大小篆隸楷書王次仲
劉篆隸[illegible]此書家罪魁也世運升降於斯
可驗道人[illegible]可數不不[illegible]癸未冠婁樵家
湖畫與金[illegible]不[illegible]諸者有西樓閣草素隱集
傳於[illegible]竟陵刻其十二懷詩[illegible]
和更附
以傳

高則驥　字季龍性豪放工詩永每飲酒輒傾一
石時後縱談放歌森爾士風致雖生長貴裔而食
貧自得繼意進取云公父啓瑞貢士兄則騰舉人

胡永定　字安卿號太平初名應夢更名補[illegible]
子員生聰嶷嶷九歲能文十二歲能詩賦費[illegible]
勁骨嶙峋發爲文章閎中肆外大雅不群與兄[illegible]
承詔少共函丈長同膠庠開宴發覆引伸闡[illegible]
問相長稱盆良多顧數奇不售遍歷經生業杜門
括栖獨饑藥裘精調撫鄰里貧病皆與給藥
刺療之脉活甚衆邑侯慶安王公　諱光宸題扁旌
褒之　獨推遐齡大篤不衰六十七卒終立承諸孫登[illegible]
[illegible]

教而適有以成吾志也以叔之文學宜第而終不第叔之行能宜羽絕凡鳥而艱於嗣天乎人也天不可問如叔者復何憾於人間世哉故其居約也不厎處獨也寡怨詩書以爲朋耕農以爲師鄉里稱曰長者後進效其端方原翔鴻儀如是而已

鄒荻翁　翁名枚字馬卿自稱駱多齋居士字離合而書之也願立豪髯似何南先生詩昌言翁祖也髫年有大才每飛紙命題頃刻立就馳聲吳越間七入闈試兩中副車乃閉戶著述究心制作身任八代理學之傳力挽三楚文章之運崇禎壬午年舉修史學侯題未覆會變中止詩在全楚舉貢於士公

縣志　卷之十二　人物志　隱逸　十三

呈中行年八十餘精力方健手不釋書猶刻意著作遊情翰墨所刻詩文稿盈帙海內傳誦于山家舉人華貢士孫紫緣約綏綱俱以文請名

翰林檢討譚纂贈荻翁先生詩　釣石清谿選鈎臺湛濱人健舊風裁閒樓日掛蟠螭樹老隱雲封錦纜堆繫肘丹砂留晏景刻眉香案進春杯庭前三世皆才子端應西堂早放於時程太君八月壽遊今子巾岸庭海頃開

吳世彥　字叔勛號槐庵天懷抗爽耿直有守中年棄諸生卜築瀼東別業貯筆牀茶灶並具酒器其中笑傲永日客至如歸値陵谷變遷嘉遯巖阿

鄒斯盛　字元介號五治邑崇寧令譚學孔子广清爽度越流品匿跡嘉遯耽情書史倘佯山水招琴適意生平喜觴詠工翰墨臨終賦詩而逝

舉人胡承諾聽五治彈琴歌　老友抱琴訪荊扉知我性在青溪曲遠際悠揚颸芳草深風露籟泛抵華木須臾解帶拭龍唇檢容授節古絃倫逸氣自超方內士推製應推有道人初彈曲客憶故鄉再撫漢宮秋漏長飛龍嫋嫋落鴈關塞人漁子發蘆湘蔡氏五曲法隨指趙龍二家聲代起秦聲不見隴西人楚調旋移廣陵子泠然授我御風引二老元蹤接微軫長生久視諒有微富貴浮雲等朝菌君今七十鬢未絲終朝作畫長吟詩載安拌琴當有意桓譚奏技故不爲罷彈微笑捋髭鬚目送歸雲倏有無安得昔時顧將軍從旁寫作撫琴圖

舉人吳驤詩　古樹清風到硯邊閒齋久自說初

縣志　卷之十二　人物志　隱逸　十四

過茶煙看上遲遲日酒暈吹殘瑟瑟波琴裏宮商移敎猶碁中歲月閒樵柯禁方斷因人難得掃白尋君更有何襟懷瀟洒謝拘牽澗帽寬衫遠市塵清興數杯三尺水閒心一片七弦丁年尚憶共買雪兩含恒留彭澤煙曉食優遊冰自好居貧未少竹嬋娟也知篇出罷將迎邦喜路涉綏綏行歲月優閒三鹿側交遊客酒一牛鳴迴鷗亭卄頻移榻來燕軒前更洗觥醉酒社公倖宿雨少歇星象夜分明

翰林院檢討譚篆詩　白日山中老青蘿守舊盟伴雲閒過嶺鬪夔護留名絲止松風寂帆開水霧生嘯臺遺響在五月亂聞鶯七十翁猶健還山訂再遊遲行彈別鶴出解還舟林僻逢人少泉低入戶幽東望高隱者頻上小西樓

馬非馬　字瑜非號德粹一庠生博學講禮恬淡自守性復孝友有隱德生平以著作自娛諸子鵲

善之家必有餘慶唐氏之興其未

妻䢔　字伯阮八歲能屬文舉神童日記數萬先達鍾譚兩先生並奇之鍾初第自都門貽書媿此十四歲姜郎五中副榜不售舉明經不謁選杜門著述性坦率善飲年七十卒

鄒元芝　字廄生號三湰漁人明崇禎戊寅間出遊江夏寓九峰山中讀書五六年家人弗知也甲申與試黃陂督學堵公應錫拔置諸生首食餼亂後棄去歸隱著述力探象山新建之旨晚年有所獲

縣志　卷十二　人物志　隱逸　三十二

自著三筮先生傳

王綸　字份籥號鍜村五歲喪父哭泣不絕聲哀感路人長而端凝事孀母以孝聞力學遊泮不交匪類異母弟搆侮多端終不與校弟亦悔悟君有八子年四十[illegible]即離家獨處嘗嘆曰身未能逮吾父一日之養[illegible]何忍受諸兒養乎居恒燕坐喉中作細聲如嬰兒[illegible]于竊聽之則呼父母也大孝終身而慕君近之[illegible]性[illegible]耆讀且鈔終老不倦與人交藹然可知[illegible]在[illegible]村先生述云

王萌　字遜直號裴溪早慧五六歲時父口[illegible]吟鳴濤先生甚器之性至孝老而孺慕言笑不苟然樂易近人晚年家益貧讀書益力所著有裴溪詩集五卷文集二卷易注解願六卷楚詞評注二卷石鼓音義一卷年七十九卒

李匡之　字秋逋號青房嗜學以奧博稱號以老書生入青油之幕藉為山水遊資終弗愜也所著有南野堂集參雅二十卷考核詳備可補五雅之不逮惜未有梓而傳之者

縣志　卷十二　人物志　隱逸　三十三

黃子麻　字樵斆孝廉間之子狷介自守不妄諂人一室之內故書退筆茶鐺藥裹蕭然而已子二人讀書不應試克遵其家訓云

夏時佳　字惺正號蕭菴不樂仕進焚硯丁年究心理學晚以家政付兒孫遨遊山泉經年忘歸家故饒於財明季辛巳大旱斗米千錢君于里中散粟二千餘碩並給薪價九百餘金里人至今稱之所著有義文秘旨金丹指迷虹泉八景諸刻

韻　字谷音號怍菴天懷孤潔不濫交

方技

唐

王超 復州醫人善用鍼病無不差文宗太和五年於日午忽無病死經宿而蘇言始夢至處城壁臺殿如王者居見一人卧召前謂曰有腫大如杯令超治之即為鍼出膿升餘顧黃衣吏曰可領畢也超隨入一門門署曰畢院庭中有人眾數千聚成山視肉迭瞬明滅黃衣曰此即畢也俄有二人形甚奇偉分處左右鼓巨箑吹激眾聚扇而

起或飛或走或為人者頃刻而盡超詢其故黃衣吏曰有生之類先死而畢言次忽活

明

歐陽植 字叔堅邑庠生治舉業旁精醫著有文臺問要邑進士胡懋忠刻於閩始有芴餉奇方邑進士熊寅刻於婺源有全生四要邑知府王曰然刻於臨洮

宗伯李太泌先生四要序 里歐陽叔堅氏以經術爲諸生而晚節獨精醫理人挻致日不暇給會益治其道所活不齊重二千石矣學士大夫咸叩之叔堅出一編曰全生四要不佞三復而嘆曰予[illegible]

肆[illegible]方[illegible]書[illegible]十[illegible]翰林譚灌湘先生贈詩名灑西江曲仙源白[illegible]郝人天鄉草木寒暖識君臣三世相公澤十全[illegible]氏春外臺成秘要期以壽吾鄉

殷惟哲 醫操仁術心存隱德中年客蜀值寇亂偶友人詹公在蜀子同避難寇逼度不能兩全翁泣曰吾與友各一子而友有城守責難保其子也義無可棄遂捨己子而懷詹子去會皇走村落中忽逢白髮叟負其子至授翁所叟忽不見蓋隱德所報云邑教諭李公諱國寧贈句云身可許人寧置子心能忘我更無家是其實錄也

趙璧 字連城邑庠生內精儒業旁通醫理凡有應者投匕輒愈不計其值多所施予生平好抄寫古書遍編學者訪求之即舉以相贈云

仙釋

仙籍

唐

劉梓 號白鶴仙人煉丹於西路[illegible]於南飛昇於東唐度日休有遊院迎仙詩則自唐已傳矣日休詩見前十景

教諭翁舂詩 擔箔喚森一徑通白雲隱處隱[illegible]宮笙歌繚繞相邀者不是劉公即阮公

劉邋遢 邑東北諸流村人地名馬嘴養修道成仙去

學屬鍾煋邋遢仙傳 邋遢仙姓劉名方獨字天亨少具穎資讀書村塾[illegible]隹口成句見水中眠牛[illegible]

禰無言而道合志靜而性同吾將入捋山矣
所著燬之則皎然與吾卿陸羽長相往來者也又
皎然春夜集陸處士詩欲賞芳菲不待晨無情人
訪有情人西林豈是無情□□意情不記春則
今西寺皎然嘗住錫矣今邑東南燃燈寺尚有皎然碑蹟

宋

機聰　語錄載復州乾明寺僧問師如何是佛法
大意師曰此問不應問如何是東禪境師曰定水
不曾離岸紅塵怎敢入波來按宋復州治景陵則師為宋人

縣志　卷之十二　人物志　仙釋

無念禪師　遺蹟在縣南聖壽寺迤產白蓮春無駐賜
破灶墮公　邑西青山普濟寺相傳為公道場
附記史載司馬楚之字德秀晉宣帝太常馗之八世孫劉裕誅邑晉司馬戚屬楚之亡匿諸沙門中濟江自歷陽西入義陽竟陵蠻中按今邑西有逃蠻臺古建浮圖疑其匿沙門遺蹟也

明

真清　號西泉嘗彭茶經序僧真清欽人嘗新其
寺性嗜茶故業茶經錄所謀諸梓以獻柯公焉
真清自題詩十載寄衣缽□門□比身種蓮開白社屏跡□紅塵定起雲山□□□月滿律却嫌桑苧老千古憶風神

於華山大□得法於天界浪公矢志修復南藏
寒暑檢摩手凍足皸頑也公具廣長舌出大辨才
一時王公卿士富商名流樂為之遊轉瞬數年藏
函莊嚴告成精舍矣晚入都門與舊老故帥相為
盤桓遊若蓬戶卿如鷗鳥塵拂談時無不斂手聽
之雖無吞針洗腸之異而實有分身應供之幻亦
一時畸人也
海樞　號寒碧住白竹寺披剃公安飛錫寒河與
譚鶴灣兄弟遊

縣志　卷十二　人物志　仙釋

翰林檢討譚篆贈詩　一灣新月掛西林竹樹堦
前光影沉靜夜茶香清世味空庭露白冷秋心匡
山芸覆溪橋斷澄水青蓮天竺深間過蓬門翻貝
葉初更高話起樵音
海藏　乾明寺僧精持群典兼通詩文四方來學
者無虛日
興頂　號別雲參學天界晚而有悟歸水西君靜
重修一時宰官暨邑之士大夫交重之
邑侯李公念慈贈詩　老僧靜裏看人忙百日斯
圓倚佛光處　餘春共得禪心滿處月將望三
間屋過清江上　深近郭旁慧照禪燈十一

里只教花雨落金牀

邑侯錢公永贈詩　本是名家後髫年識道眞瀫

經白下月趺坐郢中春獨徹拈花理同叅法雨因

願期多甲子松桂共爲鄰

論曰景之人文以制科起家者發軔於宋元而大盛於有明當其文恬武熙佩玉和鸞之音亦旣充四庫而冠藝苑已及乎神廟之末啓禎之初家挈司農則有汝南太丘之碩望盖[illegible]詞林則有王謝彭城之英華此五公者元老重臣一時同秉笏於

朝宁爲國家柱石爲人倫師表惜乎權璫竊虐弗盡其用然而清風勁節詞嚴義正與一時黨魁碩儒相爲倚和官箴國是載在方册弗可磨滅已至于樹幟壇坫則有新市鵠變爲之主盟當其初執牛耳大噪海内前無古人後無來者然而盛名難居譏訕四起一往一復此固人情之常亦風氣之漸也要之一邑之盛大而立勳盡節細而雕蟲鏤氷皆足以彪炳斯世豈可與稗官野乘同日而論也哉

縣志卷之十二

知縣事錢　永續修　儒學諭蔡壽生參補

邑人戴　祁編著

藝文

徵文獻於三楚蔵天府國乘者昭昭乎若星辰而耀河嶽也及約而求之一州一邑其地愈狹其人益簡旁搜遠攬亦嘗得若而人然篇章不少槩見信乎藝林之難列其人也名儒大集毋庸選録閒詠長語亦難濫收爰考歷來詞客賢尹有所撰述

與邑之風土情形相爲敷陳著明而言猶雅馴者輙録之備故實焉非徒誇詞華而豊卷軸也外此雖汗牛充棟曷取諸作藝文志

賦

漢津賦　漢蔡邕

夫何大川之浩浩兮洪流淼以玄清配名位乎天漢披厚土而載形發源自乎嶓冢引漾[illegible]東征納陽谷之所吐兮兼漢沔之殊名總畎澮[illegible]　[illegible]土之陰精過曼山以左廻

之東山兮與江湘乎通豐嘉清源之體勢兮澹灒
以安流鱗甲育其萬類兮蛟龍集以嬉遊明珠貽
靈蚌兮夜光潛乎芝洲雜神寶其充盈兮豈魚鼉
是收於是遊目騁觀南援三州北集京都上挹龍坻
下接江湖導財運貨懋遷有無既乃風飈蕭瑟焉
並與陽侯沛以犇鶩洪濤涌而沸騰飆乘流以上下
窮滄浪乎三澨覽朝宗之形兆瞰洞庭之交會

泮水呈祥賦　　游文斐

維天啟之御極屆辛酉之仲春遵祖宗之功令值三

載之賓興慶玉衡之啓運誕發祥於　有神物之
自天乘雲氣以東來忽風生於蘋末乃如輪而如類
方蜿蜒於宮樹復環繞於庭階俄而泮池水湧騰起
百尺紅光燭天斜結永日其開閃也如電其團團也
如蓋其旋轉也如轂其環繞也如帶隱隱隆隆奇奇
怪怪變幻翕忽莫可名態亭時挾策在觀喟然嘆曰
是哉是物之顯異也豈楚王之濟江浮萍實於水
豈交甫之適野美遺珠於湘君豈陽侯之奮怒鼓
浪於洞庭豈天吳之作祟仍洪水於襄陵而胡為

可若海市之蜃樓潛泣珠之鮫人若錢塘之舞潮迎
胥濤之大神如銀河　倒瀉高掛於雲漢如黃河之
下注垂撼於龍門如江　之翻波徑天而貫日如瀑
布之飛泉濺珠而噴玉顯龍宮於海藏現水怪於燃
犀而予不覺見海生花五色無定形神往我舌強欲
吐恍惚之間若有所諭神雖不言默示以應虎嘯而
風生龍興而雲致雨零而礎潤蛛網而喜臨里社鳴
而聖人出黃河清而聖人生河出圖洛出書兆文明
之瑞而麟遊郊鳳儀庭顯至治之徵茲者天道著象

豈虛幻而難憑當必有異人焉鍾扶輿之間氣萃光
嶽之精英振文瀾於學海漱芳潤於詞林行且開兩
間之泰運沛八表之甘霖調元氣於玉燭轉日轂於
崑崙勒鴻名於鼎彝豎駿業於無垠爰走筆而特書
以自附於斯文

詩

六美歌　　唐陸羽

不羨黃金罍不羨白玉杯不羨朝入省不羨暮
入臺千羨萬羨西江水曾向竟陵城下來

陸鴻漸採茶相過　唐皇甫曾
千峰待逋客香茗復叢生採摘知深處煙霞羨獨行
幽期山寺遠野飯石泉清寂寂燃燈夜相思磬一聲
春夜集陸處士居　唐僧皎然
欲賞芳菲不待晨無情人訪有情人西陵豈是無清
景秖爲忘情不記春
尋陸鴻漸處士不遇　前人
移家雖帶郭野徑入桑麻近種籬邊菊秋來未著花
扣門無犬吠欲去問西家報道山中去歸來每日

訪陸羽處士不遇　前人
東西路吳王古廟前所思不可見歸鴻自翩翩
山堂春茗何處美清泉莫是滄浪子悠悠一釣船
往丹陽尋陸處士不遇　前人
客殊未歸我來幾惆悵叩關一日不見人繞屋寒
笑相向寂寂寒花徧荒阡柳色蕭蕭愁暮蟬行人
數不相識獨乙雲陽古驛邊鳳翅山中思古寺魚
村口望歸船歸船不見見寒煙離心遠水共悠然
口相期那可定閒僧著處即經年

落袖眞青蛇射斗寒孺子有情將履進樵夫無意共
棋殘公餘亦欲尋眞去但恐偷生必未安
前題　蕭　洪　泰和人
雲林高樹蕭蒼煙殿閣玲瓏聯碧天香杳乘槎江上
客飄飄跨鶴月中仙丹藏虎豹爐無火氣度魚龍井
有蓮歲月悠悠陳跡遠空餘芳草叢壇前
書堂出相　姜　□
庭草深深映綠槐和羹何日試鹽梅詩書醉飽天民
樂禮樂分明王佐才紅藥空厂金帶光紫薇未伴玉

堂開勝珍自是平生志却笑踰垣亦固哉
前題　陳　源　永豐人
書堂弘敞自天開中有文章燭上台鼇簡漫勞窺夜
雪龍門還待奮春雷虀鹽暫試調羹手袴珮應存補
衮才宵旰夜孜孜曾夢獮乘時獻納上雲臺
鳳竹晴煙　姜　綰
數畝庭筠傲滑侯煙光閒鎖四時深籠翡翠嬌無
語淡浸琅玕潤欲流素練不沾湘女淚輕濤常束此
君頭清風莫動枝難老留明時鳳鳥遊

壁鴻怡文章守舊碑玉杵搗成仙子藥金風吹老桂
花枝梁王尊酒今安在對此令人有所思

天門夕照　　明知縣姜　綰

山如閶闔啓乾方一道斜陽鎖八荒歷畢餘光驚背
紫水涵蒼影鴨頭黃休論三舍隨戈退爲惜分陰運
甓忙烟帳金烏關不住焚膏猶待止扶桑

前題　　何　玘

排雲闕閣倚晴空紫翠光浮落照中蒼莽圖屏横疊
畫透迤螺黛擁崆峒九重靄靄三更夢八翼飄飄一

駕風廊廟也知憂國是山中誰道只參同

三澨漁歌　　明知縣姜　綰

迢遞三澨帶孤城添却漁歌畫不成欸乃聲中山亦
綠滄浪曲裏水猶清吹開柳葉遊魚聽飛過蘆花宿
鷺驚棹倚白蘋剛莫下滿蓑明月一舟横

前題　　明知縣周　端

落日長歌三澨洲得魚收網棹歸舟數聲響入煙霞
去一曲還來山水幽沙鳥隔江應彼愛蘆花含雨亦
知滄浪孺子休相訝好和[illegible]　試一篇

盡千門暗色寒僧衍釋談窺教象人催行杏
征鞍心驚最爲切官守念着蒼生臥不安

前題　　張　欽

梵刹東西夾市城晨鐘百八吼華鯨撞開天際雲初
散敲落樓頭月尚明觧使林丘棲鳥起從教潭水臥
龍驚山僧須要尋常度莫爲詩狂夜半鳴

前題　　知縣錢　永

何處蹤鐘報曉晴五更幾月佳聽明村無吠犬千家
靜農有餘閒百累輕入世本非求紫綬關心原只爲

蒼生但存清白差堪慰深省醉來夢不驚

笑城暮雨　　明知縣姜　綰

笑語寥寥城尚存幾番風雨送黃昏柳垂還似旌旗
動蛙鬧猶疑鼙鼓喧流水有聲歸別澗斷雲無意逗
孤村輸贏事往憑誰計薜荔横斜爲鎖門

前題　　明知縣周　端

蕭蕭暮雨滿荒城風木居然似笑聲猶有歸鴉啼古
陣却疑豊草伏奇兵樹擬蘆蒲和雲膌水滌塵
淵濤此日太平歸一　燒痕青處屬春耕

前題　知縣錢　珏

斜風細雨暗荒城傳說當年亟戰爭未見三軍從
遁容留一笑與斯名聖朝萬國咸歸版今日中原
罷三分士已成膏沃地綠煙深處徧春耕

巡視登舟詣景陵　明參議楊　倨泰和人

纔罷荊襄馬上遊寒風却棹沔陽州蒼波翠浪三灣
晚白草寒花兩岸秋日落櫓聲驚宿雁月明笳曲起
眠鷗旁人欲識旬宣意王澤應教廣布流

別竟陵諸同寅　明知縣姜　縮

一束圖書載去舟別懷無限水東流門琴堂下還
鶴帶劍村中盡買牛醉散未知何日會夢來仍似
時遊行行莫道都中樂心爲蒼生進亦憂

別竟陵諸父老　明知縣姜　縮

官守霄城已六霜虛名常媿頌循良勞心自爲
惜爲政都無一事長莫嘆行囊只書劍要知生
農桑相留何用重遮道杜母來時意或忘

紀俗詩　明知州李

蟹郭蒲湘曲風流自昔稱家家任水閣日
雲溼常涯雨湖寒未見冰風微颺戲藻沙靜鷺眠
翎列充王貢魚蝦入歲徵遊刷秋其泛竹檻曉堪凭
陸羽風如在靈均恨不勝漢唐兵豈到吳楚勢相乘
地僻逢迎少江清賞負仍羔羊懷漢鼓琴巫對漁燈
放舵初猶怯垂綸近亦能斟酌守牧高興亦崚嶒

西塔寺　明知縣楊應和長人

尋訪禪林懷好音逼幽花竹總無心看花說偈龍
聽燒竹烹茶鶴不禁作客十年眞幻妄浮生半日此
登臨振衣趺坐待明月猶恐長雲起暮陰

前題　徐　咸海鹽人

湖波萬頃一橋通西入禪林路莫窮白鶴避煙茶竈
冷青松留影法堂空翢心未似沾泥絮宦跡眞成踏
雪鴻乘興忽來還忽去此情渾與剡溪同

前題　蕭　選庠生

上方佳氣鬱岧嶢殿閣飛翬影動搖雲淨好山皆入
座雨餘新水欲平□山僧掃葉烹清茗野客吹簫醉
碧桃却憶當年桑苧客小山叢桂竟誰招

暑中以詩代書寄弟　明知縣吳　第晉江人

不久成歸耳聊先報數行真看衰相見肯爲熱官

酒可畱新醉花須著晚香西園松竹下早說竹方牀

徐家嘴看桃花　知縣王紹貞餘杭人

簿領牽人不自由艇來花下恣閒遊絕無年少徵歌

樂剩有霜華砌滿頭

前題　前人

出郭風光到處宜一灣流水落花時幾年芳草苕溪

夢望裏青青忽繫思

竟陵西塔寺　知縣李念慈涇陽人

十月竟陵宰未入西塔寺回回簿領中汨沒損初志

休官來此邦乘興隨所致信步出西門寘搜方茲遂

浮屠竟何有陸祠　薜荔緬想支公遊莫詎許論契

天寒湖水涸歲儉齋廚匱馳情增悵惘勝蹟委塞地

興復當何由民生自顑頷

陸公祠　前人

陸公聖之徒生養沼提襃志學耻細流困辱不肯毀

學書畫牛皆讀賦若心唯匿跡雜伶人受業師鄒子

著書盈百卷漫滅無遺紙緬維君臣契論述豈激詭

人物志南北深衷嘗有以品泉聊寄傲嗜茶亦偶爾

厥名乃用傳世好艮輩　荒祠寄古刹寒日照清泚

所羨此焉存商顏差可

陸公井　前人

萬羨西江水竟陵城下達歲遠都邑改川味誰能別

邑北文學井泐漲亦久沒此泉寺西偏朝暮公所啜

古石甃寒源高秋涵素月我來汲朝華汪甌頗滑潔

烹之用活火乳液淪綠雪一汲滌煩襟再飲已萎渴

苟識古人情清風無銷歇

題謝彥甫芒舟亭　鍾惺

湖煙綠不已淼若萬波然近卜城頭宅頻登屋裏船

潤流書畫外光在屐緌前君自乘驄去閒齋借坐眠

倪舫詩　譚元春

嬾卷爐香與帙書已移涼榻此中居偶容僧入擁方

可未許官登舫亦嫌鶯滿前村時繫柳牖迎近岸夜

知爐試教明月人聞照何處身閒得我如

自然樓止老荒原動是吾家家是園嫌鶴開籠常報

客看魚出網正樓憑欄野風幽鳥花前岸新月盧京木

數村總在香山門內好栗倉書庫并堪存

涇陽茂苑兩明府小集浮園　吳驥

遠樹浮涼趁日斜輕輿出郭過農[illegible]春曲避迴燈
舫楊柳偃垂貫月查何事令君言[illegible]遠士爲
煎茶賦詩唱和多奇謦雲漢篇章免歎嗟
足音聽處破莓苔二妙招携得得來清廟迴塘尋舊
話漢陂香稻入新裁多情况未凴高枕短別愁思緩
後杯孫是韓公文字飲樽前候吏莫相催
湖光山色曲欄邊署扁高樓一鏡懸風過馬牛崩白

逸月移鷗鷺不驚眠鐘魚漸出溪頭寺書畫分題屋
裏船長憶坡公懷賴尾老将顏色照清妍
傳呼策杖舊尋盟藉茗烹葵較有情老屋支撑開北
牖孤亭虛敞學東平梧陰棲鳳長留碧蓮葉巢龜不
易清珍重蓬皮欣賞意篋中古紙待書成

登魯文恪夢野臺　譚　篆

百年文物見層臺祭酒風流曠代才華表仙歸悲故
郭昆明刼盡認殘灰蓮塘柳路凭欄外刹影湖陰逼
座來我輩登臨心自省遭逢可得是鄒枚

文（不分體以時代序先後）

謐竟陵郡討謝晦符　南宋太祖劉裕

散騎常侍驍騎將軍段宏鐵馬二千風驅電擊步自
竟陵直至鄢郢

遣軍通竟陵粟議（諸將欲圍郢分襲西陽武昌）　蕭道成

漢口不濶一里箭道交至彼偕以重兵固守爲郢城
人犄角若襲衆前進賊必絕我軍後一朝爲阻則悔
無所及今欲遣王曹諸軍（王茂、曹景宗）濟江與荊州軍相
會以逼賊壘吾自後圍魯山以通沔漢郢城竟陵間

粟方舟而下江陵湘中之兵連旗繼至糧食既足士
衆稍多圍守兩城不攻自拔天下之事臥取之耳

自獅子口治漕河至漢議　宋　闞文遜

張孝芳記端拱元年闞文遜議奏開東漕渠自獅子
口入於漢達於襄陽遂發丁夫治荊南漕河至漢可
勝二百石舟上遊之人利焉

位素以名義自重聊迫切相□□□於不得已
台乃以公子爲名動加喝叱皆起於潛令一偏之所
致也聊聞兇軍之敗来鎮觀之作亦望風承惠矣但
泗港一節還望再爲參寮倘其堅執不復與敝邑諸
君子□有舉動豈不更煩台慮乎

復周敬松先生書　巡按御史錢　春

恭以幼冲之年當茲巡方大任事多有謬恥罪大方
港起自貴縣印官不以一字相聞而諸父老又止
此撫臺告理故加開掘惟取其有利於潛而豈知其

有害於景一至此極也聊捧華翰愧赧無地來鎮觀
之作捐俸三千將功贖罪而兇折之敗景與潛同其
咎無成心也惟俟来鎮觀功完後即加築塞泗港不
勞台下過慮也

上冀道尊水災書　冀請光祚　周嘉謨

郡屬七城敝邑最爾汚邪頻年河伯爲虐民不聊生
久矣然有水災未及之處尚可移民移粟緩須臾無
死迺今歲四郊一望目彌天際匪直野無青草且無
寸土矣匪直室如懸磬且十室九付東流矣匪直轉

之所生活　奉其教如□辟開辟支以尊乎竺乾□
也羽字鴻漸百氏之典學鋪在手掌天下賢士大夫
半與之遊加以方口誇誇坐能諧謔世無奈何文行
如孟軻所不至者貴位而已噫我州之左有覆釜之
地圓似頂狀中立塔□□篁大如臂碧籠遺形盖鴻漸
之本師像也悲歟似□頂之地楚篁繞塔塔中之僧羽
事之僧塔前之竹羽種之竹視夫僧影泥破竹枝錡
老而羽亦終乎作楚歌□因來頂中道場自日無羽香
火遐歎零落衣擬楚風其感三也是爲三感説七言

詩以謝陳車扶風公覽三感之説豈得不酸淚濕目
以著詞致於□下冠愿鄙章之首耶　與陸羽交最昵故其文章氣調皆半騷而多感慨

五華別號説　譚元春

名山與奇人相關久矣宗生四壁之間尚子婚嫁之
後或卧焉而深好之或好焉而遠遊造物者亦若聽其
所之而不爲之主惟用世之人奇情異才慧業天成
其地時已如巨鰲贔屭森然有華峰之奇步嫩瓚
撥灰而知其命石□馬缺耳而定其數以至一名一號

造物皆若巧相位置不可思議同在人天之内而有天人之稱良不誣也吾邑有五華山而楊公五華即以是爲號事良奇公治吾邑五載爲瞻之朝綱間魚樂之夕時與諸士商及雲霞煙嵐如滿香氣一日遇風后之區尋墨池之蹟登高望遠三臺環匝而後自驚其身之在五華也夫羊叔子之峴山燕長公之赤壁皆宦楚而與楚山有緣者也然其奇豈至此乎吾邑雖有清淑之氣而苦於無山幸有是山蜿蜒磅礴不能使其必傳而托於公之號以傳是即造物所

以傳是山之道也予觀杜光庭所記十大洞天皆有仙真以治之如王褒葛洪王方平司馬季主之屬各領一洞則皆人間奇偉異才人也今我公秋翰王骨固不讓王褒輩則吾邑五華亦何必不是王屋委羽諸洞乎客復有疑者問長庭主漸多矣何獨公先譽號予笑而不答但吟杜老詩云自是君身有仙骨人那得知其故

考額

亦過江與吳興釋皎然爲緇素忘年之交少好屬文多所諷諭見人爲善若已有之見人不善若已羞之忠言逆耳無所迴避鄙是俗人多忌之自祿山亂中原爲四悲詩劉展窺江淮作天之未明賦皆見感當時行哭涕泗著君臣契三卷源解三十卷江表姓譜八卷南北人物志十卷吳興歷官記三卷湖州刺史記一卷茶經三卷占夢上中下三卷並貯於褐布囊上元年辛丑歲子陽秋二十有九日

請均加餉疏　　知縣程維稷邑人

謹奏爲全楚派餉非常下邑艱危特甚懇乞聖明軫
念窮宇亟賜裁處惠一方以綏四國事臣本賤儒供
員下史在班行不過么麽論事儻止於憂國分何必
言職何足言屬者聖天子龍興都考績者以歲事
臣追隨群宰附於載見求章之謹仰覲日表鳳姿
爭有躍躍欲吐者然於古計吏或對便殿或賜筆

俱陳清問陳疾苦今皇上千載一時正小臣可言之
會也抑臣竊聞明主可與爲忠言臣會其職即何言
溺其職固非忠也則亦就臣所君之地述臣所管之
艱請得盡言而無誅耳臣所領爲一爲　獻帝剪桐
之邦　世廟潛龍之邸其間民瘼二祖精靈實式憑
之　陵地處漢濱適當陵阜竟處柔滄輒成窪瀦而
自荊築沙洋河下西注而東走潛開泗港河不曲走
而百衝逢無不災之年半是不耕之土今城西南縈
環恒里闢莫荷如菁沙蹟郊邐凄然可念凡河伯所

久渦壑且泥背朽骨委之魚腹無隙地可收瘞矣小
老相傳爲百年異常之變地方永有之災哀哀寡婦
痛哭秋原即呼天呼父母乎恐當事公祖雖有如天
好生之仁亦病博施濟衆之難以乞老公祖轉達兩
台公祖速賜題請即南兌爲軍需之需準稍爲親落
之勝亦須大破常格特爲減免少可攝衆某分令死
徙來年國稞稱有賴焉否則人民離散土地荒蕪遂
成鳥有寧止國非其國耶

上李道尊弭盜書　李譸佺臺　劉必達

敝邑當襄漢下流河伯爲虐靡歲不登茲復連年苦
旱金沙焦爛禾黍稿立間有桔槔得水者食心食根
之蟲又從蠡起昔與魚鱉爭居今與蝗蟲奪食矣而
大盜嘯聚草澤猖狂江河稱干比戈樾幟揚盆肆然
公行白晝不伏雖赤子弄兵潢池實巨魁發縱指示
此時沿江一帶商旅罕至舟楫不通各鎮幾於罷市
邨所年臺老公祖念災疲下邑民不堪命亟檄潛沔
蒐乘簡卒及時剪滅寧此萬姓若復遷延便有滋蔓
難圖之勢其所關國計民生非小者萬祈　察

□學記　　知縣　錢永　吳人

□之學舊在□內東北隅湫隘庳陋明嘉靖間兵巡
副公移出城北其地高爽敞朗又復滙兩湖之水以
爲泮壁誠特壯觀於他邑其間修建不可□第百餘
年來巍科名卿碩儒魁士踵相絶也由□靈秀所鍾
固巋然殊已
國朝之興五十年天下郡縣之學莫不興□
天子勵精圖治亦意文化
鑾幸東魯　頒額宇內尊聖重道固已軼漢唐而□

近代矣夫
國家所需者人材材必養而後成
家知養士之不可易而成也故學校以居之師傅
教之絃歌洗爵以習其儀容考鐘伐鼓執經游藝
習其耳目心志復肄之以祭祀飲射之禮申之以
□忠直廉恥之義日涵月泳俾學成而後入官其
厚如此然學校徧天下而瑰瑋特達之士千里
焉百里一人焉豈所使非所養者歟予以歲庚
往斯邑當是時學□荒圮特甚雖不敢以教□

□章珥筆升朝豸冠繡裳民曰侯邁我失慈母孰
我膚孰哺我口士曰侯邁我失嚴師德孰我迪過孰
我規挽侯不留悠悠我思惠聲□昭德靡□怙祀侯
於天錫侯眉壽德音不已厥功無窮□用之流如陵
之崇封流此碑勿忘□□

周侯禱雨詩序　侯諱端高郵人　魯鐸

旱而禱者古祭祈之事尚矣□□大雩見於月令國
大旱率巫舞雩見於周禮春秋以降凡有事乎雨者
則左氏諸史又往往書之其間暴巫焚尫一或致雨

者史必□稱豈不以天人之際感通爲難哉乃若旱
而禱禱而輒雨者乃親見於我周侯也侯膺選來景
陵興廢舉新是□□食惟吾民是憂越明年春不雨
人共憂之侯曰過其在予乃遷坐□食禱於神祇
雲雷者二月壬寅片雲亭晝有頃而雨民得舉趾焉
晴餘旬侯復曰□作方殷得無巳涸乎禱如初三月
壬戌又雨田毛□興侯猶少之乙亥復雨晡而雨夜
以達旦者三日　□途洸流防亦多決相與歌且忭者
□皆有之邑士八士書於册命鐸序焉鐸曰嗣侯之

下車也至誠無厲而靡來□墨之云者不無有則□民未必知當路未必知而惟天知之也應期雨至者者天以彰侯之誠乎侯以瓣香拜禱俄頃致雨至再至三如引瓢挹諸甕中無不得諸邑固所謂出自誠而天實彰之以至於此也古民德共上者必歌謠以明不忘今也獲臻有年皆侯之賜則是頌誠不可無作也他日觀風之使或有采焉侯將大用以澤於天下雖由此垂百世不異矣

程侯摛譜序　侯諱維秩富順人　謝奇舉

吾邑水旱之災與水火之政並作迍至而民困極矣會有天幸江陽程侯來治邑事豈弟君子民之父母既三年以誼行高等薦聞既爵襲巽如甲令矣維三年中爲邑人解倒懸而胥枕席者不遺餘力故其披肝瀝膽數陳奏記者情見乎辭曰請曰議曰申曰報曰辨曰詳曰回曰復則恥孰於上者也爲事若干條爲文若干通曰諭曰約曰革曰劄曰勸則渙汗於下者也爲事若干　爲文若干通大都以慈祥之心爲華之謀以負荷之力爲樽稼之舉以宏博之學爲理亦可以爲治矣古天子以吏事責宰相夫吏事易言哉鉉麻棄山中有年矣景諸君子請曰邑寧侯德政一書屬公文以誌不朽乎覽而擊節起焉夫邑有此良有司而邑不治者乎天下盡此良有司而天下不治者乎盍景與京爲畿一邑矣後景土瘠甚於京國家經費實束手焉侯爲民請命得侯宜從事或本色或折色視粟貴賤爲準稅斂不煩而自給矣景草澤多盜侯誘其渠魁而殲之招其脅從勸使歸農盜賊不攻而自息也景數被兵患每至老弱漂流

狂走侯單車如勞芻糧糗精外秋毫無犯軍戎不擾而自戢也景故襄郢下流納巾吐柘保障泗港一堤方能爲國潛欲決以漁景侯以力爭之聞諸監司寧省得理迺止風力不賈而自勇也景城郭頹廢侯蹈經費之餘高其樓閣壯其門堂堅其隄防清其溝洫觀聽不勞而自足體統不勞而自尊也其間子弟與行訟獄無冤庶不求名清異人知豈非家世相業根器不凡如此乎鉉山中野人也無力之口何足輕重但樂聞隣父老長者之治故書付勒石五達之衢以

告舍我而去者以告繼公而來者

景陵縣總志論　蕭嗣

昔謂居鄉者當論其勢尚友者當思其人吾楚也八百則爲翼軫分野則爲荊州而竟陵雖當時之下邑實古時之鄖國也其在漢也則爲雲杜縣其在隋唐也則皆爲郡治其在元也舊爲軍衛遂升爲州至帝平荊之後立指揮以守其地所以顯武功至天下甫定之時改軍衛以立民縣所以備文教也其封疆西據荊襄南臨漢沔東連川貴北枕隨郢而景處其中則固有以甲三楚之諸邑矣自其形勝言之以阻山爲貴也是故五華鎮其北青山鎮其西見龍鎮其南巾戍鎮其東而天門龍穴古城直陽諸山又屹然挺秀於四方若夫諸葛嶺則孔明之所築也東岡嶺則陸羽之所居也轆止林則隱相之所憩也羅珠波則富商之所留也此雖古人之遺跡亦足以壯竟陵之重鎮而究其所由成則果發跡於北恒山而爲貫蓬山之根本也又以帶河爲貴也是故義河遶其南回河遶其北馬溪遶其西板港遶其東而東湖西湖連池諸水又煥然凝聚於左右若夫漢水則注

於沔也馬腸則注於潛也牛蹄則入於漢也橫綿
播於江也此皆神禹之大績實足以壯景　之襟帶
也而本其所自始則又發源於嶓冢山而爲丙穴之
淵源也在古則有雲杜城梁時之所築也而築於今
者則有張與陳之賢牧焉或肇造於始或再造於茲
於是城墉言言景　勢翼而固者矣宮室所以聳觀
瞻者也在古則有望仙樓宋晏殊之所建也有鴻漸
軒宋張耒之所建也而建於今者則有顧與姜之諸
宰焉或建仕學堂或建□善亭於是宮室翼翼景

之觀美而本端矣自其風俗而言之土隙而廣地里
而潦以漁罟耕耨爲業而少積聚以激昂侈靡爲務
而喜健訟雖千金之家亦重巫覡而競淫祀雖五尺
之童皆重禮教而崇信義耕餉鹵莽乃廣種而薄收
婚喪禮文每多贅而少娶疾病則飲費相訕死喪則
歌舞雜哀故名賢之集曰人自溫良化作蠶桑之俗
陸羽自傳曰風俗之寔無出吾國漢書記曰民有江
河山林川澤之饒丁謂之詩曰民淳訟簡圖記曰務
本厚圖經記曰人性淳和夫　陵之風俗固本如

此也方今聖天子布作人之化賢邑宰疏恩澤之
吾觀熙熙焉以入於德諄諄焉以志其僞雖間有俗
猶亦將漸化而遷也流俗不於是而革乎自其人物
而言之則有鄉漢之齊也張與世宗之傑也張薇著
滄浪之集而爲司馬光范純仁之友黃國遵一時之
選而成握符建牙提師千里之功子文樹相楚之勳
陸羽有茶經之著張欣泰張欣時攜琴遊園倚枝賦
詩而起稽淵之異張淵道張從道聯名金榜文優一
世而有雙桂之坊今則李琛總兵戎而建平定之績

黃鍾奉聖諭而平崇慶之變李慶運使而有廉介自
守之節廖訓司教而有方正高潔之守何玘教行合
江而得東湖先生之號楊清作宰貴溪而沐生平耿
介之稱魯文恪公奉使交州而儆蹤金珠國學司成
而儀刑山斗胡進士發跡黃甲而御筆題名位致參
政而躬承顧命竟陵之人物其盛如此方今京師優
作養之恩士子懷待聘之珍吾知文運重亨於國運
雖環楚諸郡皆將遠邁下風矣人文不於是而責乎
宜其良牧前哲之遺□□猶有賢侯兼叔焉惠政大行

風俗論　程飛雲

□古風國地也風氏系出伏羲而神農氏又崛起南隨結繩畫卦鞭草嘗木實開萬世生民之始迄今過風氏入其廟觀其葬廟禮器示民以時奠饗其祠肅然若而儼然思前天下之日月在躬者猶食是邑之茅土而風雨其田者尚茹楚邑之草木也嗣是而白起之師一過其境先主之駕信宿其地過荒墟而訪遺跡感慨一往令人雄心奮發矣若乃李翺之詩文實與昌黎相輝映陸羽之茶經直由筮易而得名

有唐數百年來惟茲景邑實為冠裳都會焉是故論其民俗則醇質而慓慤猶然覩江漢永廣之化也論其風則好古而服奇猶得見屈宋人文之盛也論其山川則滄浪受嶓冢之流三澨□　大別之波五華挾君山而送青兩湖溫泉以并流真不啻分三湘七□雄九疑嶽衡之勝也夫文章之盛生於山水政□之才生於文章故有明三百年其一官一能自表見於世者不具述至於文恪之望重遠過太保之樞與鑑衡退谷之好學聞於東南鵠灣之清□　□其孝友一時人才先後相□過是邑者未嘗不有天下才章之歎焉而況夫踵生是里仰其餘風大其聲施讀其遺書而知其傳者復繩繩未有艾乎他若子良之王於是土以文章而友沈謝之侶裴讓之令於是邑以材敏而當金宋之衝姜尹筮仕遂創雄城百雉程尹一疏至捐楚賦百萬又皆著蹟揚勳惠往開來者也夫景邑自嘉隆以前屬於漢嘉隆以後隸於沔其不以屬於漢而隸於沔者知景之不樂於漢而沔之大有和於景也無如數十年來凋敝極多兩遭兵燹

數罹烟烽當鄢郢之下流則時驅馬而來遊據江灣之上遊則時揚帆而示武南河以南值水則為澤□北山以北際旱則為石田其民之散而耕士之存讀者大半皆瘡痍流徙之餘也夫論東南之形勝全楚扼荊揚之邦全楚之威不壯則東南猶未為枕也論全楚之形勢則景□控漢黃之險景□之民不安則漢黃猶未為固圉也賴鸞鳳之遊於枳□撫□之瘵厥心神不數年創民瘳而草野漸有泮宮修而焦桐始有遺響矣石田者漸易而□

紀前令□公興夢（公諱梁淳謁野弋陽人）
嗚呼遇合之□豈偶然哉或异時而相慕或異時一□
相感或其人已往而流風遺韻猶得於故老之傳聞
而□□□而後遂得因其子孫以想見其形容雖所遇
□之不可謂之無所合也獨予於公尤異焉
余生也晚不及見公矣庚寅秋偶從友人村中夢至
偉人烏紗絳服手刺訪予覺而異之及明從斷碣中
得公姓名或曰此前令所額陶宦墓道也述夢同遊
相視而嘆後三年而予成進士又一年而承乏茲邑

又一年而始讀弋志詳公履歷予於是仰而慕俯而
感追念疇昔之夜不啻如前日事也嗚呼凡夢生於
因因生於情所已接與耳目所已及蓋公之苓景距
今已百六七十年矣凡公所以治景與景所以事公
者予皆不及見之意者予忝斯邑於公之子孫有一
日之長而公其預知之耶抑予雖不獲親炙公化而
予古先必有蒙其澤者是亦其夙因也耶然予獨□
其在景不意夢而夢在弋宜夢而反不夢朱邑有言
一□奉祀我不如桐鄉倘亦景民得公深而公之

竟陵雲杜城考　童承叙

□杜城故志在竟陵西北按竟陵雲杜漢隸江夏晉分江夏置竟陵郡治石城領二縣梁分竟陵置沔陽郡治雲杜領縣無考隋沔陽□所領縣但存竟陵或省雲杜入之也二城迄無定處□□□以景爲音
陵又以其城爲雲杜城通志以郢爲雲杜地一統志
又以京山爲雲杜地安陸志又以郢爲漢竟陵縣諸
說紛紛莫知所在蓋竟陵之名肪於史記世家漢興
因以爲縣秦漢止一竟陵晉以下郡縣名一安陸志
所云謂晉竟陵郡治可也謂漢竟陵縣治不可也桑
欽水經沔水東過雲杜又云夏水出江東至雲杜入
沔今夏水入沔處淤塞無考度其勢當經□陵地若

是則今縣治信雲杜也穀梁傳水北曰陽雲杜在沔
北故梁置沔陽郡治此晉書杜預開揚口起夏水達
巴陵胡三省引水經註揚水逕竟陵縣北謂之揚口
據此則夏水入沔處又當爲竟陵不爲雲杜矣何與
桑欽異乎漢書劉鋹傳爲武王嘗拔竟陵擊雲杜李
賢註雲杜故城在復州沔陽縣西北竟陵故城在郢
州長壽縣南李賢唐太子所註沔陽長壽皆自當時
郢復二州附郭之縣而言其曰沔陽西北者正今縣

陵治益可見其爲古雲杜矣其曰長壽南者則□
地水經書傳漢書皆云章山古之內方在竟陵東北
而荆門安陸漢川治皆有章山未知孰是史記正義
竟陵在長壽縣南一百五十里頗與李賢註同水經
注巾水西逕揚水謂之巾口水西有竟陵故城古鄖
國也今□西三十里有巾港港西亦有城址□荒
圮盖自梁已廢正在長壽南一百五十里訪得之頗
與水經註正義合意梁置沔陽郡遂省雲杜而徙竟
於此爾然其相距太近不應漢晉二縣並置一方

海以沔陽縣爲雲杜豈指今州治耶然無的據不
敢强通姑識之以俟博雅君子

竟陵雲夢城考　童承叙

雲夢城故志在竟陵縣西即古雲夢澤也史記雲夢
註裴駰云楚雲夢澤拟敖激沮水作此澤張揖云雲夢
澤楚藪也在南郡華容縣郭璞云安陸有雲夢城枝
江亦有之不言竟陵有也疑此即古竟陵城華容又
州巴丘湖俗云即古雲夢澤也張揖云在華容者指
□湖也德安又有雲夢縣其名皆達耶此澤也唐安

□漢水地也周敬王時楚滅鄖封鬭辛爲鄖公
竟陵古鄖國地也周赧王時秦昭襄使白起攻楚拔
郢遂東至竟陵此則竟陵所由名矣秦始皇郡縣天
下置南郡今竟陵古南郡屬也漢與南郡更置江夏
郡今竟陵古江夏屬也王莽時改竟陵曰守平此名
不傳矣東漢光武中興竟陵制如西漢三國時竟陵
雲杜但爲吳　晉初竟陵縣制如漢屬江夏郡惠帝
元康九年分江夏西部置竟陵郡治石城領竟陵縣
今竟陵古石城屬也南宋初竟陵郡屬荆州至孝建

年屬郢州領縣同晉今竟陵古郢州屬也梁武帝
分竟陵郡置沔陽郡省雲杜縣入竟陵城今竟陵古
雲杜治也西魏改竟陵曰霄城後周置復州仍霄城
爲竟陵今竟陵古霄城治也隋文帝開皇間徙復州
治竟陵煬帝大業初改復州曰沔州統竟陵唐高祖
武德五年改復州屬山南道領竟陵縣是年徙復州
治竟陵玄宗天寶元年改復治沔陽爲竟陵郡肅宗
乾元元年改竟陵爲復州寶應二年徙復州治竟陵
竟陵古復州治也五代晉高祖天福元年改復